Die Unionsaufsicht

Europäische Hochschulschriften
Publications Universitaires Européennes
European University Studies

Reihe II
Rechtswissenschaft

Série II Series II
Droit
Law

Bd./Vol. 3761

PETER LANG
Frankfurt am Main · Berlin · Bern · Bruxelles · New York · Oxford · Wien

Ulrike Kassner

Die Unionsaufsicht

Ausmaß und Bedeutung des Überwachungsmechanismus' nach Artikel 7 des Vertrags über die Europäische Union

PETER LANG
Europäischer Verlag der Wissenschaften

Bibliografische Information Der Deutschen Bibliothek
Die Deutsche Bibliothek verzeichnet diese Publikation in der Deutschen Nationalbibliografie; detaillierte bibliografische Daten sind im Internet über <http://dnb.ddb.de> abrufbar.

Zugl.: Heidelberg, Univ., Diss., 2002

Die Veröffentlichung erfolgte mit finanzieller Unterstützung durch das Auswärtige Amt.

D 16
ISSN 0531-7312
ISBN 3-631-51050-0

www.peterlang.de

Vorwort

Die vorliegende Arbeit, deren Manuskript ich im Dezember 2001 abgeschlossen habe, wurde im Wintersemester 2002/2003 von der Juristischen Fakultät der Universität Heidelberg als Dissertation angenommen. Später erschienene Veröffentlichungen konnten noch in Fußnoten berücksichtigt werden; die Arbeit befindet sich rechtlich auf dem Stand des 1. Februars 2003, dem Inkrafttreten des Vertrags von Nizza.

An dieser Stelle danke ich zunächst meinem Doktorvater, Herrn *Professor Dr. Dres. h.c. Jochen Abr. Frowein*, der die Entstehung der Arbeit mit Geduld verfolgt hat. Frau *Privatdozentin Dr. Dagmar Richter* nahm die Mühe auf sich, das Zweitgutachten zu erstellen, wofür ich ihr herzlich danke. Dank gebührt auch dem Auswärtigen Amt, das die Drucklegung der Arbeit großzügig gefördert hat.

Auch wenn ein großer Teil der Arbeit in Berlin entstanden ist, verdient das Max-Planck-Institut für ausländisches öffentliches Recht und Völkerrecht besondere Erwähnung. Die Kolleginnen und Kollegen, der unerschöpfliche Fundus der Bibliothek und die Ausstattung des Instituts schafften nahezu ideale Arbeitsbedingungen.

Auch diese Arbeit hätte nicht ohne die Unterstützung all jener entstehen können, die mir in Form von inhaltlicher Kritik, Ratschlägen bei der Formatierung und redaktionellen Anregungen geholfen haben. Dafür danke ich vor allem *Anja Schubert*, *Vera Woyczechowski* und *Severin Zillich*. Besonders hervorheben möchte ich *Michael Pohlmann, Cordula Dröge* und *Nico Krisch*. Für ihre wertvolle Kritik und stete Bereitschaft zu Diskussion nicht nur in Heidelberg, unter anderem bei der Beobachtung des Falken und des Hasen, sondern auch in der Cantianstraße oder aus der neuen Welt, sowie für ihre moralische Unterstützung möchte ich ihnen herzlich danken.

Ich widme die Arbeit meinen Eltern.

Brüssel, im Frühling 2003 Ulrike Kassner

Inhaltsübersicht

Inhaltsverzeichnis

Kapitel 1: Einleitung

Kapitel 2: Die Verfahren der Unionsaufsicht

Kapitel 3: Anwendungsbereich des Art. 7 EUV

Kapitel 4: Die Maßnahmen der Unionsaufsicht

Kapitel 5: Gerichtlicher Rechtsschutz

Kapitel 6: Andere Sanktionsmechanismen

Kapitel 7: Ergebnis, Wertung und Ausblick

Kapitel 1: Einleitung

A. Untersuchungsinteresse

Am 1. Februar 2003 trat der Vertrag von Nizza in Kraft, mit dem das Suspendierungsverfahren nach Art. 7 EUV zu einem umfassenden Mechanismus ausgebildet wurde. Dieses Verfahren existiert erst seit Inkrafttreten des Amsterdamer Vertrags, durch den in den EUV mit Art. 6[1] EUV eine Homogenitätsklausel eingefügt wurde, die mit dem Suspendierungsverfahren als Gewährleistungsmechanismus zu ihrer Sicherung versehen ist. Art. 6 Abs. 1 EUV bestimmt, daß die Union auf den Grundsätzen der Freiheit, der Demokratie, der Achtung der Menschenrechte und der Grundfreiheiten sowie der Rechtsstaatlichkeit beruht, und daß diese Grundsätze den Mitgliedstaaten gemeinsam sind. Zur Gewährleistung der Homogenität können die Mitgliedstaaten gemäß Art. 7 EUV und Art. 309 EGV[2] von ihren Rechten suspendiert werden. Mit der Neuregelung durch den Vertrag von Nizza ist ein Handeln auch schon für den Fall der eindeutigen Gefahr einer schwerwiegenden Verletzung der Grundsätze möglich.

Das sanktionsbewehrte Homogenitätsgebot ist ein Novum in der Geschichte der Europäischen Union. Zwar konnten mit Hilfe der bereits vorhandenen Verfahren schon vor Inkrafttreten des Vertrags von Amsterdam Konstruktionen errichtet werden, die dem Mechanismus des Art. 7 EUV ähneln.[3] Eine ausdrückliche Regelung der Sanktionsmöglichkeit war jedoch nie erfolgt.
Bislang ist dieser neue Mechanismus noch nicht zur Anwendung gelangt. Dennoch handelt es sich um eine Regelung von großer aktueller Relevanz. Als im Frühjahr 2000 die Österreichische Volkspartei und die rechtsgerichtete Freiheitliche Partei Österreichs eine neue Regierungskoalition bildeten, reagierten die übrigen Mitgliedstaaten der Europäischen Union mit unterschiedlichen Maßnahmen, die im Verlauf der öffentlichen Diskussion immer wieder als „Sanktionen gegenüber Österreich" bezeichnet wurden. Dabei wurde das Suspendierungsverfahren erwähnt, wenn auch nicht angewendet. Die Wahl *Silvio Berlusconis* zum neuen italienischen Regierungschef im Mai 2001 rief ebenfalls vereinzelt den Wunsch hervor, über die Sanktionierung Italiens – bei entsprechender Weiterentwicklung – nachzudenken. Das neue Suspendierungsverfahren beeinflußt seit seiner Einführung offensichtlich die öffentliche Wahrnehmung politischer Geschehnisse, die die Geltung der Grundsätze

---

[1] Im folgenden wird die konsolidierte Fassung des EGV und des EUV nach dem Vertrag von Nizza verwendet, bei Art. 7 EUV jedoch auch die alte nach Amsterdam. Hier erfolgt ein Hinweis, wenn die Amsterdamer Version gemeint ist, da die Absatzziffern sich um je eins verschieben. Bei sonstigen Abweichungen von der Version nach Nizza erfolgt ebenfalls ein ausdrücklicher Hinweis.

[2] Vgl. auch Art. 204 EAGV und Art. 96 EGKSV; auf diese Verträge wird im folgenden wegen ihrer praktisch geringen Relevanz nicht mehr eingegangen.

[3] Einen ausführlichen Überblick hierzu bietet Schorkopf, Homogenität in der EU, S. 106 ff.

der Freiheit, der Demokratie, der Achtung der Menschenrechte und der Grundfreiheiten sowie der Rechtsstaatlichkeit in der EU gefährden können.

Aufgrund der Erfahrungen mit der „Causa Österreich“ hat Art. 7 EUV die bereits erwähnte Erweiterung mit dem Vertrag von Nizza erfahren: das Suspendierungsverfahren wird um ein Verfahren ergänzt, das schon im Vorfeld einer schwerwiegenden und anhaltenden Verletzung der in Art. 6 Abs. 1 EUV genannten Grundsätze eingreifen kann.[4] Diese Erweiterung des Suspendierungsverfahrens ist bedeutend, weil aus der vorherigen Regelung, die lediglich die Suspendierung von Mitgliedschaftsrechten betraf, ein Mechanismus entwickelt wurde, welcher nun eine umfassende Reaktion auf verschiedenen Stufen der Gefährdung oder bereits erfolgten Verletzung der Grundsätze ermöglicht.

Der alte Mechanismus in der Amsterdamer Fassung wurde bereits eingehend von *Schorkopf* behandelt.[5] Zielleitend bei seiner Untersuchung ist die Konzeption der Homogenität als Ordnungsprinzip für die Europäische Union. Dabei behandelt er detailliert den Sanktionsmechanismus nach Art. 7 Abs. 1 EUV (Amsterdam), ohne auf die zeitlich nachfolgenden Entwicklungen im Zusammenhang mit Österreich und die Änderungen durch den Vertrag von Nizza eingehen zu können.
Die Ereignisse im Fall Österreichs vermitteln einen neuen Blick auf den Sicherungsmechanismus nach Art. 7 EUV. Sie haben Schwächen des alten Mechanismus aufgezeigt und zu einer *umfassenden* Regelung dieses Bereichs im Vertrag von Nizza geführt. Die Vertragsänderungen werfen wiederum eine Vielzahl neuer Fragen auf, die bislang noch nicht diskutiert wurden und auf die in der hier vorliegenden Arbeit detailliert eingegangen werden soll.
Ziel dieser Arbeit ist es, die Tragweite des neuen Sicherungsmechanismus in der Fassung des Vertrags von Nizza für die Europäische Union herauszuarbeiten. Es fragt sich, wie umfassend die Kompetenzen sind, die die Mitgliedstaten mit Einrichtung dieses Überwachungsmechanismus' auf die Ebene der Union übertragen haben, und was die Kompetenzübertragung für die EU und die Mitgliedstaaten in ihrem Verhältnis zueinander bedeutet.

B. Anknüpfungspunkt der Untersuchung: Die Geschichte der europäischen Integration

Da der neue Überwachungsmechanismus im Zusammenhang mit der Integrationsgeschichte der EU betrachtet werden muß, soll zunächst ein Überblick hierüber gegeben werden.

---

[4] Art. 7 Abs. 1 EUV (Nizza), siehe Abdruck im Anhang.
[5] Schorkopf, Homogenität in der EU.

> „Die Vertreter der Mitgliedstaaten der Europäischen Union
> ENTSCHLOSSEN, den mit der Gründung der Europäischen Gemeinschaften eingeleiteten Prozeß der europäischen Integration auf eine neue Stufe zu heben,
> EINGEDENK der historischen Bedeutung der Überwindung der Teilung des europäischen Kontinents und der Notwendigkeit, feste Grundlagen für die Gestalt des zukünftigen Europas zu schaffen,
> IN BESTÄTIGUNG ihres Bekenntnisses zu den Grundsätzen der Freiheit, der Demokratie und der Achtung der Menschenrechte und Grundfreiheiten und der Rechtsstaatlichkeit,
> [...]
> ENTSCHLOSSEN, den Prozeß der Schaffung einer immer engeren Union der Völker Europas, in der die Entscheidungen entsprechend dem Subsidiaritätsprinzip möglichst bürgernah betroffen werden, weiterzuführen,
> [...]
> HABEN BESCHLOSSEN, eine Europäische Union zu gründen“[6].

So steht es in den Erwägungsgründen des Vertrags über die Europäische Union. Nach dem ersten Erwägungsgrund des Vertrags über die Europäische Union soll also der eingeleitete Prozeß der Integration auf eine neue Stufe gehoben werden. Aus dieser Formulierung kann geschlossen werden, daß es sich bei der Integration um einen Prozeß handelt, dessen Ergebnis noch offen ist,[7] der stufenweise vor sich geht und bei dem mit jeder weiteren Vertragsrevision eine neue Stufe angestrebt oder erreicht werden kann, wenn auch nicht muß.
Allgemein bedeutet der Begriff Integration die

> „(Wieder-)Herstellung einer Einheit; Einbeziehung, Eingliederung in ein größeres Ganzes“[8]

oder auch

> „Vorgänge, bei denen Elemente so zu einem Ganzen zusammengebracht werden, daß die neue Einheit eine Qualität erhält, die über die bloße Verbindung der ursprünglichen Teile hinausgeht“[9].

Mit den Worten von Smend:

> „Das Wort meint ursprünglich die Wiederherstellung, dann aber überhaupt die Herstellung oder Entstehung einer Einheit oder Ganzheit aus einzelnen Elementen, so daß die gewonnene Einheit mehr als die Summe der vereinigten Teile ist.“[10]

---

[6] Vertrag über die Europäische Union (EU) vom 7. Februar 1992 in der Fassung vom 2. Oktober 1997, Präambel, Erwägungsgründe eins bis drei sowie zwölf.
[7] Vgl. Hilf/Pache, in Gabitz/Hilf, Das Recht der EU, Präambel zum EUV (Maastricht), Rn. 11; Calliess, in: Calliess/Ruffert, Kommentar zu EUV und EGV, Art. 1 EUV, Rn. 6 f.
[8] Stichwort „Integration“ in: Brockhaus.
[9] Mols, Stichwort „Integration“ in: Staatslexikon.
[10] Smend, Integration, S. 482.

Der Begriff „europäische Integration" wurde nach dem Zweiten Weltkrieg gebraucht, „to describe a process as well as the goal of forming a closer association, union, or even federation among the states of Western Europe", als die europäischen Nationalstaaten endlich mit der Verwirklichung der alten Idee eines Zusammenschlusses der Staaten in Europa begannen.[11]

1. Europäische Einigungsbestrebungen vor der Mitte des XX. Jahrhunderts

Die Idee eines Zusammenschlusses war nicht neu.[12] Bereits zu Beginn des XIV. Jahrhunderts schlug der französische Jurist und Publizist Pierre Dubois die Bildung eines Europäischen Staatenbundes zur Herstellung und Sicherung des Friedens in Europa vor.[13] Im Laufe der Jahrhunderte gab es viele weitere Vorschläge für einen Zusammenschluß der europäischen Staaten, hingewiesen sei hier nur auf das Projekt einer Europäischen Staatenföderation von Georg von Podebrad von 1462,[14] das Werk „Le Nouveau Cynée" des Pariser Mönches Emeric Crucé[15] (für den die Friedenssicherung vor allem Voraussetzung für Wirtschaft und Handel war), das Projekt einer Europäischen Union von William Penn von 1693[16], der Europäische Staatenbund in der Vorstellung von Abbé de Saint Pierre von 1713[17]. Nicht unerwähnt bleiben darf die Idee eines Völkerbundes von Immanuel Kant 1794 in seiner Schrift „Zum Ewigen Frieden". Allerdings wollte sich Kant nicht auf eine Europäische Integration beschränken, sondern entwarf das Ideal einer Weltrepublik oder eines Völkerstaates (civitas gentium), der allerdings seiner Ansicht nach in praxi nicht durchzusetzen wäre, so daß wenigstens ein „den Krieg abwehrender" Völkerbund anzustreben sei.[18]
Im XIX. Jahrhundert wurde mit Hilfe des „Europäischen Konzerts" versucht, die unterschiedlichen einzelstaatlichen Interessen zur Erhaltung eines Gleichgewichts in Europa abzustimmen.[19] Mit dem Aufkommen des industriellen Zeitalters wurden die ersten Internationalen Organisationen gegründet, welche die Staatenkoope-

---

[11] Jaenicke, in Encyclopedia of Public International Law II; Stichwort „European Integration", S. 240. Zur Entwicklung des Europagedankens vgl. Schambeck, Politische und rechtliche Entwicklungstendenzen der europäischen Integration, S. 8 ff.
[12] Vgl. hierzu ausführlich Foerster, Europa.
[13] In: De recuperatione Terre Sancte, 1305-1307, siehe Fischer/Köck, Europarecht, S. 59; Schweitzer/Hummer, Europarecht, Rn. 23; Foerster, Europa, S. 60 ff.
[14] Bündnis und Freundschaftsvertrag zwischen König Ludwig XI. von Frankreich, König Georg von Böhmen und dem Hohen Rat von Venedig, um den Türken zu widerstehen, 1462, siehe Fischer/Köck, Europarecht, S. 60 sowie Schweitzer/Hummer, Europarecht, Rn. 24.
[15] Siehe Schweitzer/Hummer, Europarecht, Rn. 25.
[16] Penn, Ein Essay zum gegenwärtigen und zukünftigen Frieden von Europa durch Schaffung eines europäischen Reichstags, Parlaments oder Staatenhauses, 1692-1694, abgedruckt in Ziegerhofer/Pichler, Die „Vereinigten Staaten von Europa", S. 33. Siehe dazu Foerster, Europa, S. 163 ff.
[17] Abbé de Saint Pierre, Le projet de paix perpetuelle, 1713, siehe Fischer/Köck, Europarecht, S. 61 f; Foerster, Europa, S. 173 ff.
[18] Kant, Zum Ewigen Frieden, Zweyter Definitivartikel, S. 30 ff, insbes. S. 37 f. Siehe dazu Foerster, Europa, S. 209 ff.
[19] Siehe Oppermann, Europarecht, Rn. 7.

ration vertieften und die somit als erste Ansätze einer Organisierung der europäischen Staaten in einem Zusammenschluß, der heute die Europäische Union ist, betrachtet werden können.
Aus der Zeit zwischen den beiden Weltkriegen ist vor allem an die von Richard Nikolaus Graf Coudenhove-Kalergi gegründete Paneuropäische Bewegung[20] sowie an den Briand-Plan für eine Europäische Föderation innerhalb des Völkerbundes von 1929[21] zu erinnern.
Die Vorstellungen einer Integration der Staaten in Europa zielten vor allem auf die Machterhaltung und –vermehrung, die Friedenssicherung, also die Schaffung einer Alternative zum Krieg, und damit auf eine Grundlage für Handel und Wohlstand.[22]

2. EGKS – Der Vertrag von Paris; EAG und EWG – Die Römischen Verträge

Die politische Lage nach 1945 mit dem Wunsch der westlichen Alliierten nach einer Anbindung der jungen Bundesrepublik an Westeuropa, dem Wiederaufbauproblem und dem aufkommenden Ost-West-Konflikt schaffte eine politische Atmosphäre, in der es überhaupt möglich war und die es als notwendig erscheinen ließ, engere Bindungen einzugehen.[23] Wegweisende Bedeutung hatte die berühmte Rede Winston Churchills an der Universität Zürich.[24]
Die Gründung der Montanunion (Europäische Gemeinschaft für Kohle und Stahl, EGKS) 1951 auf der Basis des Schuman-Plans, welche am 23. Juli 1952 in Kraft trat, stellt den ersten wirklichen Schritt auf dem Weg zur Europäischen Union in ihrer heutigen Form dar. Zwar scheiterten die Gründungen der Teilintegrationen Europäische Verteidigungsgemeinschaft (EVG) und Europäische Politische Gemeinschaft (EPG) im Jahre 1954, aber schon 1957 kamen mit den Römischen Verträgen die Europäische Wirtschaftsgemeinschaft (EWG) und die Europäische Atomgemeinschaft (EAG) hinzu; sie traten am 1. Januar 1958 in Kraft. Diese drei Europäischen Gemeinschaften betreffen vor allem die Integration im wirtschaftlichen Bereich.
Die wirtschaftliche Stärkung der Mitgliedstaaten durch ihre Integration in die Europäischen Gemeinschaften war jedoch nicht alleiniges Motiv – dahinter stand der Gedanke, über eine schrittweise voranschreitende wirtschaftliche Integration zu einer politischen Integration und damit zu einer wie auch immer gearteten Födera-

---

20 Coudenhove-Kalergi, Pan-Europa. Siehe auch ders., Entwurf für einen Paneuropäischen Pakt, abgedruckt in Ziegerhofer/Pichler, Die „Vereinigten Staaten von Europa", S. 101.

21 Briand, Rede vor der 10. Völkerbundversmmlung, abgedruckt in Europa. Dokumente zur Frage der Europäischen Einigung, insbes. S. 30 f.; ders., Denkschrift über die Einrichtung einer Europäischen Union, abgedruckt in Ziegerhofer/Pichler, Die „Vereinigten Staaten von Europa", S. 95. Siehe dazu Foerster, Europa, S. 300 ff.

22 Vgl. die Einteilung bei Schweitzer/Hummer, Europarecht, Rn. 22 ff.

23 Siehe hierzu umfassend Gasteyger, Europa von der Spaltung zur Einigung, S. 29 ff und 59 ff.

24 Churchill, The Tragedy of Europe. Rede an der Universität Zürich, abgedruckt in Ziegerhofer/Pichler, Die „Vereinigten Staaten von Europa", S. 151.

tion[25] zu gelangen.[26] Letztlich sollte der gesamte Integrationsprozeß der Friedenssicherung dienen. Dies zeigt schon die Präambel des EWGV:

> „ENTSCHLOSSEN, durch diesen Zusammenschluß ihrer Wirtschaftskräfte Frieden und Freiheit zu wahren und zu festigen..."[27]

Vor allem die Einbindung der deutschen Wirtschaft sollte ein ungebundenes Wiedererstarken Deutschlands verhindern, ohne einen Wiederaufbau Deutschlands nach dem Krieg zu verhindern.
Diese funktionalistische Konzeption folgt einem Gedanken des Impulses der wirtschaftlichen Integration: Über die Schaffung eines einheitlichen Marktes mit der damit einhergehenden Angleichung der wirtschaftsrelevanten Regelungen werden auch die anderen Teile der Rechtsordnungen – wegen des sogenannten spill over effects – fortschreitend einheitlicher ausgestaltet und in immer mehr Teilbereichen immer weiter integriert; sie kommen so dem Ziel einer politischen Integration immer näher. Es wird eine eigene, über den wirtschaftlichen Bereich hinausgehende Rechtsordnung geschaffen, eine europäische Rechtsordnung.

3. Die Einheitliche Europäische Akte (EEA)

Ein weiterer integrierender Schritt war die Fusion der Organe der drei Gemeinschaften mit dem Fusionsvertrag vom 8. April 1965. Für die Europäische Politische Zusammenarbeit (EPZ), die bereits auf informeller Ebene seit 1970 stattgefunden hatte, wurde mit Inkrafttreten der Einheitlichen Europäischen Akte (EEA) am 1. Juli 1987 in ihrem Titel III eine erste rechtliche Grundlage geschaffen.
Die EEA wurde angeregt durch einen Vertragsentwurf des Europäischen Parlaments zur Gründung einer Europäischen Union vom 14. Februar 1984[28], auf den an anderer Stelle zurückzukommen ist.
Das in der EEA erklärte Zwischenziel,

> „die Beziehungen zwischen deren[29] Staaten gemäß der Feierlichen Deklaration von Stuttgart vom 19. Juni 1983 in eine Europäische Union umzuwandeln",[30]

wurde mit dem Vertrag über die Europäische Union vom 7. Februar 1992 (Maastrichter Vertrag)[31], erreicht.

---

[25] Dieser Begriff ist hier weiter zu verstehen als nur als „Bundesstaat".
[26] Hallstein, Zu den Grundlagen und Verfassungsprinzipien der EG, S. 3
[27] Vertrag zur Gründung der Europäischen Gemeinschaft (EG) vom 25. März 1957 in der Fassung vom 2. Oktober 1997; Präambel, achter (seit der Fassung von 1957 unveränderter) Erwägungsgrund.
[28] Aufgrund der Initiative von Altiero Spinelli auch „Spinelli-Entwurf" genannt, vgl. v. Bogdandy, Supranationaler Föderalismus, 64.
[29] Den Staaten der Europäischen Gemeinschaften.
[30] Einheitliche Europäische Akte vom 28. Februar 1986, erster Erwägungsgrund.
[31] In Kraft getreten am 1. November 1993.

4. Die Europäische Union – Der Vertrag von Maastricht

Mit der Europäischen Union ist die wirtschaftliche Integration als Ziel beibehalten worden.[32] Insbesondere wurde in ihrem Rahmen die Gründung einer Wirtschafts- und Währungsunion erreicht. Der Forderung, daß eine solche Union mit einer gemeinsamen Wirtschaftspolitik eine gemeinsame politische Union erforderlich mache, wurde nicht in vollem Maße nachgegeben. Das Europäische Parlament wurde in seinen Rechten gestärkt,[33] dem Europäischen Rat wurden Zuständigkeiten im Rahmen der Europäischen Union übertragen,[34] eine gemeinsame Unionsbürgerschaft wurde geschaffen.[35] Das Ziel der wirtschaftlichen Integration wurde in der Präambel ausdrücklich ergänzt durch das Ziel, Fortschritte in diesem Bereich mit parallelen Fortschritten auf anderen Gebieten einhergehen zu lassen. Die EG erhielt neue Kompetenzen, etwa in den Bereichen Kultur oder Entwicklungszusammenarbeit. Dieses Vorgehen scheint weiterhin dem funktionalistischen Gedanken verpflichtet zu sein, daß aufgrund des spill over effects andere Teilbereiche gleichsam zwangsläufig ebenso vereinheitlicht werden müssen.

5. Der Vertrag von Amsterdam

Die im Maastrichter Vertrag bereits vorgesehene Revisionskonferenz fand ihren Abschluß mit dem Amsterdamer Vertrag vom 2. Oktober, der am 1. Mai 1999 in Kraft trat.[36] Seine Neuerungen stellen weitere integrative Schritte dar. So bedeutet die Stärkung des Europäischen Parlaments durch Reformierung und Ausweitung des Mitentscheidungsverfahrens eine Übertragung von mehr Kompetenzen an ein rein europäisches Organ (in Abgrenzung zum Rat, der aus Vertretern der Regierungen besteht). Die bessere außenpolitische Handlungsfähigkeit durch die Einführung eines Hohen Vertreters für die Gemeinsame Außen- und Sicherheitspolitik[37] ermöglicht eine wirkliche europäische Außenpolitik, die seinerzeit für die Westeuropäische Union beschlossenen Handlungsformen sind nunmehr ausdrücklich Bestandteil der Europäischen Union.[38] Die Überführung weiter Teile der früheren dritten Säule in die supranationale erste Säule der EU[39] bedeutet zudem eine weitere Kompetenzübertragung auf die europäische Ebene. Ob die Möglichkeit einer engeren Zusammenarbeit im kleineren Kreis,[40] folgend dem Konzept der unter-

---

[32] Eine Übersicht über die Änderungen durch den Vertrag von Maastricht bieten Bleckmann, DVBl 1992, 335; Ress, JuS 1992, 985; Fastenrath, EuR Beiheft 1/1994, 101.

[33] Etwa durch das neue Verfahren der Mitentscheidung, Art. Art. 251 EGV oder das Fragerecht des Europäischen Parlamentes an den Rat in den Bereichen Außen- und Sicherheitspolitik, Art. 21 UAbs. 2 EUV.

[34] Art. 4 UAbs. 1 EUV.

[35] Art. 17 EGV.

[36] Eine Zusammenfassung der wesentlichen Änderungen siehe bei Hilf/Pache, NJW 1998, 705; Lecheler, JuS 1998, 392.; Ukrow, ZEUS 1998, 141.

[37] Vgl. Art. 18 Abs. 3 EUV.

[38] siehe dazu Frowein, Die Europäische Union im Zeichen der Globalisierung, S. 122 ff.

[39] Vgl. Dritter Teil, Titel 4 des EGV (Art. 61 ff.).

[40] Vgl. Art. 40 und 43 bis 45 EUV sowie Art. 18 Abs. 3 EUV, Art. 11 EGV.

schiedlichen Geschwindigkeiten, das mit der Inkorporation des Schengen-Systems oder der Währungsunion schon ein Vorbild hat, gesamtintegrative Wirkung entfalten kann, bleibt noch abzuwarten.

6. Der Vertrag von Nizza

Am 1; Februar 2003 ist der Vertrag von Nizza[41] in Kraft getreten. Die Änderungen betreffend die neue Sitzverteilung im Europäischen Parlament, die neue Zusammensetzung der Kommission und eine neue Definition der qualifizierten Mehrheit im Rat für eine erweiterte Union wurde nicht vorgenommen, sondern die Regelungen wurden für eine aus 15 Mitgliedstaaten bestehende Union getroffen; lediglich Grundsätze und Methoden, nach denen das System nach der Erweiterung weiterentwickelt werden soll, sind im Protokoll über die Erweiterung und in der Erklärung zur Erweiterung der Europäischen Union festgelegt.[42]
Für das Europäische Parlament fand eine Erhöhung der Abgeordnetenzahl auf höchstens 732 statt[43] und die Rechte des Parlaments wurden erweitert. Es kann nun als privilegierter Klagebefugter die Nichtigkeitsklage einreichen;[44] der Anwendungsbereich des Mitentscheidungsverfahrens wurde ausgedehnt.[45] In Zukunft wird die Zustimmung des Europäischen Parlaments für die verstärkte Zusammenarbeit in einem der Mitentscheidung des Parlaments unterliegenden Bereich notwendig sein.[46] Dieses Instrument der verstärkten Zusammenarbeit wurde auf die GASP ausgedehnt.[47]
Die Beschlußfassung mit qualifizierter Mehrheit wurde ausgeweitet.[48]
Ab 1. Januar 2005 wird das System der Beschlußfassung mit qualifizierter Mehrheit im Rat geändert[49]; sie muß in den Beitrittsverträgen jeweils festgelegt werden.[50] Die Begrenzung der Zahl der Kommissionsmitglieder ist zeitlich gestaffelt.[51]
Das Rechtsprechungssystem wurde vor allem in der Frage des Verhältnisses zwischen Gerichtshof und Gericht erster Instanz reformiert.[52]
Die Europäische Union ist also „eine im Prozeß fortschreitender Integration stehende Gemeinschaft eigener Art",[53] deren Integrationsstand bereits weit fortgeschritten ist, wie nicht zuletzt die Änderungen durch den Vertrag von Nizza zeigen.

---

[41] Abl. C 80 vom 10.03.2001.
[42] 2001 Abl. C 80/49 ff. und 80 ff. Zu den Änderungen durch den Vertrag von Nizza siehe auch Hatje, EUR 2001, 143; Pache/Schorkopf, NJW 2001, 1377; Dashwood, ELRev 2001, 215; van Nuffel, RDUE 2001, 329.
[43] Art. 189 EGV neu.
[44] Art. 230 UAbs. 2 EGV neu.
[45] Art. 13, 63, 65, 157, 159 und 191 EGV neu, vgl. hierzu Dahwood, ELRev 2001, 215 (218 ff.).
[46] Art. 11 Abs. 2 S. 2 EGV neu. Zur Überarbeitung der verstärkten Zusammenarbeit siehe Art. 11 und 11 a EGV neu sowie Art. 40, 40 a und b, 43, 43 a und b, 44, 44 a EUV neu.
[47] Art. 27 a bis e EUV neu.
[48] Wichtigste Bestimmungen: Art. 18, 65, 133, 157, 181, 190, 191, 223 und 224 EGV neu. Siehe hierzu Pache/Schorkopf, NJW 2001, 1377 (1382 f.).
[49] Art. 3 des Protokolls über die Erweiterung der EU.
[50] Vgl. Erklärung zur Erweiterung der EU, 2001 Abl. C 80/80 (Nr. 20).
[51] Art. 4 des Protokolls über die Erweiterung der EU.
[52] Art. 220 ff. EGV neu. Siehe dazu Sack, EuZW 2001, 77; Pache/Schorkopf, NJW 2001, 1377 (1379 ff.).

Für diesen Verbund bestimmt Art. 6 Abs. 1 EUV, daß er „auf den Grundsätzen der Freiheit, der Demokratie, der Achtung der Menschenrechte und Grundfreiheiten sowie der Rechtsstaatlichkeit“ beruht, und daß diese Grundsätze allen Mitgliedstaaten gemeinsam sind. Mit dieser Klausel handelt es sich um ein Homogenitätsgebot.

C. Homogenitätsklausel als Homogenitätsgebot

Art. 6 EUV alleine enthält zwar zunächst nur die Sachverhaltsfeststellung, daß den Mitgliedstaaten die genannten Grundsätze gemein sind. Ein Verhaltensgebot ergibt sich jedoch immer schon implizit aus einer Sanktionsregel; diese setzt ein Gebot voraus.[54] Damit folgt aus Art. 7 EUV für die Mitgliedstaaten ein Verhaltensgebot, die Grundsätze der Union einzuhalten.
Das Verhaltensgebot ergäbe sich auch ohne explizite Sanktion bereits aus dem Sinn einer Homogenitätsklausel. Es wäre sinnlos, eine nur temporäre – nur zum Zeitpunkt des Erlasses der Norm – bestehende Homogenität in einem auf Dauer angelegten Vertragswerk zu postulieren, ohne davon ausgehen zu wollen, daß diese Homogenität auch in Zukunft vorliegen soll. Nur solche Staaten, die die in Art. 6 Abs. 1 EUV genannten Grundsätze beachten, können zukünftig Mitglied der EU werden (Art. 49 UAbs. 1 Satz 1 EUV); in der Präambel des EUV bekennen sich die bisherigen Mitgliedstaaten im dritten Erwägungsgrund nochmals ausdrücklich zu den genannten Grundsätzen. Auch wenn Art. 6 Abs. 1, 2. HS EUV also nicht wörtlich so formuliert ist, daß die Mitgliedstaaten diese Grundsätze beachten sollen, läßt sich dies ohne weiteres herauslesen.[55] Diese Norm ist also nicht insofern sinnlos, als sie einen Zustand als gesollt hinstellt, der ohnehin der Wirklichkeit entspricht, da die Änderung dieses Zustandes in der Zukunft durchaus möglich ist.[56]

Im übrigen wurde ein Sollensgebot auch schon dem alten Art. F Abs. 1 EUV beigemessen.[57]
Damit bereitet es also keine Probleme, ein solches Verhaltensgebot auch für die EU selbst anzunehmen, auch wenn es für sie keine Sanktionsregel gibt. Die eher unglückliche Formulierung, die Union „beruhe“ auf den Grundsätzen, läßt sich damit erklären, daß die Union noch nicht unbestritten über eine eigene Rechtsper-

---

[53] Diese Formulierung stammt vom BVerfG in E 22, 295 (296).
[54] Vgl. Koller, Theorie des Rechts, S. 86; Röhl, Rechtslehre, S. 219.
[55] So auch Schorkopf, Homogenität in der EU, S. 77 f.; Schmitz, Integration in der Supranationalen Union, S. 354. Eine solche Formulierung ist nicht völlig ungewöhnlich, vgl. nur Art. 1 Abs. 1 S. 1 des Grundgesetzes: „Die Würde des Menschen ist unantastbar.“
[56] Anders Leidenmühler, Die Union 1998, 97 (106). Von der bisherigen tatsächlichen Beachtung der Grundsätze durch die Mitgliedstaaten schließt er unter Verweis auf Kelsen darauf, daß eine solche Norm sinnlos sei. Kelsen bezieht sich in der von Leidenmühler zitierten Stelle (Allgemeine Theorie der Normen, 1997, S. 16) jedoch auf solche Zustände, die *naturnotwendig* geschehen müssen. Dies kann von einer Verletzung der Grundsätze jedoch nicht behauptet werden, da hier viele Faktoren wirken, und vor allem keine Naturkonstanten.
[57] Vgl. Klein, in Hailbronner/Klein/Magiera/Müller-Graff, Handkommentar zum EUV/EGV, Art. F Rn. 5; Beutler in Groeben/Thiesing/Ehlermann, Kommentar zum EU-/EG-Vertrag, Art. F EUV Rn. 17.

sönlichkeit verfügt.[58] Außerdem wird dadurch ein Unterschied der Union zu den Mitgliedstaaten deutlich, was bei der Inhaltsbestimmung des Homogenitätsgebots relevant wird.

D. Die Durchsetzung des Gebots

In der EU fehlte bislang weitgehend die Möglichkeit, Mitgliedstaaten zu sanktionieren. Einzige Ausnahme war bislang die Feststellung der Verletzung einer Norm durch ein Urteil des EuGH. Demnach kann der Gerichtshof bei Mißachtung eines Urteils im Rahmen eines besonderen Verfahrens einen Pauschalbetrag oder ein Zwangsgeld gem. Art. 228 Abs. 2 EGV verhängen. Gegenüber Privaten gibt es weitergehende Möglichkeiten für Sanktionen, nur hier ist überhaupt eine Zwangsvollstreckung möglich, dies allerdings nur mit Hilfe der mitgliedstaatlichen Vollstreckungsgewalt.[59] Darüber hinaus können beispielsweise in EG-Verordnungen Sanktionen zur Durchsetzung der Gebote vorgesehen werden,[60] exemplarisch sei hier nur die Kartell-Verordnung Nr. 17[61] genannt. Die Staaten scheinen sich bisher gesträubt zu haben, sich selbst einem Vollstreckungszwang oder einer Bestrafung zu unterwerfen.

Dies hat sich nun mit Einführung des neuen Überwachungsmechanismus' nach Art. 7 EUV geändert. Wie alle rechtlichen Gebote erhält das Homogenitätsgebot sein entscheidendes Gewicht erst dadurch, daß mit der Sanktionierung seiner Verletzung ein Mechanismus existiert, mit dessen Hilfe es durchgesetzt werden kann.[62] Dabei ist hier mit Sanktion ein Mittel gemeint, „mit de[m] eine Norm gegenüber abweichendem Verhalten zur Geltung gebracht wird".[63] Sie stellt gewissermaßen eine zweite Stufe nach einem Verhaltensgebot dar.[64]

[58] Vgl. Stumpf, in Schwarze, EU-Kommentar; Art. 6 EUV, Rn. 5. Auf die Rechtspersönlichkeit der EU soll nicht näher eingegangen werden, siehe dazu aber Trüe, ZEUS 2000, 127; Hillgruber, Die Rechtsnatur der Europäischen Union nach dem Amsterdamer Vertrag; Hummer, Der Vertrag von Amsterdam aus völkerrechtlicher Sicht, S. 45 ff; Ress, EuR Beiheft 2/1995, 27; Wichard, EuR 1999, 170; Dörr, EuR 1995, 334.

[59] Art. 256 EGV.

[60] Art. 229 EGV.

[61] Erste Durchführungsverordnung zu den Artikel 85 und 86 des Vertrages, Abl. EG 1962, S. 204; Ausführlich zu Sanktionen im Europäischen Gemeinschaftsrecht: Heitzer, Punitive Sanktionen.

[62] Die Bedeutung der *faktischen Durchsetzbarkeit* (die zu unterscheiden ist von der rechtlichen, die oben behandelt wird) von Rechtsgeboten zeigt sich auch im Völkerrecht, wurde doch immer wieder behauptet, es handele sich hier aufgrund des Mangels der Durchsetzbarkeit gar nicht um Recht im eigentlichen Sinne. Das Völkerrecht kann aber wegen des Grundsatzes der Souveränität der Staaten nicht auf der Sanktionierung der Normbefehle aufgebaut sein; dies wird durch den Grundsatz der Gegenseitigkeit weitgehend ersetzt, vgl. Vitzthum, Begriff, Geschichte und Quellen des Völkerrechts, Rn. 51. Daher kann folgende Aussage Jauernigs, Zivilprozeßrecht, S. 1, nicht für das Völkerrecht gelten: „Eine Rechtsordnung, die auf Durchsetzbarkeit grundsätzlich verzichtet, gibt sich selbst auf: Sie stellt ihre Beachtung in das Belieben der Betroffenen. Daher ist es ein Kennzeichen jeder Rechtsordnung, daß die Rechte des Einzelnen auch durchsetzbar sind."

[63] Raiser, Das lebende Recht, S. 229.

[64] Entgegen Kelsens Ansicht, jede Rechtsnorm sei eine Sanktionsnorm (in Reine Rechtslehre, S. 51 ff.), wird hier die Ansicht vertreten, daß eine Sanktion eine Rechtsnorm nicht erst zu einer solchen macht. Es gibt auch Rechtsnormen mit Verhaltensgebot, aber ohne Sanktionierung einer Verletzung dieses Verhaltens, etwa die Normen des privaten Vertragsrechts: Wenn sie von zwei Vertragsparteien nicht erfüllt werden, so soll daraus

Mit dem Überwachungsmechanismus, der nicht nur den Rahmen der EG betrifft, sondern die gesamte EU, haben sich die Mitgliedstaaten einer umfassenden „Aufsicht" unterworfen, die es der Union ermöglicht, die einzelnen Mitgliedstaaten mit empfindlichen Sanktionen zu belegen, aber auch schon vorher zu agieren, wenn eine Gefahr für die Grundsätze in einem Mitgliedstaat besteht.[65] Hierin liegt eine neue Dimension, deren Ausmaß im Verlauf der Arbeit erläutert wird.

E. Strukturprinzipien

Die Homogenitätsklausel in Art. 6 Abs. 1 EUV stellt nicht auf die Homogenität der in den Staaten lebenden Menschen ab, etwa in kultureller oder wirtschaftlicher Hinsicht.[66] Es soll nicht auf die einzelnen Menschen Bezug genommen werden, sondern nur auf die Staaten als sich zusammenschließende politische Einheiten.
Die Europäische Integration ist vom juristischen Standpunkt aus betrachtet ein Zusammenschluß von Staaten. Die konstitutiven Elemente eines Staates sind für sein Selbstverständnis unabdingbar und grenzen ihn von anderen Staaten ab. Mit diesen Elementen ist die Verfassung im Sinne einer Verfaßtheit[67] des jeweiligen Staates gemeint, also in der Definition von *Stern* der

> „Inbegriff von [...] Rechtssätzen höchsten Ranges, die die Ordnung des Staates hinsichtlich der grundlegenden Organisation, Form und Struktur regeln sowie das grundlegende Verhältnis zu seinen Bürgern und bestimmte aus Gründen erschwerter Abänderbarkeit in diese übernommene Gegenstände festlegen".[68]

Dies sind die Strukturprinzipien eines Staates.[69]
Verfaßt wird ein Staat also mit Hilfe rechtlicher Kriterien, die für die wesentlichen Entscheidungen im und für den Staat ausschlaggebend sind, „die Grundprinzipien der Herrschafts- und Wertordnung im Staat"[70]. Wenn hier von rechtlichen Kriterien die Rede ist, so heißt das nicht, daß es sich um positives Recht handeln müsse. Auch die Verfassungswirklichkeit zählt zu diesen rechtlichen Kriterien.
Diese umfassen aber nicht die politisch-soziale Homogenität des Staatsvolkes. Zwar läßt auch das Staatsvolk in seiner nationalen, religiösen, zivilisatorischen, so-

---

nicht folgen, daß die Personen sich gegenüber gar kein Versprechen eingehen, welches die Formerfordernisse nicht erfüllt. Die Regel hat lediglich zur Folge, daß dem Versprechen die rechtliche Anerkennung verwehrt wird. Diese Nichtigkeit kann aber nicht mit einer Sanktion gleichgesetzt werden; so die Kritik von Hart, Der Begriff des Rechts, S,. 47 ff (insbes. S. 55).

[65] Vgl. die Ausführungen in Kapitel 4.

[66] Auf den Integrationsvorgang zwischen den Individuen im Staat stellt Smend in seiner Integrationslehre ab, Smend, Integrationslehre, S. 475 f.; ders., Integration, S. 483; ders., Verfassung und Verfassungsrecht, S. 136, 154. Schmitz, Integration in der Supranationalen Union, S. 303 f. und 313 ff. betont, daß hierin eine Beschränkung durch die „Juristen" vorliege und es neben einer Rechts- oder Verfassungshomogenität andere Homogenitätsinhalte gebe, welche für die Integration von Staaten von großer Bedeutung seien.

[67] In Abgrenzung zur geschriebenen Verfassungsurkunde wie etwa dem Grundgesetz, für welches derselbe Begriff verwendet wird.

[68] Stern, Staatsrecht I, § 3 II 4 (S. 78).

[69] Zu diesem Begriff siehe Stern, Staatsrecht I, Vorbemerkung vor § 16 (S. 551 ff.).

[70] Ebd.

zialen und klassenmäßigen Eigenart den Staat von einem anderen Staat abgrenzen. Die Besonderheit des Volkes verfaßt den Staat aber nicht. Das Staatsvolk ist lediglich ein (bedeutender) Bestandteil des Staates. Es kann sogar nicht einmal angenommen werden, die Personen, aus denen das Staatsvolk besteht, stünden in der intensivsten psychischen Wechselwirkung zueinander, die man sich vorstellen kann. Die Realität zeigt, daß ein „Wechselaustausch seelischer Energien" in anderen nicht-nationalen Gemeinschaften durchaus intensiver sein kann.[71]
Damit ist es also nicht notwendig, für die Homogenität von Staaten auf eine nationale, religiöse, zivilisatorische, soziale, klassenmäßige Homogenität der Menschen abzustellen.[72] Diese bezieht sich auf das Staatsvolk, nicht aber auf den Staat selbst. Zusammenhänge zwischen den beiden Ebenen sollen aber nicht geleugnet werde. Ein gewisses Maß an politischer sowie sozialer Homogenität, zu verstehen als eine gleichgerichtete politische Grundauffassung und Ausgeglichenheit im Sinne von Abwesenheit zu starker wirtschaftlicher Abhängigkeitsverhältnisse, in Abgrenzung zu einer wie auch immer gearteten kulturellen, religiösen, sprachlichen oder „rassischen" Homogenität, ist eine grundlegende Basis schon für das Funktionieren von Demokratie;[73] dieses Maß darf aber nicht zu hoch angesetzt werden.[74] Selbstverständlich kann auch sprachliche Homogenität wichtig sein, etwa dann, wenn eine gemeinsame öffentliche Debatte angestrebt wird. Für eine weitere Integration kann die Bedeutung einer gemeinsamen politischen Öffentlichkeit nur betont werden; diese ist bei Sprachbarrieren schwieriger zu erreichen als bei Einsprachigkeit.

Die politisch-soziale Homogenität ist in Art. 6 Abs. 1 EUV nicht genannt. Inwiefern sie für ein Weiterschreiten der Europäischen Integration erforderlich ist, soll in dieser Arbeit nicht untersucht werden.[75] Politisch-soziale Sachverhalte können zwar nicht völlig getrennt werden von den Wertvorstellungen, die im Staat als Grundprinzipien gelten sollen; vielmehr wirken sie jeweils gegenseitig aufeinander ein – die in der Gesellschaft vorherrschenden Wertvorstellungen auf die rechtlich normierten Grundprinzipien des Staates und umgekehrt. Die Behandlung dieser Homogenität müßte aber Gegenstand einer soziologischen Untersuchung sein und soll hier daher unberücksichtigt bleiben.

Gegenstand der hier behandelten Frage nach der Homogenität sich integrierender Staaten sind lediglich die in Art. 6 Abs. 1 EUV genannten Grundsätze, die das Gefüge der Staaten „in den wesentlichen Kristallisationspunkten vorzeichnen",[76] also die Strukturprinzipien der Staaten.

[71] So auch Kelsen, Allgemeine Staatslehre, S. 7 ff.
[72] So aber C. Schmitt, Verfassungslehre, S. 376.
[73] Siehe hierzu Gasteyger, Politische Homogenität, S. 33 ff; Zuleeg, Demokratie ohne Volk oder Demokratie der Völker?, S. 19.
[74] So auch Oeter, Souveränität und Legitimation staatlicher Herrschaft, S. 68 f.
[75] Siehe hierzu eingehend Schmitz, Integration in der Supranationalen Union, S. 313 ff. Er differenziert zwischen Homogenität als Voraussetzung der Stabilität für einen einheitlichen Lebensraum, als Voraussetzung der Funktionsfähigkeit des multipolaren politischen Systems, als Voraussetzung der Integration im Sinne einer Wertegemeinschaft und als Voraussetzung für eine „Heimat".
[76] Werner, Wesensmerkmale des Homogenitätsprinzips, S. 43.

F. Homogenität als Bedingung für Integration in der supranationalen Union

Die Homogenität in den Strukturprinzipien der Staaten ist Vorbedingung für die Integration zu einer supranationalen Gemeinschaft. Damit Staaten zu einer immer engeren Integration gelangen können, müssen gewisse Bedingungen erfüllt sein; schon eine schlichte Zusammenarbeit stellt gewisse Anforderungen an die Akteure. Homogenität bedeutet dabei nicht Gleichheit, sondern ein Mindestmaß an Gleichartigkeit oder Wesensverwandtschaft.[77]
Für Bundesstaaten wird diese Erkenntnis als selbstverständlich vorausgesetzt.[78] Der dahinterstehende Gedanke ist, daß es in einer homogenen Gemeinschaft dem einzelnen Gliedstaat leichter fallen wird, auf die Durchsetzung seiner eigenen Interessen zu verzichten, ohne sich selbst in Frage stellen zu müssen. Durch Homogenität werden also der föderale Zusammenhalt und das Funktionieren der vertikalen Gewaltenteilung gesichert.[79]

Integration bedeutet, daß etwas Neues geschaffen wird, was über die Gesamtheit der Teile hinausgeht – nämlich der Bund.[80] Ein Homogenitätserfordernis kann sich damit auf zwei Ebenen beziehen: auf die horizontale Ebene zwischen den sich zusammenschließenden Staaten, und auf die vertikale Ebene, die das Verhältnis des Bundes zu seinen Gliedern betrifft.
Ebensowenig wie nichtdemokratische Staaten Mitglied der Union werden oder auf Dauer bleiben können, kann die Gemeinschaft im Kern wesensmäßig anders strukturiert sein als ihre Glieder – so steht es in der Kopenhagener Erklärung zur Demokratie geschrieben.[81] In anderen Worten: Auf Gemeinschaftsebene müssen dieselben Grundsätze wie innerhalb der Mitgliedstaaten gelten, wenn diese der EG/EU Kompetenzen übertragen, die zu einer Vertiefung der Integration führen.[82] Dies ergibt sich aus der Besonderheit, daß in der Union supranationales Recht geschaffen werden kann mit der Folge, daß die untergeordnete Ebene auch dann rechtlich verpflichtet werden kann, wenn sie zu einem Rechtsakt der übergeordneten Ebene keine Zustimmung gegeben hat.[83] Außerdem hat das von der übergeordneten Ebene geschaffene Recht direkte Wirkung in den Rechtsordnungen

---

[77] Vgl. auch Schmitz, Integration in der Supranationalen Union, S. 311.
[78] Huber, Deutsche Verfassungsgeschichte, Band I. S, 659.; Zippelius, Allgemeine Staatslehre, S. 401 f.; Stern, in Dolzer/Vogel, Bonner Kommentar, Art. 28, Rn. 10; ders., Staatsrecht I, § 19 III 5 (S. 704) m.w.N.; Werner, Wesensmerkmale des Homogenitätsprinzips, S. 30; Isensee, Nachwort, S. 122; Vogel, in HBVerfR, § 22, Rn. 32; Hesse, Grundzüge des Verfassungsrechts der BRD, Rn. 267; Kersten, DÖV 1993, 896 (897).
Dreier, in Dreier, Grundgesetz Kommentar, Art. 28, Rn. 3 unter Bezugnahme auf John Stuart Mill. Dieser bezieht sich aber eher auf andere Vorbedingungen für Föderationen, siehe ders., Considerations on Representative Government, S. 398 ff.
[79] Schmitz, Integration in der Supranationalen Union, S. 306 f. Den zweiten Aspekt – das Funktionieren der vertikalen Gewaltenteilung betont Hain, Die Grundsätze des Grundgesetzes, S. 416 ff (insbes. S. 419).
[80] Der Begriff „Bund" darf nicht verwechselt werden mit dem Begriff „Bundesstaat".
[81] Vgl. Kopenhagener „Erklärung zur Demokratie" der Staats- und Regierungschefs 1978, Bulletin EG 3-1978, S. 5 f.
[82] Oppermann, Europarecht, Rn. 241.
[83] Vgl. Oppermann, Europarecht, Rn. 896.

der untergeordneten Ebene mit Vorrang über das auf dieser Ebene geschaffene Recht.[84]
Die in einem Staat geltenden Strukturprinzipien sollen nicht dadurch unterlaufen werden, daß Kompetenzen auf einen anderen Entscheidungsträger übertragen werden. Unterläge die übergeordnete Ebene nicht den gleichen Strukturprinzipien, so würde auf dem Hoheitsgebiet des Staates eine Hoheitsgewalt ausgeübt, die nicht seinen Grundprinzipien entspricht; je nachdem, welcher Bereich betroffen ist, würden also diese Prinzipien entweder gelten oder nicht gelten. Dies ist aber für grundlegende Prinzipien unerträglich, denn als grundlegend in einem Staat können sie nur dann gelten, wenn sie *immer* eine Basis hoheitlichen Handelns bilden sollen. Anders wäre auch eine Integration von Seiten der Bürger nicht möglich, denn sie müssen sich in beiden Teilen der Hoheitsgewalt wiederfinden können, ohne sich in ihrem „staatlichen Bewußtsein" spalten zu müssen.[85]
Diese Argumentation läßt sich in einem zweiten Schritt für das Homogenitätserfordernis auf horizontaler Ebene fruchtbar machen und soll an folgendem Beispiel verdeutlicht werden: Eine nationale Einheit ist als Demokratie organisiert, eine andere als Oligarchie. Wenn nun auf supranationaler Ebene eine Zusammenarbeit stattfindet, muß die demokratische Legitimation dieser Ebene insgesamt in Frage gestellt werden. Zwar könnte von Seiten des einen Staates eine demokratische Legitimation der darüberliegenden Ebene vermittelt werden, aber nicht von Seiten des anderen (oligarchischen) Staates. In dem demokratischen Staat müßten dann Handlungen einer Ebene akzeptiert werden, die nicht gänzlich demokratisch legitimiert ist. Somit würde in diesem Staat nur teilweise das Prinzip der Demokratie gelten, nämlich nur dann, wenn er selbst handelt. Dann würde aber das Postulat des Demokratieprinzips in diesem Staat nicht mehr gelten. Dieser Staat könnte oder dürfte also keine Kompetenzen auf die supranationale Ebene übertragen.[86]
Die staatlichen Handlungsebenen sind aufgrund der europäischen vertikalen „Gewaltenteilung" so miteinander verbunden, daß nicht nur in inhaltlich abgegrenzten Bereichen zusammengearbeitet wird, sondern auch eine funktionale Verknüpfung erfolgt. Auch dies soll mit Hilfe eines Beispiels erklärt werden. Man nehme an, in einem Mitgliedsstaat würden Menschenrechte in einer Weise verletzt, daß sich in großem Ausmaß EU-Bürger als Arbeitnehmer gehindert sähen oder sie tatsächlich gehindert wären, in diesem Land zu arbeiten. Auch die europäischen Gerichte könnten wegen des Ausmaßes (es würde sich nicht um Einzelfälle handeln, sondern um eine Gesamtentwicklung) diesem Problem nicht Abhilfe verschaffen. In einem solchen Fall wäre die Arbeitnehmerfreizügigkeit nicht mehr gewährleistet.[87]

---

[84] Vgl. die ständige Rechtsprechung des EuGH seit 1963, insbes. EuGH, Urteil vom 5. Februar 1993 – Van Gend & Loos ./. Niederländische Finanzverwaltung, Rs. 26/62 – Slg 1963, 1; Urteil vom 15. Juli 1964 – Costa ./. E-NEL, Rs. 6/64 – Slg. 1964, 1251; Urteil vom 17. Dezember – Internationale Handelsgesellschaft, Rs. 106/77, Slg. 1970, 1125; Urteil vom 9. März 1978 – Simmenthal II, Rs. 106/77 – Slg. 1978, 629.
[85] Schmitz, Integration in der Supranationalen Union, S. 322. Waitz, Grundzüge der Politik, S. 205, geht bei der Frage nach einer etwaig erforderlichen Homogenität von vornherein von den Bürgern aus und stellt es als eine selbstverständliche Unerträglichkeit dar, daß das Volk sich in seinem staatlichen Bewußtsein spalten müsse – je nachdem, welcher Teil des Staatslebens betroffen sei.
[86] Siehe dazu Frowein, MichLRev 1984, 1311 (1313); Verhoeven, ELRev 1998, 217 (221); Zuleeg, JZ 1993, 1069 (1072 f.).
[87] Siehe hierzu auch Bulterman, SIM Special 21 (1998), 123 (126).

Die funktionelle Verzahnung zeigt sich in diesem Beispiel darin, daß eine gemeinsame Entscheidung über die Arbeitnehmerfreizügigkeit mit Festlegung im EGV getroffen wird, aber die einzelne Handhabung dieser Regelung in den jeweiligen Staaten erfolgt. Nationales Recht und Gemeinschaftsrecht greifen hier ineinander ein. Dadurch wird das Problem des Abweichens von den wesentlichen substantiellen Prinzipien potenziert, denn es geht nicht nur um gemeinsame Entscheidungsfindung (für die Regelung im EGV), sondern auch um Einzelentscheidungen in den jeweiligen Staaten, die aber dem europäischen Recht entsprechen müssen und damit koordiniert sein müssen, ohne daß jeweils alle anderen Staaten mitentscheiden. Noch deutlicher ist dies bei einer Richtlinie, deren Umsetzung in den einzelnen Staaten erfolgt.
Die funktionelle Verzahnung, die einer vertikalen Gewaltenteilung inhärent ist, erfordert demnach Homogenität aller Einheiten zueinander, das heißt sowohl der Glieder gegenüber dem Ganzen, des Ganzen gegenüber den Gliedern und der Glieder untereinander.[88]
Es bleibt noch festzuhalten, daß das Interesse an Homogenität zunächst von den Mitgliedstaaten ausgeht, denn sie sind ursprünglich diejenigen, die Kompetenzen abgeben und sich binden. Mit der Schaffung des Neuen, des Zusammenschlusses, geht dieses Interesse aber auch von dem Zusammenschluß – also hier von Seiten der EU – aus, denn der Zusammenschluß ist gefährdet, wenn keine Homogenität mehr vorhanden ist. Die EG und die EU wurden von Anfang an so konzipiert, daß auch sie den nun in Art. 6 Abs. 1 EUV genannten Grundsätzen unterworfen sind. Von Gemeinschafts- und Unionsseite besteht daher ein eigenes Interesse auf Einhaltung dieser Grundsätze.

Für die Integration zu einem supranationalen Verbund ist also horizontale wie vertikale Homogenität in demselben Maße erforderlich. Damit erfährt Art. 7 EUV nicht nur eine Bedeutung wegen eines möglicherweise weitgehenden Ausmaßes einer Kompetenzübertragung auf die europäische Ebene, sondern auch deshalb, weil er damit die Homogenität als eine Bedingung für Integration sichert. Auf diesen Aspekt des Homogenitätsgebots soll in dieser Arbeit allerdings nicht näher eingegangen werden.[89]

Hier soll der Fokus darauf gerichtet werden, welche Konsequenz der Souveränitätsverlust der Mitgliedstaaten durch die Übertragung der Sicherung dieser Homogenität auf die europäische Ebene hat.

---

[88] Vgl. auch Hain, Die Grundsätze des Grundgesetzes, S: 419.
[89] Siehe aber umfassend Schmitz, Integration in der supranationalen Union; Schorkopf, Homogenität in der EU, S. 28 ff. In der Kodifizierung der Grundwerte und Leitideen kann ein wesentlicher Schritt in Richtung einer Verfassung gesehen werden, vgl. Schmitz, Integration in der supranationalen Union, S. 467 f. Siehe nun auch Böttger, Ziele und Mittel europäischer Integration.

G. Die Unionsaufsicht

Das Gebot der Achtung der in Art. 6 Abs. 1 EUV genannten Grundsätze bezieht sich auf die Rechtslage bzw. tatsächliche Lage in einem Mitgliedstaat insgesamt und ist damit etwas völlig Neues.[90] Die Grundsätze der Union müssen nicht nur im Rahmen des innerhalb der Mitgliedstaaten gültigen Gemeinschaftsrechts eingehalten werden, sondern immer. Das gesamte Rechtssystem der Mitgliedstaaten, die ganze verfassungsrechtliche und -wirkliche Lage ist davon betroffen.[91] Das Gebot zur Homogenität gilt also immer, es existiert kein nationaler Bereich, der nicht der Unionsaufsicht unterliegt. Damit unterscheidet sich die Unionsaufsicht vor allem von den Grundfreiheiten des EG-Vertrags; hier wird eine Inländerdiskriminierung bei „rein nationalen" Sachverhalten gegenüber „gemeinschaftsrechtsrelevanten" hingenommen. Durch die Regelung in Art. 6 Abs. 1 EUV werden alle Bereiche zu einem unionsrechtlichen. Auch der bislang unumstrittene Grundsatz, daß die Mitgliedstaaten bei einer Handlung ohne Bezug zum Gemeinschaftsrecht nicht an die Gemeinschaftsgrundrechte gebunden sind,[92] kann so nicht bestehen bleiben. Die Bereiche, die nicht durch das Europarecht geregelt sind, waren bisher in nationaler Verantwortung und damit unantastbar;[93] nun können sogar Vorkommnisse, die das Gemeinschaftsrecht überhaupt nicht berühren, ausschließlich relevant sein, denn in einem rein nationalen Kontext kann einer der in Art. 6 EUV genannten Grundsätze verletzt werden.[94]

Weil dies – unabhängig davon, welche Maßnahmen ergriffen werden können, damit dem Homogenitätsgebot Folge geleistet wird – bedeutet, daß die Mitgliedstaaten umfassend beaufsichtigt werden, soll hier anstelle des Begriffes „Kontrollmechanismus" derjenige der „Unionsaufsicht" eingeführt werden. Dieser wurde bereits von anderen Autoren eingeführt, so unter anderem im Rahmen von Art. 10 EGV[95], wird aber auch in diesem Zusammenhang verwendet.[96]

Der Begriff der „Unionsaufsicht" scheint an den Begriff der Bundesaufsicht oder der Reichsaufsicht angelehnt, der vor allem durch *Triepel* geprägt wurde.[97] Aufsicht bedeutet dabei nicht bloß Beobachtung, sondern auch „Berichtigung" aufgrund

---

[90] Vgl. auch v. Bogdandy, Supranationaler Föderalismus, S. 15.

[91] Schmitz, Integration in der supranationalen Union, S. 326 f. betont daher das Erfordernis der „Homogenität der Wertordnungen" in Abgrenzung zur „Homogenität der Wertvorstellungen", die weniger bedeutet und auch im Europarat existiere.

[92] Ruffert, EuGRZ 1995, 518 (529).

[93] Dies spiegelt sich wider in der Antwort von Herrn van den Broek im Namen der Kommission auf eine Schriftliche Anfrage, 1997 Abl. C 373/154.

[94] Darauf weisen Betten/Grief, EU Law and Human Rights, S. 135, hin. Dies widerspricht nicht der eben getroffenen Feststellung, nur eine umfassende Betrachtung der gesamten Rechtslage etc. könne den Schluß auf eine schwerwiegende und anhaltende Verletzung der Grundsätze zulassen. Der Unterschied zur eingeschränkten Entscheidungsbasis des EuGH liegt darin, daß hier alles betrachtet wird, aber die schwerwiegende und anhaltende Verletzung nur in Bereichen auftritt, die den nationalen Kontext betreffen.

[95] Kahl, in Calliess/Ruffert, Kommentar zu EUV und EGV, Art. 10 EGV, Rn. 29.

[96] Steinberg, ZRP 1999, 365 (366); vgl. auch Schorkopf, Homogenität in der EU, S. 210 f.; ders., FAZ vom 14. Februar 2000, S. 9; ders., in Grabitz/Hilf, Das Recht der EU, Art. 7 EUV (Amsterdam), Rn. 32.

[97] In Triepel, Die Reichsaufsicht.

dieser Beobachtung, also die Möglichkeit, die beobachtete Einheit in Einklang mit der entsprechenden Rechtsnorm zu setzen. Die Beobachtungsfunktion ohne die Berichtigungsfunktion sei lediglich ein Schwert ohne Klinge.[98]
Nach *Triepels* Verständnis ist die Aufsicht in zwei verschiedene Formen zu unterteilen: die selbständige und die unselbständige Aufsicht.[99] Insgesamt war das Reich unter der Verfassung vom 16. April 1871 gemäß ihrem Art. 4 zur Aufsicht in all jenen dort aufgezählten Bereichen befugt, in denen es Gesetzgebungskompetenz hatte. Habe es von dieser Befugnis Gebrauch gemacht, so überwache es die Ausführung der Gesetze – dies sei die unselbständige Aufsicht.[100] Selbständiges Aufsichtsrecht soll nach Triepels Einteilung die Aufsicht in den Bereichen genannt werden, in denen das Reich noch nicht von seiner Gesetzgebungskompetenz Gebrauch gemacht hat.[101]
Für die Bundesrepublik Deutschland ist diese Einteilung insofern nicht passend, als im Grundgesetz nur die unselbständige (abhängige) Bundesaufsicht nach Art. 84 Abs. 3, 4, Art. 85 Abs. 4 und Art. 108 Abs. 3 GG vorkommt. Der Versuch, in Art. 28 Abs. 3 GG oder in Art. 37 Abs. 3 GG die Rechtsgrundlage für eine selbständige Bundesaufsicht zu sehen, wird von der herrschenden Meinung mit der historischen Argumentation abgelehnt, dies sei im Grundgesetz nicht mehr vorgesehen. Die Funktion der selbständigen Aufsicht sei teilweise dadurch ersetzt, daß das Bundesverfassungsgericht durch die Bundesregierung gemäß Art. 91 Abs. 1 Nr. 3 GG angerufen werden könne.[102]

Für die Aufsicht über die Einhaltung jeglichen Gemeinschaftsrechts wird der Begriff Gemeinschaftsaufsicht verwendet.[103] Diese umfaßt die Beobachtung, Ermittlung und Feststellung der entsprechenden Umstände sowie Wiederherstellungs- oder Sicherungsmaßnahmen der hierzu ermächtigten Gemeinschaftsorgane.[104] Damit kann sie durchaus als Pendant zur Reichsaufsicht bezeichnet werden.

Aus dem bisher Erläuterten folgt, daß der Begriff der Unionsaufsicht nicht unmittelbar an dieses Verständnis einer Aufsicht angelehnt ist, denn sie ist keine Aufsicht über die Mitgliedstaaten in der Durchführung des Unionsrechts.[105] Die Unionsaufsicht stellt nicht das Pendant zur Gemeinschaftsaufsicht auf Unionsebene dar, auf der Ebene der „Verfassung" der EU. Sie bezieht sich nicht auf die Einhaltung jeglichen Unionsrechts, sondern auf die Grundsätze der Union. Diese jedoch sind in allen Bereichen zu beachten; es existiert also nicht mehr wie früher die Trennung

---

98 Triepel, Die Reichsaufsicht, S. 121.
99 Triepel, Die Reichsaufsicht, S. 370 f.
100 Dazu Triepel, Die Reichsaufsicht, S. 371 ff.
101 Dazu Triepel, Die Reichsaufsicht, S. 411 ff.
102 BVerfGE 8, 122 (130 ff.); Dreier in Dreier, Grundgesetz Kommentar, Art. 28, Rn. 173; Evers, in Dolzer/Vogel, Bonner Kommentar, Art. 37, Rn. 11; a. A. Frowein, Die selbständige Bundesaufsicht nach dem Grundgesetz, S. 64 ff; Zinn, DÖV 1950, 522 (524). Siehe auch die Übersicht bei Vogel, Selbständige Bundesaufsicht, S. 819 (821 ff.).
103 Siehe dazu Zuleeg, JöR 1971, 1(52 ff.).
104 Ipsen, Europäisches Gemeinschaftsrecht, § 9/27 (S. 220); Baumann, Die Klage der Kommission gegen Mitgliedstaaten wegen Vertragsverletzung, S. 266 f. m.w.N.
105 Auch Melchior, Die europäische Wertegemeinschaft, S. 157, weist darauf hin, daß eine solche Bundesaufsicht weder installiert werden sollte, noch daß an so etwas gedacht würde.

zwischen „gemeinschaftsrechtsrelevanten" und „rein nationalen" Sachverhalten,[106] da durch die Regelung in Art. 6 Abs. 1 EUV jeglicher Bereich zu einem unionsrechtlichen Bereich wird. Von Unionsaufsicht soll hier dennoch gesprochen werden, um zu verdeutlichen, daß es sich um eine umfassende Aufgabe der Union mit umfassendem Anwendungsbereich handelt.

H. Gang der Untersuchung

Ziel der vorliegenden Arbeit ist es, die Bedeutung des neuen Sicherungsmechanismus' in der Fassung des Vertrags von Nizza für die Europäische Union herauszuarbeiten. Es fragt sich, wie umfassend die Kompetenzen sind, die die Mitgliedstaaten mit Einrichtung dieses Überwachungsmechanismus' auf die Ebene der Union übertragen haben.
Darauf aufbauend soll der Frage nachgegangen werden, welche Bedeutung diese Kompetenzübertragung für die EU und ihre Mitgliedstaaten hat, und ob mit Existenz dieses neuen Überwachungsmechanismus' eine weitere Integrationsstufe erreicht wird. Grundsätzlich stellt jede Kompetenzübertragung auf die EU einen Fortschritt in der europäischen Integration dar; um die Größe eines solchen Schrittes ausmessen zu können, bedarf es allerdings einer genauen Untersuchung dessen, was übertragen oder durch Errichtung eines neuen Mechanismus' geschaffen wird. Mit der Antwort auf die Frage, wie umfangreich die Kompetenzübertragung durch Art. 7 EUV i.V.m. Art. 6 Abs. 1 EUV ist, kann die Bedeutung dieses Mechanismus für das Verhältnis der Mitgliedstaaten zur Union beleuchtet werden.

Auf die Bestimmung des Umfangs der Kompetenzübertragung hat es erheblichen Einfluß, wer über die Einhaltung des Homogenitätsgebots wacht, also entweder nur die Europäische Union oder die Union gemeinsam mit den Mitgliedstaaten. Dabei ist die Beteiligung der einzelnen Organe zu berücksichtigen. Beträchtlichen Einfluß auf die Einordnung hat auch das Verhältnis dieses Mechanismus zu anderen, im EGV für ähnliche Fälle vorgesehenen Mechanismen. Schließlich ist von Gewicht, wie umfassend das Homogenitätsgebot in seinem materiellen Gehalt ist und welche Konsequenzen aus seiner Verletzung ab welcher Eingriffsschelle folgen können.

In der folgenden Untersuchung sind damit fünf Fragen leitend. Zunächst muß der Blick darauf gerichtet werden, wie der Überwachungsmechanismus funktioniert, wobei der Fokus auf das Verhältnis der Einzelmaßnahmen zueinander und die Einbindung der Organe und der Mitgliedstaaten gelegt wird (Kapitel 2).
Des weiteren muß der Anwendungsbereich des Mechanismus' bestimmt werden, also seine „Tatbestandsseite" (Kapitel 3). Nur mit einer Bestimmung des Inhalts der Homogenitätsklausel kann die Tragweite der Unionsaufsicht erfaßt werden.

[106] Vgl. auch den Hinweis bei v. Bogdandy, Supranationaler Föderalismus, S. 15.

Zweiter Schwerpunkt ist hier die Bestimmung der Schwellen, welche erreicht sein müssen, damit die beiden Verfahren der Unionsaufsicht angewendet werden können.
Anschließend bedarf es einer Untersuchung der Rechtsfolgenseite (Kapitel 4). In der gesetzlichen Regelung sind explizit Maßnahmen genannt, die im Rahmen der beiden Verfahren ergriffen werden können, doch der Regelungsmechanismus der Unionsaufsicht umfaßt noch weitere, darüber hinausgehende Möglichkeiten.
Der Beantwortung der Frage nach Rechtsschutzmöglichkeiten ist Kapitel 5 gewidmet.
Schließlich fragt sich, ob neben der Unionsaufsicht noch andere Maßnahmen ergriffen werden können (Kapitel 6). Dies könnte einmal im Rahmen der EU mittels der bereits vorhandenen Mechanismen erfolgen, aber auch außerhalb der Union stattfinden.

In einem zweiten Schritt soll dargelegt werden, welche Auswirkung diese Kompetenzübertragung für die EU und ihre Mitgliedstaaten in ihrem Verhältnis zueinander und für ihr Selbstverständnis hat (Kapitel 7). Die einschneidende Beaufsichtigung der Mitgliedstaaten durch die Unionsaufsicht könnte die Vermutung nahelegen, hiermit sei ein weiterer Schritt der EU in Richtung eines Bundesstaates getan worden. Eine solche Deutung beruht allerdings auf einer Betrachtungsweise, die dem Verständnis einer staatlichen Ordnung im XXI. Jahrhundert möglicherweise nicht mehr gerecht wird. Es fragt sich, ob mit Hilfe des Modells der zwischen den Mitgliedstaaten und der EU geteilten Souveränität die Bedeutung der Unionsaufsicht als weiterer Schritt einer Kompetenzaufteilung verstanden werden kann, die beiden Seiten einen Teil der Souveränität zukommen läßt, ohne daß die Staatlichkeit der Mitglieder aufgegeben wird, und ohne daß der europäische Bundesstaat als Schlußpunkt einer weiteren Integration feststeht.

Kapitel 2: Die Verfahren der Unionsaufsicht

In diesem Kapitel soll das Verfahren der Unionsaufsicht erläutert werden. Nach einem Abriß der historischen Entwicklung der Unionsaufsicht (A.) und einer Beschreibung des Verlaufs des Vorfeldverfahrens und des Suspendierungsverfahrens (B.) wird das Ziel der Unionsaufsicht aufgezeigt (C.). Die formellen Voraussetzungen der Verfahren (D.) und ihre Beendigung (E. und F.) werden anschließend dargestellt. Bei der Behandlung der Einbindung der Organe und der Mitgliedstaaten in die Unionsaufsicht wird besondere Betonung auf das mit dem Vertrag von Nizza neu eingeführte „Expertengremium" gelegt (G.). Schließlich bedarf es der Behandlung der Frage nach dem Verhältnis der einzelnen Verfahrensmöglichkeiten zueinander (H. bis J.). Die Darlegung der Unterschiede zum Beitrittsverfahren (K.) schließt dieses Kapitel ab.

I. Historische Entwicklung eines Kontrollmechanismus in der EU zur Unionsaufsicht

Die seit dem Amsterdamer Vertrag in Art. 7 EUV und Art. 309 EGV geregelte und mit dem Vertrag von Nizza durch ein Vorfeldverfahren ergänzte Möglichkeit, auf die Verletzung grundlegender Prinzipien der Europäischen Union durch die Mitgliedstaaten zu reagieren, ist ein Novum. Eine vergleichbare Regelung könnte man in Art. 88 EGKSV sehen,[1] welcher aber eher dem Vertragsverletzungsverfahren des EGV entspricht. Allerdings wurde die Problematik, wie mit der Verletzung *grundlegender* Prinzipien umgegangen werden soll, selbstverständlich diskutiert und es wurde dabei versucht, mit den bereits vorhandenen Verfahren oder aus allgemeinen Rechtsüberlegungen eine Antwort zu finden.[2] Darüber hinaus erstellte im Jahr 1984 das Europäische Parlament einen Entwurf eines Vertrages zur Gründung einer Europäischen Union (der sogenannte „Spinelli-Entwurf")[3], dessen Art. 44 folgendermaßen lautet:

---

[1] So Monjal, RMUE 1998, 69 (80 f.).

[2] Ehlermann, EuR 1984, 113 (119) weist darauf hin, daß die Kommission im Jahre 1978 mit dem Gedanken spielte, einen Vorschlag zur Schaffung eines Feststellungs- und Sanktionsverfahrens zu unterbreiten. Es gab auch Vorschläge für die Positivierung einer solchen Regelung, vgl. etwa Art. 4 des Entwurfs einer Verfassung der Europäischen Union von Esterbauer, beruhend auf einem Entwurf einer Verfassung der Europäischen Gemeinschaft von Imboden, in Esterbauer, Die institutionelle Sackgasse der Europäischen Gemeinschaft auf dem Wege zur Föderation, S. 603 (614). Hilf, EuR 1997, 347 (355) sieht die Möglichkeit der Bewältigung einer Verfassungskrise in einem Mitgliedstaat mit vergleichbaren Mitteln wie den im Art. 7 EUV geregelten schon aus den allgemeinen Grundsätzen des Gemeinschaftsrechts ableitbar. Zu anderen Vorschlägen, insbesondere dem Vorschlag Froweins, siehe Kapitel 6 A. bis F.

[3] Siehe dazu Spinelli, Europa Archiv 1983, 739.

„In dem in Artikel 4 Absatz 4[4] dieses Vertrages vorgesehenen Fall sowie in jedem anderen Fall einer schwerwiegenden und anhaltenden Verletzung der Vertragsbestimmungen durch einen Mitgliedstaat, die vom Gerichtshof auf Antrag des Parlaments oder der Kommission festgestellt wurde, kann der Europäische Rat nach Anhörung des betroffenen Staates mit Zustimmung des Parlaments Maßnahmen treffen,

- durch die die Rechte, die sich aus der Anwendung eines Teils oder der Gesamtheit der Vertragsbestimmungen ergeben, für den betreffenden Staat und seine Angehörigen ausgesetzt werden, unbeschadet der von den letztgenannten erworbenen Rechte,
- die so weit gehen können, daß die Teilnahme des betreffenden Staates am Europäischen Rat und am Rat der Union sowie an allen anderen Einrichtungen, in denen der Staat als solcher vertreten ist, ausgesetzt wird.

Der betreffende Staat nimmt nicht an der Abstimmung über die Sanktionen teil."[5]

Dieses Verfahren war gedacht als Instrument „für den Fall, daß in einem Mitgliedstaat die demokratische Struktur oder die Achtung der Menschenrechte gefährdet sind – zum Beispiel durch einen Staatsstreich", um „auf diese Entwicklung zu reagieren und den betreffenden Staat zu den Grundsätzen der Demokratie und zur Achtung der Menschenrechte"[6] zurückführen zu können. Daß das neue Verfahren der Art. 7 EUV und 309 EGV vom Spinelli-Entwurf in nicht unerheblicher Weise beeinflußt wurde, ist aus den teilweise identischen Formulierungen zu ersehen. Auf die unterschiedlichen Vorschläge für den Umgang mit einem „abtrünnigen" Mitgliedstaat, die vor Inkrafttreten der neuen Regelung gemacht wurden, wird unten in Kapitel 6 beim Versuch einer Abgrenzung dieser neuen Verfahren zu anderen bereits vorhandenen Möglichkeiten ausführlich eingegangen.
Bereits die Reflexionsgruppe, welche von den EU-Außenministern am 2.6.1995 zur Vorbereitung der Regierungskonferenz 1996/97 eingesetzt wurde,[7] hatte in ihrem Bericht den Vorschlag unterbreitet, daß eine Homogenitätsbestimmmung mit Gewährleistungsmechanismus in den Vertrag aufgenommen werden sollte:

„Von einigen wurde in diesem Zusammenhang die Möglichkeit in Erwägung gezogen, in Artikel F.2[8] ausdrücklich darauf hinzuweisen, daß die Mitgliedstaaten verpflichtet sind, die Menschenrechte und Grundfreiheiten zu achten, und hinzuzufügen, daß die Union im Falle der Nichteinhaltung dieses Grundsatzes geeignete Maßnahmen treffen würde."[9]

Dieser Vorschlag wurde ausformuliert und in den Revisionsentwurf der irischen Präsidentschaft aufgenommen.[10] Es wurden noch einige Änderungen insbesondere

[4] Wiedergegeben in Kapitel 3, A.
[5] Abl. 1984 Nr. C 77/33 (43). Siehe zu diesem Verfassungsentwurf auch Pernice, EuR 1984, 126.
[6] Sitzungsdokument des Europäischen Parlaments, Bericht im Namen des Institutionellen Ausschusses über den Inhalt des Vorentwurfs eines Vertrages zur Gründung der Europäischen Union, PE 83 326/b/endg., S. 11.
[7] Metz, Kommentierte Chronologie zur Regierungskonferenz 1996/97, 24.
[8] Alte Zählung.
[9] Regierungskonferenz 1996. Bericht der Reflexionsgruppe und dokumentarische Hinweise. Brüssel, Dezember 1995, Luxemburg 1996, S. 45 (Rn. 32).
[10] Revisionsentwurf der irischen Präsidentschaft. Die Europäische Union von heute und morgen. Anpassung der EU zum Nutzen ihrer Bürger und Vorbereitung der EU auf die Zukunft, vom 5. Dezember 1996, CONF/2500/96, S. 19 f.

bezüglich der Mehrheiten im Rat und der Beteiligung der verschiedenen Organe vorgenommen. Schließlich wurde der neue Artikel 7 (bzw. Art. F a nach der alten Zählung) in den EUV und Art. 309 (bzw. Art. 236 nach der alten Zählung) in den EGV eingefügt.[11] Bei dieser expliziten Einführung der Möglichkeit einer Suspendierung von Mitgliedschaftsrechten bei schwerwiegender und anhaltender Verletzung der Grundsätze mit dem Amsterdamer Vertrag wurde vor allem an die Erweiterung der Union um Staaten aus Mittel- und Osteuropa mit zum Teil eingeschränkter Erfahrung mit dem demokratischen System gedacht.[12]

Schon bald wurde diskutiert, wie die neuen Aufgaben im Menschenrechtsbereich bewältigt werden können, die auf die Kommission mit dem Vertrag von Amsterdam zugekommen sind. Es fragt sich nämlich insbesondere, wie sich die einzelnen Beteiligten – vor allem die Kommission – über Verstöße informieren können und sollen. So wurde vorgeschlagen, die Kommission müsse wegen ihres Initiativrechts im Suspendierungsverfahren eine Methodologie und Richtvorgaben entwickeln, wie sie mit entsprechenden Fällen umgehen könne und wolle, wie sie dem Rat eine detaillierte Analyse der Gründe ihrer Besorgnis geben könne und wie sie systematisch etwa mit dem Menschenrechtsausschuß des Rates zusammenarbeiten könne. Die Kommission solle in Absprache mit dem Rat und dem Europäischen Parlament eine Studie darüber erstellen, nach welchen Verfahren vorgegangen werden sollte, wenn die Anwendung des Suspendierungsverfahrens im konkreten Fall zur Diskussion steht.[13]

Die Empfehlung der Einrichtung eines eigenen Kommissars für Menschenrechte mit eigener Generaldirektion[14] wird im Bericht der sogenannten „drei Weisen" aufgegriffen.[15] Dieses Expertengremium war im Sommer 2000 eingesetzt worden, nachdem Österreich wegen der Regierungsbildung zwischen ÖVP (Österreichische Volkspartei) und FPÖ (Freiheitliche Partei Österreichs) am 4. Februar 2000 von den vierzehn anderen Mitgliedstaaten politisch isoliert wurde. Es war äußerst umstritten, ob die einzelnen Maßnahmen, die in diesem Rahmen ergriffen wurden, legal waren. Auf die genauen Umstände und Folgen wird weiter unten noch ausführlich eingegangen.[16]

Des weiteren wird empfohlen, die Kompetenzen der Europäischen Stelle zur Beobachtung von Rassismus und Fremdenfeindlichkeit auf den gesamten menschen-

[11] Zum genauen Gang der Entwicklung der Suspendierungsklausel im Europäischen Rechtsetzungsprozeß siehe Schorkopf, Homogenität in der EU, S. 140 ff; ders., in Grabitz/Hilf, Das Recht der EU, Art. 7 EUV (Amsterdam), Rn. 3 ff.

[12] Regierungskonferenz 1996. Bericht der Reflexionsgruppe und dokumentarische Hinweise. Brüssel, Dezember 1995, Luxemburg 1996, S. 45 (Rn. 32): „Mit diesem ausdrücklichen Hinweis würde die Union als Wertegemeinschaft stärker herausgestellt. Dies wird in Zukunft sowohl für die derzeitigen Mitgliedstaaten als auch für diejenigen, die bei der nächsten Erweiterung beitreten, von Bedeutung sein." Vgl. auch Manin, L'élargissement de l'UE et son adaptation institutionelle, S. 43. Das galt schon für den alten Artikel F, vgl. Verhoeven, ELRev 1998, 217 (219); de Schutter, Le Droits Fondamentaux dans le Traité d'Amsterdam, 179.

[13] Alston/Weiler, An ‚Ever Closer Union' in Need of Human Rights Policy, S. 40.

[14] Alston/Weiler, An ‚Ever Closer Union' in Need of Human Rights Policy, S. 40 ff.

[15] Bericht von Martti Ahtisaari, Jochen Frowein, Marcelino Oreja (Bericht der drei Weisen), abgedruckt in EuGRZ 2000, 404, S. 33 des Berichts (Rn. 119).

[16] Siehe unten, Kapitel 6, G.

rechtlichen Bereich auszuweiten.[17] Es gebe keine zwingenden Gründe, den Aufgabenbereich dieser Stelle lediglich auf den Bereich Rassismus und Fremdenfeindlichkeit zu reduzieren.[18] Auch auf diese Idee wird im Bericht der drei Weisen eingegangen – in Ausweitung der Aktivitäten dieser Stelle sowie ihres Haushalts und ihrer Stellung solle die Errichtung einer vollständigen EU-Menschenrechtsbehörde ermöglicht werden.[19] Die drei Weisen sprechen noch eine weitere institutionelle Vorkehrung an: die Schaffung eines Menschenrechtsbüros innerhalb des Rats, das dem Europäischen Rat berichtet. [20]

In ihrem Bericht empfehlen die drei Weisen nachdrücklich die Einführung von Präventiv- und Überwachungsverfahren in Art. 7 EUV, wobei im Rahmen des Überwachungsverfahrens der Rat in der Lage sein sollte, „die Entwicklung der Situation in einem bestimmten EU-Staat zu verfolgen, sie zu bewerten und Maßnahmen zu ergreifen."[21] Das Präventivverfahren hingegen solle „durch Information und Schulungsmaßnahmen auf jede Form der direkten oder indirekten Diskriminierung oder Fremdenfeindlichkeit reagieren."[22] Auch in der Literatur wird ein Überwachungsverfahren befürwortet, zum Beispiel kombiniert mit Rechtfertigungs- und Berichtspflichten.[23]

Mit dem Vertrag von Nizza wurde mit dem neuen Art. 7 Abs. 1 EUV dem Suspendierungsverfahren ein Verfahren hinzugefügt, welches schon Maßnahmen bei der eindeutigen Gefahr einer schwerwiegenden Verletzung der Grundsätze ermöglicht. Dieses Verfahren bezieht sich auf Fälle, die im Vorfeld einer Verletzung liegen. Aus diesem Grunde wird ein solches Frühwarnverfahren auch als „Vorfeldverfahren" bezeichnet.[24]

Zu der Ergänzung des Art. 7 EUV kam es vor allem aufgrund des oben angesprochenen Verhaltens von vierzehn Mitgliedstaaten gegenüber Österreich.[25]
Konkrete Vorschläge zu diesem Verfahren wurden dem Europäischen Rat von Biarritz am 13. und 14. Oktober 2000 von Belgien und anschließend von Österreich vorgelegt. Daraufhin gab es einen Kompromißvorschlag der portugiesischen Ratspräsidentschaft sowie einen Textentwurf der Kommission.[26]

---

[17] Alston/Weiler, An ‚Ever Closer Union' in Need of Human Rights Policy, S. 55 ff.
[18] Alston/Weiler, An ‚Ever Closer Union' in Need of Human Rights Policy, S. 57.
[19] Bericht von Martti Ahtisaari, Jochen Frowein, Marcelino Oreja (Bericht der drei Weisen), abgedruckt in EuGRZ 2000, 404, S. 33 des Berichts (Rn. 119).
[20] Bericht von Martti Ahtisaari, Jochen Frowein, Marcelino Oreja (Bericht der drei Weisen), abgedruckt in EuGRZ 2000, 404, S. 33 des Berichts (Rn. 119).
[21] Für ein ständiges Monitoring ist auch Neisser, Anlassfall Österreich, S. 145.
[22] Bericht von Martti Ahtisaari, Jochen Frowein, Marcelino Oreja (Bericht der drei Weisen), abgedruckt in EuGRZ 2000, 404, S. 32 des Berichts (Rn. 117).
[23] Winkler, JRP 2000, 308 (327); vgl. auch Neisser, Anlassfall Europa, S. 145: ständiges monitoring.
[24] Leidenmühler, ZÖR 2000, 299 (320) hatte vor Einführung dieses neuen Absatzes für ein Verfahren „Art. 7 EUV light" plädiert.
[25] Vgl. Fischer, Der Vertrag von Nizza, S. 88. Hummer, JRP 2001, 185 (194) weist darauf hin, daß die französische Ratspräsidentschaft das Mandat der Regierungkonferenz diesbezüglich eigenständig erweitert hat; vgl. auch Hummer/Obwexer, ZÖR 2000, 269 (291); dies., EuZW 2000, 485 (495).
[26] Vgl. hierzu Fischer, Der Vertrag von Nizza, S. 59.

Im Vorschlag Belgiens vom 2. Mai 2000[27] wird in Art. 7 EUV ein neuer erster Absatz eingefügt, nach welchem der Rat auf Vorschlag eines Drittels der Mitgliedstaaten oder der Kommission mit qualifizierter Mehrheit feststellen kann, daß eine Verletzung der Grundsätze in einem Mitgliedstaat *drohe* („the existence of a threatened breach"). Nach Aufforderung des betroffenen Mitgliedstaats zur Stellungnahme kann der Rat diesem gegenüber eine Empfehlung abgeben, die erforderlichenfalls von angemessenen Maßnahmen flankiert sein kann. Das Parlament soll bei diesem Verfahren lediglich informiert werden. Eine kleine, jedoch keineswegs unbedeutende Änderung für das eigentliche Suspendierungsverfahren wird vorgeschlagen: Anstatt des Einstimmigkeitserfordernisses bei der Feststellung des Rats in der ersten Stufe soll nunmehr eine qualifizierte Mehrheit genügen.

Einen Monat später lag ein Änderungsvorschlag Österreichs vor.[28] Im Gegensatz zum belgischen Vorschlag, welcher sich nur auf ein neues Vorfeldverfahren bezieht, das eigentliche Suspendierungsverfahren aber bis auf das unterschiedliche Mehrheitserfordernis unverändert bestehen läßt, betrifft dieser Vorschlag eine Änderung des gesamten Art. 7 EUV. Die Beteiligungsrechte des betroffenen Mitgliedstaates finden hierin besondere Betonung, sowie die Begründungspflicht und der Verhältnismäßigkeitsgrundsatz.[29] Im ersten Absatz des Art. 7 EUV soll das Vorverfahren geregelt werden: Wenn nach Ansicht der Kommission oder eines Drittels der Mitgliedstaaten *ein objektiv nachweisbares Risiko* einer schwerwiegenden und anhaltenden Verletzung der Grundsätze vorliegt, soll der Rat auf deren Anfrage die Angelegenheit *auf Grundlage eines Berichts der Kommission und unter Einbeziehung des betroffenen Staates* diskutieren können. Für die förmliche Feststellung eines solchen Risikos bedarf es zunächst eines begründeten Vorschlags der Kommission oder eines Drittels der Mitgliedstaaten. Dann muß der betroffene Mitgliedstaat gehört werden und vor dem einstimmigen Beschluß durch den Rat in der Zusammensetzung der Staats- und Regierungschefs die Zustimmung des Europäischen Parlaments eingeholt werden. Die Begründetheit dieser Feststellung soll regelmäßig vom Rat überprüft werden. Daran anschließend kann der Rat auf erneutes Ersuchen der Kommission oder eines Drittels der Mitgliedstaaten und nach Anhörung des betroffenen Mitgliedstaates angemessene Empfehlungen an diesen richten.
Der zweite Absatz des Vorschlags betrifft das eigentliche Suspendierungsverfahren. Unterschiede zum momentanen Verfahren nach Art. 7 EUV finden sich in der erneuten Betonung der *objektiv nachweisbaren* Verletzung und dem Vorschalten einer Verfahrensstufe: der Diskussion im Rat unter Beteiligung des betroffenen Mitgliedstaates und aufgrund eines Berichts der Kommission (wie schon im Vorfeldverfahren). Auch die Feststellung der schwerwiegenden und anhaltenden Verletzung folgt demselben Verfahren wie das Vorfeldverfahren, so daß im Gegensatz zur momentanen Regelung der Vorschlag der Kommission oder des Drittels der Mitgliedstaa-

[27] Vorschlag vom 2. Mai 2000, CONFER 4739/00; Abdruck im Anhang.
[28] Vorschlag vom 7. Juni 2000, CONFER 4748/00; Abdruck im Anhang. Diesem Vorschlag ging ein Entschließungsantrag im österreichischen Nationalrat vor, demgemäß das neue Verfahren Maßnahmen außerhalb des Anwendungsbereichs von Art. 6 und 7 EUV ausschließen sollte, vgl. den Hinweis bei Hummer/Obwexer, ZÖR 2000, 269 (290).
[29] Vgl. auch Hummer/Obwexer, EuZW 2000, 485 (494).

ten *explizit* begründet sein muß.[30] Hinzugefügt wurde ferner der Terminus „falls erforderlich", womit der Verhältnismäßigkeitsgrundsatz ausdrücklich aufgenommen wurde.
Die ursprünglich zweite Stufe des alten Verfahrens – die Suspendierung von Mitgliedschaftsrechten – wurde hier insofern geändert, als eine nochmalige Initiative der Kommission oder eines Drittels der Mitgliedstaaten sowie eine Anhörung des betroffenen Mitgliedstaates erforderlich ist.
Neu eingefügt wurde hier eine explizite Regelung für die Feststellung, daß eine schwerwiegende und anhaltende Verletzung nicht mehr vorliege (Abs. 5). Sie erfolgt nach demselben Verfahren wie die Abänderung oder Aufhebung der einzelnen Sanktionen (Abs. 6), wobei hierfür im Gegensatz zur momentanen Version des Art. 7 EUV eine Initiative des betroffenen Mitgliedstaates, der Kommission oder eines Drittels der Mitgliedstaaten erforderlich ist und durch die Wortwahl „shall determine" anstatt „may decide" die *Verpflichtung* zur Vornahme dieser Feststellungshandlung um eine Nuance stärker betont wird. Bei der Änderung oder der Aufhebung der einzelnen Sanktionen kommt als weitere Bedingung hinzu, daß dem betroffenen Mitgliedstaat und der Kommission die Möglichkeit zur Äußerung innerhalb eines angemessenen Zeitraumes gegeben werden muß.
Mit diesem Vorschlag wurden noch zwei neue Absätze hinzugefügt. In Abs. 3 wird betont, daß die Entschließungen, Empfehlungen und Maßnahmen im Rahmen dieses Artikels begründet werden müssen. Außerdem wird klargestellt, daß das in diesem Artikel geregelte Verfahren bezüglich der schwerwiegenden und anhaltenden Verletzung der Grundsätze abschließend ist (Abs. 4).
Der ursprünglich letzte Abs. 5 des Art. 7 EUV (Amsterdam) betreffend die Mehrheitserfordernisse im Europäischen Parlament ist hingegen weggefallen. Es liegt die Vermutung nahe, daß hier ein redaktioneller Fehler vorliegt.
Zusätzlich zur Änderung des eigentlichen Suspendierungsverfahrens enthält der österreichische Vorschlag eine Änderung des Art. 46 EUV. Demnach soll der gesamte Art. 7 EUV unter die Jurisdiktion des EuGH fallen.

Nicht einmal bezüglich des Erfordernisses der Festlegung eines Vorfeldverfahrens überhaupt schien zunächst Einigkeit zu herrschen.[31] Dennoch gibt es einen von der portugiesischen Ratspräsidentschaft erstellten Kompromißvorschlag,[32] der sich weitgehend am belgischen Vorschlag orientiert; er bezieht sich also nur auf das Vorfeldverfahren. Ihm zufolge soll ein neuer Abs. 1 in Art. 7 EUV eingefügt werden, nach welchem der Rat auf Vorschlag der Kommission oder eines Drittels der Mitgliedstaaten mit einer Mehrheit von neun Zehnteln nach Aufforderung an den betreffenden Mitgliedstaat zur Stellungnahme feststellen kann, daß das Risiko einer Verletzung in einem Mitgliedstaat gegeben sei. Der Rat bedarf hierfür der Zustimmung des Europäischen Parlaments. Nach Aufforderung zur Stellungnahme kann er eine entsprechende Empfehlung an den betroffenen Mitgliedstaat richten.

---

[30] Zum Begründungserfordernis ohne dessen explizite Festlegung siehe unten in diesem Kapitel, D. I.
[31] Vgl. die Note der Präsidentschaft, CONFER 4785/00, S. 1.
[32] Vorschlag vom 14 Juni 2000, CONFER 4750/00, Annex 7.1 (S. 116).

Auch die Kommission legte einen Textentwurf zum Vorfeldverfahren vor,[33] der abgesehen von der geforderten Mehrheit des Rats bei der Entscheidung (Mehrheit von zwei Dritteln) und von einem Initiativrecht des Parlaments anstelle seines Zustimmungserfordernis' dem Vorschlag der Ratspräsidentschaft gleicht. Schließlich legte die französische Ratspräsidentschaft einen Monat vor der Konferenz in Nizza eine Zusammenfassung der bisherigen Ergebnisse vor, die einen Textentwurf für Art. 7 EUV enthält.[34]

Der mit dem Vertrag von Nizza eingeführte neue Abs. 1 des Art. 7 EUV sieht nunmehr für den Rat vor, schon die „eindeutige Gefahr einer schwerwiegenden Verletzung" der Grundsätze festzustellen und geeignete Empfehlungen an den betroffenen Mitgliedstaat zu richten.

Diese beiden Verfahren bilden gemeinsam die Grundlage für die Unionsaufsicht. Ihr Mechanismus soll im folgenden näher beschrieben werden; auf materielle Fragen wird vor allem in Kapitel 3 eingegangen.

B. Beschreibung der Verfahren gem. Art. 7 EUV / Art. 309 EGV

Die in Art. 7 EUV / Art. 309 EGV beschriebenen Verfahren sind dazu bestimmt, die Achtung der in Art. 6 Abs. 1 EUV festgelegten Grundsätze durch die Mitgliedstaaten zu gewährleisten. Es handelt sich hierbei um zwei unterschiedliche Verfahren, deren jeweilige Anwendung vom Grad der (drohenden) Verletzung der Grundsätze abhängig ist.

Im Verfahren nach Art. 7 Abs. 1 EUV kann der Rat mit einer besonders qualifizierten Mehrheit die „eindeutige Gefahr einer schwerwiegenden Verletzung" der in Art. 6 Abs. 1 EUV genannten Grundsätze durch einen Mitgliedstaat feststellen und an diesen geeignete Empfehlungen richten.

Art. 7 Abs. 1 EUV:

> Auf begründeten Vorschlag eines Drittels der Mitgliedstaaten, des Europäischen Parlaments oder der Kommission kann der Rat mit der Mehrheit von vier Fünfteln seiner Mitglieder nach Zustimmung des Europäischen Parlaments feststellen, daß die eindeutige Gefahr einer schwerwiegenden Verletzung von in Art. 6 Abs. 1 genannten Grundsätzen durch einen Mitgliedstaat besteht, und an diesen Mitgliedstaat geeignete Empfehlungen richten. Der Rat hört, bevor er eine solche Feststellung trifft, den betroffenen Mitgliedstaat und kann nach demselben Verfahren unabhängige Persönlichkeiten ersuchen, innerhalb einer angemessenen Frist einen Bericht über die Lage in dem betreffenden Mitgliedstaat vorzulegen.

[33] Vorschlag vom 5. Oktober 2000, CONFER 4782/00, Annex 4 (S. 6).
[34] 3. November 2000, Summary. Progress report on the Intergovernmental Conference on institutional reform, CONFER 4790/00, S. 81.

> Der Rat überprüft regelmäßig, ob Gründe, die zu dieser Feststellung geführt haben, noch zutreffen.[35]

Damit wurde eine Regelung getroffen, welche aus allen eingegangenen Vorschlägen einzelne Elemente aufgreift. Sie orientiert sich aber im wesentlichen am Kompromißvorschlag. Die Formulierung, es werde die „eindeutige Gefahr einer schwerwiegenden Verletzung" festgestellt, erscheint als eine Kombination der vier Vorschläge.[36]
Darüber hinaus ist die Möglichkeit vorgesehen, ein unabhängiges Expertengremium „nach demselben Verfahren" zu ersuchen, einen Bericht über die Lage in dem betroffenen Mitgliedstaat vorzulegen. Diese Regelung taucht erstmals im Synthesedokument der französichen Ratspräsidentschaft auf.[37] Vergleichbar ist insofern nur der österreichische Vorschlag, nach welchem ein Bericht der Kommission die Basis der Diskussion im Rat sein soll.

Das in Absätzen 2 bis 5 des Art. 7 EUV sowie in Art. 309 EGV geregelte Suspendierungsverfahren besteht aus zwei Stufen. In der ersten Stufe wird die tatsächliche Verletzung eines der in Art. 6 Abs. 1 EUV genannten Grundsätze durch den Rat einstimmig festgestellt, wobei die Stimme des betroffenen Mitgliedstaates außer Betracht bleibt.
In der zweiten Stufe entscheidet der Rat mit qualifizierter Mehrheit (entsprechend Art. 205 Abs. 2 EGV, siehe Art. 7 Abs. 4 EUV und Art. 309 Abs. 4 EGV), ob – und falls ja, welche – Rechte des betroffenen Mitgliedstaates ausgesetzt, also suspendiert, werden.

Art. 7 Abs. 2 bis 6 EUV:

> (2) Auf Vorschlag eines Drittels der Mitgliedstaaten oder der Kommission und nach Zustimmung des Europäischen Parlaments kann der Rat, der in der Zusammensetzung der Staats- und Regierungschefs tagt, einstimmig feststellen, daß eine schwerwiegende und anhaltende Verletzung von in Art. 6 Absatz 1 genannten Grundsätzen durch einen Mitgliedstaat vorliegt, nachdem er die Regierung des betroffenen Mitgliedstaats zu einer Stellungnahme aufgefordert hat.
>
> (3) Wurde die Feststellung nach Absatz 2 getroffen, so kann der Rat mit qualifizierter Mehrheit beschließen, bestimmte Rechte auszusetzen, die sich aus der Anwendung dieses Vertrags auf den betroffenen Mitgliedstaat herleiten, einschließlich der Stimmrechte des Vertreters der Regierung dieses Mitgliedstaats im Rat. Dabei berücksichtigt er die möglichen Auswirkungen einer solchen Auseinandersetzung auf die Rechte und Pflichten natürlicher und juristischer Personen.

[35] Abdruck der englischen Version im Anhang.
[36] Im belgischen Vorschlag, im Kompromißvorschlag und im Kommissionsentwurf ist von Gefahr („threatened breach" bzw. „threat of a breach") die Rede; der österreichische Vorschlag stellt auf ein objektiv nachweisbares Risiko („objectively demonstrable risk") ab. Das zusammenfassende Dokument der französichen Ratspräsidentschaft spricht bereits vom „risk of a serious breach".
[37] CONFER 4790/00, S. 81.

Die sich aus diesem Vertrag ergebenden Verpflichtungen des betroffenen Mitgliedstaats sind für diesen auf jeden Fall weiterhin verbindlich.

(4) Der Rat kann zu einem späteren Zeitpunkt mit qualifizierter Mehrheit beschließen, nach Absatz 3 getroffene Maßnahmen abzuändern oder aufzuheben, wenn in der Lage, die zur Verhängung dieser Maßnahmen geführt hat, Änderungen eingetreten sind.

(5) Für die Zwecke dieses Artikels handelt der Rat ohne Berücksichtigung der Stimme des Vertreters der Regierung des betroffenen Mitgliedstaats. Die Stimmenthaltung von anwesenden oder vertretenen Mitgliedern steht dem Zustandekommen von Beschlüssen nach Absatz 2 nicht entgegen. Als qualifizierte Mehrheit gilt derselbe Anteil der gewogenen Stimmen der betreffenden Mitglieder des Rates, der in Artikel 205 Absatz 2 des Vertrags zur Gründung der Europäischen Gemeinschaft festgelegt ist.

Dieser Absatz gilt auch, wenn Stimmrechte nach Absatz 3 ausgesetzt sind.

(6) Für die Zwecke der Absätze 1 und 2 beschließt das Europäische Parlament mit der Mehrheit von zwei Dritteln der abgegebenen Stimmen und mit der Mehrheit seiner Mitglieder.

Art. 309 EGV ist das gemeinschaftsrechtliche Pendant zu Art. 7 Abs. 3 bis 6 EUV.

C. Ziele beider Verfahren der Unionsaufsicht

1. Vorfeldverfahren

Hinter dem Vorfeldverfahren steht der Gedanke, daß die Lösung von Konflikten am einfachsten ist, wenn sie sich erst anbahnen, sie also noch nicht ausgebrochen sind. In diesem Stadium sind die Konfliktparteien eher bereit, in einen Dialog einzutreten und aufeinander zuzugehen.[38] Eine einvernehmliche und formlose Beilegung von Unstimmigkeiten unter gegenseitiger Achtung mit einem Appell an die Vernunft ist ein schonenderes und häufig effektiveres Verfahren als die zwangsweise Durchsetzung von – wenn auch berechtigten – Interessen. Ein solches Vorgehen hat deeskalierende Wirkung. Wie effektiv solche Verfahren sind, zeigt die Quote beim Vertragsverletzungsverfahren: Nur bei einem Prozent der Vertragsverstöße kommt es zu einer Klage gemäß Art. 226 EGV.[39]
Auf einer ähnlichen Überlegung basiert die Möglichkeit, einen Bericht durch ein unabhängiges Expertengremium erstellen zu lassen. Er kann von allen Parteien akzeptiert werden und damit die Grundlage eines weiteren Vorgehens bilden.

---

[38] Vgl. Melchior, Die europäische Wertegemeinschaft zwischen Rhetorik und Realität, S. 169

[39] Vgl. Schmitt von Sydow, in Groeben/Thiesing/Ehlermann, Kommentar zum EU-/EG-Vertrag, Art. 155 EGV, Rn. 20. Dabei spielen allerdings auch politische Faktoren innerhalb der Kommission eine Rolle.

Mit dem Vorfeldverfahren erhält der betroffene Mitgliedstaat neben der Anhörung für den Fall, daß tatsächlich die Gefahr der Verletzung der Grundsätze besteht, die Möglichkeit, diese Gefahr durch Befolgung der „geeigneten Empfehlungen" zu bannen. Basis für diese geeigneten Empfehlungen des Rats an den betroffenen Mitgliedstaat wird der Meinungsaustausch sein, welcher vorher stattgefunden hat. Die Beteiligten des Vorfeldverfahrens werden gemeinsam versuchen, Mittel und Wege für das Handeln in der Situation zu finden. Der betroffene Mitgliedstaat kann damit einen selbst anerkannten Fehler im Bereich der Geltung der Grundsätze im eigenen Staat beheben.[40]
Die Anwendung des Vorfeldverfahrens kann auch dazu führen, daß die Beteiligten durch den Austausch zu der Überzeugung gelangen, daß gar keine Gefahr für die Grundsätze der Union in dem betroffenen Mitgliedstaat besteht. Dies wird vor allem dann der Fall sein, wenn ein vorheriges Informationsdefizit dazu geführt hat, daß die Situation in einem Mitgliedstaat von anderen Mitgliedstaaten, der Kommission oder dem Europäischen Parlament unzutreffend bewertet wurde. In diesem Falle hat schon die Erörterung der Streitpunkte dazu geführt, daß ein drohender Konflikt im Vorfeld beigelegt werden konnte.

Primäres Ziel des Vorfeldverfahrens ist es also, durch Bannung der Gefahr zu verhindern, daß es zu einer Verletzung kommt. Dadurch wird die Homogenität der Union in ihren Grundsätzen geschützt. Positiver Effekt dieses Vorfeldverfahrens ist es, daß mit der Bannung der Gefahr und der damit abgewendeten Verletzung die Einleitung des Suspendierungsverfahrens überflüssig wird.[41] Auf das Verhältnis dieser beiden Verfahren zueinander wird weiter unten in diesem Kapitel eingegangen.[42]
Dieses Verfahren dient damit nicht nur den Interessen des betroffenen Staates, sondern auch denen der Gemeinschaft sowie der anderen Mitgliedstaaten.

2. Suspendierungsverfahren

Die Sanktionierung der schwerwiegenden und anhaltenden Verletzung der Grundsätze bezweckt vor allem, daß der ursprüngliche Zustand – die Geltung der grundlegenden Prinzipien in allen Mitgliedstaaten – möglichst bald wiederhergestellt wird. Hiermit wird ein restitutives Ziel verfolgt: Die Wirkung der Sanktion ist darauf gerichtet, den früheren Zustand wiederherzustellen, möglicherweise entstandenen Schaden auszugleichen und Genugtuung zu leisten.[43] Das Mittel dazu ist repressiv: der Entzug von Rechten. Restitutive und repressive Idee sind hier also miteinander verknüpft.[44]

[40] Zur Parallele des außergerichtlichen Vorverfahrens beim Vertragsverletzungsverfahren vgl. Krück, in Groeben/Thiesing/Ehlermann, Art. 169 EGV, Rn. 14 f.
[41] Vgl. Fischer, Der Vertrag von Nizza, S. 89.
[42] In Abschnitt J.
[43] Raiser, Das lebende Recht, S. 230.
[44] Vgl. auch Schorkopf, in Grabitz/Hilf, Das Recht der EU, Art. 7 EUV (Amsterdam), Rn. 32.

Zweites – und nicht weniger wichtiges – Ziel ist es, für die Dauer des Verletzungszustandes die Entstehung weiteren Schadens zu verhindern. Dies kann am ehesten durch die Aussetzung von Teilnahmerechten bei Entscheidungsprozessen (insbesondere Stimmrechten) erreicht werden, weil so die Arbeit der Union nicht durch den abtrünnigen Mitgliedstaat obstruiert werden kann.

Die beiden Sanktionsziele bei Verletzung der Grundsätze sind also die Wiederherstellung des ursprünglichen Zustandes und die Verhinderung der Entstehung weiteren Schadens. Damit hat das Suspendierungsverfahren zunächst generalpräventive Wirkung – seine Existenz soll alle Mitgliedstaaten hindern, sich von den Grundsätzen abzuwenden. Im Falle seiner Anwendung ist die Wirkung spezialpräventiv, denn der betroffene Mitgliedstaat soll dazu angehalten werden, die Verletzungshandlung für die Zukunft abzustellen. Hinzu kommt, daß mit der Möglichkeit der Stimmrechtsaussetzung die Funktionsfähigkeit der Organe gewahrt werden kann. Schließlich hat die Suspendierung einzelner Rechte auch Strafwirkung mit restitutivem Charakter, denn dem betroffenen Mitgliedstaat gegenüber können Maßnahmen ergriffen werden, die nicht unmittelbar zur Wiederherstellung der Homogenität führen, sondern erst dadurch, daß sie den Mitgliedstaat durch die ergriffenen Sanktionen zu einer Verhaltensänderung motivieren.[45]

D. Überblick über die formellen Voraussetzungen der Verfahren

1. Feststellung im Vorfeldverfahren und erste Stufe des Suspendierungsverfahrens

Sowohl das eigentliche Vorfeldverfahren als auch die erste Stufe des Suspendierungsverfahrens werden mittels einer Initiative der Kommission oder eines Drittels der Mitgliedstaaten eingeleitet; im Vorfeldverfahren hat zusätzlich das Europäische Parlament das Initiativrecht.

Die Vorschläge zur Einleitung des jeweiligen Verfahrens müssen eine Begründung enthalten. Dies ist für das Vorfeldverfahren ausdrücklich festgelegt, gilt allerdings ebenso für das Suspendierungsverfahren. Ein Umkehrschluß, daß – wegen mangelnder expliziter Erwähnung in Absatz 2 – hier eine Begründung nicht erforderlich sei, ist nicht möglich. Das Begründungserfordernis ist schon aus Gründen des Rechtsschutzes und damit aus dem Rechtsstaatsprinzip geboten. Nur wenn der betroffene Mitgliedstaat Kenntnis von den genauen Vorwürfen erhält, kann er sich

[45] Die präventive und die repressive Funktion des Gewährleistungsmechanismus nennt auch Schorkopf, Homogenität in der EU, S. 207. Nach Ansicht von Böse, Strafen und Sanktionen im Europäischen Gemeinschaftsrecht, S. 47 ff, wird immer nur eine von drei verschiedenen Kategorien von Sanktionen verfolgt. Daß die verschiedenen Kategorien in einer Sanktionsmaßnahme vereint sein können, bestreitet aber auch er nicht.

angemessen gegen sie verteidigen. Die Inkongruenz der beiden Absätze 1 und 2 erklärt sich aus der nachträglichen Einfügung des Vorfeldverfahrens.[46]
Der Begründung muß entnommen werden können, warum die Vorschlagenden zu diesem Schluß kommen, und sie muß eine Angabe der Grundlagen enthalten, auf die sie sich bei ihrer Einschätzung der Lage stützen.
Da die Feststellung nach Absatz 1 und nach Absatz 2 einen verbindlichen Rechtsakt darstellt,[47] bedarf auch sie einer Begründung, was sich aus Art. 253 EGV i.V.m. Art. 5 EUV ergibt.
Bei beiden Verfahren muß vor der Feststellungsentscheidung der betroffene Mitgliedstaat angehört werden und das Europäische Parlament zustimmen.

2. Konsultation eines Expertengremiums

Der Rat kann unabhängige Persönlichkeiten, also ein Expertengremium, „nach demselben Verfahren" wie dem Vorfeldverfahren ersuchen, einen Bericht über die Lage in dem betroffenen Mitgliedstaat vorzulegen. Nach der deutschen Fassung ist es grammatikalisch nicht eindeutig, ob sich „nach demselben Verfahren" auf Satz 1 bezieht (das Erfordernis einer Initiative sowie der Zustimmung des Europäischen Parlaments), auf das gesamte Verfahren (also zusätzlich die Anhörung des betroffenen Mitgliedstaats), oder nur auf die Anhörung des betroffenen Mitgliedstaats.
Die englische und die französische Version legen es nahe, daß auf Satz 1 Bezug genommen werden soll, [48] was bedeuten würde, daß nicht auf die Anhörung des betroffenen Mitgliedstaats bezug genommen wird. Hierfür spricht auch, daß das Expertengremium gerade darauf ausgerichtet ist, mit dem betroffenen Mitgliedstaat in Kontakt zu treten, um seinen Bericht zu erstellen.[49]
Andererseits erfordert das Rechtsstaatsprinzip, an welches die EU gemäß Art. 6 Abs. 1 EUV gebunden ist, daß der Mitgliedstaat auch vor der Entscheidung gehört werden muß, mit der ein Expertengremium zur Erstellung eines Berichts beauftragt wird. Schon die Einsetzung eines solchen Expertengremiums hat eine Prangerwirkung, so daß dem Staat die Möglichkeit gegeben werden muß, sich vorher zu den Vorwürfen zu äußern.[50] Dies gebietet auch das Ziel des Vorfeldverfahrens, durch

---

[46] A. A. Fischer, Der Vertrag von Nizza, S. 89, der davon ausgeht, daß eine Begründung im Suspendierungsverfahren nicht vorausgesetzt wird.
[47] Vgl. auch Winkler, JRP 2000, 308 (309): verbindlicher Rechtsakt; Pechstein/Koenig, Die Europäische Union, Rn. 487: Entscheidung; Kluth, in Calliess/Ruffert, Kommentar zu EUV und EGV, Art. 7 EUV, Rn. 15: Feststellungs*beschluß*, über den der Rat *entscheidet*. Jedoch Hummer/Obwexer, ecolex 2000, 250 (255): Feststellungsbeschluß; ebenso Leidenmühler, ZÖR 2000, 299 (311).
[48] Siehe den Abdruck der englischen Version im Anhang; in der französischen Version heißt Art. 7 Abs. 1 UAbs. 1 S. 2 EUV (Nizza): „Avant de procéder à cette constatation, le Conseil entend l'État membre en question et peut, statuant selon la même procédure, demander à des personnalités indépendantes de présenter dans un délai raisonnable un rapport sur la situation dens l'État membre en question."
[49] Vgl. unten in dieem Kapitel unter G. 7.
[50] Vgl. EuGH, Urteil vom 21.3.1990 – Belgien ./. Kommission, Rs. C-142/87 – Slg. 1990, I-959 (1016, Rn. 46):... „ist die Gewährung rechtlichen Gehörs in allen Verfahren, die zu einer den Betroffenen beschwerenden Maßnahme führen können, ein fundamentaler Grundsatz des Gemeinschaftsrechts und muß auch dann sichergestellt werden, wenn eine besondere Regelung fehlt."

einen Informations- und Meinungsaustausch die Eskalation eines Konflikts zu vermeiden.
Die Annahme, es bedürfe keiner zusätzlichen Anhörung, da der Mitgliedstaat ohnehin vor der Feststellung einer Gefahr durch den Rat gehört werde, so daß es keiner zusätzlichen Anhörung bedürfe, ist falsch. Es ist nämlich der Fall denkbar, daß zwar der Bericht eines Expertengremiums angefordert und erstellt wird, der Rat aber anschließend nicht in den eigentlichen Vorfeldmechanismus eintritt. Hierzu ist er nicht verpflichtet, der Bericht eines Expertengremiums kann unabhängig davon angefordert werden. Damit wird es nicht zwingend im Rahmen dieses Verfahrens zu einer Anhörung des Mitgliedstaats kommen. Wegen dieser Möglichkeit muß dem Mitgliedstaat schon bei der Einsetzung eines Expertengremiums die Möglichkeit gegeben werden, sich zu den Vorwürfen zu äußern. Schließlich hat der Staat ein Interesse daran, schon diese Einsetzung zu vermeiden.
Art. 7 Abs. 1 UAbs. 1 S. 2 EUV ist also im Lichte des Art. 6 Abs. 1 EUV entsprechend auszulegen.

3. Suspendierungsmaßnahmen

Der Rat beschließt mit qualifizierter Mehrheit, ob - und gegebenenfalls welche - Rechte des betroffenen Mitgliedstaats ausgesetzt werden. Einer Initiative bedarf es hierfür nicht. Dies verdeutlicht, daß es sich hier um besonders sensible Bereiche der nationalen Hoheit handelt, über die die Mitgliedstaaten wachen wollen.[51] Auf die Einzelheiten dieser Verfahrensstufe wird bei den entsprechenden Fragen unten eingegangen.

E. Negativer Feststellungsbeschluß als Beendigung

Für das Vorfeldverfahren wurde ausdrücklich die ständige Überprüfung der Situation daraufhin festgeschrieben, ob nach wie vor jene Gründe vorliegen, die zu der Feststellung der „eindeutigen Gefahr" geführt haben. Allerdings enthält die Regelung keinen Hinweis darauf, welche Konsequenzen gezogen werden sollen, wenn der Rat zur Überzeugung gelangt, es lägen keine solchen Gründe mehr vor.[52] Für das Suspendierungsverfahren ist nicht einmal vorgesehen, daß eine solche ständige Überprüfung stattfindet. Für keine der beiden Feststellungen hat der Rat eine ausdrückliche Kompetenz für einen *actus contrarius*.[53] *Schorkopf* verweist darauf, daß es der Praxis im Gemeinschaftsrecht entspreche, daß eine festgestellte Vertragsverletzung durch Erfüllung der gemeinschaftsrechtlichen Verpflichtungen durch den

---

[51] Röttinger, in Lenz, EG-Vertrag, Art. 309, Rn. 12; Schmahl, EuR 2000, 819 (825).
[52] Nach Schorkopf, in Grabitz/Hilf, Das Recht der EU, Art. 7 EUV (Amsterdam), Rn. 37, folgt hieraus konsequenterweise die weitere Verpflichtung, die Rückkehr zum Normalzustand ebenfalls festzustellen.
[53] Vgl. für die Feststellung nach Abs. 2 Schorkopf, Homogenität in der EU, S. 183.

Mitgliedstaat gegenstandslos wird. Der Ratsbeschluß würde gegenstandslos, sobald seine Tatbestandsbedingungen nicht mehr vorliegen; und aus dem konkludenten Verhalten der Organe könne man schließen, daß sie von einer solchen Gegenstandslosigkeit ausgehen.[54]

Der Rat ist zu einem „negativen Feststellungsbeschluß" aus Art. 7 EUV i.V.m. dem *effet utile*-Gedanken ermächtigt.[55] Er ist hierzu aber auch verpflichtet. Dies ergibt sich aufgrund einer Ermessensreduzierung auf Null aus Gründen der Verhältnismäßigkeit und dem Grundsatz der Gemeinschaftstreue. Der Rat ist bei seinem Handeln immer an den Grundsatz der Verhältnismäßigkeit gebunden. Für den Bereich der EG ergibt sich das aus Art. 10 EGV[56], wobei der EuGH bei einer Überprüfung der Verhältnismäßigkeit dem Rat einen weiten Ermessensspielraum zugesteht, abhängig von dem jeweiligen Bereich, um den es sich handelt.[57] Für die EU verweist Art. 5 EUV auf den EGV, so daß die in dessen Rahmen geltenden Grundsätze für die Organe auch im Rahmen der EU gelten. Das Treueprinzip ist für das Gemeinschaftsrecht explizit in Art. 10 EGV geregelt und für die zweite Säule der Union in Art. 11 Abs. 2 EUV, gilt aber insgesamt als allgemeiner Grundsatz für die ganze Union, weil die verschiedenen Bereiche der Union so miteinander verknüpft sind, daß das Treueprinzip nicht nur in Teilbereichen als gültig angesehen werden kann.[58] Der im deutschen Schrifttum häufig verwendete Begriff der Gemeinschafts- oder Unionstreue meint das gleiche wie die Pflicht zur loyalen Zusammenarbeit. Es wurde der Vorwurf erhoben, mit seiner Verwendung sei eine Bundesstaatlichkeit der EU impliziert.[59] Dabei wird aber übersehen, daß mit dem Begriff nicht auf das Bundesstaatsprinzip Bezug genommen wird, sondern auf einen davon unabhängigen Treueaspekt.[60] Diesem Grundsatz gemäß sind sowohl die Mitgliedstaaten gegenüber der Gemeinschaft, als auch umgekehrt die Gemeinschaft gegenüber den Mitgliedstaaten und schließlich die Mitgliedstaaten untereinander zur loyalen Zusammenarbeit und Unterstützung verpflichtet.[61]

Nach der ursprünglichen Rechtsprechung des EuGH entfaltet Art. 10 EGV für sich gesehen keine Rechtswirkungen, und es bedarf eines konkretisierenden Aktes,

---

[54] Vgl. Schorkopf, Homogenität in der EU, S. 183.

[55] Vgl. Schorkopf, Homogenität in der EU, S. 183. Bei dieser negativen Feststeklung handelt es sich allerdings nicht um eine Vorfeldmaßnahme, weil sie nicht im Vorfeld einer Feststellung erfolgt, sondern ihr nachfolgt. Zu den implizit möglichen Vorfeldmaßnahmen des Rats siehe unten, Kapitel 4, B. 7.

[56] Ständige Rechtsprechung des EuGH, vgl. nur EuGH, Urteil vom 19.7.1980 – Testa ./. Bundesanstalt für Arbeit, Verb. Rs. 41, 121 und 796/79 – Slg. 1980, 1979 (1997 f., Rn. 21); siehe auch Pernice, in Grabitz/Hilf, Das Recht der EU, Art. 164 EGV (Maastricht), Rn. 101 ff. m.w.N.; vgl. auch Schorkopf, in Grabitz/Hilf, Das Recht der EU, Art. 7 EUV (Amsterdam), Rn. 23. Unruh, EuR 2002, 41 (45 f.) findet dies dogmatisch nicht überzeugend.

[57] Siehe auch EuGH, Urteil vom 19.11.1998 – Vereinigtes Königreich ./. Rat, RS C-150/94, Rn. 87; EuGH, Urteil vom 12.11.1996 – Vereinigtes Königreich ./. Rat, Rs. C-84/94, Slg. 1996, I-5755 (5811, Rn. 57 ff.); EuGH, Urteil vom 13.5.1997 – Deutschland ./. EP und Rat, Rs. C.233/94, Slg. 1997, I-2405 (2461, Rn. 54 ff.).

[58] Zum Treueprinzip als allgemeinem Rechtsgrundsatz für die EU vgl. Hummer/Obwexer, ZÖR 2000, 269 (277); dies., europa blätter 2000, 93 (94).

[59] Vgl. die Hinweise bei Kahl in Calliess/Ruffert, Kommentar zu EUV und EGV, Art. 10 EGV, Rn. 4.

[60] Kahl, in Calliess/Ruffert, Kommentar zu EUV und EGV, Art. 10 EGV, Rn. 6. Es handelt sich zwar um einen sehr deutschen Begriff, dessen Übersetzung in die anderen Sprachen der Union eher schwer zu sein scheint; sie ist aber möglich (z. B. „Principe de la fidélité fédérale", Blanquet, L'Article 5 du Traité C.E.E., S. 371 ff.).

[61] Zuleeg, in Groeben/Thiesing/Ehlermann, Kommentar zum EU-/EG-Vertrag, Art. 5 EGV, Rn. 1; Kahl, in Calliess/Ruffert, Kommentar zu EUV und EGV, Art. 10 EGV, Rn. 14.

durch den er hindurch scheinen kann, um Rechtsverbindlichkeit zu erlangen.[62] Ein solcher konkretisierender Akt liegt mit der Regelung für die Feststellungen in Art. 7 Abs. 1 und 2 EUV vor.
Die im Rahmen des Art. 7 EUV festgestellte Gefahr der Verletzung oder vorhandene Verletzung der Grundsätze hat eine andere Wirkung als ein Urteil des Gerichtshofs, welches lediglich einen Teilbereich staatlichen Verhaltens betrifft. Die Feststellung im Rahmen des Art. 7 EUV bezieht sich auf die gesamte rechtliche und tatsächliche Lage in einem Mitgliedstaat. Sie zieht damit in erheblichem Maße die Aufmerksamkeit der innerstaatlichen und außerstaatlichen politischen Öffentlichkeit auf sich, entfaltet also weitgehende politische Wirkung. Aus diesem Grunde ist es erforderlich, auf demselben Wege, auf dem der Feststellungsbeschluß getroffen wurde, den gegenteiligen Beschluß zu treffen und auch zu veröffentlichen. Dem steht auch nicht entgegen, daß mit der Aufhebung der Sanktionen durch den Rat gemäß Art. 7 Abs. 4 EUV / Art. 309 Abs. 3 EGV implizit vom Fortfallen der Voraussetzungen für den Feststellungsbeschluß ausgegangen werden könnte,[63] da der Feststellungsbeschluß nach wie vor in der Welt ist.
Schließlich gebietet es auch die Rechtsklarheit, daß sich der Rat zum Ende der Situation äußert – unabhängig davon, daß die Unionsaufsicht ein Mechanismus von eher politischer Natur ist.[64]

Mit dem österreichischen Vorschlag zur Regierungskonferenz in Nizza[65] wären Unklarheiten des Suspendierungsverfahrens beseitigt worden, denn ihm folgend sollten auch die Voraussetzungen für die Aufhebung der Maßnahmen sowie die Feststellung, eine schwerwiegende und anhaltende Verletzung liege nicht mehr vor, geregelt werden. Das Fehlen einer diesbezüglichen *ausdrücklichen* Regelung ist ein Manko des Art. 7 EUV, selbst wenn schon ohne sie eine entsprechende Verpflichtung zu einem negativen Feststellungsbeschluß besteht.

F. Beendigung der Suspendierungsmaßnahmen

Die im Suspendierungsverfahren ergriffenen Maßnahmen enden nicht automatisch; es bedarf hierzu einer Ermessensentscheidung des Rats gemäß Art. 7 Abs. 4 EUV / Art. 309 Abs. 3 EGV mit qualifizierter Mehrheit. Das Erfordernis einer solchen Entscheidung kann natürlich umgangen werden, indem der Rat die Suspendierung bestimmter Rechte von vornherein zeitlich begrenzt. Eine solche Umgehung scheint unproblematisch, weil es im Ermessen des Rats liegt, überhaupt Rechte

[62] Vgl. EuGH, Urteil vom 24.10.1973 – Schlüter ./. Hauptzollamt Lörrach, Rs. 9/73 – Slg. 1973, 1135 (1160, Rn. 39); EuGH, Urteil vom 10.1.1985 – Leclerc ./. Au blé vert u. A., Rs. 229/83 – Slg. 1985, 1 (33, Rn. 20); EuGH, Urteil vom 15.1.1986 – Hurd ./. Jones, Rs. 44/84 – Slg. 1986, 29 (83, Rn. 46 ff.).
[63] Vgl. Winkler, JRP 2000, 308 (309).
[64] Schorkopf, in Grabitz/Hilf, Das Recht der EU, Art. 7 EUV (Amsterdam), Rn. 25 hält eine solche Feststellung vor dem Hintergrund der politischen Bedeutung dieses Verfahrens für angemessen, wenn auch nicht für notwendig.
[65] Abdruck im Anhang.

auszusetzen, ebenso wie die Frage, wie einschneidend diese Aussetzung sein soll. Eine zeitlich begrenzte Aussetzung von Rechten ist weniger einschneidend als eine (zunächst) unbegrenzte Aussetzung. Ein Problem für den Rat könnte sich allerdings dann stellen, wenn nach Ablauf der zeitlichen Begrenzung keine Änderung der Lage eingetreten ist, er aber dennoch weiterhin Rechte aussetzen möchte. Es ist zu überlegen, ob er dann in entsprechender Anwendung von Art. 7 Abs. 4 EUV feststellen könnte, daß *keine* Änderung der Lage eingetreten ist und die Aussetzung der Rechte daher aufrechterhalten bleiben soll. Abgesehen von dem Problem der Analogie bei einer Sanktionierungsvorschrift hätte der Rat mit einer zeitlichen Begrenzung also nichts gewonnen – er müßte auch in diesem Fall eine zweite Entscheidung treffen, falls er die Maßnahmen aufrechterhalten will. Andererseits ist eine zeitliche Begrenzung mit möglicher Verlängerung aufgrund einer erneuten Entscheidung weniger einschneidend als eine zunächst unbegrenzte Maßnahme, für deren Beendigung es einer erneuten Entscheidung bedarf. Aus diesem Grunde ist der analogen Anwendung von Art. 7 Abs. 4 EUV nichts entgegenzusetzen und die Möglichkeit einer zeitlichen Begrenzung zu bejahen.

Der Rat kann die Aussetzung von Rechten auch an gewisse materielle Konditionen knüpfen, wobei er jedoch nicht das Regelungswerk des Art. 7 EUV umgehen darf. Insbesondere fragt sich, wie er das Eintreten dieser Bedingungen feststellen kann. In Art. 7 Abs. 4 EUV ist festgeschrieben, daß eine Änderung der Lage, die zur Verhängung der Maßnahmen geführt hat, eine Voraussetzung für die Änderung oder Aufhebung dieser Maßnahmen ist. Dies ist entsprechend auf den hier behandelten Fall anzuwenden. Der Rat müßte folglich mit qualifizierter Mehrheit i.S.d. Art. 7 Abs. 4 und 5 EUV feststellen, daß die Bedingung – also eine Veränderung der Lage – eingetreten ist.

Die Entscheidung, die nach Art. 7 Abs. 4 EUV / Art. 309 Abs. 2 EGV getroffenen Maßnahmen aufzuheben, ist - wie alle Entscheidungen in diesem Regelungswerk - eine Ermessensentscheidung, deren Spielraum durch Verhältnismäßigkeitsüberlegungen und das Treueprinzip[66] ebenso wie dies bei der „Rücknahme“ der Feststellungsentscheidung der Fall ist, sogar auf Null reduziert sein kann, insbesondere dann, wenn keine Verletzung der Grundsätze mehr vorliegt. Besondere Beachtung muß hier die Verhältnismäßigkeitsregelung in Art 7 Abs. 3 UAbs. 1 Satz 2 EUV (Nizza) finden. Auf diese Regelung soll unten bei der Frage, welche Rechte ausgesetzt werden können, noch ausführlich eingegangen werden, da sie sich speziell hierauf bezieht.[67]

---

[66] Schorkopf spricht diesen Gedanken der Ermessensreduzierung kurz an, Homogenität in der EU, S. 171. Vgl. auch Klaushofer, JRP 2000, 297 (303).

[67] In Kapitel 4, A. 2. b).

G. Einbindung der Organe, der Mitgliedstaaten und Dritter in die Verfahren

Um Ausmaß und Bedeutung beider Verfahren zu verstehen, bedarf es eines Überblicks über die Rolle der einzelnen Organe und der Mitgliedstaaten. Dadurch wird eine Einordnung in das gesamte Rechtssystem der EU ermöglicht,[68] und es kann der weitergehenden Frage nachgegangen werden, ob die Beteiligten im Rahmen dieses Kontrollmechanismus' Maßnahmen ergreifen können, die nicht konkret in Art. 7 EUV erwähnt sind.[69]
Zur Beteiligung der Organe liegt bezogen auf das Suspendierungsverfahren bereits eine umfassende Untersuchung von *Schorkopf* vor,[70] so daß im folgenden neben der Behandlung von Fragen, die sich auf das von *Schorkopf* nicht behandelte Vorfeldverfahren beziehen, nur einzelne Punkte herausgegriffen werden, die einer besonderen Hervorhebung bedürfen oder bei denen eine andere Ansicht vertreten wird.

1. Rolle des Rats

Der Rat ist Hauptorgan der Unionsaufsicht.[71] Im Vorfeldverfahren trifft er die Feststellung der Gefahr einer schwerwiegenden Verletzung; im Suspendierungsverfahren stellt er die qualifizierte Verletzung fest und beschließt die Suspendierung bestimmter Rechte. Die anderen Organe sowie die Mitgliedstaaten sind nur mit Initiativrechten oder einem Zustimmungserfordernis beteiligt.

In den beiden Verfahren wird deutlich, daß es nicht „den" Rat gibt. Nur die Feststellung der schwerwiegenden und anhaltenden Verletzung nach Art. 7 Abs. 2 EUV nimmt der Rat in der Zusammensetzung der Staats- und Regierungschefs vor;[72] für die anderen Handlungen des Rats existiert eine solche Regelung nicht. Hier besteht vom Wortlaut her die Möglichkeit, daß der Rat sowohl in derselben Zusammensetzung, als auch als Fachministerrat entscheidet.[73] Für das Vorfeldverfahren ist dies erstaunlich. Da es systematisch ein paralleles „Minus" zum Feststellungsbeschluß nach Art. 7 Abs. 2 EUV darstellt, wäre zu erwarten gewesen, daß es - als nachträglich eingerichtetes Verfahren - parallel zum Feststellungsbeschluß geregelt wird. Auch wenn mit der nun vorliegenden Regelung ein Handeln des Fachministerrats nicht ausgeschlossen ist, würde ein Handeln des Rats in der Zusammensetzung der

---

[68] Dies soll in Kapitel 6 geschehen.
[69] Ebd.
[70] Schorkopf, Homogenität in der EU, S. 144 ff., insbes. S. 151 ff.
[71] Und nicht die Kommission, siehe dazu folgend unter 2. Anders jedoch Hummer, JRP 2001, 185 (192).
[72] Was zu unterscheiden ist vom Europäischen Rat sowie den im Rat vereinigten Vertretern der Regierungen der Mitgliedstaaten. Diese Verwechslung unterläuft einigen Autoren, so etwa Haguenau-Moizard, S. 248; Bergmann, in Bergmann/Lenz, Der Amsterdamer Vertrag, Rn. 23 (S. 34); Busse, Österreich contra Europäische Union, S. 20.
[73] Schorkopf, Homogenität in der EU, S. 161 f. und in Grabitz/Hilf, Das Recht der EU, Art. 7 EUV (Amsterdam), Rn. 20, tendiert zur Annahme, die eigentliche Suspendierungsentscheidung würde durch den Fachministerrat getroffen werden. Vgl. auch Geiger, EUV/EGV, Art. 7 EUV, Rn. 7; Barents, MJ 1997, 332 (335).

Staats- und Regierungschefs dem Charakter des Verfahrens und seinem Ziel der Deeskalation und Vertrauensbildung eher gerecht.[74]

Auch die Mehrheitsanforderungen an den Rat sind unterschiedlich. Im Vorfeldverfahren bedarf der Rat einer Mehrheit von vier Fünfteln seiner Mitglieder (bei der momentanen Mitgliederanzahl von 15 entspricht das einer Anzahl von 12 Mitgliedstaaten; nach der Erweiterung auf 20 Mitglieder wäre eine Anzahl von 16 Stimmen im Rat erforderlich)[75]; der Feststellungsbeschluß nach Art. 7 Abs. 2 EUV ergeht einstimmig, und die Suspendierungsentscheidung gemäß Art. 7 Abs. 3 EUV / Art. 309 Abs. 2 EGV muß mit einer qualifizierten Mehrheit entsprechend Art. 205 Abs. 2 EGV getroffen werden.

Gemäß Art. 7 Abs. 5 / Art. 309 Abs. 4 EGV wird die Stimme des betroffenen Mitgliedstaats nicht berücksichtigt. Daraus kann jedoch nicht gefolgert werden, der betroffene Mitgliedstaat sei bei dieser Entscheidung jeglicher Beteiligungsrechte im Rat beraubt.[76] Dies kann erst Konsequenz von Suspendierungsmaßnahmen sein. Für das Einstimmigkeitserfordernis bedeutet dies, daß es nur der Einstimmigkeit der übrigen Staaten bedarf. Gemäß Art. 7 Abs. 5 UAbs.1 S. 2 EUV stehen dem Stimmenthaltungen nicht entgegen.

Art. 7 Abs. 5 EUV bezieht sich nicht auf Abs. 1, also das Vorfeldverfahren, da hier für das Mehrheitserfordernis nicht auf eine bestimmte Anzahl von Stimmen abgestellt wird, sondern auf einen Bruchteil der *Mitglieder* des Rats. Bei zur Zeit 15 Mitgliedern kann eine Feststellung im Vorfeldverfahren also noch dann getroffen werden, wenn neben dem betroffenen Staat zwei weitere Staaten dagegen stimmen. Der betroffene Staat nimmt also an der Abstimmung teil.[77]

Das Mehrheitserfordernis für die Suspendierungsentscheidung wird mit dem Verweis in Art. 7 Abs. 5 UAbs.1 S. 2 EUV auf Art. 205 Abs. 2 EGV dahingehend spezialisiert, daß das Stimmenquorum verhältnismäßig herabgesetzt wird, es also 71,26% der gewogenen Stimmen bedarf, weil die Stimme des betroffenen Mitgliedstaats nicht berücksichtigt wird.[78] Daß mit der Formulierung „gilt derselbe Anteil der gewogenen Stimmen..." in Art. 7 Abs. 5 UAbs. 1 S. 3 EUV nicht die auf das absolute Quorum von 62 Stimmen Bezug genommen wird, sondern auf ein relatives Quorum abgestellt wird, folgt einerseits aus der parallelen Regelung in Art. 309 Abs. 4 UAbs. 1 S. 2 EGV mit seiner klarstellenden Formulierung „abweichend von Artikel 205 Absatz 2". Auch andere Sprachfassungen des Art. 7 EUV sowie die parallele Regelung in Art. 104 Abs. 13 EGV und Art. 122 Abs. 5 EGV sowie in

[74] Anderer Ansicht ist Schmitt von Sydow, RDUE 2001, 285 (302 und 308), welcher automatisch davon ausgeht, der Rat handele als Ministerrat. Hierin sieht er eine „Entdramatisierung" des Mechanismus und eine Betonung des politischen Charakters.

[75] Dies ist eine neue Mehrheitsschwelle, worauf auch Giering, Die institutionelle Reformen von Nizza, S. 131, verweist.

[76] Vgl. auch Busse, Österreich contra Europäische Union, S. 25.

[77] Dies betont Fischer, Der Vertrag von Nizza, S. 89.

[78] Siehe dazu die Rechnung bei Schorkopf, Homogenität in der EU, S. 164 ff. Vgl. auch Geiger, EUV/EGV, Art. 7 EUV, Rn. 9; Thun-Hohenstein, Der Vertrag von Amsterdam, S. 24. Leidenmühler, Die Union 1998, 97 (103) sieht hier Streit um die Auf- oder Abrundung vorprogrammiert.

Art. 44 Abs. 1 S. 3 EUV bestätigen diesen Schluß.[79] Nahegelegt wird er schließlich aufgrund der ausdrücklichen Regelung des Erfordernisses von 62 Stimmen in den Bestimmungen Art. 23 Abs. 2 UAbs. 3 S. 2, 34 Abs. 3 und 40 a Abs. 2 S. 2 EUV.

Die gemäß Art. 205 Abs. 2 Satz 2 Spiegelstrich 2 EGV erforderliche Anzahl von mindestens 10 Stimmen bleibt bestehen. *Schorkopf* hat dies bereits ausführlich dargelegt.[80] Wegen der Entstehungsgeschichte, die es nahelegt, daß die doppelte Bezugnahme lediglich aus sprachlichen Gründen vermieden wurde, vermag demgegenüber nicht die Argumentation überzeugen, Art. 7 Abs. 5 EUV definiere die erforderliche Mehrheit als „derselbe Anteil der gewogenen Stimmen ...“, so daß daneben das zusätzliche Erfordernis einer doppelten Mehrheit ausgeschlossen sei.[81] Hier findet keine Verringerung der erforderlichen Mindestanzahl der zustimmenden Mitglieder statt, da sich Art. 7 Abs. 5 UAbs. 1 S. 3 EUV und Art. 309 Abs. 4 UAbs. 1 S. 2 EGV lediglich auf die „gewogenen Stimmen“ beziehen, nicht jedoch auf die Anzahl der Mitglieder.[82]

Es ist fraglich, ob für das Suspendierungsverfahren auch der Kompromiß von Ioannina angewendet werden kann,[83] nach dem die frühere „nördliche“ bzw. „mittelmeerische“ Sperrminorität gilt, wenn sehr wichtige Interessen berührt sind. Zwar ist anzunehmen, daß in Fragen der Grundsätze eine Regionalisierung eher seltener anzutreffen ist als in Fragen sozialer Standards oder des Olivenöls, die den ursprünglichen Grund dieser Vereinbarung darstellen.[84] Die zweite Stufe des Suspendierungsverfahrens betrifft allerdings nicht die grundsätzliche Frage der Verletzung der Grundsätze, sondern die Frage, ob und welche Rechte ausgesetzt werden. Hiervon sind gerade auch die handelnden Mitgliedstaaten betroffen, etwa dann, wenn es um die Teilnahme des betroffenen Mitgliedstaats an Strukturfonds geht. Die Anwendung des Kompromisses von Ioannina ist also trotz der besonderen Mehrheitsregel denkbar.[85] Die Geltungsdauer des „Ioannina-Kompromiß‘ “ wird in der 50. Erklärung zum Amsterdamer Vertrag zum Protokoll über die Organe im Hinblick auf die Erweiterung der Europäischen Union verlängert.[86]

---

[79] Vgl. Klaushofer, JRP 2000, 297 (305). Er betont noch die Selbstverständlichkeit, daß der Stimmrechtsverlust eines Mitgliedstaates zu keinem Stimmenzuwachs der übrigen Mitgliedstaaten führt (ebd., S. 304); Schmahl, EuR 2000, 819 (824 f.).

[80] Schorkopf, Homogenität in der EU, S. 164. Vgl. Geiger, EUV/EGV, Art. 309 EGV, Rn. 6.

[81] So aber Griller/Droutsas/Falkber/Forgó/Nentwich, The Treaty of Amsterdam, S. 177.

[82] Ebenso Schmahl, EuR 2000, 819 (825); Schorkopf, in Grabitz/Hilf, Das Recht der EU, Art. 7 EUV (Amsterdam), Rn. 21 und Art. 309 EGV (Amsterdam), Rn. 3; Klaushofer, JRP 2000, 297 (306). A.A. Geiger, EUV/EGV, Art. 309, Rn. 6: 9 Stimmen. Klaushofer, JRP 2000, 297 (396) weist darauf hin, daß für den Fall, daß so viele Mitgliedstaaten von ihren Stimmrechten suspendiert werden, daß nur noch neun Staaten stimmberechtigt sind, keine Regelung existiert. Allerdings wird es sich in einem solchen Fall um eine gesamteuropäische Krise handelt, wie er selbst betont (ebd., S. 303).

[83] Beschluß des Rats vom 24.3.1994, Abl. C 105/1 vom 13.4.1994, neugefaßt in Abl. C 1/1 vom 11.1.1995; diese Überlegung stellt Stein, Die rechtlichen Reaktionsmöglichkeiten der EU, S. 897, an.

[84] Poensgen, Das Paradox von Ioannina, S. 1133 (1134).

[85] Anderer Ansicht Schmitt von Sydow, RDUE 2001, 285 (309); Schmahl, EUR 2000, 819 (825).

[86] ABl. C 340 vom 10.11.1997, 1 (142).

Der Rat hat im Rahmen des gesamten Kontrollmechanismus nach Art. 7 EUV / Art. 309 EGV ein uneingeschränktes Ermessen, was sich aus den jeweiligen Formulierungen „der Rat kann..." ergibt.[87] Es liegt also in seinem Ermessen, ob er bei Vorliegen der entsprechenden Voraussetzungen die Gefahr einer schwerwiegenden Verletzung offiziell feststellt, ob er unabhängige Persönlichkeiten um einen Bericht ersucht, ob er die qualifizierte Verletzung feststellt, ob er überhaupt Rechte des betroffenen Mitgliedstaates aussetzt, und welche Rechte konkret ausgesetzt werden.

2. Rolle der Kommission

Hauptfunktion der Kommission in der *EG* ist die einer „Hüterin des Gemeinschaftsrechts"[88] oder auch „Hüterin der Verträge"[89]. Dies ergibt sich schon aus Art. 211 EGV (1. Spiegelstrich für diese spezielle Funktion), in welchem die Aufgaben der Kommission genannt sind. Im Rahmen ihrer Pflicht zur Rechtmäßigkeitskontrolle aus Art. 211, 1. Spiegelstrich EGV hat sie die Aufgabe, die Entwicklung in den Staaten zu beobachten.[90]
Daneben ist sie das europäische Organ, dem üblicherweise das Initiativrecht zusteht; teilweise hat sie sogar ein Initiativmonopol. Sie wird daher auch als „Motor der Integration"[91] bezeichnet.

Im Geltungsbereich des EU-Vertrags kommt der Kommission jedoch keine so umfassende Rolle zu.[92] In gewisser Weise ist die Rolle der Kommission in der Unionsaufsicht zwar mit ihrer Rolle im Rahmen des Vertragsverletzungsverfahrens gemäß Art. 226 EGV zu vergleichen. Dort ist es ihre Aufgabe, zu kontrollieren, ob die Mitgliedstaaten das primäre und sekundäre Gemeinschaftsrecht sowie die Urteile der europäischen Gerichte einhalten. Dieses Verfahren zielt ebenso – wenn auch in anderer Weise als die hier diskutierten Kontrollmechanismen – auf die Einhaltung des Gemeinschaftsrechts ab. Die Kommission hat beim Vertragsverletzungsverfahren neben jedem Mitgliedstaat das Recht und die ermessensgemäße Pflicht, Klage zu erheben. Sie ist hier jedoch vor allem deshalb das Hauptaufsichtsorgan, weil sie immer das Vorverfahren durchführt, auch wenn die Initiative von einem Mitgliedstaat ausgeht (vgl. Art. 227 und 226 EGV).

Im Vorfeldverfahren und im Suspendierungsverfahren hingegen liegt der Schwerpunkt der Aufsicht beim Rat. Er bedarf zwar für ein Tätigwerden einer Initiative; diese muß aber nicht zwingend von der Kommission ausgehen, sondern kann auch

[87] Vgl. Schorkopf, Homogenität in der EU, S. 158 f. und ders., in Grabitz/Hilf, Das Recht der EU, Art. 7 EUV (Amsterdam), Rn. 18 zum Feststellungsbeschluß nach Abs. 2.
[88] Groeben/Schmitt von Sydow, in Groeben/Thiesing/Ehlermann, Art. 155 EGV, Rn. 3.
[89] Bleckmann, Europarecht, Rn. 254.
[90] Ebenso Leidenmühler, ZÖR 2000, 299 (318).
[91] Streinz, Europarecht, Rn. 292.
[92] Vgl. schon den Hinweis von Schorkopf, Homogenität in der EU, S. 144; Hummer/Obwexer, europa blätter 2000, 52 (56).

von einem Drittel der Mitgliedstaaten ergriffen werden; im Vorfeldverfahren auch vom Europäischen Parlament. Für die zweite Stufe des Suspendierungsverfahrens bedarf es gar keiner Initiative. Die Kommission ist also nicht zwingend in die Verfahren eingebunden.[93]
Dennoch kommt der Kommission mit dem Initiativrecht in gewisser Weise, wenn auch nur in einer „Nebenrolle“, eine hütende Funktion zu, denn die Initiative zielt darauf ab, die Verfahren zur Gewährleistung der Grundsätze in der EU einzuleiten.[94] Auch wenn die Kommission also in der EU keine so umfassende Rolle als „Hüterin des Vertrages“ hat wie im Bereich des Gemeinschaftsrechts, so ginge es zu weit, ihre Hüterfunktion komplett abzulehnen.[95]
Integrierende Wirkung hat die Beteiligung der Kommission insofern, als beide Verfahren zur Homogenitätsgewährleistung selbst im Ergebnis integrativ wirken, auch wenn das einzelne Verfahren zumindest bezogen auf den betroffenen Staat durchaus zunächst desintegrative Wirkung entfalten kann.

Die Kommission ist verpflichtet, einen Vorschlag zur Einleitung des Suspendierungsverfahrens zu unterbreiten, wenn sie zu der Überzeugung gekommen ist, daß eine qualifizierte Verletzung der Grundsätze vorliegt.[96] Dies kann übertragen werden auf die Überzeugung von der Gefahr einer schwerwiegenden Verletzung für die Einleitung des Vorfeldverfahrens. In beiden Fällen wurde keine „kann-Formulierung“ gewählt, wie dies etwa beim Vertragsverletzungsverfahren der Fall ist.
Die Argumentation, die Kommission bedürfe ebenso wie beim Vertragsverletzungsverfahren unterschiedlicher Instrumente, um mit dem Mitgliedstaat auf andere Weise eine Regelung zu finden, wie Probleme bei der Beachtung der in Art. 6 Abs. 1 EUV genannten Grundsätze gelöst werden können,[97] vermag insofern nicht zu überzeugen. Für den Bereich des EGV wird aus der Formulierung des Art. 211 EGV geschlossen, daß sie grundsätzlich jeden Vertragsverstoß zu verfolgen hat, wobei ihr aber ein Ermessensspielraum[98] über die Prioritäten der verschiedenen

---

[93] Vgl. Schorkopf, Homogenität in der EU, S. 145. In der Durchbrechung des Initiativmonopols der Kommission sieht Röttinger, in Lenz, EG-Vertrag, Art. 309, Rn. 12, die Verdeutlichung dafür, daß es um besonders sensible Bereiche der nationalen Hoheit gehe, über die die Mitgliedstaaten wachen wollten. Bei dieser Analyse bezieht sie sich vor allem auf die zweite Stufe des Suspendierungsverfahrens. Vgl. auch Schmahl, EuR 2000, 819 (925)
[94] Ähnlich Hummer/Obwexer, europa blätter 2000, 52 (56): die Funktion der Kommission als Hüterin der Verträge erfasse eingeschränkt Art. 6 i.V.m. 7 EUV; vgl. auch Hummer/Obwexer, EuZW 2000, 485 (488). In Hummer, JRP 2001, 185 (192), vertritt Hummer allerdings die Ansicht, die Kommission sei mit den Mitgliedstaaten das Hauptaufsichtsorgan.
[95] Dies wird relevant bei der Frage, welche Maßnahmen sie implizit im Vorfeldverfahren ergreifen kann, siehe dazu unten, Kapitel 4, B. 4. Schorkopf, Homogenität in der EU, S. 144, möchte die Kommission bei der Ausübung ihres Vorschlagsrechts nicht über den Wortlaut des Unionsrechts hinaus privilegieren.
[96] Schorkopf, Homogenität in der EU, S. 145 f.; ders., in Grabitz/Hilf, Das Recht der EU, Art. 7 EUV (Amsterdam), Rn. 9.
[97] Nur ein geringer Anteil der (vermuteten) Vertragsverstöße führt zu einer Klage gemäß Art. 226 EGV, die anderen Streitfälle werden auf den davorliegenden Ebenen beigelegt, vgl. Schmitt von Sydow, in Groeben/Thiesing/Ehlermann, Kommentar zum EU-/EG-Vertrag, Art. 155 EGV, Rn. 20.
[98] Hier wird der Begriff Ermessen ohne die im deutschen Recht übliche Unterscheidung zwischen Beurteilungsspielraum auf der Tatbestandsfeststellungsseite und Ermessensspielraum auf der Rechtsfolgenseite gebraucht, sondern einheitlich, wie auch vom EuGH, für alle Entscheidungsspielräume eines Organs.

Verstöße und das angemessene Mittel zur Beseitigung eines Verstoßes zusteht,[99] so daß sie nicht verpflichtet ist, eine *bestimmte* Handlung vorzunehmen.[100] Die Kommission spielt aber bei der Unionsaufsicht eine andere Rolle als im Vertragsverletzungsverfahren. Sie ist hier nicht das Hauptorgan. Das Augenmerk muß im Konfliktfall zwar auch auf andere Maßnahmen gelenkt werden, dies ist aber nicht Aufgabe allein der Kommission, sondern aller Beteiligten.
Wenn nach eigener Überzeugung (und hierin liegt ein großer Spielraum, denn die Begriffe „schwerwiegend", „anhaltend" und „Gefahr" sind sehr ungenau)[101] die jeweilige Schwelle für die Anwendbarkeit eines der Verfahren erreicht ist, so ist seine Einleitung geboten.

3. Rolle des Europäischen Parlaments

Das Europäische Parlament muß sowohl im Vorfeldverfahren als auch in der ersten Stufe des Suspendierungsverfahrens seine Zustimmung geben, bevor der Rat feststellen kann, daß die eindeutige Gefahr einer schwerwiegenden Verletzung oder tatsächlich eine schwerwiegende und anhaltende Verletzung von in Art. 6 Abs. 1 EUV genannten Grundsätzen vorliegt.[102]

Im Vorschlag der irischen Ratspräsidentschaft vom 5. Dezember 1996[103] war noch ein Initiativrecht des Parlaments für die Einleitung des Suspendierungsverfahrens vorgesehen; davon wurde in der endgültigen Fassung Abstand genommen.
Im neuen Vorfeldverfahren dagegen wurde das Europäische Parlament mit einem zusätzlichen Vorschlagsrecht eingebunden.[104] Durch die Aufnahme des Europäischen Parlaments in den Kreis der Antragsberechtigten hat es eine Kompetenzerweiterung erfahren, wurde also in seiner Position gestärkt.
Es ist nicht einsichtig, warum das Europäische Parlament zwar eine Antragsberechtigung für das Vorfeldverfahren erhielt, jedoch keine für die Einleitung des Suspendierungsverfahrens. Diese Uneinheitlichkeit hätte durch eine entsprechende Änderung auch des Suspendierungsverfahrens vermieden werden können.

---

[99] Vgl. Schmitt von Sydow, in Groeben/Thiesing/Ehlermann, Kommentar zum EU-/EG-Vertrag, Art. 155 EGV, Rn. 28 m.w.N.; Ruffert in Calliess/Ruffert, Kommentar zu EUV und EGV, Art. 211 EGV, Rn. 6; Hummer, in Grabitz/Hilf, Das Recht der EU, Art. 155 EGV (Maastricht), Rn. 27.

[100] Nur ein geringer Anteil der (vermuteten) Vertragsverstöße führt zu einer Klage gemäß Art. 226 EGV, die anderen Streitfälle werden auf den davorliegenden Ebenen beigelegt, vgl. Schmitt von Sydow, in Groeben/Thiesing/Ehlermann, Kommentar zum EU-/EG-Vertrag, Art. 155 EGV, Rn. 20.

[101] Siehe hierzu die Untersuchung in Kapitel 3, C. Den Spielraum der Kommission aufgrund der Ungenauigkeit betont auch Schorkopf, Homogenität in der EU, S. 145.

[102] Zum internen Willensbildungsprozeß und dem Einfluß des Parlaments auf den Rat siehe Schorkopf, Homogenität in der EU, S. 152 ff.

[103] CONF/2500/96, S. 22.

[104] Also nicht anstelle eines Zustimmungserfordernis', wie im Textentwurf der Kommission vorgesehen, vgl. Abdruck im Anhang.

Normalerweise beschließt das Parlament mit der Mehrheit der abgegebenen Stimmen (Art. 198 EGV) bei einem Beschlußquorum von einem Drittel der Mitglieder (Art. 198 EGV i.V.m. Art. 112 Ziff.2 GO EP). Bei den hier behandelten Verfahren muß das Parlament mit einer Mehrheit von zwei Dritteln der abgegebenen Stimmen und einfacher Mehrheit seiner Mitglieder beschließen (Art. 7 Abs. 6 EUV). Es ist also eine doppelt qualifizierte Mehrheit erforderlich. Es verwundert zunächst ein wenig, daß die erforderliche Mehrheit des Europäischen Parlaments bei seiner Zustimmung gemäß Art. 49 EUV zum Beitritt eines neuen Staates eine geringere ist (es bedarf der absoluten Mehrheit der Mitglieder).[105] Zwar wird im Beitrittsverfahren bei positivem Beschluß die Verneinung der Nichteinhaltung der Grundsätze ausgesprochen, im Vorfeldverfahren und im Feststellungsbeschluß nach Art. 7 Abs. 2 EUV dagegen die Bejahung, so daß die Mehrheitserfordernisse nicht unmittelbar vergleichbar sind. Insgesamt stellt sich aber die Frage, ob dem Parlament wegen anderer Mehrheitserfordernisse eine größere Bedeutung beigemessen wird. Sowohl im Suspendierungsverfahren als auch im Beitrittsverfahren bedarf es einer Zustimmung von mindestens 314 Stimmen. Die Hürde, die für die Zustimmung überwunden werden muß, ist aber dennoch nicht gleich hoch, denn das Erfordernis von zwei Dritteln der abgegebenen Stimmen beim Vorfeld- und beim Suspendierungsverfahren liegt bei einer Beteiligung ab 471 Stimmberechtigten über 314 Stimmen.[106] Bei einer so wesentlichen Frage wie der (drohenden) Verletzung der Grundsätze der Union ist zu erwarten, daß die Beteiligung bei der Abstimmung eher hoch sein wird. Es ist hier also schwieriger, einen zustimmenden Beschluß zu erhalten. Je höher die Hürde ist, je schwieriger eine qualifizierte Mehrheit erreicht werden kann, desto mehr Einfluß hat das Europäische Parlament.

4. Rolle des Gerichtshofs

In Art. 7 EUV / Art. 309 EGV selbst ist der Gerichtshof nicht erwähnt; eine Justiziabilität der im Rahmen des Suspendierungsverfahrens vorgenommenen Handlungen ist mit der alten Regelung vor Inkrafttreten des Vertrags von Nizza nirgends explizit genannt.

Ein der Regierungskonferenz von Amsterdam unterbreiteter Vorschlag, man könne im Rahmen dieses Verfahrens insbesondere vorsehen, daß der Gerichtshof den Verstoß feststellt,[107] wurde jedenfalls nicht aufgenommen. Der „Spinelli-Entwurf" von 1984[108] hatte in Art. 44 noch vorgesehen, daß der Gerichtshof die schwerwiegende und anhaltende Verletzung feststellt und der Rat erst in der zweiten Stufe des Verfahrens die entscheidende Rolle spielt.

---

[105] Und nicht die gleiche. Dieser Unterschied entgeht Schorkopf, Homogenität in der EU, S. 151 f, der von einer spiegelbildlichen Beteiligung des Parlaments in beiden Verfahren ausgeht. Siehe auch Schmitt von Sydow, RDUE 2001, 285 (308, Fn. 109).

[106] Vgl. auch die tabellarische Übersicht bei Schmitt von Sydow, RDUE 2001, 285 (308).

[107] Europäischer Rat von Florenz, Bericht des Vorsitzes über den Stand der Beratungen der Regierungskonferenz, Bull. EG 6-1996, S. 48 (49).

[108] 1984, Abl. C 77/33.

Mit dem Vertrag von Nizza wird Art. 46 EUV allerdings um einen neuen Unterpunkt ergänzt, der auf die reinen Verfahrensbestimmungen des Artikels 7 verweist. Die Annahme, Art. 49 EUV falle schon vorher gemäß Art. 46 EUV, welcher die Zuständigkeit des EuGH regelt, ohne weiteres in die Jurisdiktion des EuGH, ist nicht richtig.[109]
Der Ruf nach dem Gerichtshof in diesem Verfahren ist schon mehrfach laut geworden,[110] auch von Seiten der Kritiker einer Reform dieses Verfahrens.[111] Daraus spricht die Angst, daß undefinierte Begriffe zu „pseudorechtlichen Maßstäben für willkürliche Sanktionen wegen einer angeblichen Verletzung von frei erfundenen ‚neuen' Werten Europas werden" könnten.[112] Von anderer Seite wird die Einbindung des EuGH befürwortet, weil sie die Grundsätze mit „Zähnen ausstatten" würde[113] oder weil hierin ein weiterer Ausdruck der Rechtsstaatlichkeit läge.[114] Ein untermauerndes Argument soll sein, daß es in Anbetracht der Tatsache, daß viele nationale Verfassungsgerichtshöfe die demokratischen Prinzipien in ihrem eigenen Staat auslegten, nicht zur Gefahr unterschiedlicher Interpretationen der Grundsätze kommen könnte – letztes Wort hätte der EuGH.[115] Bei dieser Argumentation wurde nicht bedacht, daß die nationalen Verfassungsgerichtshöfe ohnehin einen anderen rechtlichen Rahmen haben als den, der im Suspendierungsverfahren zur Anwendung kommt. Denn ein nationales Gericht wird bei der Frage nach dem Prinzip nur darüber entscheiden, was dieses Prinzip innerhalb dieses Staates bedeutet, nicht aber, was es in der EU bedeutet.[116]
Die Jurisdiktion durch den Gerichtshof ist kein Allheilmittel. Gleichwohl ist sie – auch und gerade hier – zu befürworten, wenn es um die Einhaltung von Verfahrensregelungen geht. Da es bis zum Inkrafttreten des Vertrags von Nizza nicht einmal die Möglichkeit gab, die formelle Rechtmäßigkeit einer Entscheidung gemäß Art. 7 EUV zu überprüfen, ist die die Neuregelung in Artikel 46 EUV zu begrüßen. Abzulehnen ist eine Jurisdiktion allerdings, wenn der Gerichtshof dadurch zu einer Instanz wird, die anstelle der eigentlich dazu berufenen politischen Organe entscheiden soll. Gerade die Frage nach den Grundsätzen der Mitgliedstaaten und der Union ist so politisch, daß sie nicht von der Justiz entschieden werden kann, die mit juristischen Methoden arbeitet, nicht aber mit politischen.[117]
Die Frage, inwiefern Judizierbarkeit der einzelnen Maßnahmen der Unionsaufsicht durch den EuGH vorhanden ist, soll unten aufgegriffen werden.[118] Gegebenenfalls

[109] So aber Bulterman, SIM Special 21 (1998), 123 (131). Anders aber offensichtlich dies., NQHR 1997, 397 (398 f.), wo sie sich zwar nicht zu Art. 49 EUV äußert, aber eine differenzierte Betrachtung zu Art. 46 EUV anstellt. Siehe auch Betten/Grief, EU Law and Human Rights, S. 134; Kluth, in Calliess/Ruffert, Kommentar zu EUV und EGV, Art. 7 EUV, Rn. 19.
[110] Verhoeven, ELRev 1998, 217 (227); Schorkopf, in Grabitz/Hilf, Das Recht der EU, Art. 7 EUV (Amsterdam), Rn. 33.
[111] Winkler, ZÖR 2000, 229 (260 ff.); Winkler, JRP 2000, 308 (326).
[112] Winkler, ZÖR 2000, 229 (261).
[113] Verhoeven, ELRev 1998, 217 (227).
[114] Schorkopf, Homogneniät in der EU, S. 192 f.; vgl. auch Bulterman, SIM special 21 (1998), 123 (137).
[115] Verhoeven, ELRev 1998, 217 (227).
[116] Diesen Unterschied betont auch Schmitz, Integration in der Supranationalen Union, S. 355.
[117] Die Nichtberücksichtigung des EuGH betont den politischen Charakter der Unionsaufsicht, vgl. Schorkopf, in Grabitz/Hilf, Das Recht der EU, Art. 309 EGV (Amsterdam), Rn. 11.
[118] In Kapitel 5.

kann es im Rahmen anderer Mechanismen zu Überschneidungen von Feststellungen des Rats und Entscheidungen des Gerichtshofs kommen.[119]

5. Rolle der Staaten

Neben der Kommission (und im Vorfeldverfahren dem Parlament) hat in beiden Verfahren ein Drittel der Mitgliedstaaten das Initiativrecht. Es liegt die Befürchtung nahe, daß es zu einer „Blockformation" kommt, daß sich also Allianzen aus bestimmten Staaten bilden, die schnell Mißmut bei den anderen Staaten hervorrufen können, weil diese sich in ihren Bedenken nicht ernst genommen fühlen.[120]
Dieses Problem wurde im Rahmen der beiden Verfahren für die Abstimmungen im Rat beachtet. Im Vorfeldverfahren ist eine Mehrheit von vier Fünfteln der Mitgliedstaaten erforderlich; in der ersten Stufe des Suspendierungsverfahrens Einstimmigkeit, in der zweiten Stufe eine qualifizierte Mehrheit entsprechend Art. 205 Abs. 2 EGV. Demzufolge sind die Stimmen der einzelnen Staaten nach einem ausgereiften System so ponderiert, daß weder die „Großen", noch die ursprünglichen sechs, noch die später beigetretenen neun Mitgliedstaaten allein einen Beschluß fassen können; es können aber die „Großen" oder die Mittelmeeranrainerstaaten oder die Südstaaten zusammen einen Beschluß verhindern. Auch subtilere Kriterien sind für die Gewichtung von Bedeutung, etwa das Verhältnis der Staaten, die Mittel aus dem Kohäsionsfonds erhalten, zu den übrigen Staaten oder auch das Verhältnis der Staaten, die eher eine protektionistische Handelspolitik betreiben, zu denen, die diesbezüglich eher liberal handeln.[121]
Mit dem bloßen Erfordernis einer Anzahl von fünf Staaten (scil. einem Drittel von zur Zeit fünfzehn) für die Initiative können sich zwar bestimmte Gruppen von Staaten zusammenschließen. Dies ist aber insofern unproblematisch, als ja gerade keine Ponderierung vorliegt und damit jeder Staat rechtlich (wenn auch sicherlich nicht politisch) die gleiche – nämlich eine – Stimme hat. Zudem ist gesichert, daß ein großes Interesse an der Einleitung eines der beiden Verfahren vorliegen muß.[122]
Im übrigen ist kaum zu erwarten, daß schon dann, wenn tatsächlich nur fünf der fünfzehn Mitgliedstaaten für die Einleitung eines solchen Verfahrens sind, dieses auch tatsächlich beantragt werden wird. Zwar kann man nach der Reaktion der EU-Staaten auf die Regierungsbildung in Österreich zwischen ÖVP und FPÖ im Frühjahr 2000 nicht mehr ohne weiteres davon ausgehen, daß die Einleitung eines Vorfeldverfahrens und möglicherweise auch des Suspendierungsverfahrens von Seiten der Mitgliedstaaten völlig unvorstellbar wäre, weil es einen zu großen Affront darstellte; insofern kann die mitgliedstaatliche Praxis zur Einleitung eines Ver-

---

[119] Siehe hierzu Kapitel 6.
[120] Ein Beispiel für solche Probleme ist der Mißmut der kleineren Staaten, wie etwa Dänemarks, beim Vorgehen gegenüber Österreich aufgrund der Regierungskoalition aus ÖVP und FPÖ.
[121] Siehe Jacqué, in Groeben/Thiesing/Ehlermann, Kommentar zum EU-/EG-Vertrag, Art. 148 EGV, Rn. 5.
[122] Dieses Kalkül steht regelmäßig hinter der Idee eines Quorumserfordernisses zur Einleitung eines bestimmten Verfahrens, so etwa auch bei den verschiedenen Voraussetzungen bei Volksbegehren.

fahrens nach Art. 227 EGV, dem Vertragsverletzungsverfahren,[123] nicht ohne weiteres übertragen werden. Im „Österreich-Fall“ lag aber eine Einigkeit der vierzehn anderen Staaten vor; es haben gerade nicht lediglich einige wenige Staaten autonome Maßnahmen ergriffen.

Ebenso wie für die Kommission besteht für die Mitgliedstaaten die Verpflichtung, bei entsprechender Überzeugung über das Vorliegen der Voraussetzungen die Initiative zu ergreifen.

6. Rolle des betroffenen Mitgliedstaates

Der betroffene Mitgliedstaat wird im Vorfeldverfahren vor einer Feststellungsentscheidung durch den Rat angehört; im Suspendierungsverfahren wird er zu einer vorherigen Stellungnahme aufgefordert.[124]

Trotz der unterschiedlichen Formulierungen kann nicht angenommen werden, daß sich die Beteiligung des betroffenen Mitgliedstaates in den beiden Verfahren voneinander unterscheidet. Die sprachlichen Divergenzen lassen sich mit der nachträglichen Einfügung des Vorfeldverfahrens erklären. In beiden Fällen soll dem Mitgliedstaat rechtliches Gehör gewährt werden. Beide Male ist dem betroffenen Mitgliedstaat eine angemessene Frist einzuräumen, um sich zu den Vorwürfen äußern zu können.[125]

Wenn das Rechtsstaatsprinzip gebietet, daß dem Objekt des Verfahrens die *Möglichkeit* gegeben wird, sich zu den Vorwürfen zu äußern,[126] dann heißt dies nicht, daß eine solche Äußerung des betroffenen Mitgliedstaats tatsächlich vorliegen muß, denn mit dieser Bedingung könnte ein Staat das Suspendierungsverfahren einfach durch die Verweigerung seiner Mitarbeit blockieren.[127] Der Rat ist jedoch verpflichtet, eine angemessene Frist abzuwarten, es sei denn, der Mitgliedstaat hat ausdrücklich zu erkennen gegeben, daß er sich nicht zu den Vorwürfen äußern wird.

---

[123] Es blieb bislang ohne größere praktische Bedeutung. Von den ohnehin wenigen eingeleiteten Verfahren erreichte nur ein Teil den Gerichtshof, vgl. Karpenstein, in Grabitz/Hilf, Das Recht der EU, Art. 170 EGV (Maastricht), Rn. 6. Allerdings intervenieren die Mitgliedstaaten unter Umständen als Streithelfer, vgl. etwa EuGH, Urteil vom 9.12.1997 – Kommission ./. Frankreich, Rs. C-265/95 – Slg. 1997, I-6959 (6990) mit Spanien und dem Vereinigten Königreich als Streithelfern.

[124] Zu der sprachlichen Inkohärenz in der deutschen Version siehe Schorkopf, Homogenität in der EU, S. 155 f.

[125] Vgl. Klaushofer, JRP 2000, 297 (301).

[126] Vgl. EuGH, Urteil vom 21.3.1990 – Belgien ./. Kommission, Rs. C-142/87 – Slg. 1990, I-959 (1016, Rn. 46):... „ist die Gewährung rechtlichen Gehörs in allen Verfahren, die zu einer den Betroffenen beschwerenden Maßnahme führen können, ein fundamentaler Grundsatz des Gemeinschaftsrechts und muß auch dann sichergestellt werden, wenn eine besondere Regelung fehlt."

[127] Schorkopf, Homogenität in der EU, S. 155 f.

7. Unabhängige Experten

Nur im Vorfeldverfahren existiert die Möglichkeit der Einbindung unabhängiger Experten. Es ist offensichtlich, daß diese Regelung in Anlehnung an den „Rat der drei Weisen" in Bezug auf die Situation in Österreich und die positiven Erfahrungen mit einem solchen Expertengremium aufgenommen wurde, denn hier zeigte sich das Bedürfnis nach einer unabhängigen Institution, die in vermittelnd tätig werden kann.[128] Ein von unabhängigen Persönlichkeiten erstellter Bericht wird am ehesten dem Erfordernis der Unparteilichkeit gerecht. Er erlaubt eine so weit wie möglich objektive, von allen Parteien anerkannte Situationseinschätzung.[129]

Für die Beantwortung der Frage, wie bei der Erstellung eines solchen Berichts verfahren wird und wie das Mandat aussehen kann oder soll, soll also in erster Linie der Bericht der drei Weisen über Österreich als bislang einziges Beispiel für ein solches Vorgehen hinzugezogen werden.
Solche „Weisengremien" sind in der Europäischen Union zwar nicht unbekannt, die ausdrückliche Aufnahme eines solchen in einen der Verträge stellt aber ein Novum dar.
Gerade im Bereich der Menschenrechte wurde schon häufiger von der Möglichkeit Gebrauch gemacht, anstehende grundsätzliche Entscheidungen auf Berichte unabhängiger Experten zu stützen. In letzter Zeit erstellten unterschiedliche Gremien Berichte über die Zukunft der Menschenrechte in der EU, so der Ausschuß der Weisen „Für ein Europa der Bürgerrechte und der sozialen Rechte";[130] im Oktober 1998 nahm ein „Ausschuß der Weisen" die „Human Rights Agenda for the European Union for the Year 2000" an.[131] Darüber hinaus berichtete im Februar 1999 die von der Kommission eingesetzte „Expert Group on fundamental Rights."[132] Die Vertragskonferenz in Amsterdam stützte sich auf die Berichte der sogenannten Reflexionsgruppe.[133] Diese Expertengruppen waren aber nicht eingesetzt, um über die Situation in einem bestimmten Staat zu berichten, sondern dienten als „Denkfabrik" zur Weiterentwicklung des Rechts in Europa.

Auch im völkerrechtlichen Menschenrechtsschutz sind Expertengremien nicht unbekannt. So hat etwa die UN-Menschenrechtskommission neben unabhängigen thematischen Berichterstattern auch Länder- oder Sonderberichterstatter für Staaten eingesetzt, bei denen schwere Menschenrechtsverletzungen in großem Ausmaß bekannt geworden sind.[134] Die Berichterstatter sind Hilfsorgane der UNO[135] und werden in ihrer persönlichen Eigenschaft als unabhängige Experten ernannt, sind

---

[128] Vgl. auch Winkler/Schauer, Die Maßnahmen von 14 EU-Mitgliedstaaten gegen Österreich, S. 142.
[129] Melchior, Die europäische Wertegemeinschaft zwischen Rhetorik und Realität, S. 169.
[130] Luxemburg 1996.
[131] Abgedruckt in Alston/Weiler, The EU and Human Rights, Oxford 1999.
[132] European Commission, Report of the Expert Group on Fundamental Rights, Luxemburg, 1999.
[133] Bericht der Reflexionsgruppe und dokumentarische Hinweise. Brüssel, Dezember 1995, Luxemburg 1996.
[134] Vgl. Rudolf, Die thematischen Berichterstatter und Arbeitsgruppen der UN-Menschenrechtskommission, S. 19.
[135] Rudolf, Die thematischen Berichterstatter und Arbeitsgruppen der UN-Menschenrechtskommission, S. 35.

aber der internen Weisungsbefugnis der Menschenrechtskommission unterworfen. Diese kann nicht nur konkrete Arbeitsanweisungen geben, sondern auch die Inhalte der Berichte beeinflussen.[136]
Solche Expertengremien können zwar nicht mit den „unabhängigen Persönlichkeiten" i. S. d. Art. 7 EUV verglichen werden; dennoch kann ihre Vorgehensweise Ideengeber dafür sein, welches Format ein Bericht der unabhängigen Persönlichkeiten im Rahmen des Vorfeldverfahrens haben könnte.

a) Unabhängige Persönlichkeiten

In Anlehnung an die eben erwähnten Expertengremien wird es sich bei den unabhängigen Persönlichkeiten im Sinne des Art. 7 Abs. 1 EUV um Personen mit herausgehobener Stellung in Politik oder Wissenschaft handeln. Dabei fragt sich, wer die Zusammensetzung eines Expertengremiums bestimmt. Für seine Einsetzung bedarf es einer Initiative, so daß schon in dieser Verfahrensstufe Personen genannt werden könnten. Es ist aber auch möglich, daß nur die Initiative zur Einsetzung eines Expertengremiums überhaupt ergriffen wird, und der Rat die Zusammensetzung dieses Gremiums bestimmt. In beiden Fällen ist es geboten, mit dem betroffenen Mitgliedstaat die konkrete Zusammensetzung des Gremiums abzusprechen, da so am ehesten eine konstruktive Zusammenarbeit des Staates mit diesen Experten erwartet und somit der Zweck erreicht werden kann, Lösungsstrategien für den sich anbahnenden Konflikt zu entwickeln.[137]

b) Materielle Voraussetzungen

Der Rat kann nur dann unabhängige Persönlichkeiten dazu auffordern, einen Bericht über die Lage in einem Mitgliedstaat abzugeben, wenn Anhaltspunkte für das Bestehen einer Gefahr der schwerwiegenden Verletzung der Grundsätze in diesem Mitgliedstaat vorliegen. Zwar ist nicht explizit normiert, daß für die Einsetzung eines Weisenrats besondere materielle Bedingungen erfüllt sein müssen; Art. 7 Abs. 1 UAbs. 1 S. 2 EUV schreibt jedoch vor, daß „nach demselben Verfahren" vorgegangen werden muß. Damit bedarf es eines begründeten Vorschlags der zur Initiative berechtigten Organe. Eine solche Begründung kann sich aber nur auf die Gefahr der schwerwiegenden Verletzung der Grundsätze beziehen. Die Initiatoren müssen ihren diesbezüglichen Verdacht begründen, und nur dann liegt eine hinreichende Initiative vor, so daß nur dann ein Expertengremium eingesetzt werden kann. Andersherum heißt dies, daß für den Fall, daß keine Anhaltspunkte für eine

---

[136] Rudolf, Die thematischen Berichterstatter und Arbeitsgruppen der UN-Menschenrechtskommission, S. 37 f.
[137] Auch der von den 14 Staaten beauftragte Präsident des Europäischen Gerichtshofs für Menschenrechte Wildhaber holte die Zustimmung Österreichs zur Zusammensetzung des Rats der drei Weisen ein, siehe den Hinweis bei Hummer/Obwexer, EuZW 2000, 485 (495); Winkler, ZÖR 2000, 231 (267).

solche Gefahr in einem Mitgliedstaat vorliegen, keine Grundlage vorhanden ist, auf der eine Initiative begründet werden kann. Damit kann kein Expertengremium eingesetzt werden.
Dieses Ergebnis folgt auch aus der systematischen Stellung dieser Möglichkeit innerhalb der Unionsaufsicht. Ein Expertengremium kann nicht unabhängig von jeglichem Gefahrenverdacht für einen beliebigen Mitgliedstaat eingesetzt werden.

c) Umfang des Mandats

Es fragt sich, was das Mandat eines Expertengremiums, „einen Bericht über die Lage in dem betreffenden Mitgliedstaat vorzulegen", umfassen kann. Es sind drei verschiedene Arten der Berichterstattung vorstellbar: die reine Wiedergabe der politischen und rechtlichen Lage in einem Mitgliedstaat, die Bewertung dieser Lage anhand von bestimmten Kriterien und schließlich die Abgabe von Empfehlungen zu den Konsequenzen, die aus dieser Bewertung gezogen werden könnten oder sollten.
Bei den Mechanismen der Menschenrechtskommission reicht die Berichterstattung von der unkommentierten Wiedergabe von Informationen über die Bewertung durch „Bemerkungen" bis zu einer klaren Feststellung von Rechtsverletzungen.[138]
Die drei Weisen erhielten im Österreich–Fall das Mandat,

> „auf der Grundlage einer eingehenden Untersuchung einen Bericht vorzulegen über das Eintreten der österreichischen Regierung für die gemeinsamen europäischen Werte, insbesondere hinsichtlich der Rechte von Minderheiten, Flüchtlingen und Einwanderern; die Entwicklung der politischen Natur der FPÖ."[139]

Es scheint zunächst, als würde sich dieses Mandat nur auf die Darstellung der Sach- und Rechtslage in Österreich beziehen. Über das Eintreten für bestimmte Werte kann aber nicht ohne eine eigene Wertung berichtet werden. Zunächst muß ein Maßstab gefunden werden, welcher diese „gemeinsamen europäischen Werte" definiert. Einen solchen entwickeln die drei Weisen[140] und legen diese Meßlatte an Österreich an. In dem Bericht wird zunächst die entsprechende Situation in Österreich beschrieben, dann erfolgt eine Wertung als Schlußfolgerung.[141] Insbesondere die zweite Frage des Mandats hätte auch so ausgelegt werden können, daß sie nur

[138] Vgl. Rudolf, Die thematischen Berichterstatter und Arbeitsgruppen der UN-Menschenrechtskommission, S. 544.
[139] Vgl. Bericht von Martti Ahtisaari, Jochen Frowein, Marcelino Oreja (Bericht der drei Weisen), abgedruckt in EuGRZ 2000, 404, S. 1 des Berichts.
[140] Bericht von Martti Ahtisaari, Jochen Frowein, Marcelino Oreja (Bericht der drei Weisen), abgedruckt in EuGRZ 2000, 404, Rn. 1 ff für Frage 1 und Rn. 65 ff. für Frage 2.
[141] Schlußfolgerung in Bezug auf die Minderheitenrechte, in Bezug auf die Rechte von Flüchtlingen, in Bezug auf die Rechte von Einwanderern, in Bezug auf die Bekämpfung von Rassismus, Antisemitismus, Diskriminierung und Fremdenfeindlichkeit zur ersten Frage: Rn. 29, 40, 51 des Berichts. Bei Beantwortung der zweiten Frage des Mandats erfolgt keine so klare Trennung. Schlußfolgerung in Bezug auf die Entwicklung der politischen Natur der FPÖ: Rn. 106 f. des Berichts. Bericht von Martti Ahtisaari, Jochen Frowein, Marcelino Oreja (Bericht der drei Weisen), abgedruckt in EuGRZ 2000, 404.

zu einer reinen Darstellung der Sachlage auffordert. Sie kann aber ebensogut als Aufforderung zu einer Einordnung der FPÖ und folglich ihrer Bewertung verstanden werden. Dann stellt sich in größerem Maße als bei der ersten Frage das Problem, welcher Maßstab gelten soll, da nicht einmal die gemeinsamen europäischen Werte genannt sind.[142] Dies ergibt sich jedoch aus dem Zusammenhang, und so verstanden auch die drei Weisen ihr Mandat.[143]

Am Ende des Berichts ziehen die drei Weisen Schlußfolgerungen in Bezug auf die zwei Fragen und in Bezug auf die von den Vierzehn getroffenen Maßnahmen und empfehlen deren Beendigung.[144] Schließlich geben die drei Weisen noch „Empfehlungen als Folge des Berichts" ab,[145] ohne daß das Mandat dies *erfordert* hätte. Sie gehen jedoch offensichtlich davon aus, daß es von ihrem Mandat *umfaßt* war.[146]
Dabei darf nicht der Wortlaut des Mandats alleine betrachtet werden, sondern es müssen die politischen Umstände berücksichtigt werden, die zu diesem Vorgehen geführt haben. Nach dem letzten Satz des Briefes des portugiesischen Premierministers an den Präsidenten des Europäischen Gerichtshof für Menschenrechte wollten „die XIV auf der Grundlage der Schlußfolgerungen dieses Berichts ihre bilateralen Beziehungen mit der österreichischen Regierung überprüfen [...]."[147] Der Bericht stellte damit eine Exit-Strategie dar, die es beiden Seiten – also den vierzehn Mitgliedstaaten auf der einen Seite und Österreich auf der anderen Seite – ermöglichen sollte, einen für alle Beteiligten gesichtswahrenden Ausweg aus dem Dilemma zu finden, in den sie durch die „Maßnahmen der Vierzehn" geraten waren. Damit kann die Abgabe von Empfehlungen sowohl bezüglich des Umgangs mit Österreich als auch in allgemeiner Hinsicht kann als vom Mandat umfaßt angesehen werden.
Das Mandat umfaßte jedoch eindeutig nicht die Frage, ob die Maßnahmen der Vierzehn rechtmäßig waren.[148]

Die Tatsache, daß der neue Abs. 1 in Art. 7 EUV als Reaktion auf den Österreich-Fall eingefügt wurde, rückt das Mandat und den Bericht der drei Weisen in die Nähe eines Präzendenzfalls, auch wenn sie nicht auf Art. 7 Abs. 1 EUV basierten. Das

---

[142] Olt, Die Torheit der Regierenden, S. 450, fragt daher, ob die drei Weisen sich bis zu Thomas von Aquin zurückbegeben sollten.
[143] Bericht von Martti Ahtisaari, Jochen Frowein, Marcelino Oreja (Bericht der drei Weisen), abgedruckt in EuGRZ 2000, 404, Rn. 65 des Berichts; vgl. auch Hummer/Obwexer, EuZW 2000, 485 (496): ...Wird der Weisenrat sein Mandat im Lichte des Art. 6 und Art. 7 EU wohl selbst genauer umreißen müssen."
[144] Bericht von Martti Ahtisaari, Jochen Frowein, Marcelino Oreja (Bericht der drei Weisen), abgedruckt in EuGRZ 2000, 404, Rn. 108 ff. des Berichts.
[145] Bericht von Martti Ahtisaari, Jochen Frowein, Marcelino Oreja (Bericht der drei Weisen), abgedruckt in EuGRZ 2000, 404, Rn. 117 ff. des Berichts .
[146] „In Übereinstimmung mit unserem Mandat...", Bericht von Martti Ahtisaari, Jochen Frowein, Marcelino Oreja (Bericht der drei Weisen), abgedruckt in EuGRZ 2000, 404, Rn. 108 des Berichts einerseits, und „Es ist nicht Teil unseres Mandats, uns zur Rechtmäßigkeit der von den XIV Mitgliedstaaten getroffenen Maßnahmen zu äußern", Rn. 114 des Berichts, andererseits.
[147] Vgl. den Abdruck im Bericht von Martti Ahtisaari, Jochen Frowein, Marcelino Oreja (Bericht der drei Weisen), abgedruckt in EuGRZ 2000, 404, auf S. 1 des Berichts.
[148] Bericht von Martti Ahtisaari, Jochen Frowein, Marcelino Oreja (Bericht der drei Weisen), abgedruckt in EuGRZ 2000, 404, Rn. 114 des Berichts.

Vorgehen in diesem Fall kann daher gewichtige Anhaltspunkte für ein zukünftiges Vorgehen liefern.

Das Mandat für ein Expertengremium, welches nach Art. 7 Abs. 1 UAbs. 1 S. 2 EUV eingesetzt wird, sollte eindeutig gefaßt sein. Es sollte nicht nur die Darstellung, sondern auch die Bewertung der Lage in dem betroffenen Mitgliedstaat umfassen, da eine „neutrale" Darstellung kaum möglich ist: Jede Darstellung enthält schon allein aufgrund der Auswahl dessen, was dargestellt wird, eine Wertung. Das Expertengremium kann dem Rat ohnehin nicht die Entscheidung abnehmen, ob er eine Feststellung nach Abs. 1 treffen soll, da es sich hier um eine subjektive Einschätzung handelt und der Rat sich zusätzlich trotz Vorliegens einer solchen Situation aus politischen Gründen gegen eine Feststellung entscheiden kann.

Der Maßstab, den ein solches Gremium anlegen soll, können nur die Grundsätze der EU nach Art. 6 Abs. 1 EUV sein. Dies geht zwar nicht zwingend aus dem Wortlaut des Art. 7 Abs. 1 UAbs. 1 S. 2 EUV hervor, ergibt sich aber aus dem systematischen Zusammenhang. Der ganze Art. 7 EUV bezieht sich nur auf die Grundsätze, die in Art. 6 Abs. 1 EUV genannt sind. Innerhalb dieses Rahmens muß das Mandat auf den Einzelfall abgestimmt sein können. Im Falle eines so undeutlichen Mandats, wie es mit der zweiten Frage den drei Weisen vorlag, ist eine Auslegung dahingehend erforderlich, daß als Beurteilungsmaßstab nur die in Art. 6 Abs. 1 EUV genannten Grundsätze gelten können.

Sinnvollerweise sollte das Mandat auch abdecken, daß die Experten Vorschläge für Empfehlungen vorlegen, welche im Rahmen des Vorfeldverfahrens an den betroffenen Mitgliedstaat ergehen könnten. Der Rat ist hieran selbstverständlich nicht gebunden. Dies impliziert, daß das Gremium auch vorschlagen kann, daß der Rat die Gefahr der Verletzung der Grundsätze feststellen sollte, denn nur in einem solchen Fall kann er Empfehlungen abgeben. Dies ist nicht zu vermeiden, wenn das Expertengremium seinen Zweck erfüllen soll, aus neutraler Perspektive Lösungsstrategien für den sich anbahnenden Konflikt aufzuzeigen.

d) Zeitlicher Rahmen

Den drei Weisen im Österreich-Fall war offiziell kein zeitlicher Rahmen zur Erstellung des Berichts vorgegeben, aber von Seiten des Präsidenten des EGMR empfohlen worden, den Bericht so schnell wie möglich vorzulegen.[149] Nach dem neuen Art. 7 Abs. 1 UAbs. 1 S. 2 EUV soll dem Expertengremium eine „angemessene" Frist gesetzt werden; ihre Dauer wird vom Einzelfall abhängen. Die Frist ist einerseits deshalb wichtig, weil der betroffene Staat Klarheit darüber braucht, ob ihm gegenüber ein Feststellungsbeschluß nach Abs. 1 (oder möglicherweise sogar nach

[149] Vgl. Bericht von Martti Ahtisaari, Jochen Frowein, Marcelino Oreja (Bericht der drei Weisen), abgedruckt in EuGRZ 2000, 404, S. 1 des Berichts.

Abs. 2) ergehen wird. Andererseits muß bei entsprechender Gefahr für die Grundsätze schnell gehandelt werden können, damit sie abgewendet werden kann.
Die Säumnis dieser Frist kann allerdings nicht zur Folge haben, daß der Bericht damit unverwertbar wird oder ein Feststellungbeschluß durch den Rat nicht getroffen werden dürfte, da der Bericht hierfür ohnehin nur fakultative Grundlage ist.

e) Keine Auskunftsverpflichtung des betroffenen Mitgliedstaats

Das Expertengremium hat keinen Auskunftsanspruch gegen den betroffenen Mitgliedstaat. Aus Art. 7 Abs. 1 UAbs. 1 S. 2 EUV kann so eine Auskunftsverpflichtung nicht hergeleitet werden. Das Gremium ist auch kein „Unterorgan" des Rats, sondern unabhängig. Aus diesem Grunde kann sich ein Auskunftsanspruch auch nicht aus dem Loyalitätsgebot ergeben, wie dies etwa für die Kommission grundsätzlich möglich wäre.[150]
Eine Auskunft muß der betroffene Staat also auf freiwilliger Basis gewähren; dies liegt aber gerade in seinem Interesse, denn der Bericht soll mit einer möglichst umfassenden Situationseinschätzung die Grundlage eines möglichen weiteren Vorgehens des Rats darstellen. Verweigert sich der betroffene Mitgliedstaat der Auskunft, so begibt er sich der Chance, hierauf einzuwirken. Schließlich kann die Verweigerungshaltung eines Mitgliedstaats sogar ein Indiz dafür darstellen, daß in ihm tatsächlich die Gefahr einer schwerwiegenden Verletzung besteht.

f) Expertengremium als Untersuchungskommission?

Die Verpflichtung, eine Beobachter- oder Untersuchungskommission in das eigene Land zu lassen, ginge noch weit über eine Auskunftsverpflichtung hinaus. Grundsätzlich bedarf die Entsendung einer Untersuchungskommission in einen anderen Staat eines völkerrechtlichen Titels oder des konkreten Einverständnis' dieses Staates, andernfalls verstieße sie gegen das völkerrechtliche Interventionsverbot. Gilt das nun ebenso für die Mitgliedstaaten der Union untereinander und im Verhältnis zur Union?[151] Ein Titel, der die Entsendung eines solchen Ausschusses erlauben würde, läßt sich dem EUV weder unmittelbar entnehmen, noch ist eine Herleitung aus Art. 7 EUV möglich. Es kann in Anbetracht der Sensibilität dieses Bereichs nicht in Art. 7 Abs. 1 UAbs. 1 S. 2 EUV hineingelesen werden, daß eine solche Zustimmung von den Mitgliedstaaten bereits abgegeben worden sei. Man muß sich vergegenwärtigen, daß der EGV an vielen Stellen Vorbehalts- sowie Notstandsklauseln zur Sicherung der eigenen öffentlichen Ordnung der Staaten enthält. Es gibt vor allem (mit Ausnahme des Suspendierungsverfahrens) keine echte

[150] Siehe hierzu ausführlich unten, Kapitel 4, B. 4. b).
[151] So die Ansicht von Rotter, Europäische Rundschau 2000, 21 (29 f.).

Zwangsgewalt der Union oder der Gemeinschaft gegenüber den Mitgliedstaaten; die „Souveränität" der Mitgliedstaaten ist also in diesem grundlegenden Element unangetastet.
Auch die Argumentation, das völkerrechtliche Interventionsverbot umfasse zwar die Einmischung in die inneren Angelegenheiten eines anderen Staates,[152] es sei jedoch durch die Unionsordnung modifiziert, kann zu keinem anderen Ergebnis führen. Die Mitgliedstaaten der EU können sich zwar nur noch eingeschränkt darauf berufen, es handele sich um innere Angelegenheiten, in die sich weder die Union noch die anderen Mitgliedstaaten einmischen dürfen. Die rechtliche und politische (tatsächliche) Verfassung eines Mitgliedstaates ist dann keine innere Angelegenheit mehr, wenn sie gegen die Grundsätze der Union verstößt – was sich implizit aus der Existenz des Art. 7 EUV ergibt. Der Anspruch, die Untersuchung durch einen unabhängigen Ausschuß zu gewähren, geht allerdings weiter als eine bloße „Einmischung".[153]
Man kann den unabhängigen Persönlichkeiten also nicht ohne weiteres ein Nachforschungs*recht* innerhalb der Staaten zugestehen.

g) Keine Bindungswirkung

Die Erwähnung der Möglichkeit eines Expertenberichts in Art. 7 Abs. 1 EUV bedeutet nicht, daß der Rat an Empfehlungen solcher Experten gebunden wäre; ein von diesen erstellter Bericht stellt lediglich eine Grundlage dar, die in die Entscheidungsfindung miteinbezogen wird. Es ist allerdings nicht zwingende Voraussetzung für die Feststellungsentscheidung, daß der Rat vorher einen solchen Bericht anfordert. Der Rat ist bei entsprechender Initiative auch nicht verpflichtet, einen solchen Bericht anzufordern; dies steht in seinem pflichtgemäßen Ermessen: „Der Rat [...] *kann* [...] unabhängige Persönlichkeiten ersuchen...".[154]
Allerdings ist anzunehmen, daß dann, wenn der Rat *tatsächlich* ein Expertengremium beauftragt und von diesem ein Bericht im entsprechenden Zeitrahmen erstellt wird, dieser Bericht in die Entscheidungsfindung des Rates miteinfließen *muß*.
Der Rat ist jedoch durch nichts davon abgehalten, seine Entscheidung darüber hinaus auf andere Grundlagen zu stützen. Schließlich kann er für den Fall, daß ein solcher Bericht nicht angefordert oder nicht im angemessenen Zeitraum erstellt wurde, seine Entscheidung gänzlich auf andere Grundlagen zu stützen.

---

[152] Verdross/Simma, Universelles Völkerrecht, § 490 (S. 300).
[153] Siehe hierzu Kapitel 4.
[154] Art. 7 Abs. 1 UAbs. 1 S. 2 EUV; Hervorhebung von der Verfasserin.

H. Nachfolgende Entscheidungen über weitere Empfehlungen und Maßnahmen

1. Weitere Empfehlungen

Wenn sich herausstellt, daß der betroffene Mitgliedstaat im Rahmen des Vorfeldverfahrens zwar den Empfehlungen des Rats nachkommt, dies aber nicht ausreicht, um die Gefahr für die Grundsätze in diesem Staat zu bannen, dann muß der Rat auch *weitere* Empfehlungen an den Mitgliedstaat richten können, denn sonst würde die Gefahr für die Grundsätze möglicherweise doch in eine Verletzung umschlagen. Das vom Vorfeldverfahren verfolgte Ziel, die Eskalation einer Situation zu vermeiden und damit die Anwendung des Suspendierungsverfahrens erst gar nicht erforderlich zu machen, gebietet es, auf seiner Ebene alles zu unternehmen, um die Gefahr abzuwenden.

Falls mehrmals hintereinander Empfehlungen an den betroffenen Mitgliedstaat gerichtet werden, muß dieser vor jeder neuen Empfehlung gehört werden. Zwar schreibt Art. 7 Abs. 1 EUV von seinem Wortlaut her nur vor, daß der Mitgliedstaat vor einer „solchen Feststellung" gehört wird. Es existiert auch kein Pendant zu Abs. 4, welcher die Abänderung oder Aufhebung einzelner Suspendierungsmaßnahmen regelt. Die Empfehlungen, die an den Mitgliedstaat gerichtet werden, gründen sich aber gerade auf die Feststellung der Gefahr. Sie können nur für einen solchen Fall an den Mitgliedstaat gerichtet werden, sind also nicht unabhängig von der Feststellung. Bei nochmaligen Empfehlungen wird implizit die neue Feststellung getroffen, daß immer noch die Gefahr einer schwerwiegenden Verletzung gegeben sei. Auch wenn die Empfehlungen nicht verbindlich für den Mitgliedstaat sind, muß er vorher also gehört werden. Ein solches Verständnis des Art. 7 Abs. 1 EUV gebietet das Rechtsstaatsprinzip, an das die Union gemäß Art. 6 Abs. 1 EUV gebunden ist. Der Mitgliedstaat muß die Gelegenheit zur Stellungnahme erhalten, um gegebenenfalls grundlose Empfehlungen argumentativ entkräften zu können.

Dies ist auch nur sinnvoll, da Empfehlungen dann am ehesten zu einem Erfolg führen, wenn sie auf der Basis einer gemeinsamen Problemanalyse getroffen werden, so daß der betroffene Mitgliedstaat sie akzeptieren und auch umsetzen kann.

Diese Auslegung hat zur Konsequenz, daß der Rat, wenn er weitere Empfehlungen an den Mitgliedstaat richten möchte, hierzu ebenso einer neuen Initiative und der Zustimmung des Europäischen Parlaments bedarf.

Es verhält sich hier anders als im Suspendierungsverfahren, bei welchem die einzelnen Suspendierungsentscheidungen vereinfachten Verfahrensanforderungen unterliegen. Dieser Unterschied stellt aber keinen Wertungswiederspruch dar, weil er sich darauf gründet, daß die Empfehlungen keine zweite Stufe des Vorfeldverfahrens darstellen, sondern unmittelbar mit der Feststellungsentscheidung verknüpft sind. Es existiert im Vorfeldverfahren keine zweite Stufe, so daß für ein weitergehendes Handeln jedesmal eine Erneuerung der „Grundentscheidung" getroffen wird.

2. Weitere Suspendierungsentscheidungen

In Art. 7 Abs. 3 EUV ist nicht festgeschrieben, wieviele Entscheidungen der zweiten Stufe nach der einmal vorhandenen Entscheidung der ersten Stufe getroffen werden können. Art. 7 Abs. 4 EUV / Art. 309 Abs. Abs. 3 EGV regeln allerdings, wie Maßnahmen nach Abs. 2 aufgehoben oder abgeändert werden können. Dazu bedarf es ebenso wieder einer qualifizierten Mehrheit; darüber hinaus muß die Voraussetzung gegeben sein, daß „in der Lage, die zur Verhängung dieser Maßnahmen geführt hat, Änderungen eingetreten sind". Hieraus folgt, daß der Rat also nicht – wenn einmal eine Feststellung der ersten Stufe vorhanden ist – beliebig oft Maßnahmen im Rahmen der zweiten Stufe treffen kann, sondern daß er zunächst nur eine Entscheidung nach Abs. 2 treffen kann und für jede weitere Entscheidung feststellen muß, daß Veränderungen eingetreten sind, und zwar sowohl im positiven, als auch im negativen Sinne. Die grundsätzlich unbegrenzte Geltungsdauer[155] der im Rahmen der ersten Stufe getroffenen Feststellung mit der Möglichkeit, beliebig viele weitere Maßnahmen der zweiten Stufe zu treffen, wäre für den betroffenen Mitgliedstaat unerträglich, da er nie Rechtssicherheit erhielte. Vorstellbar wäre allenfalls die Befugnis des Rats, innerhalb einer gewissen, von vornherein bestimmten Frist in mehreren Beschlüssen die Maßnahmen festlegen zu können.
Das bedeutet auch, daß der Rat, wenn er keine Maßnahmen im Rahmen der zweiten Stufe ergriffen und es bei einer Feststellung der ersten Stufe belassen hat, zumindest dann, wenn er sich explizit dazu entschieden hat, gebunden ist. Er kann nicht ohne weiteres zu einem späteren Zeitpunkt Maßnahmen im Rahmen der zweiten Stufe ergreifen, sondern muß zunächst Veränderungen feststellen.

I. Verhältnis des Berichtsverfahrens durch Experten zur Feststellung im Vorfeldverfahren

Die Möglichkeit, einen Bericht unabhängiger Experten anzufordern, kann als selbständiges Verfahren neben das eigentliche Vorfeldverfahren treten. Wenn etwa eine Initiative sowohl für einen Feststellungsbeschluß als auch für die Konsultierung unabhängiger Persönlichkeiten vorhanden ist, so steht es im Ermessen des Rats (nach Anhörung des betroffenen Mitgliedstaats und mit Zustimmung des Europäischen Parlaments),[156] nur ein Expertengremium zu konsultieren. Dies gilt unabhängig davon, ob man grammatikalisch den Art. 7 Abs. 1 UAbs. 1 S. 2 EUV so versteht, daß das Anfordern eines Expertenberichts nur „bevor er [der Rat] eine solche Feststellung trifft" möglich ist. Es steht nämlich im Ermessen des Rats, die Feststellung nach Abs. 1 zu treffen. Er braucht also nach Vorlage eines solchen Berichts das Vorhandensein einer Gefahr nicht in einem Beschluß festzustellen, selbst wenn nach seiner Überzeugung eine solche Gefahr besteht.

---

[155] Siehe oben, Abschnitt E. dieses Kapitels.
[156] Zu diesen Voraussetzungen siehe oben, D. 2. In diesem Kapitel.

J. Verhältnis des Vorfeldverfahrens zum Suspendierungsverfahren

Das Vorfeldverfahren nach Art. 7 Abs. 1 EUV ist ein dem Feststellungsbeschluß nach Art. 7 Abs. 2 EUV ähnliches Verfahren auf niedrigerem Niveau. Zwar sind die Verfahren in der Beteiligung der Organe und dem Erfordernis der Mehrheiten unterschiedlich ausgestaltet, aber sie zielen auf denselben Erfolg ab, nämlich die Wahrung oder Wiederherstellung der Homogenität in allen Mitgliedstaaten. Das Vorfeldverfahren ist schon auf einer unteren Stufe als das Suspendierungsverfahren anwendbar, hat aber auch dementsprechend weniger gewichtige Konsequenzen für den betroffenen Mitgliedstaat.
Bei der nachträglichen Einführung des Vorfeldmechanismus wurde jedoch nicht das Verhältnis der beiden Verfahren zueinander festgelegt – ob etwa das Vorfeldverfahren ein zwingendes Vorverfahren für das eigentliche Suspendierungsverfahren sein soll. Es fragt sich also, ob auch bei einer bereits vorhandenen schwerwiegenden und anhaltenden Verletzung das Vorfeldverfahren eingeleitet werden muß. Außerdem fragt sich, welche Konsequenz es hat, wenn ein Mitgliedstaat den Empfehlungen aus dem Vorfeldverfahren nicht nachkommt. Auf diese zweite Frage soll zunächst eingegangen werden.

1. Nichtbefolgung der Empfehlungen

Für Empfehlungen im Sinne der EG bestimmt Art. 249 UAbs. 5 EGV, daß sie nicht verbindlich sind. Wegen des Verweises in Art. 5 EUV gilt dies auch für die EU. Ziel und Zweck von Empfehlungen ist es, dem Mitgliedstaat ein bestimmtes Verhalten nahezulegen, ohne ihn zu binden.[157] Empfehlungen können dennoch rechtlich relevant sein, wie etwa im Verfahren nach Art. 104 EGV im Rahmen der Wirtschafts- und Währungspolitik. Hier „richtet der Rat an den betreffenden Mitgliedstaat Empfehlungen mit dem Ziel, dieser Lage innerhalb einer bestimmten Frist abzuhelfen." (Art. 104 Abs. 7 EGV) Für den Fall, daß ein Mitgliedstaat den Empfehlungen nicht Folge leistet, sind bestimmte weitere Maßnahmen vorgesehen; schließlich kann der Rat zu Sanktionsmaßnahmen greifen (zum Beispiel Geldbußen verhängen, Abs. 11). An die Nichtbefolgung der eigentlich nicht bindenden Empfehlungen werden also bestimmte Konsequenzen geknüpft.[158] Ähnlich verhält es sich im Verfahren nach Art. 97 EGV bei geplanten wettbewerbsverzerrenden Vorschriften. Kommt der Staat hier einer Empfehlung nach Abs. 1 nicht nach, so können bestimmte Maßnahmen nicht zu Lasten der anderen Mitgliedstaaten ergriffen werden (Abs. 2). Auch im Vertragsverletzungsverfahren ist eine Frist vorgesehen, welche die Kommission dem betroffenen Staat nach Abgabe ihrer Stellungnahme setzt. Erst danach kann sie den Gerichtshof anrufen (Art. 226 EGV).

---

[157] Vgl. Schmidt, in Groeben/Thiesing/Ehlermann, Art. 189 EGV, Rn. 47.
[158] Siehe hierzu auch Schmidt, , in Groeben/Thiesing/Ehlermann, Art. 189 EGV, Fn. 185.

An die Empfehlungen i.S.d. Art. 7 Abs. 1 EUV sind jedoch keine besonderen Konsequenzen gebunden. Es ist nicht einmal vorgesehen, daß der Rat dem betroffenen Mitgliedstaat eine Frist setzt, innerhalb derer er den Empfehlungen nachkommen sollte. Dies ist jedoch ohne weiteres möglich und auch in der Praxis zu erwarten.[159] Denn der Rat überprüft nach Art. 7 Abs. 1 UAbs. 2 EUV „regelmäßig, ob Gründe, die zu dieser Feststellung geführt haben, noch vorliegen". Zu einer solchen Überprüfung ist er also verpflichtet. Er muß einen vernünftigen Handlungsmodus finden, um dieser Verpflichtung nachzukommen. Dabei ist es nur sinnvoll, die Überprüfung der Situation in regelmäßigen Abständen mit entsprechenden Verhaltensempfehlungen an den Mitgliedstaat innerhalb bestimmter Fristen zu verbinden.

Eine Frist oder ein Abwarten darauf, daß der betroffene Mitgliedstaat den Empfehlungen nachkommt, kann jedoch nicht beeinflussen, ob die *Initiative* zum Suspendierungsverfahren ergriffen wird: Sobald (aber auch erst dann, wenn) die Gefahr in eine schwerwiegende und anhaltende Verletzung umschlägt, sind die Voraussetzungen hierfür gegeben – unabhängig davon, ob der betroffene Mitgliedstaat den Empfehlungen nachgekommen ist oder nicht. Die Kommission und die Mitgliedstaaten sind verpflichtet, die Initiative zu ergreifen, wenn sie zu der Überzeugung gelangt sind, eine solche Verletzung liege vor.[160]

Anders kann jedoch die Frage beantwortet werden, ob der Rat in einem solchen Fall eine Entscheidung nach Art. 7 Abs. 2 und 3 EUV / Art. 309 EGV treffen kann oder soll. Dem könnte nämlich entgegenstehen, daß dem betroffenen Mitgliedstaat innerhalb der gesetzten Frist die Möglichkeit gegeben werden muß, entsprechend zu handeln.[161] Andererseits wird diese Möglichkeit dem Mitgliedstaat nur deshalb eingeräumt, um zu verhindern, daß die Gefahr in eine tatsächliche Verletzung umschlägt.
Der Rat muß dies zumindest in seinen Entscheidungsprozeß bei seiner Ermessensentscheidung nach Art. 7 Abs. 2 EUV einfließen lassen. Es können hinreichende Gründe dafür sprechen, daß im Einzelfall ein Fristablauf abgewartet werden muß, bevor der Rat die Feststellung trifft, ein Mitgliedstaat verletze die Grundsätze schwerwiegend und anhaltend. Dies gilt um so mehr für die Aussetzung einzelner Rechte nach Art. 7 Abs. 3 EUV / Art. 309 Abs. 2 EGV. Ein anderes Verhalten wäre unverhältnismäßig. Anders verhält es sich jedoch für die Fälle, in denen der betroffenen Mitgliedstaat eindeutig zu erkennen gegeben hat, er werde den Empfehlungen nicht nachkommen – sei es, daß er nicht kann, sei es, daß er nicht möchte.

Diese Überlegungen leiten über zu der Frage, ob das Vorfeldverfahren zwingendes Vorverfahren zum Suspendierungsverfahren ist.

---

[159] Für das *Suspendierungs*verfahren schlägt Schorkopf, Homogenität in der EU, S. 155 f. vor, die Aufforderung an den betroffenen Staat zur Abgabe einer Stellungnahme mit einer entsprechenden Frist zu verknüpfen.
[160] Siehe oben, G. 2. und 5. Dieses Kapitels.
[161] In diese Richtung geht auch der Vorschlag Schorkopfs, Homogenität in der EU, S. 155 f., die Aufforderung zur Abgabe einer Stellungnahme im Rahmen der ersten Stufe des Suspendierungsverfahrens mit einer Frist zu verbinden mit der Folge, daß für diesen Zeitraum die Beschlußfassung des Rats aufgeschoben wäre.

2. Vorfeldverfahren als zwingendes Vorverfahren?

Systematische Gründen könnten es nahelegen, daß das Vorfeldverfahren ein zwingendes Vorverfahren zum Suspendierungsverfahren darstellt, denn beide Verfahren sind in derselben Vorschrift in aufeinanderfolgenden Absätzen geregelt.
Hierfür könnte auch sprechen, daß dem betroffenen Mitgliedstaat kein Mechanismus abgeschnitten werden soll, welcher ihn davor bewahren kann, Suspendierungsmaßnahmen ausgesetzt zu sein. Des weiteren könnte dem Vorfeldverfahren eine Präklusionswirkung zukommen. Dabei ist in erheblichem Maße zu berücksichtigen, daß es sich bei der Unionsaufsicht um Verfahren handelt, die eher politischer als rechtlicher Natur sind. Man könnte argumentieren, daß der Rat dann, wenn das Vorfeldverfahren ein zwingendes Vorverfahren zum Suspendierungsverfahren darstellen würde, er bei der Überlegung, ob er eine Entscheidung nach Abs. 1 trifft, mit berücksichtigen müßte, daß ihm im Falle der Eskalation der Lage zeitlich die Hände gebunden wären. Er könnte nicht sofort eine Feststellung nach Abs. 2 treffen, sondern zunächst nur eine nach Abs. 1. Dies würde in den politischen Entscheidungsprozeß einfließen und zur Folge haben, daß der Rat sich eher dazu durchringen könnte, eine Entscheidung nach Abs. 1 zu treffen.
Denkbar ist auch die Konstellation, daß die möglichen Initiatoren des Vorfeldverfahrens es versäumt haben, die Initiative zu ergreifen. Sie waren bereits zu dem Zeitpunkt hierzu verpflichtet, zu dem sie zu der Überzeugung gelangt sind, eine entsprechende Situation liege vor. Nun stellen sie fest, daß bereits eine schwerwiegende und anhaltende Verletzung der Grundsätze gegeben ist, so daß sie die Initiative zum Suspendierungsverfahren ergreifen.

Die auf eine Präklusionswirkung des nicht durchgeführten Vorfeldverfahrens gestützte Argumentation vermag hier jedoch nicht zu überzeugen. Die Konstellation in diesem Fall ist nicht vergleichbar mit der Konstellation bei anderen Vorverfahren, etwa dem Widerspruchsverfahren im deutschen Verwaltungsrecht. Wird hier nicht innerhalb der vorgesehenen Frist Widerspruch eingelegt, so kann der Betroffene wegen dieser Sache (gegen diesen Verwaltungsakt) grundsätzlich nicht mehr klagen.[162] Bei der gemeinschaftsrechtlichen Vertragsverletzungsklage muß vorher das Kommissionsverfahren ordnungsgemäß durchgeführt worden sein.[163] Diese Verfahren unterscheiden sich vom Vorfeldverfahren dadurch, daß sich sowohl Vorverfahren als auch eigentliches Verfahren (die Klage) auf denselben Sachverhalt beziehen. Beim Vertragsverletzungsverfahren wird dies besonders deutlich dadurch, daß die Kommission im Vorverfahren eine mit Gründen versehene Stellungnahme abgibt, die den Gegenstand der nachfolgenden Klage unabhängig davon festlegt, ob später Änderungen eingetreten sind.[164] In unserem Fall verhält es sich aber anders: das Suspendierungsverfahren bezieht sich einerseits auf andere Sachverhalte als das Vorfeldverfahren, nämlich auf die Gefahr und nicht auf die bereits eingetretene Verletzung. Außerdem unterliegt der Gegenstand beider Ver-

[162] Vgl. Kopp/Schenke, VwGO, § 68, Rn. 1 und § 70, Rn. 1 und 6.
[163] Vgl. Cremer, in Calliess/Ruffert, Kommentar zu EUV und EGV, Art. 226, Rn. 29.
[164] Cremer, in Calliess/Ruffert, Kommentar zu EUV und EGV, Art. 226, Rn. 29.

fahren einer dynamischen Entwicklung. Sobald Änderungen eintreten, die dazu führen, daß der Tatbestand eines der Verfahren nicht mehr erfüllt ist, kann dieses nicht mehr angewendet werden.

Das Argument, daß dem betroffenen Mitgliedstaat kein Mechanismus abgeschnitten werden soll, welcher ihn davor bewahren kann, Suspendierungsmaßnahmen ausgesetzt zu sein, kann nur dann durchschlagen, wenn ein entsprechendes Vorgehen nicht ebenso im Rahmen des Suspendierungsverfahrens möglich ist.
Der Rat ist nicht einmal im Rahmen des Vorfeldverfahrens dazu verpflichtet, Empfehlungen abzugeben. Eine solche Verpflichtung kann nur bei einer Ermessensreduzierung auf Null bestehen.
Im Suspendierungsverfahren wird dem Mitgliedstaat ebenso wie im Vorfeldverfahren die Möglichkeit gegeben, sich zu den gegen ihn erhobenen Vorwürfen zu äußern. So findet also auch vor der Feststellung, eine schwerwiegende und anhaltende Verletzung in einem Mitgliedstaat liege vor, automatisch ein Meinungsaustausch zwischen den aktiv Verfahrensbeteiligten und dem betroffenen Mitgliedstaat statt (es sei denn, der betroffene Mitgliedstaat verweigert sich). Das Suspendierungsverfahren sieht jedoch nicht vor, daß an den betroffenen Mitgliedstaat geeignete Empfehlungen gerichtet werden, wodurch dem Mitgliedstaat zunächst die Möglichkeit gegeben wird, von sich aus die Gefahr für die Verletzung bzw. die bereits erfolgte Verletzung abzustellen. Der Grundsatz der Verhältnismäßigkeit gebietet es jedoch im Zweifel, daß einem betroffenen Mitgliedstaat im Falle der Verletzung der Grundsätze vor der Suspendierung seiner Rechte diese Möglichkeit eigenen Handelns, gegebenenfalls in Verbindung mit einer Frist, eingeräumt wird. Dies gilt natürlich nicht absolut; in Ausnahmefällen kann eine sofortige Suspendierung von Rechten erforderlich sein.

Zumindest dann, wenn die schwerwiegende und anhaltende Verletzung so schnell eingetreten ist, daß von einer davor liegenden Phase der Gefährdung nicht die Rede sein kann (etwa, weil ein unvorhergesehener Putsch stattgefunden hat, der schon mit Errichtung einer neuen Ordnung eine anhaltende Gefahr für die Grundsätze darstellt), muß das Vorfeldverfahren nicht durchgeführt werden. In den meisten Fällen wird der Verletzung jedoch eine Gefährdungsphase vorgehen. Hier kann den Initiativorganen der Vorwurf gemacht werden, sie hätten nicht reagiert. Der betroffene Mitgliedstaat hat aber keinen Anspruch darauf, daß das Vorfeldverfahren durchgeführt wird, bevor der Rat Entscheidungen im Rahmen des Suspendierungsverfahren trifft.

Der Rat kann demnach ohne „Vorverfahren" feststellen, daß die schwerwiegende und anhaltende Verletzung der Grundsätze in einem Mitgliedstaat vorliegt.[165] Das Vorfeldverfahren bietet nur eine Möglichkeit, ist aber nicht Voraussetzung für ein weitergehendes Handeln.[166] Im Zweifel wäre es jedoch unverhältnismäßig, wenn er in einem solchen Fall Suspendierungsmaßnahmen im Rahmen der zweiten Stufe

[165] Erste Stufe der Suspendierungsentscheidung.
[166] Ebenso die Einschätzung von Schmitt von Sydow, RDUE 2001, 285 (306).

beschließt, ohne dem betroffenen Mitgliedstaat vorher die Möglichkeit gegeben zu haben, die Verletzung abzustellen.[167]

K. Unterschied zum Beitrittsverfahren

Eine spiegelbildliche Beteiligung der Organe im Suspendierungsverfahren und im Beitrittsverfahren ist nicht gegeben.[168] Trotz der Verbindung zwischen diesen beiden Verfahren – handelt es sich doch bei beiden um die Frage, ob die in Art. 6 Abs. 1 EUV genannten Grundsätze von einem Staat beachtet werden – haben die Verfahren durchaus unterschiedliche Bedeutung. Die Entscheidung gemäß Art. 7 EUV zielt darauf ab, einen Staat, der bereits Mitglied ist, wieder zur Einhaltung der Grundsätze anzuhalten. Beim Beitrittsverfahren geht es darum, einen Beitrittskandidaten möglicherweise gar nicht Mitglied werden zu lassen, wofür nicht nur die Erfüllung der in Art. 6 Abs. 1 EUV genannten Kriterien ausschlaggebend ist. Dieses Verfahren hat also auf den Bestand der Union größere Auswirkungen, was die Unterschiede in den beiden Verfahren plausibel macht.

L. Ergebnis

Hauptaufsichtsorgan bei der Unionsaufsicht ist der Rat, doch auch die anderen Organe und die Mitgliedstaaten sind in die Verfahren eingebunden, wobei ihre Beteiligung am Vorfeldverfahren und am Supendierungsverfahren nicht spiegelbildlich ist. Ein Novum im EUV stellt die Möglichkeit der Einsetzung unabhängiger Experten dar. Um solche unabhängige Persönlichkeiten um einen Bericht über die Lage in dem betroffenen Mitgliedstaat bitten zu können, bedarf es derselben formellen und im Ansatzpunkt ähnlicher materieller Voraussetzungen wie für einen Feststellungsbeschluß im Vorfeldverfahren.

Die einzelnen Verfahrensstufen sind unabhängig voneinander. Das Expertengremium kann unabhängig von der Feststellung einer Gefahr für die Grundsätze der Union in einem Mitgliedstaat eingesetzt werden, und das Vorfeldverfahren ist kein zwingendes Vorverfahren zum Suspendierungsverfahren. Wird es nicht durchlaufen, so muß dies jedoch im Suspendierungsverfahren im Rahmen von Verhältnismäßigkeitserwägungen berücksichtigt werden.

Nur bezogen auf die Suspendierung von Rechten existiert eine explizite Regelung für ihre Beendigung. Aus dem Rechtsstaatsprinzip ergibt sich aber auch für die Feststellungsbeschlüsse, daß bei Ende der Gefährdungs- beziehungsweise Verletzungssituation ein negativer Feststellungsbeschluß ergehen werden muß.

---

[167] Zur Verhältnismäßig unterschiedlicher Maßnahmen siehe nachfolgend Kapitel 4, insbesondere A. 2. b).

[168] Dies bemängelt auch Schorkopf, Homogenität in der EU, S. 119.

Ziel der Unionsaufsicht ist es, durch Bannung einer Gefahr zu verhindern, daß die Homogenität in den Grundsätzen verletzt wird, beziehungsweise bei bereits eingetretener Verletzung diese möglichst schnell abzustellen, den ursprünglichen Zustand wiederherzustellen und weiteren Schaden zu verhindern. Worauf sich dieses Homogenitätserfordernis genau bezieht und ab welcher Schwelle die Unionsaufsicht eingreift, soll im nun folgenden Kapitel erörtert werden.

Kapitel 3: Anwendungsbereich des Art. 7 EUV

Mit der Unionsaufsicht wird die Einhaltung des Homogenitätsgebots aus Art. 6 Abs. 1 EUV überwacht. Die Erwartung an die Mitgliedstaaten, sich zu bestimmten Grundsätzen zu bekennen, bestand schon früh, hat aber erst nach einer längeren Entwicklung zur Einführung der Homogenitätsklausel in Art. 6 Abs. 1 EUV geführt.

Nach einem kurzen Überblick über die historische Entwicklung einer Homogenitätsklausel in der Europäischen Union (A.) soll der Frage nachgegangen werden, was unter den in Art. 6 Abs. 1 EUV genannten Grundsätzen, nämlich den Grundsätzen der Freiheit, der Demokratie, der Achtung der Menschenrechte und Grundfreiheiten sowie der Rechtsstaatlichkeit verstanden wird (B.).
Der Anwendungsbereich des Art. 7 Abs. 1 EUV ist bei der „eindeutigen Gefahr einer schwerwiegenden Verletzung der in Art. 6 Abs. 1 genannten Grundsätze" eröffnet; der des Art. 7 Abs. 2 EUV bei ihrer „schwerwiegenden und anhaltenden Verletzung". Anschließend an die Bestimmung des materiellen Gehalts der in Art. 6 Abs. 1 EUV genannten Grundsätze muß demnach untersucht werden, was unter den Begriffen „eindeutige Gefahr", „schwerwiegend" und „anhaltend" zu verstehen ist (C.). Schließlich muß noch das Verhältnis der Unionsaufsicht zu Art. 6 Abs. 3 EUV geklärt werden (D.).

M. Historische Entwicklung einer Homogenitätsklausel in der Europäischen Union

Die drei Europäischen Gemeinschaften waren von vornherein als offen für den Beitritt weiterer europäischer Staaten gedacht – in ihren Präambeln werden die anderen Völker Europas aufgefordert, sich den Bestrebungen anzuschließen. Konkrete Beitrittsvoraussetzungen und damit Homogenitätserwartungen waren hier aber noch nicht genannt, erstere sollten gemäß dem ursprünglichen Art. 237 Abs. 2 EWGV in Abkommen mit den beitrittswilligen Staaten festgelegt werden. Jeweils in ihrem Absatz 1 nannten Art. 98 EGKSV, Art. 237 EWGV und Art. 205 EAGV als Bedingung nur, daß es sich um einen europäischen Staat handeln müsse.

In der Erklärung der Gipfelkonferenz von Paris vom 19. und 20. Oktober 1972 nannte der Rat zum ersten Mal politische Kriterien, die Grundlage der Europäischen Gemeinschaften sein sollten:

> „Die Mitgliedstaaten bekräftigen ihren Willen, die Entwicklung ihrer Gemeinschaft auf Demokratie, Meinungsfreiheit, Freizügigkeit von Personen und Ideen sowie Mitverantwortung der Völker über ihre frei gewählten Vertreter zu gründen."[1]

Das Bekenntnis zu solch materiellen und strukturellen Grundsätzen wurde in der Erklärung zur Europäischen Identität des Gipfels von Kopenhagen vom 14. Dezember 1973 bestätigt, nach welcher die Mitgliedstaaten

> „die Grundsätze der repräsentativen Demokratie, der Rechtsstaatlichkeit, der sozialen Gerechtigkeit, die das Ziel des wirtschaftlichen Fortschritts ist, sowie der Achtung der Menschenrechte als die Grundelemente der europäischen Identität wahren"[2]

wollen.

Zum ersten Mal deutlich als „wesentliche Elemente ihrer Zugehörigkeit zu den Europäischen Gemeinschaften"nannte der Europäische Rat von Kopenhagen vom 7. und 8. April 1978 in seiner Erklärung zur Demokratie „die Achtung und die Aufrechterhaltung der parlamentarischen Demokratie und der Menschenrechte in allen Mitgliedstaaten."[3] Darüber hinaus bekräftigten die Staats- und Regierungschefs hierin ihren Willen, „die Prinzipien der parlamentarischen Demokratie, des Rechts, der sozialen Gerechtigkeit und der Wahrung der Menschenrechte zu schützen".[4]

Als ungeschriebene Bedingungen, die in den jeweiligen Beitrittsverhandlungen angewendet wurden und die sich aus der Präambel und diversen Bestimmungen des EWGV sowie der Erklärung zur europäischen Identität[5], der Erklärung zur Demokratie[6] und der gemeinsamen Erklärung des Europäischen Parlaments, des Rates und der Kommission zur Achtung der Menschenrechte vom 5. April 1977[7] ergeben, wurden als Beitrittsvoraussetzungen politischer Natur abgeleitet, daß für eine fortdauernde Zugehörigkeit zur EG eine pluralistische Demokratie und die Beachtung der Menschenrechte im jeweiligen Staat gegeben sein müßte.[8] Der Beitritt Griechenlands, Portugals und Spaniens etwa war erst möglich, nachdem sie zur

---

[1] Abgedruckt in Duparc, Die Europäische Gemeinschaft und die Menschenrechte, Luxemburg 1993, S. 31.; nach Hallstein, Die Europäische Gemeinschaft, S. 43, sind die Fundamentalprinzipien der Gemeinschaft die Rechtsstaatlichkeit und die Demokratie.

[2] Abgedruckt in Duparc, Die Europäische Gemeinschaft und die Menschenrechte, Luxemburg 1993, S. 32.

[3] Bulletin der EG 3-1978, S. 6; siehe auch Pechstein/König, Die Europäische Union, Rn. 421.

[4] Bulletin der EG 3-1978, S. 6.

[5] Abgedruckt in Duparc, Die Europäische Gemeinschaft und die Menschenrechte, Luxemburg 1993, S. 32.

[6] Bulletin der EG 3-1978, S. 6; siehe auch Pechstein/König, Die Europäische Union, Rn. 421.

[7] Abl. der EG 1977, Nr. C 103/1.

[8] Stellungnahme der Kommission vom 23. Mai 1979 zu dem Antrag der Republik Griechenland auf Beitritt zu den Europäischen Gemeinschaften, 1979, Abl. L 291/3; Stellungnahme der Kommission vom 31. Mai 1985 zu dem Antrag des Königreichs Spanien und der Portugiesischen Republik auf Beitritt zu den Europäischen Gemeinschaften, 1985, Abl. L 302/3; Erkl. d. Kom. zu Rs. 93/78, Mattheus/Doego, Slg. 1978, S. 2203 (2207); hierzu Ehlermann, EuR 1984, 113; Frowein, EuR 1983, 301 (309); ders., MichLRev 1984, 1311 (1315 f.); Vedder, in Grabitz/Hilf, Das Recht der EU, Art. 237 EGV (Maastricht), Rn. 6 f; siehe auch schon für die Anfänge der Europäischen Gemeinschaften Mosler, ZaöRV 1958, 275 (285). Im Jahre 1967 wurde der Assoziierungsvertrag mit Griechenland wegen des Militär-Putsches vom 21. April 1967 „nicht weiterentwickelt"; das Abkommen mit Griechenland stand also still, vgl. Hoffmeister, Menschenrechts- und Demokratieklauseln, S. 44 ff; siehe die Entschließung des Europäischen Parlaments betreffend die Assoziation EWG–Griechenland vom 2. Juni 1967, ABl 2058.

parlamentarischen, pluralistischen Demokratie übergegangen waren.[9] Bei der vorherigen ersten Erweiterungsrunde der Europäischen Gemeinschaften 1972 mit dem Beitritt Dänemarks, Großbritanniens und Irlands zum 1. Januar 1973 waren solche Fragen nicht diskutiert worden.[10]
Es kam immer wieder die Diskussion auf, wie mit einem Mitgliedstaat umgegangen werden könnte oder müßte, der etwa den Grundsatz der Demokratie nicht erfüllt.[11] Im Jahr 1984 erarbeitete das Europäischen Parlament einen „Entwurf für einen Vertrag zur Gründung der Europäischen Union"[12], der wegen seines geistigen Vaters, *Altiero Spinelli*, auch Spinelli-Entwurf genannt wird.[13] Dieser stellt das erste Dokument dar, das konkrete materielle und strukturelle (Homogenitäts-)Kriterien benennt und deren Verletzung eine Suspendierung von Rechten nach sich ziehen kann.

- Präambel, dritter Erwägungsgrund:
  „gestützt auf ihr Eintreten für die Grundsätze der pluralistischen Demokratie, der Achtung der Menschenrechte und des Vorrangs des Rechts"
- Art. 4 Abs. 4:
  „Im Fall einer schwerwiegenden und anhaltenden Verletzung der demokratischen Grundsätze oder der Grundrechte durch einen Mitgliedstaat können gemäß Artikel 44 dieses Vertrages Sanktionen verhängt werden."

Allerdings bezieht sich der Artikel, der Bedingungen für den Beitritt neuer Staaten nennt, nicht auf Art. 4 Abs. 4, sondern verlangt nur, daß ein solcher beitrittswilliger Staat europäisch und demokratisch sein muß (Art. 2 Abs. 1). In diesen Formeln ist aber schon ein Vorläufer der jetzigen Art. 6 und 7 EUV zu erkennen.
Die Mitgliedstaaten konnten sich auf eine solch explizite Formulierung weder für die Einheitliche Europäische Akte von 1986[14] noch für den Vertrag von Maastricht, den Gründungsvertrag der Europäischen Union, einigen. Hier findet sich als Bei-

---

[9] Siehe dazu die entsprechende Passage in der Entschließung des Europäischen Parlaments zu den Aussichten der Erweiterung der Gemeinschaft vom 12.2.1979, Abl. C 39/47 (48) sowie Entschließung des Europäischen Parlaments zu dem versuchten Staatsstreich in Spanien, 1979, Abl. C 77/85 (86): „Das Europäische Parlament [...] erinnert feierlich daran, daß ein pluralistisches parlamentarisches System und die Wahrung der Menschenrechte die Bedingung für den Beitritt und die Zugehörigkeit eines Landes zur Europäischen Gemeinschaft darstellen".

[10] Siehe die Stellungnahme der Kommission zu den Anträgen des Königreichs Dänemark, Irlands, des Königreichs Norwegen und des Vereinigten Königreichs Großbritannien und Nordirland auf Beitritt zu den Europäischen Gemeinschaften, 1972, Abl. L 73/3.

[11] Genannt seien nur Zuleeg, EuR 1982, 21(26); ders., JZ 1993, 1069 (1073) und Frowein, EuR 1983, 301 (309 ff); ders., MichLRev 1984, 1311 (1318 ff.); siehe die Darstellung in Kapitel 6, A bis F.

[12] Abl. EG 1984, Nr. C 77/33 ff.

[13] Vgl. v. Bogdandy, Supranationaler Föderalismus, S. 64; Capotorti/Hilf/Jacobs/Jacqué, The European Union Treaty, S. 11.

[14] Hier ist nur in der Präambel in ihrem dritten Erwägungsgrund formuliert: „ENTSCHLOSSEN, gemeinsam für die Demokratie einzutreten, wobei sie sich auf die in den Verfassungen und Gesetzen der Mitgliedstaaten, in der Europäischen Konvention zum Schutze der Menschenrechte und Grundfreiheiten und der europäischen Sozialcharta anerkannten Grundrechte, insbesondere Freiheit, Gleichheit und soziale Gerechtigkeit, stützen". Ähnliches hatten schon die im Rahmen der EPZ und des Rats zusammengetretenen Außenminister der EG in der Erklärung zu den Menschenrechten vom 21. Juli 1986 festgehalten: „[Die Außenminister] bekräftigen, daß die Achtung der Menschenrechte einer der Eckpfeiler der europäischen Zusammenarbeit ist. Sie bekräftigen ferner ihre Verpflichtung, die Menschenrechte zu fördern und zu schützen, und heben die diesbezügliche Bedeutung der Grundsätze der parlamentarischen Demokratie und der Rechtsstaatlichkeit hervor.", abgedruckt in Duparc, Die Europäische Gemeinschaft und die Menschenrechte, Luxemburg 1993, S. 39.

trittsbedingung noch die gleiche Formulierung wie in den Gemeinschaftsverträgen. Allerdings wird in Art. F EUV (Maastricht) postuliert, daß die Regierungssysteme der Mitgliedstaaten auf demokratischen Grundsätzen beruhen, und in der Präambel wird das Bekenntnis der Mitgliedstaaten „zu den Grundsätzen der Freiheit, der Demokratie und der Achtung der Menschenrechte und Grundfreiheiten und der Rechtsstaatlichkeit" im dritten Erwägungsgrund bestätigt. Diese Formulierung war offensichtlich das Vorbild für die neue Klausel in Art. 6 Abs. 1 EUV.
Insofern ist es nicht ganz richtig, in diesem Zusammenhang von ungeschriebenen Beitrittsvoraussetzungen zu sprechen, weil die Grundsätze schon in einzelnen Bestimmungen der Verträge enthalten waren – etwa im dritten Erwägungsgrund der Präambel des EUV, in Art. F Abs. 2 EUV (Maastricht) – Grundrechte - oder auch in Art. 138a EGV (Maastricht) - Existenz politischer Parteien und des gesellschaftlichen Pluralismus' -.[15]
Zu den Beitritten von neuen Mitgliedstaaten zur EU formulierte der Rat in seinen Kriterien des Europäischen Rats von Kopenhagen, 21. und 22. Juni 1993, als rechtliche Beitrittsbedingungen:

> „Der Beitritt kann erfolgen, sobald ein assoziiertes Land in der Lage ist, den mit einer Mitgliedschaft verbundenen Verpflichtungen nachzukommen und die erforderlichen wirtschaftlichen und politischen Bedingungen zu erfüllen.
> Als Voraussetzung für die Mitgliedschaft muß der Beitrittskandidat eine institutionelle Stabilität als Garantie für demokratische und rechtsstaatliche Ordnung, für die Wahrung der Menschenrechte sowie die Achtung und den Schutz von Minderheiten verwirklicht haben."[16]

Die Kommission betonte dies in ihrer Stellungnahme zu den Beitrittsanträgen Österreichs, Schwedens, Finnlands und Norwegens 1994.[17]
Eine „echte" Homogenitätsklausel gibt es seit dem Amsterdamer Vertrag in Art. 6 Abs. 1 EUV. Diese Bestimmung geht zurück auf einen Vorschlag im Bericht der Reflexionsgruppe[18], welche die EU-Außenminister am 2.6.1995 zur Vorbereitung der Regierungskonferenz 1996/97 einsetzten.[19] Wenige Monate später gab es einen in die gleiche Richtung zielenden Vorschlag der österreichischen und italienischen Delegation.[20] Im Vorschlag der Ratspräsidentschaft vom 5. Dezember 1996 wurde diese Idee nochmals ausformuliert.[21]
Art. 6 Abs. 1 EUV lautet nun folgendermaßen:

---

[15] Vgl. Heintzen, EuR 1997, 1 (7).
[16] Schlußfolgerungen des Vorsitzes, I.13, Bull. EG Nr. 6-1993, S. 13.
[17] „Die Grundsätze von Freiheit, Demokratie und Achtung der Menschenrechte und der Grundfreiheiten und Rechtsstaatlichkeit sind Teil des gemeinsamen Erbes der Völker in der Europäischen Union zusammengeschlossenen Staaten und sind damit wesentliche Bestandteile der Mitgliedschaft in der Union", 1994, Abl. C 241/3.
[18] Regierungskonferenz 1996. Bericht der Reflexionsgruppe und dokumentarische Hinweise. Brüssel, Dezember 1995, Luxemburg 1996, S. 22 und 45.
[19] Metz, Kommentierte Chronologie zur Regierungskonferenz 1996/97, 24.
[20] Vorschlag vom 3. Oktober 1996, CONF/3940/96, LIMITE.
[21] Revisionsentwurf der irischen Präsidentschaft. Die Europäische Union von heute und morgen. Anpassung der EU zum Nutzen ihrer Bürger und Vorbereitung der EU auf die Zukunft, vom 5. Dezember 1996, CONF/2500/96, S. 19 f.

„Die Union beruht auf den gemeinsamen Grundsätzen der Freiheit, der Demokratie, der Menschenrechte und Grundfreiheiten sowie der Rechtsstaatlichkeit; diese Grundsätze sind allen Mitgliedstaaten gemeinsam."

Damit wurde im EUV positiv festgeschrieben, was auch vorher schon galt.[22] Dies soll aber keineswegs heißen, daß die Festschreibung bedeutungslos gewesen sei, da eine explizite Positivierung immer eine festigende Wirkung dessen hat, was sie festschreibt.[23]

B. Die Grundsätze

Die Grundsätze der Europäischen Union bilden bereits den Gegenstand eingehender Untersuchungen.[24] Hier soll dennoch eine eigene Analyse unternommen werden, da selbst *Schorkopf*, welcher die bisher umfassendste Untersuchung vorgenommen hat, zwar ausführlich darstellt, was die Prinzipien in unterschiedlichen Dokumenten bedeuten, aber zurückhaltend bei konkreten Aussagen dazu ist, welche einzelnen Elemente im Ergebnis zu den konstituierenden Elementen in der EU gehören. Seine eingehende Analyse muß hier auf jeden Fall berücksichtigt werden, es soll jedoch versucht werden, den materiellen Gehalt der Grundsätze näher einzugrenzen.

1. „Grundsätze"

Die europäische Homogenitätsklausel in Art. 6 Abs. 1 EUV bezieht sich explizit nur auf *Grundsätze*. Dies ist Ausdruck der Erkenntnis, daß Homogenität gerade nicht Gleichheit, sondern nur Gleichartigkeit bedeutet.

Der Begriff *Grundsätze* ist gleichzusetzen mit dem Begriff *Prinzipien*. Das zeigt schon der kurze Blick in die anderssprachigen Versionen des Art. 6 EUV, etwa die englische und die französische.[25] Ein Rechtsprinzip ist aber ein konkretisierungsbedürftiger Wertmaßstab; nach *Larenz* handelt es sich nicht um „sehr allgemein gefaßte Regeln", sondern im Unterschied dazu um etwas, was nicht direkt angewen-

---

[22] Vgl. Ipsen, Über Verfassung-Homogenität in der EG, S. 167 ff. Siehe aber Jones, Die Bindung der Mitgliedstaaten an die Grundrechte der Europäischen Gemeinschaft, S. 44 ff., der den im Gemeinschaftsrecht geltenden Homogenitätsanspruch als nicht vergleichbar mit beispielsweise Art. 28 GG sieht.

[23] Siehe auch Verhoeven, ELRev 1998, 217.

[24] Hervorzuheben ist insbesondere Schorkopf, Homogenität in der EU, S. 74 ff.; siehe auch Schmitt von Sydow, RDUE 285 (290 ff.); Griller/Droutsas/Falkner/Forgó/Nentwich, The Treaty of Amsterdam, S. 184 ff.; Nowak, Human Rights Conditionality in the EU, S. 692 ff.; Monjal, RMCE 1998, 69 (74 ff.).

[25] In der englischen Fassung wird das Wort „principles" verwendet, in der französischen der Begriff „principes". Es handelt sich hier allerdings nicht um die Auslegung eines Terminus bei unterschiedlichen Bedeutungen in verschiedensprachigen authentischen Versionen. Vielmehr ist das Wort „Prinzip" in der deutschen Sprache ein Fremdwort für den Begriff „Grundsatz", vgl. Duden, Fremdwörterlexikon, Stichwort Prinzip; Koller, Theorie des Rechts, S. 91 ff. Vgl. auch Schorkopf, Homogenität in der EU, S. 74, der darauf hinweist, daß die Begriffe „Prinzip" und „Grundsatz" im Schrifttum synonym verwendet werden.

det werden kann, worunter keine Subsumtion möglich ist und was deshalb erst der genauen Ausformung bedarf.[26] Prinzipien gebieten,

> „daß etwas in einem relativ auf die rechtlichen und tatsächlichen Möglichkeiten möglichst hohen Maße realisiert wird".[27]

Eine genaue begriffliche Bestimmung scheint also besonders schwierig; *Alexy* versteht Prinzipien daher als „Optimierungsgebote"[28] – das Ziel, an welches die optimale Annäherung erfolgen soll, ist zwar vorhanden, es ist aber abstrakt. In einem Sondervotum umschreiben Richter des Bundesverfassungsgerichts den Begriff „Grundsätze" mit den sie „konstituierenden Elementen".[29] In dieselbe Richtung geht die Vorstellung, daß dann, wenn lediglich das „Prinzip" gewahrt sein soll, nur auf den substantiellen Kerngehalt abzustellen sei.[30] Ein solcher Kerngehalt oder eine solche Normsubstanz entzieht sich zwar nicht der Möglichkeit einer Definition, doch dieser Kern kann nur mit Hilfe allgemeiner Aussagen gefaßt werden, da es erst für die Anwendung der Norm einer weiteren Konkretisierung oder Auslegung des Kerns bedarf.[31] Damit ist es in gewissem Maße möglich, Aussagen darüber zu treffen, welche Bestandteile die Grundsätze enthalten. Die einzelnen Ausprägungen dieser Grundsätze blieben jedoch den Mitgliedstaaten vorbehalten.[32] Einer Gleichheit bedarf es nicht, und sie ist auch nicht gewünscht. Gerade die unterschiedlichen Ausprägungen sollen gewahrt werden.[33]

Ob die Prinzipien in Europa anders als in einem Staat eines normativen Unterbaus völlig entbehren und in keinerlei Sinnzusammenhang mit konkretisierenden Regelungen stehen,[34] so daß ihre inhaltliche Bestimmung schwerer fällt als etwa in einem Bundesstaat wie der Bundesrepublik Deutschland, ist erst noch festzustellen. Das Problem scheint eher darin zu liegen, daß die Union auf der einen Seite und die Mitgliedstaaten auf der anderen Seite unterschiedlich organisiert sind – die Union ist kein Staat – und daher die *Ausformung* der Prinzipien unterschiedlich ist. Dies spiegelt sich schon im Wortlaut des Art. 6 Abs. 1 EUV wider: die Grundsätze sind den Mitgliedstaaten gemeinsam; die Union aber beruht auf diesen Grundsätzen. Aus diesem Grunde erscheint es problematisch, die Ausformung der Prinzipien in der Union zur Inhaltsbestimmung der Grundsätze heranzuziehen. Hierauf muß bei der Untersuchung der einzelnen Grundsätze zurückgekommen werden.[35]

---

[26] Larenz/Canaris, Methodenlehre, S. 303.
[27] Alexy, Theorie der Grundrechte, S. 75.
[28] Alexy, Theorie der Grundrechte, S. 75 f.
[29] BVerfGE 30, 1 (41), „Abhörentscheidung".
[30] Dreier, in Dreier, Grundgesetz Kommentar, Art. 79 III, Rn. 21.
[31] Vgl. Stern, JuS 1985, 329 (333); Schmitz, Integration in der Supranationalen Union, S. 355.
[32] Vgl. auch Schmitz, Integration in der Supranationalen Union, S. 356.
[33] Vgl. Mazan, Das föderative Prinzip in der EU, S. 11. So betont Schmitz, Integration in der Supranationalen Union, S. 354 ff. und 324, daß die Homogenität der Wertordnung „nicht die Übereinstimmung der einschlägigen Rechts- und Verfassungsgrundsätze oder -institute [voraussetzt], sondern nur der abstrakteren staatstheoretischen Grundvorstellungen, die hinter ihnen stehen".
[34] So Heintzen, EuR 1997, 1 (7 f.).
[35] Auf dieses Problem verweist auch schon Schorkopf, Homogenität in der EU, S. 79.

2. Auslegungskriterien

Im europäischen Gemeinschaftsrecht ist dem EuGH die Kompetenz zur Letzterkenntnis bei der Normauslegung zugewiesen.[36] Damit liegt es nahe, auch bei der Auslegung des Art. 6 Abs. 1 EUV auf die Methoden des EuGH abzustellen.
Nach der Rechtsprechung des EuGH kommt subjektiven Methoden im primären Gemeinschaftsrecht kaum Bedeutung zu; der objektive Sinngehalt einer Norm wird mit der grammatikalischen, der systematischen und der teleogischen Auslegung ermittelt.[37]
Die rechtsvergleichende Auslegung spielt im europäischen Gemeinschaftsrecht eine herausgehobene Rolle, so daß auch schon von einer „Hochburg der angewandten Rechtsvergleichung" gesprochen wurde.[38]

a) Verständnis der Grundsätze in den Mitgliedstaaten

Zur Ermittlung des Inhalts der in Art. 6 Abs. 1 EUV genannten Grundsätze läge es damit nahe, die Geltung derselben in *allen* Mitgliedstaaten der EU zu untersuchen und so rechtsvergleichend zu einem Ergebnis zu gelangen – heißt es doch in Art. 6 Abs. 1 EUV, diese Grundsätze seien allen Mitgliedstaaten gemeinsam. Mit dieser Norm werden die Standards nicht von oben (also wie in einem Bundesstaat vom Bund) gesetzt, sondern zumindest ursprünglich von den einzelnen Mitgliedern.[39]
Art. 6 Abs. 3 EUV gibt eine materielle Beschränkung der Inhalte der Prinzipien vor: Die nationale Identität der Mitgliedstaaten muß geachtet werden. Da es sich bei den Prinzipien um Elemente staatsprägender Natur handelt, heißt dies, daß ein Prinzip jedenfalls nicht eine Bedeutung haben kann, welche dem Verständnis dieses Prinzips in einem der Mitgliedsstaaten widerspräche.
Selbst wenn der Vergleich der Rechtsordnungen aller Mitgliedstaaten die einzige verläßliche Methode zur genauen Bestimmung des Inhalts der Homogenitätsklausel zu sein scheint,[40] so ist ein solches Vorgehen hier nicht erforderlich. Im Bereich des Unions- und Gemeinschaftsrechts existieren bereits zahlreiche Aussagen und Regelungen, die sich auf eine rechtsvergleichende Analyse stützen oder hier zumindest ihren Ansatzpunkt haben. Schließlich würde ein umfassender Rechtsvergleich den Schwerpunkt dieser Arbeit in eine falsche Richtung verschieben.

---

[36] Buck, Über die Auslegungsmethoden des EuGH, S. 192. Schmitz, Integration in der supranationalen Union, S. 326 betont daher das Erfordernis der „Homogenität der Wertordnungen".
[37] Vgl. Meyer, JURA 1994, 455 (455 f.); Pernice, in Grabitz/Hilf, Das Recht der EU, Art. 164 EGV (Maastricht), Rn. 33.
[38] Daig, Zu Rechtsvergleichung und Methodenlehre im Europäischen Gemeinschaftsrecht, S. 395 (415); vgl. auch Meyer, JURA 1994, 455 (457 f.); Rodríguez Iglesias, NJW 1999, 1 (7).
[39] Dies betont auch Heintzen, EuR 1997, 1 (6); vgl. auch Pernice, Bestandssicherung der Verfassungen, S. 263.
[40] So auch Schorkopf, Homogenität in der EU, S. 81 f.

b) Orientierung an Gemeinschafts- und Unionsrecht

Die Rechtsprechung des EuGH zu den genannten Grundsätzen kann Hinweise auf die Grundsätze geben. Der Gerichtshof hat eine umfassende eigene Dogmatik entwickelt und sich dabei auch auf das Verständnis in den nationalen Rechtsordnungen gestützt, wobei er aber keine Rechtsvergleichung unter Einbeziehung *aller* nationalen mitgliedstaatlichen Rechtsordnungen in jedem Fall vorgenommen hat, was bei der Untersuchung berücksichtigt werden muß. Auch die sogenannte „wertende“ Rechtsvergleichung, bei welcher die „modernste“ der verschiedenen mitgliedstaatlichen Lösungen ausschlaggebend ist,[41] muß für diese Untersuchung ausgeschlossen werden. Damit kann die Rechtsprechung des EuGH zumindest als Anhaltspunkt für das Verständnis der Grundsätze dienen. Ob sie tatsächlich im Einzelfall den gemeinsamen Bestand der Mitgliedstaaten wiedergibt, kann hier nicht für jede einzelne Frage untersucht werden. Sie bezieht sich jedoch ohnehin meistens auf Ausprägungen der Grundsätze, nicht aber auf die Grundsätze selbst.
Die in Art. 6 Abs. 1 EUV genannten Prinzipien werden als Bestätigung der Kopenhagener politischen Kriterien verstanden.[42] Art. 6 Abs. 1 EUV ist also nichts völlig neues, sondern eher die Kodifizierung der bereits bestehenden Rechtspraxis.[43] Dies zeigt die Entstehungsgeschichte[44] und der Verweis im neuen Beitrittsartikel 49 EUV auf Art. 6 Abs. 1. Die Kommission hat auch nach Inkrafttreten des Amsterdamer Vertrags die Kopenhagener Kriterien unverändert angewendet,[45] obwohl nun in Art. 49 EUV ausdrücklich normiert ist, daß nur solche Staaten die Unionsmitgliedschaft beantragen können, die die in Art. 6 Abs. 1 EUV genannten Grundsätze achten. Diese positivierte Beitrittsvoraussetzung bezeichnet die Kommission als Verfassungsgrundsatz[46] und scheint die Kopenhagener Kriterien als Spezifizierung dieses Grundsatzes zu verstehen. Hinzu kommt, daß Homogenitäts-

[41] Vgl. dazu Meyer, JURA 1994, 455 (457 f.); Daig, Zu Rechtsvergleichung und Methodenlehre im Europäischen Gemeinschaftsrecht, S. 395 (409).

[42] Nowak, Human Rights Conditionality, S. 692. Die „Kopenhagener politischen Kriterien“ wurden Europäischen Rat in Kopenhagen am 21. und 22. Juni 1993 als rechtliche Beitrittsbedingungen formuliert, Schlußfolgerungen des Vorsitzes, I.13, Bull. EG Nr. 6-1993, S. 13; hieraus kann aber nicht geschlossen werden, daß von Art. 6 Abs. 1 EUV auch die anderen Beitrittskriterien, etwa die ökonomischen, erfaßt wären, vgl. die Überlegungen bei Schorkopf, Homogenität in der EU, S. 198. Zur Erfüllung der Kriterien durch die Beitrittskandidaten siehe auch Luchterhandt, Verfassungshomogenität und Osterweiterung der EU.

[43] Nach Ansicht von Heintzen, EuR 1997, 1 (7) wird mit diesen Grundsätzen keine Aussage über die tatsächliche Verfassungslage in den Mitgliedstaaten getroffen, sondern darüber, wie sie sein soll.

[44] Siehe dazu Schorkopf, Homogenität in der EU, S. 70 ff; ders., in Grabitz/Hilf, Das Recht der EU, Art. 7 EUV (Amsterdam), Rn. 3 ff.

[45] Gesamtdokument. Berichte der Kommission über die von den einzelnen Bewerberländern auf dem Weg zum Beitritt erzielten Fortschritte, KOM (1998) 712 endg., S. 5, Gesamtdokument. Bericht über die Fortschritte jedes Bewerbungslandes auf dem Weg zum Beitritt, KOM (1999) 500 endg., S. 11/53 und Strategiepapier zur Erweiterung. Bericht über die Fortschritte jedes Bewerberlandes auf dem Weg zum Beitritt, KOM (2000) 700 endg., S. 17.

[46] Gesamtdokument. Bericht über die Fortschritte jedes Bewerbungslandes auf dem Weg zum Beitritt, KOM (1999) 500 endg., S. 12/53; vgl. auch Strategiepapier zur Erweiterung. Bericht über die Fortschritte jedes Bewerberlandes auf dem Weg zum Beitritt, KOM (2000) 700 endg., S. 18. Im Gesamtdokument von 1998 stellt sie lediglich fest, wie der mit Inkrafttreten des Amsterdamer Vertrags geänderte Artikel O lauten wird, ohne das Verhältnis zu den Kopenhagener Kriterien anzusprechen, KOM (1998) 712 endg., S. 6.

klausel und Suspendierungsverfahren vor allem im Hinblick auf die Erweiterung der EU eingefügt wurden.[47]
Nach Ansicht des EuGH kann die Praxis der zuständigen Organe die Regeln des Vertrages nicht abändern, so daß bei der Bezugnahme auf die Organpraxis Vorsicht geboten ist.[48] Hier geht es aber nicht um eine Änderung der Vertragsbestimmungen oder um eine dem Wortlaut widersprechende „Auslegung"; insbesondere handelt es sich nicht um eine nachfolgende Praxis im Sinne des Art. 31 Abs. 3 lit. b) WVK (Wiener Übereinkommen über das Recht der Verträge). Die Besonderheit im Fall des Art. 6 Abs. 1 EUV liegt darin, daß diese Norm gerade als Positivierung der bestehenden Praxis verstanden werden kann. Daher muß diese Praxis zumindest als Anhaltspunkt berücksichtigt werden.
Die Kopenhagener Kriterien in ihrer Ausfüllung durch die Kommission in der Bewertung der Beitrittskandidaten können zumindest ein Indiz dafür sein, was vom gemeinsamen Bestand der Mitgliedstaaten und der EU umfaßt ist.[49]
Besondere Bedeutung kommt auch der Charta der Grundrechte der Europäischen Union zu, die am 7. Dezember 2000 beim Gipfeltreffen der Staats- und Regierungschefs in Nizza proklamiert wurde.[50] Zwar nicht der EuGH, aber das EuG zitiert sie bereits in seiner Rechtsprechung. Dennoch ist bei ihrer Berücksichtigung Vorsicht geboten, da sich die Mitgliedstaaten bisher nicht über ihre Verbindlichkeit einigen konnten. Im Konvent wurde offengelassen, ob die Grundrechtecharta einen zweiten Teil des neuen Verfassungsvertrags darstellen soll, oder ob sie als Annex aufgenommen wird. Hierüber wird die Regierungskonferenz im Sommer 2003 entscheiden.[51]

In den vertraglichen Außenbeziehungen der EU, etwa mit den AKP-Staaten, werden Menschenrechts- und Demokratieklauseln verwendet, die gegebenenfalls Anhaltspunkte liefern können. Gerade hier ist allerdings zu bedenken, daß sich die

[47] Schermers, Protection of Human Rights in the Union, S. 307.
[48] EuGH, Urteil vom 23.2.1988 – Vereinigtes Königreich ./. Rat (Hormone), Rs. 68/86 – Slg. 1988, 855 (898). Zur Frage der Organpraxis s. auch Dewost, Décisions des Institutions.
[49] Im einzelnen liegen folgende Dokumente vor: AGENDA 2000. Eine stärkere und erweiterte Union, Bulletin der EU, Beilage 5/1997 sowie die Stellungnahme zu den einzelnen Anträgen folgender Länder auf Beitritt zur Europäischen Union: Ungarn (Beilage 6/97), Polen (7/97), Rumänien (8/97), Slowakei (9/97), Lettland (10/97), Estland (11/97), Litauen /12/97), Bulgarien (13/97), Tschechische Republik (14/97) und Slowenien (15/97); Gesamtdokument. Bericht über die Fortschritte jedes Bewerberlandes auf dem Weg zum Beitritt, KOM (1998) 712 endg. sowie die regelmäßigen Berichte 1998 der Kommission über die Fortschritte der Länder auf dem Weg zum Beitritt: Ungarn (KOM (1998) 700 endg.), Polen (701), Rumänien (702), Slowakei (703), Lettland (704), Estland (705), Litauen (706), Bulgarien (707), Tschechische Republik (708), Slowenien (709), Zypern (710), Türkei (711); Gesamtdokument. Bericht über die Fortschritte jedes Bewerbungslandes auf dem Weg zum Beitritt, KOM (1999) 500 endg. sowie die regelmäßigen Berichte 1999 der Kommission über die Fortschritte der Länder auf dem Weg zum Beitritt: Bulgarien (KOM (1999) 501 endg.), Zypern, (502), Tschechische Republik (503), Estland (504), Ungarn (505), Lettland (506), Litauen (507), Malta (508), Polen (509), Rumänien (510), Slowakei (511), Slowenien (512), Türkei (514); Strategiepapier zur Erweiterung. Bericht über die Fortschritte jedes Bewerbungslandes auf dem Weg zum Beitritt, KOM (2000) 700 endg. sowie die regelmäßigen Berichte 2000 der Kommission über die Fortschritte der Länder auf dem Weg zum Beitritt: Bulgarien (KOM (2000) 701 endg.), Zypern, (702), Tschechische Republik (703), Estland (704), Ungarn (705), Lettland (706), Litauen (707), Malta (708), Polen (709), Rumänien (710), Slowakei (711), Slowenien (712), Türkei (714).
[50] Abgedruckt in EuGRZ 2000, 554; Zu ihrer Entstehungsgeschichte siehe Alber/Widmaier, EuGRZ 2000, 497; zu ihrem Verständnis siehe Mahlmann, ZEUS 2000, 419.
[51] Siehe Artikel 5 des Entwurfs, http://european-convention.eu.int/docs/Treaty/CV00528.EN03.pdf.

unterschiedlichen Intensitätsanforderungen an die Erfüllung dieser Bestimmungen auf das Verständnis der Grundsätze auswirken.[52]

Die in Art. 6 Abs. 1 EUV genannten Prinzipien sind nicht nur den Mitgliedstaaten gemeinsam, sondern auch die EU beruht auf diesen Grundsätzen. Es ist nicht zu leugnen, daß die Struktur- und Zielbestimmungen der Europäischen Unionsverfassung, die sich bisher herausgebildet haben, auf die Mitgliedstaaten zurückwirken. Die ursprünglich aus den Nationalstaaten stammenden Grundsätze können damit im Lichte der Integration betrachtet werden.[53] Es fragt sich jedoch, inwiefern ihre Ausprägung in der EU zur Bestimmung der Grundsätze hinzugezogen werden kann. Die EU ist im Gegensatz zu den Mitgliedstaaten kein Staat, so daß möglicherweise unterschiedliche Anforderungen an sie gestellt werden, ohne daß diese auf die Mitgliedstaaten übertragen werden könnten oder auch nur sollten.
In welchem Rahmen dies der Fall ist und was das bedeutet, soll bei den einzelnen Ausführungen zu den Grundsätzen, insbesondere zum Demokratieprinzip und zum Grundsatz der Rechtsstaatlichkeit, angesprochen werden.

c) Historische Auslegung

Der historischen Auslegung kommt im Gemeinschaftsrecht nur eine begrenzte Rolle zu. Der historische Wille des Normgebers ist allerdings insofern relevant, als er als Hilfsmittel für das Verständnis einer Norm herangezogen wird.[54]
Die travaux préparatoires des Amsterdamer Vertrages sind in den größten Teilen ohnehin nicht zugänglich, so daß auf sie nicht zurückgegriffen werden kann.[55] Dennoch können einige entstehungsgeschichtliche Argumente herangezogen werden, wenn sich aus den Äußerungen der europäischer Organe oder der Mitgliedstaaten entsprechende Hinweise ergeben.

d) Andere Homogenitätsklauseln

Ein weiterer Annäherungsversuch liegt darin, auf andere Homogenitätsklauseln zurückzugreifen, um rechtsvergleichend zu einem Ergebnis zu gelangen. Hierfür böte sich die Homogenitätsbestimmung des Europarats (Art. 3 der Satzung des Europarats) an, eine (man kann wohl sagen *die*) europäische Regionalorganisation,

---

[52] Einen unterschiedlichen Standard in Außenbeziehungen einerseits und nach innen andererseits betont auch v. Bogdandy, CMLR 2000, 1307 (1319).
[53] So auch Heintzen, EuR 1997, 1 (16). Diese Annäherung an die Prinzipien, bei der die aus den Nationalstaaten stammenden Grundlagen im Lichte der Integration zu verstehen sind, ist auch „post-traditionell" genannt worden, vgl. Verhoeven, ELRev 1998, 217 (231).
[54] Oppermann, Europarecht, Rn. 687.
[55] Vgl. zu diesem Problem Pernice, in Grabitz/Hilf, Das Recht der EU, Art. 164 EGV (Maastricht), Rn. 33; Schorkopf, Homogenität in der EU, S. 72.

die von den gleichen Werten geprägt ist wie die Europäische Union. Die Kommission der EG hat darauf hingewiesen, daß die Mitgliedschaft im Europarat und die Unterzeichnung der Europäischen Menschenrechtskonvention (EMRK) implizit zu einer Vorbedingung für die Aufnahme eines Bewerberlandes in die EU geworden ist.[56] Es wird nicht selten vertreten, Art. 6 EUV wiederhole mehr oder weniger die Klausel des Statuts des Europarats,[57] oder diese Klauseln seien zumindest sehr ähnlich.[58] Ein Vergleich der Inhalte verschiedener Homogenitätsklauseln ist zwar möglich, erscheint aber zur Ermittlung des Inhalts einer Klausel nur bedingt tauglich, weil jedes bundesstaatliche Gefüge in eigener Weise geordnet ist[59] und dieser Satz in gleicher Weise auf Regional- oder Internationale Organisationen zutrifft. In Anbetracht der Offenheit des Europäischen Integrationsprozesses darf nicht zwangsläufig solchen Homogenitätsvorstellungen gefolgt werden, die sich aus einer Bundesstaatlichkeit oder Zusammenschlüssen zu Internationalen oder Regionalen Organisationen ergeben, sondern man muß sich an *gemeinschaftseigenen* Kriterien und Maßstäben orientieren.[60] Es führt kaum weiter, aus der Definition der Inhalte anderer Homogenitätsklauseln (auch wenn die gleichen Begriffe verwendet werden und auch wenn sich der Teilnehmerkreis, für den diese Klausel gilt, überschneidet) inhaltliche Rückschlüsse für die EU zu ziehen, da der Inhalt der Klauseln immer untrennbar mit der Gestalt der jeweiligen Staatenverbindung und ihrer Finalität verknüpft ist. Beim Europarat etwa ist in Anbetracht der Erweiterung auf nunmehr 45 Mitglieder[61] offensichtlich das Ziel verfolgt worden, auch solche Staaten, bei denen die Einhaltung der Menschenrechte in einem geringeren Maß garantiert ist als bei den älteren Mitgliedern, einzubinden und dadurch auf sie Einfluß nehmen zu können.[62] Dies bleibt natürlich nicht ohne Wirkung auf die Antwort, was in der Homogenitätsklausel unter dem „Grundsatz, daß jeder, der seiner[63] Gewalt unterliegt, der Menschenrechte und Grundfreiheiten teilhaftig werden soll"[64], zu verstehen ist. Ein Vergleich verschiedener „optimaler Annäherungen" kann beim Definitionsversuch durchaus eine Hilfe geben, aber keinesfalls einzige Erkenntnisquelle sein. Dabei ist zu bedenken, daß ein unterschiedliches Ausmaß an Homogenitätserwartung sich auf das Verständnis der Grundsätze auswirkt.[65] Deshalb ist ein Eingehen auf

---

[56] Mitteilung der Kommission an den Rat und das Europäische Parlament: Die Menschenrechte in den Außenbeziehungen der Europäischen Union: Von Rom zu Maastricht und danach, KOM (95) 567 endg., S. 10.

[57] Etwa bei Betten/Grief, EU Law and Human Rights, S. 133; Flauss, RDIDC 1999, 109 (122). Nach Sudre, Semaine Juridique 1998, 9 (10) handelt es sich bei den in Art. 6 Abs. 1 EUV genannten Grundsätzen um den „patrimoine commun" der Werte des Europarats und der EMRK.

[58] Leben, Is there a European Approach to Human Rights?, S. 90.

[59] So Stern, in Dolzer/Vogel, Bonner Kommentar, Art. 28, Rn. 4; Gasteyger, Politische Homogenität, S. 125; Ipsen, Über Verfassungs-Homogenität in der EG, S. 170

[60] So auch Ipsen, Über Verfassungs-Homogenität in der EG; S. 172

[61] Seit dem 3. April 2003 ist Serbeien und Montnegro das 45. Mitglied. Stand: 7.4.2003.

[62] Siehe auch McGoldrick, The EU after Amsterdam, S. 251. Sudre, Semaine Juridique 1998, 9, spicht daher auch davon, der Europarat habe sich von einem „club des démocraties" in einen „centre d'apprentissage de la démocratie" verwandelt.

[63] Des Mitgliedstaats.

[64] Art. 3 Satz 1 Satzung des Europarats.

[65] Dies zeigt sich etwa an der unterschiedlichen Reaktion der europäischen Staaten einerseits gegenüber Rußland in Bezug auf den Tschetschenienkrieg und die Ukraine im Rahmen des Europarats und andererseits gegenüber Österreich im Rahmen der EU in Bezug auf die Regierungsbildung zwischen ÖVP und FPÖ, siehe zu Tschetschenien untenn, Kapitel 7 B. 10 und zu Österreich unten, Kapitel 6 G.

Homogenitätsklauseln in Statuten Internationaler Organisationen oder in Bundesstaaten nur bedingt als Hilfe bei der Bestimmung der europäischen Homogenitätsklausel geeignet.

e) Verständnis der Grundsätze in internationalen Dokumenten

Schließlich kann man hilfsweise vom Verständnis der in Art. 6 Abs. 1 EUV genannten Grundsätze in internationalen Dokumenten ausgehen. Eine herausragende Bedeutung kommt dabei der EMRK zu; dies allein schon deshalb, weil sie in Art. 6 EUV Abs. 2 explizit genannt ist. Darüber hinaus sind alle Mitglieder der EU dem Rechtsschutzsystem der EMRK unterworfen.[66] Die EMRK wird daher auch als Kern der gemeineuropäischen Verfassungsordnung bezeichnet[67] oder als „instrument au service de l'intégration européenne".[68]
Trotz dieser engen Verbindung zwischen EU und EMRK gibt es in der nicht zwingend aufeinander abgestimmten Rechtsprechung des EuGH und des EGMR Differenzen. Diese zeigen aber – soweit erkennbar – keine Meinungsunterschiede in grundsätzlichen Fragen auf; sie betreffen lediglich einzelne Ausprägungen.[69] Hierauf wird weiter unten noch näher eingegangen.[70]
Weitere internationale Dokumente, die hier interessieren, sind die Allgemeine Erklärung der Menschenrechte vom 10. Dezember 1948, die beiden Internationalen Menschenrechtspakte und nicht zuletzt regionale Rechtsquellen aus dem Bereich des Europarates sowie der KSZE/OSZE. Je größer der Teilnehmerkreis ist, desto eher ist zu erwarten, daß der Standard von dem innerhalb der EU geltenden (oder gelten sollenden) abweicht. Für die Definition der Grundsätze sind diese Quellen dennoch hilfreich, denn mit ihnen wurden Kataloge formuliert, die für einen Teilnehmerkreis gelten sollen, in dem der EU-europäische enthalten ist.

f) Ergebnis

In der nachfolgenden Untersuchung sollen die Kopenhagener Kriterien in ihrer Ausfüllung durch die Kommission in der Bewertung der Beitrittskandidaten einen Ausgangspunkt bilden; die Bedeutung dieser Grundsätze in der Rechtsprechung des EuGH und in der EMRK sowie in anderen europäischen und internationalen Regelungen werden zur näheren Bestimmung hinzugezogen. Eine negative Defini-

---

[66] Siehe hierzu auch Chryssogonos, EuR 2000, 49.
[67] Frowein, EuR Beiheft 1/1992, S. 63 (75).
[68] Larralde, Convention européenne des droits de l'homme et jurisprudence communautaire, S. 120.
[69] Siehe dazu Rodríguez Iglesias, Zur Stellung der EMRK im europäischen Gemeinschaftsrecht, S. 1275 f., insbes. Anm. 35; ders., NJW 1999, 1 (7 f.); Larralde, Convention européenne des droits de l'homme et jurisprudence communautaire, S. 108 ff., 127 ff.
[70] Insbesondere in Abschnitt B. 3. c) dieses Kapitels.

tion der Grundsätze mit Hilfe von Aussagen darüber, was eindeutig gegen sie verstieße, kann zusätzlich Anhaltspunkte liefern.[71]

3. Ermittlung des Inhalts der Europäischen Homogenitätsklausel

Wenn die Äußerungen der Kommission bei der Bewertung der Beitrittskandidaten den *Ausgangspunkt* für die Bestimmung der Grundsätze bilden sollen, so können sie doch nicht das einzige ausschlaggebende Kriterium sein. Zu bedenken ist dabei vor allem der Kommentar der Kommission, die Kriterien von Kopenhagen seien weit gefaßt und gingen teilweise über den Besitzstand hinaus (etwa bei der Beurteilung der Kapazität von Verwaltung und Justiz).[72] Insbesondere in diesen Bereichen ist also Vorsicht geboten. Es scheint, daß hier höhere Anforderungen an die Beitrittskandidaten gestellt werden, als an die Mitglieder. Dies hängt damit zusammen, daß gerade hier große Kapazitäten erforderlich sind, um nach dem Beitritt die harmonische Umsetzung der Gemeinschaftspolitiken zu gewährleisten.[73] In den Mitgliedstaaten ist die Situation insofern eine andere, als hier die Gemeinschaftspolitiken schon umgesetzt sind.
Auch beim Minderheitenschutz ist anzunehmen, daß Differenzen zwischen der Homogenitätsklausel und den Anforderungen an die Mitgliedstaaten bestehen, da der Minderheitenschutz in den Kopenhagener Kriterien zusätzlich zu den Menschenrechten erwähnt wird. Hierauf wird unten noch zurückgekommen.

a) Freiheit

Der Gebrauch des Begriffes „Freiheit" in der Homogenitätsklausel läßt sich aus ihrer Entstehungsgeschichte erklären. Schon in der Präambel des EUV wurde die Formulierung „Grundsätze [...] der Freiheit, der Demokratie und der Achtung der Menschenrechte und Grundfreiheiten und der Rechtsstaatlichkeit" verwendet.[74] „Freiheit" könnte man als Abgrenzung zu den Prinzipien der Gleichheit und der (sozialen) Gerechtigkeit[75] verstehen, den beiden anderen elementaren Prinzipien

[71] Schorkopf, Homogenität in der EU, S. 82 f, nimmt in seiner Untersuchung vor allem auf folgende Texte Bezug: die Allgemeine Erklärung der Menschenrechte vom 10. Dezember 1948, die Satzung des Europarates, die EMRK, die beiden Menschenrechtspakte und Folgekonventionen, die Europäische Sozialcharta, das Kopenhagener Dokument der KSZE, die Charta von Paris, die Europäische Charta der kommunalen Selbstverwaltung sowie die primärrechtlichen Verträge im Rahmen der europäischen Integration. Vgl. Auch ders., FAZ vom 14. Februar 2000, S. 9. Auf die Problematik der Verwendung der hier erwähnten internationalen Dokumente wurde oben bereits hingewiesen.
[72] AGENDA 2000. Eine stärkere und erweiterte Union, Bulletin der EU, Beilage 5/1997, S. 44.
[73] Dies wurde vom Europäischen Rat in Madrid 1995 gefordert, siehe z. B. Regelmäßiger Bericht der Kommission über Rumäniens Fortschritte auf dem Weg zum Beitritt, KOM (1998) 702 endg., S. 6.
[74] Dritter Erwägungsgrund; vgl. Schorkopf, Homogenität in der EU, S. 84.
[75] Oder „Brüderlichkeit". Vgl. Hilf/Pache, in Grabitz/Hilf, Das Recht der EU, Präambel zum EUV (Maastricht), Rn. 18.

seit der Französischen Revolution. Dafür spricht, daß der dritte Erwägungsgrund der Präambel zur Einheitlichen Europäischen Akte Freiheit, Gleichheit und soziale Gerechtigkeit nebeneinander oder vielmehr gemeinsam zitiert. Gegen diese Annahme spricht aber, daß gerade das Gleichheitsprinzip in der EU eine herausragende Bedeutung hat. Dies zeigt schon das immer wieder von der Rechtsprechung des EuGH bestätigte hohe Schutzniveau bei Diskriminierung.[76] Aufgrund von Art. 13 EGV, der Ermächtigungsgrundlage zum Erlaß weiterer Antidiskiminierungsregelungen, wurde am 29. Juni 2000 die „Richtlinie zur Anwendung des Gleichbehandlungsgrundsatzes ohne Unterschied der Rasse oder der ethnischen Herkunft"[77] erlassen. Beide Bestimmungen gehen weiter als die entsprechende Regelung in der EMRK.[78] Gemäß Art. 12 EGV ist eine Diskriminierung aus Gründen der Staatsangehörigkeit untersagt. Die Bedeutung des Diskriminierungsverbots spiegelt sich im Auftrag von 14 Mitgliedstaaten an die „Drei Weisen" zur Begutachtung Österreichs im Sommer 2000 wider,[79] die insbesondere auf die Rechte von Minderheiten, Flüchtlingen und Einwanderern achten sollten.[80] Schließlich enthält die Grundrechtscharta der Europäischen Union in Art. 21 ein umfassendes Diskriminierungsverbot.

Die Bedeutung sozialer Gerechtigkeit wird dadurch unterstrichen, daß im vierten Erwägungsgrund der Präambel die Europäische Sozialcharta und die Gemeinschaftscharta der sozialen Grundrechte bestätigt werden sowie im fünften Erwägungsgrund auf die Solidarität zwischen den Völkern verwiesen wird. Abgesehen davon läßt sich auch aus der Freiheit die Gleichheit und die Gerechtigkeit ableiten, nämlich unter der Prämisse, daß *alle* Menschen frei sein sollen.

Aus diesen Gründen ist anzunehmen, daß die „Freiheit" hier als übergreifendes Prinzip verwendet wurde,[81] und ihr damit eine herausgehobene Bedeutung zukommt. Hierfür spricht schon die Tatsache, daß sie an erster Stelle der Prinzipien genannt ist. Das Prinzip der Freiheit überwölbt die anderen Prinzipien gleichsam, womit zum Ausdruck gebracht wird, daß die Europäische Union in der europäischen Tradition des aufgeklärten Menschen steht, der frei ist und sich in dieser Freiheit zur Bewahrung seiner Freiheit bindet.[82] Mit diesem Verständnis kann die „Freiheit" immer in die anderen Prinzipien hineingelesen werden und ihnen so eine

---

[76] Vgl. nur die Rechtsprechung zur Gleichstellung von Mann und Frau, etwa EuGH, Urteil vom 11.11.1997 – Marschall ./. Nordrhein-Westfalen, Rs. C-409/95 – Slg. 1997, I-6363 (6393, Rn. 33); siehe aber auch EuGH, Urteil vom 17.10.1995 – Kalanke ./. Freie Hansestadt Bremen, Rs. C-450/93 – Slg. 1995, I-3051.

[77] Richtlinie 2000/43/EG, Abl. L 180/22.

[78] Art. 14 EMRK verbietet Diskriminierung lediglich in Hinsicht auf die übrigen normativen Vorschriften der Konvention und ihrer Zusatzprotokolle, Peukert, in Frowein/Peukert, EMRK-Kommentar, Art. 14 Rn. 1. Vgl. McGoldrick, The EU after Amsterdam, S. 253.

[79] Ausführlich dazu siehe unten in Kapitel 6, G. 2. g).

[80] Bericht von Martti Ahtisaari, Jochen Frowein, Marcelino Oreja (Bericht der drei Weisen), abgedruckt in EuGRZ 2000, 404, S. 1 des Berichts.

[81] Vgl. auch Schmitt von Sydow, RDUE 2001, 285 (290). Schorkopf, Homogenität in der EU, S. 85, tendiert dazu, die Freiheit hier als einen „politischen Wert" gleich einer Querschnittsklausel aufzufassen. Stumpf, in Schwarze, EU-Kommentar, Art. 6 EUV, Rn. 7 ff. scheint den Freiheitsbegriff eher als einzelnes, wenn auch grundlegendes, Menschenrecht zu verstehen.

[82] Schorkopf, Homogenität in der EU, S. 86: „Gedanke[...] der Selbstbestimmung des Individuums"; ebenso Hummer/Obwexer, EuZW 2000, 485 (486).

schärfere Kontur verleihen,[83] denn das Menschenbild hängt untrennbar mit den Prinzipien eines Staates zusammen. Es ist der Ausgangspunkt dafür, wie der Staat (für seine Bürger) geordnet sein soll, oder besser: wie die Bürger ihren Staat organisieren.

Mit der Umklammerung durch das Prinzip der Freiheit wird der innere Zusammenhang zwischen den in Art. 6 Abs. 1 EUV genannten Prinzipien herausgestellt: Sie alle dienen gemeinsam der Bewahrung der Freiheit und damit dem Versuch, eine Staatsordnung zu errichten, die der Anerkennung der Menschenwürde als höchstem Wert gerecht wird.[84]

b) Demokratie und Rechtsstaatlichkeit

Eine allgemein anerkannte Definition der Demokratie gibt es nicht.[85] Der Begriff „Demokratie“ bezieht sich als Staats- oder Regierungsform auf den Träger oder Inhaber der Staatsgewalt und heißt in einer herkömmlichen Übersetzung nichts anderes als Volksherrschaft – durch das Volk und für das Volk.[86] Wie der Begriff „Volk“ zu verstehen ist, soll unten erörtert werden.

Wenn die Staatsgewalt vom Volk ausgehen soll, so kann sie nicht von einem anderen möglichen Träger ausgehen, weder von einer abgegrenzten „Schicht“ oder Gruppe, noch von einer bestimmten Idee oder Ideologie. Demokratie ist untrennbar mit Freiheit verbunden, und so genügt eine Staatsgewalt lediglich „im Interesse des Volkes“ nicht.[87] Eindeutig nicht vom Grundsatz der Demokratie gedeckt wäre folglich eine tatsächliche Diktatur unter dem Deckmantel einer angeblichen Demokratie.[88]

Ob die Volksherrschaft unmittelbar oder mittelbar in einer repräsentativen Demokratie ausgeübt werden sollte, ist offen; es ist lediglich erforderlich, daß bei einer Herrschaft durch Repräsentanten des Volkes diese auch tatsächlich das Volk repräsentieren – dies erfordert als Mindestbedingung regelmäßige und freie Wahlen.[89]

---

[83] Ein ähnliches Verständnis des Begriffes Freiheit in diesem Zusammenhang hat Kingreen, in Calliess/Ruffert, Kommentar zu EUV und EGV, Art. 6 EUV, Rn. 4. Vergleichbar ist auch das Verständnis von Verhoeven, EL-Rev 1998, 217 (225), die den Begriff Freiheit in den anderen Prinzipien aufgehen sieht. Schorkopf, Homogenität in der EU, S. 84 ff. betont, daß die drei anderen in Art. 6 Abs. 1 EUV genannten Prinzipien in der Freiheit angelegt sind. Er diskutiert noch, ob die Erwähnung des Freiheitsbegriffs ein Hinweis auf den negativen Freiheitsbegriff als Freiheitskonzept der EU sein könne, lehnt dies aber selbst als Überbewertung des Wortlauts und systematischen Zusammenhangs ab.

[84] In deutscher Terminologie auch als „freiheitlich demokratische Grundordnung“ bezeichnet. Siehe dazu Besson/Jasper, Das Leitbild der modernen Demokratie, S. 11 ff. (insbes. S. 14).

[85] Zur Konturlosigkeit des Begriffes siehe nur Eglin, Demokratie und Minderheiten, S. 4 ff.

[86] So die Formel in Besson/Jasper, Das Leitbild der modernen Demokratie, S. 12; vgl. auch Huber, Staatswissenschaften und Staatpraxis 1992, 349 (351 f.).

[87] Siehe dazu Eglin, Demokratie und Minderheiten, S. 61 f.

[88] So auch Pechstein/König, Rn. 421 für die früheren kommunistischen „Volksdemokratien“ Osteuropas. Diese Einordnung soll hier allerdings nicht uneingeschränkt übernommen werden.

[89] Vgl. Sommermann, in v. Mangoldt/Klein/Starck, Das Bonner Grundgesetz, Art. 20, Rn. 81.

Demokratie betrifft also die Frage nach dem Träger und Inhaber der staatlichen Herrschaftsgewalt. Dabei bezieht sie sich auf die Bildung, Legitimation und Kontrolle der Organe, durch welche das Volk seine Herrschaft ausübt. Demokratie ist also ein organisatorisch-formales Prinzip.[90]

(1) Demokratie, Rechtsstaatlichkeit und Menschenrechte

Die Kommission trennt in ihren Stellungnahmen von 1997 zu den Anträgen der verschiedenen Kandidaten auf Beitritt zur Europäischen Union nicht zwischen Demokratie und Rechtsstaatlichkeit, sondern behandelt diese Prinzipien gemeinsam. Dies läßt sich damit erklären, daß der Begriff „Demokratie" nicht scharf konturiert ist. Häufig wird er in Verbindung mit dem Rechtsstaatsprinzip und den Menschenrechten gelesen als „Demokratie nach westlichem Verständnis" oder auch „echte", „freiheitliche" Demokratie und „klassische Demokratie westlicher Prägung".[91] Diese Verbindung soll hier als Demokratieprinzip im weiteren Sinne bezeichnet werden. Demokratie, Rechtsstaatlichkeit und Menschenrechte bilden eine Trias, bei der die drei Prinzipien miteinander verknüpft sind und oft nicht klar voneinander getrennt werden können,[92] weil sie sich gegenseitig bedingen.[93]
Unter der Überschrift „Demokratie und Rechtsstaatlichkeit" äußert sich die Kommission wie folgt:

> „Insgesamt gesehen garantieren die Verfassungen der beitrittswilligen Länder die demokratischen Freiheiten einschließlich des politischen Pluralismus, des Rechts auf freie Meinungsäußerung und der Religionsfreiheit. Sie haben demokratische Institutionen geschaffen sowie unabhängige Gerichts- und Verfassungsorgane eingesetzt, so daß die verschiedenen staatlichen Behörden normal funktionieren können; sie haben freie und faire Wahlen abgehalten, die einen Machtwechsel zwischen verschiedenen politischen Parteien zulassen, und sie erkennen im allgemeinen die Rolle der Opposition an."[94]

Im Gesamtdokument von 1998 wird die Betonung auf Institutionen gelegt, die das ordnungsgemäße Funktionieren der Behörden und die Festigung der Demokratie gewährleisten, die Unabhängigkeit der Justiz und den Kampf gegen die Korruption;[95] dies läßt sich mit den zur Zeit noch bestehenden Problemen der Beitrittskandidaten gerade in diesen Bereichen erklären.

---

[90] Vgl. Böckenförde, HBStR § 22, Rn. 83 (S. 941 f.).
[91] Maihofer, Prinzipien freiheitlicher Demokratie, S. 427 ff.; Maurer, Staatsrecht, S. 186.
[92] Siehe auch Brandtner/Rosas, EJIL 1998, 468 (483).
[93] So auch die Mitteilung der Kommission an den Rat und das Europäische Parlament: Die Menschenrechte in den Außenbeziehungen der Europäischen Union: Von Rom zu Maastricht und danach, KOM (95) 567 endg., S. 12. In dieselbe Richtung führen die Aussagen in Dokumenten der KSZE, so in der Kopenhagener Konferenz über die menschliche Dimension der KSZE vom 28. Juni 1990 in der Präambel und unter Ziffer 3.
[94] AGENDA 2000. Eine stärkere und erweiterte Union, Bulletin der EU, Beilage 5/1997, S. 44.
[95] Gesamtdokument. Bericht über die Fortschritte jedes Bewerberlandes auf dem Weg zum Beitritt, KOM (1998) 712 endg, S. 6. Der Kampf gegen die Korruption wird auch im Bericht von 2000 herausgestellt, Strategiepapier

In den Untersuchungen von 1997 nimmt die Kommission eine Unterteilung vor in Aufbau und Arbeitsweise der Legislative, der Exekutive und der Judikative und stellt auf folgende Bereiche ab: Gewaltenteilung sowie Respekt derselben durch die Institutionen, freie und faire Wahlen, Existenz einer Opposition sowie Teilhabe derselben an der Parlamentsarbeit (namentlich an der parlamentarischen Kontrolle), Immunität der Mitglieder des Parlaments, wirksame Bekämpfung der Korruption (im Zusammenhang mit einer Regelung des Berufsbeamtentums), (zivile) Kontrolle der Streitkräfte, der Geheimdienste und der Polizei, Verantwortlichkeit der Regierung, Unabhängigkeit und Funktionieren der Justiz.[96]
Die Frage der Gewährleistung der Menschenrechte wird hier in einem gesonderten Abschnitt behandelt.[97]

(2) Demokratie im engeren Sinne

(a) Darstellung der einzelnen Aussagen

Die dem Demokratieprinzip im engeren Sinne zuzuordnenden Kriterien der Kommission sind die Schaffung demokratischer Institutionen,[98] das Erfordernis freier und fairer Wahlen mit der Möglichkeit zu einem Machtwechsel[99] und die Rolle der Opposition innerhalb eines tatsächlich bestehenden politischen Pluralismus.[100]

In der Erklärung zur Europäischen Identität von 1973 spricht der Rat von den „Grundsätzen der repräsentativen Demokratie";[101] in der Erklärung zur Demokratie von 1978 spricht der Rat von einer parlamentarischen Demokratie und hebt als Voraussetzung für die Aufnahme neuer Mitglieder das Verfassungselement einer „pluralistische[n] Demokratie [...], die die Vertretung der Meinungen im konstitutionellen Aufbau des Staates sowie die zum Schutz der Menschenrechte erforderlichen Verfahren garantiert,"[102] hervor. In seiner Erklärung der Grundrechte und

zur Erweiterung. Bericht über die Fortschritte jedes Bewerberlandes auf dem Weg zum Beitritt, KOM (2000) 700 endg., S. 20.

[96] AGENDA 2000. Stellungnahme der Kommission zum Antrag Ungarns, Polens, Rumäniens, der Slowakei, Lettlands, Estlands, Litauens, Bulgariens, der Tschechischen Republik und Sloweniens auf Beitritt zur Europäischen Union, Bulletin der EU, Beilagen 6/1997 bis 15/1997.

[97] In Abschnitt II. 4. dieses Kapitels.

[98] Was genau „demokratische Institutionen" sind, wird von der Kommission allerdings nicht näher erläutert – es soll angenommen werden, daß damit Institutionen gemeint sind, die der Herrschaftsausübung dienen und die durch eine ununterbrochene Kette zum Volk legitimiert sind.

[99] Wobei die Frage, welches Wahlsystem anzuwenden ist, eindeutig nicht festgelegt ist, so auch schon Frowein, EuR 1983, 301 (303).

[100] Siehe auch den von der Kommission vorgelegten Vorschlag für eine Verordnung des Rates über die Fortentwicklung und Festigung von Demokratie und Rechtsstaatlichkeit sowie die Wahrung der Menschenrechte und Grundfreiheiten, 24. Juli 1997, KOM (97) 357 endg., S. 9, Art. 2 b).

[101] Erklärung zur Europäischen Identität, Gipfel von Kopenhagen, 14. Dezember 1973, abgedruckt in Duparc, Die Europäische Gemeinschaft und die Menschenrechte, Luxemburg 1993, S. 32.

[102] Erklärung zur Demokratie, Europäischer Rat von Kopenhagen, 8. April 1978, Bull. EG 3/1978, S. 5 f.

Grundfreiheiten vom 12.4.1989 bestimmt das Europäische Parlament in Art. 17 den Grundsatz der Demokratie folgendermaßen:

> „1. Alle öffentliche Gewalt geht vom Volke aus und muß nach rechtsstaatlichen Grundsätzen ausgeübt werden.
> 2. Jede öffentliche Gewalt muß unmittelbar aus Wahlen hervorgehen oder einem direkt gewählten Parlament gegenüber verantwortlich sein.
> 3. Die europäischen Bürger haben das Recht, an der allgemeinen, freien, unmittelbaren und geheimen Wahl der Mitglieder des Europäischen Parlaments teilzunehmen.
> 4. Die europäischen Bürger haben das gleiche aktive und passive Wahlrecht.
> 5. Die obengenannten Rechte dürfen nur durch Bestimmungen eingeschränkt werden, die im Einklang mit den Verträgen zur Gründung der Europäischen Gemeinschaften stehen."[103]

In ihrer Mitteilung über die Herausforderungen der Partnerschaft zwischen der Europäischen Union und den AKP-Staaten vom 12. März 1998[104] spielen nach Ansicht der Kommission im Rahmen der Interpretation des Art. 5 des geänderten Vierten Lomé-Abkommens, in welchem von „demokratischen Grundsätzen" die Rede ist, die drei Aspekte: Legitimation der Hoheitsgewalt, Rechtmäßigkeit und effektive Umsetzung eine Rolle.[105] Als das Legitimationsverfahren schlechthin bezeichnet sie allgemeine, freie, unabhängige und geheime Wahlen der „Verantwortlichen eines Landes". Bei den beiden anderen Aspekten findet wieder eine Vermischung mit eigentlich dem Rechtsstaatsprinzip zuzuordnenden Aspekten statt. Dies macht ein weiteres Mal die Interdependenz von Demokratie und Rechtsstaatsprinzip deutlich.

In der EMRK wird im vierten Erwägungsgrund der Präambel darauf verwiesen, daß die Grundfreiheiten (also die Menschenrechte) am besten durch ein „wahrhaft demokratisches politisches Regime" gewährleistet werden, was die Verknüpfung der Grundsätze des Art. 6 Abs. 1 EUV erneut betont. Art. 3 des 1. Zusatzprotokolls zur EMRK stellt eine Beziehung zwischen dem Menschenrechtsschutz und der Staatsform der Demokratie her.[106] In diesem Artikel werden freie und geheime Wahlen der gesetzgebenden Körperschaften in angemessenen Zeitabständen und unter Bedingungen, die die Unabhängigkeit sichern, genannt.[107]

Im Dokument der zweiten Konferenz über die menschliche Dimension der KSZE in Kopenhagen[108] werden unter Punkt I in Absatz 7 ausführliche Anforderungen an

---

[103] Erklärung vom 12.4.1989, Abl. C 120/51 (55).

[104] KOM (98) 146 endg. Zu diesem Komplex siehe umfassend Hoffmeister, Menschenrechts- und Demokratieklauseln in den vertraglichen Außenbeziehungen der Europäischen Gemeinschaft.

[105] KOM (98) 146 endg., S. 7.

[106] Frowein, in Frowein/Peukert, EMRK-Kommentar, Art. 3 des 1. ZP, Rn. 1.

[107] Bei Schorkopf, Homogneität in der EU, S. 87, bildet diese Bestimmung den Ausgangspunkt für die Untersuchung des Demokratieprinzips.

[108] Document of the Copenhagen meeting of the Conference on the Human Dimension of the CSCE, Copenhagen, 5 June – 29 July 1990, Abdruck der deutschen Version in in Bundeszentrale für politische Bildung (Hrsg.), Menschenrechte. Dokumente und Deklarationen, 3. Aufl., Bonn 1999, S. 435.

demokratische Wahlen gestellt. Sie müssen frei sein und in angemessenen Zeitabständen stattfinden; alle erwachsenen Staatsbürger haben das allgemeine und gleiche Wahlrecht. Die Abstimmung muß geheim erfolgen, die Auszählung der Stimmen wahrheitsgetreu sein und die offiziellen Ergebnisse müssen bekanntgegeben werden. Ein fairer Wahlkampf auch in den Medien muß gewährleistet werden und die gewählten Kandidaten müssen ihr Amt ausüben können. Interessant ist der ausdrückliche Hinweis darauf, *wer* gewählt werden muß: alle Vertreter in zumindest einer der Kammern des nationalen Gesetzgebungsorgans.
Darüber hinaus wird auf das Recht der Bürger verwiesen, sich ohne Benachteiligung um politische oder öffentliche Ämter zu bewerben und politische Organisationen zu gründen. Diese zuletzt genannten Anforderungen fallen unter das Recht auf Vereinigungsfreiheit, das im Rahmen der Menschenrechte behandelt werden soll.

In der Charta von Paris über ein neues Europa „Erklärung des Pariser KSZE-Treffens der Staats- und Regierungschefs vom 21. November 1990"[109] wird zur Demokratie folgendes ausgesagt:

> „Demokratische Regierung gründet sich auf den Volkswillen, der seinen Ausdruck in regelmäßigen, freien und gerechten Wahlen findet. [...] Die Demokratie, ihrem Wesen nach repräsentativ und pluralistisch, erfordert Verantwortlichkeit gegenüber der Wählerschaft, Bindung der staatlichen Gewalt an das Recht sowie eine unparteiische Rechtspflege."

In einem Vergleich der Rechtsordnungen Deutschlands, des Vereinigten Königreichs und Frankreichs gelangt *Riedel* zu dem Ergebnis, das Mehrparteienprinzip, die Chancengleichheit und die Bildung einer Opposition seien tragende Prinzipien dieser drei Verfassungsordnungen.[110]

Die Inter-American Democratic Charter der OAS vom 11. September 2001[111] bestimmt in ihrem Art. 3:

> „Essential elements of representative democracy include, *inter alia*, respect for human rights and fundamental freedoms, access to and the exercise of power in accordance eith the rule of law, the holding of periodic, free and fair elections based on secret balloting and universal suffrage as an expression of the sovereignty of the people, the pluralisic system of political parties and organizations, and the separation of powers and independance of the branches of government."

[109] Abgedruckt in Bundeszentrale für politische Bildung (Hrsg.), Menschenrechte. Dokumente und Deklarationen, 3. Aufl., Bonn 1999, S. 455.
[110] Riedel, Der gemeineuropäische Bestand von Verfassungsprinzipien zur Begründung von Hoheitsgewalt, S. 84 ff., 95.
[111] http://oas.org/charter/docs/resolution1_en_p4.htm.

(b) „Volksherrschaft“

Es gibt kein europäisches Volk im Sinne einer „Nation“,[112] und es wird vermutlich auch nie eines geben.[113] Das „Europäische Volk“ ist vielmehr der Zusammenschluß der Völker der Mitgliedstaaten. In den Verträgen wird gar nicht der Begriff „Volk“ verwendet, sondern von „Bürgerschaft“ gesprochen; in Art. 17 EGV wird klargestellt, daß die europäische Unionsbürgerschaft die nationale Staatsbürgerschaft nicht ersetzt, sondern ergänzt.
Nun fragt sich, was unter dem Begriff „*demos*“ zu verstehen ist. Die Gleichsetzung von Volk und Nation ist nicht zwingend; entstehungsgeschichtlich beruht die Volkssouveränität auf der Idee der freien Selbstbestimmung der Bürger.[114] Anders könnte man auch gar nicht erklären, wie Demokratie in anderen staatlichen Zusammenschlüssen wie den Ländern oder Gemeinden möglich sein soll. Hier würde ja nicht das *Volk* durch Wahlen oder Abstimmungen Herrschaft ausüben, sondern nur ein *Teil des Volkes* – beispielsweise nur der Teil des deutschen Volkes, der seinen ersten Wohnsitz in der Stadt Marburg hat. Konsequenterweise müßte man dann hier die Geltung des Demokratieprinzips leugnen.[115] In der Literatur wird als Beispiel der Schülersprecher aufgeführt, der vom Direktor ernannt wird (demokratisch, weil dieser über die ministerielle Ernennung vom *demos* in einer Kette legitimiert ist), anstelle von den Schülerinnen und Schülern gewählt zu werden (nur scheindemokratisch, weil Schüler kein „Volk“ sind).[116]
Sinnvoller ist es, Demokratie als eine Herrschaftsform zu verstehen, die in allen sozialen Organisationsformen möglich ist.[117] In der deutschen Staatsrechtslehre geht man auch von einem Nebeneinander der Ländervölker und des gesamtdeutschen Volkes aus. Dies heißt aber, daß es nicht nur einen, *den demos* in der Kategorie der nationalstaatlichen Völker gibt. Vielmehr muß man unter *demos* die Bürger verstehen, die für jeweils einen Bereich Inhaber der Souveränität sind und diese jeweils auf der entsprechenden Ebene übertragen können[118]
Es wird betont, um von einem *demos* (einem Volk) sprechen zu können, bedürfe es einer gemeinsamen politischen Öffentlichkeit, die aber nur in einem gemeinsamen

[112] Dies ist die übliche Feststellung bei der Kritik des Demokratiedefizits der Europäischen Union, siehe nur Ossenbühl DVBl 1993, 629 (934); Breuer, NVwZ 1994, 417 (424 f.); Huber, Staatswissenschaften und Staatspraxis 1992, 349 (354); Kirchhof, HBStR VII, § 183, Rn. 53 (S.880); Isensee, Nachwort, S. 133; Commichau, Nationales Verfassungsrecht und europäische Gemeinschaftsverfassung, S. 113 und 134 ff.; Schambeck, Politische und rechtliche Entwicklungstendenzen der europäischen Integration, S. 21 f.; vgl. auch die „Maastricht-Entscheidung“, BVerfGE 89, 155 (184 f.). Kritisch dazu Bryde, Staatswissenschaften und Staatspraxis 1994, 305 (insbes. 320 f.). Siehe auch die umfassende Abhandlung von Kaufmann, Europäische Integration und Demokratieprinzip; vgl auch Oeter, ZaöRV 1995, 659; ders., Souveränität und Legitimation staatlicher Herrschaft; Brosius-Gersdorf, EuR 1999, 133.
[113] Denn dies – als Ersatz für die nationalen Völker, die darin ersatzlos aufgehen würden - wäre „a price too high to pay for european integration“, Weiler/Haltern/Mayer, European Democracy and Its Critics, S. 15.
[114] Hierzu und zum folgenden die eingehende Untersuchung von Oeter, ZaöRV 1995, 659 (683).
[115] Vgl. Zuleeg, Demokratiefähigkeit in der EU, S. 16; Oeter, Souveränität und Legitimation staatlicher Herrschaft, 29 (69 f.) schlußfolgert denn auch zynisch, daß mit diesem Verständnis von demos einzig als Nation, „als einer zu einem Organismus verfestigten Sprach- und Kulturgemeinschaft“, implizit mehr als neunzig Prozent der Staaten der Erde für strukturell demokratieunfähig erklären werden müßten.
[116] Bryde, Staatswissenschaften und Staatspraxis 1994, 305 (306).
[117] So Fastenrath, EuR Beiheft 1 /1994, 101 (117); Pernice, Die Verwaltung 1993, 449 (477 f.).
[118] Pernice, EuR 1984, 126 (138).

Kommunikationszusammenhang wurzeln könne, welcher nur mit Hilfe gemeinsamer Sprache und Kultur entstehen könne.[119] Daß es für eine funktionierende Demokratie einer gemeinsamen Öffentlichkeit bedarf, soll nicht geleugnet werden. Dies muß aber nicht heißen, daß sich beide nicht gleichzeitig, sich gegenseitig bedingend und beeinflussend, entwickeln können. Auch die heutigen europäischen Nationalstaaten haben sich erst mit der Staatsbildung entwickelt und sind nicht auf der Grundlage einer bereits vorhandenen einheitlichen Nation entstanden.[120] Daß Europa kein Nationalstaat werden wird, soll hier noch einmal betont werden. Dennoch ist die Lage vergleichbar: der europäische *demos* kann genauso gut ein Folgeprodukt der voranschreitenden europäischen Integration sein, wie die Nationen Folgeprodukte der gemeinsamen Staatlichkeit sind.[121] Und eines gemeinsamen *ethnos* bedarf es, wie die Realität zeigt, für eine Volkssouveränität offensichtlich nicht – es sei hier nur verwiesen auf die USA, Kanada oder die Schweiz.[122] Mit dem Erfordernis eines gemeinsamen *ethnos* würde man die meisten Staaten der Erde für demokratieunfähig erklären[123] und könnte in der Demokratie als Staatsform in Anbetracht der voranschreitenden Globalisierung mitnichten die zeitgemäße und erwünschte Staatsform sehen.[124] Die Schwierigkeiten aufgrund des Nichtvorhandenseins einer gemeinsamen Muttersprache schließlich können ebenso überwunden werden, wie sich an Staaten wie der Schweiz, Belgien oder Kanada zeigt.[125] Es ist klar, daß Schwierigkeiten bestehen bleiben, aber dies stellt kein unüberwindbares Hindernis dar. Minderheiten mit eigener kultureller Identität, die besonders geschützt wird, und damit kulturelle Differenz, gibt es in fast allen europäischen Staaten.[126]

Ein *demos* ist also auch auf der europäischen Ebene möglich.[127] Damit ist also nicht lediglich der abstrakte, von der Volkssouveränität entkoppelte Gedanke der Repräsentation für die Union anwendbar, mit der Begründung, der „eigentliche" Grundsatz der Demokratie könne wegen des Fehlens eines europäischen Volkes nicht

---

[119] Ossenbühl, DVBl 1993, 629 (634); Grimm, Vertrag oder Verfassung, S. 9. (19 ff); v. Simson, EuR 1991, 1 ff.. Kirchhof, Brauchen wir ein erneuertes Grundgesetz?, S. 39 hält zwar nicht die gemeinsame Sprache, aber doch „einen europaweit wirkenden Austausch von Nachrichten und Meinungen, europaweit handelnde Parteien und Parteiverbünde, ..."; Di Fabio, Der Staat 1993, 191 (203 f.). Ähnlich Bleckmann, JZ 2001, 53 (55 und 57), der vor allem im fehlenden europäischen Meinungsbildungsprozeß ein erhebliches Demokratiedefizit sieht; der aber für die EU das Demokratieprinzip als nicht mit dem Souveränitätsprinzip verkoppelt sieht, weil die Souveränität bei den Mitgliedstaaten liege.

[120] Oeter, ZaöRV 1995, 659 (691).

[121] Als Beispiel verweist Weiler, in: Der Staat „über alles", JöR 1996, 91 (113 f.) auf Preußen und Österreich. Hätte es nicht zwei getrennte Staaten gegeben, wäre nicht die Entwicklung der jeweiligen Nation in Abgrenzung zur jeweils anderen vorstellbar.

[122] So auch die Verweise von Oeter, ZaöRV 1995, 659 (692); Bryde, Staatswissenschaft und Staatspraxis 1994, 305 (307 ff.).

[123] Oeter, Souveränität und Legitimation staatlicher Herrschaft, 29 (69 f.).

[124] Siehe auch Bryde, Staatswissenschaft und Staatspraxis 1994, 305 (310 f.); vgl. auch die Kritik am Denken in „volkish terms" bei Weiler/Haltern/Mayer, European Democracy sowie Curtin, Postnational Democracy, S. 48 ff., 53.

[125] Siehe auch Frowein. Die Verfassung der EU aus deutscher Sicht, S: 44.

[126] Siehe Frowein / Hofmann / Oeter (Hrsg.), Minderheitenrecht, Teil I.

[127] So im Ergebnis auch Zuleeg, JZ 1993, 1069 (1972 und 1074); vgl. auch Weiler, Der Staat „über alles", JöR 1996, 91 (insbes. 127 ff.). Siehe nun auch Zetterquist, A Europe of the Member States or of the Citizens?

verwirklicht werden.[128] Bezogen auf das Volk wird der Grundsatz der Demokratie nicht für die Ebene der Union funktional an deren rechtliche Gestalt angepaßt. Vielmehr bedeutet *demos* im Sinne von Art. 6 Abs. 1 EUV den Zusammenschluß der Menschen oder Bürger, die für jeweils einen Bereich Inhaber der Souveränität sind.

(c) Wahlerfordernis für welche Organe?

Nach er Erklärung der Grundrechte und Grundfreiheiten des Europäischen Parlaments vom 12.4.1989 muß jede öffentliche Gewalt unmittelbar aus Wahlen hervorgehen *oder* einem direkt gewählten Parlament gegenüber verantwortlich sein. Das Dokument der zweiten Konferenz über die menschliche Dimension der KSZE in Kopenhagen beschränkt sich auf das Erfordernis der Wahl aller Vertreter in zumindest einer der Kammern des nationalen Gesetzgebungsorgans. Art. 3 des 1. Zusatzprotokolls zur EMRK bezieht sich nur auf die gesetzgebenden Körperschaften, wobei die Auslegung durch den Gerichtshof unter Bezugnahme der Travaux Préparatoires dieses Erfordernis auf mindestens ein Organ der gesetzgebenden Körperschaften einschränkt;[129] gleichzeitig hat der Gerichtshof entschieden, daß es sich nicht auf nationale Körperschaften beschränkt.[130]
In den Mitgliedstaaten Dänemark, Finnland, Griechenland, Luxemburg, Portugal und Schweden besteht das Parlament nur aus einer Kammer; in den übrigen Mitgliedstaaten existieren zweite Kammern. In allen Mitgliedstaten entsprechen die Wahlen zu den ersten Kammern den oben genannten Voraussetzungen;[131] für die zweiten Kammern werden jedoch nicht immer alle Mitglieder gewählt. So werden sie etwa in Irland teils gewählt, teils ernannt.[132] Gemäß Art. 72 der koordinierten Verfassung Belgiens haben die Kinder des Königs oder die Nachkommen der königlichen Familie, die das Recht auf Thronnachfolge haben, einen Sitz im Senat (der zweiten Kammer). Allerdings werden damit die Mehrheitsverhältnisse im Senat

---

[128] So aber Schorkopf, Homogenität in der EU, S. 90.

[129] European Court of Human Rights, Mathieu-Mohin ./. Clerfayt, 2. März 1987, Series A Vol. 113, S. 23. In diesem Urteil beschäftigte er sich zum ersten Mal mit Art. 3 des 1. Zusatzprotokolls zur EMRK. Vgl. auch Travaux Préparatoires, Vol. VIII, S. 46, 50 und 52. Siehe hierzu auch E 8873/80, Decisions and Reports 28, 99 (104 f.).

[130] European Court of Human Rights, Mathieu-Mohin ./. Clerfayt, 2. März 1987, Series A Vol. 113, S. 23 (Ziff. 53); European Commission of Human Rights, Mathieu-Mohin ./. Clerfayt, Application No. 9267/81, Series B Vol. 96, S. 10 (insbes. 29 f., Ziff. 100 ff.); European Commission of Human Rights, X ./. Österreich, E 7008/75, Decisions and Reports 6, 120; dies., Timke ./. Deutschland, E 27311/95, Decisions and Reports 82-A, 158.

[131] Art. 61 der koordinierten Verfassung Belgiens; § 31 der Verfassung des Königreichs Dänemark; Art. 38 des Grundgesetzes für die Bundesrepublik Deutschland; § 25 von Finnlands Grundgesetz; Art. 24 der Verfassung der Republik Frankreich; Art. 51 Abs. 3 der Verfassung der Republik Griechenland; Art. 16 der Verfassung der Republik Irland; Art. 56 der Verfassung der Republik Italien; Art. 51 der Verfassung des Großherzogtums Luxemburg; Art. 53 und 54 der Verfassung des Königreichs der Niederlande. Hier ist die Bezeichnung der ersten und der zweiten Kammer vertauscht; Art. 26 des Bundesverfassungs-Gesetzes der Republik Österreich; Art. 149 der Verfassung der Republik Portugal; Kap. 3 § 1 der Verfassung des Königreichs Schweden; Art. 68 Abs. 1 der Verfassung des Königreichs Spanien; im Vereinigten Königreich ist dies nicht explizit geregelt, wird aber in einer Reihe von gesetzlichen Bestimmungen vorausgesetzt, so z.B. im Representation of the People Act 1983.

[132] Art. 18 der Verfassung der Republik Irland.

nicht beeinflußt, da sie bei der Festlegung des Quorums nicht berücksichtigt werden.[133] Auch das Britische Oberhaus wird nach wie vor nicht gewählt; mit dem House of Lords Act 1999 vom 11. November 1999[134] wurde jedoch die automatische Verbindung eines Titels des britischen Hochadels mit einem Sitz im Oberhaus durchtrennt.

Es muß also zumindest die Wahl einer der Kammern den genannten Voraussetzungen entsprechen, wobei einer nichtgewählten Körperschaft kein Vetorecht zustehen darf.[135]
Für die Bundesstaaten in der EU gilt darüber hinaus, daß auch die Legislative auf Länderebene diesen Bedingungen gerecht werden muß.[136] Die Exekutive muß der gewählten Kammer gegenüber verantwortlich sein.[137]

Es fragt sich, ob auch die Ausprägung dieses Prinzips auf der EU-Ebene eine Auswirkung auf die Bestimmung seines grundsätzlichen materiellen Gehalts hat. Das Europäische Parlament wird gemäß Art. 189, 190 EGV in allgemeinen und periodischen Wahlen gewählt.[138] Es übt jedoch nicht umfassend die Funktion der Legislative aus. Die Rechtsetzung in der Europäischen Gemeinschaft[139] erfolgt von Rat und Europäischem Parlament im Zusammenspiel in den Verfahren gemäß Art. 192, 251 und 252 EGV.[140] Durch den Vertrag von Nizza wurde zwar der Anwendungsbereich des Mitentscheidungsverfahrens ausgedehnt (Art. 13, 63, 65, 157, 159 und 191 EGV), so daß es als Regelverfahren der Rechtsetzung in der Gemeinschaft

---

[133] Darauf weist Frowein, in Frowein/Peukert, EMRK-Kommentar, Art. 3 des 1. ZP, Rn. 9 hin.
[134] House of Lords Act 1999, chapter 34.
[135] Frowein, in Frowein/Peukert, EMRK-Kommentar, Art. 3 des 1. ZP, Rn. 2.
[136] European Court of Human Rights, Mathieu-Mohin ./. Clerfayt, 2. März 1987, Series A Vol. 113, S. 23 (Ziff. 53); European Commission of Human Rights, Mathieu-Mohin ./. Clerfayt, Application No. 9267/81, Series B Vol. 96, S. 10 (insbes. 29 f., Ziff. 100 ff.); European Commission of Human Rights, X ./. Österreich, E 7008/75, Decisions and Reports 6, 120; dies., Timke ./. Deutschland, E 27311/95, Decisions and Reports 82-A, 158.
[137] Art. 101 der koordinierten Verfassung Belgiens; §§ 13, 15 der Verfassung des Königreichs Dänemark; Art. 65, 67 des Grundgesetzes für die Bundesrepublik Deutschland; § 60 von Finnlands Grundgesetz; Art. 20 der Verfassung der Republik Frankreich; Art. 84, 85 der Verfassung der Republik Griechenland; Art. 28 Abs. 4 der Verfassung der Republik Irland; Art. 94 der Verfassung der Republik Italien; Art. 78 der Verfassung des Großherzogtums Luxemburg; Art. 42 der Verfassung des Königreichs der Niederlande; Art. 76 des Bundesverfassungs-Gesetzes der Republik Österreich; Art. 190 der Verfassung der Republik Portugal; Kap.1 § 6 der Verfassung des Königreichs Schweden; Art. 108 Abs. 1 der Verfassung des Königreichs Spanien; im Vereinigten Königreich wird dies durch die ungeschriebenen Verfassungskonventionalregeln festgelegt.
[138] Allerdings ist nach wie vor kein einheitliches Wahlrecht für alle Mitgliedstaaten bei Wahlen zum Europäischen Parlament vorgesehen, vgl. Oppermann, Europarecht, Rn. 251. Hierin könnte ein Problem der Wahlrechtsgleichheit liegen, vgl. Lenz, Ein einheitliches Verfahren für die Wahl zum Europäischen Parlament, S. 198. Zur Anwendbarkeit des Art. 3, ZP 1 EMRK auf das Europäische Parlament siehe European Court of Human Rights, Matthews ./. Vereinigtes Königreich, 18. Februar 1999, Reports of Judgments and Decisions 1999-I, S. 252, Ziff. 44 (S. 268) und 52 (S. 270).
[139] Auch wenn es um die gesamte EU geht, soll hier nur von den EG ausgegangen werden, da die zweite und dritte Säule der EU nach wie vor intergouvernemental arbeiten, so daß hier die demokratische Legitimation über die nationalstaatlichen Vertreter erfolgt. Die erste Säule ist supranational ausgestaltet und bedarf daher der besonderen Betrachtung.
[140] Vgl. Grams, Zur Gesetzgebung der Europäischen Union, S. 34; Brosius-Gernsdorf, EuR 1999, 133 (166 ff). Commichau, Nationales Verfassungsrecht und europäische Gemeinschaftsverfassung, S. 141, spricht wegen dieses Zweikammersystems von einem „bündischen Verfassungsmodell".

bezeichnet werden kann.[141] Die Gesetzgebung in diesem Verfahren führt zu einem gemeinsamen Rechtsakt von Europäischem Parlament und Rat. Wichtige Bereiche sind davon aber nach wie vor ausgenommen, so die gemeinsame Agrarpolitik, die Handelspolitik und Steuerrechtsetzung (Anhörung) sowie die Rechtsetzung in der Wirtschafts- und Währungsunion (Verfahren der Zusammenarbeit, bei welchem ein Rechtsakt vom Rat alleine erlassen wird und das Europäische Parlament den Erlaß nur erschweren, nicht jedoch verhindern kann).
Der Rat dagegen entspricht nicht den oben genannten Anforderungen an eine gewählte Kammer. Er setzt sich zusammen aus den Vertretern der Regierungen der Mitgliedstaaten, ist also dadurch legitimiert, daß die nationalen Parlamente die Regierungen wählen oder kontrollieren. Teilweise müssen die nationalen Parlamente für die Rechtssetzung in der EU konsultiert oder sogar enger einbezogen werden.[142] Damit ist zwar in der EG/EU eine der beiden Kammern gewählt; diese ist aber nicht immer Rechtsetzungsorgan.
Dies kann sich aber nicht auf die Bestimmung des Grundsatzes der Demokratie im Sinne von Art. 6 Abs. 1 EUV auswirken. Es muß berücksichtigt werden, daß die EU kein Staat ist, so daß die Demokratie hier eine besondere Ausprägung erfahren hat. Wenn davon ausgegangen wird, daß mit der momentanen demokratischen Legitimation in der EU der Grundsatz der Demokratie erfüllt ist, so läßt sich dies mit der Besonderheit der EU begründen. Durch die Ausprägung des Prinzips auf europäischer Ebene wird jedoch nicht das Prinzip an sich berührt mit der Folge, daß es auch für die Mitgliedstaaten modifiziert würde. Vielmehr muß das Prinzip für die EU besonders interpretiert werden. Es sind damit drei verschiedene Bezugspunkte eines Standards vorhanden: Erstens gibt es den Grundsatz der Demokratie, welcher in Art. 6 Abs. 1 EUV in Bezug genommen wird. Dieser Grundsatz hat (zweitens) unterschiedliche Ausprägungen in den einzelnen Mitgliedstaaten erfahren, mit welchen die Mitgliedstaaten den Grundsatz vollkommen erfüllen müssen. Der Grundsatz legt das „was" fest, die Ausprägungen bestimmen das „wie". Schließlich gibt es (drittens) die Ausprägung des Grundsatzes in der EU. Auch mit dieser Ausprägung muß der Grundsatz erfüllt werden; bei dieser Subsumtion muß aber mit berücksichtigt werden, daß es sich bei der EU nicht um einen Staat handelt. Dadurch gelingt es, die spezielle EU-Ausprägung unter den Grundsatz zu subsumieren, was für den Fall derselben Ausprägung in einem Mitgliedstaat nicht möglich wäre. So können also Rat und Parlament als oben skizzierte Gesetzgeber der EU dem Grundsatz der Demokratie gerecht werden. Dies wäre nicht für einen Staat möglich, welcher vergleichbar organisiert wäre.
Die unterschiedliche Bedeutung der EU auf der einen Seite und der Mitgliedstaten auf der anderen Seite bei der inhaltlichen Bestimmung des Grundsatzes läßt sich auch mit dem Wortlaut des Art. 6 Abs. 1 EUV vereinbaren: Die Grundsätze sind den Mitgliedstaten gemeinsam, die Europäische Union aber „beruht" auf diesen

---

[141] Schoo, in Schwarze, EU-Kommentar, Art. 251 EGV, Rn. 6. Siehe auch die kritische Analyse von Dashwood, ELREv 2001, 215 (218 ff.). Bleckmann, JZ 2001, 53 (55) dagegen betont, dieses Verfahren sei nicht die Regel, sondern die Ausnahme. Dies gelte vor allem wegen der besonders umfangreichen und häufig bemühten Generalklauseln in Art. 94 und 308 EGV, bei denen es lediglich der Anhörung des Parlaments bedürfe.
[142] Vgl. Pernice, The Role of National Parliaments in the European Union, S. 4, insbes. Fn. 14 m.w.N.

Grundsätzen. Hiermit ist es möglich, die EU anders zu behandeln als die Mitgliedstaaten.[143]

Ob in der demokratischen Legitimation der EU möglicherweise ein Demokratiedefizit liegt,[144] betrifft die Frage, ob der Grundsatz der Demokratie in der EU verletzt wird.[145] Dies hat aber keine Auswirkung auf die Bestimmung des materiellen Gehalts des Grundsatzes selbst und ist damit nicht Thema dieser Arbeit.[146]

Die einzelnen Prinzipien des Art. 6 Abs. 1 EUV dürfen sich nicht gegenseitig konterkarieren, was sich nicht zuletzt aus ihrer Verknüpfung ergibt. Der Entscheidung des Wahlvolkes eines Mitgliedstaates in freier Wahl für eine Staatsform, in welcher nach Einsetzung eines neuen Machthabers keine neuerliche Abstimmung oder Revision dieser Entscheidung mit demokratischen Mitteln möglich wäre, würde schon die Verpflichtung auf den Grundsatz der Demokratie, gegebenenfalls in Verbindung mit dem Grundsatz der Rechtsstaatlichkeit, entgegenstehen. Eine Volksherrschaft dürfte nicht zu Ergebnissen führen, die der Idee der Freiheit eines jeden nicht gerecht wird.

(d) Ergebnis

Das Demokratieprinzip im Sinne des Art. 6 Abs. 1 EUV umfaßt also die Legitimation der staatlichen Herrschaftsgewalt durch periodische, unabhängige, allgemeine, freie, gleiche und geheime Wahlen mindestens einer der gesetzgebenden Kammern

---

[143] Ebenso Griller/Droutsas/Falkber/Forgó/Nentwich, The Treaty of Amsterdam, S. 185. A.A. jedoch Bleckmann, JZ 2001, 53 (54): „Der Demokratiebegriff muß für die Union und für ihre Mitgliedstaaten einheitlich definiert werden." Das Parlament müsse nicht allein für die Gesetzgebung zuständig sein, was ein Vergleich des nationalen Verfassungsrechts zeige. Offensichtlich bezieht er sich hierbei auf die Möglichkeit, daß Verordnungen durch die Exekutive erlassen werden. An anderer Stelle betont er aber, daß die Artikel mit Zustimmungsvorbehalt des Europäischen Parlaments nur einen kleinen Teil der wesentlichen Fragen im Sinne des deutschen und französischen Parlamentsvorbehalts abdecken (55). Schließlich geht er davon aus, daß die „Grundsätze der meisten Verfassungsregeln in das europäische Gemeinschaftsrecht nicht übernommen werden können."(54).

[144] Hierzu gehört auch die Frage, ob die Wahlrechtsgleichheit in der EU dadurch verletzt wird, daß bei den Wahlen zum Europäischen Parlament in den Mitgliedstaaten kein einheitliches Wahlverfahren gilt, vgl. Lenz, Ein einheitliches Verfahren für die Wahl zum Europäischen Parlament, S. 198, oder deshalb, weil es keine einheitliche öffentliche Meinung gibt und das Parlament deshalb nicht hinreichend durch die Medien kontrolliert wird, vgl. Bleckmann, JZ 2001, 53; Kirchhof, Brauchen wir ein erneuertes Grundgesetz? S. 39. Auch das Komitologie-Verfahren könnte problematisch sein, vgl. auch Weiler, Prologue: Amsterdam and the Quest for Constitutional Democracy, 1 (9 ff.). Zu den umfassendsten Untersuchungen der unüberschaubaren Zahl an Veröffentlichen siehe die Nachweise bei Schmitz, Integration in der supranationalen Union, S. 94 in Fn. 2. Siehe auch jüngst Stein, AJIL 2001, 489 (515 ff.); Schröder, EuR 2002, 301.

[145] Siehe hierzu Schorkopf, Homogenität in der EU, S. 89 ff. Der EuGH hat in seiner Rechtsprechung seit den „Isoglucose-Urteilen" vom 29.10.1980 unter Hinweis auf die obligatorische Anhörung des Parlaments auf die Geltung des Verfassungsgrundsatzes der Demokratie in den EG bzw. in der EU aufmerksam gemacht, vgl. EuGH, Urteil vom 29.10.1980 – Roquette Frères ./. Rat, RS 138/79 – Slg. 1980, 3333 (3360, Rn. 33); EuGH, Urteil vom 29.10.1980 – Maizena ./. Rat, RS 139/79 – Slg. 1980, 3393 (3424, Rn. 34); vgl. hierzu Zuleeg, EuR 1982, 21 (22 und 25); ders., JZ 1993, 1069 (1070); Beutler, EuR 1981, 55 (58). Vgl. zur Demokratie in der EU auch Zuleeg, JZ 1993, 1069 (1071); Badura, Die föderative Verfassung der Europäischen Union, S. 698.

[146] Zur Kompensation eines Demokratiedefizits siehe Bleckmann, JZ 2001, 53 (58).

innerhalb eines pluralistischen Systems durch das „Volk", also den Personenkreis, der für den jeweiligen Bereich Inhaber der Souveränität ist.

(3) Rechtsstaatlichkeit

Im Unterschied zum Demokratieprinzip im engeren Sinne zielt das Rechtsstaatsprinzip auf die Begrenzung und Bindung staatlicher Herrschaft ab und ist daher ein material-verfahrensmäßiges Prinzip.[147]

Der Begriff der Rechtsstaatlichkeit stammt ursprünglich aus der deutschen Rechtstradition und ist in Deutschland in einer bestimmten Weise geprägt. Zwar herrscht in anderen Mitgliedstaaten eine andere Rechtstradition, wie etwa die *rule of law* in Großbritannien, die gemeinsam mit dem Prinzip der Gewaltenteilung und der Verantwortlichkeit der Regierung zu den drei wesentlichen Bestandteilen der „Verfassung" des Vereinigten Königreichs gehört.[148] Letztlich handelt es sich hier aber nur um andere Begriffe, deren Inhalt sich gleicht – die Begrenzung und Bindung staatlicher Herrschaft.[149] Dies zeigt auch die Verwendung des Terminus' *rule of law* an Stelle des Begriffs Rechtsstaatsprinzip in der deutschsprachigen Version des Art. 6 Abs. 1 EUV. Allein auf diese Grundidee muß hier abgestellt werden.[150]

Die dem Rechtsstaatsprinzip zuzuordnenden Kriterien der Kommission in ihren Berichten über die Beitrittskandidaten sind die Gewaltenteilung, die Immunität der Mitglieder des Parlaments, die wirksame Kontrolle der Korruption, die zivile Kontrolle der Streitkräfte, Geheimdienste und der Polizei sowie die Unabhängigkeit der Justiz. Dabei können alle letztgenannten Punkte dem erstgenannten – der Gewalteilung verstanden als Funktionentrennung mit gegenseitiger Kontrolle, also Begrenzung und Regelung der Machtausübung durch Recht und Gesetz – zugeordnet werden.

Wie oben[151] bereits angemerkt, dürfen die Kriterien, die an das Funktionieren der Justiz und der Verwaltung angelegt werden, bei der inhaltlichen Bestimmung der Grundsätze der Demokratie und der Rechtsstaatlichkeit nicht überbewertet wer-

---

[147] Im Gegensatz zum organisatorisch-formalen Demokratieprinzip, vgl. Böckenförde, HBStR § 22, Rn. 83 (S. 941 f.).

[148] Thompson, Textbook on Constitutional and Administrative Law, S. 66 ff. Auch für das Vereinigte Königreich kann von einer Verfassung gesprochen werden, selbst wenn keine einheitliche Verfassungsurkunde existiert. Die Verfassung ist hier nicht zu einem Zeitpunkt formell verabschiedet worden, sondern historisch gewachsen und nur teilweise schriftlich fixiert.

[149] Vgl. Grewe/Fabri, Droits constitutionnels européens, S. 29 f.; MacCormick, JZ 1984, 65; Thompson, Textbook on Constitutional and Administrative Law, S. 66 ff.. Auf die unterschiedlichen Ausprägungen in den Mitgliedstaaten verweisen auch Griller/Droutsas/Falkber/Forgó/Nentwich, The Treaty of Amsterdam, S. 188 f. Siehe auch Akkermans, ERPL 2001, 53 (inbes. 55 f. und 57 f.).

[150] Schmitz, Integration in der supranationalen Union, S. 324.

[151] In Abschnitt B. 3. dieses Kapitels.

den, da sie von der Kommission als über den Besitzstand hinausgehend angesehen werden.
Probleme mit der Erfüllung des Prinzips der Rechtsstaatlichkeit gibt es laut Bericht der Kommission zur Zeit nur in der Türkei.[152] Alle anderen untersuchten Staaten werden den Anforderungen gerecht, auch wenn häufig die Formel „weitere Anstrengung zur Stärkung des Rechtsstaats" [sei] erforderlich[153] gebraucht wird. Dies zeigt, daß die Kommission trennt zwischen rechtsstaatlichen Merkmalen, die unbedingt vorliegen müssen, und solchen, die gewünscht sind. Die gewünschten Kriterien sollen durch weitere Anstrengungen erfüllt werden; das Prinzip der Rechtsstaatlichkeit gilt aber schon ohne sie als erfüllt.

Auch beim Grundsatz der Rechtsstaatlichkeit überschneiden sich die Aussagen in anderen europäischen, internationalen oder nationalen Dokumenten[154] und laufen letztlich hinaus auf eine Gewaltenteilung mit Unabhängigkeit und gegenseitiger Kontrolle der Organe, Bindung der staatlichen Gewalt an das Recht und die Gesetze sowie die Achtung der Menschenrechte.[155] Die Menschenrechte und Grundfreiheiten sind als ein Prinzip in Art. 6 Abs. 1 EUV explizit genannt und werden daher unten gesondert behandelt.[156]

Riedel erachtet in einem Vergleich der Rechtsordnungen Frankreichs, Deutschlands und des Vereinigten Königreichs die Achtung der Menschenrechte, die Gewaltenteilung, die Verantwortlichkeit der Regierung und die Gesetzmäßigkeit der Verwaltung als gemeinsam.[157]

Aus den in allen Dokumenten genannten Bestandteilen des Rechtsstaatsprinzips können zwingende weitere Voraussetzungen abgeleitet werden. Sie gehen nicht ü-

---

[152] Gesamtdokument. Bericht über die Fortschritte jedes Bewerbungslandes auf dem Weg zum Beitritt, KOM (1999) 500 endg., S. 15/53 sowie die Schlussfolgerungen der Regelmäßigen Berichte in Anhang 1 des Strategiepapiers zur Erweiterung. Bericht über die Fortschritte jedes Bewerbungslandes auf dem Weg zum Beitritt, KOM (2000) 700 endg., S. 39 ff.
[153] Etwa im Bericht zu Bulgarien 1999, KOM (1999) 501 endg., S. 16.
[154] Siehe etwa die Mitteilung über die Herausforderungen der Partnerschaft zwischen der Europäischen Union und den AKP-Staaten vom 12. März 1998, KOM (98), 146 endg.; den von der Kommission vorgelegten Vorschlag für eine Verordnung des Rates über die Fortentwicklung und Festigung von Demokratie und Rechtsstaatlichkeit sowie die Wahrung der Menschenrechte und Grundfreiheiten, 24. Juli 1997, KOM (97) 357 endg., S. 9 in Art. 2 c); Dokument des Kopenhagener Treffens der Konferenz über die menschliche Dimension der KSZE vom 29. Juni 1996, insbes. Abs. 2 bis 5; Charta von Paris über ein neues Europa. Erklärung des Pariser KSZE-Treffens der Staats- und Regierungschefs vom 21. November 1996, Titel „Menschenrechte, Demokratie und Rechtstaatlichkeit". Für das nationale Recht siehe beispielhaft für Deutschland Böckenförde, HBStR I, § 22; ders., Staat, Gesellschaft, Freiheit, S. 65 ff.
[155] Vgl. auch Grewe/Fabri, Droits constitutionnels européens, S. 30. Die Zusammenstellung von Schorkopf, Homogenität in der EU, S. 95, betont den Rechtsschutz und die Staatshaftung. Diese sind von den soeben genannten Bestandteilen umfaßt, worauf im folgenden noch eingegangen wird.
[156] Schorkopf, Homogenität in der EU, S. 95 f., diskutiert und befürwortet eine prinzipielle Abgrenzung des Rechtsstaatsprinzips von den Grund- oder Menschenrechten. Er sieht in der Trennung dieser Prinzipien eine besondere Betonung des Menschenrechtsschutzes für die Europäische Integration.
[157] Riedel, Der gemeineuropäische Bestand von Verfassungsprinzipien zur Begründung von Hoheitsgewalt, S. 84 ff., 95.

ber diese Bestandteile hinaus, sondern sind in ihnen notwendig enthalten und gehören damit zum Grundsatz der Rechtsstaatlichkeit.

Der Grundsatz der Gewaltenteilung bedeutet, daß die drei Hauptfunktionen – die Legislative, die Exekutive und die Judikative – unterschiedlichen Organen zugewiesen werden müssen. Damit ist jedoch nicht ausgeschlossen, daß diese Funktionentrennung auch durchbrochen werden kann. Die Möglichkeit, Richterrecht zu schaffen oder Verordnungen zu erlassen, verstößt nicht gegen den Grundsatz der Gewaltenteilung.[158] Die Teilung muß allerdings in einem *Kernbereich* bestehen.
Aus dem Erfordernis der Begrenzung der Machtausübung durch Recht und Gesetz, vor allem im Zusammenhang mit dem Erfordernis der Geltung von Menschenrechten folgt, daß die staatliche Macht nicht willkürlich handeln darf und daß es Mechanismen geben muß, die den Bürgern gewährleisten, daß ihre Rechte auch durchgesetzt werden können und nicht leerlaufen. Dies erfolgt materiell im Wege der Geltung eines Übermaßverbots oder eines Pendants hierzu.[159]
Es müssen aber auch entsprechende Verfahren zur Verfügung stehen, also Rechtsschutz gewährt werden, um das Primat des Rechts und der Gesetze durchsetzen zu können. Dazu gehört, daß dem Betroffenen rechtliches Gehör gewährt werden muß. Der Rechtsschutz muß durch die von der Legislative und Exekutive unabhängige Judikative erfolgen, da sonst nicht die Voraussetzungen der Kontrolle der unabhängigen Organe und der Gewaltenteilung erfüllt sind.[160] Ein Rechtswegsystem mit Rechtsweggarantie ist auch Bestandteil des Grundsatzes der Menschenrechte in der EU.[161]
Schließlich ist die Staatshaftung ein zwingender Bestandteil des Rechtsstaatsprinzips.[162] Die Verpflichtung des Staates, bei Verletzung des Primats des Rechts zur Verantwortung gezogen werden zu können, ist zwingende Folge der Vorstellung, daß die staatliche Gewalt nicht über dem Recht steht, sondern unter ihm.[163] Die Haftungsebene ist komplementär zur Handlungsebene. Erst dann, wenn die Möglichkeit zu einer Entschädigung bei Verstößen der staatlichen Organe gegen ihre Verpflichtungen besteht, können sie Wirksamkeit entfalten. Die grundsätzliche Pflicht, für staatliches Unrecht zu haften, ist in allen Mitgliedstaaten der EU anerkannt.[164] Laut EuGH folgt der Grundsatz der Haftung eines Staates für Schäden, die dem einzelnen durch dem Staat zurechenbare Verstöße gegen das Gemein-

---

158 Stern, Staatsrecht I, § 20 IV 3 c und 4 c alpha (S: 795 und 816); Bleckmann, JZ 2001, 53 (55).

159 Der Grundsatz der Verhältnismäßigkeit ist eine typisch deutsche Idee, siehe Frowein, Die Herausbildung europäischer Verfassungsprinzipien, S. 152. Man findet ihn allerdings ebenso in anderen Rechtsordnungen, vgl. Ress, Der Grundsatz der Verhältnismäßigkeit im deutschen Recht, 5 ff. Vor allem dadurch, daß er auch Prüfungsmaßstab des EuGH ist, gewann er an Bedeutung in anderen Rechtsordnungen, etwa im Vereinigten Königreich.

160 Vgl. Stern, Staatsrecht I, § 20 IV 5 (S. 838 f.)

161 Vgl.Art. 6 EMRK; siehe hierzu unten, 3. c).

162 Vgl. auch Schorkopf, Homogenität in der EU, S. 95, der allerdings nicht näher darauf eingeht.

163 Vgl. auch Pfab, Staatshaftung in Deutschland, S. 173.

164 Vgl. die Zusammenstellung bei Pfab, Staatshaftung in Deutschland, S. 172 ff. Für Deutschland ebd., insbes. S. 15 ff.; siehe auch Fetzer, Die Haftung des Staates für legislatives Unrecht; für Schweden siehe Schadensersatzgesetz (1972:207) Kap. 3, § 2.; für Finnland siehe Schadensersatzgesetz vom 31.5.1974/412 Kap. 3, § 2.

schaftsrecht entstehen, aus dem Wesen der mit dem EWG-Vertrag geschaffenen Rechtsordnung.[165]

Auch auf Gemeinschaftsebene ist der Grundsatz der Rechtsstaatlichkeit ebenfalls ein Verfassungsprinzip,[166] obwohl er sich in seinen konkreten Ausprägungen deutlich von denen der Mitgliedstaaten unterscheidet.[167] Das gemeinschaftsrechtliche Pendant zu einer „echten" Gewaltenteilung ist ein System gegenseitiger Verschränkungen und Hemmungen mit ähnlichen Auswirkungen. Es wird auch als „System des institutionellen Gleichgewichts" bezeichnet. [168]
Damit muß ebenso wie bei der Untersuchung der Geltung des Demokratieprinzips auf die besondere Struktur der EU abgestellt werden.[169] Dies führt jedoch nicht dazu, daß der *Grundsatz* inhaltlich modifiziert wird; die Frage nach der Geltung des Grundsatzes der Rechtsstaatlichkeit in der EU bezieht sich auf seine konkrete *Ausprägung* in der EU. Diese kann keine Auswirkung auf die Bestimmung des Grundsatzes haben, da dies zur Folge hätte, daß auch in einem Mitgliedstaat ein System des institutionellen Gleichgewichts ausreichen würde, um dem Grundsatz der Rechtsstaatlichkeit gerecht zu werden. Dem kann aber nicht gefolgt werden.
Bei der Frage, ob die EU den Grundsatz der Rechtsstaatlichkeit erfüllt, muß also die Besonderheit berücksichtigt werden, daß es sich bei ihr nicht um einen Staat handelt. Nur so kann ihre besondere Ausprägung des Rechtsstaatsprinzips unter den Grundsatz subsumiert werden.

Ob die Europäische Union tatsächlich den Grundsatz der Rechtsstaatlichkeit hinreichend beachtet, betrifft damit nicht die Bestimmung des Grundsatzes der Rechsstaatlichkeit. Diese Frage bezieht sich darauf, ob die Ausprägung in der EU

---

[165] EuGH, Urteil vom 19.11.1991 – Francovich ./. Italien, verb. Rs. C-6 u. C-9/90 – Slg. 1991, I-5357 (5414, Rn. 35).

[166] So sagt der EuGH in seinem Urteil vom 23.4.1986 – Les Verts ./. Parlament, Rs. 294/83 – Slg. 1986, 1339 (1365): „weder die Mitgliedstaaten noch die Gemeinschaftsorgane [sind] der Kontrolle darüber entzogen, ob ihre Handlungen im Einklang mit der Verfassungsurkunde der Gemeinschaft, dem Vertrag, stehen." Dies ist zumindest ein bedeutender Gedanke des Rechtsstaatsprinzips. Siehe auch Frowein, Die Herausbildung europäischer Verfassungsprinzipien, S. 150; Zuleeg, EuR 1982, 21 (21 f.).

[167] Siehe hierzu umfassend Schorkopf, Homogenität in der EU, S. 96 ff. Vgl. Nun auch Philipp, EuZW 2002, 641.

[168] Der EuGH nennt dieses System „institutionelles Gleichgewicht", z.B. EuGH, Urteil vom 17.12.1970 – Einfuhr- und Vorratsstelle ./. Köster, Berodt und Co., Rs. 25/70 – Slg. 1970, S. 1161 (1173), siehe Thun-Hohenstein, Der Vertrag von Amsterdam, S. 19. Eine parlamentarische Kontrolle erfolgt dadurch, daß der Kommission vom Europäischen Parlament das Mißtrauen ausgesprochen werden kann, vgl. Fastenrath, EuR Beiheft 1/1994, 101 (120). Der Bindung an Recht und Gesetz entspricht die Verpflichtung der Organe zu vertragsgemäßem Verhalten gemäß Art. 7 EGV. Der EuGH hat eine Reihe rechtsstaatlicher Grundsätze anerkannt, so etwa den Grundsatz der Gesetzmäßigkeit der Verwaltung, EuGH, Urteil vom 25.9.1989 – Könecke ./. Bundesanstalt für landwirtschaftliche Marktordnung, Rs. 117/83 – Slg. 1984, 3291 (3302, Rn. 11); Vertrauensschutz, EuGH, Urteil vom 21.9.1983 – Deutsche Milchkontor ./. Deutschland, Verb. Rs. 205 bis 215/82, Slg. 1983, 2633 (2669, Rn. 30-32); Inexistenz von Rechtsakten, EuGH, Urteil vom 26.2.1987 – Consorzio Cooperative d'Abruzzo ./. Kommission, Rs. 15/85 – Slg. 1987, 1005 (1036, Rn. 10); Verbot der Doppelsanktion, EuGH, Urteil vom 13.2.1969 – Walt Wilhelm ./. Bundeskartellamt, Rs. 14/68 – Slg. 1969, 1 (15, Rn. 11), um nur einige zu nennen. Vgl. auch die Übersicht bei Schweitzer/Hummer, Europarecht, Rn. 791; Pernice, in Grabitz/Hilf, Das Recht der EU, Art. 164 EGV (Maastricht), Rn. 88 ff.

[169] Vgl. auch Schmitz, Integration in der Supranationalen Union, S. 99: damit wird die Rechtsstaatlichkeit der Gemeinschaften keineswegs in Frage gestellt.

das Prinzip der Rechtsstaatlichkeit verletzt und ist damit nicht Gegenstand dieser Arbeit.

Der Grundsatz der Rechtsstaatlichkeit im Sinne von Art. 6 Abs. 1 EUV umfaßt damit die Gewaltenteilung mit Unabhängigkeit und gegenseitiger Kontrolle der Organe, die Bindung der staatlichen Gewalt an Recht und Gesetz, das Willkürverbot, das Vorhandensein eines Rechtswegsystems mit Rechtsweggarantie durch die unabhängige Judikative und die Staatshaftung.[170]

c) Menschenrechte und Grundfreiheiten

Der Begriff Grundfreiheiten irritiert zunächst – wird er doch üblicherweise als Bezeichnung für die Marktfreiheiten des EGV (Warenverkehrsfreiheit, Arbeitnehmerfreizügigkeit, Niederlassungsfreiheit, freier Dienstleistungs- und Kapitalverkehr) verwendet. In Art. 6 Abs. 1 EUV ist diese Formel aber anders zu verstehen – bereits in seiner Präambel zitiert, stammt sie ursprünglich aus der Präambel der EMRK,[171] die ausdrücken möchte, daß die Menschenrechte die Basis für die Entwicklung der Grundfreiheiten darstellen.[172]

(1) Menschenrechtskatalog

Zunächst soll untersucht werden, welcher Katalog von Menschenrechten in Bezug genommen wird. Denn die Formulierung verweist zwar auf die EMRK; es sind aber nicht ausschließlich die EMRK-Rechte gemeint, denn dafür wäre in Anbetracht der abweichenden Formulierung in Art. 6 Abs. 2 EUV ein konkreter Hinweis erforderlich gewesen. Schließlich weisen die unterschiedlichen Formulierungen auf nicht identische Bedeutungen hin.[173]
Die Kommission hat bei ihrer Untersuchung der Beitrittskandidaten explizit darauf hingewiesen, daß jeder Staat, der der EU beitreten möchte, die EMRK und ihre wichtigsten Zusatzprotokolle ratifiziert haben muß.[174] Unter den wichtigsten Zusatzprotokollen sind wohl diejenigen zu verstehen, auf die im Gesamtdokument der Kommission über die Fortschritte der Bewerberländer hingewiesen wird, also die

---

[170] Auch die *beispielhafte* Aufzählung bei Schmitt von Sydow, RDUE 2001, 285 (2292 f.) umfaßt diese Elemente.
[171] Vgl. Stumpf, in Schwarze, EU-Kommentar, Art. 6 EUV, Rn. 13; Schorkopf, Homogenität in der EU, S. 92.
[172] Frowein, in Frowein/Peukert, EMRK-Kommentar, Präambel, Rn. 3.
[173] Vgl. Stumpf, in Schwarze, EU-Kommentar, Art. 6 EUV, Rn. 13. Schorkopf, Homogenität in der EU, S. 92 f. stellt dagegen gerade wegen des Abs. 2 auf die EMRK als „zuförderstеn Maßstab" ab.
[174] Der Punkt 1.2: Menschenrechte und Minderheitenschutz enthält jeweils in seinem ersten Absatz diese Formulierung, siehe nur als Beispiel Stellungnahme der Kommission zum Antrag der Tschechischen Republik auf Beitritt zur Europäischen Union, Bulletin der EU, Beilage 14/1997, S. 18.

Zusatzprotokolle Nr. 1 (Recht auf Eigentum, Wahlen u. a.), 4 (Freizügigkeit u. a.), 6 (Todesstrafe) und 7 (ne bis in idem)[175].
Im Einzelnen geht die Kommission auf folgende Menschenrechte ein:[176] Rechtsweggarantie, Rechtshilfesystem, Abschaffung der Todesstrafe, Schutz vor willkürlicher Verhaftung, Wahlrecht, Vereinigungsfreiheit, Versammlungsfreiheit, Recht auf freie Meinungsäußerung (inklusive Einfluß des Staates auf die Medien, insbesondere Rundfunk- und Fernsehsender, Printmedien), Recht auf Eigentum, Schutz der Privatsphäre und Grundsatz der Unverletzlichkeit der Wohnung, Situation der Asylbewerber und der politischen Flüchtlinge sowie unmenschliche und entwürdigende Behandlung durch die Polizei; als wirtschaftliche, soziale und kulturelle Rechte betrachtet sie die Geltung des Rechts auf soziale Sicherheit, die Geltung der Koalitionsfreiheit, des Streikrechts, des Rechtes auf Bildung und des Rechtes auf freie Religionsausübung.
Nur für einige Staaten erwähnt die Kommission explizit den Grundsatz der Gleichheit vor dem Gesetz bezüglich Homosexueller sowie die Rechte der Kinder. Minderheitenrechte und Minderheitenschutz behandelt sie insgesamt intensiv und bezieht sich dabei vor allem auf Diskriminierung im Alltag und Wahrung der kulturellen Identität. Im Gesamtdokument von 1997 betont die Kommission, daß Minderheitenprobleme die demokratische Stabilität beeinträchtigen könnten und aus diesem Grunde einer zufriedenstellenden Lösung bedürften.[177]

Dieser Menschenrechtskatalog entspricht weitgehend dem Inhalt der EMRK sowie der Charta der Grundrechte für die Europäische Union.[178] Im Gesamtbericht von 1997 stellt die Kommission darauf ab, daß alle Beitrittskandidaten der EMRK beigetreten sind und betont darüber hinaus, daß freie Meinungsäußerung sowie Vereins- und Koalitionsfreiheit gewährleistet seien.[179] In einigen Punkten geht sie sogar darüber hinaus: Die Gewährleistung eines sozialen Mindeststandards und das Streikrecht sind weder in der EMRK noch in einem ihrer Zusatzprotokolle erwähnt, dafür aber in der Europäischen Sozialcharta (sozialer Mindeststandard – Recht auf Fürsorge; Streikrecht). Diese stellt jedoch nur einen Katalog individuell nicht durchsetzbarer Rechte dar, aus welchem die Staaten eine gewisse Anzahl von Rechten für sich anerkennen müssen.
In der Charta der Grundrechte der Europäischen Union sind zwar wirtschaftliche, soziale und kulturelle Rechte angesprochen, doch enthält sie nur teilweise unmittelbare Ansprüche der Einzelnen. So gibt es beispielsweise kein „Recht auf Arbeit", sondern lediglich „das Recht zu arbeiten" in Art. 15 Abs. 1 oder „die Freiheit zu

---

[175] Anhang 3 im Gesamtdokument. Bericht über die Fortschritte jedes Bewerberlandes auf dem Weg zum Beitritt, KOM (1999) 500 endg., S. 56 sowie in Strategiepapier zur Erweiterung. Bericht über die Fortschritte jedes Bewerbungslandes auf dem Weg zum Beitritt, KOM (2000) 700 endg., S. 77.
[176] AGENDA 2000 und die Stellungnahmen der Kommission zum Antrag Ungarns, Polens, Rumäniens, der Slowakei, Lettlands, Estlands, Litauens, Bulgariens, der Tschechischen Republik und Sloweniens auf Beitritt zur Europäischen Union, Bulletin der EU, Beilagen 5 bis 15/1997.
[177] AGENDA 2000. Eine stärkere und erweiterte Union, Bulletin der EU, Beilage 5/1997, S. 46.
[178] Siehe hierzu nun Picker, Charta der Grundrechte der EU; Philippi, Die Charta der Grundrechte in der EU; Eeckhout, CMLRev 2002, 945; Triantafyllou, CMLRev 2002, 53; Weber, DVBl 2003, 220; Schröder, JZ 2002, 849.
[179] AGENDA 2000. Eine stärkere und erweiterte Union, Bulletin der EU, Beilage 5/1997, S. 45.

arbeiten" in Art. 15 Abs. 2. Gemäß Art. 34 Abs. 1 gilt das Recht auf Zugang zu den Leistungen der sozialen Sicherheit lediglich nach Maßgabe des Gemeinschaftsrechts und der einzelstaatlichen Rechtsvorschriften und Gepflogenheiten. Andererseits gewährt Art. 14 ein Recht auf Bildung, welches die unentgeltliche Teilnahme am Pflichtschulunterricht umfaßt.
Die EMRK gewährleistet auch keinen speziellen Minderheitenschutz. Im Europarat zeigen sich zumindest Anfänge positiver Regelungen durch das Rahmenübereinkommen zum Schutz nationaler Minderheiten und die Empfehlung 1201 der Parlamentarischen Versammlung des Europarats von 1993, die die Anerkennung kollektiver Rechte empfiehlt.
Andererseits wird das in Art. 2 EMRK genannte grundlegende Recht auf Leben von der Kommission nicht explizit erwähnt. Dies stellt aber seine Gültigkeit nicht in Abrede; vielmehr wird es als selbstverständlich vorausgesetzt und daher nur auf seine verschiedenen Konkretisierungen eingegangen. Ebensowenig kann aus der Tatsache, daß in den Berichten der Kommission auf den Gleichbehandlungsgrundsatz nur bezüglich Rumäniens eingegangen wird, geschlossen werden, seine Beachtung sei nur von minderem Gewicht. Unklar ist noch, wie die Nichtabschaffung oder der Nichtvollzug der Todesstrafe zu bewerten ist. Auf diese Einzelfragen wird gleich noch genauer eingegangen.

Der EuGH gewährleistet im wesentlichen dieselben Grundrechte wie der EGMR.[180] Art. 6 Abs. 2 EUV wiederholt die Formel des EuGH zur Begründung gemeinschaftlicher Grundrechte[181], mit welcher der EuGH eine eigene Grundrechtsdogmatik entwickelt hat. Danach sind in der Union die Grundrechte zu achten,

> „wie sie in der Europäischen Konvention zum Schutze der Menschenrechte und Grundfreiheiten gewährleistet sind und wie sie sich aus den gemeinsamen Verfassungsüberlieferungen der Mitgliedstaaten als allgemeine Grundsätze des Gemeinschaftsrechts ergeben."

Natürlich gibt es Differenzen zwischen der Rechtsprechung des EuGH und des EGMR[182]; schließlich gilt die EMRK im Gemeinschaftsrecht nicht unmittelbar,

---

[180] Siehe dazu Rodríguez Iglesias, Zur Stellung der EMRK im europäischen Gemeinschaftsrecht, S. 1275 f., insbes. Anm. 35; ders., NJW 1999, 1 (7 f.). Dies betont auch Frowein, Der Straßburger Grundrechtsschutz in seinen Auswirkungen auf die nationalen Rechtsordnungen und das Gemeinschaftsrecht, S. 42 f. Siehe auch Strasser, Grundrechtsschutz in Europa.

[181] Siehe grundlegend EuGH, Urteil vom 13.12.1979 – Hauer, Rs. 44/79 – Slg. 1979, 3727 (3745).

[182] So die Fälle EuGH, Urteil vom 21.9.1989 – Hoechst, verb. Rs. 46/87 und 227/88 – Slg. 1989, 2859 in Gegenüberstellung zu European Court of Human Rights, Chappell, Urteil vom 30.3.1989, A-152-A und European Court of Human Rights, Niemietz, Urteil vom 16.12.1992, A-251-B; EuGH, Urteil vom 18.10.1989 – Orkem, Rs. 374/87 – Slg. 1989, 3283 in Gegenüberstellung zu European Court of Human Rights, Funke, Urteil vom 25.2.1993, A-256-A; EuGH, Urteil vom 18.6.1991 – ERT, Rs. C-260/89 – Slg. 1991, 2925 in Gegenüberstellung zu European Court of Human Rights, Informationsverein Lentia, Urteil vom 24.11.1993, A-276; EuGH, Urteil vom 4.10.1991 – Society for the Protection of Unborn Children Ireland Ltd. ./. Grogan – Rs. C-159/90, Slg. 1991, I-4685 in Gegenüberstellung zu European Court of Human Rights, Open Door and Dublin Well Woman, Urteil vom 29.10.1992, A-246-A. Zur letztgenannten Gegenüberstellung siehe Langenfeld/Zimmermann, ZaöRV 1992, 259. Zu dieser Problematik insgesamt siehe Philippi, ZEUS 2000, 97 (insbes. S. 107 ff.); Lawson, Confusion and Conflict?; Larralde, Convention européenne des droits de l'homme et jurisprudence communautaire, S.

sondern stellt nach der in Art. 6 Abs. 2 EUV positivierten Rechtsprechung des EuGH nur eine Quelle bei der Definition eines Grundrechts als eines allgemeinen Grundsatzes des Gemeinschaftsrechts dar.[183] Bisher ist allerdings kein Fall bekannt, in welchem der EuGH von einer *bereits ergangenen* Entscheidung des EGMR abgewichen wäre.[184] Vielmehr scheint der EuGH die EMRK als Mindeststandard für den Grundrechtsschutz in der EG zu verstehen.[185]
Die Tatsache, daß in Absatz 1 des Art. 6 EUV von Menschenrechten und Grundfreiheiten gesprochen wird, in Absatz 2 jedoch von Grundrechten, kann nicht als Argument dafür herangezogen werden, es handele sich um unterschiedliche Rechte. Die unterschiedliche Terminologie läßt sich aus der unterschiedlichen Herkunft der Formulierungen erklären – Absatz 1 geht zurück auf die alte Präambel, Absatz 2 auf die Formulierung, wie sie in der ständigen Rechtsprechung des EuGH verwendet wird. Die Absätze sollen auch je unterschiedlichen Zielen dienen – Absatz 2 stellt die Grundlage für die Behandlung *jeder* grundrechtsrelevanten Frage der hoheitlichen Organe gegenüber den Unionsbürgern dar, Absatz 1 behandelt, wie bereits mehrfach betont, die Prinzipien.[186] Inhaltlich ist dennoch das Gleiche gemeint, da Absatz 2 die Ausformung des Prinzips auf Seiten der Union beschreibt.[187]
Die möglichen Differenzen zwischen der Rechtsprechung der Straßburger und der Luxemburger Organe würden erst dann zum Problem, wenn es in konkreten Fällen zu deutlich unterschiedlichen Schutzstandards in vergleichbaren Fällen käme und sich diese häuften, so daß hierin eine diametrale Entwicklung gesehen werden könnte. Diese Gefahr scheint jedoch zur Zeit nicht zu bestehen. Vielmehr ist in der neueren Rechtsprechung des EuGH eine Entwicklung hin zu einer Anerkennung der materiellen Bestimmungen der EMRK vollinhaltlich als allgemeine Rechtsgrundsätze des Gemeinschaftsrechts zu bemerken.[188] Teilweise orientiert sich der EuGH explizit an den Urteilen des EGMR.[189] Gerade die Tatsache, daß die EMRK

---

127 ff. Die weniger starke Bedeutung „klassischer" Gewährleistungen wie Glaubens- und Gewissensfreiheit in der EU erklärt sich aus der historischen Entwicklung der Union und der zunächst starken Konzentration auf den homo oecomomicus, vgl. die Einschätzung von Heintzen, EuR 1997, 1 (10 ff.).

[183] Im besonderen zum Problem der „gemeinsamen Verfassungsüberlieferungen der Mitgliedstaaten" in der Menschenrechtsrechtsprechung des EuGH siehe Weiler, The Jurisprudence of Human Rights; ders., Fundamental Rights and Fundamental Boundaries.

[184] Vgl. Philippi, ZEUS 2000, 97 (122); Alber/Widmaier, EuGRZ 2000, 497 (503 ff.); Lawson, Confusion and Conflict?, S. 246. Für zukünftige Fälle erwartet Iglesias, der amtierende Präsident des EuGH, daß der EuGH seine Rechtsprechung korrigieren werde, Rodriguez Iglesias, NJW 1999, 1 (8, insbes. Fn. 65) unter Hinweis auf die Bemerkung des EuGH im Urteil „Hoechst" (siehe Fn. 182), hierzu liege keine Rechtsprechung des EGMR vor.

[185] Vgl. Urteil des EuGH vom 18.6.1991 – Elliniki Radiofonia Tileorasi ./. Pliroforisis und Kouvelas („ERT"), Rs. C-260/89 – Slg. 1991, I 2925 (2963 ff., Rn. 41 ff); Kokott, Menschenrechtsschutz im Rahmen der Rechtsordnung der EG, S. 147 f. Siehe auch Wildhaber, EuGRZ 2002, 569.

[186] Darauf weist auch Monjal, RMUE 1998, 69 (70) hin.

[187] Oder auch Konkretisierung, so Schorkopf, Homogenität in der EU, S. 93.

[188] So Obwexer, Status Quo des Grundrechtsschutzes in der EU, S. 63, Hilf, in Grabitz/Hilf, Das Recht der EU, Art. F EUV (Maastricht), Rn. 30 ff; vgl. auch Alber/Widmaier, EuGRZ 2000, 497 (505); a. A: Hummer, Der Schutz der Grund- und Menschenrechte in der Europäischen Union, S. 75. Immerhin nehmen die Generalanwälte am EuGH sehr häufig Bezug auf die EMRK, wie sie vom EGMR interpretiert wird, vgl. die Nachweise bei Flauss, RDIDC 1999, 109 (139 ff.).

[189] Etwa der Hinweis auf das Urteil des European Court of Human Rights, Informationsverein Lentia, Urteil vom 24.11.1993, A-276 in EuGH, Urteil vom 26.6.1997 – Vereinigte Familiapress ./. Heinrich Bauer Verlag, Rs. C-368/95 – Slg. 1997, I 3689 (3717, Rn. 26). Siehe dazu auch Kühling, EuGRZ 1997, 296 (297). Dem steht auch nicht EuGH, Beschluß vom 4.2.2000 – Emesa Sugar (Free Zone) NV ./. Aruba, Rs. C-17/98, EuGRZ 2000, 210

und sogar ihre Auslegung durch den EGMR im Gemeinschaftsrecht für die Grundrechtsrechtprechung herangezogen wird und in der Einschätzung des derzeitigen Präsidenten des EuGH „eine Funktion erfüllt, die der eines formell anerkannten Grundrechtekatalogs gleichkommt“[190], zeigt, daß der *grundsätzliche* Grundrechtsstandard der gleiche ist.[191]

Die zahlreichen Erklärungen der europäischen Organe zu den Menschenrechten und Grundfreiheiten entsprechen diesem Standard grundsätzlich ebenso.[192] Die Grundrechte-Charta der Europäischen Union verweist in ihrem Art. 53 sogar darauf, daß das durch sie gewährte Schutzniveau nicht unter dem Schutzniveau der EMRK oder anderer internationaler Übereinkommen, bei denen die Union, die Gemeinschaften oder alle Mitgliedstaaten Vertragsparteien sind, sowie der Verfassungen der Mitgliedstaaten liegen darf. Die Grundrechte-Charta ist auch in den einzelnen Artikeln sehr stark an die EMRK angelehnt.[193]

Auch im Bezug auf Drittländer verweist der Rat auf die Menschenrechte;[194] Art. 5 des vierten AKP-EWG-Abkommens erklärt die Menschenrechte als ein nicht voneinander trennbares Ganzes unter besonderer Betonung der Menschenwürde und des Diskriminierungsverbotes.[195]

Vom Prinzip der Menschenrechte und Grundfreiheiten in der Europäischen Union sind also nach einer Zusammenschau der oben angesprochenen Quellen, vor allem der Kriterien der Kommission, der EMRK und der Grundrechte-Charta der Europäischen Union, mindestens umfaßt: das Recht auf Leben und körperliche Unversehrtheit[196], das Recht auf Freiheit (Schutz vor willkürlicher Verhaftung), ein Rechtshilfesystem mit Rechtshilfegarantie, das Gebot der Achtung der Privatsphäre einschließlich dem Grundsatz der Unverletzlichkeit der Wohnung, die Gedanken-,

---

(211), Rn. 16 entgegen, in welchem der Gerichtshof ausspricht: „Berücksichtigt man die sowohl institutionelle als auch funktionelle Verbindung zwischen dem Generalanwalt und dem Gerichtshof, [..] so erscheint die zitierte Rechtsprechung des Europäischen Gerichtshofs für Menschenrechte nicht auf die Schlußanträge der Generalanwälte beim Gerichtshof übertragbar.“[189] Gerade hiermit macht der Gerichtshof deutlich, daß er sich an der Straßburger Rechtsprechung orientiert. A.A. Krüger/Polakiewicz, EuGRZ 2001, 93 (98). Der Gerichtshof habe sich ausdrücklich geweigert, die zu Art. 6 EMRK entwickelten Grundsätze der Straßburger Rechtsprechung zu übernehmen. Sie zweifeln an, daß der EGMR von der Argumentation des EuGH überzeugt wäre.

[190] Rodríguez Iglesias, Zur Stellung der EMRK im europäischen Gemeinschaftsrecht, S. 1280.

[191] Eine wirkliche Gleichheit ist gerade nicht erforderlich. Stein, Die rechtlichen Reaktionsmöglichkeiten der EU, S. 893, erinnert daran, daß Art. 7 Abs. 1 EUV nur auf Art. 6 Abs. 1 EUV – die Grundsätze – verweist, aber gerade nicht auf Art. 6 Abs. 2 EUV.

[192] Siehe nur die Gemeinsame Erklärung über die Grundrechte (Europäisches Parlament, Rat und Kommission, 5. April 1977) mit Verweis auf die Verfassungen der Mitgliedstaaten und die EMRK, 1977, Abl. C 103/1; den dritten Erwägungsgrund in der Präambel der Einheitlichen Europäischen Akte von 1986, welcher auf die Verfassungen und Gesetze der Mitgliedstaaten, die EMRK sowie die Europäische Sozialcharta verweist; die Erklärung der Grundrechte- und Grundfreiheiten des Europäischen Parlaments vom 12. April 1989, Abl. C 120/51; den Menschenrechtsteil der Entschließung zur Verfassung der Europäischen Union des Europäischen Parlaments vom 10. Februar 1994, Abl. C 61/155 (166 ff.); den Entwurf einer Erklärung der Grundrechte in der Europäischen Union von Daniel Cohn-Bendit / Edith Müller / Wolfgang Ullmann. Zum Grundrechtsschutz in Europa siehe nun Bröhmer, Der Grundrechtsschutz in Europa.

[193] Zum Status der Grundrechte Charta siehe nun Hummer, Der Status der „EU-Grundrechtecharta“.

[194] Siehe z. B. Erklärung über die Menschenrechte, EG Bull 6/1991, S. 17 f.

[195] Viertes AKP-EWG-Abkommen, unterzeichnet am 15. Dezember in Lomé, Abl. 1991 L 229/3 (19 f.).

[196] Auf das Sonderproblem der Todesstrafe wird unter (a) dieses Teils noch eingegangen.

Gewissens- und Religionsfreiheit, die Meinungsfreiheit, die Versammlungsfreiheit, die Vereinigungsfreiheit, das Recht auf Eigentum, den Grundsatz *nulla poena sine lege* und das Diskriminierungsverbot. Das Wahlrecht wird hier nicht erwähnt, weil es vom Grundsatz der Demokratie umfaßt ist. Hinzu kommt der aus dem Rechtsstaatsprinzip fließende Grundsatz des Willkürverbots.[197]

Damit kann zunächst festgehalten werden, daß zumindest der grundsätzlich durch die EMRK geschützte menschenrechtliche Standard von der Homogenitätsklausel umfaßt ist.
Nun drängt sich die Frage auf, ob vom Grundsatz der Achtung der Menschenrechte und Grundfreiheiten auch solche Rechte umfaßt sind, deren Schutz im Rahmen der EMRK nicht unumstritten ist. Hier interessieren vor allem wirtschaftliche, soziale und kulturelle Rechte, die Wahrung und der Schutz von Minderheitenrechten sowie die Abschaffung der Todesstrafe, denn in diesen drei Bereichen sind Divergenzen zu erkennen.

(a) Todesstrafe

Die Reflexionsgruppe hatte die Aufnahme eines Verbots der Todesstrafe in Art. 6 Abs. 1 EUV erörtert,[198] das Europäische Parlament hatte dies gefordert[199] und Italien hatte diesen Vorschlag aufgenommen,[200] doch auf Wunsch anderer Mitgliedstaaten wurde schließlich davon abgesehen.[201] Dem Amsterdamer Vertrag wurde allerdings eine Erklärung zur Abschaffung der Todesstrafe angefügt, in welcher die Konferenz von Amsterdam feststellt,

> „daß seit der Unterzeichnung des genannten Protokolls am 28. April 1983 die Todesstrafe in den meisten Mitgliedstaaten der Union abgeschafft und in keinem Mitgliedstaat angewandt worden ist."

Diese Erklärung war ein politischer Kompromiß, da zu diesem Zeitpunkt das sechste Zusatzprotokoll zur EMRK noch nicht vom Vereinigten Königreich ratifiziert war,[202] was allerdings mittlerweile geschehen ist.

---

[197] Siehe oben, Abschnitt B. 3. b) (3) dieses Kapitels.
[198] Regierungskonferenz 1996. Bericht der Reflexionsgruppe und dokumentarische Hinweise. Brüssel, Dezember 1995, Luxemburg 1996, S. 47 (Rn. 37).
[199] „In dieses Kapitel [gemeint ist ein Kapitel zu den Grundrechten im Vertrag, Anm. d. Verf.] müssen ausdrückliche Verweise auf die Abschaffung der Todesstrafe und auf die Ahndung aller Akte von rassistischer oder antisemitischer Gewalt, Belästigung und Mißbrauch aufgenommen werden.", Abl. C 96 vom 1.4.1996, S. 77 (80, unter Punkt 4.6).
[200] Initiative Italiens gegen die Todesstrafe, CONF/3832/97.
[201] Betten/Grief; EU Law and Human Rights, S. 138.
[202] Italien schlägt im Dokument CONF/3832/97 vor, daß als Alternative auf die Frage des Verbots der Todesstrafe in einer dem Vertrag beizufügenden Erklärung eingegangen werden könnte, worin unter Hinweis auf Artikel F EUV ausdrücklich auf das Protokoll Nr. 6 der EMRK Bezug genommen würde mit dem Hinweis, daß das darin bekräftigte Verbot nunmehr in den Mitgliedstaaten der Union, von denen die überwiegende Mehrheit das betreffende Protokoll unterzeichnet und ratifiziert hat, wirksam ist.

In ihren Berichten über die Fortschritte der Beitrittskandidaten geht die Kommission regelmäßig auf die Todesstrafe ein; in Lettland, Estland, Bulgarien und Litauen existierte sie 1997 noch[203] (wobei es jeweils ein Moratorium gab, sie nicht mehr zu vollstrecken), ohne daß dies Einfluß auf die Bewertung dieser Beitrittskandidaten hatte. Die Todesstrafe wurde mittlerweile in allen beitrittswilligen Ländern abgeschafft, außer in der Türkei, in welcher sie allerdings seit 1984 nicht vollzogen wurde.[204]

In den verschiedenen oben erwähnten Grundrechtskatalogen und -entwürfen ist nur teilweise eine Bestimmung zur Abschaffung der Todesstrafe enthalten;[205] die Amsterdamer Erklärung zur Abschaffung der Todesstrafe stellt immerhin auf den Nichtvollzug derselben ab. Im Rahmen der KSZE/OSZE wird die Abschaffung der Todesstrafe wiederholt angesprochen.[206] So wird denn auch verschiedentlich vertreten, die Wiedereinführung der Todesstrafe in einem Mitgliedstaat könnte eine Verletzung des Art. 6 Abs. 1 EUV darstellen.[207] Das neueste europäische Menschenrechtsdokument – die Charta der Grundrechte der Europäischen Union – verbietet sowohl die Verhängung als auch den Vollzug der Todesstrafe in Art. 2 Abs. 2. Allerdings ist die Charta bislang nicht für die Mitgliedstaaten verbindlich.

Es spricht viel dafür, daß zumindest der *Nichtvollzug* der Todesstrafe als vom Grundsatz der Menschenrechte und Grundfreiheiten, wie er in Art. 6 EUV verstanden wird, umfaßt ist.

Ob dies auch für die Wiedereinführung der Möglichkeit einer Sanktionierung durch die Todesstrafe gilt, ist in Anbetracht der Tatsache, daß es nicht gelungen ist, in Art. 6 EUV explizit einen Hinweis hierzu aufzunehmen, zweifelhaft. Allerdings ist zu bedenken, daß die Wiedereinführung der Todesstrafe mit ihrem Vollzug einhergehen müßte, da sonst die Wiedereinführung sinnlos wäre, so daß die beiden Fragen nur in der Theorie getrennt behandelt werden können. Die Tatsache, daß das neueste europäische Menschenrechtsdokument ein Verbot selbst der Androhung

---

[203] Für die Türkei wurde 1997 kein Bericht angefertigt.

[204] Vgl. die Übersicht über die von den Bewerberländern ratifizierten Menschenrechtskonventionen, in: Strategiepapier zur Erweiterung. Bericht über die Fortschritte jedes Bewerberlandes auf dem Weg zum Beitritt, KOM (2000) 700 endg., S. 77 (Anhang 3). Laut dieser Tabelle haben alle Bewerber mit Ausnahme Polens und der Türkei das 6. Zusatzprotokoll zur EMRK, welches die Abschaffung der Todesstrafe betrifft, ratifiziert. In Polen wurde die Todesstrafe am 14.4.2000 förmlich abgeschafft; das 6. Zusatzprotokoll ist dort seit dem 1.11.2000 in Kraft. Zur Türkei siehe Regelmäßiger Bericht 2000 der Kommission über die Fortschritte der Türkei auf dem Weg zum Beitritt, KOM (2000) 713 endg., S. 16.

[205] Im Menschenrechtskatalog der Entschließung zur Verfassung der Europäischen Union vom Europäischen Parlament vom 10. Februar 1994, Abl. C 61/155 (166); in Art. 22 der Erklärung der Grundrechte und Grundfreiheiten des Europäischen Parlaments vom 12. April 1989, Abl. C 120/51 (56); in der Charta der Grundrechte der Europäischen Union ist die Todesstrafe gemäß Art. 2 Abs. 2 abgeschafft. In seiner Stellungnahme zur Einberufung der Regierungskonferenz und zur Bewertung der Arbeiten der Reflexionsgruppe und Festlegung der politischen Prioritäten der Europäischen Parlaments im Hinblick auf die Regierungskonferenz vom 13.3.1996, Abl. C 96/77 (unter 4.6), fordert das EP die Aufnahme der Abschaffung der Todesstrafe in einen zu erstellenden europäischen Katalog von Grundrechten.

[206] Etwa im Dokument des Kopenhagener Treffens der Konferenz über die menschliche Dimension der KSZE vom 29. Juli 1996, Abs. 17; Konferenz über die menschliche Dimension der KSZE. Dokument des Moskauer Treffens vom 3. Oktober 1991, Abs. 36 sowie im Verweis auf beide Dokument im KSZE Helsinki-Dokument 1992. Herausforderung des Wandels vom 10. Juli 1992, Abs. 58.

[207] Nowak, Human Rights Conditionality, S. 693; European Policy Centre, Making Sense of the Amsterdam Treaty, S. 89 f.; Hilf, EuR 1997, 347 (356) möchte dies zumindest andenken; a. A. Betten/Grief; EU law and Human Rights, S. 139.

der Todesstrafe enthält, deutet auf einen europäischen Konsens über das Verbot der Todesstrafe hin.

(b) Wirtschaftliche, soziale und kulturelle Rechte

Im Bereich der wirtschaftlichen, sozialen und kulturellen Rechte wird von der Kommission bei der Beurteilung der Beitrittskandidaten die Geltung des Rechts auf soziale Sicherheit, die Geltung der Koalitionsfreiheit, des Streikrechts, des Rechtes auf Bildung und des Rechtes auf freie Religionsausübung in den jeweiligen Staaten betrachtet. Schon diese Zusammenstellung zeigt, daß eine klare Trennlinie zwischen bürgerlichen und politischen Rechten auf der einen Seite und wirtschaftlichen, sozialen und kulturellen Rechte auf der anderen Seite schwer zu ziehen ist – so erstaunt es ein wenig, daß die Kommission das Recht auf freie Religionsausübung unter die wirtschaftlichen, sozialen und kulturellen Rechte faßt. Es läßt sich dadurch erklären, daß Religion neben der Glaubensfreiheit immer auch eine kulturelle Bedeutung hat. Die Religionsfreiheit betrifft also beide Arten von Rechten.
Im Gesamtbericht von 1997 betont die Kommission nur die Religions- und Koalitionsfreiheit sowie die Rechte der Kinder;[208] große Bedeutung kommt dem Recht auf angemessene Lebensverhältnisse und gesundheitliche Grundversorgung zu, wie sich aus dem Bericht über Rumänien speziell für die Behandlung der Kinder in den Waisenhäusern ergibt.[209]
Die Europäische Sozialcharta[210] sowie die Gemeinschaftscharta der sozialen Grundrechte der Arbeitnehmer von 1989 sind neuerdings in der Präambel des EUV in ihrem vierten Erwägungsgrund und in Art. 136 EGV im Rahmen der neuen Art. 136 bis 145 EGV erwähnt, die nach einem Einlenken des Vereinigten Königreichs[211] mit dem Amsterdamer Vertrag in den EGV aufgenommen werden konnten. In letzter Zeit ist eine starke Betonung sozialer Rechte zu beobachten.[212] Durch das aufgrund von Art. 42 EGV errichtete System der sozialen Sicherheit werden Mindestanforderungen an die nationale Gesetzgebung gestellt.[213] In der Charta der Grundrechte der Europäischen Union spricht ein mit der Überschrift „Solidarität" tituliertes Kapitel IV zwar wirtschaftliche und soziale Grundrechte an, gesteht den Einzelnen aber kaum Ansprüche zu. Schließlich sind alle Mitgliedstaaten der EU Mitglied der Europäischen Sozialcharta, der EuGH zieht sie als Interpretationshilfe heran[214] und die Kommission hat in den Berichten beachtet, ob die

---

[208] AGENDA 2000. Eine stärkere und erweiterte Union, Bulletin der EU, Beilage 5/1997, S. 44 f.
[209] Siehe die Bemerkung im Gesamtdokument. Bericht über die Fortschritte jedes Bewerberlandes auf dem Weg zum Beitritt, KOM (1999) 500 endg., S. 13/53
[210] Siehe hierzu nun Samuel, Fundamental Social Rights Case Law.
[211] Siehe Oppermann, Europarecht, Rn. 1635.
[212] Siehe nur das Sozialpolitische Aktionsprogramm 1998-2000, KOM (1998) 259 vom 29.4.1998. Darauf weisen auch Alston/Weiler, An EU Human Rights Policy, S. 31 hin.
[213] Brechtmann, in Calliess/Ruffert, Kommentar zu EUV und EGV, Art. 42 EGV, Rn. 13.
[214] In EuGH, Urteil vom 2.2.1988 – Blaizot ./. Université de Liège, Rs. 24/86 – Slg. 1988, 379 (403, Rn. 17); siehe dazu Szyszczak, Social Rights as General Principles of Community Law, S. 211. Clapham, Human Rights and the European Community, S. 62 f., betont, daß der EuGH sie eben *nur* als Interpretationshilfe heranzieht.

Kandidaten der Europäischen Sozialcharta vom 18. Oktober 1961 beigetreten sind, was nur selten der Fall ist.
Für Staaten, die nicht beigetreten sind, hat dies jedoch keine Auswirkung auf die Bejahung der Erfüllung der Kopenhagener Kriterien durch die Kommission. Hinzu kommt, daß die von Österreich und Italien vorgeschlagene Formulierung für Art. 6 Abs. 2 EUV, die explizit auf wirtschaftliche und soziale Rechte Bezug nimmt, bei der Regierungskonferenz keine Mehrheit fand.[215] Dies allein muß noch nicht zwingend gegen die Geltung wirtschaftlicher und sozialer Rechte sprechen, denn die Tatsache, daß wirtschaftliche und soziale Rechte neben der Formulierung „Menschenrechte und Grundfreiheiten" nicht noch einmal genannt werden, könnte ebensogut als eine Bestätigung der Unteilbarkeit der Menschenrechte gesehen werden, wie dies von der Kommission und vom Rat schon mehrfach bekräftigt wurde.[216] Es gibt aber weitere Anhaltspunkte. Die Europäische Sozialcharta und die Gemeinschaftscharta der sozialen Grundrechte der Arbeitnehmer von 1989 sind im Gegensatz zur EMRK nicht in Art. 6 Abs. 2 EUV erwähnt,[217] sondern stellen gemäß Art. 136 EGV lediglich grundlegende Ziele für die EG auf.[218] Auch behandelt die Kommission die wirtschaftlichen, sozialen und kulturellen Rechte bei der Untersuchung der Beitrittskandidaten wesentlich kürzer als die der bürgerlichen und politischen Rechte, woraus zumindest geschlossen werden kann, daß die Kommission soziale Rechte niedriger wertet als bürgerliche und politische.[219]

All dies zeigt, daß die Diskussion über die Relevanz wirtschaftlicher und sozialer Rechte in Europa noch im Fluß ist und diese Rechte nicht in gleicher Weise anerkannt sind wie die bürgerlichen und politischen Rechte.[220] In Anbetracht dessen kann nicht angenommen werden, daß die wirtschaftlichen, sozialen und kulturellen Rechte *insgesamt* vom Grundsatz der Menschenrechte und Grundfreiheiten im Rahmen des Art. 6 EUV umfaßt sind. Dies kann sich aber im Laufe der Zeit än-

---

[215] Siehe den Hinweis bei Nowak, Human Rights Conditionality, S. 693.

[216] Etwa in der Erklärung über die Menschenrechte, Europäischer Rat von Luxemburg, 28. und 29. Juni 1991, abgedruckt in Duparc, Die Europäische Gemeinschaft und die Menschenrechte, Luxemburg 1993, S. 52 (53). Eine solche Bestätigung findet sich auch in Europäische Kommission, Die Grundrechte in der Europäischen Union verbürgen – Zeit zum Handeln. Bericht der Expertengruppe „Grundrechte", Luxemburg 1999, S. 23. sowie im von der Kommission präsentierten Vorschlag für eine Verordnung des Rates über die Fortentwicklung und Festigung von Demokratie und Rechtsstaatlichkeit sowie die Wahrung der Menschenrechte und Grundfreiheiten, 24. Juli 1997, KOM (97) 357 endg., S. 7; siehe dazu Brandtner/Rosas, EJIL 1998, 468 (484 und 486). Siehe auch die Note verbale der Europäischen Gemeinschaft und ihrer Mitgliedstaaten vom 23. April 1993 zur World Conference on Human Rights, 14. – 15 Juni 1993 in Wien (A/CONF. 157/PC/87), Paragraph 15 sowie die auf dieser Konferenz verabschiedete Vienna Declaration and Programme of Action (A/CONF. 157/23), Paragraph I.5.

[217] Darauf weisen auch Ukrow, ZEUS 1998, 141 (155) sowie Betten/Grief, EU Law and Human Rights, S. 130 f. hin.

[218] Vgl. den Hinweis darauf in Europäische Kommission, Die Grundrechte in der Europäischen Union verbürgen – Zeit zum Handeln. Bericht der Expertengruppe „Grundrechte", Luxemburg 1999, S. 11.

[219] Darauf weisen Betten/Grief, EU Law and Human Rights, S. 131, sowie Brandtner/Rosas, EJIL 1998, 468 (486 f.) hin. Eine ähnliche Gewichtung ergibt der Vergleich der beiden internationalen Menschenrechtspakte. Siehe nun auch Zacher, EuR 2002, 147.

[220] Vgl. Europäische Kommission, Die Grundrechte in der Europäischen Union verbürgen – Zeit zum Handeln. Bericht der Expertengruppe „Grundrechte", Luxemburg 1999, S. 23. Siehe auch Bundesministerium fü Arbeit, Soziale Grundrechte in der EU.

dern; es bleibt abzuwarten, welche Richtung die Diskussion der „Rechte der zweiten Generation" nimmt.
Zur Zeit gehören immerhin einige dieser Rechte zum Grundsatz der Menschenrechte in der EU, zumindest, wenn sie nicht mit einem Leistungsanspruch des Einzelnen verbunden sind.
Dies ist zunächst das Recht auf Bildung; es wird gemäß Art. 2 des 1. Zusatzprotokolls zur EMRK gewährt und ist in der Beurteilung der Beitrittskandidaten erwähnt. Ob der Grundsatz der Menschenrechte in der EU die Verknüpfung dieses Rechtes mit einem Leistungsanspruch gebietet, muß hier offen bleiben. In der Charta der Grundrechte der EU ist dies zumindest für den Pflichtschulunterricht der Fall (Art. 14 Abs. 2).
Die Religions- und die Koalitionsfreiheit gehören, wie bereits festgestellt, zum Katalog der Menschenrechte in der EU. Auch hier sind aber Leistungsansprüche des Einzelnen vom Grundsatz nicht umfaßt.
Das Recht auf soziale Sicherheit gehört ebenso zum Grundsatz der Menschenrechte in der EU, auch wenn es nicht mit einem individuellen Leistungsanspruch verknüpft ist. Ein solcher könnte zumindest insofern bestehen, als soziale Schwäche nicht dazu führen darf, daß ein Mensch in seiner körperlichen Unversehrtheit verletzt wird.

(c) Minderheitenschutz

Dem Minderheitenschutz wird in den Untersuchungen der Beitrittskandidaten anhand der Kopenhagener Kriterien eine große Bedeutung zugemessen. In der Kopenhagener Erklärung von 1993 werden die Achtung und der Schutz von Minderheiten neben der Wahrung der Menschenrechte genannt.[221] Im Gesamtdokument von 1998 heißt es: „Generell bleibt die Lage der Minderheiten unter dem Aspekt der Erweiterung problematisch."[222] Das Mandat der „Drei Weisen" zum Eintreten der Österreichischen Regierung für die gemeinsamen europäischen Werte bezog sich explizit auf den Minderheitenschutz.[223] Die immer größere Bedeutung des Minderheitenschutzes ist auch im KSZE/OSZE-Prozeß erkennbar.[224]
In Art. 6 Abs. 1 EUV hingegen findet der Minderheitenschutz keine explizite Erwähnung. Auch hier stellt sich also die Frage, ob die Nicht-Erwähnung bedeutet, daß Minderheitenschutz nicht zu den Grundsätzen der Union und der Mitgliedstaaten gehört, oder ob er von dem Terminus der Achtung der Menschenrechte und Grundfreiheiten umfaßt ist.

---

[221] Schlußfolgerungen des Vorsitzes, I.13, Bull. EG Nr. 6-1993, S. 13.
[222] Gesamtdokument. Berichte der Kommission über die von den Bewerberländern auf dem Weg zum Beitritt erzielten Fortschritte, KOM (1998) 712 endg., S. 7.
[223] Wiedergegeben im Bericht von Martti Ahtisaari, Jochen Frowein, Marcelino Oreja (Bericht der drei Weisen), abgedruckt in EuGRZ 2000, 404, S. 1 des Berichts.
[224] Siehe nur Konferenz über die menschliche Dimension der KSZE. Dokument des Moskauer Treffens vom 3. Oktober 1991, Abs. 37.

Die starke Betonung des Minderheitenschutzes bei den Beitrittskandidaten findet kein Pendant im Regelungsrahmen der alten Mitgliedstaaten.[225] Die Europäische Charta der Regional- oder Minderheitensprachen von 1992 wurde nur von Dänemark, Finnland, den Niederlanden, Schweden, dem Vereinigten Königreich und Deutschland ratifiziert,[226] das Rahmenübereinkommen des Europarats zum Schutz nationaler Minderheiten von 1995 bisher nur von Österreich, Dänemark, Finnland, Deutschland, Irland, Italien, Spanien und dem Vereinigten Königreich (also nicht von Belgien, Frankreich, Griechenland, Luxemburg, den Niederlanden und Portugal).[227] Das KSZE-Dokument des Treffens der Konferenz über die Menschliche Dimension der KSZE vom 29. Juni 1990[228] wurde zwar von allen KSZE-Teilnehmern angenommen. In zahlreichen EU-Mitgliedstaaten existiert Minderheitenschutz jedoch nach wie vor gar nicht oder nur in einem geringen Maße.[229]
In letzter Zeit läßt sich eine Entwicklung beobachten, die dem Minderheitenschutz eine größere Bedeutung zukommen zu lassen scheint. Im neuen Art. 13 EGV wird über die bisherige Formulierung der „Diskriminierung aus Gründen der Staatsangehörigkeit" hinausgehend unter anderem auch eine solche aus Gründen der Rasse oder der ethnischen Herkunft genannt.[230] Die Richtlinie zur Anwendung des Gleichbehandlungsgrundsatzes ohne Unterschied der Rasse oder der ethnischen Herkunft,[231] die auf dieser Ermächtigungsgrundlage erlassen wurde, hebt die starke Betonung dieses Anliegens in der EU hervor. Die Charta der Grundrechte für die Europäische Union enthält eine umfassende Antidiskriminierungsregelung in Art. 21. Gemäß Art. 22 achtet die Union die Vielfalt der Kulturen, Religionen und Sprachen, und das Diskriminierungsverbot in Art. 21 umfaßt die Diskriminierung wegen der Zugehörigkeit zu einer nationalen Minderheit. Die Bekämpfung von Rassismus und Fremdenfeindlichkeit im Dienste des Minderheitenschutzes scheint den Mitgliedstaaten gerade in jüngerer Zeit ein besonderes Anliegen zu sein, was an den zahlreichen Erklärungen der Kommission, des Europäischen Parlaments und des Rats abzulesen ist sowie an der Reaktion der vierzehn Mitgliedstaaten auf die Koalitionsbildung zwischen ÖVP und FPÖ in Österreich im Frühjahr 2000.[232] Art. 29

---

[225] Einen umfassenden Überblick über die Lage des Minderheitenschutzes in europäischen Staaten bietet Hofmann, Minderheitenschutz in Europa, sowie Frowein/Hofmann/Oeter, Das Minderheitenrecht europäischer Staaten. Siehe auch Pan, Minderhezitenrechte in Europa.

[226] Stand:4.4.2001.

[227] Stand: 4.4.2001

[228] Bulletin der Bundesregierung Nr. 88/1990, S. 757.

[229] Frankreich zum Beispiel hat nach wie vor seinen Vorbehalt zu Art. 27 IPBPR angemeldet, weil es in Frankreich keine Minderheiten gebe, da jedes Individuum die gleichen bürgerlichen und politischen Rechte genieße, die von der Französichen Verfassung garantiert würden. Siehe dazu Hofmann, Minderheitenschutz in Europa, S. 91 ff. Minderheiten bedürfen aber darüber hinaus eines besonderen Schutzes; die reine Nicht-Diskriminierung ist nicht in allen Belangen ausreichend. Darauf weist Frowein, Le droit des minorités, S. 124 f. hin. Auch Griechenland verfolgt eine nicht unbedingt als minderheitenfreundlich zu qualifizierende Politik, vgl. Hofmann, Minderheitenschutz in Europa, S. 95 ff.

[230] Siehe zur Diskriminierung aus Gründen der Rasse auch McInerney, ELRev 2002, 483.

[231] Richtlinie 2000/43/EG des Rates vom 29.6.2000, Abl. L 180/22.

[232] Siehe nur die Gemeinsame Erklärung gegen Rassismus und Fremdenfeindlichkeit, Europäisches Parlament, Rat, im Rat vereinigte Vertreter der Mitgliedstaaten und Kommission, 11. Juni 1986, Abl. C 158/1; die Entschließung zur Bekämpfung von Rassismus und Fremdenfeindlichkeit, Rat und im Rat vereinigte Vertreter der Regierungen der Mitgliedstaaten, 29. Mai 1990, ABl C 157/1; die Erklärung gegen Antisemitismus, Rassismus und Fremdenfeindlichkeit, Europäischer Rat von Dublin, 25. und 26. Juni 1990, abgedruckt in Duparc, Die Europäische Gemeinschaft und die Menschenrechte, Luxemburg 1993, S. 51; die Erklärung zu Rassismus und

UAbs. 1 EUV verweist explizit auf die Bekämpfung von Rassismus und Fremdenfeindlichkeit. Im neuen Art. 151 Abs. 1 EGV wird betont, daß die kulturelle Vielfalt Europas gewahrt werden müsse.

Man kann die starke Betonung des Minderheitenschutzes bei der Beurteilung der Beitrittskandidaten als Teil eines größeren Ganzen sehen: Gewahrt wird eine der Grundlagen für Demokratie im weiteren Sinne, nämlich die Stabilität der Gesellschaft. Dies kann aber nicht mit politischen oder juristischen Kriterien *gefordert*, sondern nur mit bestimmten Maßnahmen *gefördert* werden. Dabei muß auf die spezifischen regionalen Probleme eingegangen werden.[233] In den Staaten Mittel- und Osteuropas sind die vielen Minderheiten, deren Rechte oftmals nicht genügend geschützt sind und die häufig nicht in die Gesellschaft integriert sind, eine besondere Herausforderung für die Stabilität dieser Staaten.[234] In den alten Mitgliedstaaten bereitet dagegen eher die Integration der zweiten und dritten Generation der Einwanderer mit ausländischer Staatsbürgerschaft, welche nicht offiziell als Minderheiten anerkannt sind (sie werden als „neue Minderheiten" bezeichnet[235]), Probleme.[236]

Es ist in der Tat fraglich, ob der von *Hofmann*[237] formulierte gemeineuropäische Mindeststandard des Minderheitenrechts, nämlich das Recht auf Zugehörigkeit zu einer nationalen Minderheit, auf Wahrung und Entwicklung einer eigenständigen Identität, auf Freiheit von diskriminierenden Maßnahmen, auf freien Gebrauch der Sprache, auf Erlernen der Sprache, auf freie Gründung von Organisationen nationaler Minderheiten und auf die grundsätzliche Beteiligung an der politischen Entscheidung über die Minderheiten besonders betreffenden Fragen – jeweils auf eher niedrigem Niveau und ohne die Anerkennung von Leistungsrechten – als Teil des Grundsatzes der Menschenrechte und Grundfreiheiten im Sinne des Art. 6 Abs. 1 EUV gesehen werden kann. Mit dem Anspruch, daß die Grundsätze allen Mitgliedstaaten gemeinsam sind, läßt sich die fehlende Homogenität bezüglich des Minder-

---

Fremdenfeindlichkeit, Europäischer Rat von Maastricht, 9. und 10. Dezember 1991, abgedruckt in Duparc, Die Europäische Gemeinschaft und die Menschenrechte, Luxemburg 1993, S. 60; die Entschließung zur Bekämpfung von Rassismus und Fremdenfeindlichkeit im Beschäftigungs- und Sozialbereich, Rat und im Rat vereinigte Vertreter der Regierungen der Mitgliedstaaten, 5. Oktober 19995, Abl. C 296/13; die Entschließung des Rats über die Antwort des Bildungswesens auf die Probleme des Rassismus und der Fremdenfeindlichkeit, 23. Oktober 1995, Abl. C 312/1; die Entschließung des Europäischen Parlaments zu Rassismus, Ausländerfeindlichkeit und Antisemitismus, 27. Oktober 1994, Abl C 323/154; die Entschließung des Europäischen Parlaments zu Rassismus, Fremdenfeindlichkeit und Antisemitismus und zum Europäischen Jahr gegen Rassismus (1997) vom 30. Januar 1997, Abl. C 1997, 55/17 und die Einrichtung einer Europäischen Stelle zur Beobachtung von Rassismus und Fremdenfeindlichkeit durch Verordnung Nr. 1035/97 des Rates vom 2. Juni 1997, Abl. L 1997, 151/1; vgl. auch Hervey, Putting Europe's House in Order; zum Mandat siehe Bericht von Martti Ahtisaari, Jochen Frowein, Marcelino Oreja (Bericht der drei Weisen), abgedruckt in EuGRZ 2000, 404, S. 1 des Berichts. Zur Reaktion auf Österreich siehe unten, Kapitel 6, G.

[233] So auch Brandtner /Rosas, EJIL 1998, 468 (488).

[234] So verweist der Europäische Rat von Maastricht in seiner Erklärung zu Rassismus und Fremdenfeindlichkeit, abgedruckt in Duparc, Die Europäische Gemeinschaft und die Menschenrechte, Luxemburg 1993, S. 60, auch darauf, daß in Osteuropa „ähnlich intolerante und fremdenfeindliche Einstellungen in extremen Formen von Nationalismus und Ethnozentrismus zutage treten."

[235] Vgl. Bericht von Martti Ahtisaari, Jochen Frowein, Marcelino Oreja (Bericht der drei Weisen), abgedruckt in EuGRZ 2000, 404, S. 9 des Berichts (Rn. 28). Siehe auch Oeter, Überlegungen zum Minderheitenbegriff und zur Frage der „neuen Minderheiten".

[236] Siehe dazu Frowein, Le droit des minorités, S. 125 ff.; Hofmann, Minderheitenschutz in Europa, S. 192.

[237] Hofmann, Minderheitenschutz in Europa, S. 191 f.

heitenschutzes nicht vereinbaren. Immerhin besteht Anlaß zur Hoffnung, daß mit den Anforderungen, die an die neuen Beitrittskandidaten gestellt werden, auch die Standards in den alten Mitgliedsstaaten steigen werden.[238]
Die Gewichtung dieser Frage beim Mandat der drei Weisen zur Beurteilung Österreichs[239] spricht deutlich dafür, daß die fortgesetzte Unterdrückung von Minderheiten oder die institutionalisierte Rassendiskriminierung eine Verletzung der Grundsätze des Art. 6 Abs. 1 EUV darstellt.[240]
Minderheitenschutz in der EU ist also über das Diskriminierungverbot hinausgehend nur auf einem niedrigen Niveau und ohne Anerkennung von Leistungsrechten vom Grundsatz der Menschenrechte und Grundfreiheiten umfaßt.

(2) Ergebnis

Der Grundsatz der Menschenrechte und Grundfreiheiten i.S.d. Art. 6 EUV umfaßt demnach neben den oben bereits erwähnten Rechten, also dem Recht auf Leben und körperliche Unversehrtheit, dem Recht auf Freiheit (Schutz vor willkürlicher Verhaftung), einem Rechtshilfesystem mit Rechtshilfegarantie, dem Gebot der Achtung der Privatsphäre einschließlich dem Grundsatz der Unverletzlichkeit der Wohnung, der Gedanken-, Gewissens- und Religionsfreiheit, der Meinungsfreiheit, der Versammlungsfreiheit, der Vereinigungsfreiheit, dem Grundsatz *nulla poena sine lege*, dem Recht auf Eigentum und dem Diskriminierungsverbot noch das Verbot zumindest des Vollzugs der Todesstrafe, das Recht auf Bildung, das Recht auf soziale Sicherheit sowie auf niedrigem Niveau Minderheitenschutz.

Damit enthält der Grundsatz der Menschenrechte in der EU nicht nur den harten Kern der EMRK, also nicht nur das, was gemäß Art. 15 EMRK notstandsfest ist: das Recht auf Leben, das Folterverbot, das Verbot der Sklaverei und Leibeigenschaft sowie den Grundsatz *nulla poena sine lege*. Die EU betont darüber hinaus die Geltung der „Bürgerrechte", was sich speziell für die Homogenitätsklausel aus der engen Verknüpfung der Menschenrechte mit dem Demokratieprinzip und dem Prinzip der Rechtsstaatlichkeit ergibt.[241] In Kriegszeiten treten diese Rechte wie etwa die Meinungsäußerungsfreiheit oder die Versammlungsfreiheit, die für die Demokratie entscheidend sind, in ihrer Bedeutung zurück. Der EU-Standard im menschenrechtlichen Bereich geht weiter als der „harte Kern", der auch schon als „ius cogens for humanity"[242] bezeichnet wurde. Ob von diesem Standard unter Be-

---

[238] Vgl. v. Bogdandy, Supranationaler Föderalismus, S. 16.
[239] Bericht von Martti Ahtisaari, Jochen Frowein, Marcelino Oreja (Bericht der drei Weisen), abgedruckt in EuGRZ 2000, 404; siehe dazu mehr in Kapitel 6, G. 2. g)
[240] So auch Schorkopf, DVBl 2000, 1036 (1038).
[241] Nach Sudre, Existe t-il un ordre public européen?, S. 57, machen acht Rechte den „ordre public européen" aus und werden von ihm als eigentliche „droits fondamentaux" bezeichnet; auch sie gehen über die notstandsfesten Rechte hinaus: liberté d'expression, liberté de pensée, de conscience et de religion, droit à l'intégrité physique, droit à la liberté et à la sûreté, droit à un procès équitable, droit à des élections libres, droit des parents au respect de leurs convictions en matière d'éducation, droit à la securité juridique.
[242] Leben, Is there a European Approach to Human Rights?, S. 77.

rufung auf das Notstandsrecht abgewichen werden darf, ohne daß die Unionsaufsicht eingreift, bedarf noch der Erörterung.[243]

Menschenrechte sind grundsätzlich unteilbar und untrennbar miteinander verknüpft.[244] Dies zeigt sich beim Versuch der Deutung des Begriffs „Grundsätze der Menschenrechte und Grundfreiheiten". Die eben unternommene Untersuchung macht aber deutlich, daß nichtsdestotrotz Unterschiede in der Bedeutung der einzelnen Rechte für den *Grundsatz* der Menschenrechte zu erkennen sind.

C. Gefährdung oder Verletzung

Nachdem der materielle Gehalt des Art. 6 Abs. 1 EUV erläutert wurde, ist nun zu untersuchen, welche Voraussetzungen zusätzlich erfüllt sein müssen, damit die Mechanismen des Art. 7 EUV eröffnet sind.
Art. 7 Abs. 1 EUV stellt auf die eindeutige Gefahr einer schwerwiegenden Verletzung ab; Art. 7 Abs. 2 EUV wird ab der Schwelle der schwerwiegenden und anhaltenden Verletzung der Grundsätze anwendbar.

1. Verletzung

Zunächst ist festzuhalten, daß eine Verletzung vorliegen muß; ein bloßes „berühren" oder „betreffen" eines Grundsatzes genügt nicht.[245] Verletzt ist ein Grundsatz, wenn ihm zuwider gehandelt wird.[246] Dies ist der Fall, wenn einer der Grundsätze rechtsförmlich aufgehoben oder suspendiert wird, was selten vorkommen wird, da kaum ein Staat offiziell als undemokratisch gelten möchte (auch nicht Diktaturen). Wahrscheinlicher ist eine Verletzung durch faktische Einschränkungen.
Eine Verletzung der Grundsätze ist nur durch staatliches Handeln möglich, wobei dies in einem Tun oder in einem Unterlassen liegen kann und auch durch die Gliedstaaten eines Bundesstaates erfolgen kann.[247] Die positive Verpflichtung der

---

[243] Siehe unten, Kapitel 6, C. 3.
[244] So auch Nowak, Human Rights Conditionality, S. 694, mit Verweis auf die Vienna Declaration and Programme of Action of 1993, World Conference on Human Rights on 25 June 1993, UN Doc. A/CONF.157/23 of 12 July 1993.
[245] Vgl. Hummer/Obwexer, ecolex 2000, 250 (255); dies., europa blätter 2000, 93 (101): Verletzung, nicht bloß Einschränkung.
[246] Ähnlich Schmahl, Eur 2000, 819 (823); Pernthaler/Hilpold, integration 2000, 105 (108): wenn die Verwirklichung des Grundsatzes in seinem Wesensgehalt in Frage gestellt wird. Hummer/Obwexer, ecolex 2000, 250 (255); dies., EuZW 2000, 485 (487); dies., europa blätter 2000, 93 (101) sehen hierin erst eine schwerwiegende Verletzung.
[247] Zum Handeln durch Unterlassen vgl. auch EuGH, Urteil vom 9.12.1997 – Kommission ./. Frankreich, RS C-265/95, Slg. 1997, I-6959 (6990 ff.) mit Anmerkung Schwarze, EuR 1998, 53 ff. Siehe hierzu ausführlich Schorkopf, Homogenität in der EU, S. 147; ders., in Grabitz/Hilf, Das Recht der EU, Art. 7 EUV (Amsterdam), Rn. 10; Stumpf, in Schwarze, EU-Kommentar, Art. 7 EUV, Rn. 5. Zur Frage, daß sich ein Mitgliedstaat nicht auf Bestimmungen, Übunden oder Umstände seiner internen Rechtsordnung berufen kann vgl. die ständige

Staaten, aktiv die in Art. 6 Abs. 1 EUV genannten Grundsätze zu verteidigen, betrifft schon die innerstaatliche Debatte.[248] Nicht erforderlich ist, daß der Staat schuldhaft handelt. Entscheidend ist, daß die Grundsätze gewahrt bleiben; damit ist auch die Finalität der Verletzungshandlung unerheblich.[249]
Es ist müßig, darüber zu diskutieren, ob schon die schwerwiegende und anhaltende Verletzung *eines* der Grundsätze genügt.[250] Eine klare Trennung der einzelnen Grundsätze ist nur schwer möglich, so daß ohnehin meistens mehrere Grundsätze gleichzeitig verletzt wären. Selbst bei der anscheinend klar abgrenzbaren Verletzung der Menschenrechte[251] ist das Rechtsstaatsprinzip verletzt, da es die Geltung von Menschenrechten einfordert. Insofern vermag die Argumentation, wegen des Gebrauches des Plurals („Verletzung von in Artikel 6 Absatz 1 genannten Grundsätzen") müßten mindestens zwei Grundsätze verletzt sein,[252] nicht zu überzeugen – sie setzt die Möglichkeit einer klaren Abgrenzung der Grundsätze voraus.
Aus diesem Grunde soll auch nur kurz auf die Frage eingegangen werden, ob schon dann, wenn *ein* Menschenrecht nicht mehr geschützt ist (nicht gemeint ist der Fall einer einzelnen Verletzung, sondern der allgemein nicht vorhandene Schutz bezüglich eines bestimmten Menschenrechtes), der Grundsatz der Achtung der Menschenrechte und Grundfreiheiten betroffen ist oder erst, wenn mehrere verschiedene Menschenrechte oder eine bestimmte Art von Menschenrechten nicht mehr geschützt sind. Es ist kaum möglich, gesondert auf die Nichtbeachtung eines einzelnen Menschenrechts abzustellen. Zwar ist es zumindest vorstellbar, daß etwa eine sich nicht nur ausnahmsweise ereignende unmenschliche oder entwürdigende Behandlung oder Folter durch die staatlichen Organe oder auch die Abschaffung des Rechts auf freie Meinungsäußerung unabhängig von der Geltung anderer Menschenrechte stattfinden kann. Bei der Mißachtung dieser bedeutenden Menschenrechte ist der Grundsatz der Menschenrechte sicherlich betroffen; es müßte dann aber im weiteren geklärt werden, ob es sich um eine *schwerwiegende (und anhaltende)* Verletzung handelt.
Schließlich muß betont werden, daß auch rein innerstaatliche Entwicklungen, die keinen Bezug zum Gemeinschaftsrecht haben müssen, eine Verletzung der Grundsätze darstellen können, da sich das Gebot der Grundsätze an die Mitgliedstaaten

---

Rechtsprechung des EuGH, siehe nur EuGH, Urteil vom 9.7.1998 – Kommission ./. Belgien, Rs. C-323/97, Slg. 1998, I-4281 (4288, Rn. 8); Schmahl, EuR 2000, 819 (822).

[248] Vgl. Bericht von Martti Ahtisaari, Jochen Frowein, Marcelino Oreja (Bericht der drei Weisen), abgedruckt in EuGRZ 2000, 404, S. 30 des Berichts (Rn. 107): „Die aktive Verteidigung der in Art. 6 des Unionsvertrags enthaltenen Werte [...] muß als eindeutige positive Verpflichtung der [...] Regierung verstanden werden, die auch die innerstaatliche Debatte betrifft."

[249] So auch Schmitt von Sydow, RDUE 2001, 285 (294). A.A. aber Schorkopf, in Grabitz/Hilf, Das Recht der EU, Art. 7 EUV (Amsterdam), Rn. 11.

[250] So auch Schorkopf, Homogenität in der EU, S. 148 f. Andere Autoren lassen eine Verletzung eines Grundsatzes genügen; vgl. Thun-Hohenstein, Der Vertrag von Amsterdam, S. 23; Kluth, in Calliess/Ruffert, Kommentar zu EUV und EGV, Art. 7 EUV, Rn. 5; Schmahl, EuR 2000, 819 (823); Stumpf, in Schwarze, EU-Kommentar, Art. 7 EUV, Rn. 3; Griller/Droutsas/Falkber/Forgó/Nentwich, The Treaty of Amsterdam, S. 191 f; Hummer/Obwexer, EuZW 2000, 485 (487). Leidenmühler, Die Union 1998, 97 (104) beklagt die Undeutlichkeit der Formulierung. Nach Anton, in Léger, Commentaire article par article des traités UE et EC, Art. 7 EUV, Rn. 4, bedarf es der Verletzung von mindestens zwei Grundsätzen.

[251] Dies ein Beispiel bei Schorkopf, Homogenität in der EU, S. 149.

[252] Wachsmann, RTDE 1997, 883 (895).

unabhängig von ihren sonstigen gemeinschaftsrechtlichen Verpflichtungen richtet.[253]

2. Qualifizierung der Verletzung

Die Verletzung muß für das Suspendierungsverfahren kumulativ schwerwiegend und anhaltend sein; für das Vorfeldverfahren muß die eindeutige Gefahr einer schwerwiegenden Verletzung bestehen. Hierin – nämlich im Gefährdungs- und Verletzungsgrad – liegt der Unterschied zwischen diesen beiden grundsätzlich parallelen Verfahren.

Das Suspendierungsverfahren ist eine ultima ratio, die nur für Extremsituationen geeignet und auch nur für solche vorgesehen ist.[254] Üblicherweise wird es sich im Anwendungsfall der Art. 6, 7 EUV / 309 EGV um die politische und rechtliche Gesamtentwicklung eines Landes handeln, bei der die Nichtachtung einzelner Rechte eng miteinander verknüpft ist.
Als Auslöser kommen also ein Putsch oder ähnlich schwerwiegende und umstürzende Situationen in Betracht; bei einer schleichenden Entwicklung wird es schwieriger sein, einen konkreten Auslöser zu finden. Als vorstellbare Situationen werden unter Hinweis auf den zeithistorischen Kontext „continuous oppression of minorities, institutionalized racial discrimination, state terror" genannt.[255] Die Kumulation von Einzelakten kann nur unter dem besonderen Umstand ausreichen, daß sie die gesamte Rechtsordnung eines Staates betrifft, etwa weil die staatlichen Organe nicht auf die genannte Entwicklung reagieren.[256]
Ohne nähere Erläuterung wird in der Literatur eine Situation, in der eine schwerwiegende und anhaltende Verletzung der Grundsätze vorliegen könnte, in der Türkei sowie der Slowakischen Republik, Kroatien, Bosnien-Herzegowina und in Jugoslawien gesehen.[257]

Als sich in Österreich im Frühjahr 2000 eine Regierungskoalition aus der ÖVP und der umstrittenen FPÖ abzeichnete, wurde in der öffentlichen Debatte die Anwendung des Suspendierungsverfahrens gegenüber Österreich angesprochen, obwohl eine schwerwiegende und anhaltende Verletzung der Grundsätze der EU eindeutig nicht gegeben war. Dieses Beispiel zeigt anschaulich, daß der ulima ratio Regelung des Suspendierungsverfahrens bislang ein „Unterbau" fehlte. Es war nicht der Fall geregelt, in dem die Entwicklung eines Staates darauf hindeutet, daß es möglicher-

---

[253] Vgl. auch Schorkopf, Homogenität in der EU, S. 148; Schmahl, EuR 2000, 819 (822).
[254] Hierauf wurde bei den Verhandlungen zum Amsterdamer Vertrag wiederholt hingewiesen, siehe den Hinweis bei Langrish, ELRev 1998, 3 (15).
[255] Barents, MJ 1997, 332 (335); Schmahl, EuR 2000, 819 (820). Vgl. auch Manin, Columbia Journal of European Law 1998, 1 (23): Errichtung einer Diktatur.
[256] Vgl. Schmitt von Sydow, RDUE 2001, 285 (294).
[257] McGoldrick, The EU after Amsterdam, S. 252.

weise zu einer Verletzung der Grundsätze in Zukunft kommen kann. Gerade einer schleichenden Entwicklung konnte also kaum begegnet werden.
Aus dem Unbehagen gegenüber der politischen Entwicklung in Österreich agierten die restlichen Mitgliedstaaten in einer sehr umstrittenen Weise.[258] Dies wiederum führte schließlich dazu, daß dem Art. 7 EUV der neue Absatz 1 mit dem Vorfeldverfahren hinzugefügt wurde. Dieses Verfahren kommt schon dann zur Anwendung, wenn sich eine der oben beschriebenen Extremsituationen abzeichnet.

Wie die Situationen genau qualifiziert sein müssen, soll im folgenden erläutert werden.

a) Verletzungsqualität im Suspendierungsverfahren

(1) Auslegungskriterien

Die verschiedenen Klagearten vor dem EuGH können für eine Definition keine Anhaltspunkte liefern, insbesondere nicht das Vertragsverletzungsverfahren, das lediglich einen nicht weiter qualifizierten Verstoß gegen ein Verpflichtung aus dem EGV betrifft, nicht aber einen „schwerwiegenden und anhaltenden".
Für die Definition der Begriffe „schwerwiegend und anhaltend" ließen sich Schlüsse aus ähnlichen Formulierungen in anderen Sanktionierungsverfahren ziehen, und zwar insbesondere dann, wenn die Vermutung naheliegt, daß eine entsprechende Formulierung bewußt gewählt wurde.
In der englischen Version des EUV heißt schwerwiegend und anhaltend „serious and persistent". In der Literatur wird auf die Ähnlichkeit zum Ausdruck „gross and reliably attested violations of human rights" verwiesen, wie es etwa in der Resolution 1503 des ECOSOC von 1970 heißt, und auf ähnliche Formulierungen in Resolution 1235 des ECOSOC von 1967 sowie Art. 3 Abs. 2 des Übereinkommens gegen Folter und andere grausame, unmenschliche oder erniedrigende Behandlung oder Strafe der Vereinten Nationen sowie Art. 58 Abs. 1 der Banjul Charta der Menschenrechte und Rechte der Völker der Organisation für afrikanische Einheit.[259] Das von der UN-Kommission für Menschenrechte und ihrer Unterkommission angewendete Konzept der „gross and systematic violations" sei vergleichbar mit „serious and persistent breach". Dabei könne man „gross violations" mit „serious breach" gleichsetzen und „systematic violations" oder „consistent pattern" mit „persistent breach". Auch wenn der Terminus „gross and systematic violations" niemals eine Legaldefinition erhalten habe, könne man auf die umfassende Praxis der Vereinten Nationen seit 1970 zurückgreifen.[260] Von anderer Seite wird

[258] Hierauf wird unten näher eingegangen, in Kapitel 6, G.
[259] Nowak, Human Rights Conditionality, S. 695 f.
[260] Siehe auch Capotorti/Hilf/Jacobs/Jaqué, The European Union Treaty, S. 44; Wachsmann, RTDE 1997, 884 (895).

auf die Ähnlichkeit zu Art. 8 der Satzung des Europarats (seriously violated),[261] Art. 6 der Satzung der Vereinten Nationen (persistently violated) sowie auf die Harare Deklaration (serious and persistent) verwiesen.[262] Auch auf die Vorarbeiten zu Art. 4 und 44 des „Spinelli-Entwurfs",[263] der als Vorläufer zu Art. 7 EUV angesehen werden kann, könne zurückgegriffen werden.[264] Schließlich wird betont, daß schwerwiegend jedenfalls mehr sein müsse als „normal", wie ein Vergleich von Art. 30 und Art. 297 EGV zeige.[265] Der Begriff „schwerwiegend" wird auch in Art. 297 EGV im Rahmen von Notstandssituationen verwendet.[266]

(2) „Anhaltend"

Es ist nicht ohne weiteres einzusehen, warum „systematic" mit „persistent" gleichgesetzt werden soll. „Persistent" hat eindeutig eine zeitliche Komponente, die bei „systematic" nicht zwingend gegeben sein muß, denn „systematisch" bedeutet „planmäßig, gezielt, absichtlich."[267]
Beim Begriff „anhaltend" ist eine klare negative Abgrenzung dadurch möglich, daß eine nur einmalige und kurzfristige Verletzung nicht ausreicht.[268] Ab wann aber von anhaltend gesprochen werden kann – drei Tage, eine Woche, fünf Monate? – hängt vom konkreten Einzelfall ab.[269] Dabei sind die gesamten Umstände der Entwicklung in einem Staat zu beobachten, was sich über einige Zeit hinziehen wird, vor allem bei einer schleichenden Verletzung der Grundsätze. Dies gilt nicht für einen unvorhergesehenen Putsch, der die Verletzung der Grundsätze nach sich zieht. Hier ist sicherlich schon nach einer kürzeren Zeitspanne von einer anhaltenden Verletzung auszugehen, wenn abzusehen ist, daß sich die Umstände nicht ändern werden.[270]

---

[261] Schorkopf, Homogenität in der EU, S. 149 f; Schmitt von Sydow, RDUE 2001, 285 (295); Anton, in Léger, Commentaire article par article des traités UE et EC, Art. 7 EUV, Rn. 4.
[262] Schorkopf, Homogenität in der EU, S. 149 f; Anton, in Léger, Commentaire article par article des traités UE et EC, Art. 7 EUV, Rn. 4.
[263] Abl. 1984 Nr. C 77/33 (43); siehe dazu oben, Kapitel 2, A.
[264] Schorkopf, Homogenität in der EU, S. 149 f.
[265] Schmitt von Sydow, RDUE 2001, 285 (296).
[266] Vgl. Schorkopf, in Grabitz/Hilf, Das Recht der EU, Art. 7 EUV (Amsterdam), Rn. 11.
[267] Duden, Fremdwörterbuch, Stichwort „systematisch".
[268] Kluth, in Calliess/Ruffert, Kommentar zu EUV und EGV, Art. 7 EUV, Rn. 8.; Nowak, Human Rights Conditionality, S. 696; Schorkopf, Homogenität in der EU, S. 151; ders., in Grabitz/Hilf, Das Recht der EU, Art. 7 EUV (Amsterdam), Rn. 12; Klaushofer, JRP 2000, 297 (302); Hummer/Obwexer, EuZW 2000, 485 (487); dies., ecolex 2000, 250 (255); dies., europa blätter 2000, 93 (101).
[269] Vgl. auch Schmahl, EuR 2000, 819 (823).
[270] Auch Griller/Droutsas/Falkber/Forgó/Nentwich, The Treaty of Amsterdam, S. 190 weisen darauf hin, daß in bestimmten Fällen schon eine einmalige Verletzung einer anhaltenden gleichstehen kann.

(3) „Schwerwiegend"

Es fragt sich, ob die vergleichende Herangehensweise tatsächlich weiterhilft. Wenn bei der Bestimmung des Begriffes „schwerwiegend" nur festgestellt wird, daß mit gross violations üblicherweise die „severity and intensity of a particular human rights violation" gemeint sei,[271] dann hat dies hat bezogen auf die Genauigkeit der Definition keinen erkennbaren Vorteil gegenüber dem zu definierenden Terminus.[272]
Hinzu kommt, daß es sich hier um eine wertende Entscheidung des Rats handelt. Damit kann zwar ein Rahmen gezeichnet werden, innerhalb dessen sich der Rat bei seiner Beurteilung bewegen muß, konkrete Vorgaben für eine abstrakte Bestimmung können jedoch nicht gegeben werden. Sowohl aus Entscheidungen nationaler Organe, als auch aus solchen internationaler Organe können lediglich Indizien entnommen werden, welche Kriterien für die Bestimmung einer schwerwiegenden Verletzung im Rahmen von Art. 7 EUV heranzuziehen sind.[273] So können etwa die Entscheidungen von Verfassungsgerichten der Mitgliedstaaten darüber, ob ein entsprechender Grundsatz im nationalen Recht in seinem Wesensgehalt verletzt ist,[274] Anhaltspunkte oder Ideengeber sein, aber auch nicht mehr. Es ist nicht fernliegend, sich an die im Maastricht-Urteil[275] wiederholte Formulierung aus der Solange II – Entscheidung[276] des Bundesverfassungsgerichts: „generell gewährleisteter wirksamer Schutz der Grundrechte" erinnert zu fühlen.[277]

Oben wurde bereits festgestellt, daß es nicht auf die subjektive Zielrichtung der Verletzung ankommt, sondern auf das objektive Ergebnis.[278] Damit ist nicht vereinbar, auf die „kriminelle Energie" des Verletzers abzustellen.[279] Eine besondere Zielrichtung macht den Verletzungserfolg nicht schwerwiegender, sondern vergrößert lediglich den Vorwurf, der dem Verletzer gegenüber erhoben wird.
Selbstverständlich ist es von Bedeutung, von wem genau die Verletzunghandlung ausgeht. Das Verhalten von Personen in herausgehobenen politischen Positionen ist eher als schwerwiegend zu beurteilen als das Verhalten anderer Vertreter des Staates.[280]

Ein Kriterium für die Frage, was eine schwerwiegende Verletzung darstellt, ist die Tatsache, daß trotz der immer wieder zu betonenden Unteilbarkeit der Menschenrechte manche Rechte bedeutender sind und daher beispielsweise eine Verletzung des Grundsatzes der Menschenrechte und Grundfreiheiten eher schwerwiegend ist,

---

[271] Nowak, Human Rights Conditionality, S. 695.
[272] Dies bemerken auch Griller/Droutsas/Falkber/Forgó/Nentwich, The Treaty of Amsterdam, S. 190.
[273] So auch Schorkopf, Homogenität in der EU, S. 150 f.
[274] Vgl. auch Schmahl, EuR 2000, 819 (823).
[275] BVerfGE 89, 155.
[276] BVerfGE 73, 339.
[277] BVerfGE 89, 155, Ziff. III B 2 e; Stein, Die rechtlichen Reaktionsmöglichkeiten der EU, S. 893.
[278] Siehe oben, dieses Kapitel, C. 1.
[279] So aber – widersprüchlich - Schmitt von Sydow, RDUE 2001, 285 (294 einerseits und 298 andererseits).
[280] Vgl. auch Schmitt von Sydow, RDUE 2001, 285 (299).

wenn es sich um eines der „wichtigeren" Rechte handelt.[281] Dies betrifft nicht die Frage, ob gewisse Menschenrechte vom Grundsatz im Sinne des Art. 6 Abs. 1 EUV umfaßt sind, sondern daß eine Verletzung bestimmter Rechte schwerer wiegt als die Verletzung anderer Rechte.[282] Die Rechte, deren Menschenwürdegehalt besonders groß ist, haben eine herausragende Bedeutung. Aus diesem Grunde ist eine Verletzung derselben eher schwerwiegend als die Verletzung eines Grund- oder Menschenrechtes, dessen Menschenwürdegehalt vergleichsweise geringer ist. Nicht zu folgen ist allerdings dem Zirkelschluß, schon die herausragende Bedeutung der in Art. 6 Abs. 1 EUV genannten Grundsätze lege nahe, daß ihre Verletzung die Vermutung der Schwere der Beeinträchtigung bereits in sich trage.[283]

Welchen Rechten im positiven Recht eine höhere Bedeutung beigemessen wird, läßt sich in der Tat aus der Praxis im internationalen Menschenrechtsschutz ablesen sowie aus den Notstandsklauseln in Menschenrechtspakten, in denen festgehalten wird, welche Rechte auf keinen Fall – auch nicht im Krieg – ausgesetzt werden dürfen.[284] Hier liegt die Schnittstelle zum humanitären Völkerrecht, das einen Minimalkodex zum Schutz der Zivilbevölkerung in Zeiten des Krieges aufstellt. Einen Anhaltspunkt für diesen Minimalkodex gibt der gemeinsame Artikel 3 der Genfer Konventionen von 1949, welcher kodifiziertes Völkergewohnheitsrecht ist[285] und nach dem vor allem die körperliche und seelische Unversehrtheit der Menschen – als das, was als erstes aus der Menschenwürde fließt – inklusive der *nulla poena sine lege* – Regel geschützt wird. Art. 15 der EMRK stellt ebenso auf diese Rechtsgüter ab, indem er das Recht auf Leben, das Verbot der Folter und unmenschlicher Behandlung, das Verbot der Sklaverei oder Zwangsarbeit sowie die Regel *nulla poena sine lege* notstandsfest erklärt. Er entspricht damit fast dem gemeinsamen Artikel 3 der Genfer Konventionen. Der Internationale Pakt über bürgerliche und politische Rechte von 1966 geht insofern etwas weiter, als nach dem Notstandsartikel 4 Abs. 2 auch die Gedanken-, Gewissens- und Religionsfreiheit sowie die Anerkennung einer Person als rechtsfähig nicht ausgesetzt werden darf. Doch diese Rechte ließen sich dem Rechtsgut körperliche und *seelische* Unversehrtheit im weiteren Sinne zuordnen.

Diejenigen Menschenrechte, welchen nach Dokumenten des Rats eine solche höhere Bedeutung zugemessen werden soll,[286] sind davon umfaßt.

Für die Prinzipien der Demokratie und der Rechtsstaatlichkeit existiert keine solche positivierte Unterscheidungsmöglichkeit.

---

[281] Nowak, Human Rights Conditionality, S. 695. Ein solches Unterscheidungskriterium befürwortet auch Schmitt von Sydow, RDUE 2001, 285 (296 f.).

[282] So auch Klaushofer, JRP 2000, 297 (302).

[283] So aber Schorkopf, Homogenität in der EU, S. 150.

[284] Nach Schmahl, EuR 2000, 819 (823) sind solche Einschränkungen der Grundsätze nicht sanktionsbewehrt, die notstandsbedingt sind, wobei allerdings der notstandsfeste „Kernbestand" gewahrt bleiben müsse. Zum Verhältnis der Nostandsklausel zur Unionsaufsicht siehe unten Kapitel 6, c. 3.

[285] Dies hat der IGH in seinem Nicaragua-Urteil festgestellt, Urteil vom 27.6.1986, Nicaragua ./. United States of America, ICJ Reports 1986, 13 (114).

[286] Schmitt von Sydow, RDUE 2001, 285 (297).

b) Gefahrenqualität im Vorfeldverfahren

(1) Auslegungskriterien

Für den Begriff der „Gefahr" oder des „Risikos" (die englische Version spricht vom „clear risk of a serious breach", die französische vom „risque clair de violation grave") existieren keine Parallelen in anderen Sanktionsmechanismen. Allerdings wird dieser Begriff im internationalen Menschenrechtsschutz in Art. 3 des Übereinkommens gegen Folter und andere grausame, unmenschliche oder erniedrigende Behandlung oder Strafe (UN-Konvention gegen Folter) verwendet. Demzufolge darf keine Person abgeschoben werden, wenn die Gefahr der Folter besteht. Auch die Rechtsprechung des EGMR zu Art. 3 EMRK kann Anhaltspunkte liefern. Der Gerichtshof verwendet für die Frage der Abschiebung von mit Mißhandlung bedrohten Personen den Begriff „reales Risiko".[287] Der Begriff der Gefahr wird auch im nationalen Verwaltungsrecht sowie im internationalen Umweltrecht benutzt. Auch wenn Aussagen in diesen Bereichen keinesfalls übernommen werden können, so können sie doch als allgemeine Überlegungen bei der Begriffsklärung weiterhelfen.

Im deutschen Polizeirecht wird eine Gefahr definiert als eine Sachlage, bei der im einzelnen Fall die hinreichende Wahrscheinlichkeit besteht, daß in absehbarer Zeit ein Schaden eintreten kann. Dabei wird auf den ungehindertem Ablauf des objektiv zu erwartenden Geschehens abgestellt.[288] Die Definition einer Gefahr im Sinne des deutschen Strafrechts ist ähnlich: Es handelt sich um einen durch eine beliebige Ursache eingetretenen ungewöhnlichen Zustand, in welchem nach den konkreten Umständen der Eintritt eines Schadens wahrscheinlich ist. [289]Das deutsche Umweltrecht verweist für den Gefahrenbegriff auf das Polizeirecht.[290]
Im internationalen Umweltrecht wird im Bereich der Gefahrenabwehr Risiko definiert als „the probability or likelihood of suffering harm from a hazard, assuming that there is some possibility – a non-zero probability – of such taking place." [291] Dabei soll auf die möglichen Schäden, ihr quanitiatives und qualitatives Ausmaß und die Wahrscheinlichkeit im Vergleich mit anderen Risiken abgestellt werden. Von Bedeutung ist auch, ob irreversible Schäden eintreten können.[292]
Die Konvention des Europarats über die zivilrechtliche Haftung für Schäden aus umweltgefährdenden Tätigkeiten vom 21. Juni 1993[293] definiert in Art. 2 „*dangerous* substance" als „substances or preparations which have properties which constitute

---

[287] Al-Adsani ./. UK, European Court of Human Rights, Urteil vom 21.11.2001, Appl. No. 35763/97, Ziff. 39; Soering ./. Vereingtes Königreich, Urteil vom 7.7.1989, A 161, Ziff. 91; vgl. hierzu eingehend Alleweldt, Schutz vor Abschiebung, S. 26 ff., insbes. S. 30 f.
[288] Vgl. Denninger, in Lisken/Denninger, Handbuch des Polizeirechts, S. 143 f.
[289] Vgl. Tröndle/Fischer, Strafgesetzbuch, § 34 Rn. 3.
[290] Vgl. auch Kloepfer, Umweltrecht, § 4 Rn. 10 und § 14 Rn. 43..
[291] Vgl. Kiss/Shelton, International Environmental Law, S. 210.
[292] Vgl. Kiss/Shelton, International Environmental Law, S. 210
[293] Convention on Civil Liability for Damage Resulting from Activities to the Environment, Lugano, 21.6.1993, http://conventions.coe.int/Treaty/en/Treaties/Html/150.htm

a *significant risk* for man, the environment or property"[294] und zählt beispielhaft Substanzen mit besonderen Eigenschaften auf.

Für die Beurteilung, ob eine Gefahr im Sinne von Art. 3 der UN-Konvention gegen Folter besteht, müssen gemäß Abs. 2 alle maßgeblichen Erwägungen berücksichtigt werden einschließlich des Umstands, daß in dem betreffenden Staat eine ständige Praxis grober, offenkundiger oder massenhafter Verletzungen der Menschenrechte herrscht. Dabei sollen die besonderen Umstände eines jeden Einzelfalles berücksichtigt werden.[295]
Zwar lehnt sich die Formel des EGMR für die Frage, ob ein Abschiebungshindernis im Sinne des Art. 3 EMRK vorliegt, an die Formulierung von Art. 3 der UN-Konvention gegen Folter an, jedoch enthält sie nicht den Begriff „Gefahr", sondern stellt auf ein „reales Risiko" ab, auf das aufgrund von „stichhaltigen Gründen" geschlossen werden muß.[296] Es fragt sich, ob dies eine etwas geringere Wahrscheinlichkeit als eine Gefahr erfordert.[297] In Anbetracht der simultanen Verwendung in Art. 7 Abs. 1 EUV scheinen die europäischen Vertragspartner nicht davon auszugehen. Die Auslegung der Rechtsprechung des EGMR zeigt, daß von der Formal „reales Risiko" sowohl große, als auch mittlere und kleine Risiken umfaßt sind.[298]

All diesen Definitionen ist gemeinsam, daß sie ein subjektives Element enthalten. Für die Beantwortung der Frage, ob eine Gefahr[299] vorliegt, bedarf es einer Prognose, in die eine subjektive Einschätzung der zukünftigen Entwicklung einfließt.[300] Es muß aus Tatsachen, die in der Vergangenheit oder in der Gegenwart liegen, auf zukünftige Entwicklungen geschlossen werden. Für dieses Problem können keine abstrakten Grundsätze aufgestellt werden, sondern es muß immer von Fall zu Fall entschieden werden[301]

Je schwieriger eine Prognose aufgrund allgemeiner Lebenserfahrung getroffen werden kann, desto mehr muß auf die Bedeutung des gefährdeten Rechtsguts abgestellt werden. Der Grundsatz, daß eine Differenzierung zwischen den gefährdeten Rechtsgütern je nach ihrer Bedeutung erforderlich ist, gilt also nicht nur für die Frage, ob eine Verletzung schwerwiegend ist, sondern auch für die Frage, ob eine Gefahr vorliegt. Je größer und folgenschwerer der drohende Schaden ist, desto geringere Anforderungen sind an den Grad der Wahrscheinlichkeit des Eintritts des

[294] Hervorhebungen von der Verfasserin.
[295] Vgl. Burgers/Danelius, The UN Convention against Torture, S. 127.
[296] Siehe hierzu European Court of Human Rights, Soering ./. Vereingtes Königreich, Urteil vom 7.7.1989, A 161, Ziff. 91; Cruz Varas u.a. ./. Schweden, Urteil vom 20.3.1991, A 201, Ziff. 75 f.; Vilvarajah u. a. ./. Vereinigtes Königreich, Urteil vom 30.10.1991, A 215, Ziff. 107. Vgl.auch Alleweldt, Schutz vor Abschiebung, S. 27, 30 f.
[297] Alleweldt, Schutz vor Abschiebung, S. 96.
[298] Vgl. Alleweldt, Schutz vor Abschiebung, S. 29 ff. insbesondere mit Verweis auf European Court of Human Rights, Soering ./. Vereingtes Königreich, Urteil vom 7.7.1989, A 161, Ziff. 94 und 99.
[299] Oder ein reales Risiko.
[300] Vgl. Denninger, in Lisken/Denninger, Handbuch des Polizeirechts, S. 146 f; Alleweldt, Schutz vor Abschiebung, S. 39. Auch Kokott, Beweislastverteilung und Prognoseentscheidungen, S. 30 ff., geht davon aus, daß es keine objektiven Prognosen und keine objektive Wahrscheinlichkeit geben kann.
[301] Vgl. Alleweldt, Schutz vor Abschiebung, S. 39.

Schadensereignisses zu stellen.[302] Diese Formel begegnet einem unter anderem im deutschen Umweltrecht in den Fällen, in denen eine Gefahrenbeurteilung nur aufgrund einer natur- oder ingenieurwissenschaftlichen Analyse durch Sachverständige möglich ist.[303]

(2) „Eindeutige Gefahr"

Diese allgemeinen Erkenntnisse können auf die vorliegende Untersuchung übertragen werden.
„Gefahr" im Sinne des Art. 7 Abs. 1 EUV bedeutet demnach eine Situation, in welcher aufgrund einer Wahrscheinlichkeitsprognose – also der kritischen Beurteilung des Gegenwärtigen – eine Entwicklung erwartet wird, die zu einer schwerwiegenden Verletzung eines der in Art. 6 Abs. 1 EUV genannten Grundsätze führt. Hinzu kommt, daß es sich um eine *eindeutige* Gefahr handeln muß.
Wegen des prognostischen Elements kann nicht abstrakt umgrenzt werden, wann genau die von Art. 7 Abs. 1 EUV geforderte eindeutige Gefahr der schwerwiegenden Verletzung der Grundsätze gegeben ist. Eine Ableitung aus allgemeinen Gesetzen ist hier nicht möglich, da es sich bei der politischen Entwicklung in einem Mitgliedstaat nicht um ein allgemeingültiges Naturgesetz handelt.[304] Die Erklärung einer zukünftigen Entwicklung aus einem Modell – ein soziologisches Verfahren – scheint eher möglich. Diesem Verfahren liegt die Vorstellung zugrunde, daß ein zukünftiger Sachverhalt durch einen Ursachenkomplex determiniert ist. Bei einem solchen Verfahren muß jedoch bedacht werden, daß in der sozialen Realität häufig andere Kausalfaktoren zusammenwirken, als im Modell berücksichtigt wurden. Grundlage für eine Prognose können auch ein bestimmter zu beobachtender Trend sein oder stichprobenartige Befragungen, deren Ergebnisse in eine gewisse Richtung deuten.[305]
Immerhin ist es möglich, Aussagen über Einzelfälle im Grenzbereich zu treffen, wodurch eine Eingrenzung erfolgt.

Weil Art. 7 Abs. 1 EUV auf eine *eindeutige* Gefahr abstellt, scheidet eine andere Unterscheidung nach verschiedenen Intensitäten einer Gefahr – etwa der besonderen Gefahr, der erheblichen Gefahr oder der dringenden Gefahr, wie sie aus dem deutschen Umweltrecht bekannt sind[306] – aus.
Die Wahl des Wortes „eindeutig" ist nicht ganz glücklich, da die Frage, ob eine Gefahr eindeutig vorliegt, nur *ex post* beantwortet werden kann. Es ist einer Prognoseentscheidung inhärent, daß sie einen gewissen Faktor der Unsicherheit enthält. Das

---

[302] BVerwGE 45, 51 (61); 47, 31 (40), vgl. auch Kloepfer, Umweltrecht, § 14 Rn. 43; Alleweldt, Schutz vor Abschiebung, S. 37.
[303] Vgl. Bender/Sparwasser/Engel, Umweltrecht, Rn. 8/98 (S. 379 f.).
[304] Zu dieser und den folgenden Prognosemethoden vgl. Bertrams, Die Prognoseentscheidung im verwaltungsrechtlichen Asylverfahren, S. 120 ff.
[305] Vgl. nochmals Bertrams, Die Prognoseentscheidung im verwaltungsrechtlichen Asylverfahren, S. 123 f.
[306] Vgl. Kloepfer, Umweltrecht, § 17 Rn. 42.

Wort eindeutig ist daher so zu verstehen, daß nur verschwindend geringe Anhaltspunkte vorliegen dürfen, die gegen das Vorhandensein einer Gefahr sprechen.
Mit dieser Wortwahl ist auch die abstrakte Gefahr aus dem Gefahrenbegriff des Art. 7 Abs. 1 EUV herausgenommen.[307] Eine abstrakte Gefahr wird dann bejaht, wenn es sich um einen nur hypothetisch, aber typischerweise gefährlichen Sachverhalt handelt.[308] Dies ist aber gerade keine eindeutige Gefahr. Eine solche liegt nur bei einer konkreten Gefahr, nämlich dann vor, wenn sie im Einzelfall wirklich besteht.[309]

Wenn schon eine einfache Verletzung eines Grundsatzes oder mehrerer der Grundsätze in einem Mitgliedstaat gegeben ist, so liegt der Schluß nahe, hierin sei eine eindeutige Gefahr der schwerwiegenden Verletzung begründet. Allein die einfache Verletzung kann aber noch nicht hinreichen, da sie keine Aussage über die Zukunft trifft. Es müssen weitere stichhaltige Gründe[310] hinzukommen, aufgrund derer prognostiziert werden kann, daß es sich nicht um eine einmalige Begebenheit handelt, sondern um eine fortschreitende Entwicklung. Bei einem abgeschlossenen Sachverhalt kann eine zukünftige Gefahr nicht angenommen werden; die Entscheidungsbasis für Art. 7 EUV ist nicht ein Einzelsachverhalt, der genau überblickt werden kann, sondern eine die ganze politische Situation umfassende Lage in einem Mitgliedstaat.

Wenn noch gar keine Verletzung eines der Grundsätze vorliegt, so kann dennoch die eindeutige Gefahr einer schwerwiegenden Verletzung bejaht werden. Dies sind aber Ausnahmefälle, in denen etwa ein Putsch in einem Mitgliedstaat unmittelbar bevorsteht, aber noch nicht begonnen hat und die *alte* Ordnung die Grundsätze bislang nicht verletzt. Die Gefahrenprognose würde dann darauf gestützt werden, was für Vorstellungen bei den „Putschisten" herrschen und wie wahrscheinlich ein Umsturz durch sie ist.

Schließlich wird eindeutig dann die Gefahr einer schwerwiegenden Verletzung der Grundsätze vorgelegen haben, wenn es im nachhinein tatsächlich zu einer solchen Verletzung gekommen ist. Diese Feststellung ist allerdings wenig hilfreich, da die nachträgliche Entwicklung nicht in die Prognoseentscheidung mit einbezogen werden kann.

---

[307] So im Ergebnis auch Köck/Hintersteininger, Zu den Sanktionen der vierzehn EU-Partnerstaaten gegen Österreich, S. 489.
[308] Vgl. Denninger, in Lisken/Denninger, Handbuch des Polizeirechts, S. 145.
[309] Vgl. Denninger, in Lisken/Denninger, Handbuch des Polizeirechts, S. 145.
[310] Die Formulierung „stichhaltige Gründe" stammt vom EGMR für die Frage eines Abschiebungshindernisses gemäß Art. 3 EMRK, European Court of Human Rights, Soering ./. Vereingtes Königreich, Urteil vom 7.7.1989, A 161, Ziff. 91; Cruz Varas u.a. ./. Schweden, Urteil vom 20.3.1991, A 201, Ziff. 75. Vgl. Alleweldt, Schutz vor Abschiebung, S. 39.

D. Verhältnis der Unionsaufsicht zu Art. 6 Abs. 3 EUV

Gemäß Art. 6 Abs. 3 EUV achtet die Union die nationale Identität der Mitgliedstaaten.[311] In seinem systematischen Zusammenhang ist dieser Absatz nur so zu verstehen, daß unter der nationalen Identität der Mitgliedstaaten nicht etwas verstanden werden kann, was den Grundsätzen der Freiheit, der Demokratie, der Achtung der Menschenrechte und Grundfreiheiten sowie der Rechtsstaatlichkeit widerspricht, denn diese sind gemäß Art. 6 Abs. 1 EUV die grundlegenden Prinzipien eines jeden Mitgliedstaates. Ein Mitgliedstaat kann sich also bei Verletzung dieser Grundsätze nicht auf Art. 6 Abs. 3 EUV berufen – Art. 7 EUV ist gegenüber Art. 6 Abs. 3 EUV vorrangig.[312] Die nationale Identität der Mitgliedstaaten wird nur insofern geachtet, als sie nicht gegen die in Art. 6 Abs. 1 EUV postulierten Grundsätze verstößt. Oder umgekehrt: Es kann nicht zur nationalen Identität eines Mitgliedstaates gehören, die in Art. 6 Abs. 1 EUV genannten Grundsätze zu verletzen. Wäre dies der Fall, so würden die Verfahren nach Art. 7 EUV leerlaufen.[313]

E. Ergebnis

Zumindest für den Inhalt der Grundsätze sind Aussagen möglich; er stellt sich nach dieser Untersuchung wie folgt dar:
Mit der Umklammerung durch das Prinzip der Freiheit wird der innere Zusammenhang zwischen den in Art. 6 Abs. 1 EUV genannten Prinzipien herausgestellt.
Das Demokratieprinzip im Sinne des Art. 6 Abs. 1 EUV umfaßt die Legitimation der staatlichen Herrschaftsgewalt durch periodische, unabhängige, allgemeine, freie, gleiche und geheime Wahlen mindestens einer der gesetzgebenden Kammern innerhalb eines pluralistischen Systems durch das „Volk", also den Personenkreis, der für den jeweiligen Bereich Inhaber der Souveränität ist.
Zwingende Bestandteile des Grundsatzes der Rechtsstaatlichkeit im Sinne von Art. 6 Abs. 1 EUV sind die Gewaltenteilung mit Unabhängigkeit und gegenseitiger Kontrolle der Organe, die Bindung der staatlichen Gewalt an Recht und Gesetz, das Willkürverbot, das Vorhandensein eines Rechtswegsystems mit Rechtsweggarantie durch die unabhängige Judikative und die Staatshaftung.[314]
Der Grundsatz der Menschenrechte und Grundfreiheiten i.S.d. Art. 6 EUV umfaßt mindestens das Recht auf Leben und körperliche Unversehrtheit (inklusive Verbot des Vollzugs der Todesstrafe), das Recht auf Freiheit (Schutz vor willkürlicher Verhaftung), ein Rechtshilfesystem mit Rechtshilfegarantie, den Grundsatz *nulla poena*

---

[311] Siehe hierzu auch Bogdandy, CMLRev 2002, 227 (263).
[312] So auch Betten/Grief, EU Law and Human Rights, S. 135; Gormley, Reflections on the Architecture of the European Union after the Treaty of Amsterdam, 60; Schorkopf, DVBl 2000, 1036 (1044); ders., FAZ vom 14. Februar 2000, S. 9.
[313] Vgl. auch Puttler, in Calliess/Ruffert, Kommentar zu EUV und EGV, Art. 6 EUV, Rn. 192.
[314] Auch die *beispielhafte* Aufzählung bei Schmitt von Sydow, RDUE 2001, 285 (2292 f.) umfaßt diese Elemente.

sine lege, das Gebot der Achtung der Privatsphäre einschließlich dem Grundsatz der Unverletzlichkeit der Wohnung, die Gedanken-, Gewissens- und Religionsfreiheit, die Meinungsfreiheit, die Versammlungsfreiheit, die Vereinigungsfreiheit, das Recht auf Eigentum, das Diskriminierungsverbot sowie darüber hinausgehenden Minderheitenschutz auf niedrigem Niveau, das Recht auf Bildung sowie das Recht auf soziale Sicherheit.

Die Termini „schwerwiegend", „anhaltend" und „eindeutige Gefahr" entziehen sich dagegen einer abstrakten Bestimmung. Es können nur Aussagen im Randbereich und für Einzelfälle getroffen werden, die hier nicht noch einmal wiederholt werden sollen.
Um diesen Mangel an abstrakten Kriterien zu kompensieren, ist besonderer Wert auf die im zweiten Kapitel erörterten Verfahrensanforderungen zu legen, insbesondere auf das Begründungserfordernis.[315] Für die Anwendung der Unionsaufsicht bedarf es also in jedem Einzelfall einer eingehenden Untersuchung, ob die Eingriffsschwelle erreicht ist.

[315] Neisser, Anlassfall Österreich, S. 142, schließt daraus, es bedürfe „eines eingehenden Beweisverfahrens, in dem bestimmte Verfahrensrechte gelten müssen", um feststellen zu können, ob eine Verletzung schwerwiegend und anhaltend ist.

Kapitel 4: Die Maßnahmen der Unionsaufsicht

Die Unionsaufsicht hat zur Aufgabe, die Einhaltung der Grundsätze in allen Mitgliedstaaten zu gewährleisten. Wie bereits im 2. Kapitel erläutert, sind hierfür das Vorfeldverfahren nach Absatz 1 und das Suspendierungsverfahren nach Absatz 2 vorgesehen. Sie setzen an einem unterschiedlichen Grad einer Gefährdung der Grundsätze an.

Zunächst sollen jene Maßnahmen beschrieben werden, die von der gesetzlichen Regelung explizit umfaßt sind, wobei die beiden Verfahren getrennt behandelt werden (A.). Anschließend wird untersucht, welche darüber hinaus gehenden Maßnahmen im Rahmen der Unionsaufsicht möglich sind, weil sie implizit von diesem Regelungsmechanismus umfaßt sind (B.).

F. Explizit mögliche Maßnahmen

1. Vorfeldverfahren

a) Feststellung und Empfehlungen

Im Wege des Vorfeldverfahrens kann der Rat die Feststellung treffen, daß in einem Mitgliedstaat die eindeutige Gefahr einer schwerwiegenden Verletzung der in Artikel 6 Abs. 1 EUV genannten Grundsätze vorliegt. Wegen der damit einhergehenden Prangerwirkung liegt hierin schon eine politische Sanktion.[1]

Darüber hinaus kann der Rat verbunden mit der Feststellung geeignete Empfehlungen an den betroffenen Mitgliedstaat richten. Der Begriff der Empfehlung ist für den EGV in Art. 249 UAbs. 5 EGV als eine Handlungsform der Organe aufgeführt. Demzufolge sind Empfehlungen Vorschläge, deren Ziel und Zweck es ist, dem Adressaten ein bestimmtes Verhalten nahezulegen, ohne ihn binden zu können.[2] Mit einer Empfehlung ist die Erwartung verbunden, daß der Betroffene dem damit erteilten Rat freiwillig nachkomme. Wegen des Verweises in Art. 5 EUV auf den EGV gilt dies auch für den Bereich der EU.
„Geeignet" kann eine Empfehlung nur hinsichtlich der Erfüllung eines bestimmten Zieles sein, im vorliegenden Falle also im Hinblick auf das Ziel, die Gefahr für die Grundsätze abzuwenden.

[1] Vgl. für die Feststellung der Verletzung im Suspendierungsverfahren Kluth, in Calliess/Ruffert, Kommentar zu EUV und EGV, Art. 7 EUV, Rn. 4.
[2] Vgl. Streinz, Europarecht, Rn. 419. Siehe hierzu auch schon Kapitel 2, C. 1.

Der Wortlaut der Vorschrift zieht keine Grenze, wie detailliert die Empfehlungen sein können; eine Begrenzung erfolgt aber durch den Sinn und Zweck der Regelung. Das gesamte Verfahren in Art. 7 EUV bezieht sich lediglich auf die Grundsätze der Union und ihre Einhaltung, nicht jedoch auf deren Ausprägung. Damit kann der Rat nur Empfehlungen erteilen, die auf der Ebene der Grundsätze verbleiben. Dies bedeutet, er kann das Ziel vorgeben, nicht aber die Mittel festlegen, mit denen dieses Ziel erreicht werden kann. Vorstellbar ist demzufolge etwa, daß er einen Hinweis gibt, worin genau er die Verletzung eines Grundsatzes erblickt, und ab welcher Schwelle keine solche Verletzung vorläge. Er kann jedoch nicht konkret empfehlen, wie genau eine Verletzung zu beheben ist, also welche Rechtsvorschriften zu erlassen sind oder wie bereits vorhandenes Recht auszulegen ist, denn dies würde sich auf die konkrete Ausgestaltung der Grundsätze beziehen.

Oben wurde bereits festgestellt, daß die Empfehlungen im Sinne des Art. 7 Abs. 1 EUV unverbindlich sind.[3] Dies bedeutet jedoch nicht, daß sie grundsätzlich rechtlich irrelevant sind.[4] Es fragt sich, ob einer Empfehlung im Rahmen des Art. 7 Abs. 1 EUV nicht doch rechtliche Wirkung zukommen kann. Nach der Rechtsprechung des Gerichtshofs müssen nationale Gerichte Empfehlungen bei ihrer Entscheidungsfindung berücksichtigen, und zwar insbesondere dann, wenn aufgrund dieser Empfehlung nationale Rechtsvorschriften erlassen wurden. Die Empfehlung ist dann zur Auslegung dieses innerstaatlichen Rechts heranzuziehen.[5] Eine solche Wirkung als Auslegungsmaßstab ist aber verbindlich.[6]
Sollte also aufgrund einer Empfehlung gemäß Art. 7 Abs. 1 EUV in einem Mitgliedstaat innerstaatliches Recht erlassen werden, so wären nach dieser Rechtsprechung die nationalen Gerichte verpflichtet, bei Rechtsstreitigkeiten über den Inhalt dieses Rechts die Empfehlung zur Auslegung hinzuzuziehen.
Diese Frage stellt sich allerdings erst später. Zunächst einmal ist die Wirkung der Empfehlung auf die Legislative und die Exekutive eines betroffenen Mitgliedstaates relevant. Diesbezüglich ändert die Rechtsprechung des Gerichtshofs jedoch nichts an der Unverbindlichkeit der Empfehlung. Sie besagt – vereinfacht ausgedrückt – nur, daß dann, wenn die Empfehlung zur Grundlage oder zum Auslöser einer bestimmten rechtlichen Entscheidung wurde, dies bei dem Verständnis dieser Entscheidung berücksichtigt werden muß. Der Mitgliedstaat ist nicht einmal verpflichtet, dem Rat Bericht darüber zu erstatten, welche Maßnahmen er ergriffen hat, um der Empfehlung nachzukommen.[7]

Die Empfehlung hat damit lediglich eine politische Wirkung. Der betroffene Mitgliedstaat wird sein künftiges Verhalten schon deshalb an der Empfehlung aus-

---

[3] Kapitel 2, J. 1.
[4] Vgl. zu Empfehlungen allgemein Schmidt, in Groeben/Thiesing/Ehlermann, Kommentar zum EUV/EGV, Art. 189 EGV, Rn. 49.
[5] EuGH, Urteil vom 13. Dezember 1989 – Grimaldi ./. Fonds des maladies professionelles, Rs. C-322/88 – Slg. 1989, 4407 (4421, Rn. 18).
[6] Ruffert, in Groeben/Thiesing/Ehlermann, Kommentar zum EUV/EGV, Art. 249 EGV, Rn. 119.
[7] Vgl. hierzu Zahlbruckner, JBl 1993, 345 (347).

richten, weil er sonst das für ihn wesentlich schmerzlichere Suspendierungsverfahren zu erwarten hat.

b) Unabhängige Persönlichkeiten

Neben der Feststellung der Gefahr und den Empfehlungen an den betroffenen Mitgliedstaat kann der Rat unabhängige Persönlichkeiten ersuchen, einen Bericht über die Lage in diesem Mitgliedstaat zu erstellen. Diese Möglichkeit tritt als selbständiges Verfahren neben das eigentliche Vorfeldverfahren, kann aber auch einer Gefahrenfeststellung vorgehen. Hierauf sowie auf die konkreten Auswirkungen der Einsetzung eines solchen Expertengremiums und den Umfang eines von diesem zu erstellenden Berichts wurde bereits oben im zweiten Kapitel näher eingegangen.[8]

2. Suspendierungsverfahren

Eine zumindest politische Sanktion liegt schon in der bloßen Feststellung, ein Staat verletze einen oder mehrere der in Art. 6 Abs. 1 EUV genannten Grundsätze. Dies hat eine Prangerwirkung wegen der darin zum Ausdruck kommenden Mißbilligung.[9] Daneben ist die Aussetzung verschiedener Rechte der Mitgliedstaaten möglich.

a) Gezielte Abstimmung der Sanktionen

Da der Rat bei seiner Entscheidung, welche Rechte ausgesetzt werden sollen, nach (pflichtgemäßem) Ermessen handelt, hat er grundsätzlich die Möglichkeit, gezielt auf die jeweilige Verletzung oder Besonderheit des betroffenen Mitgliedstaates abgestimmte Maßnahmen zu ergreifen.[10]

Bisher werden neben der Aussetzung der Stimmrechte im Rat, die gesondert zu behandeln ist,[11] als wahrscheinliche und mögliche Sanktionen insbesondere die Zurücknahme von Strukturfonds und anderer finanzieller Unterstützung oder die

[8] Kapitel 2, G. 7.

[9] Vgl. schon für die Feststellung der Gefahr, Kluth, in Calliess/Ruffert, Kommentar zu EUV und EGV, Art. 7 EUV, Rn. 4; Schorkopf, Homogenität in der EU, S. 160. Im Falle des Einleitung des Verfahrens nach Art. 7 Abs. 1 EUV (Amsterdam) oder der Beschlußfassung durch den Rat nach diesem Verfahren ist die Beschränkung des Asylrechts für Staatsangehörige des betroffenen Mitgliedstaats aufgehoben, vgl. Protokoll über die Gewährung von Asyl für Staatsangehörige von Mitgliedstaaten der Europäischen Union, Vertrag von Amsterdam, ABl. C 340 vom 10.11.1997, S. 103 f.

[10] Vgl. auch Schmahl, EuR 2000, 819 (826).

[11] In Abschnitt 2. c) dieses Kapitels.

Suspendierung von der Teilnahme in besonderen (z. B. wissenschaftlichen) Programmen diskutiert.[12] Diese Maßnahmen ähneln denjenigen, welche für einen Bundeszwang vorgeschlagen werden, so für die Bundesrepublik Deutschland unter anderem die Einstellung von Finanzzuweisungen, die Sperrung von Bundeszahlungen oder die Verweigerung der Erfüllung von sonstigen Bundesaufgaben gegenüber dem Land.[13]

Trotz der scheinbaren Nähe des europäischen Suspendierungsverfahrens zum deutschen Bundeszwang bestehen erhebliche Unterschiede. Der Bundeszwang in Deutschland beruht auf einer anderen Kompetenzgrundlage – sie ermächtigt zur Vornahme der „notwendigen Maßnahmen [...], um das Land [...] zur Erfüllung seiner Pflichten anzuhalten" (Art. 37 Abs. 1 GG). Dies bedeutet einerseits, daß nicht nur die Suspendierung von Rechten in Frage kommt. Andererseits liegt hier eine engere Zweckbindung vor: Die Maßnahmen dürfen nur ergriffen werden, um das Land zur Erfüllung seiner Pflichten anzuhalten. Bei diesen Pflichten handelt es sich nicht nur um solche wie die grundlegende Beachtung der höchsten Prinzipien; auch die schon einmalige Verletzung der Pflichten aus Art. 84 oder 85 GG (Verwaltung durch die Länder) kann gegebenenfalls ein Handeln nach Art. 37 GG, dem Bundeszwang, nach sich ziehen, allerdings nur dann, wenn dies verhältnismäßig ist, also insbesondere kein milderes Mittel zur Verfügung steht, was vom Bundesverfassungsgericht überprüft werden kann.[14] Aus diesem Grunde werden etwa Maßnahmen mit Strafcharakter von vornherein ausgeschlossen.[15]

Das Suspendierungsverfahren im EG- bzw. EU-Bereich unterliegt keiner derart strengen Zweckbindung. Zwar ist der Grundsatz der Verhältnismäßigkeit zu wahren, aber der Zweck, zu dessen Erfüllung die Maßnahmen verhältnismäßig sein müssen, ist nicht von vorneherein so eingeschränkt wie beim deutschen Bundeszwang. Er ergibt sich hier aus dem Sinn des Suspendierungsverfahrens, die Wahrung der Homogenität in den grundlegenden Prinzipien wiederherzustellen. Dieses Ziel kann nicht ohne weiteres mit genau abgestimmten Maßnahmen erreicht werden, da nur die Möglichkeit der Suspendierung von Rechten besteht; häufig kann aber mit diesem Mittel gar nicht direkt der Herstellung des Grundkonsenses gedient werden. Dann hat eine Maßnahme automatisch den Charakter einer Beugemaßnahme oder einer Strafe.

Eine Abstimmung der Sanktionsmaßnahmen auf den jeweiligen Mitgliedstaat und den konkreten Fall der schwerwiegenden und anhaltenden Verletzung der Grundsätze ist damit zwar möglich, wird aber durch die Komplexität einer solchen Entwicklung relativiert.

---

[12] So etwa European Policy Centre, Making Sense of the Amsterdam Treaty, S. 90, Anmerkung 17; Kluth, in Calliess/Ruffert, Kommentar zu EUV und EGV, Art. 309 EGV, Rn. 3; Schorkopf, Homogenität in der EU, S. 177 ff.; ders., DVBl 2000, 1036 (1039 f.); ders., in Grabitz/Hilf, Das Recht der EU, Art. 309 EGV (Amsterdam), Rn. 4; Hummer/Obwexer, europa blätter 2000, 93 (101); Barents, MJ 1997, 332 (335); Leidenmühler, Die Union 1998, 97 (104); Schmahl, EuR 2000, 819 (826).

[13] Vgl. Bauer, in Dreier, Grundgesetz Kommentar, Art. 37, Rn. 13 m.w.N.; Erbguth, in Sachs, Art. 37, Rn. 12; Gubelt, in v. Münch/Kunig, Grundgesetz-Kommentar, Art. 37, Rn. 13.

[14] Vgl. Bauer, in Dreier, Grundgesetz Kommentar, Art. 37, Rn. 10, zur Verhältnismäßigkeit siehe Gubelt, in v. Münch/Kunig, Grundgesetz-Kommentar, Art. 37, Rn. 15.

[15] Vgl. Evers, in Dolzer/Vogel, Bonner Kommentar, Art. 37, Rn. 51.

b) Verhältnismäßigkeitsüberlegungen

Insbesondere bei den eben angesprochenen Maßnahmen der Zurücknahme von finanzieller Unterstützung oder der Suspendierung von der Teilnahme an besonderen (z. B. wissenschaftlichen) Programmen ist mit hoher Wahrscheinlichkeit damit zu rechnen, daß hierdurch Dritte, also vor allem die Bürger des betroffenen Staates, aber auch Unternehmen etc. betroffen sind und unter dieser Suspendierung zu leiden haben. Gerade aus den Zielen und Aufgaben der Strukturfonds wird dies deutlich: Entwicklung der Regionen mit Entwicklungsrückstand, Umstellung von rückläufiger industrieller Entwicklung schwer betroffener Regionen, Bekämpfung von Langzeit- und Jugendarbeitslosigkeit, Anpassung der Arbeitskräfte an industrielle Wandlungsprozesse, Entwicklung des ländlichen Raumes.[16] Von dieser „Art vorbundesstaatlichen Finanzausgleichs zugunsten strukturschwacher Regionen"[17] profitieren vor allem die dort ansässigen Bürger und Unternehmen.

Darüber hinaus werden durch viele Maßnahmen auch natürliche und juristische Personen anderer Mitgliedstaaten betroffen.[18]
In Art. 7 Abs. 3 UAbs. 1 Satz 2 EUV (und als Pendant in Art. 309 Abs. 2 UAbs. 1 Satz 2 EGV) ist geregelt, daß die Rechte und Pflichten natürlicher und juristischer Personen berücksichtigt werden müssen. Wenn diese Regelung des Art. 7 Abs. 3 UAbs. 1 Satz 2 EUV so verstanden würde, wie vom Europäischen Parlament in seiner Entschließung zum Amsterdamer Vertrag gefordert, daß nämlich auf keinen Fall Rechte der Unionsbürger beeinträchtigt werden dürfen[19], dann könnten Art. 309 EGV bzw. Art. 7 EUV niemals Wirkung entfalten.[20] „Berücksichtigen" kann also nur heißen, daß eine Abwägung vorgenommen werden muß zwischen den Rechten (vor allem diesen) und Pflichten der Unionsbürger und anderer natürlicher und juristischer Personen auf der einen Seite und dem Unionsinteresse an der Wiederherstellung der grundsätzlichen Achtung der gemeinsamen Prinzipien durch alle Mitgliedstaaten auf der anderen Seite. Eine „Reflexwirkung" der Aussetzung auf die Rechte Einzelner soll möglichst vermieden werden.[21] Letztlich liegt das hier als Unionsinteresse bezeichnete Interesse natürlich auch mittelbar im Interesse der Einzelnen, die von einer konkreten Suspendierungsmaßnahme betroffen sind: Die Möglichkeit, überhaupt in den Genuß dessen zu kommen, was ihnen durch die Suspendierung möglicherweise zeitweilig genommen oder eingeschränkt wird, be-

[16] Art. 1 der „Strukturfonds Verordnung", Verordnung (EWG) Nr. 2052/88 des Rates vom 24. Juni 1988 über Aufgaben und Effizienz der Strukturfonds und über die Koordinierung ihrer Interventionen untereinander sowie mit denen der Europäischen Entwicklungsbank und der anderen vorhandenen Finanzinstrumente, Abl. L 185/9 sowie Art. 1 der Verordnung (EWG) Nr. 2081/93 des Rates vom 20. Juli 1993 zur Änderung der Verordnung (EWG) Nr. 2052/88 über Aufgaben und Effizienz der Strukturfonds und über die Koordinierung ihrer Interventionen untereinander sowie mit denen der Europäischen Investitionsbank und der anderen vorhandenen Finanzinstrumente, Abl. L 193/5.
[17] Oppermann, Europarecht, Rn. 979.
[18] So auch die Einschätzung von Stein, Die rechtlichen Reaktionsmöglichkeiten der EU, S. 871 (895 f.).
[19] Entschließung des Europäischen Parlaments zum Amsterdamer Vertrag vom 19.11.1997, Europe Dokumente Nr. 2060 vom 3.12.1997, Ziffer 12, 9. Spiegelstrich.
[20] So auch Stein, Die rechtlichen Reaktionsmöglichkeiten der EU, S. 871 (895 f.).
[21] Vgl. Winkler, JRP 2000, 308 (310).

steht ja nur deshalb, weil das Unionsrecht oder das Gemeinschaftsrecht funktioniert – und zwar auf Basis der Homogenität in den grundlegenden Prinzipien. Die explizite Erwähnung der Rechte und Pflichten Dritter als zu berücksichtigender Gesichtspunkt bei der Suspendierungsentscheidung räumt ihnen eine herausgehobene Stellung im Rahmen einer allgemeinen Verhältnismäßigkeitsüberlegung ein.

Damit handelt es sich mit Art. 7 Abs. 3 UAbs. 1 Satz 2 EUV also um eine besondere Ausprägung des Verhältnismäßigkeitsgrundsatzes.[22] Diese Bestimmung entspricht im Ansatz dem Gedanken des Art. 60 Abs. 5 WVRK, nach dem eine Suspendierung von Verträgen humanitärer Art zum Schutz natürlicher Personen nicht möglich ist, geht aber darüber hinaus.[23] Sie entspricht auch dem Grundsatz des völkerrechtlichen Repressalienrechts, nach welchem bei entsprechenden Maßnahmen nicht in die Rechte Dritter eingegriffen werden darf.[24]
Das Vorhandensein des besonderen Verhältnismäßigkeitsmaßstabes in Art. 7 Abs. 3 UAbs. 1 Satz 2 EUV hat selbstverständlich nicht zu bedeuten, daß der allgemeine Verhältnismäßigkeitsmaßstab gegenüber dem Mitgliedstaat nicht anzuwenden wäre, sondern ist dahingehend zu verstehen, daß bezüglich der möglichen Auswirkungen auf die Rechte und Pflichten Dritter besondere Vorsicht geboten ist.[25]
Der Rat ist bei seinem Handeln immer an den Grundsatz der Verhältnismäßigkeit gebunden. Für den Bereich der EG ergibt sich das aus Art. 10 EGV[26], wobei der EuGH bei einer Überprüfung der Verhältnismäßigkeit dem Rat einen weiten Ermessensspielraum zugesteht, abhängig von dem jeweiligen Bereich, um den es sich handelt.[27] Für die EU verweist Art. 5 EUV auf den EGV, so daß die in dessen Rahmen geltenden Grundsätze für die Organe auch im Rahmen der EU gelten.

Eine Unterscheidung zwischen natürlichen und juristischen Personen des abtrünnigen Staates und denen anderer Staaten scheint zunächst gerechtfertigt, weil die Personen in einer engeren Beziehung zu dem betroffenen Staat stehen. Dem steht aber das Diskriminierungsverbot entgegen, nach welchem jede Diskriminierung aus Gründen der Staatsangehörigkeit verboten ist (Art. 12 UAbs. 1 EGV). Allerdings könnte Art. 309 Abs. 2 EUV ein besondere Bestimmung sein, die eine Ausnahme zu diesem Verbot schafft, was nach Art. 12 UAbs. 1 EGV möglich ist. In Art. 309 Abs. 2 EGV wird aber gar keine Unterscheidung zwischen den Nationalitäten getroffen. Und für staatliches Verhalten können Personen nicht allein wegen ihrer Staatsangehörigkeit bzw. Staatszugehörigkeit verantwortlich gemacht werden. Die

---

[22] Vgl. Schorkopf, Homogenität in der EU, S. 172 und 179 f.; ders., in Grabitz/Hilf, Das Recht der EU, Art. 7 EUV (Amsterdam), Rn. 23; Schmahl, EuR 2000, 819 (826).
[23] Kluth, in Calliess/Ruffert, Kommentar zu EUV und EGV, Art. 7 EUV, Rn. 12.
[24] Vgl. Doehring, ZaöRV 1987, 44 (49).
[25] Vgl. auch Klaushofer, JRP 2000, 297 (302).
[26] Ständige Rechtsprechung des EuGH, vgl. nur EuGH, Urteil vom 19.7.1980 – Testa ./. Bundesanstalt für Arbeit, Verb. Rs. 41, 121 und 796/79 – Slg. 1980, 1979 (1997 f., Rn. 21); siehe auch Pernice, in Grabitz/Hilf, Das Recht der EU, Art. 164 EGV (Maastricht), Rn. 101 ff. m.w.N.; vgl. auch Schorkopf, in Grabitz/Hilf, Das Recht der EU, Art. 7 EUV (Amsterdam), Rn. 23.
[27] Siehe auch EuGH, Urteil vom 19.11.1998 – Vereinigtes Königreich ./. Rat, RS C-150/94, Rn. 87; EuGH, Urteil vom 12.11.1996 – Vereinigtes Königreich ./. Rat, Rs. C-84/94, Slg. 1996, I-5755 (5811, Rn. 57 ff.); EuGH, Urteil vom 13.5.1997 – Deutschland ./. EP und Rat, Rs. C.233/94, Slg. 1997, I-2405 (2461, Rn. 54 ff.).

Berücksichtigungspflicht des Art. 7 Abs. 3 UAbs. 1 Satz 2 EUV und des Art. 309 Abs. 2 UAbs. 1 Satz 2 EGV betrifft also Personen aller Nationalitäten gleichermaßen.

Art. 7 Abs. 3 UAbs. 1 Satz 2 EUV (und das Pendant in Art. 309 Abs. 2 UAbs. 1 Satz 2 EGV) kann im Einzelfall zum Ausschluß gewisser Suspendierungen führen. Insbesondere Maßnahmen mit wirtschaftlichem Charakter fallen darunter, weil hier verstärkt Dritte und nicht der Staat allein betroffen sind. So lange Rechte des Mitgliedstaates ausgesetzt werden können, die nicht die Rechte Dritter betreffen, sind sie ein milderes Mittel und daher vorzuziehen.[28]
Damit ist diese Bestimmung vor allem für den stark integrierten Bereich der EG, der den Unionsbürgern unmittelbare Rechte zugesteht, von großer Bedeutung.[29]

c) Aussetzung der Stimmrechte im Rat

(1) Verknüpfung von EU und EG

Die Aussetzung der Stimmrechte im Rat ist in Art. 7 EUV und Art. 309 EGV explizit erwähnt. Zwar ist zwingend vorgeschrieben, daß eine Aussetzung der Stimmrechte im Rat der Union automatisch eine entsprechende Aussetzung im EG-Bereich bedeutet, aber in umgekehrter Richtung wird diese Verknüpfung nicht hergestellt.
Es fragt sich, ob Stimmrechte im Rat *nur* für den Bereich der EG überhaupt ausgesetzt werden können. In Art. 7 Abs. 3 UAbs. 1 Satz 1 EUV wird explizit darauf hingewiesen, daß eine Aussetzung der Stimmrechte im Rat möglich ist. In Art. 309 Abs. 2 EGV ist genau dieser Teil – bei sonst identischer Formulierung – ausgelassen. Dies legt nahe, daß Art. 309 Abs. 2 EGV keine Ermächtigungsgrundlage zur Aussetzung von Stimmrechten im Rat sein kann. Andererseits kann der Zusatz „einschließlich der Stimmrechte des Vertreters der Regierung dieses Mitgliedstaates im Rat" in Art. 7 EUV auch als Klarstellung verstanden werden, ohne daß hiermit eine zusätzliche Kompetenz begründet würde.[30] Denn die allgemeine Formulierung, es könnten „bestimmte Rechte [ausgesetzt werden], die sich aus der Anwendung dieses Vertrags auf den betroffenen Mitgliedstaat herleiten", kann ohne weiteres auch die Stimmrechte im Rat umfassen. Aus der Systematik ergibt sich, daß mit dem Wort „bestimmte" Rechte nicht etwa Rechte gemeint sind, die an anderer Stelle qualifiziert werden – es folgt keine weitere Qualifizierung. Vielmehr soll ausgedrückt werden, daß die auszusetzenden Rechte bei der Entscheidung näher qualifiziert, also bestimmt werden müssen.

---

[28] Vgl. Schorkopf, Homogenität in der EU, S. 170; Hummer/Obwexer, EuZW 2000, 485 (488): institutionellen Sanktionen ist der Vorzug vor materiellen Eingriffen zu geben.
[29] Vgl. Schorkopf, Homogenität in der EU, S. 170 und 179 f.
[30] Stein, Die rechtlichen Reaktionsmöglichkeiten der EU, S. 894, bezeichnet dies als Verdeutlichung dessen, daß es kein „Souveränitäts-Reservat" für den Rat gebe.

Der Sinn der automatischen Verknüpfung der Stimmrechtsaussetzung im EU-Bereich mit dem EG-Bereich liegt darin, daß zwischen EU und EG Kohärenz bestehen soll.[31] Der Rat ist ein einziges Organ für alle Säulen der EU; er soll nicht in den drei Säulen jeweils unterschiedlichen Abstimmungsmodi unterliegen. Je nachdem, in welchem Bereich er handelt, wäre die Stimme des betroffenen Mitgliedstaats dann beachtlich oder nicht beachtlich. Das wird mit der Parallelität, die in Absatz 1 des Art. 309 EGV explizit hergestellt wird, vermieden. Dieses Ergebnis darf nicht durch eine dieser Idee widersprechende Auslegung der Suspendierungsvorschriften umgangen werden. Die Möglichkeit, allein aufgrund des Art. 309 Abs. 2 EGV Stimmrechte eines Mitgliedstaates im Rat auszusetzen, ist also abzulehnen. Die allgemeine Formulierung kann daher nicht dazu ermächtigen, die Stimmrechte im Rat auszusetzen; diese gilt wegen der Identität der Formulierungen sowohl für Art. 309 EGV als auch für Art. 7 EUV. Der Zusatz in Art. 7 Abs. 3 EUV ist damit als kompetenzbegründend zu verstehen. Dies bedeutet einen Ausschluß für die Formulierung in Art. 309 Abs. 2 EGV, welche diesen Zusatz nicht enthält. Dem steht auch nicht der Wortlaut des Unterabsatzes 2 des Art. 309 Abs. 4 EGV entgegen, eher ist das Gegenteil der Fall. Anderer Ansicht ist *Schorkopf*. Aus der Formulierung, dieser Absatz (gemeint ist Art. 309 Abs. 4 EGV) gelte auch dann, wenn Stimmrechte nach Absatz 1 ausgesetzt werden, könne man schließen, daß Stimmrechte auch nach anderen Vorschriften, nämlich nach Art. 309 Absatz 2 EGV, ausgesetzt werden könnten.[32] Dieser Schluß ist aber keinesfalls zwingend. Viel naheliegender ist, daß mit dem Wort „auch" gemeint ist, daß auch dann, wenn überhaupt Stimmrechte ausgesetzt werden (oder besser: wurden), der Rat ohne Berücksichtigung der Stimme des Regierungsvertreters des betroffenen Mitgliedstaates handelt. Der Präsens an Stelle des Imperfekts bei „werden" verwirrt zunächst, hört es sich doch so an, als ob es um die Stimmrechtsaussetzung selber ginge. Darauf kann sich der Satz aber schon logisch nicht beziehen, weil die Stimmrechte gemäß Art. 309 Abs. 1 EGV immer automatisch ausgesetzt werden, und das unabhängig davon, ob man die Möglichkeit einer Stimmrechtsaussetzung im Rat nach Absatz 2 anerkennt oder nicht. Der Verweis in Art. 309 Abs. 4 UAbs. 2 Satz 1 EGV kann nicht so verstanden werden, daß es eines einstimmigen Ratsbeschlusses nach Abs. 1 bedürfe.[33] Aus der englischen Version des Art. 309 Abs. 4 UAbs. 2 Satz 1 EGV („This paragraph shall also apply in the event of voting rights *being suspended* in accordance with paragraph 1."[34]) und auch der französischen („Le présent pargraphe est également applicable *en cas de suspension* des drois de vote conformément au paragraphe 1."[35]) ist deutlich erkennbar, daß es sich vielmehr um den Fall handelt, in welchem Stimmrechte suspendiert wurden.[36] Vergleicht man nun Art. 309 Abs. 4 UAbs. 2 Satz 1 EGV mit Art. 7 Abs. 5 UAbs. 2 EUV, so ist nicht mehr einsichtig, warum

[31] Vgl. auch Winkler, JRP 2000, 308 (310).
[32] Schorkopf, Homogenität in der EU, S. 176; ders., in Grabitz/Hilf, Das Recht der EU, Art. 309 EGV (Amsterdam), Rn. 4. Ebenso im Ergebnis Hummer, JRP 2001, 185 (192); Hummer/Obwexer, ecolex 2000, 250 (255); dies., EuZW 2000, 485 (488); dies., europa blätter 2000, 93 (101).
[33] Vgl. Winkler, JRP 2000, 308 (310).
[34] Hervorhebung von der Verfasserin.
[35] Hervorhebung von der Verfasserin.
[36] Vgl. auch Winkler, JRP 2000, 308 (310) in Fn. 8.

die Formulierung in Art. 309 Abs. 4 UAbs. 2 Satz 1 EGV für die Möglichkeit einer Stimmrechtsaussetzung auch nach Absatz 3 sprechen soll, denn in Art. 7 EUV wird ebenso das Wort „auch" verwendet und die Stimmrechtssaussetzung nach einem Absatz, nämlich Absatz 2, angesprochen. Hier kann das „auch" nur darauf bezogen sein, daß – falls überhaupt Stimmrechte ausgesetzt wurden – das Vorgehen im Rat bei Abstimmungen nach Art. 7 Abs. 5 EUV erfolgen soll. Die Argumentation von *Schorkopf* vermag daher nicht zu überzeugen.

Im Rahmen des EGV können die Stimmrechte im Rat also nur gemäß Art. 309 Abs. 1 EGV ausgesetzt werden. Dies bedeutet eine automatische Stimmrechtsaussetzung immer dann, wenn sie auch für die EU ausgesetzt wurden, aber nicht darüber hinaus.[37] Abgesehen von diesem speziell geregelten Bereich kann der Rat aber Sanktionen für nur einen der Verträge vorsehen.

(2) Aussetzung der Stimmrechte nur im Rat insgesamt

Die Frage, ob eine Suspendierung von bestimmten Stimmrechten, also nur in bestimmten Bereichen innerhalb eines Vertrages, möglich ist, stellt sich nicht. Es können nur Stimmrechte im Rat insgesamt suspendiert werden, weil sonst die Regelung ausgehebelt würde, daß bei Suspendierung der Stimmrechte im Rat im Rahmen des EUV automatisch die Stimmrechte im Rat im Rahmen des EGV suspendiert sind.[38]

(3) Berücksichtigung der Stimme des betroffenen Staates und erforderliche Mehrheiten

In Art. 7 Abs. 5 UAbs. 2 EUV wird im Gegensatz zu Art. 309 Abs. 4 UAbs. 2 EGV nicht explizit darauf hingewiesen, daß bei Aussetzung der Stimmrechte eines Mitgliedstaats im Rat einstimmige Beschlüsse ohne Berücksichtigung der Stimme des Regierungsvertreters des betroffenen Staates angenommen werden. Dies kann aber nicht bedeuten, daß im Rahmen der zweiten und dritten Säule, wo der Rat häufiger als im Rahmen der EG Beschlüsse nur mit Einstimmigkeit fassen kann, solche dann gar nicht mehr möglich sind. Es wäre einfacher gewesen, die in Art. 309 Abs. 4 UAbs. 2 EGV festgeschriebene Regelung als selbstverständlich für alle Bereiche anzunehmen, wenn sie in Art. 309 EGV nicht erwähnt wäre.[39] Es kann

---

[37] Die Undeutlichkeit der Regelungen des Art. 7 EUV und 309 EGV kritisiert auch Stein, Die rechtlichen Reaktionsmöglichkeiten der EU, S. 894.

[38] Ebenso Griller/Droutsas/Falkber/Forgó/Nentwich, The Treaty of Amsterdam, S. 181. Sie sind allerdings der Ansicht, es könnten die Stimmrechte im Rat bezogen auf bestimmte Stimmquoren ausgesetzt werden, also etwa nur für die Entscheidungen, die einstimmig ergehen müssen (S. 177). Dies ist inkonsequent und daher abzulehnen.

[39] So auch Stein, Die rechtlichen Reaktionsmöglichkeiten der EU, S. 895.

nur angenommen werden, daß hier ein redaktioneller Fehler vorliegt und es schlicht vergessen wurde, diese Passage auch in Art. 7 EUV aufzunehmen, denn sonst wäre der Rat im EU-Bereich bei Aussetzung der Stimmrechte eines Mitgliedstaats kaum mehr handlungsfähig. Allein dies ist gerade nicht das Ziel der Sanktionen nach Art. 7 EUV.

Für nachfolgend ergehendes Gemeinschafts- oder Unionsrecht, für welches es eines Ratsbeschlusses mit qualifizierter Mehrheit bedarf, gilt gem. Art. 7 Abs. 5 U-Abs. 1 EUV sowie Art. 309 Abs. 4 UAbs. 1 EGV dasselbe Erfordernis wie für die Suspendierung von Rechten, also ein relatives Quorum von 71,26 % der gewogenen Stimmen. Eine Sonderregelung, wie bei Beschlüssen mit einfacher Mehrheit verfahren werden soll, existiert nicht. Gemäß Art. 205 Abs. 1 EGV beschließt der Rat mit der Mehrheit seiner Mitglieder. Auf die Anzahl der Mitglieder hat der Stimmrechtsentzug allerdings keine Auswirkungen, so daß es bei dem Erfordernis für „normale Verhältnisse" bleibt. Es handelt sich bei der Differenzierung zwischen „Mitglied" und „Stimme" nicht lediglich um eine rein grammatikalische Unterscheidung.[40] Art. 205 Abs. 1 EGV stellt nicht auf die Mehrzahl der stimmberechtigten Mitglieder ab, sondern auf die Mehrzahl der Mitglieder überhaupt.

(4) Bindung des betroffenen Staates an nachfolgendes supranationales Sekundärrecht

Wurden die Stimmrechte eines Staats im Rat ausgesetzt, so ist zu überlegen, ob der betroffene Mitgliedstaat durch nachfolgende Beschlüsse gebunden werden kann.[41] Es ist nur festgeschrieben, daß die Verpflichtungen des betroffenen Mitgliedstaates auf jeden Fall weiterhin verbindlich bleiben (Art. 7 Abs. 3 UAbs. 2 EUV und entsprechende Regelung in Art. 309 Abs. 2 UAbs. 2 EGV). Gilt dies nur für den status quo zum Zeitpunkt der Aussetzung des Stimmrechts, oder soll eine Bindung auch durch das der Suspendierung zeitlich nachfolgende Sekundärrecht für den betroffenen Mitgliedstaat möglich sein?[42]
Da es im EU- und im EG-Recht für Ratsbeschlüsse sowohl die Möglichkeit der Entscheidung mit einfacher oder qualifizierter Mehrheit als auch der Erforderlichkeit einer Einstimmigkeit gibt, könnte dies als Differenzierungskriterium für die Geltung der einer Suspendierung nachfolgenden Entscheidungen für den betroffenen Mitgliedstaat herangezogen werden. Denn die Möglichkeit von Mehrheitsbeschlüssen bedeutet, noch dazu kombiniert mit unmittelbarer Geltung des damit geschaffenen Rechts, daß die Mitgliedstaaten auch ohne ihren Willen zu einem bestimmten Verhalten verpflichtet werden können.[43]

---

[40] So aber Klaushofer, JRP 2000, 297 (307). Er kommt allerdings auch zu dem Ergebnis, daß bei momentaner Lage und der Stimmaussetzung eines Mitgliedstaates acht Stimmen notwendig wären, weil die Verträge kein Dirimierungsrecht kennten.
[41] Dies nimmt Schorkopf, Homogenität in der EU, S. 167, als selbstverständlich an.
[42] Vgl. Stein, Die rechtlichen Reaktionsmöglichkeiten der EU, S. 895.
[43] Vgl. Streinz, Europarecht, Rn. 116.

Supranationales Recht kommt vor allem im Bereich der EG vor, der ersten Säule im Tempelmodell der EU. Seit dem Amsterdamer Vertrag existiert jedoch gemäß Art. 34 Abs. 2 lit. b EUV für die polizeiliche und justitielle Zusammenarbeit in Strafsachen (die PJZS; dritte Säule) der sogenannte Rahmenbeschluß. Dieser ist für die Mitgliedstaaten unmittelbar verbindlich, wenn auch nicht unmittelbar anwendbar, ähnlich der Richtlinie im EG-Bereich.[44] Damit existiert auch hier supranationales Recht.

(a) Einstimmig ergehendes Recht

Das Erfordernis der Einstimmigkeit besteht im EG/EU-Recht gerade deshalb, weil die Staaten nicht durch etwas gebunden werden möchten, wenn sie nicht die Möglichkeit hatten, dies explizit abzulehnen.

Sinn der Suspendierungsmöglichkeit ist es, daß die anderen Mitgliedstaaten normal weiterarbeiten können, ohne durch die von ihren Prinzipien abweichende Entwicklung in einem Staat blockiert zu werden.
Es ist aber auch Ziel, dem abtrünnigen Staat nicht wegen seines Fehlverhaltens eine Sonderrolle einzuräumen. Dies wird mit Art. 7 Abs. 3 UAbs. 2 EUV sowie Art. 309 Abs. 2 UAbs. 2 EGV erklärt. Nun können unter den zu beachtenden Verpflichtungen sowohl die bisher bestehenden als auch die künftig hinzukommenden verstanden werden. Aus dem Wortlaut läßt sich keine Präferenz für die eine oder die andere Möglichkeit erkennen. Es hätte aber einer solchen Erwähnung für bereits bestehende Verpflichtungen nicht bedurft; daß diese von abtrünnigen Mitgliedstaaten weiterhin beachtet werden müssen, steht außer Frage. Der Sinn von Suspendierungsmaßnahmen ist es ja gerade, im Gegensatz zum völligen Ausschluß eines Mitglieds, dieses nicht seiner Verpflichtungen zu entheben, es also nicht auch noch dafür zu belohnen, daß es sich anders verhält, als von ihm legitimer- und legalerweise erwartet werden kann.
Nähme man an, der abtrünnige Mitgliedstaat sei nicht an nachfolgendes Recht gebunden, so entstünde eine Situation, die der seit dem Amsterdamer Vertrag möglichen verstärkten Zusammenarbeit – der „Flexibilität" – ähnlich ist, denn es würde Recht geschaffen, das nur für einen Teil der Mitgliedstaaten gilt. Dies kann aber nicht gewollt sein, denn für die Möglichkeit einer flexiblen Zusammenarbeit sind strenge Voraussetzungen zu erfüllen. Bei einer der Stimmrechtsaussetzung nachfolgenden Situation handelt es sich demnach nicht um eine verstärkte Zusammenarbeit der restlichen (zur Zeit 14) Mitgliedstaaten.
Die Annahme, das neu geschaffene supranationale Recht sei für den betroffenen Mitgliedstaat nicht verbindlich, ist darüber hinaus nur schwer praktikabel. Es gäbe

[44] Vgl. Brechmann, in Calliess/Ruffert, Kommentar zu EUV und EGV, Art. 34 EUV, Rn. 7; Ukrow, ZEUS 1998, 141 (189); Hilf/Pache, NJW 1998, 705 (707); Böse, in Schwarze, EU-Kommentar, Art. 34 EUV, Rn. 6; Röben, in Grabitz/Hilf, Das Recht der EU, Art. 34 EUV (Amsterdam); Rn. 14; a. A. Pechstein/Koenig, Die Europäische Union, Rn. 243.

erhebliche Probleme nach Beendigung der Sanktionen – müßte dann über das zwischenzeitlich neu geschaffene supranationale Recht nochmals entschieden werden, damit der abtrünnige Staat auch gebunden wird, oder könnte er diesem durch eine Verpflichtungserklärung beitreten? Wäre er verpflichtet zu einer solchen Erklärung? Er würde sonst nicht den gesamten gemeinschaftlichen acquis anerkennen. Der abtrünnige Staat ist also auch durch seiner Stimmrechtssuspendierung nachfolgendes supranationales Recht gebunden.[45]

(b) Mehrheitsentscheidungen

Die Möglichkeit zu Mehrheitsentscheidungen bedeutet, daß für einen Mitgliedstaat ohnehin Sekundärrecht gegen seine Stimme verbindlich werden kann. Dies spricht zusätzlich für die Verbindlichkeit nachfolgender supranationaler Verpflichtungen.

(5) Verbindlichkeit anderer Verpflichtungen

(a) Intergouvernementaler Bereich der GASP und der PJZS

In der zweiten und der dritten Säule der Union handeln die Staaten mit Ausnahme der oben bereits behandelten Rahmenbeschlüsse intergouvernemental. Hier ergehen die Akte des Rats grundsätzlich einstimmig[46] und haben für die Mitgliedstaaten grundsätzlich nur völkerrechtlich bindende Wirkung. Das heißt, daß kein unmittelbar in den Mitgliedstaaten geltendes Rechts geschaffen werden kann; die Mitgliedstaaten sind aber den anderen Mitgliedstaaten gegenüber völkerrechtlich zur erforderlichen innerstaatlichen Umsetzung verpflichtet.[47] Sie entfalten also in demjenigen Staat Wirkung, der die entsprechenden innerstaatlichen Vorkehrungen rechtlicher und tatsächlicher Art getroffen hat, auch wenn andere Staaten ihrer diesbezüglichen Pflicht noch nicht nachgekommen sind.

Wegen der gleichlautenden Formulierungen in Art. 7 Abs. 3 UAbs. 2 EUV und Art. 309 Abs. 2 UAbs. 2 EGV ist nicht ersichtlich, warum für sekundäres nicht-supranationales Unionsrecht etwas anderes gelten sollte als für sekundäres supra-

[45] So auch Griller/Droutsas/Falkber/Forgó/Nentwich, The Treaty of Amsterdam, S. 179.

[46] Lediglich eine qualifizierte Mehrheit ist im Rahmen der GASP erforderlich, wenn es schon eine gemeinsame Strategie als Grundlage gibt oder ein Durchführungsbeschluß getroffen wird, Art. 23 Abs. 2 EUV sowie eine einfache Mehrheit in Verfahrensfragen, Art. 23 Abs. 3 EUV. Im Bereich der ZBJI können Maßnahmen zur Durchführung eines Beschlusses mit qualifizierter Mehrheit angenommen werden, Art. 34 Abs. 2 lit. c) S. 2 EUV.

[47] Zur Frage der rechtlichen Verbindlichkeit gemeinsamer Standpunkte siehe Pechstein/Koenig, Die Europäische Union, Rn. 232 ff. Zur *völkerrechtlichen* Verbindlichkeit Brechmann, in Calliess/Ruffert, Kommentar zu EUV und EGV, Art. 34 EUV, Rn. 6 zu den gemeinsamen Standpunkten und Rn. 10 für Beschlüsse im Rahmen der PJZS; Cremer, ebd., Art. 14 EUV, Rn. 8 für gemeinsame Aktionen im Rahmen der GASP; ebd., Art. 15 EUV, Rn. 2 f. für gemeinsame Standpunkte im Rahmen der GASP.

nationales Gemeinschafts- und Unionsrecht. Die Wirkung ist hier lediglich, daß der abtrünnige Mitgliedstaat verpflichtet ist, innerstaatliche Maßnahmen zu treffen. Eine Bindung an nachfolgende sekundäre Verpflichtungen der zweiten und dritten Säule ist also grundsätzlich zu bejahen.

(b) Sonderprobleme im Bereich der GASP

Das Ergebnis, daß Rechtsakte für einen Staat verbindlich sein können, auch wenn er nicht an der Entscheidung beteiligt war, kann vor allem im Bereich der GASP zu unerträglichen Folgen führen, denn die GASP betrifft Beziehungen zu dritten Staaten. Eine Politik des leeren Stuhles, die grundsätzlich wegen des Anwesenheitserfordernisses bei einstimmigen Beschlüssen möglich ist, wäre einem betroffenen Mitgliedstaat verwehrt, weil es auf seine Stimme und damit auf seine Anwesenheit nicht ankäme. Legitime Interessen des abtrünnigen Staates könnten es aber erforderlich machen, andere Wege zu finden, um das Ergebnis seiner Bindung an solche Rechtsakte zu mildern.

Gerade im Bereich der Außenpolitik haben die Mitgliedstaaten Vorbehalte gegenüber Willensbildungsverfahren, in denen sie überstimmt werden können. Das zeigt Art. 23 EUV, der die Willensbildung des Rats für die GASP zentral regelt und in dem eine „Notbremse" selbst für einstimmige Beschlüsse eingebaut ist[48], die Art. 205 Abs. 3 EGV ähnelt, aber nicht entspricht. Es besteht für die Staaten bei einstimmigen Beschlüssen die Möglichkeit einer konstruktiven Stimmenthaltung, wodurch ein Staat selbst nicht zur Durchführung eines Beschlusses verpflichtet wird, der Beschluß aber dennoch für die übrigen Mitgliedstaaten und für die Union zustande kommt. Ergänzt wird dies durch die Regelung eines Grundsatzes der gegenseitigen Treue in Art. 23 Abs. 1 UAbs. 2 Satz 3 EUV: Der sich enthaltende Staat unterläßt „alles, was dem auf diesem Beschluß beruhenden Vorgehen der Union zuwiderlaufen oder es behindern könnte, und die anderen Mitgliedstaaten respektieren seinen Standpunkt." Selbst bei Mehrheitsbeschlüssen ist es möglich, von einer Mehrheitsentscheidung abzusehen, wenn dies für einen Mitgliedstaat „aus wichtigen Gründen der nationalen Politik" unerträglich wäre (Art. 23 Abs. 2 UAbs. 2 Satz 1).

Titel V EUV regelt die intergouvernementale Zusammenarbeit der Mitgliedstaaten. Hiermit soll eine engere und effektivere Zusammenarbeit ermöglicht werden, als dies durch „normale" völkerrechtliche Verträge zwischen sonst unverbundenen Staaten der Fall wäre. Aus diesem Grunde soll die „Notbremse" ein gemeinsames Vorgehen der übrigen Mitgliedstaaten auch dann erlauben, wenn ein oder mehrere Mitgliedstaaten sich nicht anschließen möchten, etwa weil andere völkerrechtliche Verpflichtungen dieser Staaten dem entgegenstehen.

Diese ausgeklügelte Regelung des Art. 23 EUV spiegelt eine Wertung wider, die hier zu berücksichtigen ist. In Anbetracht der Tatsache, daß die Suspendierung von

[48] Vgl. Cremer, in Calliess/Ruffert, Kommentar zu EUV und EGV, Art. 23 EUV, Rn. 7.

Stimmrechten nur einheitlich möglich sein soll, ist nicht anzunehmen, daß Art. 23 Abs. 1 UAbs. 2 EUV Vorrang vor Art. 7 EUV hat. Er könnte aber zumindest im Rahmen der Suspendierungsentscheidung oder bei nachfolgenden Ratsentscheidungen zu berücksichtigen sein.
Dies bedeutet nicht, daß der Rat von der Regel, nach der nur die Stimmrechte im Rat insgesamt suspendiert werden können, Ausnahmen in bestimmten Fällen machen muß. Dies würde zu einer Uneinheitlichkeit führen, die aus Kohärenzgründen gerade vermieden werden sollte. Es muß also die darunterliegende Ebene betrachtet werden. Der Rat ist wegen des Erfordernisses der Berücksichtigung der besonderen Regelung in Art. 23 Abs. 1 UAbs. 2 EUV verpflichtet, auf den Mitgliedstaat, der von seinem Stimmrecht suspendiert wurde, Rücksicht zu nehmen. Er muß also entweder von Abstimmungen absehen, wenn der betroffene Mitgliedstaat unter normalen Umständen zu Recht von seinem Recht aus Art. 23 Abs. 1 UAbs. 2 EUV Gebrauch gemacht hätte, oder es muß in einem solchen Fall die Bindungswirkung für den abtrünnigen Staat explizit ausgeschlossen werden. Die nicht-supranationalen Handlungen in der zweiten Säule der EU bedürfen ohnehin noch der innerstaatlichen Umsetzung in nationales Recht, damit sie Wirkung entfalten können. Mit dem Ratsbeschluß sind die Mitgliedstaaten nur gegenüber den anderen Mitgliedstaaten völkerrechtlich verpflichtet. Es ist also nicht möglich, daß hier Dritte gegenüber dem Staat, der vom Stimmrecht suspendiert ist, Rechte aus einer Verpflichtung ableiten könnten, der dieser nicht zugestimmt hat. Aus seiner Verpflichtung gegenüber den anderen Mitgliedstaaten können sich für den betroffenen Mitgliedstaat jedoch Pflichtenkollisionen mit völkerrechtlichen Verpflichtungen gegenüber Dritten ergeben. Die Mitgliedstaaten der Union können den abtrünnigen Mitgliedstaat theoretisch zu einer solchen Pflichtenkollision zwingen. Dies liegt nicht im Sinne des Sanktionsverfahrens, zumindest dann nicht, wenn die Pflichtenkollision überhaupt nichts mit den Gründen der Suspendierung zu tun hat und sich eine entsprechende Ratsentscheidung – wenn auch unbeabsichtigt – als ein Ausnutzen der Stimmrechtssuspendierung des einen Staates darstellen würde. Daher muß der Rat gegebenenfalls von einer solchen Entscheidung im Rahmen der GASP sogar absehen. Dafür spricht auch Art. 11 Abs. 2 UAbs. 1 EUV, nach welchem die Mitgliedstaaten „die Außen- und Sicherheitspolitik aktiv und vorbehaltlos im Geiste der Loyalität und der gegenseitigen Solidarität" unterstützen.

Die Wertung des Art. 23 Abs. 1 UAbs 2 EUV kann aber nicht in die dritte Säule übertragen werden, denn sie stellt eine Besonderheit der zweiten Säule dar. Unabhängig davon ist es ein Gebot politischer Klugheit, legitime Bedenken des suspendierten Staates zu berücksichtigen. Dies zeigt die Einführung von Regelungen der „Vetoverkehrung"[49] die dem Luxemburger Kompromiß nachempfunden zu sein scheinen.[50]

---

[49] Art. 11 Abs. 2 UAbs. 2, Art. 23 Abs. 2 UAbs. 2 und Art. 40 Abs. 2 UAbs. 2.

[50] Aus „wichtigen Gründen der nationalen Politik" kann ein Mitgliedstaat verlangen, daß von einer Mehrheitsentscheidung abgesehen wird, mit der Folge, daß aufgrund eines qualifizierten Mehrheitsbeschlusses des Rats die Frage zur einstimmigen Beschlußfassung an den Europäischen Rat verwiesen werden kann, Bull. EWG 3/1966, S. 8.

(c) Andere Verpflichtungen

Von der Suspendierung der Stimmrechte im Rat ist auch das Vertragsänderungsverfahren gemäß Art. 48 UAbs. 2 EUV betroffen. Der Rat gibt hier allerdings nur eine Stellungnahme zur Einberufung einer Vertragsänderungskonferenz ab; die eigentliche Vertragsänderung geschieht erst durch völkerrechtlichen Vertrag zwischen den Mitgliedstaaten. Primärrecht gilt erst nach seiner innerstaatlichen Umsetzung bei allen Vertragsparteien; erforderlich ist eine Ratifikation der entsprechenden Änderungen durch jeden Staat. Damit kann es zu einer Vertragsänderung nicht ohne das Mitwirken des Staates kommen, der von seinen Stimmrechten suspendiert wurde.[51]
Das gleiche gilt für den Beitritt neuer Staaten zur EU: Der Beschluß des Rats gemäß Art. 49 UAbs. 1 EUV, dem Aufnahmeantrag eines Staates stattzugeben, ist nur eine notwendige, jedoch keine hinreichende Beitrittsbedingung. Hinzukommen muß ein Beitrittsabkommen, also ein völkerrechtlicher Vertrag zwischen dem antragstellenden Staat und allen Mitgliedstaaten. Der Beitrittsbeschluß des Rats verpflichtet die Staaten nicht zu einer Ratifikation des Beitrittsabkommens.[52]
Die Suspendierung der Stimmrechte im Rat betrifft schließlich auch ein weiteres Suspendierungsverfahren gegen einen anderen Mitgliedstaat – zugegebenermaßen eine unwahrscheinliche Vorstellung.

(6) Verstärkte Zusammenarbeit

Seit Inkrafttreten des Amsterdamer Vertrages gibt es im Rahmen der PJZS und im Rahmen der EG die Möglichkeit einer verstärkten Zusammenarbeit. Die allgemeinen Regelungen zur Flexibilität finden sich in Art. 43 bis 45 EUV, zusätzliche Voraussetzungen und Verfahren stehen in Art. 40 bis 40 b EUV bzw. Art. 11 und 11 a EGV.[53] Mit der Überführung des Schengen-Besitzstandes wurde bereits eine Form der Flexibilität Wirklichkeit, da nur dreizehn der fünfzehn Mitgliedstaaten an diesem System beteiligt sind.[54] Ähnlich verhält es sich mit der Wirtschafts- und Währungsunion.
Im Rahmen der verstärkten Zusammenarbeit sind die Regelungen über den Rat in Art. 44 EUV insofern modifiziert, als an den Beratungen im Rat zwar alle Mitglieder der EU teilnehmen können; abstimmen dürfen aber nur die Vertreter der an

---

[51] Vgl. den Hinweis hierauf von Pechstein/Koenig, Die Europäische Union, Rn. 497; Hummer/Obwexer, ecolex 2000, 250 (254).

[52] Vgl. Cremer, in Calliess/Ruffert, Kommentar zu EUV und EGV, Art. 49 EUV, Rn. 4. Auf die Grenze des Ratifikationserfordernisses weist auch Schorkopf hin, Homogenität in der EU, S. 172 f.; ders., in Grabitz/Hilf, Das Recht der EU, Art. 7 EUV (Amsterdam), Rn. 24.

[53] Ausführlich dazu Thun-Hohenstein, Die Möglichkeit einer „verstärkten Zusammenarbeit" zwischen EU-Mitgliedstaaten.

[54] Im Rahmen dieser verstärkten Zusammenarbeit sind die Bestimmungen des EGV und des EUV zwar durch das Protokoll zur Einbeziehung des Schengen-Besitzstandes in den Rahmen der Europäischen Union, einem Zusatzprotokoll zum Amsterdamer Vertrag, modifiziert, dies aber nur in geringer Weise. Siehe dazu ausführlich Epiney, Die Übernahme des „Schengen-Besitzstandes" in die Europäische Union, insbes. S. 114 f.

der Zusammenarbeit beteiligten Mitgliedstaaten. Auch hier wirft die Aussetzung von Stimmrechten im Rat also Probleme auf – soll der ganze Rat darüber entscheiden können, daß ein Mitgliedstaat im Rahmen eines „Teilrats" nicht mitstimmen darf? Sollen die Stimmrechte in diesem Teilrat vielleicht sogar automatisch mit ausgesetzt sein?

Zur Beantwortung dieser Fragen können die Regelungen zur Ermöglichung einer solchen Flexibilität kaum fruchtbar gemacht werden. Sowohl im Rahmen der PJZS als auch in der EG ist eine verstärkte Zusammenarbeit nur dann möglich, wenn der „Gesamtrat" mit qualifizierter Mehrheit (und ohne die Erklärung eines Mitglieds, es könne dem aus Gründen der nationalen Politik nicht zustimmen) eine Ermächtigung hierzu erteilt, siehe Art. 40 a Abs. 2 EUV und Art. 11 Abs. 2 EGV. Möchte ein noch nicht teilnehmender Mitgliedstaat später einsteigen, dann entscheidet im Rahmen der PJZS der Teilrat darüber. Dies ergibt sich aus dem Verweis in Art. 40 b UAbs. 2 EUV auf Art. 44 EUV (die Bestimmung für die Durchführung der verstärkten Zusammenarbeit), auch wenn in Art. 40 b UAbs. 2 EUV aus der Formulierung nicht genau ersichtlich ist, um welchen Rat es sich handelt – es wird nur allgemein von dem „Rat" gesprochen. Im EG-Recht bedarf es hierzu eines Beschlusses der Kommission, so daß hier keine weiteren Regelungen für den Rat enthalten sind.

Einerseits könnte dies bedeuten, daß dann, wenn einmal eine verstärkte Zusammenarbeit ermöglicht wurde, nur der Teilrat in diesem Bereich entscheiden kann, nicht aber der Gesamtrat. Dies spräche gegen die Annahme, der Gesamtrat könne das Stimmrecht eines an der verstärkten Zusammenarbeit teilnehmenden Mitgliedstaates in diesem Bereich ausschließen. Andererseits könnte man ebensogut darauf abstellen, daß der Gesamtrat eine weite Befugnis im Rahmen der verstärkten Zusammenarbeit hat, weil es von ihm abhängt, ob sie überhaupt möglich ist. Dies spräche für die Möglichkeit eines Ausschlusses des Stimmrechts eines an der Flexibilisierung teilhabenden Mitgliedstaates durch den (Gesamt-)Rat. Beide Annahmen lassen sich also gut begründen.

Soll dem Teilrat die Entscheidungskompetenz überlassen werden, so sind zusätzliche Überlegungen anzustellen. Aus Art. 43 Abs. 1 lit. e und f EUV ergibt sich ein Gebot, daß die verstärkte Zusammenarbeit den Besitzstand und die nach Maßgabe der entsprechenden Bestimmungen der Verträge getroffenen Maßnahmen sowie die Zuständigkeiten, Rechte, Pflichten und Interessen der daran nicht beteiligten Mitgliedstaaten nicht beeinträchtigen darf. Daraus könnte sich für den Teilrat die Verpflichtung ergeben, einen entsprechenden Beschluß für das Gebiet der verstärkten Zusammenarbeit zu fassen, wenn der Gesamtrat die Stimmrechte im Rat ausgesetzt hat. Aus Art. 7 EUV und Art. 309 EGV ergibt sich hierzu zwar keine direkte Ermächtigung, aber man könnte sie aus einem Zusammenlesen der Art. 7 EUV / 309 EGV und Art. 40 bis 40 b EUV konstruieren.

Kohärenzgründe und mangelnde explizite Ermächtigungsgrundlage für den Teilrat sprechen jedoch – wenn auch keinesfalls zwingend – dafür, daß die Stimmrechte durch einen einheitlichen Aussetzungsbeschluß auch in den Bereichen der verstärkten Zusammenarbeit ausgesetzt werden.

Darüber hinaus besteht für nachfolgendes Sekundärrecht im Bereich der verstärkten Zusammenarbeit ebenso wie für „normales" Sekundärrecht eine Bindung des abtrünnigen Staates.

(7) Europäischer Rat

Es ist fraglich, ob auch die Stimmrechte eines Mitgliedstaates im Europäischen Rat ausgesetzt werden können. Dieser unterscheidet sich vom Rat in der Zusammensetzung der Staats- und Regierungschefs dadurch, daß der Präsident der Kommission gleichberechtigtes Mitglied ist und eine Unterstützung durch die Außenminister sowie ein Kommissionsmitglied stattfindet (siehe Art. 4 UAbs. 2 Satz 1 EUV). Aus diesem Grunde wird hier nicht davon ausgegangen, daß die Stimmrechte im Europäischen Rat automatisch schon dann ausgesetzt sind, wenn sie im Rat ausgesetzt wurden. Sie könnten aber möglicherweise gesondert ausgesetzt werden. Gegen eine solche Möglichkeit könnte sprechen, daß der Europäische Rat vorwiegend politische Entscheidungen trifft; er hat keine Kompetenzen zum Erlaß von Rechtsakten, sondern seine Rolle besteht in der Fortentwicklung der EU, was durch seine Nicht-Einbeziehung in das Suspendierungsverfahren noch einmal bestärkt wird: Dort trifft der Rat in der Zusammensetzung der Staats- und Regierungschefs die Entscheidungen, nicht aber der Europäische Rat.[55] Der Europäische Rat hat kein vorgegebenes Beschlußverfahren, von dem ein Mitglied ausgeschlossen werden könnte. Da alle Mitglieder gleiches Gewicht haben, können Beschlüsse nur im Konsens gefaßt werden.[56] Davon allerdings, also von der Erforderlichkeit, daß auch der betroffene Mitgliedstaat sein placet zu einer Entscheidung gibt, kann ein Staat ohne weiteres ausgeschlossen werden. Der Konsens wird dann von den restlichen Mitgliedern ohne Berücksichtigung des betroffenen Mitgliedstaates hergestellt (wie bei der Entscheidung gemäß Art. 7 Abs. 2 EUV). Daß dieser Mitgliedstaat insofern kein „gleichberechtigtes Mitglied" ist, ergibt sich aus der Natur der Suspendierung von Rechten.

Gegen die Möglichkeit der Aussetzung von Stimmrechten im Europäischen Rat könnte weiterhin sprechen, daß diese im Europäischen Rat – im Gegensatz zum Rat – nicht explizit in Art. 7 EUV erwähnt ist. Oben wurde angenommen, die explizite Erwähnung der Möglichkeit der Stimmrechtsaussetzung im Rat sei kompetenzbegründend. Wäre es widersprüchlich, das Erfordernis einer expliziten Kompetenzbegründung zu verneinen? Für den Rat besteht dieses Erfordernis, weil sich andernfalls die unerwünschte Möglichkeit einer uneinheitlichen Stimmrechtsaussetzung in den verschiedenen Säulen der Union ergäbe.[57] Der Europäische Rat jedoch handelt ohnehin nur im Rahmen der EU, nicht im abgeschlossenen Bereich der

[55] Hierauf verweist Barents, MJ 1997, 332 (335 f.).

[56] Vgl. Wichard, in Calliess/Ruffert, Kommentar zu EUV und EGV, Art. 4 EUV, Rn. 8.

[57] Hierauf weist auch Schorkopf, Homogenität in der EU, S. 168, hin, obwohl er an anderer Stelle vertritt, die Stimmrechtsaussetzung sei auch nur für den EGV aufgrund von Art. 309 Abs. 2 EGV möglich, vgl. ebd., S. 176; ders., in Grabitz/Hilf, Das Recht der EU, Art. 309 EGV (Amsterdam), Rn. 4.

EG; er gibt der EU als Leitungsorgan die für ihre Weiterentwicklung erforderlichen Impulse (Art. 4 UAbs. 1 EUV).
Es wäre sinnvoll, wenn die Stimmrechtsaussetzung im Europäischen Rat kohärent zur Aussetzung im Rat wäre. Da eine automatische Verknüpfung nicht stattfindet, ist Art. 7 Abs. 3 EUV dahingehend zu verstehen, daß auf ihm beruhend die Suspendierung von Stimmrechten im Europäischen Rat grundsätzlich möglich ist.[58]

(8) Ergebnis

Es können immer nur alle Stimmrechte im Rat gemeinsam ausgesetzt werden. Die sich – wie eben ausgeführt – daraus ergebenden Probleme zeigen, daß diese Sanktionsmöglichkeit nur schwer praktikabel ist. Die Rechte im Europäischen Rat sind nicht von der Stimmrechtsaussetzung im Rat umfaßt, können aber eigenständig ausgesetzt werden.

d) Aussetzung sonstiger Rechte

Die explizite Regelung der Stimmrechtsaussetzung bedeutet nicht, daß im Rat nur die Stimmrechte ausgesetzt werden können. Es ist anzunehmen, daß ihre Aussetzung nur deshalb explizit geregelt wurde, weil dies eine besonders einschneidende Sanktion ist, die wegen der Bedeutung, die Entscheidungen des Rats für die gesamte Union haben, kohärent für alle drei Säulen gleichzeitig ergriffen werden muß. Daneben kann also auch das Rederecht, das Anwesenheitsrecht im Rat oder Teilnahmerechte (etwa an einzelnen Sitzungen) ausgesetzt werden.[59]
Als weitere aussetzungsfähige Rechte kommen in Betracht das Recht, Vorschläge zu unterbreiten (z. B. gemäß Art. 48 UAbs. 1 EUV oder Art. 22 Abs. 1 EUV) oder das Recht aus Art. 4 UAbs. 2 Satz 3 EUV i.V.m. Art. 203 UAbs. 2 EGV, den Vorsitz im Europäischen Rat zu übernehmen.[60] Solche Rechte, die zur Selbstdarstellung eines Staates in der Öffentlichkeit geeignet sind, eignen sich in besonderem Maße.[61]

---

[58] So auch Schorkopf, Homogenität in der EU, S. 167 f.
[59] So auch Schorkopf, Homogenität in der EU, S. 168 f.; ders., DVBl 2000, 1036 (1039); ders., in Grabitz/Hilf, Das Recht der EU, Art. 7 EUV (Amsterdam), Rn. 22; ders., FAZ vom 14. Februar 2000, S. 9.
[60] Vgl. auch Verhoeven, ELRev 1998, 217 (222 f.); Schorkopf, Homogenität in der EU, S. 169; Hummer/Obwexer, europa blätter 2000, 93 (101); Schmahl, EuR 2000, 819 (825) ;Schmitt von Sydow, RDUE 2001, 285 (310); Griller/Droutsas/Falkber/Forgó/Nentwich, The Treaty of Amsterdam, S. 182.
[61] Vgl. Schorkopf, DVBl 2000, 1036 (1039 f.); ders., in Grabitz/Hilf, Das Recht der EU, Art. 7 EUV (Amsterdam), Rn. 22; Schmahl, EuR 2000, 819 (825).

e) Besonderheiten für den EG-Bereich

Einen besonderen Stellenwert haben die gemäß Art. 309 Abs. 2 EGV möglichen Sanktionen im Bereich der EG, weil der Zuständigkeits- und Tätigkeitsbereich der EG viel weiter gefaßt ist als derjenige der zweiten und dritten Säule der EU und damit differenziertere Möglichkeiten bestehen, die Sanktionen auf die jeweiligen Verletzungen der Grundsätze oder die Besonderheit des betroffenen Mitgliedstaates abzustimmen.[62]

Art. 309 EGV verweist auf Art. 7 EUV und regelt für die EG genau das, was Art. 7 Abs. 3 EUV für die EU regelt, stellt also die Grundlage für die Aussetzung von Mitgliedschaftsrechten dar, die sich aus dem EGV ergeben.[63] Darüber hinaus wird in Art. 309 Abs. 1 EGV eine untrennbare Verknüpfung in einem Teilbereich der Aussetzung der Rechte hergestellt: Bei Aussetzung der Stimmrechte im Rat im Rahmen des Art. 7 EUV gilt diese Aussetzung automatisch auch auf der EG-Ebene.

(1) Materieller Bereich

Wegen des weiten Tätigkeitsbereichs der EG sind die Möglichkeiten zu Sanktionen im materiellen Bereich des Europarechts unzählig, so daß eine abschließende Aufstellung nicht möglich ist. Wohl nicht zuletzt aus diesem Grund wurde von einer solchen Aufzählung auch in den Verträgen abgesehen. Es sind nicht einmal Regelbeispiele genannt, abgesehen von der Erwähnung der Stimmrechte im Rat (die aber nicht das materielle Europarecht betreffen). Oben wurden bereits einige Möglichkeiten im materiellen Bereich des EG-Rechts angesprochen: die Zurücknahme von Strukturfonds und anderer finanzieller Unterstützung oder die Suspendierung von der Teilnahme in besonderen, z. B. wissenschaftlichen Programmen. Bei der Suspendierung von finanziellen Zuwendungen muß in die Verhältnismäßigkeitserwägung einfließen, daß der betroffenen Staat weiterhin die Finanzierung dieser Mittel mittragen muß, weil er an seine Verpflichtungen gebunden bleibt.[64]
Die Aussetzung der Geltung einzelner Politiken sowie der Grundfreiheiten des Gemeinschaftsrechts für den betroffenen Mitgliedstaat wird von *Schorkopf* zumindest theoretisch nicht ausgeschlossen.[65] Ein solches Vorgehen scheint jedoch wegen der anzunehmenden Unverhältnismäßigkeit aufgrund der Auswirkungen vor

---

[62] Vgl. Kluth, in Calliess/Ruffert, Kommentar zu EUV und EGV, Art. 309 EGV, Rn. 2.
[63] Parallelregelungen sind Art. 204 EAGV und Art. 96 EGKSV.
[64] Gegebenenfalls kann dies dazu führen, daß wegen der Effekts einer „Geldstrafe" solche Maßnahmen unverhältnismäßig und daher nicht möglich wären, vgl. Winkler, JRP 2000, 308 (311).
[65] Schorkopf, Homogenität in der EU, S. 179.

allem auf Dritte zumindest praktisch nahezu ausgeschlossen, da die EU-Bürger hier subjektive Rechte haben.[66]
Im Rahmen der Stimmrechtsaussetzung im Rat wurde oben die Auswirkung auf eine schon bestehende verstärkte Zusammenarbeit angesprochen. Es kann auch das Recht eines Mitgliedstaats ausgesetzt werden, zukünftig (natürlich nicht für immer, sondern im Rahmen des Suspendierungsverfahrens zeitlich begrenzt) trotz Erfüllung der Kriterien an einer bestimmten verstärkten Zusammenarbeit teilzunehmen.[67] Ein anderes Beispiel wäre die Verweigerung der Aufnahme eines noch nicht teilnehmenden Staates in die Wirtschafts- und Währungsunion, falls man hier von einem Aufnahmeanspruch ausgehen kann.[68]

(2) Institutioneller Bereich

Im folgenden sollen einige Möglichkeiten zu Sanktionen im institutionellen Recht diskutiert werden, die nicht von vornherein unstrittig erscheinen. Auch diese sind selbstverständlich nicht abschließend. Vorstellbar wäre etwa auch die Aussetzung des Nominierungsrechts für Kandidaten.[69]

(a) Aussetzung der Klageberechtigung vor dem EuGH

Es wurde vorgeschlagen, als *ultima ratio* die Klageberechtigung vor dem EuGH nach Art. 227, Art. 230 UAbs. 1 und Art. 232 UAbs. 1 EGV auszusetzen.[70] *Ultima ratio* soll diese Maßnahme deshalb sein, weil mit den Klagemöglichkeiten der Schutz der Staatsangehörigen der Mitgliedstaaten vor rechtswidrigen Maßnahmen anderer Mitgliedstaaten oder vor rechtswidrigen EG-Sekundärrechtsakten bezweckt wird.
Die Aussetzung des Rechts eines Mitgliedstaates zur Klageerhebung bewirkt, daß der Zweck dieses Rechts, Staatsangehörige der Mitgliedstaaten vor rechtswidrigen Maßnahmen anderer Mitgliedstaaten oder vor rechtswidrigen EG-Sekundärrechtsakten zu schützen, nicht mehr verfolgt werden kann. Natürlich kann die Kommission weiterhin Nichtigkeitsklage erheben oder das Vertragsverlet-

---

[66] Siehe dazu oben in diesem Kapitel, A. 2. b); vgl. auch Griller/Droutsas/Falkber/Forgó/Nentwich, The Treaty of Amsterdam, S. 182; Winkler, JRP 2000, 308 (310 und 319).
[67] Vgl. auch Griller/Droutsas/Falkber/Forgó/Nentwich, The Treaty of Amsterdam, S. 177.
[68] Vgl. Schorkopf, Homogenität in der EU, S.178; ders., in Grabitz/Hilf, Das Recht der EU, Art. 309 EGV (Amsterdam), Rn. 4; zu den Konvergenzkriterien siehe Art. 121 Abs. 1 S. 3 EGV, präzisiert im Protokoll über die Konvergenzkriterien nach Art. 109 j [alte Zählung] des Vertrags zur Gründung der Europäischen Gemeinschaft.
[69] Schorkopf, Homogenität in der EU, S. 179.
[70] Pechstein/Koenig, Die Europäische Union, Rn. 469; Kluth, in Calliess/Ruffert, Kommentar zu EUV und EGV, Art. 309 EGV, Rn. 3; siehe auch Hummer/Obwexer, europa blätter 2000, 93 (101); Schorkopf, Homogenität in der EU, S. 179; ders., in Grabitz/Hilf, Das Recht der EU, Art. 309 EGV (Amsterdam), Rn. 4; differenzierend Griller/Droutsas/Falkber/Forgó/Nentwich, The Treaty of Amsterdam, S. 182: Aussetzung des Rechts, einen anderen Mitgliedstaat im Rahmen des Vertragsverletzungsverfahrens anzuklagen. Schmahl, EuR 2000, 819 (828) sieht diese Möglichkeit vom Wortlauf umfaßt, aber mit rechtsstaatlichen Erwägungen nicht vereinbar.

zungsverfahren einleiten, und den Staatsangehörigen bleibt die Möglichkeit der Erhebung einer Nichtigkeits- oder Untätigkeitsklage unter den entsprechenden Voraussetzungen[71] unbenommen. Ihre Klageberechtigung ist kein Recht des betroffenen Mitgliedstaats und kann daher eindeutig nicht ausgesetzt werden.[72] Neben dem erwähnten Schutz der Staatsangehörigen ist Zweck der mitgliedstaatlichen Klagebefugnis auch die Wahrung der eigenen Interessen.

Die Aussetzung der Klagebefugnis dient nicht unmittelbar dem Ziel, die Wahrung der Grundsätze im betroffenen Mitgliedstaat wiederherzustellen; sie kann auch bei weitem nicht Probleme der Funktionsunfähigkeit der EU/EG aufgrund mangelnder Homogenität in den Mitgliedstaaten beheben. Einzig vorstellbarer Fall wäre der Versuch der Blockierung des EuGH mittels einer Überhäufung mit Klagen durch den abtrünnigen Mitgliedstaat. Es bedarf jedoch einiges Begründungsaufwandes, um die Wahrnehmung vorhandener Klagemöglichkeiten als Ausnutzen, Blockade oder als rechtswidrig bezeichnen zu können.

Die Möglichkeit der Aussetzung von Klagerechten vor dem EuGH ist abzulehnen. Der Gerichtshof ist dasjenige Organ, welches die Legalitätskontrolle in der EG vornimmt. Es ist nicht ersichtlich, warum es einem abtrünnigen Staat verwehrt sein soll, sich dieser Möglichkeit zu bedienen, auch wenn er es möglicherweise zur Wahrung seiner illegitimen Interessen versuchen sollte. Das Rechtsstaatsprinzip, an das sowohl die EU als auch alle Mitgliedstaaten gemäß Art. 6 Abs. 1 EUV in seinen Grundsätzen gebunden sind, gebietet es, daß niemandem die Möglichkeit der gerichtlichen Wahrung der eigenen Rechte genommen wird,[73] auch wenn eine solche „Beugemaßnahme" sicherlich wirkungsvoll sein kann.[74]

Besonders kritisch ist dieser Vorschlag vor allem deshalb zu bewerten, weil mit der Aussetzung der Klagemöglichkeit der Rat dem betroffenen Staat jegliche Möglichkeit nähme, eine Überprüfung der (vom Rat selbst getroffenen!) Aussetzungsentscheidung (oder möglicherweise sogar der Entscheidung der ersten Stufe) durch ein unabhängiges Gericht zu erlangen.[75] Und die mit lit. e) in Art. 46 EUV durch den Vertrag von Nizza neu eingeführte mögliche Überprüfung der Einhaltung der formellen Verfahrensbedingungen des Art. 7 EUV wäre ihres Sinnes entleert. Der Rat würde selbst bestimmen, daß seine Maßnahme – die der Gerichtshof grundsätzlich überprüfen kann – nicht aufgrund der Klageerhebung des betroffenen Mitgliedstaats überprüfbar sein soll. Er könnte sich damit teilweise der Unterwerfung unter die Gerichtsbarkeit des EuGH entziehen (die Kommission und natürliche Personen wären weiterhin klagebefugt). Vom Gesichtspunkt einer dadurch einge-

---

[71] Natürliche und juristische Personen, die nicht unter die privilegierten Klagebefugten fallen, müssen als nichtprivilegierte Klagebefugte bei der Nichtigkeitsklage durch den betreffenden Rechtsakt unmittelbar und individuell betroffen sein, Art. 230 UAbs. 4 EGV. Bei der Untätigkeitsklage müssen sie einen Untätigkeitsvorwurf in Bezug auf Rechtshandlungen machen, die keine Empfehlung oder Stellungnahme darstellen, Art. 232 UAbs. 3 EGV.

[72] Es wäre auch unverhältnismäßig unter Berücksichtigung des Art. 7 Abs. 3 UAbs. 1 S. 2 EUV (Nizza). Für unklar hält die allerdings Winkler, JRP 2000, 308 (311).

[73] Ebenso Röttinger, in Lenz, EG-Vertrag, Art. 309, Rn. 6; Schmahl, EuR 2000, 819 (828). So nun neuerdings auch Schorkopf, in Grabitz/Hilf, Das Recht der EU, Art. 309 EGV (Amsterdam), Rn. 6.

[74] A.A. Winkler, JRP 2000, 308 (311). Er möchte aber die Nichtigkeitsklage gegen den Sanktionsbeschluß zulassen, da dieser nicht seine eigene Überprüfbarkeit ausschließen könne.

[75] Zum Rechtsschutz für den betroffenen Mitgliedstaat siehe Kapitel 5.

schränkten gegenseitigen Gewaltenkontrolle in Form der gerichtlichen Überprüfung ist dies inakzeptabel. Die Aussetzung der Klagerechte vor dem EuGH ist daher abzulehnen.
Dagegen vermag das Argument, ein abtrünniger Staat würde sich möglicherweise seiner Klagebefugnis bedienen, um den EuGH zu lähmen, nicht überzeugen. Dagegen kann sich der EuGH mit anderen Mitteln wehren.

(b) Stimm- und Teilnahmerechtsaussetzungen

Die Möglichkeit der Stimmrechtsaussetzung des Regierungsvertreters im Rat ist in Art. 7 EUV explizit erwähnt; wie es sich mit Stimm- und Teilnahmerechten in den anderen europäischen Organen verhält, bedarf der Klärung.

(i) Kommission

Die Mitglieder der Kommission zeichnen sich dadurch aus, daß sie unabhängig von ihren Herkunftsstaaten sind – sie dürfen Anweisungen von deren Seite weder anfordern noch entgegennehmen (Art. 213 EGV) und können andernfalls aufgrund einer solchen schweren Amtspflichtverletzung sogar abberufen werden (Art. 216 i.V.m. Art. 213 Abs. 2, UAbs. 2 EGV).[76] Die Kommission ist ein rein europäisches Gremium (das „genuin europäische Organ“[77]) und nicht ein Mischgremium wie der Rat. Dies läßt nur den einen Schluß zu, daß die Mitgliedschaft in der Kommission nicht als Recht eines Mitgliedstaates im Sinne des Art. 7 Abs. 3 EUV / Art. 309 Abs. 2 EGV zu verstehen ist, auch wenn es sich natürlich um ein Recht eines jeden Mitgliedstaates handelt, in der Kommission mit mindestens einem Kommissar vertreten zu sein (Art. 213 Abs. 1 UAbs. 3 EGV).[78] Die Suspendierung eines Kommissars würde nicht in erster Linie eine Sanktion gegen seinen Herkunftsstaat bedeuten, da die Entwicklungen in diesem Staat ohnehin keinen Einfluß auf sein Verhalten in der Kommission haben dürften; sie würde eine Sanktion gegen seine Person darstellen.[79]

---

[76] Vgl. Schmitt von Sydow, in Groeben/Thiesing/Ehlermann, Kommentar zum EUV/EGV, Art. 160 EGV, Rn. 4.
[77] Oppermann, Europarecht, Rn. 332.
[78] Vgl. auch Winkler, JRP 2000, 308 (311).
[79] So wohl auch Schorkopf, Homogenität in der EU, S. 173. Aus seiner Äußerung, daß im Unterschied zur Kommission, zum Gerichts- und zum Rechnungshof die Mitglieder des Parlaments nicht vom Rat oder den Regierungen der Mitgliedstaaten ernannt werden, so daß daher eine differenzierte Behandlung gerechtfertigt sei (ebd., S. 181), kann nicht geschlossen werden, daß nur die Parlamentsabgeordneten nicht von ihren Rechten suspendiert werden können, wohl aber die Mitglieder der anderen Organe. Zu Ende gedacht würde ein solcher Schluß nämlich bedeuten, daß auch die Richter wegen Verletzung der Grundsätze durch den Staat, dessen Nationalität sie haben, suspendiert werden können. Dies widerspricht aber dem Gedanken der richterlichen Unabhängigkeit.

(ii) EuGH

Für die Richter des Europäischen Gerichthofs (und des Gerichts erster Instanz) gilt ähnliches. Sie sind unabhängig und nicht Staatenvertreter, der EuGH ist ein rein europäisches Organ. Ihre Suspendierung aufgrund von Art. 309 EGV / Art. 7 EUV ist darüber hinaus deshalb ausgeschlossen, weil sich aus ihrer Eigenart als „dritte Gewalt" ergibt, daß sie nur aufgrund besonderer Verfahren zur Verantwortung gezogen werden können, die abschließende Sonderregelungen darstellen.[80]

(iii) Europäisches Parlament

Die Vertreter eines Staates im Europäischen Parlament sind Vertreter der Völker der Mitgliedstaaten, nicht der Regierungen.[81] Die Abgeordneten bilden Fraktionen, die nicht nationale Zusammenschlüsse sind, sondern die sich an einer gemeinsamen politischen Zugehörigkeit orientieren.[82] Es besteht also ein gravierender Unterschied zwischen dem Rat und dem Parlament. Im Rat sitzen Vertreter eines Staates, die befugt sind, für die Regierung ihres Staates verbindlich zu handeln (Art. 146 EGV), also letztlich für den Staat nach außen gegenüber den anderen Mitgliedstaaten aufzutreten.[83] Die Parlamentsabgeordneten hingegen sind für dieses (und nur dieses) Gremium gewählte Volksvertreter, die nur in diesem Rahmen Rechte haben und nicht für ihren Staat nach außen handeln. Sie sind für ihn also auch nicht verantwortlich zu machen. Das Europäische Parlament ist ein rein europäisches Gremium. Hinzu kommt, daß auch die EU an die Grundsätze des Art. 6 Abs. 1 EUV gebunden ist. Die organisationsrechtliche Stellung des Parlaments würde durch eine solche Aussetzung beseitigt werden.[84]

All dies spricht gegen die Möglichkeit einer Aussetzung der Stimmrechte der Abgeordneten eines Mitgliedstaats im Europäischen Parlament durch Ratsbeschluß. Andererseits ist zu befürchten, daß in einem abtrünnigen Staat eine Partei, die die Grundsätze der EU nicht achtet, mit möglicherweise zweifelhaften Mitteln sehr viele Sitze des betreffenden Staates im Europäischen Parlament erhält und dort eine Obstruktionspolitik betreibt, so daß die Möglichkeit der Stimmrechtsaussetzung im Europäischen Parlament hier nicht kategorisch ausgeschlossen werden soll. Sinnvoll wäre eine Fortentwicklung des parlamentarischen Binnenrechts nach dem Vorbild der Parlamentarischen Versammlung des Europarates, wie sie von *Schor-*

---

[80] Für die Richter des EuGH ist dies in der Satzung des Gerichtshofs festgeschrieben.

[81] Vgl. Winkler, JRP 2000, 308 (311).

[82] Kluth, in Calliess/Ruffert, Kommentar zu EUV und EGV, Art. 197 EGV, Rn. 9.

[83] Dies zeigt sich nicht zuletzt darin, daß die Vertreter der Regierungen der Mitgliedstaaten manchmal nicht als Rat, sondern als „im Rat vereinigte Vertreter der Regierungen der Mitgliedstaaten" völkerrechtlich verbindliche Beschlüsse fassen – sei es als völkerrechtliche Verwaltungsabkommen, sei es als Verträge, wobei hier ein Problem der innerstaatlichen Zuständigkeiten besteht.

[84] Vgl. Schorkopf, Homogenität in der EU, S. 181; ders., in Grabitz/Hilf, Das Recht der EU, Art. 309 EGV (Amsterdam), Rn. 6; Schmahl, EuR 2000, 819 (826); Anton, in Léger, Commentaire article par article des traités UE et EC, Art. 7 EUV, Rn. 7.

kopf vorgeschlagen wird.[85] Damit wäre gewährleistet, daß nicht ein Organ einseitig über die Zusammensetzung eines anderen, gleichgestellten Organs entscheiden kann, ohne hierzu explizit ermächtigt zu sein.[86]

(iv) Andere Organe

Für den Europäischen Rechnungshof verhält es sich ebenso wie für den EuGH – seine Mitglieder sind unabhängig. Dies gilt auch für die Mitglieder des Nebenorgans „Ausschuß der Regionen". Die Mitglieder des Wirtschafts- und Sozialausschusses sind Vertreter der verschiedenen Gruppen des wirtschaftlichen und sozialen Lebens, also ebenfalls nicht der Staaten.
Diese Mitglieder können also nicht von ihren Rechten ausgeschlossen werden.

(v) Ergebnis

Stimm- und Teilnahmerechte können im Rahmen der Unionsaufsicht nur im Rat ausgesetzt werden, dem einzigen nicht rein-europäischen Gremium. Dies wird durch die explizite Nennung dieser Möglichkeit in Art. 7 EUV zusätzlich betont.

f) Aussetzung aller Rechte

Schließlich stellt sich die Frage, ob ein Staat von allen sich aus seiner Mitgliedschaft ergebenden Rechten suspendiert werden kann (natürlich nur im oben skizzierten Rahmen), so daß sich für ihn nur noch Verpflichtungen aus der Mitgliedschaft zur EU ergäben. Eine Suspendierung „aller" Rechte kann dabei nur die Suspendierung der Rechte bedeuten, die auch Rechte im Sinne von Art. 7 Abs. 3 EUV / 309 Abs. 2 EGV sind. Oben wurde skizziert, daß durchaus Rechte existieren, die nicht darunter fallen.
Der Wortlaut steht einer solchen umfassenden Suspendierung nicht entgegen. „Bestimmte Rechte" bedeutet, daß die Rechte näher gekennzeichnet, also bestimmt werden müssen. Eine pauschale Aussetzung aller Rechte ist damit nicht möglich, wohl aber können alle einzelnen Rechte aufgezählt werden, mit der Folge, daß alle aussetzbaren Rechte ausgesetzt werden.[87]
Im Zweifelsfall wäre dies jedoch nicht verhältnismäßig. Die besondere Verhältnismäßigkeitsklausel, nach welcher die Auswirkungen auf die Rechte und Pflichten

---

[85] Vgl. Schorkopf, Homogenität in der EU, S. 182; ders., in Grabitz/Hilf, Das Recht der EU, Art. 309 EGV (Amsterdam), Rn. 6.
[86] Vgl. Schorkopf, Homogenität in der EU, S. 181.
[87] So ist wohl auch Schorkopf, Homogenität in der EU, S. 167, zu verstehen.

natürlicher und juristischer Personen zu berücksichtigen sind (Art. 7 Abs. 3 UAbs. 1 Satz 2 EUV), schafft eine hohe Schwelle. Demnach müssen zunächst die Rechte eines Staates ausgesetzt werden, von denen Dritte nicht betroffen sind. Eine völlige Suspendierung ist nur im Extremfall zu erwarten. Es wurde vorgeschlagen, daß es zumindest einen mit der Unionsbürgerschaft zusammenhängenden Kern von Rechten gebe, die nicht ausgesetzt werden können.[88] Dies kann jedoch erst das Ergebnis von Verhältnismäßigkeitsüberlegungen im Einzelfall sein, aber nicht von vornherein postuliert werden.[89] Als letztes Mittel muß die Suspendierung eines jeden Rechts im Sinne von Art. 7 Abs. 3 EUV / 309 Abs. 2 EGV als Sanktion ergriffen werden können,[90] und dies auch kumulativ. Für den zumindest theoretisch möglichen Fall[91] der völligen Suspendierung kann überlegt werden, ob der betroffene Mitgliedstaat dann noch zu einem Verbleib in der Union verpflichtet sein kann. Hieraus könnte sich ein Austrittsrecht dieses Staates aus der Europäischen Union herleiten lassen.

B. Implizit mögliche Maßnahmen

Die Unionsaufsicht regelt nur die Feststellung der Verletzung oder der Gefahr einer solchen sowie die Aussetzung von Rechten des betroffenen Mitgliedstaats, die Möglichkeit, Empfehlungen an ihn zu richten und die Einsetzung eines Expertengremiums. Es fragt sich, ob im Rahmen der Unionsaufsicht implizit weitere Maßnahmen ergriffen werden können.

Am einfachsten wäre es, den Mitgliedstaat mit Hilfe von Zwangsmaßnahmen dazu zu bringen, das ihm auferlegte Gebot der Beachtung der Grundsätze zu befolgen. Hierfür bieten Art. 7 Abs. 3 EUV und Art. 309 Abs. 2 EGV jedoch keine Kompetenzgrundlage. Nicht möglich ist demnach die Zwangsdurchsetzung, Ersatzvornahme oder ähnliches, wie etwa die Einsetzung eines Gremiums oder Beauftragten zur Beobachtung oder vorübergehenden treuhänderischen Vornahme gewisser Aufgaben.[92] Ebensowenig können Verpflichtungen auferlegt werden, beispielsweise eine Berichterstattungspflicht, eine Pflicht zur Einsicht in die inneren Verhältnisse oder eine Geldbuße. Auch ein Ausschluß aus der EU ist von der Kompetenzgrundlage nicht gedeckt.[93] Diese Maßnahmen würden über die Aussetzung von Rechten hinausgehen. Daß dies so geregelt ist, verwundert nicht, da eine Zwangsdurchsetzung oder Ersatzvornahme einen stärkeren Eingriff in die Souveränität eines Staates darstellt als die Aussetzung gewisser Rechte. Eine Zwangsvollstreckung gegenüber den Mitgliedstaaten ist noch nicht einmal im Rahmen des EGV möglich, denn der hierfür einzig in Frage kommende Titel könnte nur ein Urteil

[88] Verhoeven, ELRev 1998, 217 (223).
[89] Ebenso Schorkopf, in Grabitz/Hilf, Das Recht der EU, Art. 309 EGV (Amsterdam), Rn. 5.
[90] So ausdrücklich auch Schorkopf, Homogenität in der EU, S. 179.
[91] Unter Ausschluß der oben erwähnten Rechte, die nicht als Rechte im Sinne des Art. 7 EUV / 309 EGV gelten.
[92] Der Wille des Mitgliedstaats darf nicht gebrochen werden, vgl. Schmitz, Integration in der Supranationalen Union, S. 358.
[93] Vgl. Schorkopf, Homogenität in der EU, S. 171.

aufgrund eines Vertragsverletzungsverfahrens sein. Dies ist aber ein Feststellungsurteil, also nicht gemäß Art. 244 i.V.m. Art. 256 EGV vollstreckbar; und die Vollstreckung der Entscheidungen des Rates oder der Kommission scheitert an Art. 256 UAbs. 1 EGV. Beim Vertragsverletzungsverfahren hat der Gerichtshof lediglich die Möglichkeit, gemäß Art. 228 EGV die Zahlung eines Pauschalbetrages oder Zwangsgeldes zu verhängen.

1. Vorfeldmaßnahmen

Die im Rahmen des Art. 7 EUV möglichen Feststellungen können allerdings nicht in der Luft hängen. Schon um die Feststellung treffen zu können, daß die eindeutige Gefahr einer schwerwiegenden Verletzung der Grundsätze in einem Mitgliedstaat bestehe, bedarf es einer vorhergehenden Phase der Beobachtung. In dieser Phase müssen sich die beteiligten Organe Informationen über die Lage in dem betroffenen Mitgliedstaat verschaffen können. Noch deutlicher wird dies für das Erfordernis der schwerwiegenden und vor allem anhaltenden Verletzung der Grundsätze zur Einleitung des Verfahrens gemäß Art. 7 Abs. 2 EUV.[94]
Im Rahmen der Diskussion des Vorgehens der „Vierzehn" gegen Österreich anläßlich der Regierungsbildung im Frühjahr 2000 wurde vorgeschlagen, sogenannte „Vorfeldmaßnahmen" zuzulassen.[95] Zu diesem Zeitpunkt existierte das Vorfeldverfahren nach Art. 7 Abs. 1 EUV noch nicht. Mit den Vorfeldmaßnahmen sind solche gemeint, die im Vorfeld des alten Verfahrens nach Art. 7 Abs. 1 EUV (Amsterdam) ergriffen werden. Eine Kompetenzgrundlage für das Ergreifen solcher Maßnahmen ließe sich aus dem Verfahren selbst entwickeln – „aus der Aufsichtsfunktion an sich"[96]: Da es weder Sinn und Zweck des Art. 7 EUV sei, noch im Interesse der EU, ihrer Mitgliedstaaten sowie der Unionsbürger und Drittstaatsangehörigen liege, wenn erst das Stadium der schwerwiegenden und anhaltenden Verletzung der Grundsätze erreicht sein müßte, bis irgendwelche Gegenmaßnahmen ergriffen werden könnten, müsse es bereits im Vorfeld einer drohenden Homogenitätsverletzung zulässig sein, im Rahmen einer Unionsaufsicht tätig zu werden. Dies sei sowohl von der „Aufgabe, den Homogenitätsanspruch in der vertikalen Ebene [...] effektiv durchzusetzen", als auch vom allgemeinen Grundsatz der Verhältnismäßigkeit her geboten.[97]

---

[94] Vgl. auch Leidenmühler, ZÖR 2000, 299 (317).
[95] Schorkopf, DVBl 2000, 1036 (1040 ff.); ders., FAZ vom 14. Februar 2000, S. 9; Hummer/Obwexer, ecolex 2000, 250 (255); dies, EuZW 2000, 485 (488 f.). Dies. gehen in ZÖR 2000, 269 (280 f.) von diesem Begriff bereits aus, ohne ihn weiter zu erläutern. Vgl. auch Hummer, Europäische Rundschau 2000, 12 (17); ders., JRP 2001, 185 (192 f.); Leidenmühler, ZÖR 2000, 299 (317 f. und 321); Pernthaler/Hilpold, integration 2000, 105 (109); Schmahl, EuR 2000, 819 (831 ff.).
[96] Hummer/Obwexer, EuZW 2000, 485 (488).
[97] Schorkopf, DVBl 2000, 1036 (1040 f.); ders., in Grabitz/Hilf, Das Recht der EU, Art. 7 EUV (Amsterdam), Rn. 26.

Dieser Gedanke kann auf die alte Rechtslage übertragen werden, nach der der Rat nicht explizit die eindeutige Gefahr einer schwerwiegenden Verletzung feststellen kann. Für beide Verfahren, das alte und das neue, ist eine Beobachtung und Ermittlung der entsprechenden Umstände erforderlich, und dies kann nicht auf den Rat beschränkt werden. Der Gewährleistungsmechanismus des Art. 7 EUV kann nur funktionieren, wenn ein Tätigwerden aller ermächtigten Organe nicht erst im *casus extremus* möglich ist. Sie müssen schon auf einer niedrigeren Schwelle eine vorbereitende Tätigkeit entfalten können.

2. Kompetenzgrundlage

Die Kompetenzgrundlage für Vorfeldmaßnahmen ist Art. 7 EUV i.V.m. dem *effet utile*-Gedanken.[98] Nur so können die Organe ihre dort umschriebenen Verpflichtungen im Rahmen der Unionsaufsicht wahrnehmen. Die Vorfeldmaßnahmen, welche zusammen mit dem Verfahren nach Art. 7 Abs. 1 EUV und dem Suspendierungsverfahren die Unionsaufsicht bilden, entspringen diesen beiden Verfahren selbst; sie bilden einen zwingenden „Annex“ hierzu. Erforderlich ist dies einmal deshalb, weil er nur so zur Anwendung gelangen kann. Der Sanktionsmechanismus des Art. 7 EUV /Art. 309 EGV kann nur dann sinnvoll funktionieren, wenn die Organe im Vorfeld in begrenztem Maße agieren können.[99] Einer „Berichtigung“ muß immer zwingend eine „Beobachtung“ vorgelagert sein.[100] Es fragt sich, ob der Beobachtung auch andere, mildere Maßnahmen nachfolgen können, die weniger einschneidend sind und als Warnung für eine „echte Berichtigungsmaßnahme“ angesehen werden können,[101] oder ob diese im Rahmen der Unionsaufsicht nicht ergriffen werden können.

3. Eingrenzung

Im folgenden soll untersucht werden, welche Maßnahmen im Rahmen einer Unionsaufsicht ergriffen werden könnten, ohne daß sie explizit in Art. 7 EUV / Art. 309 EGV erwähnt sind. Dabei kann keine zu enge Anlehnung an die Gemeinschaftsaufsicht erfolgen, da diese nicht das gemeinschaftsrechtliche Pendant zur

---

[98] Vgl. auch Hummer, JRP 2001, 185 (192); Schorkopf, in Grabitz/Hilf, Das Recht der EU, Art. 7 EUV (Amsterdam), Rn. 26: aus Sinn und Zweck des Art. 7. Siehe auch Leidenmühler, ZÖR 2000, 299 (318), welcher nicht auf den effet utile abstellt: „die Kompetenz zum „lauten Nachdenken“ ohne normativen Charakter ist [...] unbegrenzt“. Schmitt von Sydow, RDUE 2001, 285 (304) stellt auf die implied powers ab.

[99] Vgl. auch Hummer,JRP 2001, 185 (192 f.); Hummer/Obwexer, EuZW 2000, 485 (488).

[100] Vgl. auch Schmitt von Sydow, RDUE 2001, 285 (304); Hummer,JRP 2001, 185 (192); Hummer/Obwexer, EuZW 2000, 485 (488).

[101] Vgl. auch Schorkopf, DVBl 2000, 1036 (1040); Hummer, JRP 2001, 185 (192); Winkler/Schauer, Die Maßnahmen von 14 EU-Mitgliedstaaten gegen Österreich, S. 143.

Unionsaufsicht darstellt.[102] Aus Art. 7 EUV und Art. 309 EGV lassen sich jedoch besondere Regelungen entnehmen.
Nach dem Vorgehen von vierzehn Mitgliedstaaten gegen Österreich im Frühjahr und Sommer 2000 wurden verschiedene Möglichkeiten für Vorfeldmaßnahmen diskutiert. Vorgeschlagen wurden etwa Mitteilungen, Warnungen, Beobachtung, Stellungnahmen, Empfehlungen und die Initiierung öffentlicher Debatten.[103] Weitergehend ist der Vorschlag, der betroffene Mitgliedstaat könne im Rahmen einer beobachtenden Kontrolle einer speziellen Überwachung unterworfen werden oder es könnten sogar „abschreckende Maßnahmen" ergriffen werden, also etwa die diplomatischen Beziehungen zu diesem Mitgliedstaat herabgestuft werden, soweit dies ohne Einfluß auf die Arbeiten in den EU-Institutionen möglich sei.[104]

Von vornherein ausgeschlossen von einer Qualifizierung als Vorfeldmaßnahmen sind alle Maßnahmen, die eine sanktionierende Wirkung für den betroffenen Mitgliedstaat haben, da diesbezüglich das Suspendierungsverfahren nach Art. 7 Abs. 2 EUV abschließend ist.[105]
Im Suspendierungsverfahren gemäß Art. 7 EUV und 309 EGV sind die konkreten Voraussetzungen normiert, bei deren Vorliegen ein Mitgliedstaat von seinen Rechten suspendiert werden kann. Dieses Verfahren mit seiner unterschiedlichen Beteiligung der Gemeinschaftsorgane ist sehr kompliziert. Nähme man an, eine Suspendierung von Rechten sei auch als Vorfeldmaßnahme möglich, dann würde dieses Verfahren vollkommen ausgehöhlt. Die Rechtssicherheit, die mit der Positivierung der Voraussetzungen einhergeht, bestünde nicht mehr.[106] Das Suspendierungsverfahren greift aber erst bei einer schwerwiegenden und anhaltenden Verletzung der Grundsätze ein, und es muß das hierfür vorgesehen Verfahren eingehalten werden, um Rechte eines Mitgliedstaats aussetzen zu können.
Es ist auch nicht der Schluß möglich, nur die *Suspendierung* von Rechten sei abschließend geregelt, so daß andere Sanktionen, also andere Maßnahmen, die einen rechtlichen Nachteil für den betroffenen Mitgliedstaat bedeuten, nicht ausgeschlossen sind. Denn Ziel der Unionsaufsicht ist es, die Wahrung der Grundsätze in den Mitgliedstaaten zu gewährleisten, und das Suspendierungsverfahren als Teil der Unionsaufsicht bezweckt, bei Verletzung der Grundsätze den ursprünglichen Zu-

---

[102] Siehe Kapitel 1, G.
[103] Hummer/Obwexer, EuZW 2000, 485 (489); dies., ecolex 2000, 250 (255). Hummer, Europäische Rundschau 2000, 13 (19); Schorkopf, FAZ vom 14. Februar 2000, S. 9; ders., DVBl 2000, 1036 (1041); ders., in Grabitz/Hilf, Das Recht der EU, Art. 7 EUV (Amsterdam), Rn. 26 und 37; Busse, Österreich contra Europäische Union, S. 21.
[104] Hummer/Obwexer, EuZW 2000, 485 (489).
[105] Vgl. auch Hummer/Obwexer, europa blätter 2000, 93 (101); dies., EuZW 2000, 485 (488 f.); Stein, Der Kreuzzug der Vierzehn gegen Österreich, S. 14; Schorkopf, DVBl 2000, 1036 (1041); ders., in Grabitz/Hilf, Das Recht der EU, Art. 7 EUV (Amsterdam), Rn. 24; Köck, Die Maßnahmen der EU-14 gegen Österreich, S. 115 f. und 120; Winkler, ZÖR 2000, 231 (252); Köck/Hintersteininger, Zu den Sanktionen der vierzehn EU-Partnerstaaten gegen Österreich, S. 491; Pernthaler/Hilpold, integration 2000, 105 (108 f.); Busse, Österreich contra Europäische Union, S. 21. Vgl. auch Leidenmühler, ZÖR 2000, 299 (312): unterhalb der Schwelle des Anwendungsbereichs des Art. 7 EUV sind die Mitgliedstaaten frei, aber sobald sie vertraglich verankerte Rechte eines Mitgliedstaats beeinträchtigen, wechseln sie wieder in den Anwendungsbereich der Verträge und unterliegen den dort vorgesehenen Bindungen.
[106] Vgl. Schorkopf, DVBl 2000, 1036 (1041), der jegliche Sanktionen gegen einen Mitgliedstaat außerhalb von einem Verfahren nach Art. 7 EUV ausschließt, weil es mit dem Rechtsstaatsprinzip unvereinbar wäre.

stand wiederherzustellen und weiteren Schaden zu verhindern.[107] Diesem Gedanken entsprechend werden als Anwort auf die Verletzung der *Verpflichtungen* aus dem EUV *Berechtigungen* aus diesem Vertrag ausgesetzt. Als Sanktion ist nur die Suspendierung von Mitgliedschaftsrechten vorgesehen; zur Verfolgung dieses Ziels können demnach keine anderen Sanktionen ergriffen werden. Vorfeldmaßnahmen verfolgen jedoch genau dasselbe Ziel. Damit dürfen sie keinen sanktionierenden Charakter haben, weil dies wegen der Abgeschlossenheit des Suspendierungsverfahrens ausgeschlossen ist.

Zwischen den Möglichkeiten für die unterschiedlichen Organe muß differenziert werden. Vorfeldmaßnahmen im Rahmen der Unionsaufsicht können nur die Organe ergreifen, die in den beiden eigentlichen Verfahren gemäß Art. 7 EUV eine Rolle spielen.[108] Bei den verschiedenen möglichen Maßnahmen ist auf ihre sonstige, ihnen im Gemeinschafts- bzw. Unionsrecht und insbesondere in Art. 7 EUV / Art. 309 EGV zugewiesene Rolle abzustellen. Da Ermächtigungsgrundlage für Vorfeldmaßnahmen der *effet utile* des Art. 7 EUV ist, erfolgt auch hierdurch eine Eingrenzung dessen, was als Vorfeldmaßnahme betrachtet werden kann.
Dies ist als Ausgangspunkt zu nehmen bei der Beantwortung der Frage, welches Kriterium eine Reaktion zu einer Maßnahme der Unionsaufsicht qualifiziert. Nicht jede Reaktion auf Entwicklungen in einem Mitgliedstaat, die auf eine Gefahr für die Verletzung der Grundsätze hindeuten, reicht aus, um ein Verhalten als Maßnahme der Unionsaufsicht zu qualifizieren. Es bedarf vielmehr eine Anknüpfungspunktes. Hierfür könnte schon ein objektives Kriterium ausreichend sein: Wenn das Verhalten eines Organs der EG (oder eines Mitgliedstaats) einen objektiv erkennbaren Bezug zur eigenen Rolle bei einem der Verfahren der Unionsaufsicht hat, wie dies etwa bei einer Beobachtung oder einer Bitte um Auskunft der Fall sein könnte, so handelt es im Rahmen der Unionsaufsicht. Einen Bezug zu diesem Mechanismus erhält das Verhalten also dadurch, daß es objektiv einem der beiden in der Unionsaufsicht vorgesehenen Mechanismen vorgelagert ist, also geeignet ist, um etwa zur Wahrnehmung der eigenen Aufgabe beizutragen und dabei verhältnismäßig ist.[109] Es ist aber auch der subjektive Bezug zur Unionsaufsicht erforderlich, um die erforderliche Verbindung zur Unionsaufsicht herzustellen. Dadurch wird ausgeschlossen, daß auch Handlungen unter die Unionsaufsicht subsumiert werden, die gar nicht auf die Überwachung der Einhaltung der Grundsätze in den Mitgliedstaaten gerichtet sind. Das Vorhandensein dieses subjektiven Bezugs kann aufgrund objektiver Kriterien als Indizien festgestellt werden.
Kriterium für die Qualifizierung einer Handlung als Maßnahme der Unionsaufsicht ist damit, daß sie einer möglichen Wahrnehmung der eigenen Aufgabe, zum Beispiel für die Mitgliedstaaten oder die Kommission einer möglichen Initiative, objektiv und subjektiv vorgelagert ist; sie muß ihr jedoch nicht tatsächlich vorgelagert sein, da sich herausstellen kann, daß die Voraussetzungen für eine Initiative nicht gegeben sind.

---

[107] Siehe oben, Kapitel 2, C.
[108] Vgl. auch Schorkopf, in Grabitz/Hilf, Das Recht der EU, Art. 7 EUV (Amsterdam), Rn. 26.
[109] Vgl. auch Hummer/Obwexer, ZÖR 2000, 269 (294) für Vorfeldmaßnahmen der Mitgliedstaaten.

4. Kommission

Im Rahmen eines Vertragsverletzungsverfahrens gemäß Art. 226, 227 EGV[110] verfaßt die Kommission zunächst ein Mahnschreiben, dem gegebenenfalls eine begründete Stellungnahme und eine Klageerhebung nachfolgen. Wenn die Kommission entsprechende Vorkommnisse im Rahmen einer negativen Entwicklung bezüglich der Einhaltung der Grundsätze in einem Mitgliedstaat beobachtet, steht ihr diese Möglichkeit des Mahnschreibens inklusive nachfolgender Schritte offen. Hieraus lassen sich Vorschläge für Vorfeldmaßnahmen der Unionsaufsicht ableiten.

Oben wurde bereits angesprochen, die Unionsaufsicht könne nicht wirklich als eine Art Pendant zur Gemeinschaftsaufsicht verstanden werden. So gibt es trotz der Ähnlichkeit bei der Begriffswahl erhebliche Differenzen. Bei der Gemeinschaftsaufsicht ist unbestritten, daß die Kommission das eigentliche Aufsichtsorgan ist.[111] Im Suspendierungsverfahren hingegen liegt der Schwerpunkt beim Rat. Er bedarf zwar für ein Tätigwerden einer Initiative, diese muß jedoch nicht zwingend von der Kommission ausgehen, sondern kann auch von einem Drittel der Mitgliedstaaten ergriffen werden.
Allerdings wurde bereits festgestellt, daß in gewisser Weise auch bei den beiden Verfahren nach Art. 7 EUV von einer Hüterrolle der Kommission gesprochen werden könne.[112]

a) Beobachtung und Stellungnahme

Aus diesem Grunde kann die Kommission politische Stellungnahmen abgeben. Auch das Recht, den betreffenden Mitgliedstaat unverbindlich aufzufordern, sich regelkonform zu verhalten, ist der Kommission zuzugestehen. Das Initiativrecht kann die Kommission darüber hinaus in sinnvoller Weise nur dann wahrnehmen, wenn nicht nur ein Recht besteht, eine Initiative zu unterbreiten, sondern wenn für diese Initiative fundierte Kenntnisse der entsprechenden Tatsachen vorhanden sind. Dies ist aber nur mit einer entsprechenden Kompetenz möglich, solche Tatsachenkenntnis zu erlangen.
Eine solche Kompetenz der Kommission läßt sich aus ihrer Rolle im Rahmen des Art. 7 EUV herleiten. Um den Vorschlag unterbreiten zu können, eines der beiden Verfahren einzuleiten, muß zunächst Tatsachen- oder „Beweis"-material vorhanden sein, das die Entwicklung in einem Mitgliedstaat aufzeigt. Dafür kann die

---

[110] Also der Gemeinschaftsaufsicht.
[111] Baumann, Die Klage der Kommission gegen Mitgliedstaaten wegen Vertragsverletzung, S. 267; vgl. auch schon oben, Kapitel 1, G.
[112] Siehe oben, Kapitel 2, G. 2. Schmitt von Sydow, RDUE 2001, 285 (304) spricht der Kommission eine besonders aktive Rolle zu, weil sie die Hüterin der Verträge ist. Nach Hummer, JRP 2001, 185 (192), obliegt ihr in erster Linie die Unionsaufsicht; sie hat sich diese Aufgabe jedoch mit den Mitgliedstaaten zu teilen.

Kommission einen Mitgliedstaat einer verstärkten Beobachtung unterwerfen; dies ist dem Ergreifen einer Initiative objektiv vorgelagert und kann alleine schon sehr wirksam sein.[113]

So meint bereits *Triepel* zur Reichsaufsicht: „Es ist denkbar, daß der Zweck der Beaufsichtigung durch bloßes Beobachten erreicht wird. Denn das Bewußtsein, den Augen eines Aufpassers ausgesetzt zu sein, mag genügen, um den Beaufsichtigten in den Schranken zu halten, die ihm gezogen sind."[114] Dieser Gedanke kann auf die Unionsaufsicht übertragen werden, da die vertikale Ebene betroffen ist, die Frage der „Tiefe" der Aufsicht. Die Unterschiede zwischen der Reichsaufsicht und der Unionsaufsicht in der horizontalen Ebene (daß sich die Reichsaufsicht auf all jene Bereiche bezieht, in denen das Reich Gesetzgebungskompetenz hat, die Unionsaufsicht aber nur auf die Grundsätze der Union) sind diesbezüglich irrelevant. Trotz dieser politischen Signalwirkung entfaltet eine Beobachtung noch keine nachteiligen Rechtswirkungen für den betroffenen Mitgliedstaat.[115]

Die Kommission kann in einer politischen Stellungnahmen laut Überlegungen dazu anstellen, ob sie die Einleitung eines der beiden Art. 7-Verfahren in Betracht ziehen möchte und dadurch den betroffenen Mitgliedstaat warnen. Schließlich kann sie den Staat zu einer Stellungnahme oder besonderen Auskunftserteilung auffordern und Stellen einrichten, welche die Mitgliedstaaten auf die Einhaltung der Grundsätze regelmäßig untersuchen, da in Anbetracht der Tatsache, daß die Grundsätze der Union auch im nationalen Bereich verletzt sein können, nicht ohne weiteres davon ausgegangen werden kann, daß die Kommission schon wegen ihrer Hüterfunktion im Gemeinschaftsrecht einen ausreichenden Überblick über die Situation in den Mitgliedstaaten hat.[116] Ihre Stellung in der Unionsaufsicht ermöglicht ihr nunmehr die Entwicklung einer Menschenrechtspolitik.[117]

Dies alles sind Maßnahmen, die keine rechtlichen Konsequenzen für den betroffenen Mitgliedstaat nach sich ziehen.

b) Auskunftsanspruch

Wenn die Kommission einen Staat um Auskunft bitten kann, muß die weitergehende Frage beantwortet werden, ob der Staat zur Auskunftserteilung verpflichtet ist und ob die Kommission einen Anspruch gegen ihn hat, ihr Nachforschungen zu ermöglichen, die notwendig sind, um Material für die Begründung der Initiative zu einem Vorfeld- oder Suspendierungsverfahren zu erhalten.

---

[113] Vgl. auch Schmitt von Sydow, RDUE 2001, 285 (304).

[114] Triepel, Die Reichsaufsicht, S. 118.

[115] Vgl. auch Winkler, JRP 2000, 308 (326).

[116] A.A. Schorkopf, Homogenität in der EU, S. 210.

[117] Vgl. v. Bogdandy, Supranationaler Föderalismus, S. 16. Die 1997 in der Anwort der Kommission auf eine Anfrage betreffend die strafrechtliche Verfolgung von Journalisten in Griechenland verneinte allgemeine Zuständigkeit der Gemeinschaft zur Gewährleistung der Achtung der Menschenrechte (1997 Abl. C 373/153 f.) ist vielleicht immer noch nicht in einem so umfassenden Maße gegeben, wie sie von der Fragestellung impliziert war, aber die Anwort müßte nach Inkrafttreten des Amsterdamer Vertrages anders lauten.

Ebenso wie für das Verfahren der Aufsichtsklage bedarf die Kommission auch im Vorfeld- und im Suspendierungsverfahren der Möglichkeit, sich über die Entwicklungen in den einzelnen Staaten informieren zu können. Gemäß Art. 284 EGV steht ihr in der EG diese Kompetenz zu; gemäß Art. 10 UAbs. 1 Satz 2 EGV sind die Mitgliedstaaten gegenüber der Kommission grundsätzlich zur Erteilung von Auskünften verpflichtet.[118] Diese Bestimmungen gelten allerdings nur für den Bereich des Gemeinschaftsrechts, nicht für die Union. Eine Geltung dieses Rechtsgrundsatzes für die gesamte EU könnte sich aus der Existenz der Art. 7 EUV und Art. 309 EGV ergeben. Gerade hier liegt ja eine Verknüpfung zwischen „erster Säule" und dem „Dach" des Tempelmodells der EU vor, denn die zweite Stufe des Suspendierungsverfahrens, also die tatsächliche Aussetzung der Rechte, findet sowohl im Rahmen der Union, als auch im Rahmen der Gemeinschaft statt. Die Untersuchung dahingehend, ob die Grundsätze verletzt werden, ist ein Unionsverfahren. Dies aber nicht aus dem Grunde, weil keine zu enge (supranationale) Verbindung angestrebt werden sollte – die beiden Verfahren sind ja nicht in der zweiten oder dritten Säule geregelt –, sondern weil es sich um eine übergreifende Regelung handelt, die sinnvollerweise im ersten, allgemeinen Teil des EUV, dem „Dach" der Union, geregelt ist.

Der EuGH hat in einem Vertragsverletzungsverfahren gemäß Art. 226 EGV bei der Nichtumsetzung einer Richtlinie festgestellt, daß

> „[d]ie Mitgliedstaaten [...] aufgrund von Artikel 5 EWG-Vertrag[119] gehalten [sind], der Kommission die Erfüllung ihrer Aufgabe zu erleichtern, die gemäß Art. 155[120] unter anderem darin besteht, für die Anwendung des Vertrages [...] Sorge zu tragen. [...] Die Informationen, die die Mitgliedstaaten demgemäß zu erteilen haben, müssen klar und deutlich sein. Sie müssen die Rechts- und Verwaltungsvorschriften, durch die der Mitgliedstaat seine verschiedenen Verpflichtungen aus der Richtlinie erfüllt zu haben glaubt, eindeutig angeben. Liegt eine solche Information nicht vor, so kann die Kommission nicht prüfen, ob der Mitgliedstaat die Richtlinie tatsächlich und vollständig durchgeführt hat. Die Verletzung dieser Verpflichtung durch einen Mitgliedstaat, sei es, daß jegliche Information fehlt, sei es, daß eine Information nicht ausreichend klar und deutlich ist, kann bereits als solche die Eröffnung des Verfahrens nach Artikel 169 EWG-Vertrag[121] zur Feststellung dieser Verletzung rechtfertigen".[122]

Und an anderer Stelle bezüglich der Verletzung von Art. 10 EGV:

> „Die Mitgliedstaaten sind somit gehalten, nach Treu und Glauben an jeder von der Kommission gemäß Artikel 169[123] durchgeführten Untersuchung mitzuwirken

---

[118] Vgl. Hummer, in Grabitz/Hilf, Das Recht der EU, Art. 213 EGV (Maastricht), Rn. 3; Grunwald in Groeben/Thiesing/Ehlermann, Kommentar zum EU-/EG-Vertrag, Art. 213 EGV, Rn. 19; Zuleeg in Groeben/Thiesing/Ehlermann, Kommentar zum EU-/EG-Vertrag, Art. 5 EGV, Rn. 8; a.A. v. Bogdandy, in Grabitz/Hilf, Das Recht der EU, Art. 5 EGV (Maastricht), Rn. 28, der eine unmittelbare Wirkung des Art. 10 (ex-5) EGV bei Konsultations- und Informationspflichten ablehnt.

[119] Jetzt Art. 10 EGV.

[120] Jetzt Art. 211 EGV.

[121] Jetzt Art. 226 EGV.

[122] EuGH, Urteil vom 25.5.1982 – Kommission ./. Niederlande; RS 97/81 – Slg. 1982, 1819 (1832, Rn. 7 f.).

[123] Jetzt Art. 226 EGV.

und der Kommission die zu diesem Zwecke angeforderten Auskünfte zu erteilen."[124]

Dabei hätte man im Rahmen des Vertragsverletzungsverfahrens ein der Auskunftspflicht entgegenstehendes Recht auf Zurückbehaltung noch am ehesten vermuten können, weil es um Angelegenheiten des betroffenen Staates selbst geht.[125]
Die Lage der Mitgliedstaaten im Vorfeld- und im Suspendierungsverfahren ist zwar vergleichbar mit der im Vertragsverletzungsverfahren – auch hier soll der Staat über seine eigenen „Verstöße" Auskunft geben. Andererseits ist die Rolle der Kommission in Art. 7 EUV eine andere. Sie leitet bloß das Verfahren ein, hat aber keine eigene Vermittlerrolle wie im Vertragsverletzungsverfahren. Insbesondere hat sie nicht die Pflicht gegenüber dem Rat, das tatsächliche Vorliegen der Gefahr einer schwerwiegenden Verletzung oder der tatsächlichen schwerwiegenden und anhaltenden Verletzung nachzuweisen, wie dies im Vertragsverletzungsverfahren der Fall ist.[126] Dies spricht gegen einen Auskunftsanspruch der Kommission, denn sie hat hier weder als Einzige „die" Hüterrolle noch ist sie auf die Auskunft durch die Mitgliedstaaten in dem Maße angewiesen wie im Vertragsverletzungsverfahren.

Kein Argument gegen eine Auskunftsverpflichtung der Mitgliedstaaten ist jedoch der Einwand, daß es sich beim Vorfeld- und Suspendierungsverfahren um Auskünfte auch in den Bereichen handeln kann, die nicht durch das Gemeinschaftsrecht geregelt sind, weil gegen die Grundsätze auch im Rahmen eines „rein nationalen" Sachverhalts verstoßen werden könne. Dieser Bereich ist gerade wegen der Existenz des Art. 6 EUV nicht mehr als rein national zu beurteilen. Das Argument, es liege eine Einmischung in innere Angelegenheiten vor, ist seit der Existenz dieser beiden Verfahren bei der Frage der Beachtung der Grundsätze der Union nur noch eingeschränkt möglich. Die rechtliche und politische (tatsächliche) Verfaßtheit eines Mitgliedstaates ist dann keine innere Angelegenheit mehr, wenn sie gegen die Grundsätze der Union verstößt – was sich implizit aus der Existenz des Art. 7 EUV ergibt. Wenn nun die Feststellung einer schwerwiegenden Gefahr oder sogar die Suspendierung von Mitgliedschaftsrechten aufgrund einer schwerwiegenden und anhaltenden Verletzung der Grundsätze der Union möglich ist, die nur den innerstaatlichen Bereich betrifft, dann stellt auch das Auskunftsersuchen (das nicht mit einem der Kommission hier nicht zustehenden Auskunfts*recht* verwechselt werden soll) bezüglich solcher Verletzungen keine Einmischung in innere Angelegenheiten eines Mitgliedstaates dar.
Die Kommission hat also keine Auskunftsansprüche gegenüber dem betroffenen Mitgliedstaat; es steht ihr jedoch frei, ihn um freiwillige Auskunft zu ersuchen.[127]

---

[124] EuGH, Urteil vom 11.12.1985 – Kommission ./. Griechenland, RS 192/84 – Slg. 1985, 3967 (3979, Rn. 19), std. Rspr., vgl. auch Urteil vom 24. März 1988 – Kommission ./. Griechenland, RS 240/86 – Slg. 1988, 1835 (1857 f.) und Urteil vom 12. Juli 1990 – Kommission ./. Griechenland, RS C-35/88 – Slg. 1990, I 3125 (3159 f., Rn. 38 ff.).
[125] Vgl. Due, Der Grundsatz der Gemeinschaftstreue, S. 12.
[126] Vgl. Krück, in Groeben/Thiesing/Ehlermann, Kommentar zum EU-/EG-Vertrag, Art. 169 EGV, Rn. 53.
[127] Vgl. auch Schorkopf, Homogenität in der EU, S. 144: Die Kommission soll nicht über den Wortlaut des Unionsrechts hinaus privilegiert werden.

c) Entsendung einer Untersuchungskommission

Wie schon oben bei dem Bericht der unabhängigen Persönlichkeiten im Rahmen des Vorfeldverfahrens erörtert,[128] geht die Verpflichtung, eine Beobachter- oder Untersuchungskommission in das eigene Land zu lassen, noch weit über eine Auskunftsverpflichtung hinaus. Dies Argumentation für das Expertengremium gilt hier entsprechend und soll nur verkürzt wiedergegeben werden: Grundsätzlich bedarf die Entsendung einer Untersuchungskommission in einen anderen Staat eines völkerrechtlichen Titels oder des konkreten Einverständnis' dieses Staates, andernfalls verstieße sie gegen das völkerrechtliche (hier durch Europarecht modifizierte) Interventionsverbot.
Ein Titel, der die Entsendung eines solchen Ausschusses erlauben würde, läßt sich dem EUV weder unmittelbar entnehmen, noch ist eine Herleitung aus Art. 7 EUV möglich. Auch die Unionsaufsicht selbst stattet die Union nicht mit Zwangsgewalt gegenüber den Mitgliedstaaten aus. Der Kommission steht also kein „Untersuchungskommissionsentsendungsrecht" zu.

d) Ermessensspielraum

Für den Vorschlag, das Vorfeld- oder das Suspendierungsverfahren einzuleiten, wurde bereits im zweiten Kapitel festgestellt, daß die Kommission zwar auf Tatbestandsebene einen weiten Beurteilungsspielraum hat, andererseits jedoch eine positive Verpflichtung zur Unterbreitung eines Initiativvorschlags dann besteht, wenn sie vom Vorliegen der Tatbestandsvoraussetzungen überzeugt ist (sie hat also – in deutscher Terminologie – kein Ermessen auf der Rechtsfolgenseite).[129] Etwas anders verhält es sich mit der Vornahme von Vorfeldmaßnahmen – eine Verpflichtung zu einer *bestimmten* Maßnahme ist abzulehnen, denn *wie* die Kommission ihrer Verpflichtung nachkommt, muß in ihrem Ermessen liegen. Sie darf sich aber nicht völlig ihren Aufgaben entziehen. Wenn Anhaltspunkte für die Gefahr oder die Verletzung der Grundsätze bestehen, muß sie also auf irgendeine Weise gewährleisten, daß eine Beobachtung von Entwicklungen bezüglich der Einhaltung der Grundsätze innerhalb der Mitgliedstaaten stattfindet, da sie sonst nicht ihrer Verpflichtung nachkommen könnte, im gegebenen Fall die Initiative zu einem der Verfahren zu ergreifen. Die Kommission hat also lediglich eine Mindestpflicht in Form einer Beobachtungspflicht.

---

[128] Siehe oben, Kapitel 2, G. 7. f).
[129] Siehe oben, Kapitel 2, G. 2.

e) Ergebnis

Somit kann die Kommission als Maßnahmen im Rahmen des Vorfeldes der Unionsaufsicht unter anderem einen Staat beobachten, um Auskunft ersuchen und ihn auffordern, sich grundsatzkonform zu verhalten, nicht jedoch ohne seine Zustimmung eine Untersuchungskommission in sein Land entsenden.

5. Parlament

Das Parlament ist vor allem Beteiligter an Rechtsetzungsverfahren und anderen Verfahren, so auch beim Suspendierungsverfahren. Nur mit seiner Zustimmung kann der Rat die qualifizierte Verletzung durch einen Mitgliedstaat feststellen. Das Europäische Parlament ist eine Art Impulsgeber für die allgemeine Politik, womit es eine Beratungsbefugnis zu jeder Frage aktueller oder potentieller Tätigkeiten der EU hat und dazu Entschließungen annehmen kann.[130] Hierfür bedarf es keiner speziellen Ermächtigungsgrundlage, so daß sein Befassungsrecht durch seine Rolle im Suspendierungsverfahren zusätzlich legitimiert ist.
Nur für das Vorfeldverfahren hat es auch ein Initiativrecht. Ebenso wie die Kommission hat das Parlament daher das Recht, den betroffenen Mitgliedstaat zu beobachten, ihn um Auskunft ersuchen und ihn aufzufordern, sich grundsatzkonform zu verhalten.

6. Mitgliedstaaten als Initiativberechtigte

Da auch fünf Mitgliedstaaten gemeinsam im Vorfeld- und im Suspendierungsverfahren initiativberechtigt sind, ist zu überlegen, ob ihnen einzeln oder als „Gruppe" von (zur Zeit) mindestens fünf Staaten die gleichen Befugnisse wie der Kommission und dem Parlament im Rahmen von Vorfeldmaßnahmen zugestanden werden können.
Vorstellbar ist etwa eine gemeinsame Beobachtung durch die Mitgliedstaaten. Auch ihrer Besorgnis über die Entwicklung in einem Staat betreffend die gemeinsamen Grundsätze könnten sie Ausdruck verleihen. Es fragt sich, ob ein solches Vorgehen eine Maßnahme der Unionsaufsicht darstellt, oder ob ein Vorgehen der Mitgliedstaaten immer außerhalb der Unionsaufsicht steht. Die Mitgliedstaaten sind keine Organe der EU; dies ist lediglich für ihren Zusammenschluß als Rat der Fall.
Ein Staat handelt, auch wenn er Mitglied der EU ist, grundsätzlich als einzelner Staat und nicht als Teil der Union. Dennoch handeln die Mitgliedstaaten auch im Rahmen der Unionsaufsicht, wenn sie gemeinsam mit anderen Staaten das Initiativ-

[130] Vgl. EuGH, Urteil vom 10.2.1983 – Luxemburg./.Parlament, RS. 230/81 – Slg. 1993, 255 (287, Rn. 39); Haag/Bieber, in Groeben/Thiesing/Ehlermann, Kommentar zum EU-/EG-Vertrag, Art. 137 EGV, Rn. 11.

recht wahrnehmen. Die Staaten haben (als Staaten) also auch hier Befugnisse. Über ihr gemeinsames Initiativrecht sind sie Beteiligte beider Verfahren der Unionsaufsicht. Folglich ist auch für die Mitgliedstaaten Kriterium für die Qualifizierung einer Handlung als Maßnahme der Unionsaufsicht, daß sie einer möglichen Initiative objektiv und subjektiv vorgelagert ist.

Damit scheiden die Herabstufung der diplomatischen Beziehungen sowie andere „abschreckende Maßnahmen“ als Vorfeldmaßnahme der Mitgliedstaaten aus.[131] Eine solche Maßnahme ist weder geeignet noch erforderlich, um der Initiativberechtigung und –verpflichtung nachzukommen und kann damit für die Mitgliedstaaten auch nicht als Maßnahme der Unionsaufsicht begründet werden.

Umfaßt von der Unionsaufsicht durch die Mitgliedstaaten sind beispielsweise die Bitte um Auskunft, eine Beobachtung, der Hinweis, daß man erwäge, die Initiative zum Vorfeld- oder Suspendierungsverfahren zu ergreifen oder auch der Ausdruck der Besorgnis gegenüber dem betroffenen Mitgliedstaat (als Mitteilung oder Warnung), wobei dies unter Respekt vor der Souveränität des betroffenen Staates erfolgen muß.[132] Es besteht also wie für die Kommission weder ein Auskunftsanspruch noch ein Entsendungsrecht für einen Untersuchungsausschuß.[133]

Die Mitgliedstaaten sind verpflichtet, „die gemeinsamen europäischen Werte zu verteidigen“;[134] dies gilt jedoch nur in Bezug auf ihre Kompetenz im Rahmen der Unionsaufsicht. Um dieser Verpflichtung nachzukommen, müssen sich die Mitgliedstaaten also über die Verhältnisse in dem betreffenden Staat informieren, um auf dieser Grundlage eine Initiative zum Vorfeld- oder zum Suspendierungsverfahren ergreifen zu können. Wie die Mitgliedstaaten allerdings zur Überzeugung über das Vorliegen der Voraussetzungen gelangen, steht ihnen frei.

An die Mindestanzahl der handelnden Staaten dürfen keine besonderen Anforderungen gestellt werden; auch ein einzelner Staat kann etwa einen anderen Staat um Auskunft ersuchen. Es ist immer legal, eine Frage zu stellen, wenn nicht ein Auskunftsanspruch suggeriert wird. Ein einzelner Mitgliedstaat muß in der Lage sein, sich zu informieren, um dann andere Staaten von einem Handlungsbedarf zu überzeugen und mit ihnen gemeinsam die Initiative ergreifen zu können.

---

[131] Vgl. Hummer(Obwexer, EuZW 2000, 485 (488 f.); dies., ecolex 2000, 250 (255), die solche „abschreckenden Maßnahmen“ aber für den Rat als zulässig erachten.

[132] Vgl. auch Hummer/Obwexer, ZÖR 2000, 269 (294); dies., ecolex 2000, 250 (255); Hummer, Europäische Rundschau 2000, 13 (19). Zu den von diesen erwähnten abschreckenden Maßnahmen könnte – theoretisch - nur der Rat ermächtigt sein.

[133] Vgl. Rotter, Europäische Rundschau 2000, 21 (26).

[134] Bericht von Martti Ahtisaari, Jochen Frowein, Marcelino Oreja (Bericht der drei Weisen), abgedruckt in EuGRZ 2000, 404 S. 27 des Berichts (Rn. 95). Dies bezieht sich auf die Unterdrückung von Kritik an der Regierung durch ein Regierungsmitglied. Aus diesem Grunde sprechen Hummer/Obwexer, ZÖR 2000, 269 (294) sowie Hummer, Europäische Rundschau 2000, 13 (16) auch von einem „Interventionsgebot“.

Es verhält sich auch nicht anders, wenn mehrere Mitgliedstaaten gemeinsam handeln, sich also zusammenschließen und damit konzertiert vorgehen.[135] Hier besteht nicht die Gefahr, daß dadurch die geregelten Mechanismen der Unionsaufsicht umgangen werden. Da die Maßnahmen, die den Mitgliedstaaten innerhalb der Unionsaufsicht zustehen, nur solche sind, die einer möglichen Initiative zum Vorfeldverfahren oder zum Suspendierungsverfahren vorgelagert sind, werden die eigentlichen Mechanismen davon nicht berührt.

Eine andere Frage ist, ob das Vorgehen eines einzelnen Mitgliedstaates faktisch zu erwarten ist, da hierin ein großer Affront gegenüber dem betroffenen Mitgliedstaat liegt.[136] Ein entsprechendes Verhalten der Kommission oder des Europäischen Parlaments wäre demgegenüber unproblematischer, weil diese europäischen Organe dem Mitgliedstat nicht als ein „Gleicher" gegenüberstehen, sondern in gewisser Weise neutral sind.[137]

Neben Maßnahmen der Unionsaufsicht sind andere Reaktionen der Mitgliedstaaten denkbar, wie etwa die bereits angesprochene Herabstufung diplomatischer Beziehungen zu dem betroffenen Staat oder die Nichtunterstützung in Belangen, die keinen Bezug zur Europäischen Union haben. Solche Maßnahmen ergriffen vierzehn Mitgliedstaaten gegenüber Österreich wegen der Regierungsbildung von ÖVP (Österreichische Volkspartei) und FPÖ (Freiheitliche Partei Österreichs) am 4. Februar 2000. Sie können aber nicht als Maßnahme der Unionsaufsicht qualifiziert werden, weil sie keinen Bezug zum Vorfeld- oder zum Suspendierungsverfahren haben. Ob sie neben der Unionsaufsicht möglich sind, soll im sechsten Kapitel erörtert werden.

7. Rat

Dem Rat als Hauptrechtsetzungsorgan[138] und Hauptbeteiligtem im Suspendierungsverfahren – er ist hier das eigentliche Aufsichtsorgan – kommt im Vorfeldverfahren schon dadurch eine besonders hervorgehobene Rolle zu, daß er in Art. 7 Abs. 1 EUV dazu ermächtigt ist, die Feststellung einer Gefahr zu treffen.

Vor Inkrafttreten des Art. 7 Abs. 1 EUV durfte der Rat die Gefahr einer Verletzung der Grundsätze (oder das Vorliegen einer einfachen Verletzung) jedoch nicht feststellen. Er konnte nicht deshalb, weil er die schwerwiegende und anhaltende Verletzung feststellen kann, auch „weniger" feststellen. Art. 7 EUV (Amsterdam) setzt bewußt die Schwelle, ab der ein Feststellungsbeschluß vom Rat gefaßt werden

[135] Vgl. auch Schorkopf, DVBl 2000, 1036 (1041); ders., in Grabitz/Hilf, Das Recht der EU, Art. 7 EUV (Amsterdam), Rn. 26.
[136] Vgl. Schmahl, EuR 2000, 819 (834).
[137] Vgl. auch Schmitt von Sydow, RDUE 2001, 285 (304).
[138] Schweitzer/Hummer, Europarecht, Rn. 154.

kann, hoch an. Diese Schwelle darf nicht durch die Konstruktion einer *a maiore ad minus*-Regelung umgangen werden. Vielmehr stellt sie für einen Feststellungsbeschluß, welcher wiederum Grundlage für weitere Maßnahmen sein kann, eine Untergrenze dar. Eine solche Ausnahmevorschrift wie Art. 7 Abs. 4 EUV (Amsterdam) muß eng ausgelegt werden.[139]

Für „eigentliche" Vorfeldmaßnahmen verhielt es sich jedoch vor Inkrafttreten des Vertrags von Nizza anders. Oben wurde bereits erörtert, daß als solche nur Maßnahmen qualifiziert werden können, die der Feststellung durch den Rat objektiv und subjektiv vorgelagert sind und die keine rechtlich nachteilige Wirkung für den betroffenen Mitgliedstaat haben, also etwa die Bitte um Auskunft oder die Beobachtung eines Staates, da der Rat in der Lage sein muß, das Vorhandensein einer behaupteten Verletzung zu verifizieren, bevor er eine Feststellung treffen kann.[140] Da für ein Handeln des Rates in Art. 7 Abs. 1 EUV (Amsterdam) Einstimmigkeit vorgesehen ist, muß dieses Erfordernis auch auf die wegen des *effet utile* möglichen Maßnahmen übertragen werden.[141] Dies gilt auch für die Ausnahmeregelung der Nichtberücksichtigung der Stimme des betroffenen Mitgliedstaats.

Abschreckende Maßnahmen, die darauf gerichtet sind, schon eine Verletzung der Grundsätze zu vermeiden, und die keinen rechtlichen Nachteil für den betroffenen Mitgliedstaat bedeuten, konnte der Rat jedoch nicht ergreifen. Begründung hierfür wäre, daß er das Hauptaufsichtsorgan ist und die abschreckenden Maßnahmen dazu dienen, die Verletzung der in Art. 6 Abs. 1 EUV genannten Grundsätze zu vermeiden.[142] Wie aber eben festgestellt wurde, muß die Regelung des Art. 7 EUV als Ausnahmevorschrift eng ausgelegt werden. Auch wenn der Rat Hauptaufsichtsorgan ist, kann er als Maßnahmen zur Vermeidung der Verletzung der Grundsätze durch einen Mitgliedstaat nur solche ergreifen, die vorgesehen sind. Vorfeldmaßnahmen müssen diesen Maßnahmen vorgelagert sein, was für abschreckende Maßnahmen eindeutig nicht der Fall ist.

Mit Inkrafttreten des neuen Abs. 1 durch den Vertrag von Nizza wird nun für den Rat geregelt, welche Vorfeldmaßnahmen er ergreifen kann, nämlich die Feststellung der eindeutigen Gefahr einer schwerwiegenden Verletzung der Grundsätze in einem Mitgliedstaat mit der Mehrheit von vier Fünfteln seiner Mitglieder, ohne daß dabei auf die Berücksichtigung der Stimme des betroffenen Mitgliedstaats abgestellt würde. Des weiteren kann er Empfehlungen an den betroffenen Mitgliedstaat richten und ein Expertengremium einsetzen. In diesen Möglichkeiten für den Rat liegt eindeutig ein „Mehrwert" der neuen Regelung.[143]

---

139 Busse, Österreich contra Europäische Union, S. 21. Vgl zu Art. 88 EGKS EuGH, Urteil vom 15.7.1960 – Italien ./. Hohe Behörde, Rs. 20/59 - Slg. 1960, 681 (713): „...ultima ratio zum Schutze der im Vertrag verankerten Belange. Es handelt sich hier um ein Verfahren zur Durchsetzung der Erfüllung der Pflichten der Mitgliedstaaten, welches bei weitem über das hinausgeht, was nach den bisher anerkannten Sätzen des klassischen Völkerrechts galt. Infolgedessen ist Art. 88 eng auszulegen.

140 Vgl. Schmitt von Sydow, RDUE 2001, 285 (304).

141 Vgl. Schwartz, in Groeben/Thiesing/Ehlermann, Kommentar zum EU-/EG-Vertrag, Art. 235 EGV, Rn. 92.

142 So Hummer/Obwexer, EuZW 2000, 485 (488); Hummer, JRP 2001, 185 (192).

143 Daß ein solcher möglich wäre, bestreitet Schmahl, EuR 2000, 819 (835) im Vorfeld.

Daneben kann der Rat nicht einem Staat gegenüber seine Besorgnis ausdrücken, da dies der Feststellung einer Gefahr in einem Mitgliedstaat gleichkäme oder zumindest ein *minus* dazu darstellen würde, was – wie eben für die Feststellung der Verletzung erläutert wurde – nicht möglich ist. Mit Art. 7 Abs. 1 EUV sind auch abschreckende Maßnahmen durch den Rat ausgeschlossen; dieser kann nur feststellen, empfehlen und Experten befragen.
Für Vorfeldmaßnahmen des Rats ist also im Einzelfall genau zu prüfen, ob sie von den explizit geregelten Vorfeldmaßnahmen ausgeschlossen werden, weil sie diesbezüglich abschließend sind. Ohne weiteres kann der Rat die Mitgliedstaaten um Auskunft bitten oder sie einer Beobachtung unterwerfen, da dies erforderlich ist, um überhaupt die vorgesehenen Vorfeldmaßnahmen treffen zu können. Seit Inkrafttreten des Vertrags von Nizza genügt für ein Handeln des Rats bei Vorfeldmaßnahmen die im neuen Abs. 1 vorgesehene Mehrheit.

C. Ergebnis

Die Unionsaufsicht umfaßt zwei Verfahren, die bei einem unterschiedlichen Grad der Gefährdung für die Grundsätze der Union eingreifen.
Mit dem Suspendierungsverfahren können bestimmte Rechte eines Mitgliedstaats ausgesetzt werden. Hier ist zunächst die Suspendierung seiner Stimmrechte im Rat zu erwähnen, welche nur gemäß Art. Abs. 3 EUV möglich ist, nicht jedoch gemäß Art. 309 Abs. 2 EGV, und wegen des Verweises in Art. 309 EGV (und Art. 96 EGKSV und 204 EAGV) automatisch für alle drei Säulen der Union erfolgt. Aus Gründen der Kohärenz ist anzunehmen, daß dies auch für den Fall einer verstärkten Zusammenarbeit gilt. Die Stimmrechte in anderen Organen der EG können dagegen nicht ausgesetzt werden.
Trotz der Suspendierung von seinen Stimmrechten im Rat ist der betroffene Staat weiterhin an seine Verpflichtungen aus den Verträgen gebunden, und dies gilt auch für nachfolgend geschaffenes Recht. Um dem Grundsatz der Verhältnismäßigkeit zu genügen, muß hierbei jedoch im Einzelfall Rücksicht auf den betroffenen Mitgliedstaat genommen werden.
Neben der Stimmrechtssuspendierung sind im Rahmen der EU noch Suspendierungen anderer Rechte denkbar, etwa des Rede- oder Anwesenheitsrechts im Rat und der Rechte, die zur Selbstdarstellung eines Staates in der Öffentlichkeit geeignet sind.
Vor allem im Rahmen des EGV existieren viele materielle Berechtigungen der Mitgliedstaaten, die ausgesetzt werden können; allerdings wird deren Suspendierung aus Gründen der Verhältnismäßigkeit meist ausgeschlossen sein.
Die Klageberechtigung des Mitgliedstaats vor dem Gerichtshof kann nicht ausgesetzt werden. Die Suspendierung aller Rechte eines Mitgliedstaats ist zwar vom Wortlaut nicht ausgeschlossen, wäre im Zweifelsfall jedoch unverhältnismäßig.

Im Vorfeldverfahren kann der Rat nun - seit Inkrafttreten des Vertrags von Nizza - die eindeutige Gefahr der schwerwiegenden Verletzung der Grundsätze durch einen Mitgliedstaat feststellen. Daneben kann er diesen Mitgliedstaat um Auskunft bitten oder ihn einer Beobachtung unterwerfen. Mit der neuen Vorfeldregelung wird allerdings noch deutlicher als schon vorher ausgeschlossen, daß er abschreckende Maßnahmen gegenüber einem Mitgliedstaat ergreift.

Neben dem Rat sind aus Art. 7 EUV in Verbindung mit dem *effet utile*-Gedanken auch die anderen beteiligten Organe sowie die Mitgliedstaaten zu Vorfeldmaßnahmen ermächtigt - sowohl vor als auch nach Inkrafttreten des Vertrag von Nizza. Von vornherein ausgeschlossen sind jedoch Maßnahmen mit sanktionierender Wirkung. Kriterium für die Qualifizierung einer Handlung als Maßnahme der Unionsaufsicht ist, daß sie der Wahrnehmung der Aufgaben des entsprechenden Organs objektiv und subjektiv vorgelagert ist.
Die Kommission, die Mitgliedstaaten und das Europäische Parlament können damit unter anderem einen Staat beobachten, ihn um Auskunft ersuchen und ihn auffordern, sich grundsatzkonform zu verhalten, nicht jedoch ohne seine Zustimmung eine Untersuchungskommission in sein Land entsenden. Dabei können die Staaten sowohl gemeinsam, als auch alleine handeln.

Kapitel 5: Gerichtlicher Rechtsschutz

In Art. 7 EUV / Art. 309 EGV ist der Gerichtshof nicht erwähnt. Nach dem in Art. 5 UAbs. 1 EGV festgelegten Prinzip der begrenzten Einzelermächtigung ist er (i.V.m. Art. 7 Abs. 1 EGV) nur für die ihm konkret zugewiesenen Bereiche zuständig, also nur innerhalb der im EGV vorgesehenen Klagearten[1] und der Verweise hierauf im EUV.
Erst seit Inkrafttreten des Vertrages von Nizza wird dem EuGH mit Art. 46 lit e) EUV explizit eine Aufgabe im Rahmen der Unionsaufsicht übertragen: er erhält nun die Zuständigkeit zur Überprüfung der reinen Verfahrensbestimmungen des Art. 7 EUV.

Aber auch unabhängig davon ist eine Anrufung des Gerichtshofs gegen einzelne Maßnahmen der Unionsaufsicht mit den vorgesehen Klagearten möglich. In welchem Umfang dies der Fall ist, soll in diesem Kapitel erörtert werden. Dabei wird nach den einzelnen Klagearten unterschieden: der Nichtigkeitsklage (A.), der Untätigkeitsklage (B.) und dem Vertragsverletzungsverfahren (C.).
Nicht eingegangen wird hier auf die Möglichkeiten für natürliche Personen, Klage gegen Maßnahmen zu erheben, die sie unmittelbar betreffen. Vorstellbar wäre etwa die Geltendmachung eines Staatshaftungsanspruchs in einem anderen Mitgliedstaat[2] oder Klagen vor den nationalen Verfassungsgerichten.[3]

D. Nichtigkeitsklage gemäß Art. 230 EGV

Mit diesem Verfahren kann der EuGH angerufen werden, um die objektive Rechtmäßigkeit der Handlungen der Organe der EG zu überprüfen. Insofern könnte mit dieser Klageart die Möglichkeit bestehen, über eine Ratsentscheidung nach Art. 7 EUV bzw. Art. 309 EGV zu judizieren. Auch gegenüber den Maßnahmen anderer Organe könnte möglicherweise mit diesem Verfahren Rechtsschutz begehrt werden.

---

[1] Vgl. Wegener, in Calliess/Ruffert, Kommentar zu EUV und EGV, Art. 220 EGV, Rn. 2.
[2] Siehe hierzu Schwarzenegger, ZfRV 2000, 124.
[3] Siehe die (unzulässige) Verfassungsbeschwerde vor dem BVerfG, Beschluß des Zweiten Senats vom 14.8.2001, DVBl 2001, 1751.

1. Überprüfung im Bereich des Art. 7 EUV

Der Gerichtshof ist für Maßnahmen aus dem Bereich des EUV nur dann zuständig, wenn ihm diese in Art. 46 EUV übertragen wurde. Das ist für die materiellen Voraussetzungen des Art. 7 EUV nicht der Fall, so daß die Feststellung des Rats, in einem Staat bestehe die eindeutige Gefahr einer schwerwiegenden Verletzung oder ein Staat verletze die Grundsätze schwerwiegend und anhaltend, nicht aus materiellen Gründen mit der Nichtigkeitsklage angegriffen werden kann.[4] Ebensowenig kann die Aussetzung von Rechten gemäß Art. 7 Abs. 3 EUV vom EuGH überprüft werden; dies gilt auch für das Berücksichtigungsgebot aus Art. 7 Abs. 3 UAbs. 1 S. 2 EUV.[5]

a) Überprüfung der „reinen Verfahrensbestimmungen"

Allerdings ist dem Gerichtshof die Zuständigkeit zur Überprüfung der reinen Verfahrensbestimmungen des Art. 7 EUV übertragen, so daß er gestützt auf die Behauptung angerufen werden kann, ein Feststellungsbeschluß oder der Beschluß, unabhängige Experten zur Abgabe eines Berichts zu ersuchen, sei formell rechtswidrig. Klagegegenstand sind hierbei zwar die eben genannten Beschlüsse, gerügt werden kann jedoch nur ihre formelle Rechtswidrigkeit, nicht ihre materielle Rechtswidrigkeit.[6]
Ebenso kann die formelle Rechtmäßigkeit einzelner auf Art. 7 Abs. 3 EUV gestützter Suspendierungen überprüft werden. Dem steht nicht entgegen, daß im zweiten Halbsatz von der „Feststellung des Rates" die Rede ist. Dieser Teil bezieht sich lediglich auf die Modifizierung des Verfahrens, wonach der Gerichtshof binnen eines Monats über die Einhaltung der Verfahrensbestimmungen entscheidet, wenn der betroffene Mitgliedstaat dies beantragt.[7]
Die Formulierung „wobei der Gerichtshof auf Antrag des betroffenen Mitgliedstaates binnen eines Monats nach der Feststellung des Rates" entscheidet, ist nicht ganz klar, Sinn ergibt nur ein Verständnis, nach welchem der Gerichtshof *nach Antragstellung* einen Monat Zeit hat, eine Entscheidung zu treffen, unabhängig davon, ob die Feststellung schon länger zurückliegt.[8]
Es fragt sich, ob sich diese Verfahrensmodifizierung auch auf die Entscheidung über die formelle Rechtswidrigkeit des Beschlusses bezieht, ein Expertengremium einzusetzen. Der Wortlaut des Art. 46 lit. e) EUV nimmt nur Feststellungen in Bezug. Einerseits kann angenommen werden, daß bei der Formulierung des neuen

---

[4] Vgl. auch Folz, Austritt und Ausschluss aus der Europäischen Union, S. 151; Winkler, JRP 2000, 308 (317 f.).
[5] Vgl. Pechstein/Koenig, Die Europäische Union, Rn. 490; Schorkopf, Homogenität in der EU, S. 190; Winkler, JRP 2000, 308 (318). Gegen die Verletzung einzelner Rechtspositionen aus dem EGV kann allerdings selbstverständlich geklagt werden.
[6] Vgl. Hatje, EUR 2001, 143 (175).
[7] Vgl. auch Hatje, EUR 2001, 143 (174).
[8] So auch Pache/Schorkopf, NJW 2001, 1377 (1384).

Art. 46 EUV nicht daran gedacht wurde, daß auch ein Expertengremium „nach demselben Verfahren" eingesetzt werden kann, ohne daß der Rat eine Feststellung nach Abs. 1 trifft.[9] Es liegt der Schluß nahe, daß die Formel „Feststellung" gewählt wurde, um sie von den einzelnen Suspendierungsmaßnahmen, die nach Art. 7 Abs. 3 EUV ergehen können, abzugrenzen. Diese fallen eindeutig nicht unter diese Bestimmung.[10] Andererseits könnte ein Unterschied auch zur Einsetzung eines Expertengremiums gewollt sein, weil die Feststellungen der Verletzung und der Gefahr der Verletzung nach einer abschließenden Wertung des Rats erfolgen, der Beschluß, unabhängige Experten um einen Bericht zu bitten, jedoch vor einer solchen Entscheidung gefällt wird, also noch zum Stadium der Entscheidungsfindung gehört.

Um hier eine Antwort zu finden, muß der Blick auf den Sinn dieser Regelung gerichtet werden. Die Möglichkeit einer schnelleren Behandlung durch den Gerichtshof besteht deshalb, weil das Vorhandensein einer Feststellung erhebliche Konsequenzen für einen Staat in der innenpolitischen und außenpolitischen öffentlichen Meinung hat. Sie nimmt Bezug auf eine aktuelle politische Situation und kann im Falle des Suspendierungsverfahrens erhebliche Konsequenzen nach sich ziehen. Aus diesem Grunde muß möglichst schnell Klarheit darüber geschaffen werden können, ob der entsprechende Beschluß rechtmäßig zustande gekommen ist. Eine solche Wirkung wie die Feststellungsbeschlüsse hat aber auch schon das Ersuchen unabhängiger Persönlichkeiten zur Erstellung eines Berichts, und zwar unabhängig davon, daß dies noch in die Entscheidungsfindungsphase gehört. Denn auch zur Einsetzung eines solchen Expertengremiums müssen Anhaltspunkte vorliegen, welche die Gefahr einer schwerwiegenden Verletzung der Grundsätze nahelegen, es müssen also materielle Voraussetzungen gegeben sein, um ein Expertengremium einsetzen zu können.[11] Damit hat seine Einsetzung eine ähnliche Wirkung in der Öffentlichkeit wie ein Feststellungsbeschluß, so daß der betroffene Staat dasselbe Interesse daran hat, die formelle Fehlerhaftigkeit der Einsetzung eines solchen Weisenrats schnell feststellen zu lassen, wie dies für die formelle Fehlerhaftigkeit eines Feststellungsbeschlusses der Fall ist.

Dabei liegt kein Wertungswiderspruch darin, daß eine solche Verfahrensbeschleunigung nicht für einzelne Suspendierungsmaßnahmen der zweiten Stufe gilt. Diese können nämlich erst bei Vorliegen eines entsprechenden formell rechtmäßigen Feststellungsbeschlusses gemäß Art. 7 Abs. 2 EUV ergehen.

Aus diesem Grunde bedarf es hier für den betroffenen Mitgliedstaat auch bei der Einsetzung eines Weisenrats ebenso der Möglichkeit eines schnell einzuholenden Urteils, um Rechtssicherheit zu erlangen.

Die Empfehlungen, die im Rahmen der Feststellung ergehen, können nicht selbständig Gegenstand der Nichtigkeitsklage sein (vgl. Art. 230 UAbs. 1, 2. HS EGV).[12]

---

[9] Siehe hierzu oben, Kapitel 2, D. 2.
[10] A.A. Hatje, EUR 2001, 143 (174).
[11] Vgl. oben, Kapitel 2, G. 7. b).
[12] Vgl. Hatje, EUR 2001, 143 (174).

Dasselbe gilt für die Vorfeldmaßnahmen, also für Entschließungen des Europäischen Parlaments, die keine Rechtswirkungen gegenüber Dritten entfalten (Art. 230 UAbs. 1 a.E. EGV), sowie das Auskunftsersuchen an den betroffenen Mitgliedstaat und die Aufforderung zu grundsatzkonformem Verhalten durch die anderen Verfahrensbeteiligten. All diesen Maßnahmen ermangelt es einer rechtlichen Wirkung; sie könnten allenfalls als Empfehlungen oder Stellungnahmen qualifiziert werden, deren Überprüfung durch den Gerichtshof, der nur rechtliche Maßstäbe anlegen kann, ausscheidet (Art. 230 UAbs. 1, 2. HS EGV).

b) Inzidentüberprüfung nach Stimmrechtsentzug

Es fragt sich, ob in einigen Fällen nach einem Stimmrechtsentzug gemäß Art. 7 Abs. 3 EUV (Nizza) doch eine Jurisdiktion durch den Gerichtshof möglich ist, nämlich dann, wenn einem betroffenen Mitgliedstaat das Stimmrecht im Rat entzogen wurde und danach eine Entscheidung nach Art. 48 oder 49 EUV ergeht, die grundsätzlich der Jurisdiktion des Gerichtshofs gemäß Art. 46 lit. e) EUV (Amsterdam) unterworfen sind. Ebenso verhält es sich für einen Rahmenbeschluß oder einen Beschluß in Titel VI des EUV, der PJZS. Ein betroffener Mitgliedstaat könnte gemäß Art. 230 EGV i.V.m. Art. 46 lit. b) EUV i.V.m. Art. 35 Abs. 6 EUV die Nichtigkeitsklage anstrengen. Begründung für die Nichtigkeit solcher Beschlüsse wäre, daß die Verletzung einer wesentlichen Formvorschrift vorliegt, weil die Stimme des betroffenen Mitgliedstaats im Rat nicht berücksichtigt wurde. Damit würde er inzident die Rechtswidrigkeit der Suspendierungsentscheidung rügen. Dieser Fall betrifft also die richtige Zusammensetzung des Rats bei einer Entscheidung.[13]
Die Frage der inzidenten Überprüfung soll gleich im Zusammenhang mit anderen Möglichkeiten einer inzidenten Überprüfung im Rahmen des EGV erörtert werden.

c) Falsche Ermächtigungsgrundlage

Schließlich ist noch eine Konstellation denkbar, in welcher ein Suspendierungsbeschluß nach Art. 7 Abs. 3 EUV überprüft werden könnte. Der Gerichtshof wacht gemäß Art. 47, 46 lit. f EUV darüber, daß der Zuständigkeitsbereich der Gemeinschaft, wie er durch Art. 47 EUV festgelegt ist, nicht berührt wird. Dies bedeutet, daß er hier überprüfen kann, ob eine Handlung des Rats, die zwar anders bezeichnet ist und sich auf Art. 7 Abs. 3 EUV stützt, eigentlich auf Art. 309 Abs. 2 EGV hätte gestützt werden müssen.[14] Wenn dies der Fall ist, dann kann dieser Akt vom Gerichtshof auf seine Rechtmäßigkeit hin überprüft werden. Dieser Schluß

[13] Vgl. Pechstein/Koenig, Die Europäische Union, Rn. 490.
[14] Vgl. Winkler, JRP 2000, 308 (318 f.).

ergibt sich aus dem sogenannten funktionellen Ansatz, nach welchem es für die Bestimmung eines Rechtsakts eher auf Inhalt und Wirkung als auf die Form ankommt.[15]
In Wirklichkeit handelt es sich damit gar nicht um die Überprüfung eines Suspendierungsbeschlusses nach Art. 7 Abs. 3 EUV, sondern um die Überprüfung eines Beschlusses nach Art. 309 Abs. 2 EGV.

d) Verschleierte Ratsakte

Mit diesem Ansatz kann der Gerichtshof auch überprüfen, ob ein konzertiertes Vorgehen von Mitgliedstaaten eigentlich ein Handeln des Rats nach Art. 7 Abs. 1 oder 2 EUV, also einen verschleierten Akt des Rats, darstellt. Denn die Überprüfung der reinen Verfahrensbestimmungen obliegt dem EuGH gemäß Art. 46 lit. e EUV. Diese wurden aber nicht eingehalten, wenn ein Feststellungsbeschluß von den Mitgliedstaaten anstelle des Rats gefaßt wurde und folglich die anderen Organe nicht in das Verfahren einbezogen wurden.[16] Die Argumentation, dies stelle keine Handlung im Rahmen der EG dar, so daß der Gerichtshof keine Kompetenz habe, ist jedoch erst seit Inkrafttreten des Vertrags von Nizza wegen Art. 46 lit. e EUV nicht mehr möglich.[17]
Es fragt sich, ob der Gerichtshof auch solche verschleierten Ratsakte überprüfen kann, bei denen die Mitgliedstaaten eine Maßnahme ergriffen haben, die nicht auf Art. 7 Abs. 1 oder 2 EUV gestützt werden kann. Bei dieser Frage handelt es sich nicht um die Einhaltung von Verfahrensbestimmungen, sondern um eine materielle Prüfung, ob nämlich eine Maßnahme unter den Begriff „Feststellung, daß die Gefahr einer schwerwiegenden Verletzung / eine schwerwiegende und anhaltende Verletzung der Grundsätze vorliegt" subsumiert werden kann. Dies unterliegt nicht der Jurisdiktion des Gerichtshofs.
Der Bereich, in welchem der Gerichtshof mit dem funktionellen Ansatz ein konzertiertes Vorgehen der Mitgliedstaaten als verschleierten Ratsakt überprüfen kann, ist also sehr klein, da er nur Feststellungsbeschlüsse betrifft, nicht aber ein anderes Handeln, für das Art. 7 Abs. 1 und 2 EUV eindeutig keine Ermächtigungsgrundlage darstellt.
Ein Handeln der Mitgliedstaaten kann aber gegebenenfalls mit dem Vertragsverletzungsverfahren geahndet werden.[18]

---

[15] Vgl. Schlußantrag zu EuGH, Urteil vom 12. Mai 1998 – Kommission ./. Rat, Rs. C-170/96, Slg. 1998, I-2763 (2769, Ziff. 11 ff., insbes. Ziff. 12); siehe auch Rn. 15 ff. des Urteils (I-2787 f.). Vgl. hierzu ausführlich Winkler, JRP 2000, 308 (312 ff.); siehe auch Koutrakos, CMLRev 2000, 1338 (1352).
[16] Vgl. auch Regan, ZÖR 2000, 323 (331) für das Vorgehen der 14 gegenüber Österreich.
[17] Vgl. für die momentane Rechtslage Hummer/Obwexer, EuZW 2000, 485 (492).
[18] Siehe unten in diesem Kapitel unter C.

2. Überprüfung im Bereich des Art. 309 EGV

Die Kompetenzgrundlage für den Beschluß der Suspendierung von Rechten im Rahmen der EG ist Art. 309 Abs. 2 EGV.[19] Diese Bestimmung unterliegt als Bestimmung des EGV ohne weiteres der Jurisdiktion des EuGH. Dies gilt jedoch nicht für Art. 7 Abs. 3 EUV. Hier verhält es sich wie mit Art. 7 Abs. 1 und 2 EUV.
Die Nichtigkeitsklage ist im Rahmen des EGV bezüglich dreier Sachverhaltsvarianten denkbar:
Erstens kann ein Beschluß des Rates *im Rahmen der EG*, also gemäß Art. 309 Abs. 2 EGV, bestimmte Rechte eines Mitgliedstaates auszusetzen, von dem betroffenen Mitgliedstaat, aber auch von einem anderen Mitgliedstaat oder der Kommission, vor dem EuGH mit einer Nichtigkeitsklage gemäß Art. 230 EGV angegriffen werden. Dasselbe gilt für Beschlüsse nach Art. 309 Abs. 3 EGV, Maßnahmen abzuändern oder aufzuheben. Der Aussetzungs- und der Änderungsbeschluß sind weder eine Empfehlung noch eine Stellungnahme und damit eine mit der Anfechtungsklage angreifbare Handlung.[20] Dies gilt, wie eben erwähnt, auch für solche Suspendierungsmaßnahmen, die von ihrer Bezeichnung her auf Art. 7 Abs. 3 EUV gestützt wurden, richtigerweise aber auf Art. 309 Abs. 2 EGV hätten gestützt werden müssen.[21] Sie sind dann umzuinterpretieren, da es sich um „verschleierte Handlungen des Rates" handelt.[22] Es fragt sich, ob der Gerichtshof im Rahmen seiner Überprüfung der gemäß Art. 309 Abs. 2 EGV ergangenen Maßnahmen inzident die materielle Rechtmäßigkeit des Beschlusses nach Art. 7 Abs. 2 EUV beurteilen kann.
Zweitens werden die Stimmrechte des Mitgliedstaats im Rat gemäß Art. 309 Abs. 1 EGV ausgesetzt. Hier stellt sich die Frage, ob dagegen Nichtigkeitsklage erhoben werden könnte. Die Aussetzung der Stimmrechte im Rat für die EG ist nur gemäß Art. 309 Abs. 1 EGV möglich; Art. 309 Abs. 2 EGV kann nicht Grundlage einer Stimmrechtsaussetzung im Rat sein. Art. 309 Abs. 1 EGV bestimmt aber, daß die Aussetzung *automatisch* dann erfolgt, wenn im Rahmen der EU Stimmrechte ausgesetzt wurden. Eine solche Aussetzung basiert also nicht auf einer Handlung des Rates, so daß der Gerichtshof hierüber nicht judizieren kann.[23]
Ein betroffener Mitgliedstaat könnte drittens dann eine Nichtigkeitsklage anstrengen, wenn er von seinem Stimmrecht im Rat suspendiert wurde und zeitlich darauf folgend Sekundärrecht erlassen wurde, mit der Begründung, es liege die Verletzung

---

[19] Mit Ausnahme der Aussetzung der Stimmrechte im Rat, siehe oben Kapitel 4, A. 2. c) (1).
[20] Vgl. Art. 230 UAbs. 1 EGV. Vgl. auch Leidenmühler, Die Union 1998, 97 (100); ders., ZÖR 2000, 299 (311); Winkler, JRP 2000, 308 (319 f.); Folz, Austritt und Ausschluss aus der Europäischen Union, S. 153; Hummer/Obwexer, EuZW 2000, 485 (488); dies., ecolex 2000, 250 (255).
[21] Vgl.EuGH, Urteil vom 12. Mai 1998 – Kommission ./. Rat, Rs. C-170/96, Slg. 1998, I-2763, 2788 (Rn. 15 ff.); I-2769 (Ziff. 12) des Schlußantrags; vgl. hierzu ausführlich Winkler, JRP 2000, 308 (312 ff.).
[22] Vgl. Schlußantrag zu EuGH, Urteil vom 30.6.1993 – Parlament ./. Rat und Kommission, verb. Rs. C-181/91 und C-248/91, Slg. 1993, I-3685 (3705 f., Rn. 20 ff. des Schlußantrags).
Vgl. auch Winkler, JRP 2000, 308 (316, 318 f. und 320).
[23] So auch Schorkopf, Homogenität in der EU, S. 192; Winkler, JRP 2000, 308 (310 und 318); Folz, Austritt und Ausschluss aus der Europäischen Union, S. 161; vgl. auch Kluth, in ‚Calliess/Ruffert, Kommentar zu EUV und EGV, Art. 309, Rn. 2; Anton, in Léger, Commentaire article par article des traités UE et EC, Art. 7 EUV, Rn. 8; Frikha, in Léger, Commentaire article par article des traités UE et EC, Art. 309 EGV, Rn. 1.

einer wesentlichen Formvorschrift vor, weil er nicht mitgestimmt habe.[24] Er würde damit ebenso wie im oben erwähnten Fall im Rahmen des EUV inzident die Rechtswidrigkeit der Suspendierungsentscheidung rügen.

3. Zwischenergebnis

Die Nichtigkeitsklage kann bezogen auf Maßnahmen Unionsaufsicht nur gegen Handlungen des Rats angestrengt werden. Die einzelnen Aussetzungsbeschlüsse aufgrund von Art. 309 Abs. 2 EGV können unmittelbar Gegenstand einer Nichtigkeitsklage sein. Daneben fragt sich, ob die Stimmrechtsaussetzung und der Feststellungsbeschluß nach Art. 7 Abs. 2 EUV inzident Prüfungsgegenstand sein können. Schließlich ist mit dem neuen Art. 46 lit. e EUV die formelle Rechtmäßigkeit der aufgrund von Art. 7 EUV ergangenen Maßnahmen überprüfbar.

4. Überprüfung von Ermessen durch den EuGH

Wenn die entsprechenden Voraussetzungen vorliegen, ist der Rat gemäß Art. 309 Abs. 2 EGV ermächtigt, bestimmte Rechte auszusetzen, die sich aus der Anwendung des EGV auf den betroffenen Mitgliedstaat herleiten. Dabei handelt es sich um eine „kann"-Bestimmung. Der Rat hat damit nach deutscher Terminologie sowohl Entschließungs- als auch Auswahlermessen.[25] Weder ist er verpflichtet, überhaupt Rechte auszusetzen, noch ist ihm vorgegeben, welche Rechte er aussetzt. Diese Freiheit schränkt die Überprüfung der richtigen Auslegung bzw. Anwendung des Art. 309 Abs. 2 EGV erheblich ein.
Es braucht hier nicht überlegt zu werden, wann der Gerichtshof dem Rat überhaupt einen Ermessensspielraum zugesteht, da dies nur für Bereiche interessant ist, in denen es sich nicht eindeutig aus der Formulierung der ermächtigenden Norm ergibt. Hier interessiert aber, ob und inwiefern Unterschiede in der Prüfungsdichte bei unterschiedlichen Ermessensentscheidungen zu erkennen sind.

Innerhalb der ihm zugewiesenen Zuständigkeiten ist es gemäß Art. 220 EGV, der allgemeinen Regelung über den Gerichtshof, lediglich Aufgabe des EuGH (und des Gerichts erster Instanz), das Recht zu wahren, nicht aber zu kontrollieren, ob eine Maßnahme zweckmäßig oder politisch sinnvoll ist.[26] Die den anderen Organen gegebenen Entscheidungsspielräume muß der Gerichtshof also akzeptieren.[27] Eine Ausnahme stellt nur die Überprüfbarkeit von Zwangsmaßnahmen gemäß Art. 229

---

[24] Vgl. Folz, Austritt und Ausschluss aus der Europäischen Union, S. 162.
[25] Siehe oben, Kapitel 2, G. 1.
[26] Vgl. Krück, in Groeben/Thiesing/Ehlermann, Kommentar zum EU-/EG-Vertrag, Art. 164 EGV, Rn. 6.
[27] Vgl. Wegener, in Calliess/Ruffert, Kommentar zu EUV und EGV, Art. 220 EGV, Rn. 14; Schwarze, in Schwarze, EU-Kommentar, Art. 220 EGV, Rn. 32.

EGV dar. Hier darf der EuGH Überlegungen zur Zweckmäßigkeit, Angemessenheit, Richtigkeit wirtschaftlicher Prognosen und allgemeine Billigkeitsgesichtspunkte etc. mit in seine Entscheidung einbeziehen.[28] Diese Befugnis muß dem Gerichtshof allerdings einzeln für jede Verordnung ausdrücklich übertragen werden, so wie dies auf den Gebieten der Wettbewerbspolitik und der Verkehrspolitik in einigen Fällen bereits geschehen ist.[29] Abgesehen davon ist der Gerichstshof also nur zu einer begrenzten Ermessenskontrolle befugt, wobei die Dichte seiner Kontrolle durch seine Verfahrensgrundsätze und Prozeßmaximen geprägt ist.[30] Dabei nimmt er nicht die im deutschen Recht übliche Unterscheidung zwischen Entscheidungsspielräumen auf der Tatbestandsseite (unbestimmter Rechtsbegriff) und auf der Rechtsfolgenseite (Ermessen im engeren Sinne) vor, sondern verwendet eine einheitliche Terminologie. Die unterschiedlichen Entscheidungs-, Beurteilungs- und Gestaltungsspielräume behandelt er bei seiner Kontrolle einheitlich als Ermessen, also grundsätzlich nach einheitlichen Regeln.[31]

Handelt es sich um eine Ermessensentscheidung, dann überprüft der Gerichtshof, ob vollständige und zutreffende Tatsachen zugrunde gelegt wurden,[32] wobei er sich häufig auf ohne weiteres feststellbare Tatsachen beschränkt oder Offensichtlichkeitskriterien bzw. Darlegungs- und Beweislastgrundsätze ausreichen läßt;[33] darüberhinaus überprüft er lediglich die zwei Ermessensfehler Ermessensmißbrauch sowie Vorliegen eines offensichtlichen Irrtums oder einer offensichtlichen Verkennung des Vertrages oder einer bei seiner Durchführung anzuwendenden Rechtsnorm.[34]

Ermessensmißbrauch liegt dann vor, wenn „aufgrund objektiver, schlüssiger und übereinstimmender Indizien anzunehmen ist, daß [eine Rechtshandlung] ausschließlich oder zumindest vorwiegend zu anderen als den angegebenen Zwecken oder mit dem Ziel erlassen worden ist, ein Verfahren zu umgehen, das der Vertrag speziell vorsieht, um die konkrete Sachlage zu bewältigen"[35]. Ursprünglich be-

---

[28] Vgl. Cremer, in Calliess/Ruffert, Kommentar zu EUV und EGV, Art. 229 EGV, Rn. 1.

[29] Vgl. Cremer, in Calliess/Ruffert, Kommentar zu EUV und EGV, Art. 229 EGV, Rn. 2; dies ist beispielsweise geschehen in Art. 17 der Verordnung Nr. 17 des Rates (Erste Durchführungsverordnung zu den Artikeln 85 und 86 des Vertrages) vom 6. Februar 1962, Abl. 204/62; in Art. 24 der Verordnung (EWG) Nr. 1017/68 des Rates vom 19. Juli 1968 über die Anwendung von Wettbewerbsregeln auf dem Gebiet des Eisenbahn-, Straßen- und Binnenschiffsverkehrs, 1968 Abl. L 175/1 (11); in Art. 21 der Verordnung (EWG) Nr. 4056/68 des Rates vom 22. Dezember 1986 über die Einzelheiten der Anwendung der Artikel 85 und 86 des Vertrages auf den Seeverkehr, 1986 Abl. L 378/4 (12); in Art. 14 der Verordnung (EWG) Nr. 3975/87 des Rates vom 14. Dezember 1987 über die Einzelheiten der Anwendung der Wettbewerbsregeln auf Luftfahrtunternehmen, 1987 Abl. L 374/1.

[30] Vgl. v. Danwitz, Verwaltungsrechtliches System und Europäische Integration, S. 182 f.

[31] Vgl. Pache, DVBl 1998, 380 (384); Rausch, Die Kontrolle von Tatsachenfeststellungen und –würdigungen durch den Gerichtshof der Europäischen Gemeinschaften, S. 202 f.; Herdegen/Richter, Die Rechtslage in den Europäischen Gemeinschaften, S. 210; v. Danwitz, Verwaltungsrechtliches System und Europäische Integration, S. 184.

[32] Vgl. Pache, DVBl 1998, 380 (385); Herdegen/Richter, Die Rechtslage in den Europäischen Gemeinschaften, S. 218; Adam, Die Kontrolldichte-Konzeption, S. 224 f.; ständige Rechtsprechung des EuGH seit dem Urteil vom 21.3.1955 – Niederlande ./. Hohe Behörde, Rs. 6/54 – Slg. 1954/55, 213 (235 ff.).

[33] Vgl. Adam, Die Kontrolldichte-Konzeption, S. 226; siehe auch Rausch, Die Kontrolle von Tatsachenfeststellungen, S. 187 ff. und 199 ff.

[34] Vgl. Pache, DVBl 1998, 380 (386); EuGH, Urteil vom 19.11.1998 – Vereinigtes Königreich ./. Rat, Rs. C-150/94 – Slg. 1998, I 7235 (7295, Rn. 54) für Ermessen wegen der Beurteilung komplexer wirtschaftlicher Sachverhalte.

[35] EuGH, Urteil vom 13.11.1990 – Fedesa u. A., Rs. C-331/88 – Slg. 1990, I 4023 (4065, Rn. 23); EuGH, Urteil vom 5.5.1966 – Gutmann ./. Kommission, Rs. 18 und 35/66 – Slg. 1966 153 (176); EuGH, Urteil vom 21.6.1984

schränkte sich die Überprüfung darauf, ob – nach objektiven Kriterien ermittelt – subjektiv rechtswidrige Zwecke verfolgt wurden;[36] es ist allerdings eine Entwicklung zu beobachten, nach der vom Gerichtshof auch an die objektive Eignung zur Zielerreichung angeknüpft wird.[37]
Die Kontrolle, ob ein offensichtlicher Irrtum oder eine offensichtliche Verkennung des Vertrages oder einer bei seiner Durchführung anzuwendenden Rechtsnorm vorliegt, ist eine Evidenzkontrolle.[38]

Die allgemeinen Rechtsgrundsätze wie Verhältnismäßigkeit, Gleichbehandlung, Vertrauensschutz etc. haben daneben nur eine untergeordnete Bedeutung; der EuGH hält sich hier sehr zurück und nimmt ebenso nur eine Evidenzkontrolle vor – in der Regel überprüft er im Rahmen der Verhältnismäßigkeit nur, ob die betreffende Handlung offensichtlich ungeeignet oder offensichtlich nicht erforderlich ist, um das verfolgte Ziel zu erreichen.[39]

5. Verletzung wesentlicher Formvorschriften

Mit der Prüfung, ob der Rat bei seiner Entscheidung wesentliche Formvorschriften verletzt hat, betrachtet der Gerichtshof die formelle Rechtmäßigkeit der Ratsentscheidung.
Dies ist der einzige Maßstab, der an die Beschlüsse gemäß Art. 7 EUV angelegt werden darf. Die in Art. 7 EUV genannten Verfahrensvorschriften, also die Beteiligungs- und Anhörungsrechte, sind allesamt „wesentliche Formvorschriften" im Sinne des Art. 230 UAbs. 2 EGV, weil sie Regelungen für die Vorbereitung der Willensbildung darstellen, bei deren Nichteinhaltung nicht ausgeschlossen werden kann, daß die Entscheidung anders ausgefallen wäre.[40] Dies gilt sowohl für die Feststellungsbeschlüsse als auch für den Beschluß, ein Expertengremium einzusetzen und schließlich auch für den Beschluß über Maßnahmen der zweiten Stufe im Suspendierungsverfahren.

– Lux ./. Rechnungshof, Rs. 69/83 – Slg. 1984, 2447 (2465, Rn. 30); EuGH, Urteil vom 20.6.1991 – Cargill BV ./. Kommission, Rs. C-248/89 – Slg. 1991, I-2987, Rn. 26; EuGH, Urteil vom 13.7.1995 – EP ./. Kommission, Rs. C-156/93 – Slg. 1995, I-2019, (2050, Rn. 31); vgl. Wenig, in Grabitz/Hilf, Das Recht der EU, Art. 173 EGV (Maastricht), Rn. 51.

[36] Vgl. EuGH, Urteil vom 12.1.1984 – Turner ./. Kommission, Rs. 266/82 – Slg. 1984, 1 (13, Rn. 19).

[37] EuGH, Urteil vom 29.9.1987 – Fabrique de fer de Charleroi, Rs. 351 und 360/85 – Slg. 1987 3639 (3674 f.); Herdegen/Richter, Die Rechtslage in den Europäischen Gemeinschaften, S. 219 f.; Pache, DVBl 1998, 380 (386).

[38] Vgl Herdegen/Richter, Die Rechtslage in den Europäischen Gemeinschaften, S. 246 f.; Pache, DVBl 1998, 380 (386); vgl. auch v. Danwitz, Verwaltungsrechtliches System und Europäische Integration, S. 186 für das EG-Eigenverwaltungsrecht.

[39] EuGH, Urteil vom 19.11.1998 – Vereinigtes Königreich ./. Rat, Rs. C-150/94 – Slg. 1998, I-7235 (7301, Rn. 87); EuGH, Urteil vom 5.10.1994 – Deutschland ./. Rat,Rs. C-280/93 – Slg. 1994, I 4973 (5068 f., Rn. 90 f.) Pache, DVBl 1998, 380 (386).

[40] Vgl. Krück, in Groeben/Thiesing/Ehlermann, Kommentar zum EU-/EG-Vertrag, Art. 173 EGV, Rn. 79; Cremer, Calliess/Ruffert, Kommentar zu EUV und EGV, Art. 230 EGV, Rn. 72.

Die größte Bedeutung wird dabei dem Gehör des betroffenen Staates zuzumessen sein. Aber auch das Erfordernis der Beteiligung der anderen Organe, die Begründungspflicht und die einzelnen Mehrheitserfordernisse sind wesentlich.[41] Dafür spricht auch, daß Art. 46 lit. e) EUV explizit die „reinen Verfahrensbestimmungen" der Judizierbarkeit des Gerichtshofs unterwirft.
Der Rat muß für Abs. 1 mit einer Mehrheit von vier Fünfteln seiner Mitglieder gehandelt haben, für Abs. 2 einstimmig ohne Berücksichtigung der Stimme des betroffenen Mitgliedstaates und für Ab. 3 mit qualifizierter Mehrheit gemäß Art. 7 Abs. 5 S. 3 EUV i.V.m. Art. 205 Abs. 2 EGV. Ferner muß eine Initiative der dazu berechtigten Organe vorgelegen habe, und auch diese Initiative muß formell rechtmäßig zustandegekommen sein und eine Begründung enthalten. Auch die Vollständigkeit der Gründe ist ein formelles Erfordernis, lückenhafte oder substanzarme Gründe genügen diesem Erfordernis nicht; allerdings kann der Gerichtshof nicht die sachliche Richtigkeit der Begründung nachprüfen.[42] Das Europäische Parlament muß mit der nach Art. 7 Abs. 6 EUV genannten Mehrheit zugestimmt haben. Schließlich muß dem betroffenen Mitgliedstaat vor der Ratsentscheidung Gehör gewährt worden sein.[43]

Selbstverständlich wird auch die formelle Rechtmäßigkeit der Aussetzungsentscheidungen nach Art. 309 Abs. 2 EGV überprüft. Der Rat muß also mit qualifizierter Mehrheit gehandelt haben, und es muß ein Feststellungsbeschluß nach Art. 7 Abs. 2 EUV vorliegen.
Eine nähere Betrachtung der Qualität des Feststellungsbeschlusses soll unten bei der Frage eines Vertragsverstoßes erfolgen.

Es fragt sich, ob mit der Begründung Nichtigkeitsklage erhoben werden kann, wesentliche Formvorschriften seien auch dann verletzt, wenn die Regeln zur *Vorbereitung* der Willensbildung verletzt wurden, wenn also ein Staat von den informellen, in den Verträgen nicht vorgesehenen Treffen oder den „Hauptstadtrundreisen" und den „Beichtstuhlverfahren" ausgeschlossen wird,[44] weil nicht auszuschließen ist, daß die Rechtshandlung bei voller Beteiligung des betroffenen Mitgliedstaats anders ausgefallen wäre.[45] Dagegen spricht jedoch, daß diese Verfahren gerade nicht zu den in den Verträgen oder im Sekundärrecht, etwa der Geschäftsordnung des Rats, vorgesehenen Verfahren gehören, welche bisher als einzige Beteiligungsvorschriften als wesentliche Formvorschriften vom EuGH anerkannt sind.[46]

---

[41] Für die ordnungsgemäße Anhörung des Europäischen Parlaments siehe etwa EuGH, Urteil vom 29.10.1980 – Roquette Frères ./. Rat, Rs. 138/79 – Slg. 1980, 3333 (3334), Leitsatz 4: ... „Die ordnungsgemäße Anhörung des Parlaments in den vom Vertrag vorgesehen Fällen stellt somit eine wesentliche Formvorschrift dar".
[42] Vgl. Hatje, EUR 2001, 143 (175).
[43] Zu den genauen Verfahrensbedingungen siehe oben, Kapitel 2, D.
[44] Hummer/Obwexer, ZÖR 2000, 269 (288); dies., ecolex 2000, 250 (253 f.); dies., EuZW 2000, 485 (492); dies., europa blätter 2000, 93 (99); Hummer, Europäische Rundschau 2000, 13 (18); Köck/Hintersteininger, Zu den Sanktionen der vierzehn EU-Partnerstaaten gegen Österreich, S. 509.
[45] Hummer/Obwexer, EuZW 2000, 485 (492).
[46] Leidenmühler, ZÖR 2000, 299 (314); Cremer, in Calliess/Ruffert, Kommentar zu EUV und EGV, Art. 230 EGV, Rn. 72; Krück, in Groeben/Thiesing/Ehlermann, Kommentar zum EU-/EG-Vertrag, Art. 173 EGV, Rn. 77 ff.; vgl. auch Borchardt, in Lenz, EG-Vertrag, Art. 230, Rn. 70.

Eine Qualifikation der informellen Verfahren als wesentliche Formvorschriften würde also eine Ausweitung des Art. 230 EGV bedeuten. Dies sehen selbst die Befürworter dieser Klagemöglichkeit so.[47]

Der bereits oben angesprochen Fall, in dem nach einer Stimmrechtssuspendierung im Rat Sekundärrecht ergangen ist oder bestimmte grundsätzlich der Justiziabilität des Gerichtshofs unterworfene Beschlüsse im Rahmen des EUV getroffen wurden, betrifft die Verletzung einer wesentlichen Formvorschrift, nämlich die Beteiligung eines Mitgliedstaats im Rat. Eine Verletzung dieser Formvorschrift läge aber nur dann vor, wenn der Mitgliedstaat nicht wirksam von seinem Stimmrecht suspendiert wurde. Der Gerichtshof müßte demnach befugt sein, die Wirksamkeit einer Suspendierungsentscheidung inzident zu überprüfen. Dies wird weiter unten gesondert behandelt.[48]

6. Verstoß gegen den Vertrag

Ob eine Nichtigkeitsklage wegen eines Vertragsverstoßes begründet ist, bestimmt sich danach, ob beim Ratsbeschluß die Bedingungen des Art. 309 EGV vorgelegen haben, also ob die zugrundegelegten Tatsachen zutreffend und umfassend festgestellt und gewürdigt worden sind, und ob die Norm richtig angewendet und ausgelegt wurde.[49]

a) Tatbestandsseite

Für die Tatbestandsseite des Art. 309 Abs. 2 EGV, die es dem Rat überhaupt erst ermöglicht, nach dieser Vorschrift vorzugehen, dürfte es kein Problem geben: Es muß eine Feststellung des Rats nach Art. 7 Abs. 2 EUV vorhanden sein. Das Vorliegen dieses objektiven Kriteriums kann leicht festgestellt werden.
Der EuGH selbst beschränkt sich häufig auf ohne weiteres feststellbare Tatsachen oder läßt Offensichtlichkeitskriterien bzw. Darlegungs- und Beweislastgrundsätze ausreichen.[50] Er nimmt kaum eine eigene Beweisaufnahme vor.[51]

---

[47] Vgl. Hummer/Obwexer, ecolex 2000, 250 (253 f.); dies., EuZW 2000, 485 (492); dies., ZÖR 2000, 269 (288); Hummer, Europäische Rundschau 2000, 13 (18). Dagegen Leidenmühler, ZÖR 2000, 299 (314).

[48] IN Abschnitt A. 6. a) dieses Kapitels.

[49] Wenig, in Grabitz/Hilf, Das Recht der EU, Art. 173 EGV (Maastricht), Rn. 38, mit Hinweisen auf die entsprechende Rspr. des EuGH. Vgl. auch oben, Abschnitt a. 4.

[50] Adam, Die Kontrolldichte-Konzeption, S. 226; vgl. auch Rausch, Die Kontrolle von Tatsachenfeststellungen, S. 187 ff. und 199 ff.

[51] Rausch, Die Kontrolle von Tatsachenfeststellungen, S. 187 und 199 f.

(1) Inzidentüberprüfung des Beschlusses nach Art. 7 Abs. 2 EUV?

Nun liegt aber die Frage nahe, ob der EuGH inzident auch die materielle Rechtmäßigkeit des Beschlusses nach Art. 7 Abs. 2 EUV beurteilen kann. Der Gerichtshof kann und muß überprüfen, ob einer Entscheidung vollständige und zutreffende Tatsachen zugrunde gelegt wurden.[52] Die Tatsache, um die es hier einzig geht, ist das Vorhandensein der Feststellung nach Art. 7 Abs. 2 EUV, einer objektiven Tatbestandsvoraussetzung, deren Vorliegen oder Nichtvorliegen offensichtlich ist. Eine Besonderheit liegt darin, daß diese Tatbestandsvoraussetzung in der Existenz eines bestimmten Rechtsaktes besteht. Die Existenz eines Rechtsaktes ist zwar etwas anderes als die Rechtmäßigkeit eines solchen, denn auch ein unrechtmäßiger Rechtsakt „existiert", es sei denn, er ist nichtig. Man könnte aber überlegen, ob der Gerichtshof nicht die Grundlagen, auf denen diese Feststellung getroffen wurde, ebenso wie den Feststellungsprozeß selbst mit der Argumentation überprüfen kann, eine Beurteilung der Rechtmäßigkeit der Suspendierungsentscheidung sei nur möglich, wenn inzident auch die Basis überprüft werde, auf der diese ergangen sei. In der Literatur wird vertreten, eine indirekte Überprüfung der Beschlüsse nach Art. 230 EGV sei möglich, weil sie im Bereich der einzelnen Verträge Wirksamkeit entfalten.[53]
Die Argumentation ist bestechend einfach und insofern scheinbar sofort überzeugend: Wenn schon die Grundlage, auf der die Suspendierungsentscheidung getroffen wurde, nicht rechtmäßig ist, dann kann eine Rechtmäßigkeit erst recht nicht für die Suspendierungsentscheidung selbst angenommen werden. Hierfür muß der EuGH aber eine Prüfungskompetenz haben.

Diese Konstellation ist vergleichbar mit der Frage nach der Rechtmäßigkeit einer Einzelentscheidung, die aufgrund einer rechtswidrigen Verordnung getroffen wurde – die Entscheidung kann nicht rechtmäßig sein, weil es keine rechtmäßige Ermächtigungsgrundlage gibt. Zwar stellt sich bei der Suspendierungsentscheidung nicht die Frage nach der Rechtmäßigkeit der Ermächtigungsgrundlage, also des Art. 309 Abs. 2 EGV, sondern nach dem Vorliegen seiner Voraussetzung, die in einem Rechtsakt besteht. Einer besonderen Ermächtigung bedarf es hier nicht. Dennoch ist das Prinzip der inzidenten Überprüfung der Rechtmäßigkeit eines zugrundeliegenden Rechtsaktes zumindest ähnlich, denn in beiden Fällen stellt sich die Frage nach der Rechtmäßigkeit eines davorliegenden Rechtsaktes.
Aus diesem Grunde soll die im Gemeinschaftsrecht vorhandene Möglichkeit der inzidenten Überprüfung von Ermächtigungsgrundlagen betrachtet werden.

---

[52] Siehe oben, Abschnitt A. 4. dieses Kapitels.
[53] Kluth, in Calliess/Ruffert, Kommentar zu EUV und EGV, Art. 7 EUV, Rn. 19; dem folgend Hummer/Obwexer, ecolex 2000, 250 (255); Schmahl, EuR 2000, 819 (828).

(2) Inzidente Überprüfung von Ermächtigungsgrundlagen

Das allgemeine Prinzip, welches besagt, daß die Rechtswidrigkeit einer Ermächtigungsgrundlage zugleich auch die Rechtswidrigkeit der auf ihrer Grundlage ergangenen Einzelmaßnahmen zur Folge hat, liegt Art. 241 EGV zugrunde.[54] Eine Inzidentrüge und damit auch Inzidentüberprüfung ist dem Gemeinschaftsrecht also keinesfalls fremd. Allerdings müssen gewisse Bedingungen für die Möglichkeit der inzidenten Überprüfung von EG-Rechtsnormen durch den EuGH gegeben sein. Hinter Art. 241 EGV steht der Gedanke, daß auch natürliche und juristische Personen, die kein direktes Klagerecht gegenüber Akten der Gemeinschaft haben, die nicht an sie ergangen sind oder so wirken, umfassenden Rechtsschutz haben sollen. Sie konnten nicht gemäß Art. 230 EGV unmittelbar gegen eine solche Rechtshandlung vorgehen, sollen nun aber nicht unter deren Folgen leiden müssen.[55] Bedingung ist also, daß dem Kläger nicht die Möglichkeit offengestanden haben darf, die Rechtshandlung unmittelbar mit einer Nichtigkeitsklage anzugreifen.[56] Dies bedeutet aber nicht, daß Art. 241 EGV nur solche Rechtshandlungen meint, gegen die *gar nicht* mit einer Nichtigkeitsklage vorgegangen werden kann. Im Gegenteil – Art. 241 EGV spricht nur von Verordnungen, die mit der Nichtigkeitsklage angegriffen werden können, wenn auch nur von den privilegierten Klägern; der EuGH hat dies in seiner Rechtsprechung auf alle Rechtshandlungen ausgeweitet, „die, obwohl nicht in Form einer Verordnung ergangen, gleichartige Wirkungen wie eine Verordnung entfalten und die aus diesen Gründen von keinem anderen Rechtssubjekt als den Organen und den Mitgliedstaaten im Rahmen des Artikels 173[57] angegriffen werden konnten“[58]. Es wird zwar vertreten, daß auch andere Akte Gegenstand einer Inzidentrüge sein können als solche, die Verordnungen oder verordnungsähnliche Maßnahmen sind, und die im Einzelfall nicht mit der Nichtigkeitsklage angegriffen werden konnten.[59] Die Betonung muß dabei aber auf „im Einzelfall“ gelegt werden. Eine solche Analogie wird auch lediglich für Privatpersonen befürwortet, die gegen eine Richtlinie oder eine sie selbst nicht unmittelbar betreffende Entscheidung nicht im Wege einer Nichtigkeitsklage vorgehen konnten, in Anwendung des Grundsatzes, daß in dem Fall, in dem die Nichtigkeitsklage nicht zulässig ist, jedenfalls die Einrede der Rechtswidrigkeit (also die Inzidentrüge) gegeben sein muß. Der Grund, aus welchem die Nichtigkeitsklage im Einzelfall

---

[54] EuGH, Urteil vom 6.3.1979 – Simmenthal, Rs. 92/78 – Slg. 1979, 777 (800, Rn. 39). Zu Art. 241 EGV siehe auch Krück, in Groeben/Thiesing/Ehlermann, Kommentar zum EU-/EG-Vertrag, Art. 184 EGV.

[55] Vgl. EuGH, Urteil vom 6.3.1979 – Simmenthal, Rs. 92/78 – Slg. 1979, 777 (800, Rn. 39).

[56] Es wird diskutiert, dies auszuweiten und auch den Gemeinschaftsorganen sowie den Mitgliedstaaten die Inzidentrüge zuzugestehen, um einen Ausgleich für die relativ kurzen Klagefristen zu schaffen, vgl. Krück, in Groeben/Thiesing/Ehlermann, Kommentar zum EU-/EG-Vertrag, Art. 184 EGV, Rn. 11 ff.; Borchardt, in Lenz, EG-Vertrag, Art. 241, Rn. 7; Dubois, CDE 1978, 407 (410 ff.). Wohl dagegen Cremer in Calliess/Ruffert, Kommentar zu EUV und EGV, Art. 241 EGV, Rn. 6. Siehe auch schon Bebr, CMLRev 1966, 7 (11 ff.). Differenzierend Grabitz, in Grabitz/Hilf, Das Recht der EU, Art. 184 EGV (Maastricht), Rn. 14.

[57] alte Version.

[58] EuGH, Urteil vom 6.3.1979 – Simmenthal, Rs. 92/78 – Slg. 1979, 777 (800, Rn. 39); vgl. auch EuGH, Urteil vom 9.3.1994 – TWD Textilwerke Deggendorf – Slg. 1994, I 833 (854 f., Rn. 23).

[59] Daig, Nichtigkeits- und Untätigkeitsklagen im Recht der EG, S. 184 ff. (Ziff. 244 ff.).

nicht zulässig ist, liegt aber darin, daß es sich nicht um privilegierte Kläger i.S.d. Art. 230 UAbs. 2 EGV handelt.[60]
Dies macht deutlich, daß Art. 241 EGV nicht eine neue Kompetenzgrundlage für den EuGH zur Überprüfung von sonst nicht überprüfbaren Rechtsakten darstellt, sondern daß er nur die Möglichkeit der Rüge für die Fälle regelt, in denen eine bestimmte Partei einen Rechtsakt lediglich aus dem Grunde der mangelnden Klagebefugnis nicht angreifen konnte.
Allein aus der Befugnis des EuGH, bestimmte Rechtsakte inzident zu überprüfen, kann also kein Rückschluß gezogen werden auf eine Befugnis zur inzidenten Überprüfung eines Rechtsaktes in anderen Fällen.
Dieser Schluß ist selbst dann nicht möglich, wenn man von Art. 241 EGV absähe, da das Prinzip, daß die Rechtswidrigkeit einer Ermächtigungsgrundlage auf die auf ihrer Grundlage ergangenen Einzelmaßnahmen durchschlägt, von Art. 241 EGV lediglich aufgegriffen wird und auch ohne seine Existenz gültig ist.[61] Dieser Grundsatz sagt nichts über die Kompetenzen des überprüfenden Organs aus, kann hier also nicht weiterhelfen.

Der Gerichtshof prüft auch unabhängig von einer konkreten Rüge die Rechtswidrigkeit eines zugrundeliegenden Gemeinschaftsakts, wenn der Klagebegründung Hinweise darauf zu entnehmen sind;[62] dies ist nicht in Art. 241 EGV geregelt. Aber auch das kann nicht als Hinweis für die Möglichkeit der inzidenten Überprüfung eines Aktes genommen werden, der für sich betrachtet nicht der Jurisdiktion des EuGH unterliegt, denn auch hier stehen nur Rechtsakte in Rede, die grundsätzlich mit einer Nichtigkeitsklage angegangen werden könnten.

Die im Gemeinschaftsrecht grundsätzlich bestehende Möglichkeit, Ermächtigungsgrundlagen implizit zu überprüfen, kann die hier gestellte Frage also nicht positiv beantworten.

(3) Ergebnis

Gegen die Möglichkeit einer inzidenten Überprüfung der materiellen Rechtmäßigkeit der Feststellungsentscheidung gemäß Art. 7 Abs. 2 EUV spricht schließlich, daß die Überprüfungsmöglichkeit der formellen Rechtmäßigkeit in Art. 46 lit. e) EUV explizit geregelt wird. Zwar kann einer solchen Regelung auch lediglich Klarstellungsfunktion zukommen; dem steht hier aber entgegen, daß dann beides, also die formelle und die materielle Rechtmäßigkeit der Entscheidung nach Art. 7 Abs. 2 EUV, in Art. 46 EUV hätte erwähnt werden müssen. Für die alte Rechtslage

---

[60] Dies läßt sich der Argumentation Daigs entnehmen, mit der er die Zulässigkeit einer solchen Rüge für die Mitgliedstaaten oder Gemeinschaftsorgane ablehnt. Er bezieht sich nur auf das Problem der Fristumgehung des Art. 230 UAbs. 5 EGV, Daig, Nichtigkeits- und Untätigkeitsklagen im Recht der EG, S. 184 f. (Ziff. 244).
[61] Rengeling/Middeke/Gellermann, Rechtsschutz in der EU, S. 220 (Rn. 409).
[62] Vgl. EuGH, Urteil vom 17.12.1959 – Société des Fonderies de Pont-à-Mousson, Rs. 14/59 – Slg. 1958/59, 465 (492 f.); dies befürwortet Daig, Nichtigkeits- und Untätigkeitsklagen im Recht der EG, S. 180 f. (Ziff. 238).

kann dieses Argument zwar nicht unmittelbar herangezogen werden, aber mittelbar. Offensichtlich ging der europäische Gesetzgeber davon aus, daß die Rechtmäßigkeit von aufgrund Art. 7 EUV ergangenen Beschlüssen gar nicht überprüft werden konnte.
Eine Kontrolle anderer Tatsachenfeststellungen als derjenigen, daß ein formell rechtmäßiger Beschluß nach Art. 7 Abs. 2 EUV vorliegt, ist daher nicht möglich.[63] Der Gerichtshof hat keine weitergehende Prüfungskompetenz. Objekt des Verfahrens gemäß Art. 230 EGV ist nur die Rechtmäßigkeit der Aussetzungsentscheidung auf der Basis einer formell rechtmäßigen Verletzungsfeststellung.

A fortiori kann der EuGH einen nachträglichen Wegfall der Voraussetzungen eines Feststellungsbeschlusses (etwa weil der angeprangerte Mitgliedstaat sein Verhalten grundlegend geändert hat) nicht überprüfen. Selbstverständlich dürfte in einem solchen Fall keine Suspendierung von Rechten erfolgen,[64] doch dies kann nicht durch den Gerichtshof überprüft werden.

Ein Ausnahmefall einer inzidenten materiellen Prüfung ist jedoch vorstellbar. Wenn der Feststellungsbeschluß nach Art. 7 Abs. 2 EUV evident mit derart schweren Fehlern behaftet ist, daß er als „rechtlich inexistent" angesehen werden muß,[65] dann liegt keine Verletzungsfeststellung vor, und dies kann der Gerichtshof überprüfen.[66]

(4) Inzidente Überprüfung der Stimmrechtsaussetzung?

Vergleichbar mit der Konstellation des rechtswidrigen Entscheidung der ersten Stufe ist der oben bereits erwähnte Fall einer Stimmrechtsaussetzung mit nachfolgend ergehendem Sekundärrecht i.R.d. EGV oder von Entscheidungen nach Art. 48, 49 EUV. Hier läßt sich argumentieren, daß die nachfolgenden Entscheidungen deshalb nicht rechtmäßig erfolgt sind, weil sie an einem Formfehler leiden. Wenn

---

[63] Ebenso Leidenmühler, ZÖR 2000, 299 (311); Folz, Austritt und Ausschluss aus der Europäischen Union, S. 151 f.; a. A. Kluth, in Calliess/Ruffert, Kommentar zu EUV und EGV, Art. 7 EUV, Rn. 19; dem folgend Hummer/Obwexer, ecolex 2000, 250 (255); dies., europa blätter 2000, 93 (101); dies., EuZW 2000, 486 (488), hier allerdings dahingehend einschränkend, daß eine Überprüfung möglich ist „zumindest dann, wenn der Feststellungsbeschluß, dessen Vorliegen eine formale Tatbestandsvoraussetzung darstellt, offenkundig mit einem so schweren Fehler behaftet ist, dass die EU-Rechtsordnung ihn nicht tolerieren kann, so dass er nicht einmal vorläufig Rechtswirkungen entfaltet, also rechtlich inexistent ist"; Schmahl, EuR 2000, 819 (828); Griller/Droutsas/Falkber/Forgó/Nentwich, The Treaty of Amsterdam, S. 192 mit dem Argument, wenn der Gerichtshof eine Suspendierungsmentscheidung aufrechterhalten müsse, welche auf einem „falschen" Feststellungsbeschluß beruhe, so würde dies den Kern dessen berühren, was üblicherweise unter gerichtlichem Rechtsschutz verstanden wird; wohl auch Winkler/Schauer, Die Maßnahmen von 14 EU-Mitgliedstaaten gegen Österreich, S. 141 f.

[64] Vgl. Stumpf, in Schwarze, EU-Kommentar, Art. 7 EUV, Rn. 12.

[65] Dies hat der EuGH entschieden in EuGH, Urteil vom 15.6.1994 – Kommission ./. BASF u.A., Rs. C-137/92 P, Slg. 1994, I-2555 (2647, Rn. 49): „Rechtsakte, die offenkundig mit einem derart schweren Fehler behaftet sind, daß die Gemeinschaftsrechtsordnung ihn nicht tolerieren kann, [entfalten] nicht - nicht einmal vorläufig – Rechtswirkung, sind also rechtlich inexistent." Vgl. Winkler, JRP 2000, 308 (321).

[66] Vgl. Hummer/Obwexer, EuZW 2000, 485 (488).

die Stimmrechtsaussetzung rechtswidrig war, so liegt bei der nun ergangenen Entscheidung ein Verfahrensfehler vor. Ebenso verhält es sich für den Rahmenbeschluß oder den Beschluß in Titel VI des EUV, der PJZS. Ein betroffener Mitgliedstaat könnte gemäß Art. 230 EGV i.V.m. Art. 46 lit. b) EUV i.V.m. Art. 35 Abs. 6 EUV die Nichtigkeitsklage mit der Begründung anstrengen, der von seinen Rechten suspendierte Mitgliedstaat habe nicht mitstimmen können, und der getroffene Rahmenbeschluß sei nichtig, weil die Suspendierung der Stimmrechte nicht rechtmäßig erfolgt sei.[67]

Gegen diese Möglichkeit der inzidenten Überprüfung des Beschlusses nach Art. 7 Abs. 3 EUV spricht jedoch zusätzlich zu dem Argument, daß auch diesbezüglich wegen Art. 46 lit. e) EUV nur Verfahrensbestimmungen überprüfbar sind, daß eine solche Überprüfung abhängig davon wäre, welche Rechte des Staats ausgesetzt werden. Der Rat könnte mit der Wahl der ausgesetzten Rechte über die Justiziabilität seiner Entscheidung bestimmen. Um der gerichtlichen Überprüfung zu entgehen, müßte er sich darauf beschränken, nur Rechte im Rahmen des EUV auszusetzen - mir Ausnahme von Stimmrechten im Rat wegen Art. 48, 49 EUV sowie Art. 46 lit. b) i.V.m. Art. 35 Abs. 6 EUV. Eine solche Folge erscheint beliebig[68]

b) Rechtsfolgenseite

Die Entscheidung des Rats, überhaupt (und gegebenenfalls welche) Rechte auszusetzen liegt in seinem Ermessen.[69] Wie bereits oben festgestellt wurde, überprüft der Gerichtshof bei einer Ermessensentscheidung die Ermessensfehler Ermessensmißbrauch sowie Vorliegen eines offensichtlichen Irrtums oder einer offensichtlichen Verkennung des Vertrages oder einer bei seiner Durchführung anzuwendenden Rechtsnorm.[70] Der Ermessensmißbrauch ist in Art. 230 EGV explizit als eigener Klagegrund genannt und soll daher gesondert behandelt werden.
Im Rahmen der Prüfung, ob der Vertrag offensichtlich verkannt wurde, untersucht der EuGH unter anderem, ob offensichtlich gegen die allgemeinen Grundsätze des Gemeinschaftsrechts verstoßen wurde, denn der Begriff „Vertrag“ in Art. 230 EGV umfaßt nicht nur die in ihm positiv normierten einzelnen Artikel, sondern auch die der Gemeinschaftsrechtsordnung inhärenten, vom EuGH in seiner Rechtsprechung entwickelten allgemeinen Rechtsgrundsätze.[71] Hier interessiert vor allem der Grundsatz der Verhältnismäßigkeit.

[67] So Köck, Die Maßnahmen der EU-14 gegen Österreich, S. 118; Köck/Hintersteininger, Zu den Sanktionen der vierzehn EU-Partnerstaaten gegen Österreich, S. 509.
[68] Vgl. Schorkopf, Homogenität in der EU, S. 191 f.; ders., in Grabitz/Hilf, Das Recht der EU, Art. 309 EGV (Amsterdam). A.A. Hummer/Obwexer, EuZW 2000, 485 (488).
[69] Siehe oben Kapitel 2, G. 1. Winkler, JRP 2000, 308 (319) erwartet aus diesem Grunde eine zurückhaltende Kontrolle durch den Gerichtshof.
[70] Vgl. Pache, DVBl 1998, 380 (386); EuGH, Urteil vom 19.11.1998 – Vereinigtes Königreich ./. Rat, Rs. C-150/94 - Slg. 1998, I 7235 (7295, Rn. 54) für Ermessen wegen der Beurteilung komplexer wirtschaftlicher Sachverhalte.
[71] Krück in Groeben/Thiesing/Ehlermann, Kommentar zum EU-/EG-Vertrag, Art. 173 EGV, Rn. 87 f.

(Un)Verhältnismäßig kann eine Maßnahme nur zur Verfolgung eines bestimmten (il)legitimen Zieles sein. Art. 309 Abs. 2 EGV spricht nur davon, daß der Rat Rechte des betroffenen Mitgliedstaates aussetzen kann, er normiert aber (ebensowenig wie Art. 7 Abs. 3 EUV) keine *konkreten* Ziele, zu deren Verfolgung die Rechte ausgesetzt werden können. Dennoch kann selbstverständlich nicht angenommen werden, der Rat hätte hier völlige Freiheit. Ebenso wie bei Art. 7 Abs. 3 EUV ist der Zusammenhang der Regelung zu betrachten. Da es sich um eine Sanktion handelt, mit deren Hilfe ein Mitgliedstaat zur Wahrung der Grundsätze gezwungen werden soll,[72] letztlich also die Homogenität wiederhergestellt werden soll, muß bei Anwendung der Suspendierungsmöglichkeit genau dieses Ziel verfolgt werden. Jedes andere Verständnis dieser Norm ließe den Sinn der Regelung außer acht und gäbe damit dem Rat eine Freiheit im Sinne von Beliebigkeit, die nicht gewollt ist. Dennoch sind die Möglichkeiten zur Erreichung dieses Zieles und damit die Freiheit des Rates sehr weitreichend.
Es besteht nur die Möglichkeit der Suspendierung von Rechten, aber dies impliziert, daß die Wiederherstellung des Grundkonsenses mit Ergreifen einer Maßnahme kaum direkt erreicht werden kann – die Suspendierungsmaßnahmen haben nahezu zwangsläufig Strafcharakter. Ein Vorgehen nach Art. 309 EGV ist damit immer politisch heikel. Aus diesem Grunde muß der Entscheidungsspielraum des Rats sehr weit sein und eine Überprüfung durch den Gerichtshof dementsprechend eingeschränkt. Die Beurteilung, ob eine konkrete Suspendierungsmaßnahme mit der ihr inhärenten Strafwirkung das vorgegebene Ziel der Wiederherstellung der Homogenität erreichen kann, ist eine politische. Solche Fragen können von Gerichten grundsätzlich nicht oder nur sehr zurückhaltend überprüft werden, und so verhält sich auch der EuGH, wie seine Rechtsprechung zeigt.[73]
Die Überprüfung, ob die konkrete Suspendierungsmaßnahme verhältnismäßig ist, beschränkt sich also notwendig auf eine Evidenzkontrolle, was durch die sonstige Rechtsprechung des Gerichtshofs bei der Überprüfung der Verhältnismäßigkeit eines Ermessensaktes bestätigt wird. Im „Bananenurteil" etwa führt der Gerichtshof aus, der Gemeinschaftsgesetzgeber habe auf dem Gebiet der gemeinsamen Agrarpolitik ein weites Ermessen, das der politischen Verantwortung entspreche, die ihm die Artikel 40 und 43 EWG-Vertrag übertragen. Die Rechtmäßigkeit einer in diesem Bereich erlassenen Maßnahme sei nur dann beeinträchtigt, wenn sie zur Erreichung des Zieles, das das zuständige Organ verfolge, *offensichtlich ungeeignet* sei. „Ist der Gemeinschaftsgesetzgeber insbesondere für den Erlaß einer Regelung genötigt, die künftigen Auswirkungen dieser Regelung zu beurteilen, und lassen sich diese Auswirkungen nicht genau vorhersehen, so kann seine Beurteilung nur dann beanstandet werden, wenn sie im Hinblick auf die Erkenntnisse, über die er im Zeitpunkt des Erlasses der Regelung verfügte, offensichtlich irrig erscheint."[74] Die Klägerin Bundesrepublik Deutschland hatte diesbezüglich einen Verstoß gegen den

---

[72] Siehe oben, Kap.itel 2, C.
[73] Z. B. EuGH, Urteil vom 5.10.1994 – Deutschland ./. Rat, Rs. C-280/93 - Slg. 1994, I-4973,(5069, Rn. 91); Vgl. Schockweiler, EuR 1995, 191 (195 und 196).
[74] EuGH, Urteil vom 5.10.1994 – Bundesrepublik Deutschland ./. Rat, C-280/93 – Slg. 1994, I-4973 (5068, Rn. 89 f.).

Grundsatz der Verhältnismäßigkeit geltend gemacht,[75] die Ausführungen des Gerichtshofs fallen im Rahmen seiner Prüfung, ob ein Verstoß gegen den Grundsatz der Verhältnismäßigkeit vorliege.
„Evidenz“ oder „offensichtliche Unverhältnismäßigkeit“ bedeutet, daß sie sich ohne weiteres eindeutig feststellen läßt.[76] Der Gerichtshof ist also eher zurückhaltend, wenn es darum geht, Ermessensentscheidungen, die von Gemeinschaftsorganen getroffen wurden, durch allgemeine Grundsätze des Gemeinschaftsrechts zu begrenzen.[77]
Dies spricht gegen die Erwartung, daß der Gerichtshof die Suspendierungsentscheidung einer umfassenden Überprüfung unterzieht. Nur in eindeutigen Fällen wird hier mit einer Feststellung der Rechtswidrigkeit durch den Gerichtshof zu rechnen sein.

Für die Frage, ob eine Suspendierungsmaßnahme verhältnismäßig ist, trifft Art. 309 Abs. 2 UAbs. 1 Satz 2 EGV (und der entsprechende Art. 7 Abs. 3 UAbs. 1 Satz 2 EUV) eine Sonderregelung. Es ist normiert, daß der Rat „die möglichen Auswirkungen einer solchen Aussetzung [von Mitgliedschaftsrechten] auf die Rechte und Pflichten natürlicher und juristischer Personen“ berücksichtigt. Diese Regelung ersetzt selbstverständlich nicht den allgemeinen Verhältnismäßigkeitsgrundsatz, sondern betont nur, daß bezüglich der möglichen Auswirkungen auf die Rechte und Pflichten Dritter *besondere* Vorsicht geboten ist, eine Regel, die auch ohne ihre positive Festlegung gelten würde. Auf die Bedeutung dieses besonderen Verhältnismäßigkeitsmaßstabes wurde bereits oben eingegangen.[78]
Bei seiner Verhältnismäßigkeitsprüfung muß der Gerichtshof den Feststellungsbeschluß mit berücksichtigen, da dieser nähere Hinweise darüber enthalten wird, welche Grundsätze in welcher Weise verletzt werden.[79]

c) Ermessensmißbrauch

Dies ist der vierte Klagegrund des Art. 230 EGV. Wie oben bereits angesprochen, liegt Ermessensmißbrauch nach ständiger Rechtsprechung des Gerichtshofs nur dann vor, wenn von einem Gemeinschaftsorgan eine „Rechtshandlung ausschließlich oder zumindest überwiegend zu anderen als den angegebenen Zwecken oder mit dem Ziel [vorgenommen wurde], ein Verfahren zu umgehen, das der Vertrag vorsieht, um die konkrete Sachlage zu bewältigen“[80]. Ermessensmißbrauch be-

---

[75] EuGH, Urteil vom 5.10.1994 – Bundesrepublik Deutschland ./. Rat, C-280/93 – Slg. 1994, I-4973 (5068, Rn. 88).
[76] Vgl. Pache, DVBl 1998, 380 (386).
[77] Pache, DVBl 98, 380 (386); Schockweiler, EuR 1995, 191 (196 ff.).
[78] Siehe hierzu schon oben, Kapitel 4, A. 2. b).
[79] Vgl. Winkler, JRP 2000, 308 (322).
[80] EuGH, Urteil vom 13.7.1995 – Europäisches Parlament ./. Kommission, Rs. C-156/93 – Slg. 1995, I-2019 (2050, Rn. 31); vgl. Urteil vom 20.6.1991 – Cargill BV ./. Kommission, Rs. C-248/89 – Slg. 1991, I-2987 (3015, Rn. 26); Urteil vom 13.11.1990 – Fedesa u. a., Rs. C-331/88 – Slg. 1990, I-4023 (4065, Rn. 24); Urteil vom

schränkte sich ursprünglich auf die nach objektiven Kriterien zu ermittelnde Verfolgung subjektiv rechtswidriger Zwecke;[81] es ist allerdings eine Entwicklung zu beobachten, nach der vom Gerichtshof auch an die objektive Zielverfolgung angeknüpft wird, also Ermessensmißbrauch dann bejaht wird, wenn ein angestrebtes Ziel nicht verfolgt werden darf.[82]
Der Begriff „Ermessensmißbrauch" hat damit ursprünglich eine eigene, gemeinschaftsspezifische Bedeutung. Alle sonstigen nach deutschem Rechtsverständnis „ermessensmißbräuchlichen" Handlungen fallen unter den Auffangtatbestand „Verstoß gegen den Vertrag".
Ermessensmißbrauch im herkömmlichen gemeinschaftsrechtlichen Sinne ist nur relativ selten anzunehmen, weil das fehlerhafte subjektive Element schwer feststellbar und vor allem nachweisbar ist. Es muß von Indizien wie etwa bestimmten Äußerungen, ungewöhnlichem, zur sonstigen Politik kontrastierenden Verhalten etc. ein Rückschluß auf die „eigentlich verfolgten" Ziele möglich sein.[83] Ob die Verfolgung eines objektiv rechtswidrigen Zwecks unter Ermessensmißbrauch fällt oder unter eine offensichtliche Verkennung des Vertrags, ist letztlich unerheblich. Die Überprüfung läuft in beiden Fällen auf das gleiche hinaus.[84]

d) Auswirkungen einer Feststellung der Rechtswidrigkeit der zweiten Stufe im Rahmen der EG auf die EU

Die Tatsache, daß die Suspendierungsentscheidung durch den Gerichtshof für den EG-Bereich überprüfbar ist, hat möglicherweise Auswirkungen auf die nicht überprüfbaren Bereiche, nämlich die Aussetzung der Stimmrechte im Rat sowie die Suspendierung von sonstigen Rechten, die sich aus dem EUV für die Mitgliedstaaten herleiten.
Wie oben gezeigt, kann der EuGH sich nicht zur materiellen Rechtmäßigkeit der ersten Stufe des Suspendierungsverfahrens äußern, auch nicht dann, wenn es um die Rechtmäßigkeit der ersten Stufe als Voraussetzung für die Suspendierungsentscheidung nach Art. 309 Abs. 2 EUV geht. Damit kann nicht das Problem entstehen, daß die Feststellung der Verletzung als für den EG-Bereich rechtswidrig anzusehen ist, ohne daß sich dies rechtlich auf den EU-Bereich auswirken könnte.[85]

21.6.1984 – Lux ./. Rechnungshof, Rs. 69/83 – Slg. 1984, 2447 (2465, Rn. 30); Urteil vom 5.5.1966 – Gutmann, verb. Rs. 18 und 35/66 – Slg. 1966, 153 (176).

[81] Vgl. EuGH, Urteil vom 12.1.1984 – Turner ./. Kommission, Rs. 266/82 – Slg. 1984, 1 (13, Rn. 19).

[82] EuGH Urteil vom 29.9.1987 – Fabrique de fer de Charleroi, Rs. 351 und 360/85 -, Slg. 1987 3639 (3674 f., Rn. 20); Herdegen/Richter, Die Rechtslage in den Europäischen Gemeinschaften, S. 219 f.; Pache, DVBl 1998, 380 (386).

[83] Vgl. Daig, Nichtigkeits- und Untätigkeitsklagen im Recht der EG, S. 178 (Ziff. 233), der einige vom EuGH und Generalanwälten genannten Indizien aufzählt, m.w.N.; siehe auch Pache, DVBl. 1998, 380 (386); Rengeling/Middeke/Gellermann, Rechtsschutz in der EU, S. 102 (Rn. 193); vgl. auch Bleckmann, Europarecht, Rn. 875.

[84] Siehe hierzu oben die Ausführungen zum legitimen Ziel, Abschnitt A. 6. b) dieses Kapitels.

[85] Anders Kluth in Calliess/Ruffert, Kommentar zu EUV und EGV, Art. 309 EGV, Rn. 7, der ohne nähere Begründung davon ausgeht, daß eine implizite Überprüfung der ersten Stufe im Rahmen einer Nichtigkeitsklage

Die Rechtswidrigkeit von Maßnahmen im Rahmen der EG hat keine Auswirkungen auf die Rechtmäßigkeit anderer Maßnahmen im Rahmen der EU oder die Rechtmäßigkeit der Stimmrechtsaussetzung.[86] Sie stehen nebeneinander und haben zwar die gleiche Basis (die Feststellung nach Art. 7 Abs. 2 EUV; diese ist aber nicht Gegenstand der Rechtmäßigkeitskontrolle. Es ist lediglich vorstellbar, daß bei Feststellung evidenter Rechtswidrigkeit der Maßnahmen nach Art. 309 Abs. 2 EGV *politische* Überlegungen angestellt werden, ob dies nicht auch möglicherweise für andere Maßnahmen nach Art. 7 Abs. 3 EUV zutrifft.[87] Eine ungewollte Regelungslücke, die durch analoge Anwendung des Art. 230 EGV zu schließen ist, kann hier jedoch nicht angenommen werden. Im Bereich des EUV ist die Justiziabilität einzelner Maßnahmen durch den EuGH in Art. 46 EUV abschließend geregelt.

7. Ergebnis

Ein Mitgliedstaat, gegen den Maßnahmen der Unionsaufsicht eingeleitet wurden, hat mit der Nichtigkeitsklage Rechtsschutzmöglichkeiten. Er kann einerseits die formelle Rechtmäßigkeit der Feststellungen nach Art. 7 Abs. 1 und 2 EUV sowie des Beschlusses, unabhängige Experten um einen Bericht zu ersuchen, überprüfen lassen. Des weiteren kann der Gerichtshof die formelle und materielle Rechtswidrigkeit einzelner Suspendierungsmaßnahmen, die sich auf Rechte aus dem EGV beziehen, feststellen.
Andere Suspendierungsmaßnahmen, also solche im Rahmen des EUV inklusive der Stimmrechtsaussetzung, und die materielle Rechtmäßigkeit der Beschlüsse nach Art. 7 Abs. 1 und 2 EUV, können nicht im Rahmen der Nichtigkeitsklage vom EuGH überprüft werden, auch nicht inzident.

Selbstverständlich kann auch die Kommission Nichtigkeitsklage erheben. Hierin kann man einen Ausgleich für ihre fehlende Beteiligung im Suspendierungsverfahren sehen.[88]

B. Untätigkeitsklage

Gemäß Art. 7 Abs. 1 UAbs. 2 EUV ist der Rat verpflichtet, regelmäßig die Gründe zu überprüfen, die zu der Feststellung nach Abs. 1 geführt haben. Unterläßt er diese regelmäßige Überprüfung, so kann der betroffene Mitgliedstaat hiergegen Untä-

---

gegen Maßnahmen nach Art. 309 Abs. 2 EGV möglich ist. Er muß dann (richtigerweise) annehmen, daß eine politische Lösung gefunden würde. Vgl. auch Pechstein/Koenig, Die Europäische Union, Rn. 493.

[86] Vgl. auch Leidenmühler, Die Union 1998, 97 (100).

[87] Daß erheblicher politischer Druck zu erwarten ist, betont auch Winkler, JRP 2000, 308 (3222).

[88] So Schorkopf, in Grabitz/Hilf, Das Recht der EU, Art. 309 EGV (Amsterdam), Rn. 9.

tigkeitsklage gemäß Art. 232 EGV gegen den Rat erheben, da es sich bei dieser Verpflichtung zur Überprüfung um eine Verfahrensregelung handelt.[89]

Der betroffene Staat könnte auch Untätigkeitsklage erheben, wenn es der Rat unterläßt, gemäß Art. 309 Abs. 3 EGV einen Änderungs- oder Aufhebungsbeschluß zu fassen.[90] Erfolgreich kann er hiermit aber nur für den Fall einer Ermessensreduzierung auf Null sein, also wenn die ursprünglich festgestellten Verletzungen abgestellt wurden.[91] Nun fragt sich, ob es hier für den Erfolg einer Untätigkeitsklage erst eines negativen Feststellungsbeschlusses durch den Rat mit dem Inhalt bedarf, daß eine schwerwiegende und anhaltende Verletzung durch den Mitgliedstaat nicht mehr vorliege, oder ob die Untätigkeitsklage auch erfolgreich sein kann, wenn allein der Gerichtshof der Ansicht ist, die Situation einer schwerwiegenden und anhaltenden Verletzung der Grundsätze liege nicht mehr vor. Eine negative Feststellung ist in Art. 7 EUV nicht explizit vorgesehen, so daß die Argumentation naheliegt, das Fortbestehen einer Feststellung nach Art. 7 Abs. 2 EUV sei irrelevant; die Feststellung entfalte insofern keine Bindungswirkung.[92] Dem steht aber entgegen, daß der Rat – wie oben erläutert wurde[93] – bei Vorliegen der Voraussetzungen dennoch verpflichtet ist, einen negativen Feststellungsbeschluß zu fassen. Aus diesem Grunde bedarf es eines solchen Beschlusses, um erfolgreich Untätigkeitsklage erheben zu können. Nur dann liegt für den Rat bezogen auf die Aufhebung der Suspendierungsmaßnahmen nach Art. 309 Abs. 3 EGV eine Ermessensreduzierung auf Null vor, die vom Gerichtshof überprüft werden kann.[94] Gegen die Untätigkeit des Rats, einen solchen Feststellungsbeschluß nicht erlassen zu haben, kann jedoch keine Untätigkeitsklage erhoben werden. Ebenso wie der negative Feststellungbeschluß, daß die eindeutige Gefahr der schwerwiegenden Verletzung nicht mehr vorliegt, ist dies eine materielle Verpflichtung aus dem EUV, nicht jedoch aus dem EGV. Hierfür hat der Gerichtshof keine Kompetenz.[95]
Die Beurteilung der Situation in einem Mitgliedstaat dahingehend, ob eine Verletzung der Grundsätze vorliegt oder nicht mehr vorliegt, obliegt damit allein dem Rat.

In den anderen Fällen einer Ermessensreduzierung auf Null, die nicht (nur) mit einer Beendigung der Verletzungssituation zusammenhängen, bedarf es selbstverständlich nicht eines negativen Feststellungsbeschlusses durch den Rat. Weitere Bedingung ist, daß das Vorverfahren gemäß Art. 232 Abs. 2 EGV erfolglos durchlaufen wurde.

---

[89] Vgl. Hatje, EuR 2001, 243 (274).
[90] Vgl. auch Folz, Austritt und Ausschluss aus der Europäischen Union, S. 151; Winkler, JRP 2000, 308 (320).
[91] Siehe oben, Kapitel 2, E.; vgl. Winkler, JRP 2000, 308 (320).
[92] So Winkler, JRP 2000, 308 (320).
[93] Siehe oben, Kapitel 2, E.
[94] A.A. Winkler, JRP 2000, 308 (320).
[95] Aus demselben Grunde ist auch eine Untätigkeitsklage für den theoretischen Fall unzulässig, daß die Kommission oder das Parlament keine Initiative zum Vorfeldverfahren ergreifen, obwohl sie dazu verpflichtet wären. Ein Interesse an einer solchen Initiative könnte der betroffene Mitgliedstaat dann haben, wenn für ihn zu erwarten ist, daß mangels Initiative zum Vorfeldverfahren unmittelbar das Suspendierungsverfahren eingeleitet wird.

C. Vertragsverletzungsverfahren

Es fragt sich, ob der betroffene Mitgliedstaat bei Vorfeldmaßnahmen anderer Mitgliedstaaten gegen sie ein Vertragsverletzungsverfahren anstrengen kann, etwa mit dem Argument, sie verstießen gegen die Unionstreue bzw. das Loyalitätsgebot aus Art. 10 EGV.[96]

Diesem Grundsatz gemäß sind die Mitgliedstaaten untereinander zur loyalen Zusammenarbeit und Unterstützung verpflichtet.[97] Nach der ursprünglichen Rechtsprechung des EuGH entfaltet Art. 10 EGV für sich gesehen keine Rechtswirkungen, und es bedarf eines konkretisierenden Aktes, durch den er hindurch scheinen kann, um Rechtsverbindlichkeit zu erlangen.[98] Dies gilt nach der Rechtsprechung des EuGH im Grundsatz immer noch,[99] jedoch kann auch ein Zusammenwirken mit einer lediglich politisch verbindlichen Erklärung ausreichend sein.[100]

Es ist durchaus vorstellbar, daß von den einzelnen Mitgliedstaaten ergriffene Maßnahmen über den ihnen durch die Unionsaufsicht gesetzten Rahmen hinausgehen und dann gegen die Unionstreue verstoßen. Ein Beispiel für einen solchen Fall soll im folgenden Kapitel erörtert werden.

Ein Vertragsverletzungsverfahren kann also durchaus auf einen Verstoß gegen Art. 10 EGV gestützt werden.[101]

D. Ergebnis und Wertung

Vor allem nach der Änderung des Art. 46 lit. e EUV gibt es verschiedene Möglichkeiten gerichtlicher Kontrolle der Unionsaufsicht. Aber auch schon vorher bestand Rechtsschutz gegen einige Maßnahmen der Unionsaufsicht.

Mit der Nichtigkeitsklage kann ein Mitgliedstaat, gegen den Maßnahmen der Unionsaufsicht eingeleitet wurden, Rechtsschutz erhalten. Er kann einerseits die formelle Rechtmäßigkeit der Feststellungen nach Art. 7 Abs. 1 und 2 EUV sowie des

---

[96] Vgl. Hummer/Obwexer, europa blätter, 93 (99); Geiger, EUV/EGV, Art. 7 EUV, Rn. 2; Schorkopf, in Grabitz/Hilf, Das Recht der EU, Art. 7 EUV (Amsterdam), Rn. 27.

[97] Zuleeg, in Groeben/Thiesing/Ehlermann, Kommentar zum EU-/EG-Vertrag, Art. 5 EGV, Rn. 1; Kahl, in Calliess/Ruffert, Kommentar zu EUV und EGV, Art. 10 EGV, Rn. 14. Siehe auch Hatje, Loyalität als Rechtsprinzip in der EU.

[98] Vgl. EuGH, Urteil vom 24.10.1973 – Schlüter ./. Hauptzollamt Lörrach, Rs. 9/73 – Slg. 1973, 1135 (1160, Rn. 39); EuGH, Urteil vom 10.1.1985 – Leclerc ./. Au blé vert u. A., Rs. 229/83 – Slg. 1985, 1 (33, Rn. 20); EuGH, Urteil vom 15.1.1986 – Hurd ./. Jones, Rs. 44/84 – Slg. 1986, 29 (83, Rn. 46 ff.).

[99] vgl. nur EuGH, Urteil vom 9.12.1997 – Kommission ./. Frankreich, RS. C-265/95 – Slg. 1997, I-6959 (6999, Rn. 32).

[100] Vgl. EuGH, Urteil vom 4.10.1979 – Frankreich ./. Vereinigtes Königreich, RS 141/78 – Slg. 1979, 2923 (2942, Rn. 8).

[101] So auch Köck/Hintersteininger, Zu den Sanktionen der vierzehn EU-Partnerstaaten gegen Österreich, S. 508; Köck, Die Maßnahmen der EU-14 gegen Österreich, S. 118; Winkler, ZÖR 2000, 231 (260). Hummer/Obwexer, ZÖR 2000, 269 (288) und dies., ecolex 2000, 250 (253); dies., EuZW 2000, 485 (492) sowie dies., europa blätter 2000, 93 (99) sehen sie eine solche konkretisierende Bestimmung in Art. 205 EGV oder in einschlägigen Bestimmungen der GO des Rats.

Beschlusses, unabhängige Experten um einen Bericht zu ersuchen, überprüfen lassen. Des weiteren kann der Gerichtshof die formelle und materielle Rechtswidrigkeit einzelner Suspendierungsmaßnahmen, die sich auf Rechte aus dem EGV beziehen, feststellen.
Andere Suspendierungsmaßnahmen, also solche im Rahmen des EUV inklusive der Stimmrechtsaussetzung, und die materielle Rechtmäßigkeit der Beschlüsse nach Art. 7 Abs. 1 und 2 EUV, können nicht im Rahmen der Nichtigkeitsklage vom EuGH überprüft werden, auch nicht inzident.

Untätigkeitsklage kann ein Mitgliedstaat erheben, wenn der Rat nicht regelmäßig gemäß Art. 7 Abs. 1 UAbs. 2 EUV die Gründe überprüft, die zu der Feststellung nach Abs. 1 geführt haben. Bei Vorhandensein eines negativen Feststellungsbeschlusses und in anderen Fällen einer Ermessensreduzierung auf Null kann er mit Erfolg Untätigkeitsklage erheben, wenn der Rat es unterläßt, gemäß Art. 309 Abs. 3 EGV einen Änderungs- oder Aufhebungsbeschluß zu fassen.

Gegen Maßnahmen der Unionsaufsicht, die von den anderen Mitgliedstaaten ergriffen werden, kann der betroffene Mitgliedstaat Vertragsverletzungsklage mit der Begründung erheben, die von ihnen ergriffenen Maßnahmen verstießen gegen das Loyalitätsgebot aus Art. 10 EGV.

Selbstverständlich kann auch die Kommission Nichtigkeitsklage erheben. Hierin kann man einen Ausgleich für ihre fehlende Beteiligung im Suspendierungsverfahren sehen.[102]

Die Untersuchung der Rechtsschutzmöglichkeiten zeigt, daß der betroffene Mitgliedstaat keinen lückenlosen Rechtsschutz hat. Dies erklärt sich daraus, daß es sich mit der Unionsaufsicht um ein politisches Verfahren handelt.[103] Der österreichische Vorschlag zur Änderung des Art. 7 EUV bei den Vertragsverhandlungen in Nizza enthielt ein Bestimmung, nach welcher der gesamte Art. 7 EUV der Jurisdiktion des Gerichtshofs unterstellt worden wäre. Damit wäre die Diskussion einer Inzidentüberprüfung überflüssig geworden; sowohl die beiden Feststellungen des Rats, eine Gefahr oder eine qualifizierte Verletzung läge vor, die Einsetzung eines Expertengremiums sowie alle Suspendierungsentscheidungen im Bereich des EUV und des EGV hätten damit vom Gerichtshof überprüft werden können.
Eine weitere Einbeziehung des EuGH wird auch in der Literatur gefordert.[104] Sie würde allerdings keinen wesentlichen Unterschied zum Rechtsschutzstand nach Nizza ausmachen, da der Gerichtshof dem Rat bei politischen Entscheidungen eine weiten Beurteilungsspielraum zugesteht, den er ohnehin nicht überprüft.[105]

*

[102] So Schorkopf, in Grabitz/Hilf, Das Recht der EU, Art. 309 EGV (Amsterdam), Rn. 9.
[103] So auch die Einschätzung von Quinn, MaGill Law Review 2001, 849 (870).
[104] Etwa von Winkler, JRP 2000, 308 (326 f.); Schorkopf, in Grabitz/Hilf, Das Recht der EU, Art. 7 EUV (Amsterdam), Rn. 33; Verhoeven, ELRev 1998, 217 (227); Winkler, ZÖR 2000, 229 (260 ff.).
[105] Siehe oben, Abschnitt A. 4. dieses Kaoitels; vgl. auch Hatje EuR 2001, 143 (175).

Kapitel 6: Andere Sanktionsmechanismen

Mit dem Vorfeldverfahren und dem Suspendierungsverfahren existieren zum ersten Mal ausdrückliche Regelungen, mit deren Hilfe die Wahrung der Grundsätze der Union gewährleistet werden kann. Diese Regelungen treffen aber nicht auf einen gänzlich ungeregelten Bereich. Teilbereiche waren schon vorher im Rahmen anderer Verfahren mitgeregelt, weil auch schon vor Existenz der Art. 6 und 7 EUV sowie Art. 309 EGV mit positivem Ergebnis überlegt wurde, auf welcher Basis und unter welchen Voraussetzungen die Sanktionierung eines Mitgliedstaates, der sich vom Grundkonsens der EU entfernt hat, möglich ist. Hier kann es nun zu Überschneidungen kommen.

Insbesondere können möglicherweise Widersprüche zwischen Entscheidungen des Gerichtshofs und solchen des Rats im Rahmen des Suspendierungsverfahrens entstehen, wofür dann Lösungsmöglichkeiten gefunden werden müßten. Die bereits existenten Verfahren und Möglichkeiten können die Chance bieten, auf Situationen in Mitgliedstaaten zu reagieren, die nur eine einfache Verletzung der Grundsätze darstellen oder sogar nur die Gefahr einer solchen Verletzung.
Es fragt sich, ob außerhalb der Unionsaufsicht weitere Maßnahmen ergriffen werden können, um die Einhaltung der Grundsätze zu gewährleisten, oder ob auch das Vorfeldverfahren abschließend ist. In diesem Rahmen soll der Umgang der Mitgliedstaaten mit Österreich aufgrund der ÖVP/FPÖ-Regierungsbildung behandelt werden.

Zunächst soll noch einmal auf die Abgeschlossenheit des Suspendierungsverfahrens zurückgekommen werden (A.). Anschließend werden die im EGV vorgesehenen Mechanismen daraufhin untersucht, ob sie zu Überschneidungen mit der Unionsaufsicht führen können. Es handelt sich im Einzelnen um das Vertragsverletzungsverfahren (B.), die Notstandsklausel gemäß Art. 297 EGV und das modifizierte Vertragsverletzungsverfahren gemäß Art. 298 EGV (C.), die einstweilige Anordnung gemäß Art. 243 EGV (D.) und sonstige gerichtliche Verfahren (E.). Anschließend wird auf den Ausschluß eines Mitgliedstaats aus der Union eingegangen (F.). Schließlich wird die Frage behandelt, ob die Mitgliedstaaten einzelne Möglichkeiten außerhalb der Unionsaufsicht haben, um auf entsprechende Entwicklungen in einem anderen Mitgliedstaat zu reagieren (G.). Im Rahmen dieses Abschnitts wird auf die Maßnahmen eingegangen, die 14 Mitgliedstaaten gegenüber Österreich im Frühjahr 2000 ergriffen hatten.

A. Sanktionierung aufgrund allgemeiner Grundsätze des Gemeinschaftsrechts und völkerrechtlicher Mechanismen

Die Unionsaufsicht regelt die Frage der Suspendierung von Mitgliedschaftsrechten in der EU abschließend.[1] Im Suspendierungsverfahren gemäß Art. 7 EUV und 309 EGV sind die genauen Voraussetzungen normiert, bei deren Vorliegen ein Mitgliedstaat von seinen Rechten suspendiert werden kann. Damit bleibt kein Platz zur Herbeiführung dieser Rechtsfolge aufgrund anderer Rechtsgrundlagen.[2]
Die Diskussion vor Existenz des Suspendierungsverfahrens hinsichtlich der Möglichkeit einer Suspendierung von Mitgliedschaftsrechten aus allgemeinen Grundsätzen des Gemeinschaftsrechts ist folglich nicht mehr relevant.[3] *Frowein* entwickelte die Möglichkeit der Suspendierung aus den Notstandsklauseln.[4] Der niederländische beratende Ausschuß zu Menschenrechten und Auswärtiger Politik ging davon aus, daß die Suspendierung von Mitgliedschaftsrechten auch ohne explizite Erwähnung im EUV möglich sei.[5] *Hilf* meinte unter Hinweis auf *Everling*, eine Suspendierung von Mitgliedschaftsrechten könne aus den allgemeinen Grundsätzen des Gemeinschaftsrechts hergeleitet werden,[6] wobei *Everling* selbst hierzu gar nicht rechtlich Stellung nahm, sondern nur diese Frage aufwarf.[7] *Zuleeg* entwickelte eine solche Möglichkeit aus der Geltung des Verfassungsgrundsatzes der Demokratie in der Gemeinschaft, mit welchem es unvereinbar sei, einen Staat, in dem eine Diktatur herrsche, an der Hoheitsgewalt der Gemeinschaft mitwirken zu lassen.[8] Vorgeschlagen wurde auch der Rückgriff auf die Präambel.[9]
Ebenso verhält es sich mit den Versuchen, die Möglichkeit der Suspendierung von Mitgliedschaftsrechten aus dem Völkerrecht herzuleiten.[10] Dabei wurde auf Art. 60 Abs. 2 lit. a WVK hingewiesen, nach dem unter anderem die Suspendierung einer Vertragspartei eines mehrseitigen völkerrechtlichen Vertrages bei erheblicher Verletzung desselben möglich ist.[11] Diese Versuche wurden schon früher mehrfach abgelehnt mit dem Verweis darauf, daß ein Rückgriff auf das Völkerrecht wegen der Regelung durch das Gemeinschaftsrecht nicht erforderlich oder wegen einer

---

[1] Kapitel, 4, B. 3.
[2] Es geht hier zunächst nur um die Frage der Ausschließlichkeit der Rechtsgrundlage für die Aussetzung von Mitgliedschaftsrechten. Die Ausschließlichkeit bezüglich anderer Sanktionen ist später zu betrachten.
[3] Siehe hierzu die Darstellung bei Schorkopf, Homogenität in der EU, S. 111 ff.
[4] Frowein, EuR 1983, 301 (313); ders., MichLRev 1984, 1311; Siehe hierzu die Darstellung unten, Abschnitt C. dieses Kapitels.
[5] Vgl. Advies Commissie Mensenrechten, The European Union and Human Rights, Advisory Report 21, S. 7, abgedruckt und zitiert in Bulterman, SIM Special 21 (1998), 123 (134).
[6] Hilf, EuR 1997, 347 (355); unter Verweis auf Everling, Sind die Mitgliedstaaten der EU noch Herren der Verträge?, S. 183.
[7] Everling, Sind die Mitgliedstaaten der EU noch Herren der Verträge?, S. 183.
[8] Zuleeg, JZ 1993, 1069 (1072). Früher war ders. nur von der Möglichkeit eines Ausschlusses eines Mitgliedstaates ausgegangen, siehe ders., EuR 1982, 21 (26); vgl. auch ders., Der Bestand der Europäischen Gemeinschaft, 55 (65), wo er eine Ausschlußmöglichkeit aus dem Völkerrecht diskutiert.
[9] So wohl Seidel, siehe Iliopoulos, EuR 1984, 98.
[10] Siehe hierzu auch Schorkopf, Homogenität in der EU, S. 113 ff.
[11] Schweitzer/Hummer, Europarecht, Rn. 1025; Jakob, Sanktionen gegen vertragsbrüchige Mitgliedstaaten der EWG, S. 179 ff.

Unanwendbarkeit des Völkerrechts neben der eigenen neuen Rechtsordnung des Gemeinschaftsrechts nicht möglich sei.[12]

Die hier festgestellte Abgeschlossenheit der Unionsaufsicht gemäß Art. 7 EUV, 309 EGV betrifft die Suspendierung von Mitgliedschaftsrechten bei *jeglicher Verletzung* der Grundsätze, also auch bei einfacher Verletzung. Das (eigentliche) Suspendierungsverfahren greift erst bei einer schwerwiegenden und anhaltenden Verletzung der Grundsätze ein. Im Umkehrschluß bedeutet dies, daß bei einer Verletzung, die diese Schwelle nicht erreicht, auch keine Suspendierung von Rechten möglich ist. Das Suspendierungsverfahren ist auch bezüglich *jeglicher Sanktion* einer Grundsätzeverletzung abschließend, nicht nur bezüglich einer Suspendierung von Rechten.[13]

Das Suspendierungsverfahren ist also sowohl hinsichtlich Tatbestand als auch hinsichtlich Rechtsfolge abschließend.[14]

B. Das Vertragsverletzungsverfahren

1. Überschneidungen im Bereich des Vorfeldverfahrens und der ersten Stufe des Suspendierungsverfahrens

Beim Vertragsverletzungsverfahren überprüft der Gerichtshof, ob ein Mitgliedstaat gegen den EGV verstoßen hat. Wenn die Verletzung der Grundsätze der EU auch mit diesem Verfahren festgestellt werden könnte, dann ergäbe sich das Problem, daß zwei verschiedene Organe in unterschiedlichen Verfahren (der Rat im Suspendierungsverfahren und der EuGH im Vertragsverletzungsverfahren) denselben Sachverhalt überprüfen und möglicherweise zu einem unterschiedlichen Ergebnis gelangen könnten.
Ein Vertragsverletzungsverfahren vor dem EuGH gemäß Art. 226 oder 227 EGV unmittelbar wegen Verletzung der in Art. 6 EUV genannten Grundsätze ist nicht möglich. Nach dem Wortlaut des Art. 226 EGV kann nur der Verstoß gegen eine Verpflichtung aus *diesem* Vertrag gerügt werden, also Gemeinschaftsrecht. Die konkrete Verpflichtung, nicht gegen die in Art. 6 EUV genannten Grundsätze zu verstoßen, ergibt sich aber nicht aus dem EGV, sondern aus dem EUV.[15] Und Art. 46 EUV, der die Zuständigkeit des Gerichtshofs im Rahmen des EUV regelt, verweist nicht auf Art. 6 Abs. 1 EUV.

---

[12] Siehe nur Schwarze, EuR 1983, 1 (29 ff.); Schorkopf, Homogenität in der EU, S. 115 ff. Vgl. auch Frowein, EuR 1983, 301 (311 f.).
[13] Siehe oben, Kapitel, 4, B. 3
[14] Vgl. auch Schorkopf, DVBl 2000, 1036 (1041); ders., in Grabitz/Hilf, Das Recht der EU, Art. 7 EUV (Amsterdam), Rn. 24; Köck, Die Maßnahmen der EU-14 gegen Österreich, S. 116; Stein, Der Kreuzzug der Vierzehn gegen Österreich, S. 14.
[15] Vgl. auch Röttinger in Lenz, EG-Vertrag, Art. 309 Rn. 13.

a) Verpflichtung aus dem EGV

Die Verpflichtung der Mitgliedstaaten, nicht gegen die Grundsätze der Freiheit, der Demokratie, der Achtung der Menschenrechte und Grundfreiheiten oder der Rechtsstaatlichkeit zu verstoßen, ergibt sich allerdings nicht *nur* aus dem EUV.[16]
Der Gerichtshof hat in ständiger Rechtsprechung allgemeine Rechtsgrundsätze[17] „erkannt", die Bestandteile der Rechtsordnungen der Mitgliedstaaten oder jedenfalls einiger Mitgliedstaaten sind. Sie sind in Art. 220 EGV verankert, worauf die Formulierung des EuGH Hinweis gibt, es handele sich um „allgemeine[...] Rechtsgrundsätze[...], deren Wahrung der Gerichtshof zu sichern hat" –ähnlich dem Wortlauts des Art. 220 EGV.[18] Zwar bezieht sich der Gerichtshof bei der Entwicklung und inhaltlichen Konkretisierung dieser Grundsätze auf das rechtliche Umfeld, welches das Gemeinschaftsrecht umgibt – also die Rechtsordnungen der Mitgliedstaaten und die EMRK. Dies ändert aber nichts daran, daß Geltungsgrund das Gemeinschaftsrecht ist. An diese Grundsätze sind die Mitgliedstaaten immer dann gebunden, wenn sie Gemeinschaftsrecht vollziehen.[19]
Zu diesen allgemeinen Rechtsgrundsätzen gehören Grundrechte[20] und viele Ausprägungen des Rechtsstaatsprinzips[21] ebenso wie die dem Wahlrecht aller Mitgliedstaaten gemeinsamen freiheitlichen und demokratischen Grundsätze.[22]
Diese allgemeinen Rechtsgrundsätze sind Ausprägungen der in Art. 6 Abs. 1 EUV genannten Prinzipien der Union, sind diesen Grundsätzen aber nicht gleichzusetzen. Gegen die Verletzung einer solchen Ausprägung könnte mit dem Vertragsverletzungsverfahren vorgegangen werden.

---

[16] Vgl. zur Rüge eines Verstoßes gegen ungeschriebenes Gemeinschaftsrecht Bergmann, in Bergmann/Lenz, Der Amsterdamer Vertrag, Rn. 8 (S. 27).

[17] Welche zu unterscheiden sind von den Allgemeinen Grundsätzen des Gemeinschaftsrechts, die lediglich gemeinschaftsspezifische Probleme betreffen, vgl. Krück, in Groeben/Thiesing/Ehlermann, Kommentar zum EU-/EG-Vertrag, Art. 164 EGV, Rn. 22.

[18] Ständige Rechtsprechung seit EuGH, Urteil vom 17.12.1970 – Internationale Handelsgesellschaft, Rs. 11/70 -, Slg. 1970, 1125 (1135, Rn. 4); vgl. Pernice, in Grabitz/Hilf, Das Recht der EU, Art. 164 EGV (Maastricht), Rn. 42 und 48. Dies ist zwar nicht gänzlich unumstritten – der EuGH hat sich zum Geltungsgrund nicht ausdrücklich geäußert; als möglicher Geltungsgrund werden auch Art. 230 und 288 UAbs. 2 EGV (neue Numerierung) angeführt, vgl. Krück, in Groeben/Thiesing/Ehlermann, Kommentar zum EU-/EG-Vertrag, Art. 164 EGV, Rn. 25. Auf die hier einzig interessierende Tatsache, daß es einen Geltungsgrund *im Gemeinschaftsrecht* gibt, hat dies aber keine Auswirkungen und soll deshalb nicht weiter vertieft werden.

[19] EuGH, Urteil vom 13.7.1989 – Wachauf, Rs. 5/88 – 1989, 2609 (2639, Rn. 19).

[20] Ständige Rechtsprechung seit EuGH, Urteil vom 17.12.1970 – Internationale Handelsgesellschaft, Rs. 11/70 – Slg. 1970, 1125 (1135, Rn. 4), zu den einzelnen Grundrechten siehe die Übersicht bei Schweitzer/Hummer, Europarecht, Rn. 805 ff., sowie umfassend Pernice, in Grabitz/Hilf, Das Recht der EU, Art. 164 EGV (Maastricht), Rn. 63 ff.

[21] Eine Übersicht bieten Schweitzer/Hummer, Europarecht, Rn. 791. Vgl. auch umfassend Pernice, in Grabitz/Hilf, Das Recht der EU, Art. 164 EGV (Maastricht), Rn. 80 ff (als „Grundrechte im Verfahren") und 88 ff. (als „weitere rechtsstaatliche Grundsätze").

[22] EuGH, Urteil vom 29.9.1976 – De Dapper, Rs. 54/75 – 1976, 1381 (1389, Rn. 20/25). Frowein, EuR 1983, 301 (312) und MichLRev 1984, 1311 (1318), stellt darauf ab, daß es seit dem Inkrafttreten des Aktes zur Einführung allgemeiner unmittelbarer Wahlen zum acquis communautaire gehöre, freie Wahlen der Abgeordneten des Europäischen Parlaments abzuhalten; ein Mitgliedstaat verstoße gegen diese seine gemeinschaftsrechtliche Pflicht, wenn er die Voraussetzungen nicht mehr erfülle.

b) Entscheidungsbasis des Gerichtshofs

Mit dem Vetragsverletzungsverfahren können nur solche mitgliedstaatlichen Vorkommnisse geahndet werden, die in den Anwendungsbereich des Gemeinschaftsrechts fallen. Nur dann sind von den Mitgliedstaaten die allgemeinen Rechtsgrundsätze zu beachten.[23] Der Gerichtshof kann nicht prüfen, ob nationales Recht *ohne Bezug auf Gemeinschaftsrecht* den Gemeinschaftsgrundrechten entspricht.[24] Läge also beispielsweise ein Fall der schwerwiegenden und anhaltenden Verletzung des Grundsatzes der Menschenrechte und Grundfreiheiten durch den Staat X vor, dann könnte sich eine Klage im Vertragsverletzungsverfahren nur auf Sachverhalte beziehen, in denen Gemeinschaftsrecht zur Anwendung kommt.[25] Nur in diesem Bereich kann der Gerichtshof darüber urteilen, ob der Staat X die Menschenrechte verletzt hat. Nicht aber kann er darüber urteilen, ob der Staat die Menschenrechte auch in anderen Gebieten verletzt. Ein Handeln des Staates im Rahmen nur nationalen Rechts ist von einer Überprüfung durch den Gerichtshof von vornherein ausgenommen.
Nun fragt sich, ob der EuGH auch feststellen könnte, es seien nicht nur einzelne Menschenrechte verletzt, sondern es sei – im von ihm zu judizierenden Bereich – sogar der Grundsatz der Menschenrechte schwerwiegend und anhaltend verletzt. Dies ist ihm nicht explizit übertragen. Eine solche Feststellung wäre aber auch gar nicht möglich, denn die Frage, ob ein Grundsatz schwerwiegend und anhaltend verletzt wird, kann nur in einer umfassenden Betrachtung der gesamten Rechtslage, Rechtswirklichkeit und politischen Verhältnisse in einem Staat beurteilt werden. Selbst wenn also der Gerichtshof sehr viele einen einzigen Staat betreffende Sachverhalte zu behandeln hätte, die ein *Indiz* für eine schwerwiegende und anhaltende Verletzung eines der Grundsätze darstellen, wäre der Schluß, eine solche Verletzung läge tatsächlich vor, aufgrund der Entscheidungsbasis des Gerichtshofs nicht möglich.

Der Gerichtshof könnte zwar zu dem Ergebnis kommen, es läge die „eindeutige Gefahr einer schwerwiegenden Verletzung des Grundsatzes der Menschenrechte" vor. Dies ist aber gerade noch keine Verletzung, so daß eine solche Feststellung kein Urteil gemäß Art. 227 EGV zur Folge haben kann.

---

[23] EuGH, Urteil vom 13.7.1989 – Wachauf, Rs. 5/88 – 1989, 2609 (2639, Rn. 19).

[24] EuGH, Urteil vom 11.7.1985 – Cinéthèque, Rs. 60 und 61/84 – 1985, 2605 (2627, Rn. 26) für die Vereinbarkeit mit der EMRK; EuGH, Urteil vom 30.9.1987 – Demirel, Rs. 12/86 – 1987, 3719 (3754, Rn. 28) unter konkretem Eingehen auf das Nichtvorhandensein einer gemeinschaftsrechtlichen Vorschrift; EuGH, Urteil vom 13.6.1996 – Maurin, Rs. C-144/95 – 1996, I 2909 (2919, Rn. 12). Ebenso verhält es sich für die Kommission, vgl. die Antwort des Kommissars Van den Broek in 1997 Abl. C 373/154; Bulterman, SIM Special 21 (1998), 123 (133); dies., NQHR 1997, 397 (399).

[25] Vgl. Schorkopf, Homogenität in der EU, S. 108, der darauf hinweist, daß nur über die gemeinschaftsrechtlichen Auswirkungen, also die „Nebenfolgen" einer entsprechenden Entwicklung in einem Mitgliedstaat, geurteilt werden könnte.

c) Entscheidungsbasis des Rats bei der Unionsaufsicht

Im Rahmen der Unionsaufsicht wird die Rechtslage bzw. tatsächliche Lage in einem Mitgliedstaat *insgesamt* betrachtet, also nicht auf den Bereich beschränkt, in welchem Gemeinschaftsrecht angewendet wird. Die Grundsätze müssen unabhängig von einer Anwendung des Gemeinschaftsrechts immer gelten, sondern unabhängig davon, in jedem Bereich der Staaten. Dies ist etwas völlig Neues.[26] Es können sogar Vorkommnisse, die das Gemeinschaftsrecht überhaupt nicht berühren, *ausschließlich* relevant sein, denn in einem rein nationalen Kontext kann einer der in Art. 6 EUV genannten Grundsätze verletzt werden.[27] Dies ist allerdings eher unwahrscheinlich – in den meisten Fällen wird auch der gemeinschaftsrechtliche Bereich betroffen sein, weil es sich bei der Verletzung der Prinzipien um so grundsätzliche Vorkommnisse handelt, daß in Anbetracht der engen Verzahnung des nationalen Rechts mit dem Gemeinschaftsrecht der gemeinschaftsrechtliche Bereich nahezu automatisch in irgendeinem Punkt mitbetroffen sein wird.

d) Ergebnis

So kann es beim Vertragsverletzungsverfahren im Bereich der ersten Stufe des Suspendierungsverfahrens also nur zu einer teilweisen Überschneidung insofern kommen, als der Sachverhalt, der vom Gerichtshof behandelt wird, bei einer Betrachtung im Rahmen der Unionsaufsicht einen Ausschnitt darstellt. Der EuGH hat nicht die Kompetenz, im Rahmen eines Vertragsverletzungsverfahrens auf die Lage in einem Staat insgesamt einzugehen. Hinzu kommt, daß der Prüfungsmaßstab nicht derselbe ist. Ein Verstoß gegen eine bestimmte Ausprägung eines Grundsatzes ist etwas anderes als ein Verstoß gegen den Grundsatz selbst.
Damit kann sich hier nicht das Problem ergeben, daß Gerichtshof und Rat denselben Sachverhalt zu beurteilen haben und zu unterschiedlichen Ergebnissen kommen, ohne daß es eine Regelung darüber gäbe, welches Organ die letztverbindliche Entscheidung treffen soll. Das Suspendierungsverfahren als Teil der Unionsaufsicht ist die weitergehende Regelung im Verhältnis zum Vertragsverletzungsverfahren; es bezieht sich auf umfassendere Formen und Fälle der Vertragsverletzung.[28]
Das Feststellungsurteil, welches aufgrund eines Vertragsverletzungverfahrens ergeht, kann neben der Feststellung des Rates stehen, es bestehe die eindeutige Gefahr der schwerwiegenden Verletzung der Grundsätze oder es liege eine schwerwiegende und anhaltende Verletzung der Grundsätze vor, ohne daß sich hier

[26] Vgl. auch v. Bogdandy, Supranationaler Föderalismus, S. 15.
[27] Darauf weisen Betten/Grief, EU Law and Human Rights, S. 135, hin. Dies widerspricht nicht der eben getroffenen Feststellung, nur eine umfassende Betrachtung der gesamten Rechtslage etc. könne den Schluß auf eine schwerwiegende und anhaltende Verletzung der Grundsätze zulassen. Der Unterschied zur eingeschränkten Entscheidungsbasis des EuGH liegt darin, daß hier alles betrachtet wird, aber die schwerwiegende und anhaltende Verletzung nur in Bereichen auftritt, die den nationalen Kontext betreffen.
[28] Kluth, in Calliess/Ruffert, Kommentar zu EUV und EGV, Art. 309 EGV, Rn. 1.

Probleme ergeben. Denn genau diese Feststellungen kann der Gerichtshof nicht treffen.

Das Vertragsverletzungsverfahren bietet allerdings die Möglichkeit, bei einfachen Verletzungen der Grundsätze zu reagieren, ohne daß auf die Frage der Grundsatzverletzung eingegangen werden muß. In Einzelfällen kann die Verletzung der *Ausprägungen* der Grundsätze durch den Gerichtshof festgestellt werden. Das Vertragsverletzungsverfahren behandelt nur Verletzungen, die sich im Rahmen einer prinzipiellen Anerkennung der Grundsätze und der Integration bewegen,[29] wogegen beim Suspendierungsverfahren eine Verletzung eben dieser Grundsätze vorliegt.
Die Häufung solcher einfacher Vertragsverletzungen, die so stark ist, daß man von einer einfachen Verletzung der Grundsätze der Union sprechen kann, kann sich jedoch nicht in den einzelnen Feststellungsurteilen widerspiegeln. Doch die Gemeinschaftsrechtsordnung und damit möglicherweise der Grundsatz der Rechtsstaatlichkeit wird auch schon durch das wiederholte Nichtbefolgen von Urteilen und Folgeurteilen des Gerichtshofs in Frage gestellt, weil der Verletzerstaat damit zu verstehen gibt, daß er „nicht willens ist, sich den gemeinsamen Spielregeln anzupassen".[30] Das Gebot der Anerkennung der Autorität des Gerichtshofs in Verbindung mit dem Gebot der Gemeinschaftstreue ist ein Teil des Grundsatzes der Rechtsstaatlichkeit. Hier kann die Unionsaufsicht – und in ihrem Rahmen insbesondere das Vorfeldverfahren – eingreifen.

2. Überschneidungen im Bereich der Suspendierungsmaßnahmen

Zunächst ergeht im Vertragsverletzungsverfahren ein Feststellungsurteil. Der Gerichtshof kann nach Durchlaufen eines zweiten Verfahrens ein Zwangsgeld gemäß Art. 228 EGV verhängen,[31] dies ist aber etwas grundlegend anderes als die Suspendierung von Rechten, so daß sich auch hier keine Überschneidungen ergeben. Es werden zusätzliche Pflichten auferlegt und nicht vorhandene Rechte beschnitten. Der Gerichtshof darf nicht einmal die Verpflichtung aussprechen, einen Verstoß zu beseitigen, kann aber in den Urteilsgründen Hinweise geben, wie ein Verstoß beseitigt werden könnte.[32]
Damit besteht keine Gefahr einer Überschneidung der Suspendierungsmaßnahmen mit einem Vertragsverletzungsverfahren.

---

[29] Vgl. Bergmann, in Bergmann/Lenz, Der Amsterdamer Vertrag, Rn. 8 (S. 27); Schorkopf, Homogenität in der EU, S. 108.
[30] Jakob, Sanktionen gegen vertragsbrüchige Mitgliedstaaten der EWG, S. 164.
[31] Erstmals geschehen im Urteil vom 4.7.2000 – Kommission ./. Griechenland, Rs. C-387/97, abrufbar unter www.curia.eu.int/de/. Siehe dazu Heidig, EuR 2000, 782. Ein Zwangsgeld als Maßnahme gegen massive Umwälzungen in einem Staat ist ohnehin kaum geeignet, vgl. Bergmann, in Bergmann/Lenz, Der Amsterdamer Vertrag, Rn. 8 (S. 27).
[32] Karpenstein, in Grabitz/Hilf, Das Recht der EU, Art. 171 EGV (Maastricht), Rn. 5 f.; Cremer, in Calliess/Ruffert, Kommentar zu EUV und EGV, Art. 228 EGV, Rn. 1; Krück, in Groeben/Thiesing/Ehlermann, Kommentar zum EU-/EG-Vertrag, Art. 171 EGV, Rn. 1.

C. Die Notstandsklausel gemäß Art. 297 EGV und das modifizierte Vertragsverletzungsverfahren gemäß Art. 298 EGV

Sowohl die Kommission als auch jeder Mitgliedstaat haben die Möglichkeit, neben einer Initiative zum Suspendierungsverfahren ein Verfahren nach Art. 298 UAbs. 2 EGV einzuleiten. Hier wird durch den Gerichtshof überprüft, ob ein Mitgliedstaat seine Befugnisse aus den Notstandsklauseln Art. 296 und 297 EGV mißbraucht hat. Gemäß Art. 297 EGV darf ein Mitgliedstaat unter anderem bei einer schwerwiegenden innerstaatlichen Störung der öffentlichen Ordnung von allen seinen Verpflichtungen aus dem EGV abweichen.[33] Dieser Notstandsvorbehalt stellt als genereller Regelungsvorbehalt eine materielle Ausnahmebestimmung dar, die grundsätzlich Abweichungen von allen Bestimmungen des EGV aus nichtwirtschaftlichen Gründen erlaubt.[34] Insofern kann man diese Norm durchaus als eine „spezielle Ausprägung des Grundsatzes der Achtung der nationalen Identität (siehe Art. 6 Abs. 3 EUV)“[35] oder als „reserve of sovereignty“[36] bezeichnen
Mit dieser Ausnahmebestimmung ist ein Mechanismus verbunden, der verhindern soll, daß ein Staat die Bestimmung mißbraucht, oder daß es bei ihrer Anwendung zu einer Beeinträchtigung des gemeinsamen Marktes kommt. Dieser Mechanismus sieht vor, daß sich die Mitgliedstaaten zunächst miteinander ins Benehmen setzen (Art. 297 EGV); die Kommission kann in Aktion treten und zuletzt kann das modifizierte Vertragsverletzungsverfahren eingeleitet werden (Art. 298 EGV).[37]
Dies könnte sowohl im Verhältnis zu den beiden Feststellungsbeschlüssen gemäß Art. 7 Abs. 1 und 2 EUV (Nizza), als auch zu einer Suspendierungsentscheidung problematisch sein, so daß geklärt werden muß, was unter einer schwerwiegenden innerstaatlichen Störung der öffentlichen Ordnung zu verstehen ist (1.), wie nach Art. 297 EGV vorgegangen wird (2.) und wie sich schließlich die Möglichkeit der Klage nach Art. 298 EGV auswirkt (3.).

1. Schwerwiegende innerstaatliche Störung und Verletzung der Grundsätze der Union

Der Notstandsvorbehalt war ursprünglich für Situationen vorgesehen, in denen ein Mitgliedstaat in den vormals nicht gemeinschaftsrechtlich geregelten Bereichen der inneren und äußeren Sicherheit Maßnahmen ergreift, die notwendig auf den integ-

---

[33] Vgl. nur Gilsdorf/Kuijper, in Groeben/Thiesing/Ehlermann, Kommentar zum EU-/EG-Vertrag, Art. 224 EGV, Rn. 2.
[34] Vgl. Hummer, in Grabitz/Hilf, Das Recht der EU, vor Art. 223-225 EGV (Maastricht), Rn. 6; vgl. auch Frowein, EuR 1983, 301 (312).
[35] Calliess in Calliess/Ruffert, Kommentar zu EUV und EGV, Art. 297 EGV, Rn. 2.
[36] Koutrakos, CMLREv 2000, 1339.
[37] Die Modifizierung betrifft lediglich das Entfallen des Vorverfahrens, vgl. Hummer, in Grabitz/Hilf, Das Recht der EU, Art. 186 EGV (Maastricht), Rn. 8; Gilsdorf/Kuijper, in Groeben/Thiesing/Ehlermann, Kommentar zum EU-/EG-Vertrag, Art. 225 EGV, Rn. 5.

rierten Bereich Auswirkungen haben.[38] In Art. 297 EGV ist daher der Fall einer schwerwiegenden innerstaatlichen Störung der öffentlichen Ordnung genannt. Eine solche läge z. B. bei einer schwerwiegenden Gefährdung der verfassungsmäßigen oder politischen Ordnung vor, etwa durch Revolution oder sich weit ausbreitenden Terrorismus.[39] In diesem Fall könnte der Mitgliedstaat also Maßnahmen ergreifen und dabei von den Vorschriften des EGV abweichen, ohne daß dies schon eine Verletzung seiner Verpflichtungen aus dem EGV bedeuten würde.
Es ist vorstellbar, daß ein Staat als Maßnahme zur Gefahrenabwehr die Verfassungsordnung grundlegend ändert, etwa durch Errichtung einer Diktatur oder die Abkehr vom Rechtsstaat – mit anderen Worten dadurch, daß er eine Situation herbeiführt, in der einer oder mehrere der in Art. 6 Abs. 1 EUV genannten Grundsätze in schwerwiegender und anhaltender Weise verletzt werden oder zumindest die Gefahr einer solchen Verletzung besteht.[40]

2. Vorgehen nach Art. 297 EGV

Die materielle Ausnahmebestimmung des Art. 297 EGV gilt nicht unbegrenzt. Im Rahmen des Art. 297 EGV hat der jeweilige Mitgliedstaat zwar ein politisches Ermessen sowohl bezüglich der Frage, ob eine der genannten Situationen vorliegt, als auch hinsichtlich der Frage, welche Maßnahmen notwendig sind, um dieser Situation entgegenzutreten.[41] Wird jedoch durch die vom betreffenden Mitgliedstaat ergriffenen Maßnahmen das Funktionieren des Gemeinsamen Marktes beeinträchtigt, so setzen sich die Mitgliedstaaten „miteinander ins Benehmen", um die Beeinträchtigung durch gemeinsames Vorgehen zu verhindern.[42] Zudem wird durch die Verfälschung der Wettbewerbsbedingungen eine Konsultationspflicht des betreffenden Staates mit der Kommission ausgelöst.[43]

---

[38] Gilsdorf/Kuijper, in Groeben/Thiesing/Ehlermann, Kommentar zum EU-/EG-Vertrag, Vorbemerkung zu den Artikeln 223 bis 225 EGV, Rn. 1.
[39] Gilsdorf/Kuijper, in Groeben/Thiesing/Ehlermann, Kommentar zum EU-/EG-Vertrag, Art. 227 EGV, Rn. 10; Hummer, Das griechische Embargo, S. 531.
[40] Vgl. dazu schon Frowein, EuR 1983, 301 (313); ders., MichLRev 1984, 1311. Frowein hat hier bereits die Möglichkeit entwickelt, einen „abtrünnigen" Mitgliedstaat von gewissen Rechten zu suspendieren. Damals gab es das explizite Suspendierungsverfahren noch nicht. Siehe auch den Verweis bei Zuleeg, JZ 1993, 1069 (1072).
[41] Vgl. Hummer, in Grabitz/Hilf, Das Recht der EU, Art. 224 EGV (Maastricht), Rn. 2.
[42] Das „sich miteinander ins Benehmen setzen" soll natürlich nicht erst dann erfolgen, wenn das Funktionieren des Gemeinsamen Marktes bereits beeinträchtigt ist, sondern schon präventiv, vgl. Hummer, in Grabitz/Hilf, Das Recht der EU, Art. 224 EGV (Maastricht), Rn. 4.
[43] Vgl. Hummer, in Grabitz/Hilf, Das Recht der EU, Art. 225 EGV (Maastricht), Rn. 3.

a) Beeinträchtigung des Funktionierens des gemeinsamen Marktes

Wenn ein Staat in der eben beschriebenen Situation zu diktatorischen, die Grundsätze verletzenden Mitteln greift und seine Verfassungsordnung ändert, könnte dadurch die Funktionsfähigkeit der europäischen Organe und hiermit mittelbar das Funktionieren des Gemeinsamen Marktes beeinträchtigt werden. *Frowein* weist darauf hin, daß bei der Notstandsklausel zwar in erster Linie an Beschränkungen der Grundfreiheiten des EGV gedacht wurde, daß aber diese Freiheiten zumindest teilweise erst durch die Gemeinschaftsinstitutionen konkret verwirklicht, geschützt und erhalten werden und somit das Funktionieren der Institutionen untrennbar mit dem Funktionieren des Gemeinsamen Marktes verknüpft sei.[44] Eine Zusammenarbeit mit einem Staat, welcher in grundlegenden materiellen und strukturellen Fragen von den anderen Mitgliedstaaten abweicht, ist nur sehr schwer oder gar nicht möglich, so daß das Funktionieren der Institutionen dadurch beeinträchtigt sein kann. Gerade dieses Problem ist Grund für die Einführung einer sanktionsbewehrten Homogenitätsklausel; deshalb kann ein abtrünniger Mitgliedstaat sogar von seinen Stimmrechten im Rat suspendiert werden. Wenn nun die Arbeit in den gemeinschaftlichen Institutionen unter der beschriebenen Situation leidet, dann ist möglicherweise mittelbar auch das Funktionieren des Gemeinsamen Marktes beeinträchtigt. *Schorkopf* möchte hier zwischen formaler und materieller Funktionsfähigkeit der Organe unterscheiden. Die formale Funktionsfähigkeit der Organe sei nicht beeinträchtigt; der Rat sei ja weiterhin in der Lage, Entscheidungen zu treffen und auch das Europäische Parlament könne seine Aufgaben weiterhin wahrnehmen. Lediglich in ihrer materiellen Funktionsfähigkeit seien die Organe beeinträchtigt, weil die Legitimation der Entscheidungen an einem Mangel leide.[45]
Dem ist zunächst insofern zu folgen, als dies für eine Ebene, auf der die Zusammenarbeit mit dem abtrünnigen Staat noch nicht unzumutbar erscheint, ohne Frage zutrifft. Die Beeinträchtigung der *materiellen* Funktionsfähigkeit könnte aber in eine Beeinträchtigung der *formalen* Funktionsfähigkeit umschlagen, wenn ein gewisser Grad an Unzumutbarkeit einer Zusammenarbeit für die anderen Mitgliedstaaten erreicht ist: Wenn eine gemeinsame Basis nicht vorhanden ist, werden sich die Teilnehmer am Entscheidungsprozeß ab einem gewissen Punkt berechtigterweise dagegen wehren, eine gemeinsame Entscheidung zu treffen, weil nicht mehr der für die Legitimation der auf den anderen Ebenen getroffenen Entscheidungen erforderliche Konsens vorhanden ist.[46]
Die *formale* Funktionsfähigkeit der Gemeinschaftsinstitutionen ist aber erst dann beeinträchtigt, wenn es keine Möglichkeit gibt, die Arbeitsfähigkeit der europäischen Organe wiederherzustellen, indem dem abtrünnigen Staat gegenüber die entsprechenden erforderlichen Maßnahmen ergriffen werden. Gerade hierfür existiert

---

[44] Frowein, EuR 1983, 301 (312).
[45] Schorkopf, Homogenität in der EU, S. 110.
[46] Zuleeg, Der Bestand der Europäischen Gemeinschaft, S. 65, sieht hier die Erwartung begründet, daß die anderen Mitgliedstaaten gedrängt werden, den Ausschluß zu betreiben. Dies liegt aber nur daran, daß er zwischen Vertragsverletzungsverfahren (Aufsichtsverfahren) und Ausschluß keine weitere Möglichkeit sieht, um mit Vertragsverletzungen umzugehen.

das neue Suspendierungsverfahren. Ist eine Zusammenarbeit im Rat mit dem Vertreter der Regierung eines abtrünnigen Mitgliedstaates nicht mehr zumutbar, so wird versucht werden, ihn von seinen Stimmrechten zu suspendieren, damit die formale Funktionsfähigkeit wiederhergestellt wird. Nun ist es aber möglich, daß das Suspendierungsverfahren im Einzelfall nicht angewendet wird. Man stelle sich folgende Situation vor: Mindestens fünf Mitgliedstaaten sind der Ansicht, ein anderer Mitgliedstaat verletze die Grundsätze des Art. 6 Abs. 1 EUV. Sie rufen den Rat an, damit er im Verfahren nach Art. 7 EUV entscheide. Der Rat ist der Ansicht, es liege keine Verletzung der Grundsätze des Art. 6 Abs. 1 EUV vor. Damit wären keine Suspendierungsmaßnahmen gegen den Mitgliedstaat möglich. Vorstellbar wäre auch, daß der Rat zwar eine Verletzung feststellt, sich aber aus politischen Gründen gegen Suspendierungsmaßnahmen entscheidet.

Könnte man in diesen beiden Fällen davon sprechen, daß die Funktionsfähigkeit der Gemeinschaftsinstitutionen beeinträchtigt sei? Dagegen spricht, daß im ersten Fall der Rat selbst der Meinung war, es liege keine Verletzung der Grundsätze vor. Deshalb kann es zumindest nicht zu einer Beeinträchtigung der formalen Funktionsfähigkeit in diesem Organ kommen, denn ein entsprechendes Verhalten der Ratsmitglieder, also eine Weigerung zur Zusammenarbeit mit dem abtrünnigen Staat, wäre widersprüchlich und würde damit gegen den Grundsatz des *venire contra factum proprium* verstoßen. Auch diejenigen Staaten, die der Ansicht sind, eine schwerwiegende und anhaltende Verletzung liege vor, müssten sich der Entscheidung des Rats beugen. Dies gilt aber auch für die zweite Variante. Wenn die Ratsmitglieder der Ansicht sind, eine weitere Zusammenarbeit sei unzumutbar, müssen sie Maßnahmen nach Art. 7 Abs. 3 EUV ergreifen. Die Möglichkeit, sich gegen eine Zusammenarbeit *im Rat* zu sperren, ist außerhalb des geregelten Verfahrens gemäß Art. 7 EUV abzulehnen, denn dadurch würden die Voraussetzungen des Suspendierungsverfahrens umgangen. Auf diese Problematik ist unten bei der Frage zurückzukommen, welche anderen Möglichkeiten des Umgangs mit abtrünnigen oder diesbezüglich gefährdeten Mitgliedstaaten bestehen.[47]

Wie bereits oben festgestellt wurde, ist in anderen Organen als dem Rat eine Suspendierung der Stimmrechte nicht möglich, so daß diesbezüglich ein Vorgehen nach Art. 7 EUV zumindest nicht unmittelbar zu einer Änderung der Lage führen würde. Die Parlamentsabgeordneten des abtrünnigen Staates im Europäischen Parlament und die Kommissionsmitglieder seiner Nationalität (und andere Unionsmitarbeiter mit der Nationalität des abtrünnigen Staates) können von ihren Rechten nicht suspendiert werden, sie arbeiten in jedem Fall unbeschränkt weiter. Sperrten sich die Mitgliedstaaten gegen eine weitere Zusammenarbeit, so würde dies zumindest nicht unmittelbar mit dem Suspendierungsverfahren kollidieren, da mit Hilfe dieses Verfahrens nicht dafür gesorgt werden kann, daß mit den Staatsangehörigen des abtrünnigen Staates keine gemeinsamen Entscheidungen mehr getroffen werden müssen. Dennoch ist fraglich, ob die Mitgliedstaaten dies dürften.[48]

---

[47] In diesem Kapitel, Abschnitt G.

[48] Auf eine ähnliche Fallkonstellation wird unten bei der Behandlung des Vorgehens gegenüber Österreich eingegangen, Abschnitt G. 2.

Dagegen sprechen dieselben Gründe, die schon gegen die Suspendierung ihrer Rechte im Rahmen des Suspendierungsverfahrens sprechen.[49]
Das Konstrukt des Umschlagens ist aber gar nicht erforderlich. Es sei hier nur verwiesen auf das oben[50] angeführte Beispiel der Arbeitnehmerfreizügigkeit, bei welchem in einem Mitgliedstaat Menschenrechte in der Weise verletzt werden, daß sich in großem Ausmaß Arbeitnehmer anderer Nationalitäten gehindert sähen oder sie tatsächlich gehindert wären, in jenem Land zu arbeiten. In diesem Falle wäre das Funktionieren des Gemeinsamen Marktes auf jeden Fall dann beeinträchtigt, wenn ein Ausweg aus der Situation wegen ihres Ausnahmecharakters nicht mit Hilfe der europäischen Gerichte gefunden werden könnte – und dies unabhängig vom Funktionieren der Gemeinschaftsinstitutionen.

b) „Miteinander ins Benehmen setzen"

Um eine solche Beeinträchtigung des Funktionierens des gemeinsamen Marktes durch „gemeinsames Vorgehen" zu verhindern, setzen sich die Mitgliedstaaten gemäß Art. 297 EGV „miteinander ins Benehmen". Dies ist allerdings eine sehr vage Formulierung.

(1) Beteiligte

Es wird daraus unter anderem nicht deutlich, ob sich *alle* Mitgliedstaaten miteinander ins Benehmen setzen müssen oder nur diejenigen, die nicht von der Notstandsklausel Gebrauch gemacht haben. Der Mitgliedstaat ist nicht explizit vom „sich miteinander ins Benehmen setzen" ausgeschlossen. Es könnte sein Recht sein, an diesem Verfahren beteiligt zu sein.
Zur Beantwortung dieser Frage kann der Grundsatz der Gemeinschaftstreue aus Art. 10 EGV hinzugezogen werden.[51] Dieser Grundsatz verpflichtet sowohl die Mitgliedstaaten gegenüber der Gemeinschaft, als auch umgekehrt die Gemeinschaft gegenüber den Mitgliedstaaten und schließlich die Mitgliedstaaten untereinander zur loyalen Zusammenarbeit und Unterstützung.[52]
Nach der ursprünglichen Rechtsprechung des Gerichtshofs entfaltet Art. 10 EGV für sich gesehen keine Rechtswirkungen, und es bedarf eines konkretisierenden Aktes, durch den er hindurch scheinen kann, um Rechtsverbindlichkeit zu erlan-

---

[49] Hierzu siehe oben, Kapitel 4, A. 2. e) (2) (b).
[50] Siehe oben Kapitel 1, F.
[51] Zu seiner Geltung auch im EUV siehe oben, Kapitel 2, E.
[52] Zuleeg, in Groeben/Thiesing/Ehlermann, Kommentar zum EU-/EG-Vertrag, Art. 5 EGV, Rn. 1; Kahl, in Calliess/Ruffert, Kommentar zu EUV und EGV, Art. 10 EGV, Rn. 14.

gen.[53] Eine solche Konkretisierung liegt in Art. 297 EGV in der Bestimmung des „sich miteinander ins Benehmen setzen“: Die Mitgliedstaaten müssen alles unternehmen, um das Funktionieren des Gemeinschaftsrechts *durch gemeinsames Vorgehen* zu gewährleisten. Es besteht damit mindestens eine Informations- und Kooperationspflicht.[54]

Mit dem „sich miteinander ins Benehmen setzen“ soll auf das Verhalten des Staates reagiert werden, der sich auf die Notstandsklausel beruft. Gerade deshalb muß er in besonderem Maße in dieses Verfahren einbezogen werden. Ihm muß die Möglichkeit gegeben werden, sich zu erklären, sonst würden die anderen Mitgliedstaaten nicht „loyal“ mit ihm „zusammenarbeiten“. Bänden die anderen Staaten diesen Staat nicht mit ein, so verstießen sie also gegen den Grundsatz der Gemeinschaftstreue, der in Art. 297 EGV konkretisiert ist. Bei Nichtbeteiligung des abtrünnigen Staates wäre dieser in seinen Rechten beschnitten.[55] Vielmehr bedeutet das „sich miteinander ins Benehmen setzen“, daß gerade der Staat, welcher sich auf Art. 297 EGV berufen möchte, die anderen Staaten konsultieren muß.[56] Eine solche Mitteilung ist auch sonst bei Notstandsklauseln üblich.[57] Unklar ist allerdings, in welchem Rahmen die Mitgliedstaaten handeln – im Rat oder in einer Konferenz der Mitgliedstaaten außerhalb des Rats. Gegen den Rat spricht, daß er nicht erwähnt ist, so daß von einem Handeln der Mitgliedstaaten auszugehen ist.[58]

(2) Suspendierung von Rechten aufgrund des Art. 297 EGV

Nun soll überlegt werden, welche Maßnahmen im Rahmen dieses Verfahrens ergriffen werden können. *Frowein* hat 1983 vorgeschlagen, daß die anderen Mitgliedstaaten gestützt auf Art. 297 EGV Suspendierungsmaßnahmen gegenüber dem Verletzer ergreifen könnten. Das „Benehmen“ könne nicht bedeuten, daß der betroffene Mitgliedstaat immer zustimmen müsse. Gerade Suspendierungen als Reaktion der übrigen Staaten müßten also möglich sein.[59] Dies muß im Kontext der damaligen Rechtslage gesehen werden; inzwischen existiert jedoch das Suspendierungsverfahren gemäß Art. 6 und 7 EUV i. V. m. Art. 309 EGV. Hier sind die genauen Voraussetzungen normiert, bei deren Vorliegen ein Mitgliedstaat von seinen Rechten suspendiert werden kann, ein sehr kompliziertes Verfahren mit unter-

[53] Vgl. EuGH, Urteil vom 24.10.1973 – Schlüter ./. Hauptzollamt Lörrach, Rs. 9/73 – Slg. 1973, 1135 (1160, Rn. 39); EuGH, Urteil vom 10.1.1985 – Leclerc ./. Au blé vert u. A., Rs. 229/83 – Slg. 1985, 1 (33, Rn. 20); EuGH, Urteil vom 15.1.1986 – Hurd ./. Jones, Rs. 44/84 – Slg. 1986, 29 (83, Rn. 46 ff.).

[54] Calliess, in Calliess/Ruffert, Kommentar zu EUV und EGV, Art. 297 EGV, Rn. 8 f.; vgl. auch Gilsdorf/Kuijper, in Groeben/Thiesing/Ehlermann, Kommentar zum EU-/EG-Vertrag, Art. 224 EGV, Rn. 30.

[55] A. A Frowein, EuR 1983, 301 (313); ders., MichLRev 1984, 1311 (1320).

[56] So auch Koutrakos, CMLRev 2000, 1339 (1356).

[57] Vgl. etwa Art. 15 Abs. 3 EMRK.

[58] Nach Gilsdorf/Kuijper, in Groeben/Thiesing/Ehlermann, Kommentar zum EU-/EG-Vertrag, Art. 224, Rn. 29 wäre beides möglich. Von einer Regierungskonferenz geht Ipsen, Über Verfassungs-Homogenität in der EG, S. 180, aus.

[59] Frowein, EuR 1983, 301 (313).

schiedlicher Beteiligung der Gemeinschaftsorgane. Nähme man an, auch auf einer anderen Grundlage als den genannten sei eine Suspendierung von Mitgliedschaftsrechten möglich, könne also genau die gleiche Sanktion ergriffen werden, wie sie von Art. 309 EGV (und Art. 7 EUV) vorgesehen ist, dann würde dieses Verfahren ausgehöhlt. Die Rechtssicherheit, die mit der Positivierung der Voraussetzungen einhergeht, bestünde nicht mehr.[60] Wie bereits oben erörtert, ist das Suspendierungsverfahren diesbezüglich abschließend.

Davon abgesehen könnte es mit der hier vertretenen Auffassung, auch der sich auf die Notstandsklausel berufende Mitgliedstaat müsse am Verfahren beteiligt sein, schon praktisch nicht zu einer solchen Maßnahme kommen, weil ein Staat kaum für die Suspendierung seiner eigenen Rechte stimmen würde.[61]

Auch der Vorschlag, daß „allenfalls die analoge Anwendung der Art. 224, 225 EWGV[62] den Weg zu einer Regierungskonferenz [eröffne], letztlich zu einer Entscheidung des Gerichtshofs, um die Mitgliedschaft des ‚abweichenden' Mitgliedstaates jedenfalls zu suspendieren"[63], ist mit denselben Argumenten abzulehnen.

Im Rahmen des „sich miteinander ins Benehmen setzen" ist eine Suspendierung von Mitgliedschaftsrechten also nicht möglich.[64] Aus dem Grundsatz der Unions- oder Gemeinschaftstreue folgt, daß die Mitgliedstaaten den abtrünnigen Mitgliedstaat nicht in seinen Rechten einschränken dürfen.

(3) Feststellung der Gefahr einer schwerwiegenden Verletzung der Grundsätze

Art. 7 Abs. 1 und 2 EUV ist *lex specialis* gegenüber Art. 297 EGV. Die Regelung, daß der Rat die eindeutige Gefahr einer schwerwiegenden Verletzung der Grundsätze bzw. die schwerwiegende und anhaltende Verletzung derselben feststellen kann, schließt es aus, daß diese Feststellungen auch im Notstandsverfahren getroffen werden.
Darüber hinaus wird sich in der Praxis wegen der zwingenden Beteiligung des betroffenen Mitgliedstaates kein Konkurrenzproblem zum Vorfeldverfahren oder dem Feststellungsbeschluß ergeben, da ein betroffener Mitgliedstaat, der im Not-

[60] Vgl. Schorkopf, DVBl 2000, 1036 (1041), der jegliche Sanktionen gegen einen Mitgliedstaat außerhalb von einem Verfahren nach Art. 7 EUV ausschließt, weil es mit dem Rechtsprinzip unvereinbar wäre.
[61] Hier muß von der Erforderlichkeit der Einstimmigkeit ausgegangen werden, da die Mitgliedstaaten handeln und nicht der Rat.
[62] Jetzt Art. 297, 298 EGV.
[63] Ipsen, Über Verfassungs-Homogenität in der EG, S. 180. Vor Existenz des Suspendierungsverfahrens. Er verweist hierbei auf Frowein.
[64] Vgl. gegen diese extensive Auslegung der Notstandsklausel auch Klein, RIW 1985, 291 (294). Siehe auch EuGH, Urteil vom 19.12.1968 – Salgoil ./. Italien, Rs. 13/68 – Slg. 1968, 679 (694).

standsverfahren zwingend beteiligt werden muß, einer solchen Feststellung kaum zustimmen würde.
Zur Verdeutlichung soll nochmals auf das bereits oben[65] angeführte Beispiel der Arbeitnehmerfreizügigkeit zurückgekommen werden. Diese Grundfreiheit ist verletzt, wenn in einem Mitgliedstaat Menschenrechte in der Weise mißachtet werden, daß sich in großem Ausmaß Arbeitnehmer anderer Nationalitäten gehindert sähen oder tatsächlich gehindert wären, in diesem Staat zu arbeiten. Das Funktionieren des gemeinsamen Marktes wäre dann beeinträchtigt, wenn dieser Situation wegen ihres Ausnahmecharakters gerichtlich nicht abgeholfen werden könnte. Und zumindest das Vorliegen einer *einfachen* Verletzung eines Grundsatzes der EU, nämlich der Grundfreiheiten und Menschenrechte, würde in diesem Fall niemand bestreiten, auch wenn dies nicht formell festgestellt werden könnte. Die Mitgliedstaaten könnten sich also miteinander ins Benehmen setzen, um mit dieser Situation umzugehen. Eine Art. 7 Abs. 1 und 2 EUV entsprechende Feststellung wäre jedoch wegen der diesbezüglichen Abgeschlossenheit von Art. 7 EUV nicht möglich, ebensowenig wie eine Suspendierung von Mitgliedschaftsrechten.

Der Nachteil dieses Verfahrens liegt darin, daß die Bestimmung „die Mitgliedstaaten setzen sich miteinander ins Benehmen" sehr ungenau ist.[66]. Es gibt weder eindeutige Verfahrensregeln noch Anhaltspunkte dafür, welche Maßnahmen getroffen werden können.
Der Vorteil dieses Verfahrens besteht darin, daß das Vorgehen der Mitgliedstaaten mit der Nichtigkeitsklage angegangen werden könnte. Hierin liegt ein gewisser Schutz für den betroffenen Mitgliedstaat.
Ein Vorgehen nach Art. 297 EGV wäre allerdings ein Hilfskonstrukt, denn eigentlich kommt es in der gegebenen Situation nur in zweiter Linie auf den gemeinsamen Markt an; in erster Linie geht es um die Wahrung der Grundsätze der Union. Es ist aber neben der Unionsaufsicht möglich.

3. Vorgehen nach Art. 298 EGV und Verhältnis zur Unionsaufsicht

Haben die Mitgliedstaaten den Eindruck, im Rahmen des „sich miteinander ins Benehmen setzens" könne mit der Situation nicht angemessen umgegangen werden, so kann ein Mitgliedstaat den Gerichtshof im modifizierten Vertragsverletzungsverfahren mit der Begründung anrufen, der abtrünnige Staat mißbrauche seine Befugnisse aus Art. 297 EGV.
Daneben können (zur Zeit) fünf Mitgliedstaaten oder die Kommission (und für Art. 7 Abs. 1 EUV auch das Parlament) dem Rat die Einleitung des Vorfeldverfahrens oder des Suspendierungsverfahrens vorschlagen. Ein modifiziertes Vertragsverletzungsverfahren kann damit in einer Situation eingeleitet werden, die auch die Einleitung eines Suspendierungsverfahrens möglich macht.

---

[65] Siehe oben, Kapitel 1, F.
[66] Siehe in diesem Kapitel, Abschnitt c. 2. b); vgl. auch Schorkopf, Homogenität in der EU, S. 111.

In diesem Verfahren überprüft der Gerichtshof, ob der betroffene Mitgliedstaat seine Befugnisse aus Art. 297 EGV mißbraucht hat. Dabei wird dieser Entscheidung des Gerichtshofs der gleiche Sachverhalt zugrunde gelegt wie einer möglicherweise parallel laufenden Initiative nach Art. 7 Abs. 1 oder 2 EUV.

Ein Befugnismißbrauch liegt jedenfalls bei einer schwerwiegenden und anhaltenden Verletzung der Grundsätze vor. Von diesen darf auch in Notstandssituationen nicht so weit abgewichen werden, daß sie schwerwiegend und anhaltend verletzt werden. Oder anders herum: mit der Notstandsklausel kann keine schwerwiegende und anhaltende Verletzung der Grundsätze gerechtfertigt werden, denn für diesen Fall der qualifizierten Verletzung ist das insofern speziellere Suspendierungsverfahren vorgesehen. Es beschränkt also den aufgrund der Notstandsklausel noch erträglichen Bereich der Abweichung von den Grundsätzen.[67] Ein verhältnismäßiger Einsatz von Notstandsgesetzten ist damit jedoch nicht ausgeschlossen.[68]
Es fragt sich, wie es sich mit der Gefahr der schwerwiegenden Verletzung verhält. Diesbezüglich ist kein Sanktionsverfahren vorgesehen, sondern lediglich das Vorfeldverfahren mit seinen Möglichkeiten, politisch auf den Mitgliedstaat einzuwirken – durch den politischen Druck der Gefahrenfeststellung, durch Empfehlungen und durch die Einsetzung eines Expertengremiums. Diese Maßnahmen zeigen schon, daß hier eine andere Wertung getroffen wird und daß gerade im Einvernehmen versucht wird, den Konflikt zu lösen. Dies kann also nicht dazu führen, daß der durch die Notstandsklausel freigegebene Bereich automatisch eingeschränkt wird mit der Folge, daß in jeder Gefahr für die schwerwiegende Verletzung der Grundsätze ein Mißbrauch der Notstandsklausel liegt.
Wenn nur die Gefahr einer Verletzung besteht, ohne daß diese bereits eingetreten wäre, so kann sich ein Mitgliedstaat grundsätzlich noch mit der Notstandsklausel rechtfertigen.

Der Gerichtshof selbst hat zur Frage, wann ein solcher Mißbrauch vorliege, noch nicht inhaltlich entschieden. Die einzige Klage nach Art. 298 EGV gegen Griechenland aus dem Jahre 1994 wurde zurückgenommen, so daß zu den materiellen Problemen nur die Schlußanträge des Generalanwalts *Jacobs* existieren.[69]
Dieser stellt fest, daß der Gerichtshof bei der Überprüfung der Rechtmäßigkeit der Maßnahmen eines Staates nach Art. 297 EGV zwangsläufig auch befugt sei zu überprüfen, ob die Voraussetzungen für eine Berufung auf Art. 297 EGV vorliegen. Allerdings seien Umfang und Intensität der Kontrolle eng begrenzt, da gerichtlich anwendbare Kriterien fehlten.[70]

---

[67] Von der anderen Seite betrachtet, aber im Ergebnis ähnlich Schmahl, EuR 2000, 819 (823): Notstandsbedingte Einschränkungen sind nicht sanktionsbewehrt, sofern sie den menschenrechtlichen Mindeststandard nicht berühren.
[68] So auch Schmahl, EuR 2000, 819 (823).
[69] EuGH, Beschluß vom 19.3.1996 – Kommission ./. Griechenland [„FYROM"], RS C-120/94 – Slg. 1996, 1513.
[70] EuGH, Beschluß vom 19.3.1996 – Kommission ./. Griechenland [„FYROM"], RS C-120/94 – Slg. 1996, 1513 (1526 f.). Dies betont auch Koutrakos, CMLRev 2000, 1339 (1350 ff.). Die Begrenzung der Überprüfungsmöglichkeit ergebe sich jedoch nicht aus der Tatsache, daß die Mitgliedstaaten Sicherheits- und Verteidigungsfragen außerhalb des EGV gestellt hätten.

Die Kommission vertritt zum „Befugnismißbrauch" die Auffassung, es handele sich hierbei nicht lediglich um das „détournement de pouvoir", also Ermessensmißbrauch im engeren (europäischen) Sinne, sondern auch um die Frage, ob eine Handlung mit einem offensichtlichen Beurteilungsirrtum behaftet sei oder im Widerspruch zu allgemeinen Rechtsgrundsätzen wie den Grundsätzen der Gleichberechtigung oder der Rechtmäßigkeit stehe.[71] Der Generalanwalt bezieht dazu nicht Stellung. Vielmehr stellt er auf den Inhalt dessen ab, was kontrolliert werden soll. Der Umfang der Überprüfungsbefugnis des Gerichtshofs und die Frage, was mit dem Begriff Befugnismißbrauch gemeint sei, hingen untrennbar miteinander zusammen. Bei der Frage, ob die Voraussetzungen des Art. 297 EGV vorlägen, handele es sich um eine politische. Dies führt der Generalanwalt gründlich aus.[72] Schließlich prüft er dennoch den Ermessensmißbrauch im engeren Sinne („Es ist klar, daß ein Mitgliedstaat seine Befugnisse mißbrauchen würde, wenn er ein Handelsembargo gegen einen Drittstaat in Wirklichkeit nicht zu dem Zweck verhängte, einen politischen Streit mit dem Drittstaat weiterzuführen, sondern um seine eigene Wirtschaft oder die Interessen einheimischer Wirtschaftsteilnehmer zu schützen"[73]) und geht auf die Frage ein, ob die Grundsätze der Gleichbehandlung und der Verhältnismäßigkeit verletzt seien. Bezüglich der Verletzung des Verhältnismäßigkeitsgrundsatzes hält er sich allerdings stark zurück, auch wenn er ihn als Prüfungsgrundlage gebraucht.[74]

Es kann hier nur vermutet werden, daß der EuGH dem Generalanwalt folgen und selbst auch zu diesem engeren Prüfungsmaßstab greifen würde.

Der Gerichtshof entscheidet demnach darüber, ob ein Mitgliedstaat sein Ermessen bei der Beurteilung der wesentlichen Sicherheitsinteressen oder der Gefährdung der inneren oder äußeren Sicherheit fehlerhaft gebraucht hat (also die Wettbewerbsbedingungen dadurch verfälscht hat, daß er keine zumutbaren Anpassungsmaßnahmen durchgeführt hat) und dadurch das Gemeinschaftsrecht verletzt hat.[75] Dabei wird nicht nur im Rahmen einer Ermessenskontrolle – in wegen der politischen Fragestellung sehr begrenztem Umfang – über die von dem betroffenen Mitgliedstaat ergriffenen Maßnahmen judiziert, sondern auch darüber, ob die Voraussetzungen des Art. 297 EGV vorliegen.[76]

---

[71] EuGH, Beschluß vom 19.3.1996 – Kommission ./. Griechenland [„FYROM"], RS C-120/94 – Slg. 1996, 1513 (1530 f.)

[72] EuGH, Beschluß vom 19.3.1996 – Kommission ./. Griechenland [„FYROM"], RS C-120/94 – Slg. 1996, 1513 (1531).

[73] EuGH, Beschluß vom 19.3.1996 – Kommission ./. Griechenland [„FYROM"], RS C-120/94 – Slg. 1996, 1513 (1532).

[74] EuGH, Beschluß vom 19.3.1996 – Kommission ./. Griechenland [„FYROM"], RS C-120/94 – Slg. 1996, 1513 (1532): „Ohne Zweifel würden viele gut unterrichtete Kommentatoren der Kommission darin zustimmen, daß das griechische Verhalten als Überreaktion anzusehen sei und Griechenland seine Interessen mit diplomatischen Methoden besser schützen könnte. *Aber diese Auffassung beruht auf einer politischen Analyse, für deren Durchführung der Gerichtshof schlecht gerüstet ist.*"(Hervorhebung von der Verfasserin).

[75] Vgl. Hummer, in Grabitz/Hilf, Das Recht der EU, Art. 225 EGV (Maastricht), Rn. 3.

[76] Vgl. Frowein, EuR 1983, 301 (313); Gilsdorf/Kuijper, in Groeben/Thiesing/Ehlermann, Kommentar zum EU-/EG-Vertrag, Art. 225 EGV, Rn. 6 für die Kontrolle durch die Kommission. Zur Frage, was als mißbräuchlich zu qualifizieren sei, siehe auch Hummer, Das griechische Embargo, S. 535 f; Koutrakos, CMLRev 2000, 1339 (1343 ff.).

Im darauf ergehenden Feststellungsurteil kann aber keine Aussage darüber getroffen werden, ob das *Homogenitätsgebot* durch einen Mitgliedstaat verletzt wurde. Es wird lediglich der gleiche Sachverhalt der Entscheidung zugrundegelegt, der auch für das Suspendierungsverfahren relevant ist. Problematisch wird es allerdings, wenn der Gerichtshof entscheidet, der Mitgliedstaat mißbrauche nicht seine Befugnisse aus Art. 297 EGV, und der Rat aber zu dem Schluß kommt, daß eine schwerwiegende und anhaltende Verletzung der Grundsätze vorliege. Eben wurde ausgeführt, daß jede qualifizierte Verletzung der Grundsätze einen Mißbrauch der Notstandsklausel im Sinne von Art. 298 EGV darstellt.
Im Suspendierungsverfahren bezieht sich der Rat allerdings nicht auf einen zu einem bestimmten Zeitpunkt festgelegten Sachverhalt, sondern berücksichtigt jede Änderung, was beim Verfahren nach Art. 298 EGV nicht der Fall ist – unabhängig davon, daß hier kein Kommissionsverfahren als Vorverfahren durchgeführt wird.[77] Damit ist es höchst unwahrscheinlich, daß tatsächlich genau der gleiche Sachverhalt von zwei verschiedenen Organen zu beurteilen sein wird. Es ist zu überlegen, ob der Gerichtshof in einem solchen Fall, sollte er jemals eintreten, sein Verfahren aussetzen muß, weil die Entscheidung über die Frage, ob ein Staat die Grundsätze schwerwiegend und anhaltend verletzt, dem Rat gemäß Art. 7 Abs. 2 EUV vorbehalten ist. Dies folgt aus der Wertung, daß der Gerichtshof die Feststellung nach Art. 7 Abs. 2 EUV auch nicht inzident überprüfen kann.[78]

4. Ergebnis

Mit dem Notstandsverfahren nach Art. 297 und 298 EGV überschneidet sich die Unionsaufsicht nicht unmittelbar. Sie ist hinsichtlich der Suspendierung von Rechten und hinsichtlich der Feststellung i.S.v.Art. 7 Abs. 1 und 2 EUV *lex specialis*.
Auf eine Gefahr der Verletzung oder eine tatsächliche Verletzung der Grundsätze kann neben der Unionsaufsicht jedoch auch mit Hilfe des Notstandsverfahrens reagiert werden, ohne daß aber eine entsprechende Feststellung im Rahmen dieses Verfahrens getroffen werden könnte. Im Falle einer schwerwiegenden und anhaltenden Verletzung der Grundsätze kann sich ein Mitgliedstaat nicht mehr auf die Notstandsklausel berufen, so daß die Klage nach Art. 298 EGV begründet wäre. Hier könnten Unstimmigkeiten zwischen einer Entscheidung des Rats im Rahmen der Unionsaufsicht und einer Entscheidung des Gerichtshofs im Rahmen des modifizierten Vertragsverletzungsverfahrens entstehen. Ein solcher Fall ist jedoch in der Praxis kaum vorstellbar.

---

77 Die sonstigen Vorschriften über das Vertragsverletzungsverfahren bleiben anwendbar, vgl. Calliess, in Calliess/Ruffert, Kommentar zu EUV und EGV, Art. 298 EGV, Rn. 2.
78 Vgl. oben, Kapitel 5, A. 6. a).

D. Einstweilige Anordnung durch den Gerichtshof gemäß Art. 243 EGV

Eine Möglichkeit der Suspendierung von Mitgliedschaftsrechten durch den Gerichtshof könnte in einstweiligen Anordnungen liegen.[79]

Art. 243 EGV, die Norm, nach welcher der Gerichtshof einstweilige Anordnungen treffen kann, umfaßt alle über die bloße Vollzugsaussetzung hinausgehenden Gebote und Verbote, die zur vorläufigen Regelung eines Rechtsverhältnisses möglich sind.[80] Der Antrag auf Erlaß einer einstweiligen Anordnung kommt also im Zusammenhang mit den Klagen nach Art. 226 und 298 EGV in Betracht, welches Feststellungsklagen sind.[81]

1. Einstweilige Anordnung und Vertragsverletzungsverfahren

Der EuGH hat einen Antrag der Kommission zugelassen, mit dem sie den Gerichtshof ersuchte, gemäß Art. 243 EGV den sofortigen Vollzug eines Urteils in einem Vertragsverletzungsverfahren durch einen Mitgliedstaat sicherzustellen.[82] Der Gerichtshof hielt den Erlaß einer einstweiligen Anordnung allerdings nicht für erforderlich. Sie hätte lediglich einen Beschluß dargestellt, dessen Gegenstand im wesentlichen dem Urteil entsprochen hätte, welchem der Mitgliedstaat nicht nachgekommen war.[83]

Wegen der erforderlichen Konnexität zur Hauptsache kann jedoch im Rahmen einer einstweiligen Anordnung nicht mehr oder etwas völlig anderes begehrt werden, als im Falle des Erfolges der Klage erreicht werden könnte.[84] Da die Suspendierung von Mitgliedschaftsrechten aber nicht mittels einer derartigen Klage erreicht werden kann,[85] wäre nicht einmal eine vorübergehende Suspendierung von Mitgliedschaftsrechten mittels einstweiliger Anordnung durch den Gerichtshof möglich.

---

[79] Vgl. den Vorschlag von Frowein, EuR 1983, 301 (313 f.); ders., MichLRev 1984, 1311 (1320).

[80] Wegener, in Calliess/Ruffert, Kommentar zu EUV und EGV, Art. 242-243 EGV, Rn. 9.

[81] Vgl. Borchardt, in Lenz, EG-Vertrag, Art. 243, Rn. 2; etwa EuGH, Beschluß vom 27.9.1988 – Kommission ./. Italien, Rs. 194/88 R – Slg. 1988, 5647; EuGH, Beschluß vom 31.1.1992 – Kommission ./. Italien, Rs. C-272/91 R – Slg. 1992, I 457 (562, Rn. 17 ff.); EuGH, Beschluß vom 29.6.1994 – Kommission ./. Griechenland [„FYROM"], RS. C-120/94 – Slg. 1994, I 3037 (3053 f., Rn. 38 ff.).

[82] EuGH, Urteil vom 28.3.1980 – Kommission ./. Frankreich, verb. RS 24 und 97/80 R – Slg. 1980, 1319 (1332, Rn. 12).

[83] EuGH, Urteil vom 28.3.1980 – Kommission ./. Frankreich, verb. RS 24 und 97/80 R – Slg. 1980, 1319 (1333, Rn. 19).

[84] EuGH, Urteil vom 19.10.1976 – Exportation des Sucres, Rs. 88/76 R – Slg. 1976, 1585 (1587, Rn. 2/6); EuGH, Urteil vom 17.5.1991 – CIRFS u. A ./. Kommission, Rs. C-313/90 R – Slg. 1991, I 2557 (2564, Rn. 23 ff.); vgl. Grabitz, in Grabitz/Hilf, Das Recht der EU, Art. 186 EGV (Maastricht), Rn. 6.

[85] Siehe in diesem Kapitel Abschnitt B 2.

2. Einstweilige Anordnung und Verfahren nach Art. 297, 298 EGV

Im Verfahren „Ehemalige Jugoslawische Republik Makedonien", dem bisher einzigen Verfahren nach Art. 298 EGV, hatte die Kommission beim Gerichtshof einen Antrag auf Erlaß der einstweiligen Anordnung gestellt, der Griechischen Republik aufzugeben, die gegen die ehemalige Jugoslawische Republik Makedonien verhängten Embargomaßnahmen auszusetzen.[86] Dieser Antrag wurde vom Gerichtshof zurückgewiesen, weil in einer summarischen Prüfung nicht festgestellt werden könne, ob sich die griechische Regierung in mißbräuchlicher Weise auf Art. 297 EGV berufen habe.[87] Da dieser Antrag nicht auf die Suspendierung von Mitgliedschaftsrechten abgestellt hatte, können für die hier interessierende Frage keine Schlüsse gezogen werden.

Selbst wenn man angenommen hätte, eine Suspendierung von Mitgliedschaftsrechten sei im Rahmen eines „sich miteinander ins Benehmen setzen" der Mitgliedstaaten gemäß Art. 297 EGV möglich, könnten im Rahmen einer einstweiligen Anordnung keine Rechte suspendiert werden. Beim Vertragsverletzungsverfahren gemäß Art. 298 EGV kann der EuGH nur mit der Begründung angerufen werden, ein Mitgliedstaat mißbrauche die in Art. 297 EGV vorgesehenen Befugnisse. Dies ist auf die Befugnis eines Mitgliedstaates bezogen, die Maßnahmen zu treffen, die zur Beseitigung der genannten Probleme oder zur Erfüllung der angesprochenen Verpflichtungen erforderlich sind. Nicht jedoch gemeint ist eine Befugnis der anderen Mitgliedstaaten. Zwar handelt es sich bei der Formel, die Mitgliedstaaten setzten sich miteinander ins Benehmen und gingen gemeinsam vor, auch um die Befugnis, im Rahmen eines gemeinsamen Vorgehens zu einer Problemlösung zu gelangen. Es ist theoretisch möglich, ein gemeinsames Vorgehen der anderen Mitgliedstaaten ohne den abtrünnigen Mitgliedstaat in Form einer Suspendierung von Mitgliedschaftsrechten unter diese Befugnis zu subsumieren. Aber dies würde nicht weiterhelfen, denn die einstweilige Verfügung des Gerichthofes wäre dann nicht auf eine Suspendierung von Rechten des abtrünnigen Staates gerichtet, sondern auf das Gegenteil, die Abwendung dieser Suspendierung. Zu demselben Ergebnis gelangt man über eine „normale" Vertragsverletzungsklage.

E. Sonstige gerichtliche Verfahren

Die „Sockelbestimmungen" des EUV und damit Art. 49 EUV fallen in die Entscheidungskompetenz des EuGH – das heißt, er könnte darüber urteilen, ob ein Beitrittskandidat die in Art. 6 Abs. 1 EUV genannten Grundsätze achtet. Daß ein solcher Antrag gestellt wird, ist nicht auszuschließen, wie das Verfahren *Mattheus ./.*

---

[86] EuGH, Urteil vom Beschluß vom 29.6.1994 – Kommission ./. Griechenland [„FYROM"], RS. C-120/94 – Slg. 1994, I 3037 (3042, Rn. 2).Vgl. Hummer, Das griechische Embargo, S. 517.

[87] EuGH, Beschluß vom 29.6.1994 – Kommission ./. Griechenland [„FYROM"], RS. C-120/94 – Slg. 1994, I 3037 (3066, Rn. 92).

Doego[88] zeigt.[89] Hier sollten im Wege der Vorabentscheidung die Beitrittsbedingungen geklärt werden. Sie waren ausschlaggebend für die Auslegung einer Vertragsklausel eines zivilrechtlichen Vertrags, der den Vertragsparteien ein Rücktrittsrecht gewährte, falls sich herausstellen sollte, daß der Beitritt Spaniens und Portugals zur EG undurchführbar sei.[90] Theoretisch denkbar ist auch die Nichtigkeitsklage gegen einen Ratsbeschluß nach Art. 49 EUV.[91]
Der Gerichtshof könnte sich lediglich darauf beziehen, ob ein europäischer Staat ein Antragsrecht hat (vgl. Art. 49 UAbs. 1 S. 1 EUV). In diesem Rahmen könnte er Ausführungen über den Inhalt der in Art. 6 Abs. 1 EUV genannten Grundsätze machen. Über die Kriterien einer Verletzung der Grundsätze könnte er in diesem Rahmen allerdings keine Aussage treffen.

F. Ausschluß aus der Union

Eine Reaktion auf die Grundsätzeverletzung, die „über" der Schwelle des Art. 7 EUV bzw. Art. 309 EGV liegt, wäre der Ausschluß eines Mitgliedstaates aus der EU als Sanktion. Ein Ausschluß könnte auch eine anders (also nicht als Sanktion) zu qualifizierende Reaktion auf Sonderfälle der Grundsätzeverletzung denkbar sein.

Der Ausschluß eines Mitgliedstaats bei Verletzung besonderer Vertragsbestimmungen, wie er zum Beispiel gemäß Art. 8 Satzung des Europarats für einen Mitgliedstaat des Europarats möglich ist, ist im EUV[92] nicht erwähnt. Schon der Wortlaut des Art. 7 Abs. 3 UAbs. 1 Satz 1 (gegebenenfalls i.V.m. Art. 7 Abs. 3 UAbs. 2 EUV schließt es eindeutig aus, als Rechtsgrundlage für den Ausschluß eines Mitgliedstaates herangezogen zu werden.[93] Dem Bericht der Reflexionsgruppe zur Vertragskonferenz 1996 ist zu entnehmen, daß die explizite Aufnahme einer Regelung für die Möglichkeit eines Ausschlusses aus der Union verworfen wurde, weil die meisten Mitglieder der Reflexionsgruppe der Ansicht waren, dies sei nicht nötig, wenn schon die Suspendierung von Rechten das gewünschte Ergebnis herbeiführen könne. Ferner habe nicht die Frage der Unwiderruflichkeit einer Zugehörigkeit zur EU aufgeworfen werden sollen.[94] Schließlich ist in Art. 51 EUV und 312 EGV eine Geltungsdauer des jeweiligen Vertrages auf unbestimmte Zeit postuliert, was

[88] EuGH, Urteil vom 22.11.1978 – Mattheus ./. Doego, Rs. 93/78 – Slg. 1978, 2203.
[89] So die Einschätzung von Bulterman, SIM Special 21 (1998), 123 (131).
[90] EuGH, Urteil vom 22.11.1978 – Mattheus ./. Doego, Rs. 93/78 – Slg. 1978, 2203 (2209).
[91] Die Nichtigkeitsklage gegen Maßnahmen der Unionsaufsicht wurde bereits in Kapitel 5 behandelt, dort in Abschnitt A.
[92] Ebensowenig wie in den Gründungsverträgen der Gemeinschaften.
[93] Vgl. auch Wachsmann, RTDE 1997, 883 (897); Schorkopf, Homogenität in der EU, S. 173; Verhoeven, EL-Rev 1998, 217 (223); Stein, Die rechtlichen Reaktionsmöglichkeiten der EU, S. 882; Schorkopf, in Grabitz/Hilf, Das Recht der EU, Art. 7 EUV (Amsterdam), Rn. 24 und 28; Anton, in Léger, Commentaire article par article des traités UE et EC, Art. 7 EUV, Rn. 5.
[94] Regierungskonferenz 1996. Bericht der Reflexionsgruppe und dokumentarische Hinweise. Brüssel, Dezember 1995, Luxemburg 1996, S. 46 (Rn. 33).

zumindest gegen die Möglichkeit einer einseitigen Vertragsbeendigung – und eine solche ist auch ein Ausschluß eines Mitgliedstaates – sprechen könnte.

1. Grundlagen für einen Ausschluß

Es fragt sich, nach welchen Vorschriften der Ausschluß eines Mitgliedstaates möglich sein könnte. Die europäischen Verträge sind zumindest ursprünglich völkerrechtlicher Art. Von daher liegt es nahe, für die Möglichkeit des Ausschlusses eines Mitgliedstaates auf das allgemeine Völkervertragsrecht zurückzugreifen. Bei einem solchen Vorgehen nach allgemeinem Völkerrecht würde nicht „die EU" oder „die EG" als Handelnde auftreten, sondern die Mitgliedstaaten als einzelne Völkerrechtssubjekte gemeinsam, das heißt multilateral.
Bedenken könnten sich aber daraus ergeben, daß mit der Europäischen Union ein Subjekt *sui generis* entwickelt wurde, welches eine eigene Rechtsordnung hat, die die Anwendung des allgemeinen Völkerrechts neben ihrem eigenen Rechtssystem ausschließen könnte.[95] Art. 292 EGV legt fest, daß Streitigkeiten nicht anders gelöst werden sollen, als mit den im Vertrag vorgesehenen Mitteln. Dies spricht dafür, hier ein „closed system" zu sehen.[96] Das Gemeinschaftsrecht bildet eine eigenständige Rechtsordnung innerhalb des Völkerrechts, die über einen eigenen Konfliktlösungsmechanismus verfügt.[97] Diese Verfahren beanspruchen ausschließliche Geltung, in den Worten *Tomuschats*: „Gerade durch ihr perfektioniertes Rechtsschutzsystem unterscheidet sich die Gemeinschaft von den primitiven Strukturen des allgemeinen Völkerrechts, die weithin durch ein Fehlen von institutionellen Verfahren und Mechanismen gekennzeichnet sind."[98]
Andererseits stellen die Gründungsverträge zur EU völkerrechtliche Verträge dar, unabhängig davon, ob man in ihnen gleichzeitig Akte der Verfassunggebung sieht.[99] Selbst wenn für die Konfliktlösung *innerhalb* der Union abgeschlossene Lösungsmechanismen vorhanden sind, so gilt dies nicht hinsichtlich der Existenz und des Bestandes der Union.[100] Hier kann ein Rückgriff auf die Rechtsgedanken und Wertungen des allgemeinen Völkerrechts nicht kategorisch ausgeschlossen werden, da das allgemeine Völkerrecht insoweit auf den EU-Vertrag anwendbar ist, als es mit den Zielen und Gesamtstrukturen des Vertrages vereinbar ist. Im folgenden wird damit von der Anwendbarkeit des Völkerrechts zwischen den Mitgliedstaaten bezogen auf die Beendigung der Mitgliedschaft ausgegangen.[101]

---

[95] Vgl. EuGH, Urteil vom 5.2.1963 – Van Gend & Loos, Rs. 26/62 – Slg. 1993, S. 3 (25).
[96] Herzog, in Smit/Herzog, Art. 240, Ziff. 240.05; vgl. auch Constantinesco, Das Recht der EG, S. 180 ff (Ziff. 99).
[97] EuGH, Urteil vom 13.11 1964 – verb. RS. 90 und 91/63 – Slg. 1963, 1329 (1344).
[98] Tomuschat, in Groeben/Thiesing/Ehlermann, Kommentar zum EUV/EGV, Art. 210 EGV, RN. 45.
[99] Schmahl, EuR 2000, 819 (829); , Austritt und Ausschluß aus der Europäischen Union, S. 158.
[100] Folz, Austritt und Ausschluß aus der Europäischen Union, S. 158.
[101] Von einer Anwendbarkeit des Völkerrechts in diesem Bereich gehen auch aus Oppermann, Europarecht, S. 224 (Rn. 598); Schweitzer, in Grabitz/Hilf, Das Recht der EU, Art. 51 EUV (Amsterdam), Rn. 4; Bryde/Randelzhofer, Stellungnahme des Deutschen Bundestags vom 5. April 1993, S. 318 ff.; Klein, in Hailbronner/Klein/Magiera/Müller-Graff, Handkommentar zum EUV/EGV, Art. 240 EGV, Rn. 2; Schweitzer/Hummer,

a) Ältere Vorschläge

In früheren Beiträgen (vor Existenz der Art. 7 EUV / 309 EGV) wurde die Ausschlußmöglichkeit gemeinsam mit der Suspendierungsmöglichkeit diskutiert. So wurde diese Möglichkeit aus dem Verfassungsgrundsatz der Demokratie entwickelt, also letztlich aus den allgemeinen Grundsätzen des Gemeinschaftsrechts: Die Gemeinschaft müsse sich von einem Mitglied trennen können, welches sich von der Demokratie abkehre, denn die Europäische Gemeinschaft sei dem demokratischen Gedanken unterworfen und der Grundsatz der Demokratie stelle einen Verfassungsgrundsatz für die Europäischen Gemeinschaften dar.[102]. Die Ausschlußmöglichkeit wird auch trotz der Rechtsprechung des EuGH bejaht, nach welcher der Gemeinschaftsvertrag

> „eine neue Rechtsordnung auf[stellt], nach der sich Befugnisse, Rechte und Pflichten der Rechtssubjekte sowie die zur Feststellung und Ahndung etwaiger Rechtsverletzungen erforderlichen Verfahren bestimmen"[103].

Dabei wird diese Argumentation umgekehrt. Die Berufung auf völkerrechtliche Rechtsbehelfe sei nur soweit ausgeschlossen, als die Feststellung und Ahndung etwaiger Rechtsverletzungen durch die Gemeinschaftsordnung geregelt sei.[104] Ein Ausschluß sei dann möglich, wenn bei Fortsetzung des Verhaltens des betreffenden Mitgliedstaats der Bestand der Gemeinschaft auf dem Spiel stehe. Ein Beispiel sei Frankreichs Politik des leeren Stuhles, die ein solches Ausschlußrecht der Gemeinschaft habe begründen können, wenn es nicht zu den Luxemburger Beschlüssen gekommen wäre. Ebenso könne die notwehrähnliche Situation der Blockade der Weiterentwicklung der Gemeinschaft ein solches Ausschlußrecht begründen.[105] Dem ist jedoch entgegenzuhalten, daß die Weigerung eines Mitgliedstaates, weiteren Integrationsschritten zuzustimmen, zunächst einmal als rechtmäßig anzusehen ist.[106]

Auch von anderer Seite wird die Gefahr für den Bestand der Gemeinschaftsrechtsordnung als Grund für einen Ausschluß gemäß Art. 60 Abs. 2 lit. a WVK genannt.[107] „Von Gemeinschaftsrechts wegen" sei hier aber eine Einschaltung der

Europarecht, Rn. 1023; Streinz, Europarecht, Rn. 91; Scholz, NVwZ 1993, 817 (181); Zuleeg, Der Bestand der Europäischen Gemeinschaft, S. 59; Schmahl, EuR 2000, 819 (829); Dagtoglou, Recht auf Rücktrit von den Römischen Verträgen, S. 82; Bleckmann, JZ 2001, 53 (54). Dagegen jedoch Hilf, in Groeben/Thiesing/Ehlermann, Kommentar zum EU-/EG-Vertrag, Art. 240 EGV, Rn. 6; Everling, Sind die Mitgliedstaaten der EU noch Herren der Verträge?, S. 181; Schwarze, EuR 1983, 1 (14 ff. und 32 ff).

[102] Zuleeg, Der Staat Bd. 17 (1978), S. 27 (44 f.); EuR 1982, 21 (25 f.); unter Hinweis auf Art. 60 Abs. 2 lit. a WVK in: Der Bestand der Europäischen Gemeinschaft, S. 64, wobei nicht ganz klar ist, ob er den Rückgriff auf diese völkerrechtliche Regelung hier für erforderlich hält. Später – nach Inkrafttreten des Maastrichter Vertrages – beschränkte er die Rechtsfolge der Lösung eines Mitgliedstaates von der Demokratie auf die Suspendierung der Mitwirkung dieses Staates, vgl. ders., JZ 1993, 1069 (1072).

[103] EuGH, Urteil vom 13.11 1964 – verb. RS. 90 und 91/63 – Slg. 1963, 1329 (1344).

[104] Meier, NJW 1974, 391 (393).

[105] Meier, NJW 1974, 391 (939 f.).

[106] Vgl. Pechstein/Koenig, Die Europäische Union, Rn. 464; Klein, in Hailbronner/Klein/Magiera/Müller-Graff, Handkommentar zum EUV/EGV, Art. O EUV, Rn. 30.

[107] Jakob, Sanktionen gegen vertragsbrüchige Mitgliedstaaten der EWG, S. 182; Thun-Hohenstein, Der Vertrag von Amsterdam, S. 25; Pechstein/Koenig, Die Europäische Union, Rn. 464; Klein, in Hailbron-

Kommission sowie die Möglichkeit der Anrufung des EuGH zur Klärung der Frage gegeben, mit der Begründung, es könne ein Verstoß gegen die Verpflichtung zur Gemeinschaftstreue aus Art. 10 EGV vorliegen.[108] Der Gedanke der clausula rebus sic stantibus (in Art. 62 WVK für das Völkerrecht geregelt) wird bei Umwälzung der Verfassungsstruktur eines Mitgliedstaates zur Geltung gebracht;[109] Art. 60 Abs. 2 lit. a WVK wird auch noch zeitlich nach Existenz des Suspendierungsverfahrens gemäß Art. 7 EUV angesprochen.[110] Mit Art. 6 Abs. 1 EUV sei die gemeinsame Wertegrundlage in eine harte Rechtsnorm gegossen worden, so daß ein Ausschluß gemäß Art. 60 Abs. 2 WVK wegen erheblicher Vertragsverletzung möglich sei.[111] Der Ausschluß wird als möglich erachtet bei ernsthafter Gefährdung der „Zielsetzung der Gemeinschaft, zur Erhaltung von Friede und Freiheit in Westeuropa und in der Welt beizutragen" aufgrund eines umwälzenden Vorgangs in einem Mitgliedstaat, etwa der grundlegenden Änderung seines politischen Systems, wobei jedoch nicht auf allgemeines Völkerrecht zurückgegriffen werden soll, sondern darauf, daß die Mitgliedstaaten pouvoir constituant seien.[112] Von anderer Seite wird der Rückgriff auf völkerrechtliche Grundsätze als „nicht notwendig" abgelehnt.[113] Schließlich wird die Möglichkeit des Ausschlusses eines Mitgliedstaates unter normalen Umständen abgelehnt, jedoch auch nach Vorhandensein des neuen Art. 7 EUV für den Fall bejaht, daß ein Mitgliedstaat „nach Ausschöpfung aller Klagemöglichkeiten und aller sonstigen rechtlichen wie politischen Sanktionsmöglichkeiten [...] auf seinem Vertragsbruch beharrt".[114]

Doch es gibt auch Stimmen mit gegenteiliger Ansicht, die insgesamt eine Ausschlußmöglichkeit ablehnen. Das Europarecht regele das Konfliktlösungsinstrumentarium abschließend, und ein Ausschluß der Mitgliedstaaten sei in den Verträgen eben nicht vorgesehen.[115]

---

ner/Klein/Magiera/Müller-Graff, Handkommentar zum EUV/EGV, Art. O EUV, Rn. 30 f.; ders., in VVDStRL 50 (1991), 56 (77) verweist nur allgemein auf die Möglichkeit eines Ausschlusses ohne nähere Erörterungen; Geiger, EUV/EGV, Art. 312, Rn. 10; Herzog, in Smit/Herzog, Art. 240, Ziff. 240.06, verweist auf ein „right of taking emergency action".

[108] Jakob, Sanktionen gegen vertragsbrüchige Mitgliedstaaten der EWG, S. 182.

[109] Hilf, in Groeben/Thiesing/Ehlermann, Kommentar zum EU-/EG-Vertrag, Art. 240 EGV, Rn. 14.

[110] Pechstein/Koenig, Die Europäische Union, Rn. 464; Thun/Hohenstein, Der Vertrag von Amsterdam, S. 25.

[111] Schmitz, Integration in der Supranationalen Union, S. 280. Er sieht in der Ausschlußmöglichkeit das notwendige Korrelat zur unbeeinträchtigten Souveränität des Staates, vgl. ebd., S. 276.

[112] Everling, Sind die Mitgliedstaaten der EU noch Herren der Verträge?, S. 188 f.

[113] Schwarze, EuR 1983, 1 (30 f.).

[114] Folz, Austritt und Ausschluß aus der Europäischen Union, S. 157 f. und 163.

[115] Röttinger, in Lenz, EG-Vertrag, Art. 313, Rn. 9, allerdings in Verkennung der Tatsache, daß es mit dem Suspendierungsverfahren mittlerweile ein Instrument gibt, um „andauerndes vertragswidriges und gemeinschaftsfeindliches Verhalten eines Mitgliedstaates zu sanktionieren"; Cremer, in Calliess/Ruffert, Kommentar zu EUV und EGV, Art. 51 EUV, Rn. 3; Ipsen, Europäisches Gemeinschaftsrecht, § 4/21 ff. (S. 100 f.); Schorkopf, Homogenität in der EU, S. 186 f.

b) Ausschluß als Sanktion

Betrachtet man die oben genannten Meinungen zur Möglichkeit des Ausschlusses eines Mitgliedstaates aus der Union, so fällt auf, daß kein einziges Mal der Begriff „Sanktion" erwähnt wird, sondern es geht immer um den Bestand der Gemeinschaft bzw. der Union.[116] Vor weiteren Überlegungen muß zunächst differenziert werden, aus welchem Grund der Ausschluß eines Mitgliedstaates erwogen wird – als Sanktion oder aus anderem Grund.

In der Tat scheint ein Ausschluß nicht dem Zweck der Sanktion zu entsprechen. Als Mittel, mit welchem eine Norm gegenüber abweichendem Verhalten zur Geltung gebracht wird,[117] ist der Ausschluß nur begrenzt geeignet. Zwar kann nicht geleugnet werden, daß zumindest das repressive Ziel einer Sanktion mit dem völligen Ausschluß eines Staates erreicht werden kann. Der Ausschluß eines Staates ist aber immer destruktiv. Wie oben gezeigt wurde, verfolgt die Sanktionierung von Verletzungen der Grundsätze der Union aber das restitutive Ziel der Wiederherstellung des ursprünglichen Zustandes. Dies geschieht beim Ausschluß eines Mitgliedstaates gerade nicht. Eine weitere Zusammenarbeit mit allen Mitgliedstaaten ist von ihnen gerade wegen ihrer engen Verzahnung gewollt, und das auch grundsätzlich mit einem abtrünnigen Mitgliedstaat. Mit einem Ausschluß begeben sich die übrigen Mitgliedstaaten aber der weitreichenden Einflußmöglichkeiten, die im Rahmen der Union bestehen. Nach dem Ausschluß eines Staates aus der Union besteht eine viel geringere Einwirkungsmöglichkeit als bei der bloßen Aussetzung von Rechten, die einhergeht mit der weiterhin bestehenden Bindung dieses Staates an die Verpflichtungen.[118] Lediglich generalpräventive Wirkung kann einem Ausschluß zugesprochen werden.

Ein Ausschluß als Sanktion ist also ohnehin nur in begrenztem Maße sinnvoll.
Der EuGH hat schon in seiner Anfangszeit festgestellt, daß das Europarecht eine Rechtsordnung sui generis mit eigenem, abschließendem Konfliktlösungsinstrumentarium sei.[119] Mit dem Suspendierungsverfahren ist der Umgang mit einer schwerwiegenden und anhaltenden Verletzung der Grundsätze durch einen Mitgliedstaat geregelt. Oben wurde bereits festgestellt, daß dies abschließend für die Sanktion jeglicher Verletzung der Grundsätze ist. Die Argumentation, hier eine vorhandene Lücke mit allgemeinen Grundsätzen des Gemeinschaftsrechts oder mit Völkerrecht füllen zu können, ist damit nur noch dann stichhaltig, wenn mit dem Ausschluß eines Mitgliedstaates aus der Union ein Verhalten sanktioniert werden soll, das etwas anderes darstellt als die (schwerwiegende und anhaltende) Verletzung der Grundsätze der Union.[120]

---

[116] Vgl. nur Meier, NJW 1974, 391 (393); Jakob, Sanktionen gegen vertragsbrüchige Mitgliedstaaten der EWG, S. 182.
[117] Raiser, Das lebende Recht, S. 229.
[118] Siehe zu diesem rechtspolitischen Argument auch schon Frowein, in Iliopoulos, Diskussionsbericht der Tagung für Rechtsvergleichung, EuR 1984, 98 (99).
[119] EuGH, Urteil vom 5.2.1963 – Van Gend & Loos, Rs. 26/62 – Slg. 1993, S. 3 (25).
[120] Vgl. zu diesem Gedanken Schorkopf, Homogenität in der EU, S. 188.

Schorkopf sieht ein solches Verhalten in dem politischen Dauerkonflikt, der durch die unbefristete Aussetzung der Mitgliedschaftsrechte eines Staates und der damit einhergehenden Verfestigung des „pathologischen Zustandes" entstünde. Die Union könne so nicht zum „Tagesgeschäft der Integration" übergehen und wäre damit in ihrer Funktionsfähigkeit und Effektivität gefährdet.[121]
Die Sanktionierung eines abtrünnigen Mitgliedstaates ist durch sein die Homogenität verletzendes Verhalten legitimiert. Eine Reaktion auf die eben beschriebene Situation wäre aber in erster Linie legitimiert durch Bedrohung der Funktionsfähigkeit der Union aufgrund der Anwendung des Suspendierungsverfahrens (und erst hiermit mittelbar durch die Verletzungshandlung des betreffenden Mitgliedstaates). Das Verhalten des abtrünnigen Mitgliedstaates läge aber nach wie vor in der schwerwiegenden und anhaltenden Verletzung der Grundsätze. Es ginge bei dieser Konstellation demnach nicht um die Sanktionierung eines bestimmten Verhaltens eines Mitgliedstaates, sondern um einen an das Suspendierungsverfahren anschließenden Mechanismus, um den Umgang mit der daraus entstandenen Situation. Der Ausschluß eines Mitgliedstaates wäre in diesem Falle keine Sanktion, zumindest könnte er nicht als solche gerechtfertigt werden, denn es würde genau das Verhalten sanktioniert, für welches eben eine Abgeschlossenheit des Suspendierungsverfahrens in der Rechtsfolge der Suspendierung von Mitgliedschaftsrechten festgestellt wurde.[122]

Ein Ausschluß aus der Union als Sanktion ist nicht möglich.[123] Dies muß aber nicht zwingend die Möglichkeit des Ausschlusses eines Staates aus einem anderen Grund ausschließen. Das eben erwähnte Problem des politischen Dauerkonflikts müßte nach wie vor gelöst werden. Wie ist nun der Umgang mit der entstandenen Situation zu qualifizieren, also mit dem „pathologischen Zustand", der die Funktionsfähigkeit der Union auf Dauer erheblich beeinträchtigt?

c) Ausschluß als Reaktion auf ein verletztes Synallagma

Ein Ausschluß eines Mitgliedstaates könnte eine Reaktion auf ein verletztes Synallagma im Gemeinschafts- bzw. Unionsrecht darstellen. Im Gegenseitigkeitsverhältnis können nur die mitgliedstaatlichen Verpflichtungen aus den Verträgen stehen, nicht jedoch der aus Anwendung der Suspendierungsvorschriften möglicherweise folgende „pathologische" Zustand. Aus diesem Grunde muß auf die Verpflichtung aus den Verträgen genauer eingegangen werden.

---

[121] Schorkopf, Homogenität in der EU, S. 188. Eine Ausschlußmöglichkeit lehnt er aber dennoch – wegen der abschließenden Natur des Art. 7 EUV – ab, siehe ebd. Vgl. aber Griller/Droutsas/Falkber/Forgó/Nentwich, The Treaty of Amsterdam, S. 183 f., die die Möglichkeit eines Ausschlusses im Extremfall bejahen.
[122] A.A. Schmahl, EuR 2000, 819 (830). Ihrer Ansicht nach hat das Unionsrecht nicht jede denkbare Sanktionierung von besonders schweren Verletzungen mitgliedstaatlicher Verpflichtungen sowohl hinsichtlich der Voraussetzungen als auch der Rechtsfolgen abschließend geregelt.
[123] Vgl. auch Schorkopf, in Grabitz/Hilf, Das Recht der EU, Art. 7 EUV (Amsterdam), Rn. 28.

Der Grundsatz des inadimplenti non est adimplendum ist darauf gerichtet, ein verletztes Synallagma wiederherzustellen, also „Waffengleichheit" zu schaffen. In dieser Richtung sind auch die oben angesprochenen Hinweise in der Literatur auf die Möglichkeit der Anwendbarkeit des Art. 60 Abs. 2 lit. a WVK zu verstehen – der Ausschluß soll keine Sanktion darstellen.[124] Dies würde nämlich nicht dem Gedanken des Art. 60 WVK entsprechen, dessen Anwendung auf das Gegenseitigkeitsverhältnis und die Wiederherstellung der gegenseitigen Ausgewogenheit beschränkt ist.[125]

d) Anwendbarkeit des inadimplenti non est adimplendum-Grundsatzes

Um diesen Gedanken weiterverfolgen zu können, müssen zunächst Überlegungen dazu angestellt werden, ob er im Gemeinschaftsrecht überhaupt anwendbar ist. Das Wiener Übereinkommen über das Recht der Verträge wurde nicht von allen EU-Mitgliedstaaten ratifiziert,[126] so daß die direkte Anwendung ohnehin ausscheidet. Die WVK ist aber überwiegend eine Kodifikation von Völkergewohnheitsrecht,[127] so auch Art. 60 WVK.[128]

Dieser Grundsatz kann jedoch nicht weiterhelfen, denn er setzt immer ein Synallagma voraus. Schon sehr früh hat der Gerichtshof festgestellt, daß die Verpflichtungen des Europäischen Gemeinschaftsrechts wegen der Schaffung einer neuen Rechtsordnung nicht im Gegenseitigkeitsverhältnis stehen.[129] Im Unionsrecht bzw. im Gemeinschaftsrecht wird auf die Gegenseitigkeit, also die Bilateralität der Vertragspflichten verzichtet.[130] Die Mitgliedstaaten achten die Grundsätze der Union nicht deshalb, weil die anderen dies auch tun, sondern die Begründung findet sich in den Grundsätzen selbst. Sie werden geachtet, weil sie für die Mitgliedstaaten unabdingbare Grundsätze sind, die für sie aus ihrem Menschenbild und damit Staatsverständnis folgen. Deshalb kann es nie gerechtfertigt sein, die Grundsätze im ei-

---

[124] Siehe nur Jakob, Sanktionen gegen vertragsbrüchige Mitgliedstaaten der EWG, S. 182.

[125] Vgl. Ipsen, Völkerrecht, § 15, Rn. 77 (S. 168 f.). Simma, ÖZöR 1970, 5 (20 f.). Doehring, ZaöRV 1987, 44 (47) mit Hinweis auf Simma, ÖZöR 1970, 5 (11) hält die Frage der Bezeichnung der Leistungsverweigerung aufgrund der Nichterfüllung der anderen Vertragspartei als Repressalie für eine rein terminologische.

[126] Nicht ratifiziert haben: Frankreich, Irland, Luxemburg und Portugal, vgl. BGBl. Fundstellennachweis B (31.1.2001), S. 509 f.

[127] Schwarze, EuR 1983, 1 (3); siehe auch die Übersicht bei Müller/Wildhaber, Praxis des Völkerrechts, S. 91.

[128] In seinem Namibia-Gutachten [Advisory Opinion of 21 June 1971. Legal Consequences for States of the Continued Presence of South Africa in Namibia (South West Africa) notwithstanding Security Council Resolution 276 (1979)] geht der IGH davon aus, daß die in der WVK festgelegten Grundsätze zur Vertragsbeendigung wegen Vertragsbruchs der Gegenseite in vielerlei Hinsicht als Kodifikation bestehenden Völkergewohnheitsrechts angesehen werden können, und weist ausdrücklich darauf hin, daß die Bestimmungen ohne Gegenstimme angenommen wurden, ICJ Reports 1971, 15 (47). Im Appeal Relating to the Jurisdiction of the ICAO Council (India v. Pakistan), Judgement of 18 August 1972, geht er ohne weitere Erörterungen von Art. 60 WVK aus, obwohl die WVK erst im Jahre 1980 in Kraft getreten ist, ICJ Reports 1972, 45 (67).Vgl. auch Sinclair, The Vienna Convention on the Law of Treaties, S. 188; Simma, ÖZöR 1970, 5 (25 ff.).

[129] EuGH, Urteil vom 13.11.1964 – Kommission ./. Luxemburg und Belgien, verb. RS 90 und 91/63 – S. 1329 (1344). Vgl. auch Steinhauer, Die Auslegung, Kontrolle und Durchsetzung mitgliedstaatlicher Pflichten im Recht des Internationalen Währungsfonds und der Europäischen Gemeinschaft, S. 248.

[130] Vgl. Bleckmann, RIW/AWD 1978, 91 (94).

genen Staat zu verletzen, bloß weil sie in einem anderen Staat verletzt werden. Die Grundsätze sind vielmehr der unabdingbare Standard eines jeden Mitgliedstaates, den er für sich selbst als zwingend empfindet und durch den er sich definiert. Er hat also ein eigenes Interesse an der Einhaltung dieser Grundsätze, er verpflichtet sich nicht nur gegenüber einer anderen Vertragspartei. Dieser Gedanke ist auch in Art. 60 Abs. 5 WVK widergespiegelt. Hinter dieser Vorschrift steht der Gedanke, daß die Beantwortung der Verletzung eines Vertrages zum Schutz der Menschenrechte mit der Verletzung derselben Rechte auf der eigenen Seite nichts mit Vertragsgerechtigkeit zu tun hat. Die Verpflichtung zur Achtung der Menschenrechte wird nicht eingegangen, damit auch ein anderer Staat sie achte, sondern um der Menschenrechte selbst willen, zum Vorteil der Individuen. Die Verpflichtung ist nicht abhängig von der jeweiligen Erfüllung durch die andere Vertragspartei.[131] Auch wenn es sich also beim EUV nicht um einen „Vertrag humanitärer Art" im Sinne des Art. 60 Abs. 5 WVK handelt, ist dieser Gedanke übertragbar.

e) Sicherung gegen Existenzgefährdung der EU

Richtigerweise kann sich ein Ausschluß nur darauf beziehen, daß die Union sonst selbst zerstört würde, daß also der Integrationsbestand dem Mitgliederbestand vorgehen soll.[132] Hierfür gibt es keine Regelung. Der *inadimplenti non est adimplendum*-Grundsatz ist in diesem Fall nicht der richtige Mechanismus.
Bei einer solchen Existenzgefährdung der Union ist als letztes Mittel (wenn nicht die völlige Suspendierung des abtrünnigen Mitgliedstaates von seinen Rechten genügt) schon häufiger der einvernehmliche Abschluß eines Entlassungsvertrags im Rahmen einer Vertragsänderung vorgeschlagen worden.[133] Es besteht immer die Möglichkeit einer Vertragsrevision gemäß dem in Art. 48 EUV festgelegten Verfahren. Der Möglichkeit, hierdurch einen Staat aus der Union zu entlassen, steht nichts entgegen, auch nicht die Bestimmungen in Art. 51 EUV und Art. 312 EGV, nach denen die Verträge auf unbegrenzte Zeit gelten.[134] Das Ausscheiden nur eines Mit-

[131] Vgl. Sinclair, The Vienna Convention on the Law of Treaties, S. 190. Dies ist zumindest im Menschenrechtsschutz anerkannt. Für das humanitäre Völkerrecht mag zumindest insofern etwas anderes gelten, als ursprünglich die Verpflichtung mit dem Hintergedanken eingegangen wurde, daß sie dann auch von der anderen Vertragspartei erfüllt wird – also ein Gedanke des Gegenseitigkeitsprinzips. Dies bedeutet aber gerade nicht, daß diese Gegenseitigkeit auch für die einzelnen Verpflichtungen gilt, die dann aufgrund der Verträge bestehen. Genau für die Verträge des Kriegsvölkerrechts soll der Gedanke aus dem Menschenrechtsbereich mit der Bestimmung in Art. 60 Abs. 5 WVK übertragen werden; vgl. Fitzmaurice, Recueil des Cours (1957), 5 (125).

[132] Nach Steinhauer ergibt sich ein Ausschlußrecht aus dem Umstand des Vorrangs des Integrationsbestandes vor dem Mitgliederbestand. Ihre Behauptung, in einem solchen Falle entschieden die Mitgliedstaaten einvernehmlich, wobei der auszuschließende Staat nicht stimmberechtigt sei, sowie die Postulierung eines Beteiligungsrechts der Kommission und der Überwachung einer solchen Maßnahme durch den EuGH scheinen allerdings aus dem leeren Raum gegriffen – eine Begründung hierfür findet nicht statt, Steinhauer, Die Auslegung, Kontrolle und Durchsetzung mitgliedstaatlicher Pflichten im Recht des Internationalen Währungsfonds und der Europäischen Gemeinschaft, S. 249.

[133] Siehe nur Schorkopf, Homogenität in der EU, S. 188 m.w.N in Fn. 593.

[134] Zur *rechtlichen* Unauflöslichkeit der EU/EG aus diesem Grunde vgl. Hilf in Groeben/Thiesing/Ehlermann, Kommentar zum EU-/EG-Vertrag, Art. 240 EGV, Rn. 5; Herzog in Smit/Herzog, Art. 240, Ziff. 240.04; Thieme, VVDStRL 18 (1960), 50 (72).

glieds beeinträchtigt noch nicht die Geltung der Verträge überhaupt, ganz abgesehen davon, daß der Begriff „unbegrenzte Zeit" qualitativ weniger und nicht gleichzusetzen ist mit „für immer".[135] Gerade die Möglichkeit der Vertragsrevision gemäß Art. 48 EUV, der auch Art. 312 EGV und Art. 51 EUV unterliegen, zeigt, daß von einem „ewigen Bund" nicht zwingend ausgegangen werden kann.[136]
Zu beachten bei einem solchen Vorgehen wären allerdings die Bestimmungen für Vertragsrevision und (in Umkehrung) Beitritt neuer Mitgliedstaaten; die diesbezügliche Vertragsänderungskompetenz ist in Art. 48 und 49 EUV festgelegt.[137]
Ob die Union *insgesamt* durch einvernehmlichen Vertrag aufgelöst werden kann, ist eine andere Frage, die hier nicht behandelt wird.

2. Ergebnis

Der Ausschluß als eine weitergehende Sanktion als die Aussetzung von Mitgliedschaftsrechten ist nicht möglich, denn die Suspendierung stellt schon die ultima ratio-Regelung dar. Auch aufgrund anderer Überlegungen ist die Ausschlußmöglichkeit abzulehnen. Hierzu bedürfte es einer expliziten Regelung, die darüber hinaus dem Umstand gerecht würde, daß gerade im Krisenfall die Diskussion über die Möglichkeit einer solchen Sanktion vermieden werden sollte.[138]

G. Möglichkeiten für die Mitgliedstaaten außerhalb der Unionsaufsicht

Die Mitgliedstaaten haben keine Kompetenzen zur *Sanktionierung* eines anderen Mitgliedstaats bei Verletzung der Grundsätze, wobei hier unter Sanktion eine Maßnahme verstanden wird, welche für den betroffenen Mitgliedstaat einen *rechtlichen Nachteil* bedeutet. Die Sanktionierung ist abschließend im EUV/EGV geregelt, sie ist nur möglich im Rahmen dieses Verfahrens, insbesondere also erst bei einer qualifizierten Verletzung und nur durch den Rat.
Die Feststellung, daß ein darüber hinausgehendes sanktionierendes Vorgehen ausgeschlossen ist, gilt nicht nur für die EU, sondern ebenso – oder besser um so mehr – für ein alleiniges (bilaterales) Vorgehen eines Mitgliedstaates, denn in diesem Bereich liegt die Kompetenz auf Seiten der EU, nicht jedoch bei den Mitgliedstaaten. Es trifft nicht zu, daß Art. 7 EUV bezogen auf Sanktionen nur eine kon-

---

[135] Vgl. Dagtoglou, Recht auf Rücktritt von den römischen Verträgen?, S. 78 f.
[136] Vgl. Schmalenbach in Calliess/Ruffert, Kommentar zu EUV und EGV, Art. 312 EGV, Rn. 2.
[137] Vgl. Everling, Sind die Mitgliedstaaten der EU noch Herren der Verträge?, S. 190; Meier, NJW 1974, 391 (394); wohl auch Cremer in Calliess/Ruffert, Kommentar zu EUV und EGV, Art. 51 EUV, Rn. 2 („im Wege einer Vertragsänderung unter Zustimmung aller Mitgliedstaaten"); a. A., daß nämlich nur die Bedingungen der WVK erfüllt sein müssen, Constantinesco, Das Recht der EG, S. 180 (Ziff. 97); Schmalenbach in Calliess/Ruffert, Kommentar zu EUV und EGV, Art. 312, Rn. 2; Zuleeg, Der Bestand der Europäischen Gemeinschaft, S. 59.
[138] Vgl. Bulterman, SIM Special 21 (1998), 123 (134 f.).

kurrierende Zuständigkeit für die EU begründet.[139] Der ausdifferenzierte und zu unterschiedlichen Reaktionen ermächtigende Mechanismus der Unionsaufsicht würde unterlaufen, wenn angenommen werden könnte, die Mitgliedstaaten hätten Sanktionsbefugnisse für den Fall, daß die Union nicht handelt. Andere Sanktionen als solche der Unionsaufsicht sind ausgeschlossen.[140]
Hinzu kommt, daß es sich bei EGV und EUV um integrale Verträge handelt, bei denen Rechte und Pflichten gleichzeitig gegenüber allen Vertragsparteien eingegangen werden.[141] Auch aus diesem Grunde scheidet ein sanktionierendes einseitiges Vorgehen eines Mitgliedstaates gegenüber einem Verletzerstaat aus.[142]

Daß den Mitgliedstaaten dennoch – wegen ihrer Beteiligung an den Verfahren – Bedeutung im Rahmen der Unionsaufsicht zukommt, ist eine andere Frage und wurde oben bereits erörtert.[143] Auch in diesem Rahmen können sie jedoch keine Sanktionen ergreifen; die alleinige Kompetenz hierzu hat der Rat.

Es fragt sich jedoch, ob die Unionsaufsicht hinsichtlich aller Reaktionsmöglichkeiten auf die Verletzung oder die drohende Verletzung der Grundsätze eine abschließende Wirkung hat.
Sie ist ein umfassender Mechanismus, der schon früh, nämlich bei der Gefahr der Verletzung, ansetzen kann und bis zur theoretisch möglichen Suspendierung aller Grundsätze reicht. Daher kann nicht der Ansicht gefolgt werden, es gebe keine ausschließliche Kompetenz der Union für Maßnahmen unter der Schwelle des Anwendungsbereichs des Art. 7 EUV.[144] Falls die zitierten Autoren allerdings nicht *Sanktionen*, sondern andere Maßnahmen meinen, die unter der Schwelle einer Sanktion im rechtlichen Sinne liegen (was aus dem Zusammenhang sehr wahrscheinlich ist), dann könnte diese Aussage zutreffend sein. Nicht zu überzeugen vermag hier allerdings die Argumentation, die Existenz von Notstandsklauseln streite für die Annahme, daß auch auf Seiten der Mitgliedstaaten eine Kompetenz für Sanktionen liege. Der diesen Klauseln zugrundeliegende Gedanke, „daß es in bestimmten Notstandssituationen einem einzelnen Mitgliedstaat unzumutbar sein kann, sich an die vereinbarten Regelungen zu halten," stelle ein allgemeines Prinzip dar, das sich auf die notstandsähnliche Situation des Art. 7 EUV übertragen lasse.[145] Es ist nicht ersichtlich, weshalb dies ein Argument für eine mitgliedstaatliche Kompetenz zur Sanktionierung eines anderen Mitgliedstaats darstellen soll. Diese Kompetenz ist

---

[139] So aber Schmahl, EuR 2000, 819 (833).
[140] Siehe oben, Kapitel 4, B. 3.
[141] Jakob, , Sanktionen gegen vertragsbrüchige Mitgliedstaaten der EWG, S. 161 ff.
[142] Oben wurde betont, daß insbesondere die Verpflichtung zur Wahrung der Grundsätze nicht im Synallagma mit der Verpflichtung der anderen Vertragsparteien steht, dies ist aber kein Widerspruch zu der Bindung gegenüber allen Vertragsparteien, die nicht das Synallagma, also die gegenseitige Abhängigkeit, betrifft.
[143] In Kapitel 4, B. 6.
[144] So Hummer/Obwexer, EuZW 2000, 485 (489); vgl. auch Leidenmühler, ZÖR 2000, 299 (312): „Außerhalb des Anwendungsbereiches des Unions- bzw. Gemeinschaftsrechts – für unseren Fall unterhalb der durch Art. 7 EUV gesetzten Schwelle – sind die Mitgliedstaaten somit rechtlich frei". Gemeint ist allerdings der alte Art. 7 EUV vor Existenz des Vorfeldverfahrens. Siehe auch Schmahl, EuR 2000, 819 (832 ff.): das EU-Verfahren ist nicht abgeschlossen, Sanktionen oder Maßnahmen gleicher Wirkung sind allerdings untersagt.
[145] So Schmahl, EuR 2000, 819 (833).

nicht mit einem Vorbehalt bezüglich einer notstandsähnlichen Situation im eigenen Staat verknüpft.

Die Möglichkeit zu Maßnahmen, welche lediglich politische, also keine rechtlich nachteilige Wirkung haben, wurde schon im Rahmen der Unionsaufsicht angesprochen. Dort wurden jedoch nur solche Maßnahmen erwähnt, welche mit dem Vorfeld- oder dem Suspendierungsverfahren zusammenhängen und deshalb als Maßnahmen der Unionsaufsicht zu qualifizieren sind. Grundlage für solche Maßnahmen ist Art. 7 EUV in Verbindung mit dem *effet utile*-Gedanken.[146]

Es sind aber auch andere Maßnahmen denkbar, die lediglich politische Konsequenzen nach sich ziehen. Diese sollen im folgenden behandelt werden. Dabei wird beispielhaft auf die Maßnahmen eingegangen, welche vierzehn Mitgliedstaaten gegenüber Österreich wählten, als dort im Frühjahr 2000 eine Regierungskoalition unter Beteiligung der umstrittenen FPÖ gebildet wurde. Zu dieser Zeit existierte das Vorfeldverfahren nach Art. 7 Abs. 1 EUV noch nicht, so daß eine Differenzierung erforderlich sein wird.

1. Einzelne Möglichkeiten

Unbestritten kann jeder Mitgliedstaat eine Staatenbeschwerde beim Europäischen Gerichtshof für Menschenrechte gemäß Art. 33 EMRK einreichen.[147] Dies ist eine außerhalb des Unions- und Gemeinschaftsrechts stehende Maßnahme, bei der es sich rechtlich nicht um eine Sanktion handelt, auch wenn politisch das sanktionierende Element nicht zu leugnen ist.[148] Zwar könnte hiermit nur die Verletzung der EMRK festgestellt werden, doch auch wenn die Standards in EMRK und EU differieren, hätte die Feststellung einer Verletzung durch den Europäischen Gerichtshof für Menschenrechte eine nicht zu unterschätzende Auswirkung auf das Verhalten des angeprangerten Staates.

Selbstverständlich kann ein Mitgliedstaat die Vertragsverletzungsklage gemäß Art. 227 EGV erheben. In welch geringem Maße sie hier weiterhelfen kann, wurde oben bereits behandelt.[149]

---

[146] Siehe oben, Kapitel 4, B. 2.

[147] Vgl. Frowein, Die Herausbildung europäischer Verfassungsprinzipien, S. 155 ff. ders., Demokratie und Völkerrecht in Europa, 370 f. sieht im Verfahren der Staatenbeschwerde „eine Notstandsmaßnahme [...], die gerade für den Fall der Abweichung eines Staates von diesen Grundsätzen [dies bezieht sich auf den Grundsatz der Demokratie sowie der Achtung der Menschenrechte und Grundfreiheiten, die Verfasserin] zur Anwendung kommen kann". Vgl. auch Pernthaler/Hilpold, integration 2000, 105 (112).

[148] Aus diesem Grunde wird selten zu diesem Mittel gegriffen, vgl. Frowein, in Frowein/Peukert, EMRK-Kommentar, Art. 24 Rn. 3.

[149] In diesem Kapitel, B.

Eine weitere Reaktion auf die Verletzung der Grundsätze, die keine Sanktion darstellt, könnte die einseitige Suspendierung der *Verpflichtungen* aus den Verträgen durch einen der Mitgliedstaaten in Bezug auf sich selbst sein. Diese Möglichkeit ist in Art. 60 Abs. 2 lit. c) WVK geregelt – die Bestimmung bezieht sich nicht konkret auf Verpflichtungen oder Rechte aus einem Vertrag, sondern spricht nur allgemein von der gänzlichen oder teilweisen Suspendierung eines Vertrages. Ein Vorgehen nach Art. 60 WVK scheidet allerdings wegen der oben festgestellten Unabhängigkeit der Verpflichtungen der einen Seite von der Erfüllung der Verpflichtungen eines anderen Vertragsgliedes aus.[150]

2. „Isolierungsmaßnahmen" gegenüber Österreich

a) Übersicht

„Hell will freeze over before a Member State suffers any serious loss of rights."[151] Dieser Kommentar aus dem Jahre 1999, als die Entwicklung in Österreich noch nicht absehbar war, erscheint in Anbetracht des Umgangs von vierzehn Mitgliedstaaten mit Österreich mittlerweile als überholt.

Bei der Erörterung des Suspendierungsverfahrens verweisen einige Autoren darauf, daß die Mitgliedstaaten zum Teil erst vor kurzem ein diktatorisches System verlassen und einige Beitrittskandidaten bisher nur eingeschränkte Erfahrung mit einem demokratischen System hätten.[152] Bei den Vertragsverhandlungen in Amsterdam wurde deutlich, daß Art. 7 EUV und Art. 309 EGV vor allem wegen der anstehenden Erweiterung in den EUV aufgenommen werden sollte.[153] Daß nun mit Bezug auf Österreich das neue Verfahren zum ersten Mal diskutiert wird, war nicht vorauszusehen.

Wegen der Regierungsbildung zwischen ÖVP (Österreichische Volkspartei) und FPÖ (Freiheitliche Partei Österreichs) am 4. Februar 2000 wurde Österreich von den vierzehn anderen Mitgliedstaaten politisch isoliert. Dieses Vorgehen hat viel Resonanz in der juristischen Literatur hervorgerufen, wobei die österreichische an erster Stelle erwähnt werden muß.[154] Auch die öffentliche Diskussion wurde hierdurch angeregt, ebenso wie der Diskurs in der Politikwissenschaft.[155]

---

[150] Siehe oben, Abschnitt F. 1. a) (4) dieses Kapitels. Dieser Gedanke ist für Art. 60 Abs. 2 lit. c) WVK umso klarer, als ein Vorgehen hiernach nur möglich ist, wenn „eine erhebliche Verletzung seiner [des Vertrages] Bestimmungen durch eine Vertragspartei die Lage jeder Vertragspartei hinsichtlich der weiteren Erfüllung ihrer Vertragsverpflichtungen grundlegend ändert". Die Bedingung der gegenseitigen Abhängigkeit wird also explizit herausgestellt.

[151] Ward, Amsterdam and the Continuing Search of Community, S. 42.

[152] Vgl. etwa Betten/Grief, EU Law and Human Rights, S. 135.

[153] Thun-Hohenstein, Der Vertrag von Amsterdam, S. 25; McGoldrick, The EU after Amsterdam, S. 251; Barents, MJ 1997, 332 (334).

[154] Hummer/Obwexer, ZÖR 2000, 269; dies., EuZW 2000, 485; dies., europa blätter 2000, 52; dies., ecolex 2000, 250; Hummer, NZZ vom 24. Februar 2000, S. 5; ders., JRP 2001, 185; ders., Europäische Rundschau 2000, 12; Adamovich, EuGRZ 2000, 399; ders., EuGRZ 2001, 89; Leidenmühler, ZÖR 2000, 299; Busse, Österreich contra Europäische Union; Schmahl, EuR 2000, 819; Winkler, ZÖR 2000, 229; Winkler/Schauer, Die Maßnahmen von 14 EU-Mitgliedstaaten gegen Österreich; Rotter, Europäische Rundschau 2000, 21; Wilhelm,

Im Rahmen der folgenden Untersuchung soll auf einzelne Maßnahmen, die die Mitgliedstaaten ergriffen hatten, näher eingegangen werden. Es wird ihre Vereinbarkeit mit dem Völkerrecht sowie dem europäischen Gemeinschafts- und Unionsrecht überprüft, um so die Frage beantworten zu können, ob und gegebenenfalls welche Maßnahmen neben der Unionsaufsicht von den Mitgliedstaaten ergriffen werden können.

b) Die Erklärung der portugiesischen Ratspräsidentschaft

Am 31. Januar 2000 gab die portugiesische Ratspräsidentschaft eine Erklärung mit folgendem Wortlaut ab:

> „Governments of XIV Member States will not promote or accept any bilateral official contacts at political level with an Austrian Government integrating the FPÖ;
> There will be no support in favor of Austrian candidates seeking positions in international organizations;
> Austrian Ambassadors in capitals will only be received at a technical level."[156]

Sowohl die Kommission, als auch das Europäische Parlament haben sich zu diesem Schritt der vierzehn Mitgliedstaaten geäußert; darauf wird unten noch näher eingegangen. Die von den Mitgliedstaaten hier angekündigten Maßnahmen wurden in die Tat umgesetzt.

Um die aufgrund dieser Erklärung getroffenen und die daran anschließenden oder darauf bezugnehmenden Maßnahmen beurteilen zu können, bedarf es zunächst

---

ecolex 2000, 181; Pernthaler/Hilpold, integration 2000, 105; Köck/Hintersteininger, Zu den Sanktionen der vierzehn EU-Partnerstaaten gegen Österreich; Köck, Die Maßnahmen der EU-14 gegen Österreich; Fischer, Wiener Blätter zur Friedensforschung 2000, 32; Stein, Der Kreuzzug der Vierzehn gegen Österreich; Längle, ecolex 2000, 274; Klaushofer, JRP 2000, 297; Winkler, JRP 2000, 308; Vignes, RMCE 2000, 145; Weinberger, ZÖR 2000, 337; Regan, ZÖR 2000, 323; Merlingen/Mudde/Sedelmeier, ConWEB No. 4/2000; dies., JCMS 2001, 59; Lahodynsky, EUmagazin 2001, 24; Schwarzenegger, ZfRV 2000, 124; Folz, Austritt und Ausschluss aus der Europäischen Union; Ginther, Der engere und der erweiterte Kontext der Causa prima; Barfuß, Österreichisches Anwaltsblatt 2000, 524; Happold, ICLQ 2000, 953; Schorkopf, DVBl 2000, 1036; ders., FAZ vom 14. Februar 2000, S. 9; ders., in Grabitz/Hilf, Das Recht der EU, Art. 7 EUV (Amsterdam), Rn. 30 f.; Pache/Schorkopf, NJW 2001, 1377 (1383 f.) ; Schmitt von Sydow, RDUE 2001, 285; Bantekas, Austria, the European Union and Article 2 (7) of the UN Charter, www.asil.org/insights/insight40.htm. Siehe nun auch Schorkopf, Die Maßnahmen der XIV EU-Mitgliedstaaten gegen Österreich; Unruh, EuR 2002, 41.

[155] Siehe nur die Beiträge in Khol/Ofner/Burkert-Dottolo/Karner, Österreichisches Jahrbuch für Politik 2001, insbesondere Mayr-Harting, Die Sanktionen der EU-14 gegen Österreich, ebd., S. 389; Olt, Die Torheit der Regierenden, ebd., S. 405;v. d. Bellen, Die Torheit der Regierenden, ebd., S. 455; Kopeinig/Kotanko, Die Schwächen symbolischer Politik, ebd., S. 473; dies., Eine europäische Affäre; die Beiträge in Karlhofer/Melchior/Sickinger, Anlassfall Österreich, insbesondere Melchior, Die Europäische Wertegemeinschaft zwischen Rhetorik und Realität, ebd., S. 157; Neisser, Anlassfall Österreich, ebd., S. 141; Puntscher-Riekmann, Österreich und die Europäische Union, ebd., S. 131; die Beiträge in Burkert-Dottolo, Die Regierungsbildung in Österreich; Schneider, integration 2000, 120; Böhm/Lahodynsky, Der Österreich-Komplex; Winter, Blätter für internationale Politik 2000, 322; Zellentin, ebd., 327; Heinrich, ebd., 331.

[156] Statement from the Portuguese Presidency of the European Union on behalf of XIV Member States, Doc. 1/31/00.

einer rechtlichen Einordnung der Erklärung selbst. Wer als Urheber dieses Aktes anzusehen ist, kann erst nach einer Untersuchung der gesamten Umstände, unter denen er zustande kam, beantwortet werden. Die Bezeichnung der Erklärung kann nicht allein maßgeblich für die Beantwortung dieser Frage sein.[157]
Dabei kann nur von der Amsterdamer Version des Art. 7 EUV ausgegangen werden; der Vertrag von Nizza mit der Einführung des Vorfeldverfahrens war zu diesem Zeitpunkt noch nicht in Kraft getreten.

Man kann den vierzehn Staaten unterstellen, durch die Wahl des Wortes „bilateral" in der Erklärung deutlich machen zu wollen, daß das angekündigte Vorgehen bewußt völkerrechtlich jeweils zwischen einem der vierzehn Staaten auf der einen Seite und Österreich auf der anderen Seite, und nicht unions- oder gemeinschaftsrechtlich, gemeint ist.[158] Damit könnte es sich bei der Erklärung um eine koordinierte Willensbildung (eine gleichgerichtete Erklärung) vierzehn europäischer Staaten handeln.
Andererseits tritt die Erklärung nach außen als ein Akt der portugiesischen Ratspräsidentschaft in Erscheinung, was für eine Urheberschaft des Rates der EG oder des Europäischen Rates spricht.[159] Es könnte aber auch sein, daß sich die portugiesische Präsidentschaft lediglich zum Sprachrohr von 14 Mitgliedstaaten der Union machte.[160]

(1) Zurechnung an den Rat

Diese Annahme wird durch die Kumulation verschiedener weiterer Indizien zunächst bestärkt. So sind die Staatenvertreter der handelnden Staaten als Vertreter von vierzehn *Mitglied*staaten der EU genannt, und nicht lediglich als vierzehn Staaten (die portugiesische Ratspräsidentschaft handelt laut diplomatischer Note „on behalf of XIV Member States").[161] Die Namen der 14 Mitgliedstaaten werden nicht explizit offengelegt, was an den Usus des einheitlichen Auftretens der Union gegenüber Drittstaaten erinnert.[162] Die Mitgliedstaaten der EU können zwar nur alle zusammen als Rat der EU handeln, offensichtlich waren aber zumindest „konsultativ-kommunikatorisch" der österreichische Bundespräsident sowie der damalige österreichische Bundeskanzler eingebunden.[163] Hierin könnte man ein gezieltes Vorgehen im Sinn von Art. 7 Abs. 4 Satz 1 EUV (Amsterdam) sehen („Für die Zwecke dieses Artikels handelt der Rat ohne Berücksichtigung der Stimme des

[157] Vgl. EuGH, Urteil vom 30.6.1993 – Parlament ./. Rat und Kommission, verb. RC C-181/91 und C-248/91, Slg. 1993, I-3685 (3717 f., Rn. 13 ff., insbes. 14); vgl. auch Winkler, JRP 2000, 308 (325).
[158] Vgl. auch Busse, Österreich contra Europäische Union, S. 19; Schorkopf, DVBl 2000, 1036 (1042); Winkler/Schauer, Die Maßnahmen von 14 EU-Mitgliedstaaten gegen Österreich, S. 124.
[159] Vgl. Winkler, ZÖR 2000, 231 (240 f.).
[160] Winkler/Schauer, Die Maßnahmen von 14 EU-Mitgliedstaaten gegen Österreich, S: 125.
[161] Vgl. Winkler, ZÖR 2000, 229 (244).
[162] Winkler/Schauer, Die Maßnahmen von 14 EU-Mitgliedstaaten gegen Österreich, S. 124.
[163] vgl. Nachweis bei Winkler, ZÖR 2000, 229 (245); Olt, Die Torheit der Regierenden, S. 408; Rotter, Europäische Rundschau 2000, 21 (23).

Vertreters der Regierung des betroffenen Mitgliedstaats").[164] Da es sich unbestritten um keinen Beschluß unmittelbar nach Art. 7 Abs. 1 EUV (Amsterdam) handelt, könnte es eine Vorfeldmaßnahme darstellen.[165] Das Handeln der Präsidentschaft könnte die kompetenzrechtliche Brücke für die materiellrechtliche Zurechnung der Stellungnahme zum Rat der EU bilden.[166] Da der Präsidentschaft nur administrative Hilfsfunktion zur Aktivierung der Tätigkeit des Rates der EU zukommt, ist ihr Handeln hier nur ein formeller Akt, was auch im Rahmen der EU gälte. Damit kann also nicht geleugnet werden, daß die portugiesische Präsidentschaft „eine für die Organfunktion des Vorsitzes im Rat auch sonst allgemein übliche Vorgangsweise eingehalten"[167] hat. Der Eindruck eines Handelns des portugiesischen Ministerpräsidenten im Sinne der Vorschriften des EUV als rechtsverbindlich für den Rat der EU wurde durch die Qualifizierung als „Sanktionen" seitens hochrangiger Vertreter der EU erhärtet,[168] auch wenn die Qualifizierung eines Aktes durch Dritte höchstens als Indiz hinzugezogen werden kann.
Schließlich wurde die Erklärung über das Internet auf der Homepage der EU-Ratspräsidentschaft unter der Rubrik „Pressemitteilungen" allgemein kundgemacht – dies alleine stellt zwar noch keine zwingende Verbindung zu der bei Gesetzen oder Verordnungen üblichen Veröffentlichung her,[169] steht aber auch nicht der Qualifizierung als Rechtsakt entgegen.[170] Die Erklärung wurde auch in keinem amtlichen Publikationsorgan der EU veröffentlicht.[171]
Wenn man die Erklärung der portugiesischen Präsidentschaft dem Rat zurechnet, dann wurden etliche Verfahrensfehler gemacht, denn die Vorschriften für den Rat wurden nicht annähernd eingehalten:
Der Rat kann nach dem in Art. 5 Abs. 1 EGV und Art. 5 EUV festgelegten Prinzip der begrenzten Einzelermächtigung nur handeln, wenn er eine Ermächtigungsgrundlage hat. Eine solche könnte hier nur im alten Art. 7 EUV gesehen werden. In der Erklärung der portugiesischen Präsidentschaft werden Maßnahmen der vierzehn Mitgliedstaaten gegenüber Österreich angekündigt. Dies stellt unbestritten keinen Beschluß unmittelbar nach Art. 7 Abs. 1 EUV (Amsterdam) dar. Die Erklärung könnte allerdings ein „weniger" im Verhältnis zur Feststellung der schwerwiegenden und anhaltenden Verletzung der Grundsätze sein. Oben wurde jedoch bereits erläutert, daß ein solcher *a maiore ad minus*- Schluß aus Art. 7 Abs. 1 EUV (Amsterdam) nicht möglich ist.[172]

---

[164] Winkler, ZÖR 2000, 229 (244 f).
[165] Die Existenz des Art. 7 EUV scheint Bantekas, Austria, the European Union and Article 2 (7) of the UN Charter, www.asil.org/insights/insight40.htm, unbekannt zu sein; er bezieht sich lediglich auf Art. 226, 227 EGV.
[166] Winkler, ZÖR 2000, 229 (244 und 248).
[167] Winkler, ZÖR 2000, 229 (247).
[168] Winkler, ZÖR 2000, 229 (252).
[169] Vgl. Winkler/Schauer, Die Maßnahmen von 14 EU-Mitgliedstaaten gegen Österreich, S. 129 f.; a.A. Winkler, ZÖR 2000, 229 (235, 240 und 242); Winkler, JRP 2000, 308 (324).
[170] Vgl. EuGH, Urteil vom 30.6.1993 – Parlament ./. Rat und Kommission, verb. Rs. C-181/91 und C-248/91, Slg. 1993, I-3685 (3715, Rn. 2), wo die Veröffentlichung als Pressemitteilung und Bezeichnung als „Schlußfolgerungen des Rates" nicht einer Qualifizierung als Akt der Mitgliedstaaten entgegenstanden. Vgl. auch Winkler, JRP 2000, 308 (325).
[171] Siehe den Hinweis bei Schorkopf, DVBl 2000, 1036 (1042).
[172] Siehe oben, Kapitel 4, B. 7.

Wenn die Erklärung dennoch als ein solcher Beschluß eingeordnet werden sollte, dann wäre zusätzlich dazu, daß die Ermächtigungsgrundlage zu dieser Maßnahme gar nicht ermächtigt, das Erfordernis einer Initiative sowie der Zustimmung des Europäischen Parlaments nicht erfüllt sowie das Beteiligungs- und Anhörungsrecht Österreichs verletzt. Bei einer Entscheidung nach Art. 7 Abs. 1 EUV (Amsterdam) wird zwar die Stimme des betroffenen Mitgliedstaats nicht berücksichtigt (vgl. Art. 7 Abs. 4 EUV (Amsterdam); sein Teilnahmerecht am Rat besteht jedoch nach wie vor. [173]

Wollte man die Stellungnahme des Rats als Vorfeldmaßnahme qualifizieren,[174] so bestünde auch hier das Problem, daß Österreich – wenn überhaupt - lediglich „konsultativ-kommunikatorisch" in den Entscheidungsprozeß einbezogen wurde, nicht aber mitstimmen durfte.[175] Dies stellt eine Verletzung der Rechte Österreichs dar, als Mitglied des Rats an Entscheidungen teilzunehmen.[176] Dieses Recht ergibt sich aus Art. 203 EGV, wonach der Rat aus je einem Vertreter jedes Mitgliedstaates besteht, und der gemäß Art. 5 EUV auch für den Bereich der EU gilt. Die Mitgliedstaaten können sich zwar zur Nichtteilnahme entschließen. Das folgt in einem Umkehrschluß aus Art. 9 Abs. 4 GO des Rates[177], demzufolge der Rat beschlußfähig ist, wenn die „Mehrheit der gemäß den Verträgen stimmberechtigten Ratsmitglieder" anwesend ist. Dies heißt aber nicht, daß ein Staat gegen seinen Willen von der Teilnahme ausgeschlossen werden kann. Die Suspendierung eines Mitgliedstaates von seinen Teilnahmerechten im Rat ist erst nach erfolgreichem Durchlaufen des Suspendierungsverfahrens möglich. Bei einer Zurechnung der Erklärung an den Rat wären also die Teilnahmerechte Österreichs verletzt.[178]

Hinzu kommt, daß Art. 7 EUV in der Erklärung nicht in Bezug genommen ist. Die Erforderlichkeit einer solchen Bezugnahme ist im Anhang II, A. 1. c) und B. 3. der GO des Rates zwar nur für Verordnungen, Richtlinien und Entscheidungen gemäß dem EGV geregelt, und von den Handlungsinstrumenten des EUV wird nur auf die Gemeinsamen Strategien, Gemeinsamen Aktionen und Gemeinsamen Standpunkte nach Art. 12 EUV sowie die Gemeinsamen Standpunkte, Rahmenbeschlüsse, Beschlüsse und Übereinkommen gemäß Art. 34 Abs. 2 EUV eingegangen. Die Bezugnahme auf die Ermächtigungsgrundlage ist aber auch für Beschlüsse gemäß Art. 49 EUV üblich.[179] Daß dies auch erforderlich ist, folgt aus dem Rechtsstaats-

[173] Vgl. Hummer/Obwexer, EuZW 2000, 485 (489); dies., ecolex 2000, 250 (20 f.); dies., ZÖR 2000, 269 (275

[174] Hier ist nochmals daran zu erinnern, daß Art. 7 Abs. 1 EUV in der Fassung von Nizza noch nicht in Kraft getreten ist.

[175] Von einer Konsultation Österreichs geht Busse, Österreich contra Europäische Union, S. 35, aus. Ebenso Winkler, ZÖR 2000, 231 (233, 245, 247); Rotter, Europäische Rundschau 2000, 21 (23). Siehe jedoch andererseits Außenpolitischer Bericht 2000, Bundesministerium für auswärtige Angelegenheiten (Österreich); S. 26: „Österreich war nicht einmal Gelegenheit gegeben, seinen Standpunkt darzulegen." Vgl. auch Hummer/Obwexer, EuZW 2000, 485 (490): nicht bewiesene Behauptung, dass der österreichische Bundespräsident und der zu diesem Zeitpunkt amtierende österreichische Bundeskanzler am Zustandekommen der Vereinbarung beteiligt waren.

[176] Winkler/Schauer, Die Maßnahmen von 14 EU-Mitgliedstaaten gegen Österreich, S. 131 ziehen daraus den Schluß, daß deshalb die Erklärung dem Rat nicht zugerechnet werden könnte.

[177] ABl. L vom 12.6.1999, Nr. 147 , S. 13.

[178] Vgl. auch Hummer/Obwexer, ecolex 2000, 250 (20 f.); dies., ZÖR 2000, 269 (275).

[179] Vgl. den Beschluß des Rates der Europäischen Union vom 16. Mai 1994 über die Aufnahme des Königreiches Norwegen, der Republik Österreich, der Republik Finnland und des Königreiches Schweden in die Euro-

prinzip, das gemäß Art. 6 Abs. 1 EUV auch für die Europäische Union gilt. Diesem Erfordernis wäre die Erklärung der portugiesischen Präsidentschaft nicht gerecht geworden, wenn sie dem Rat zugerechnet würde.[180] Für eine Entscheidung des Rats hätte es auch der Begründung gemäß Art. 253 EGV i.V.m. Art. 5 EUV bedurft.[181] Ein Vorgehen nach dem schriftlichen Verfahren gemäß Art. 10 GO des Rates wäre nur möglich gewesen, wenn alle Ratsmitglieder dies einstimmig beschlossen hätten, was hier nicht der Fall war. Hier wäre also das Einstimmigkeitserfordernis verletzt.[182]

Der Rat hätte gemäß Art. 204 EGV / Art. 1 Abs. 1 GO des Rates einberufen werden müssen, was nicht geschehen ist,[183] und dies hätte allen Ratsmitgliedern mitgeteilt werden müssen. Es darf nicht ein Ratsmitglied übergangen werden.

Daß die Feststellung des Rates im Amtsblatt hätte veröffentlicht werden müssen, läßt sich zumindest nicht aus Art. 15 GO des Rates schließen, die das Veröffentlichungserfordernis für Rechtsakte des Rates regelt.

Ebensowenig wie für ein Handeln des Rates wäre auch bei einer Aktion der im Rat vereinigten Vertreter der Mitgliedstaaten der ausgeschlossene Mitgliedstaat verletzt, weil er Teil der im Rat vereinigten Vertreter der Mitgliedstaaten ist. Gegen ein Handeln des *Europäischen* Rats spricht zusätzlich, daß zur formal vollständigen Besetzung nicht nur der Vertreter der Österreichischen Regierung fehlte, sondern auch noch der Kommissionspräsident.[184] Auch die Unterstützung durch ein Kommissionsmitglied und die Außenminister der Mitgliedstaaten fehlte. Der Europäische Rat hat darüber hinaus in diesem Bereich keine Beschlußkompetenz.[185]

Der Vorwurf zielt damit auf bewußten Rechtsformenmißbrauch, willkürliche Kompetenzanmaßungen, bewußte Rechtsumgehungen sowie Verletzung der Grundsätze der Union durch dieses Vorgehen.[186] Wenn es sich also um eine Maßnahme des Rats handelte, dann wäre sie rechtswidrig, weil sie eklatant gegen Verfahrensregeln verstieße.[187]

---

päische Union, 1994 ABl. C, 241/8: „Der Rat der Europäischen Union – gestützt auf den Vertrag über die Europäische Union, insbesondere auf Artikel O [...]".

[180] Vgl. Hummer/Obwexer, ZÖR 2000, 269 (275); dies., EuZW 2000, 485 (490).

[181] Vgl. Regan, ZÖR 2000, 323 (329); Fischer, Wiener Blätter zur Friedensforschung 2000, 32 (37).

[182] Vgl. auch Hummer/Obwexer, ZÖR 2000, 269 (275).

[183] Vgl. auch Winkler, ZÖR 2000, 231 (251); Leidenmühler, ZÖR 2000, 299 (303).

[184] So auch Leidenmühler, ZÖR 2000, 299 (302); Winkler, JRP 2000, 308 (325); Hummer/Obwexer, ecolex 2000, 250; dies., EuZW 2000, 485 (490); dies., europa blätter 2000, 52 (54). Nach Winkler ZÖR 2000, 231 (251) war der Vorsitzende der Kommission angeblich in die Kommunikation zur Herstellung der Willensübereinkunft eingebunden. Das reicht aber nicht.

[185] Vgl. Hummer/Obwexer, EuZW 2000, 485 (490).

[186] Winkler, ZÖR 2000, 229 (257 f.).

[187] Leidenmühler, ZÖR 2000, 299 (302) geht so weit, dies als einen a priori nichtigen Akt, also einen Nichtakt, zu bezeichnen.

(2) Zurechnung an vierzehn Staaten

Gerade dieser Vorwurf der eklatanten Rechtswidrigkeit läßt sich umdrehen und als Argument gegen die Ansicht, es handle sich um eine Erklärung des Rats, verwenden.[188] Denn wenn diese Handlung für den Rat als evident rechtswidrig anzusehen ist, ist dies ein starkes Indiz dafür, daß die vierzehn Staaten nicht als Rat handeln wollten und dies auch nicht getan haben, zumal dann, wenn eine Zurechnung der Erklärung an die Staaten unproblematisch möglich ist.[189]

Die Erklärung wurde in Form diplomatischer Noten dem österreichischen Bundespräsidenten, Bundeskanzler und Außenminister notifiziert, was für die Annahme einer Handlung außerhalb der EU und somit einer Willensübereinkunft der Staaten mit lediglich bilateraler Wirkung spricht.[190]
Darüber hinaus haben die vierzehn Staaten subjektiv offensichtlich nicht beabsichtigt, als Rat zu handeln. Der Akt ist von Seite der Handelnden ausdrücklich als Akt von vierzehn Mitgliedstaaten und nicht als Akt des Rates angelegt, was in der Erklärung der portugiesischen Ratspräsidentschaft vom 30. Juni 2000 *zum Mandat, welches er von den vierzehn EU-Staaten erhalten habe*, den Präsidenten des Europäischen Gerichtshofes für Menschenrechte um Benennung der „drei Weisen" zu ersuchen, nochmals bestätigt wird.[191] Hiermit handelt es sich um eine Maßnahme, die von derselben Rechtsperson oder denselben Rechtspersonen getroffen wurde wie die Erklärung vom 31. Januar 2000. Dasselbe gilt für den „Aufhebungsakt".[192]
Die Bedeutung des subjektiven Elements darf nicht unterschätzt werden.[193] Wenn weder eine Kompetenznorm für den Rat vorhanden ist, noch der Anspruch bestanden hat, nach dieser (nicht vorhandenen) Kompetenznorm zu handeln, kann nur wenig dafür sprechen, ein Handeln diesem Organ zuzurechnen, das weder handeln wollte noch handeln durfte.[194] Nicht nur der Anwendungsbereich des Art. 7 EUV war nicht eröffnet, auch die in der Erklärung angekündigten Maßnahmen sollten gerade keine der in Art. 7 EUV vorgesehenen Sanktionen darstellen, also keine Rechte der Mitgliedstaaten berühren.[195] Die subjektive Seite alleine kann zwar noch nicht überzeugen, da es für die Zuordnung eines Aktes nach der Rechtsprechung des Gerichtshofs nicht auf den subjektiven Sinn allein ankommt, sondern

---

[188] Vgl. auch Merlingen/Mudde/Sedelmeier, JCMS 2001, 59 (66); Busse, Österreich contra Europäische Union, S. 19.
[189] Vgl. auch Busse, Österreich contra Europäische Union, S. 19.
[190] Vgl. zu dieser Feststellung Winkler, ZÖR 2000, 229 (235).
[191] Wiedergegeben im Bericht von Martti Ahtisaari, Jochen Frowein, Marcelino Oreja (Bericht der drei Weisen), abgedruckt in EuGRZ 2000, 404, S. 1 des Berichts.
[192] „Communiquédes XIV..."; vgl. Winkler/Schauer, Die Maßnahmen von 14 EU-Mitgliedstaaten gegen Österreich, S. 129.
[193] Vgl. dazu Kelsen, Was ist ein Rechtsakt?, S. 162. Dort bezieht er sich allerdings auf das fehlende subjektive Element bei der Qualifizierung eines Rechtsaktes als Rechtsakt einer bestimmten Ordnung. Der Gedanke läßt sich jedoch übertragen.
[194] Leidenmühler, ZÖR 2000, 299 (304); vgl. auch Rotter, Europäische Rundschau 2000, 21 (24).
[195] Vgl. Winkler/Schauer, Die Maßnahmen von 14 EU-Mitgliedstaaten gegen Österreich, S. 132; Leidenmühler, ZÖR 2000, 299 (306); Hummer/Obwexer, ZÖR 2000, 269 (276); dies., EuZW 2000, 485 (489 f.); dies., europa blätter 2000, 52 (54).

auf den Inhalt sowie alle relevanten Umstände.[196] Diese sprechen zusammengenommen aber dafür, hier keine Erklärung des Rates zu sehen.

Damit wird im folgenden also davon ausgegangen, daß es sich nicht um eine Erklärung des Rates handelt, sondern um eine von vierzehn Staaten, für die die portugiesische Ratspräsidentschaft lediglich die Übermittlerrolle übernommen hat.[197] Materieller Urheber sind die Staatsoberhäupter und Regierungschefs von vierzehn Mitgliedstaaten der EU.

(3) Qualifizierung der Erklärung

Es bleibt die Frage zu beantworten, ob es sich bei der Erklärung um eine formlose Willensübereinkunft, also eine außerrechtliche zwischenstaatliche Abmachung von vierzehn Staaten handelt, oder um einen völkerrechtlichen Vertrag. Gegen letzteres spricht schon, daß sich die vierzehn Staaten rechtlich hätten binden wollen müssen.[198] Dem steht aber die Bezeichnung ihres Vorgehens in der Mitteilung der portugiesischen Regierung als „joint reaction" entgegen.[199] Ein Rechtsbindungswille folgt nicht schon daraus, daß die vierzehn Staaten angeblich davon ausgingen, ein abweichendes Verhalten sei nur nach einer Revision oder „Aufhebung" des Statements möglich, denn diese Auffassung kann sich ebensogut auf eine rein politische Bindung beziehen.[200] Auf einen Rechtsbindungswillen kann man auch nicht aus der Antwort des irischen *Dail* an den *Taoiseach* schließen. Mit den Worten „if this Government [gemeint ist das österreichische] follows the policy it has set down perhaps matters will change, but that can only be done at European Council level"[201] kann nämlich nur gemeint sein, daß ein Suspendierungsverfahren nur im Rahmen der EU eingeleitet werden kann. Dies betrifft aber nicht einen angeblich vorhandenen Bindungswillen bei der hier diskutierten Erklärung.[202]

[196] Vgl. die ständige Rechtsprechung des EuGH, Urteil vom 30.6.1993 – Europäisches Parlament ./. Rat und Kommission, verb. RS. C-181/91 und C-248/93 – Slg. 1993, I-3685 (3718, Rn. 14).
[197] So auch Rotter, Europäische Rundschau 2000, 21 (24); Leidenmühler, ZÖR 2000, 299 (302 ff.); Hummer/Obwexer, ZÖR 2000, 269 (275); dies., EuZW 2000, 485 (489 f.); dies, europa blätter 2000, 52 (54); dies., ecolex 2000, 250 (250 f.); van Nuffel, RDUE 2001, 329 (379); Hummer, NZZ vom 24. Februar 2000, S. 5; Winkler/Schauer, Die Maßnahmen von 14 EU-Mitgliedstaaten gegen Österreich, S. 125; Köck/Hintersteininger, Zu den Sanktionen der vierzehn EU-Partnerstaaten gegen Österreich, S. 479; Schwarzenegger, ZfRV 2000, 124: falsa demonstratio non nocet. A. A. Winkler, ZÖR 2000, 229 (239 ff.); wohl auch Regan, ZÖR 2000, 323 (328); Winkler, JRP 2000, 308 (325); wohl auch Folz, Austritt und Ausschluss aus der Europäischen Union, S. 162: Zuordnung an die Mitgliedstaaten mehr als fraglich.
[198] Vgl. zur Abgrenzung zwischen völkerrechtlichem Vertrag und außerrechtlicher zwischenstaatlicher Abmachung Rotter, Die Abgrenzung zwischen völkerrechtlichem Vertrag und außerrechtlicher zwischenstaatlicher Abmachung, S. 432.
[199] Gerade dies sieht jedoch Winkler, JRP 2000, 308 (325) als Indiz für einen Bindungswillen.
[200] A.A. Winkler, JRP 2000, 308 (324); Busse, Österreich contra Europäische Union, S. 26.
[201] Dail Report 15 February 2000 col 538.
[202] A.A. Regan, ZÖR 2000, 323 (326).

Damit stellt die Erklärung der portugiesischen Regierung also eine Mitteilung einer außerrechtlichen zwischenstaatlichen Abmachung der vierzehn Staaten dar.[203]
Ob ein solches Vorgehen mit der Unionsaufsicht vereinbar ist, soll unten bei der Bewertung der einzelnen angekündigten Maßnahmen betrachtet werden.

c) Die Maßnahmen

(1) Herabstufung der diplomatischen Beziehungen

(a) Keine Maßnahme der Unionsaufsicht

Die vierzehn Staaten kündigen in der Erklärung den Abbruch der bilateralen Kontakte auf höchster Ebene an, also die Herabstufung diplomatischer Beziehungen; dies haben sie später vollzogen.[204] Besagtes Verhalten stellt eine unfreundliche Handlung dar; der Abbruch diplomatischer Beziehungen ist das häufigste Beispiel für unfreundliches Verhalten.[205]
Erklärt ein Mitgliedstaat gegenüber einem anderen Mitgliedstaat, er werde die diplomatischen Beziehungen herabstufen, *ohne* daß ein *Bezug* zu einer angeblichen Gefahr der Verletzung der Grundsätze der Union in dem anderen Staat gesehen werden kann oder behauptet wird (also ein etwas anderer Fall als die Reaktion gegenüber Österreich), dann handelt es sich eindeutig um eine außerhalb der Unionsaufsicht stehende Maßnahme. Ein solcher unfreundlicher Akt zwischen Staaten – also ein Verstoß gegen die Courtoisie (*comitas gentium*) – ist grundsätzlich unproblematisch;[206] er wäre auch vorstellbar zwischen den Ländern eines Bundesstaates, wenn auch hier nicht von einer völkerrechtlichen Ebene gesprochen würde, sondern von einer staatsrechtlichen.[207]
Durch ein solches Vorgehen wird nicht gegen Art. 47 des Wiener Übereinkommens über diplomatische Beziehungen verstoßen,[208] weil kein Staat – auch nicht aus dem Wiener Übereinkommen über diplomatische Beziehungen – ein Recht auf Botschafterkontakte auf ministerieller Ebene hat und es sich daher nur um unfreundliche Akte handelt.[209]

---

[203] Ebenso Hummer/Obwexer, EuZW 2000, 495 (490). Dies., europa blätter 2000, 52 (55) wollen sich hier nicht festlegen und halten einen Rückgriff auf den Originalwortlaut für erforderlich; ebenso dies., ecolex 2000, 250 (251); dies., EuZW 2000, 485 (490); dies., ZÖR 2000, 269 (275); Adamovich, EuGRZ 2001, 89; Busse, Österreich contra Europäische Union, S. 22; a.A. Regan, ZÖR 2000, 323 (326); wohl auch Winkler, ZÖR 2000, 231 (243): in einer ähnlichen Weise verbindlich, wie gemeinsame Aktionen im Rahmen der GASP; Fischer, Wiener Blätter zur Friedensforschung 2000, 32 (36): Völkerrechtlicher Vertrag.
[204] Die Erklärung ist nicht self-executing, vgl. Winkler, ZÖR 2000, 231 (243).
[205] Vgl. Verdross/Simma, Universelles Völkerrecht, § 1335 (S. 902).
[206] Vgl. auch Jakob, Sanktionen gegen vertragsbrüchige Mitgliedstaaten der EWG, S. 156.
[207] Vgl. Busse, Österreich contra Europäische Union, S. 32.
[208] A.A. Winkler, ZÖR 2000, 229 (253).
[209] Vgl. Rotter, Europäische Rundschau 2000, 21 (24); Happold, ICLQ 2000, 953 (961 f.); Pelinka, Europäische Rundschau 2000, 3 (4); Winkler/Schauer, Die Maßnahmen von 14 EU-Mitgliedstaaten gegen Österreich, S. 132; Leidenmühler, ZÖR 2000, 299 (306); Hummer/Obwexer, ZÖR 2000, 269 (272); dies., europa blätter 2000, 52 (55); Hummer, Europäische Rundschau 2000, 13 (16).

Kommt nun hinzu, daß der „unfreundliche" Mitgliedstaat sein Verhalten damit begründet, daß er im Verhalten des betroffenen Mitgliedstaates eine Gefahr für die Grundsätze der Union sieht, so wird seine Maßnahme nicht allein dadurch zu einer Maßnahme der Unionsaufsicht. Einen Bezug zu diesem Mechanismus erhält sein Verhalten nur dadurch, daß es auch *objektiv* einem der beiden in der Unionsaufsicht vorgesehenen Mechanismen vorgelagert ist, also wenn es auch objektiv geeignet ist, zur Wahrnehmung der Initiativberechtigung des Drittels der Mitgliedstaaten beizutragen.[210] Allein die subjektive Zielrichtung genügt jedoch nicht.
Die Herabstufung diplomatischer Beziehungen ist allerdings eindeutig nicht objektiv geeignet, zur Wahrnehmung der Initiativberechtigung der Mitgliedstaaten beizutragen, sondern steht unabhängig neben einer solchen Initiative. Damit handelt es sich nicht um eine Maßnahme der Unionsaufsicht.

(b) Verstoß gegen Völkerrecht?

Bilaterale politische Akte der Mitgliedstaaten stehen grundsätzlich außerhalb und damit selbständig neben der Unionsaufsicht und sind nicht von vornherein ausgeschlossen. Im folgenden soll untersucht werden, ob mit den Maßnahmen der 14 gegenüber Österreich gegen das Völkerrecht verstoßen wurde. Für die Bereiche außerhalb des EUV ist zwischen den Mitgliedstaaten selbstverständlich das Völkerrecht weiterhin anwendbar.[211]

Kein Staat hat *per se* einen Anspruch darauf, „freundlich" behandelt zu werden. Die Courtoisie wird von den Staaten freiwillig den anderen Staaten zugestanden, ohne hierbei einer Rechtspflicht Folge zu leisten.[212] Dem steht nicht entgegen, daß ein unfreundliches Verhalten verpönt ist.[213]

Weder die Ankündigung noch der Vollzug eines solches Verhaltens verstößt gegen die „Würde" eines Staates[214] oder gegen „Grundrechte" der Staaten.[215] Weder die UN-Charta, noch die *Friendly Relations Declaration* der UN-Generalversammlung[216] erwähnen ein Recht auf Achtung der Ehre der Staaten; dieses Prinzip hatte früher

---

[210] Siehe oben, Kapitel 4. B. 6.

[211] Dies wurde bereits oben sogar für Bereiche innerhalb der EU festgestellt, für die keine abgeschlossenen Lösungsmechanismen vorhanden sind, siehe oben, Abschnitt F. 1. Dieses Kapitels.

[212] Vgl. Winkler/Schauer, Die Maßnahmen von 14 EU-Mitgliedstaaten gegen Österreich, S. 132; Rotter, Europäische Rundschau 2000, 21 (24); Happold, ICLQ 2000, 953 (961 f.); Pelinka, Europäische Rundschau 2000, 3 (4).

[213] Merlingen/Mudde/Sedelmeier, ConWEB No. 4/2000, S. 7 sprechen von einer Sozialnorm. Vgl. auch Köck, Die Maßnahmen der EU-14 gegen Österreich, S. 119 f; Köck/Hintersteininger, Zu den Sanktionen der vierzehn EU-Partnerstaaten gegen Österreich, S. 504.

[214] A.A. Fischer, Wiener Blätter zur Friedensforschung 2000, 32 (36) mit Verweis auf Partsch, Von der Würde des Staates, S. 15 ff.

[215] Zu den Grundrechten der Staaten siehe Ruda, States, Fundamental Rights and Duties, insbes. S. 476. A. A. Köck/Hintersteininger, Zu den Sanktionen der vierzehn EU-Partnerstaaten gegen Österreich, S. 501 und 504 ff.

[216] Declaration on Principles of International Law Concerning Friendly Relations and Co-operation among States in Accordance with the Charter of the United Nations, GA Res. 2625 (XXV) vom 24.10.1970.

allgemeine Geltung.[217] Es soll vor allem den Anspruch umfassen, von jedem anderen Staat mit der Achtung behandelt zu werden, die einem gleichberechtigten Mitglied der Völkerrechtsgemeinschaft zukommt, das seine internationalen Verpflichtungen erfüllt und den internationalen Minimalstandard an Recht und Menschlichkeit einhält.[218] Allerdings ist fraglich, ob eine entsprechende Rechtspflicht im Völkerrecht nachweisbar ist.[219] Anders verhält es sich für jenen Kanon von Rechtsprinzipien, die den Staaten aufgrund ihrer Völkerrechtssubjektivität zukommt. Dazu gehört etwa, daß Staatsoberhäupter, Staatsorgane und Staatssymbole nicht durch Kundgabe von Miß- oder Nichtachtung herabgewürdigt werden dürfen.[220]
Ein in einzelnen Reaktionen liegendes unfreundliches Verhalten kann die „Ehre" eines Staates jedenfalls noch nicht verletzen, da eine Ehrverletzung erst dann vorliegt, wenn ein Werturteil über einen anderen abgegeben wird, welches dessen Achtungsanspruch verletzt, oder wenn eine ehrenrührige unwahre Tatsache über einen anderen behauptet wird, wodurch die eigene Miß- oder Nichtachtung des anderen kundgegeben wird.[221] Dies ist bei der Herabstufung diplomatischer Beziehungen gegenüber einem anderen Staat offensichtlich nicht der Fall, auch dann nicht, wenn diese Maßnahme mit einer politisch „unliebsamen" Regierung in dem anderen Staat begründet wird.
Selbst wenn man davon ausgeht, die Staaten hätten einen gegenseitigen Anspruch darauf, miteinander in jene Zusammenarbeit einzutreten, die erforderlich ist, damit ihnen ein ausreichender Zugang zu den Gütern dieser Welt ermöglicht wird und sie in den Stand versetzt werden, ihren Angehörigen einen angemessenen Anteil am internationalen Gemeinwohl zu sichern,[222] so steht diesem ein in einzelnen Reaktionen liegendes *unfreundliches* Verhalten nicht entgegen. Ein solcher Anspruch auf Zusammenarbeit betrifft eine grundsätzliche Ebene, die von politischen, unfreundlichen Einzelmaßnahmen noch nicht betroffen ist

Es fragt sich, ob durch die Begründung der Maßnahmen mit der Regierungsbeteiligung der „politisch unbeliebten" FPÖ gegen das Interventionsverbot verstoßen wurde. Das Interventionsverbot oder auch Prinzip der Nichteinmischung ist einer der allgemeinen Grundsätze des Völkerrechts, der aus der Souveränität der Staaten folgt und in Art. 2 Nr. 7 UN- Charta normiert ist. Ihm zufolge darf kein Zwang auf einen anderen Staat ausgeübt werden, um zu erreichen, daß dieser sich einem fremden Willen unterwirft.[223] Es bedarf also erstens der Einmischung in Bereiche der staatlichen Angelegenheiten und zweitens der Androhung oder Anwendung von Zwang.[224]

---

[217] Ipsen, Völkerrecht, § 26, Rn. 14 (S. 332).
[218] Ipsen, Völkerrecht, § 26, Rn. 14 (S. 332).
[219] Dagegen ist Lauterpacht, Oppenheim's International Law, S. 282.
[220] Lauterpacht, Oppenheim's International Law, S. 282. Nur diese Gebote sieht auch Berber, Lehrbuch des Völkerrechts, S. 207, aus der Ehre des Staates begründet.
[221] Vgl. für das deutsche Strafrecht Kühl, in Lackner/Kühl, StGB, § 185, Rn. 2 ff.
[222] So etwa Köck, Die Maßnahmen der EU-14 gegen Österreich, S. 120.
[223] Vgl. Vitzthum, Begriff, Geschichte und Quellen des Völkerrechts, Rn. 76.
[224] Ipsen, Völkerrecht, § 59, Rn. 50 (S. 955).

Die Frage, was von den innerstaatlichen Angelegenheiten umfaßt ist, kann nicht für alle Staaten gleich beantwortet werden, da der Inhalt des *domaine réservé* von den jeweils zwischen zwei Staaten geltenden völkerrechtlichen Regeln bestimmt wird.[225]. Wenn also zu den traditionell in den staatlichen Zuständigkeitsbereich fallenden Bereichen „the choice of a political [...] system" gehört,[226] dann muß dies nicht heißen, daß dies auch für die Mitgliedstaaten der EU untereinander der Fall ist.
Sie haben sich mit Art. 6 Abs. 1 EUV darauf festgelegt, daß sie die Grundsätze der Freiheit, der Demokratie, der Achtung der Menschenrechte und Grundfreiheiten sowie der Rechtsstaatlichkeit achten und haben sich mit der Unionsaufsicht einem Mechanismus zur Wahrung der Geltung dieser Grundsätze unterworfen. Diese Unterwerfung betrifft die gesamte verfassungsrechtliche und –wirkliche Lage eine Staates. Damit haben sich die Mitgliedstaaten der EU gegenüber den anderen Mitgliedstaaten (und gegenüber der Union) gebunden, eine entsprechende staatliche Ordnung in ihrem Inneren zu gewährleisten. Hier überlagert das Unionsrecht den *domaine réservé*: Die Staaten können sich untereinander nicht mehr darauf berufen, es handele sich um innere Angelegenheiten, wenn in ihrem Inneren Entwicklungen stattfinden, welche die Geltung der Grundsätze in Frage stellen können, die also eine Gefahr für die Geltung der Grundsätze im Staat sind. Zwar muß die nationale Identität der Mitgliedstaaten geachtet werden, hier hinein darf also keine Einmischung erfolgen.[227] Diese nationale Identität der Mitgliedstaaten kann jedoch nicht darin bestehen, die Grundsätze zu verletzen, da Art. 6 Abs. 1 EUV gegenüber Abs. 3 spezieller ist.[228]
Die Regierungsbeteiligung einer „Rechtspopulistischen Partei mit extremistischer Ausdrucksweise"[229] stellt jedoch noch keine Gefahr für die Grundsätze dar.[230] Eine solche Gefahr liegt erst dann vor, wenn sich diese Partei außerhalb des demokratischen Meinungsspektrums bewegt, jedoch nicht unterhalb dieser Schwelle, wo demokratische Wahlen respektiert werden müssen.[231] Daß sich die FPÖ außerhalb

---

[225] Ipsen, Völkerrecht, § 59, Rn. 53 (S. 957); Hillgruber, JRP 2000, 288 (294).
[226] „Nicaragua-Entscheidung", Urteil vom 27.6.1986, Nicaragua ./. United States of America, ICJ Reports 1986, 13 (108).
[227] Puttler, in Calliess/Ruffert, Kommentar zu EUV und EGV, Art. 6 EUV, Rn. 191. Unverständlich Hillgruber, JRP 2000, 288 (291). Er sieht in Art. 6 *Abs. 1* EUV das Gebot zur Achtung der nationalen Identität. Vermutlich handelt es sich um einen redaktionellen Fehler.
[228] Puttler, in Calliess/Ruffert, Kommentar zu EUV und EGV, Art. 6 EUV, Rn. 192. Siehe auch schon oben, Kapitel 3, D.
[229] Vgl. Bericht von Martti Ahtisaari, Jochen Frowein, Marcelino Oreja (Bericht der drei Weisen), abgedruckt in EuGRZ 2000, 404, S. 26 und 30 des Berichts (Rn. 92 und 106).
[230] Vgl. Neisser, Anlassfall Österreich, S. 145: „Populistische Parteien linker oder rechter Provenienz müssen noch hingenommen werden, radikale und extremistische jedoch nicht." Vgl. auch Olt, Die Torheit der Regierenden, S. 452; Happold, ICLQ 2000, 953 (960 f.); Köck, Die Maßnahmen der EU-14 gegen Österreich, S. 114 f.; Hummer/Obwexer, EuZW 2000, 485 (489).
[231] Vgl. auch Happold, ICLQ 2000, 953 (959 f.); Regan, ZÖR 2000, 323 (333); Siehe auch Köck/Hintersteininger, Zu den Sanktionen der vierzehn EU-Partnerstaaten gegen Österreich, S. 500; Köck, Die Maßnahmen der EU-14 gegen Österreich, S. 113 und 116: solange eine Partei ihre Ziele mit demokratischen Mitteln verfolgt, muß sie als im demokratischen Verfassungsspektrum angesiedelt gesehen werden. Zur Frage der internationalen Verpflichtung von Staaten, antidemokratische Parteien zu verbieten, siehe Fox/Nolte, HarvIntLJ 1995, 1 (59 ff.). Zur EMRK und Parteienverbot siehe die Hinweise bei Köck/Hintersteininger, Zu den Sanktionen der vierzehn EU-Partnerstaaten gegen Österreich, S. 484. Ob allerdings die Regierungsbeteiligung einer Partei die Vermutung aufstellt, daß sie auch tragbar ist, kann nicht allgemein angenommen werden, sondern hängt von den sonstigen rechtlichen und politischen Verhältnissen in einem Staat ab, A.A. offensichtlich Köck/Hintersteininger, Zu den Sanktionen der vierzehn EU-Partnerstaaten gegen Österreich, S. 489.

des demokratischen Meinungsspektrums bewegt, wurde bislang allerdings nicht dargetan.[232] Insofern muß diese aus demokratischen Wahlen hervorgegangene Regierung akzeptiert werden.[233]
Selbst wenn sich Österreich hier also auf seinen *domaine réservé* berufen kann, so heißt dies noch nicht, daß die 14 das Interventionsverbot verletzt haben. Nicht schon jeglicher Druck auf andere Staaten zur Erreichung politischer Ziele verstößt gegen das Interventionsverbot. Die Frage, wie verbotener Zwang von erlaubter Einmischung abgegrenzt werden kann, ist jedoch nach wie vor unbeantwortet. Hierfür werden unterschiedliche Kriterien vorgeschlagen, etwa die Absicht, die Intensität der Maßnahme, das verletzte Rechtsgut, die Mittel-Zweck-Relation oder der tatsächlich erreichte Erfolg. Es hat sich jedoch noch keines der Kriterien durchsetzen können, so daß es noch an einem allgemein anerkannten Grundsatz zur Beurteilung fehlt.[234]

Das Mittel, welches hier in der Herabstufung diplomatischer Beziehungen lag, ist – wie eben bereits erörtert wurde - völkerrechtlich nicht zu beanstanden. Problematischer könnte jedoch die Zweck-Mittel-Relation sein. Zumindest zu Beginn der Maßnahmen der 14 sollte offensichtlich nur die eigene Demission der Österreichischen Regierung zur Aufhebung der Maßnahmen führen können.[235] Es wurde also versucht, „durch eine politisch-diplomatische Isolation auf die Zusammensetzung der Regierung in einem [...] Staat bestimmenden Einfluß zu nehmen."[236] In dem Verhalten der 14 gegenüber Österreich kann ein Verstoß gegen das Interventionsverbot gesehen werden, wenn allein diese Zweck-Mittel-Relation ausreicht, um eine erlaubte Einmischung zu einem verbotenen Verhalten zu qualifizieren.[237]
Dieser Grundsatz gilt jedoch gerade nicht als allgemeiner Grundsatz des Völkerrechts, sondern wird nur verschiedentlich in der Literatur vertreten.[238] Wenn die „Friendly Relations Declaration" der UN-Generalversammlung[239] in ihrem Wortlaut weiter geht („armed intervention and all other forms of interference or at-

---

[232] Vgl. auch Hillgruber, JRP 2000, 288 (295): Die „demokratisch legitimierte Regierung mißfällt, ohne daß ein Verstoß gegen Europarecht [durch diese Regierung, die Verf.] ersichtlich wäre".
[233] Vgl. auch Hillgruber, JRP 2000, 288 (292): Nicht gefolgt werden kann allerdings der Ansicht, jede aus demokratischen Wahlen hervorgegangene Partei müsse akzeptiert werden. Die Grundsätze der Union aus Art. 6 Abs. 1 EUV dürfen sich nicht konterkarieren. Wie bereits oben in Kapitel 3, B. 3. b) (2) (b) ausgeführt wurde, darf eine Volksherrschaft nicht zu Ergebnissen führen, die der Idee der Freiheit eines jeden nicht gerecht wird. Vgl. auch Weinberger, ZÖR 2000, 337 (338): „ Die Erfahrung zeigt, daß durch Mehrheitsbeschlüsse Menschenrechte verletzt, ungerechte Diskriminierungen etabliert, ja sogar Diktaturen eingeführt werden können." A.A. wohl Hillgruber, JRP 2000, 288 (292).
[234] Vgl. Ipsen, Völkerrecht, § 59, Rn. 63 (S. 960); Neuhold/Hummer/Schreuer, Österreichisches Handbuch des Völkerrechts, Rn. 1781 ff. (S. 337 f.).
[235] Vgl. Hummer, Europäische Rundschau 2000, 12 (20); ders., JRP 2000, 185 (193); Fischer, Wiener Blätter zur Friedensforschung 2000, 32 (37). Stein, Der Kreuzzug der Vierzehn gegen Österreich, S. 11 sieht hierin einen klassischen Verstoß gegen das Interventionsverbot; Schorkopf, in Grabitz/Hilf, Das Recht der EU, Art. 7 EUV (Amsterdam), Rn. 30, bezeichnet dieses Vorgehen als unverhältnismäßig.
[236] Hillgruber, JRP 2000, 288 (289).
[237] So Hillgruber, JRP 2000, 288 (289). Es handele sich um eine Parallele zum Nötigungstatbestand im nationalen Recht. Vgl. auch Leidenmühler, ZÖR 2000, 299 (306).
[238] Siehe die Nachweise bei Ipsen, Völkerrecht, § 59, Rn. 63 (S. 960); Neuhold/Hummer/Schreuer, Österreichisches Handbuch des Völkerrechts, Rn. 1784 (S. 338).
[239] Declaration on Principles of International Law Concerning Friendly Relations and Co-operation among States in Accordance with the Charter of the United Nations, GA Res. 2625 (XXV) vom 24.10.1970.

tempted threats"), so kann dies nicht als Argument dienen, da es sich bei ihr nur um *soft law* handelt.[240] Mit einem so engen Verständnis dieser Formulierung wäre auch jeglicher politische Druck verboten; es herrscht jedoch Einigkeit darüber, daß dieser in einem gewissen Rahmen erlaubt und auch üblich ist. Ein Staat kann sich in die Angelegenheiten eines anderen Staates auch mit diplomatischen Mitteln einmischen, dies ist jedoch erst dann verboten, wenn es in einer Weise geschieht, die in den Bereich der freien Selbstbestimmung des anderen Staates einzugreifen vermag, etwa dadurch, daß sie heimtückisch ist oder eine Machtlage ausgenutzt wird.[241] Durch die Herabstufung diplomatischer Beziehungen wurde Österreich nicht die Kontrolle über die Frage der Regierungsbildung entzogen, auch nicht mittelbar. Hierin liegt lediglich eine Maßnahme, die eine Antwort auf die politischen Verhältnisse in Österreich darstellt. Eine solche politisch-diplomatische Vorgehensweise geht in seinen Wirkungen nicht über das in den internationalen Beziehungen übliche Maß hinaus.[242] Auch wenn sie „be intended not only as mark of displeasure but also to persuade the other state to pursue, or discontinue, a particular course of conduct, such pressure falls short of being dictatorial and does not amount to intervention."[243]
Falls eine engere „Bindung" der europäischen Staaten aufgrund von *soft law* vorliegt, etwa durch die KSZE-Schlußakte vom 1.8.1975 oder die Charta von Paris für ein neues Europa vom 21.11.1990,[244] so muß betont werden, daß dem *soft law* gerade die Härte positiven Rechts fehlt.[245]

Mit der Herabstufung diplomatischer Beziehungen wurde also nicht gegen Völkerrecht verstoßen.[246] Mangels eines solchen Verstoßes kann *hierin* auch kein Verstoß gegen die Unionstreue gesehen werden, die sich grundsätzlich auch auf Akte der Mitgliedstaaten bezieht, die völkerrechtlicher Natur sind.[247] Ein Verstoß gegen die Unionstreue kann aber aus anderem Grund vorliegen.

---

[240] Vgl. Arangio-Ruiz, Friendly Relations Resolution, EPIL II, S. 485 (486 f.).
[241] Vgl. Berber, Lehrbuch des Völkerrechts, S. 187. Vgl. auch Hummer/Obwexer, EuZW 2000, 485 (490); dies., europa bätter 2000, 52 (55): bei aller Unsicherheit über den genauen Inhalt des Interventionsverbots.
[242] Vgl. Hummer/Obwexer, EuZW 2000, 485 (490); dies., europa blätter 2000, 52 (55).
[243] Jennings/Watts, Oppenheims's International Law, S. 431 f. Sie nennen als Beispiel ausdrücklich den Abbruch diplomatischer Beziehungen. Vgl. auch Ipsen, Völkerrecht, § 59, Rn. 60 (S. 959): „Einwirkungen auf einen Staat, die das Völkerrecht generell gestattet, etwa diplomatische Interzessionen, erfüllen nicht den Tatbestand der Intervention." Keine verbotene Intervention im Österreich-Fall sehen auch Winkler/Schauer, Die Maßnahmen von 14 EU-Mitgliedstaaten gegen Österreich, S. 132; Hummer/Obwexer, europa blätter 2000, 52 (55); Hummer, Europäische Rundschau 2000, 13 (16 f.).
[244] Vgl. Hummer/Obwexer, EuZW 2000, 485 (490); dies., europa blätter 2000, 52 (55).
[245] Vgl. auch Vitzthum, Begriff, Geschichte und Quellen des Völkerrechts, Rn. 14 und dort Fn. 31, welcher die KSZE-Schlußakte als „Prototyp einer nicht-rechtlichen Vereinbarung" bezeichnet.
[246] Siehe jetzt auch im Ergebnis Unruh, EuR 2002, 41 (44).
[247] Wenn sie auch nicht unmittelbar angewendet werden kann, vgl. EuGH, Urteil vom 15.1.1986 – Hurd ./. Jones, Rs. 44/84 – Slg. 1986, 29 (83, Rn. 46 ff.).

(c) Verstoß gegen Unionsrecht?

Nun soll zur Klärung noch einmal genau differenziert werden. Solange die Staaten untereinander nur politisch verkehren, ist es zwar unschön, wenn sie sich nicht „ritterlich“ (courtois) im Umgang miteinander verhalten. Solch ein Verhalten ist auch sicherlich nicht im Sinne des in Art. 2 EGV genannten Vertragsziels, die Solidarität zwischen den Mitgliedstaaten zu fördern. Rechtswidrig kann dieses Vorgehen aber erst werden, wenn es Konsequenzen nach sich zieht, die sich nicht auf den bilateralen politischen Umgang miteinander beschränken.
Diese Beschränkung wird dann überschritten, wenn durch ein solches Verhalten die Arbeit innerhalb der EG/EU beeinträchtigt wird, denn dann hat es rechtliche Konsequenzen, für die aber spezielle Kompetenzen innerhalb der Unionsaufsicht gegeben sein müssen.
Das Europäische Rechtssystem ist mit den nationalen Rechtssystemen so eng verzahnt, daß sich das anscheinend rein bilaterale politische Handeln der Mitgliedstaaten auf Bereiche auswirken kann, die zumindest *auch* nach Gemeinschafts- oder Unionsrecht zu beurteilen sind. Die Grenze zwischen bilateralen Kontakten der Staaten und multilateralen EU-Kontakten ist fließend.[248] Bei einer Auswirkung auf Bereiche, die auch nach Gemeinschafts- oder Unionsrecht zu beurteilen sind, ist dann weiter zu überlegen, ob diese Auswirkungen rechtliche Konsequenzen nach sich ziehen. Einem Verhalten, welches im bilateralen Umgang der Staaten miteinander nur politische Wirkungen zeitigt, kann dadurch, daß es auch unions- oder gemeinschaftsrechtliche Relevanz hat, eine rechtliche Wirkung zukommen. Dies soll gleich in einem konkreten Beispiel erörtert werden.

Zunächst soll jedoch skizziert werden, in welchen Bereichen die Mitgliedstaaten in diplomatischen Beziehungen zueinander stehen.
Dies ist immer dann der Fall, wenn sie auf bilateraler Ebene miteinander verhandeln, aber auch multilateral im Bereich der zweiten und dritten Säule, den intergouvernemental ausgestalteten Teilen der Union, sowie dann, wenn in den durch das EU-Recht ungeregelten Bereichen die Mitgliedstaaten multilateral miteinander kommunizieren (dies zeigt sich etwa in den sogenannten „uneigentlichen Ratsbeschlüssen“). Diese drei verschiedenen Bereiche sind voneinander zu trennen.

(i) Intergouvernemental ausgestalteter Bereich der EU

Im intergouvernemental ausgestalteten Bereich der EU ist den Mitgliedstaaten der Abbruch oder auch nur die Herabstufung der diplomatischen Beziehungen in weiten Bereichen verwehrt. Hier liegen teilweise explizite Regelungen darüber vor, daß

[248] „Mehr als fließend und wird [...] immer wieder verwischt“ – so Hummer, NZZ vom 24. Februar 2000, S. 5. Vgl. auch Pernthaler/Hilpold, integration 2000, 105 (106). Fischer, Wiener Blätter zur Friedensforschung 2000, 32 (37) sieht gar keine Trennungsmöglichkeit zwischen bilateralen und multilateralen Beziehungen im „hoch integrierten System der EU“.

und wie multilateral gehandelt wird, so daß ein völkererrechtliches Vorgehen der Mitgliedstaaten europarechtlich modifiziert ist. Art. 11 Abs. 2 EUV gebietet die Stärkung der gegenseitigen politischen Solidarität.[249] Allerdings fragt sich, ob angesichts des programmatischen Charakters dieser Norm hieraus ein konkreter Rechtsanspruch abgeleitet werden kann.[250] Gemäß Art. 16 EUV sind die Mitgliedstaaten jedoch verpflichtet, einander zu bedeutsamen außen- und sicherheitspolitischen Fragen zu unterrichten und sich rechtzeitig vor einer Handlung miteinander abzustimmen; Art. 20 EUV konkretisiert, daß sich die diplomatischen und konsularischen Vertretungen der Mitgliedstaaten in gewissen Bereichen abstimmen. Art. 19 Abs. 2 EUV geht noch darüber hinaus und verpflichtet die Mitgliedstaaten zu einer Informationspflicht gegenüber den anderen Mitgliedstaaten.[251]
Ein bilaterales Vorgehen in diesem Bereich schlägt damit automatisch auf die multilaterale Ebene durch. Wenn dadurch in einzelne Rechte des betroffenen Mitgliedstaats eingegriffen wird, wie dies etwa bei unterlassener Information dieses Staates der Fall wäre, dann handelt es sich um rechtlich wirksame Sanktionen, mit denen gegen die Abgeschlossenheit des Suspendierungsverfahrens verstoßen würde.

(ii) Uneigentliche Ratsbeschlüsse

Ein unfreundliches Verhalten im Bereich der uneigentlichen Ratsbeschlüsse ist nicht möglich, weil jeder Staat einen Teil der „im Rat vereinigten Vertreter der Mitgliedstaaten" darstellt, und somit auch hier ein bilaterales Handeln automatisch zu einem multilateralen wird.

(iii) Bilateraler Bereich

Für die bilaterale Kommunikation ergeben sich bei einer Herabstufung der diplomatischen Beziehungen zunächst keine Probleme. Es ist zwar nicht höflich, einen EU-Partner nur noch auf technischer Ebene zu empfangen; dieser hat aber – wie jeder Staat im völkerrechtlichen Verkehr – keinen rechtlichen Anspruch auf eine andere Behandlung.[252] Dies gilt genauso für die Länder eines Bundesstaats. Niemand kann den thüringischen Ministerpräsidenten zwingen, seinen bayerischen Amtskollegen zu empfangen („bilateral"). Es handelt sich nur um einen politischen Akt, der zwei Länder oder zwei Staaten betrifft.

---

[249] Hierauf verweist auch der Außenpolitische Bericht 2000, Bundesministerium für auswärtige Angelegenheiten (Österreich), S. 25 f.
[250] Vgl. auch Rotter, Europäische Rundschau 2000, 21 (25).
[251] Vgl. Hummer/Obwexer, europa blätter 2000, 93 (96); Cremer, in Calliess/Ruffert, Kommentar zu EUV und EGV, Art. 16 EGV.
[252] Vgl. Hummer, Europäische Rundschau 2000, 13 (16); Hummer/Obwexer, ZÖR 2000, 269 (272 f. und 280); dies., EuZW 2000, 485 (490); dies., europa blätter 2000, 52 (55); Rotter, Europäische Rundschau 2000, 21 (24).

(iv) Auswirkung bilateraler Maßnahmen auf die Unionsebene

Etwas anderes muß aber gelten, wenn sich die eigentlich bilaterale Maßnahme auf die multilaterale Gemeinschafts- oder Unionsebene auswirkt und hierdurch die ursprünglich politische Maßnahme rechtliche Wirkungen zeitigt.[253] Denn als bilateral können auch solche Kontakte verstanden werden, die zwar nur zwischen zwei Staaten stattfinden, aber dennoch der materiellen Willensbildung in der Union sowie dem Meinungsaustausch dienen – dies ist etwa der Fall bei den sogenannten „Hauptstadtrundreisen" und den „Beichtstuhlverfahren", in denen auf Ministerebene „unter vier Augen" einzelne Fragen eingehend erörtert und vor allem die jeweiligen Bedenken diskutiert werden.[254] Zur Praxis in der EU gehören auch informelle, in den Verträgen nicht vorgesehene Treffen, die der Willensbildung in der Union dienen. Die Mitgliedstaaten könnten in Absprache untereinander jeweils den Kontakt zu dem einen betroffenen Staat abbrechen und ihn dadurch von der Teilnahme an solchen Treffen ausschließen, sozusagen in „konzertierter bilateraler Aktion".[255] Würde nun ein Mitgliedstaat von diesen Verfahren ausgeschlossen, so müßte er in Folge mit einem geringeren Informationsstand als die anderen Staaten etwa an einer Tagung des (europäischen) Rates teilnehmen.[256] Dies wäre schon dann der Fall, wenn ihm entscheidungsrelevante Schriftstücke und Entwürfe vorenthalten würden.[257] Damit wäre er im Meinungsbildungs- und Entscheidungsprozeß benachteiligt.[258] Es ist auch nicht auszuschließen, daß dadurch der interne Funktionsablauf des Rats behindert wäre.[259]
Das unfreundliche Verhalten gegenüber dem betroffenen Staat schlägt hier um und hat rechtliche Auswirkung auf Gemeinschaftsebene, weil die Arbeit durch dieses Vorgehen betroffen wäre. Sobald ein unfreundliches Verhalten rechtliche Auswirkungen hat, ist es rechtswidrig, weil es sich dann um eine Sanktion handelt, die aber nur im Rahmen des Suspendierungsverfahrens verhängt werden darf.

Zur Verdeutlichung des Gedankens, daß Verhaltensweisen, die lediglich eine politische Wirkung intendieren, dennoch rechtliche Relevanz haben können, soll die Entwicklung im deutschen Verwaltungsrecht zum „Eingriffsbegriff" betrachtet werden. Der klassische Eingriffsbegriff hat vier Voraussetzungen: Der Eingriff

[253] Vgl. dazu Rotter, Europäische Rundschau 2000, 21 (25); Hummer/Obwexer, europa blätter 2000, 93 (94 f.); dies., ZÖR 2000, 269 (276 ff.); Pernthaler/Hilpold, integration 2000, 105 (110 f.).
[254] Zum Funktionieren des Beichstuhlverfahrens siehe Hummer/Obwexer, EuR 1999, 409 (436).
[255] Auf Besonderheiten bei einem konzertierten Vorgehen ist unten noch näher einzugehen, unter G. 2. d).
[256] Dagegen spricht auch nicht, daß eine offizielle „Aussprache" im Einzelfall möglicherweise gar nicht stattfindet. A.A. offensichtlich Busse, Österreich contra Europäische Union, S. 29.
[257] Hierauf verweist Klaushofer, JRP 2000, 297 (299 f.) mit der Argumentation, in Art. 12 GO des Rates, nach welchem der Rat nur auf Grundlage von Schriftstücken und Entwürfen beschließe, welche in den in der geltenden Sprachregelung vorgesehenen Sprachregelung vorliegen, werde verpflichtend festgelegt, daß Schriftstücke und Entwürfe, auf deren Grundlage Beschlüsse gefaßt werden können, bereitgestellt werden müssen.
[258] Vgl. Hummer/Obwexer, EuZW 2000, 485 (486); dies., europa blätter 2000, 93 (94 f.); dies., ZÖR 2000, 269 (276 ff.); Klaushofer, JRP 2000, 297 (299).
[259] Vgl. hierzu EuGH, Urteil vom 15.9.1981 - Donington ./. Aspden, Rs. 208/80 - Slg. 1981, 2205 (2218 ff., Rn. 14 ff.), wo in einer nationalen Besteuerung von Abgeordneten des Europäischen Parlaments eine Beeinträchtigung des internen Funktionsablaufs des EP gesehen wurde; vgl. auch Urteil vom 15.1.1986 – Hurd ./. Jones, Rs. 44/84, Slg. 1986, 47 (81 ff., Rn. 38 ff.); siehe auch Busse, Österreich contra Europäische Union, S. 31

muß final und nicht bloß unbeabsichtigte Folge eines auf ganz andere Ziele gerichteten Staatshandelns sein; er muß unmittelbar und nicht bloß zwar beabsichtigte, aber mittelbare Folge des Staatshandelns sein; er muß ein Rechtsakt mit rechtlicher und nicht bloß tatsächlicher Wirkung sein und mit Befehl und Zwang angeordnet beziehungsweise durchgesetzt werden. Mit dem modernen Eingriffsbegriff werden alle vier Kriterien ausgedehnt. Ein Eingriff ist demnach „jedes staatliche Handeln, das dem einzelnen ein Verhalten, das in den Schutzbereich eines Grundrechts fällt, ganz oder teilweise unmöglich macht, gleichgültig, ob diese Wirkung final oder unbeabsichtigt, unmittelbar oder mittelbar, rechtlich oder tatsächlich (faktisch, informal), mit oder ohne Befehl und Zwang erfolgt."[260] Dies zeigt deutlich, daß es durchaus möglich ist, Maßnahmen, welche nur politisch „gemeint" sind, als rechtlich relevant beurteilen zu müssen. Ein staatliches Handeln, das in einem rechtlich geschützten Bereich tatsächliche Auswirkungen hat, ist ebenso zu behandeln wie eine Maßnahme, die von vornherein auf einen rechtlichen Erfolg abzielt. Maßgebliches Abgrenzungskriterium ist dabei, ob dieses Handeln in einen rechtlich geschützten Bereich eingreift.
Aus diesem Grunde liegt es nahe, für entsprechendes bilaterales Verhalten von „Maßnahmen gleicher Wirkung" zu sprechen.[261]

Zwei Punkte können hierbei problematisch sein. Erstens könnte in einem unfreundlichen Verhalten ein Verstoß gegen die Pflicht zur loyalen Zusammenarbeit oder auch „Unionstreue" liegen sowie gegen das Diskriminierungsverbot aus Art. 12 EGV.
Zweitens könnte bei einer Qualifikation der informellen Verfahren als „wesentliche Formvorschriften" ein Verstoß gegen Gemeinschaftsrecht vorliegen, wenn ein Staat aufgrund unfreundlichen Verhaltens der anderen Staaten von diesen informellen Verfahren ausgeschlossen würde.[262] Im vorangegangenen Kapitel wurde aber bereits festgestellt, daß eine solche Qualifikation nicht möglich ist.[263]

Bei der Frage nach einem Verstoß gegen die Unionstreue muß bedacht werden, daß ein unfreundliches Verhalten bei einem konzertierten Vorgehen aller Mitgliedstaaten (mit Ausnahme des betroffenen) eine andere Dimension erreicht, als bei einem bilateralen Vorgehen lediglich eines einzelnen Mitgliedstaates.

Schließlich ist die Rechtslage *vor* Inkrafttreten des Vertrages von Nizza von derjenigen *nach* seinem Inkrafttreten zu unterscheiden. Im folgenden wird zunächst von der alten Rechtslage vor Nizza ausgegangen, weil sie auch für die Reaktion der 14 Mitgliedstaaten maßgeblich ist.

---

[260] Vgl. Pieroth/Schlink, Grundrechte, Rn. 238 ff.
[261] Vgl. Schmahl, EuR 2000, 819 (834).
[262] Vgl. Hummer/Obwexer, ecolex 2000, 250 (253 f.); dies., EuZW 2000, 485 (492); dies., ZÖR 2000, 269 (288); dies., europa blätter 2000, 93 (99); Hummer, Europäische Rundschau 2000, 13 (18).
[263] Kapitel 5, A. 5.

(v) Unionstreue

Grundlage für die „Unionstreue" ist Art. 10 EGV.[264] Diese Bestimmung entfaltet für sich gesehen keine Rechtswirkungen, sondern bedarf eines konkretisierenden Aktes, um Rechtsverbindlichkeit zu erlangen. Dies gilt nach der Rechtsprechung des EuGH im Grundsatz immer noch,[265] jedoch kann auch ein Zusammenwirken mit einer lediglich politisch verbindlichen Erklärung ausreichend sein, und im Bereich *ausschließlicher* Zuständigkeit der Gemeinschaft können im Einzelfall aus Art. 10 EGV auch selbständige Pflichten abgeleitet werden.[266] Dies heißt jedoch nicht, daß aus Art. 10 EGV die Pflicht zu einem bestimmten *politischen* Verhalten abgeleitet werden könnte, etwa selbständige *allgemeine* Konsultations- und Informationspflichten.[267]

Art. 10 EGV strahlt nach der Rechtsprechung des Gerichtshofs zwar nicht ohne weiteres auf außerhalb des EGV ergriffene Maßnahmen aus, aber die Mitgliedstaaten sind dann zur Rücksichtnahme auf Belange des Gemeinschaftsrechts verpflichtet, wenn sich hieraus Wirkungen innerhalb des Gemeinschaftsrechts ergeben, also etwa die Anwendung von Bestimmungen der Verträge oder das Funktionieren der Gemeinschaftsorgane behindert werden.[268] Art. 10 ist jedoch nicht schon ohne Beeinträchtigung der Gemeinschaftsziele verletzt.[269]

Hier steht die Pflicht der Mitgliedstaaten zur Diskussion, mit jedem anderen Mitgliedstaat auf gleiche Art oder auf gleicher Ebene zu verkehren, wenn in einer Weise verhandelt wird, die als Vorverhandlung oder Vorstufe für eine Zusammenarbeit im „eigentlichen" Rahmen des Gemeinschafts- oder Unionsrechts anzusehen ist. Wenn sich diese Pflicht aus Art. 10 EGV (gegebenenfalls in Kombination mit anderen Bestimmungen) herleiten läßt, dann würde mit den hier diskutierten Maßnahmen gegen Gemeinschaftsrecht verstoßen.

Die Solidaritätspflicht aus Art. 10 EGV gilt nicht nur für die Mitgliedstaaten gegenüber der Gemeinschaft und umgekehrt (also vertikal), sondern selbstverständlich

---

[264] Siehe dazu oben, Kapitel 2, E.

[265] Vgl. nur EuGH, Urteil vom 9.12.1997 – Kommission ./. Frankreich, RS. C-265/95 – Slg. 1997, I-6959 (6999, Rn. 32).

[266] Vgl. EuGH, Urteil vom 4.10.1979 – Frankreich ./. Vereinigtes Königreich, RS 141/78 – Slg. 1979, 2923 (2942, Rn. 8); Urteil vom 5.5.1982 – Kommission ./. Vereinigtes Königreich, Rs. 804/79 – Slg. 1981, 1045 (1074 ff., Rn. 24 ff.). Siehe hierzu die umfassende Untersuchung von Söllner, Art. 5 EWG-Vertrag in der Rechtsprechung des Europäischen Gerichtshofes, S. 50 ff., mit Nachw. aus der Rechtsprechung; Zuleeg, in Groeben/Thiesing/Ehlermann, Kommentar zum EU-/EG-Vertrag, Art. 5 EGV, Rn. 2; Lenz, in Lenz, EG-Vertrag, Art. 10, Rn. 6; Kahl, in Calliess/Ruffert, Kommentar zu EUV und EGV, Art. 10 EGV, Rn. 2.

[267] Zuleeg, in Groeben/Thiesing/Ehlermann, Kommentar zum EU-/EG-Vertrag, Art. 5 EGV, Rn. 2; Hummer/Obwexer, EuZW 2000, 585 (492). Lediglich besondere, aber nicht allgemeine Pflichten bestehen im Vorfeld von Maßnahmen, welche ein Mitgliedstaat im Bereich *ausschließlicher* Zuständigkeit der Gemeinschaft anstelle der Gemeinschaft ergreift, vgl. Söllner, Art. 5 EWG-Vertrag in der Rechtsprechung des Europäischen Gerichtshofes, S. 57. A.A. Köck/Hintersteininger, Zu den Sanktionen der vierzehn EU-Partnerstaaten gegen Österreich, S. 506 f. sowie Köck, Die Maßnahmen der EU-14 gegen Österreich, S. 120, die der Ansicht sind, daß aus Art. 10 EUV ohne weiteren Anknüpfungspunkt die Pflicht zu einer Begegnung abgeleitet werden kann, die über die gutnachbarlichen Beziehungen hinausgeht. Siehe auch Wilhelm, ecolex 2000, 181.

[268] EuGH, Urteil vom 15.1.1986 – Hurd ./. Jones, RS. 44/84 – Slg. 1986, 29 (81, Rn. 39); vgl. auch EuGH, Urteil vom 15.9.1981 – Lord Bruce of Donington ./. Aspden, RS. 208/80 – Slg. 1982, 2205 (2220, Rn. 19).

[269] So auch nicht Wilhelm, ecolex 2000, 181; dies nimmt jedoch Schwarzenegger, ZfRV 2000, 124 (126) an.

auch horizontal.[270] Hinzu kommt, daß die Mitgliedstaaten untereinander grundsätzlich die gleichen Rechte und Pflichten haben („die Mitgliedstaaten sind vor dem Gemeinschaftsrecht gleich“[271]). Dieser Gedanke ist zwar nicht direkt kodifiziert, liegt aber der gesamten Gemeinschaftsrechtsordnung zugrunde. Darüber hinaus ist in Art. 2 EGV das Vertragsziel genannt, die Solidarität zwischen den Mitgliedstaaten zu fördern. Zwar soll dies durch die dort genannten Kompetenzen der Gemeinschaft geschehen; das ändert aber nichts an seiner Eigenschaft als Ziel der Gemeinschaft. Gemäß Art. 10 UAbs. 2 EGV haben die Mitgliedstaaten alle Maßnahmen zu unterlassen, die die Verwirklichung der Ziele des Vertrags gefährden könnten. Die hier diskutierte Pflicht wird damit zu einer Unterlassenspflicht – das Ergebnis ist aber das Gleiche. Es ergibt keinen Unterschied, ob eine Pflicht so formuliert wird, daß sie zu einem Unterlassensgebot wird (hier: der Ausschluß eines Staates von informellen Vorverfahren) oder so, daß sie ein Verhaltensgebot darstellt (hier: Verpflichtung, alle Staaten am informellen Vorverfahren teilhaben zu lassen).[272] Auch der EuGH differenziert bei den Pflichten aus Art. 10 EGV teilweise nicht.[273]

Würde nun ein Mitgliedstaat von Entscheidungsmechanismen ausgeschlossen werden, dann wäre dies eine Maßnahme, welche die Verwirklichung des Ziels der Förderung der Solidarität zwischen den Mitgliedstaaten gefährden könnte.[274] Es wäre auch eine Maßnahme, die gegen den Grundsatz der relativen Gleichheit der Mitgliedstaaten in den ihnen zukommenden Rechten, einen allgemeinen Rechtsgrundsatz des Gemeinschaftsrechts, verstieße.[275] Schließlich würde hierdurch das Funktionieren des Rats nicht lediglich berührt, sondern behindert.[276]

Wenn sogar *soft law* mit Art. 10 EGV zur Rechtsverbindlichkeit verholfen werden kann,[277] dann muß dies erst recht für einen allgemeinen Gedanken gelten, der dem gesamten Gemeinschaftsrecht zugrunde liegt. Ein Mitgliedstaat kann also nicht grundlos von Entscheidungsmechanismen ausgeschlossen werden, sondern nur nach erfolgreichem Durchlaufen des Suspendierungsverfahrens. Solche Entscheidungsmechanismen stellen auch die informellen Verfahren dar. Die Funktionsfähigkeit der Gemeinschaftsordnung ist beeinträchtigt, wenn ein „Kommunikationskanal“ versperrt ist, der für effizientes Arbeiten in den Gemeinschaftsinstitutionen erforderlich ist.[278] Die Sperrung liegt hier zwar nur in einer Richtung vor, nämlich

[270] Vgl. Ipsen, Über Verfassungs-Homogenität in der EG, S. 174; Commichau, Nationales Verfassungsrecht und europäische Gemeinschaftsverfassung, S. 69.
[271] EuGH, Urteil vom 7.2.1979 – Kommission ./. Vereinigtes Königreich, RS. 128/78 – Slg. 1979, 419 (429, Rn. 12).
[272] Siehe auch Wilhelm, ecolex 2000, 181; Pernthaler/Hilpold, integration 2000, 105 (110).
[273] Vgl. Kahl, in Calliess/Ruffert, Kommentar zu EUV und EGV, Art. 10 EGV, Rn. 2.
[274] Vgl. Wilhelm, ecolex 2000, 181; Leidenmühler, ZÖR 2000, 299 (313 f.).
[275] Vgl. v. Bogdandy, in Grabitz/Hilf, Das Recht der EU, Art. 6 EGV (Maastricht), Rn. 32. Siehe auch Oppermann, Europarecht, RN. 628. Es geht nicht um eine völlige Gleichheit, denn die besteht zwischen den Mitgliedstaaten nicht, wie sich etwa an der unterschiedlichen Stimmgewichtung im Rat zeigt. Hierin liegt jedoch keine unmittelbare Verletzung des Art. 12 EGV, da sich dieser auf die Staatsangehörigkeit bzw. Staatszugehörigkeit bezieht, welche nur eine natürliche oder juristische Person hat, nicht jedoch ein Staat selbst, vgl. auch Regan, ZÖR 2000, 323 (334). A. A. offensichtlich Merlingen/Mudde/Sedelmeier, ConWEB No. 4/2000, S. 8.
[276] Vgl. Winkler/Schauer, Die Maßnahmen von 14 EU-Mitgliedstaaten gegen Österreich, S. 137.
[277] Vgl. Kahl, in Calliess/Ruffert, Kommentar zu EUV und EGV, Art. 10 EGV, Rn. 17.
[278] So Pernthaler/Hilpold, integration 2000, 105 (111).

nur gegenüber einem Mitgliedstaat, aber dies reicht schon aus. Wenn die Union ein Kooperationssystem darstellen soll, dann ist eine Absicherung der Mechanismen erforderlich, die im Vorfeld eine Kooperation erst möglich machen. Kooperation kann begriffsmäßig nicht auf den formalen Rechtssetzungsmechanismus beschränkt werden.[279]
Führt also die Herabstufung der bilateralen Beziehungen zu einem Mitgliedstaat dazu, daß er im gemeinschafts- oder unionsrechtlichen Meinungsbildungs- und Entscheidungsprozeß benachteiligt wäre, so liegt hierin ein Verstoß gegen die Gemeinschafts- oder Unionstreue.[280]

(vi) Ergebnis

Schließlich läuft alles auf die Ausgangsfrage zurück – wenn das Suspendierungsverfahren abschließend ist, dann dürfen außerhalb dessen die Loyalitätspflichten nicht verletzt werden. Eine Abwägung zwischen dem Gebot der Unionstreue auf der einen Seite und dem Bedürfnis einzugreifen, wenn eine Entwicklung zu beobachten ist, die zwar nicht die Schwere einer Grundsätzeverletzung erreicht hat, die aber – wenn auch ein kleiner – Schritt in diese Richtung sein könnte, auf der anderen Seite, ist also nicht möglich.
Es soll nochmals darauf hingewiesen werden, daß dieser Schluß nur auf *Pflichten* zutrifft. Verhaltensweisen, die sich in ihrer politischen Wirkung erschöpfen, können auch nicht gegen Art. 10 EGV verstoßen. Dem steht auch nicht die oben erwähnte Rechtsprechung des Gerichtshofs entgegen, nach der auch *soft law* durch Art. 10 EGV rechtsverbindlicher Charakter zukommen kann, denn es kommt auf die Wirkung einer Maßnahme an. Im entsprechenden Fall ging es um eine Verordnung des Vereinigten Königreichs, also um eine rechtlich wirksame Maßnahme.[281]
Bei dieser Differenzierung muß allerdings zugegeben werden, daß die Mitgliedstaaten mittlerweile so eng miteinander verzahnt sind, daß es kaum noch Bereiche gibt, in denen ein bilaterales Verhalten eines Staates keine Auswirkungen auf den multilateralen Bereich hat, so daß wegen dieser Auswirkungen ein entsprechendes politisches Verhalten meistens rechtliche Wirkungen hat.[282]

---

[279] Vgl. Pernthaler/Hilpold, integration 2000, 105 (111).
[280] Vgl. auch Winkler/Schauer, Die Maßnahmen von 14 EU-Mitgliedstaaten gegen Österreich, S. 137; Hummer/Obwexer, ZÖR 2000, 269 (278); dies., EuZW 2000, 485 (492). Hummer, Europäische Rundschau 2000, 13 (18) hält eine Verletzung des Art. 10 EGV allerdings für fraglich, weil es keine Konkretisierung gebe. Ebenso Hummer/Obwexer, ecolex 2000, 250 (253). Siehe auch Busse, Österreich contra Europäische Union, S. 29, der eine Verletzung durch die Maßnahmen gegenüber Österreich allerdings ablehnt. Die Einbindung Österreichs sei sichergestellt gewesen. Siehe jetzt auch Unruh, EuR 2002, 41 (65 f.).
[281] Vgl. EUGH, Urteil vom 4.10.1997 – Frankreich ./. Vereinigtes Königreich, RS. 141/78 – Slg. 1979, 2923 (2927). Es kann also nicht Köck, Die Maßnahmen der EU-14 gegen Österreich, S. 120; Schwarzenegger, ZfRV 2000, 124 (126) gefolgt werden.
[282] Winkler/Schauer, Die Maßnahmen von 14 EU-Mitgliedstaaten gegen Österreich, S. 134. Stein, Der Kreuzzug der Vierzehn gegen Österreich, S. 14 meint daher, echte bilaterale Beziehungen zwischen den Mitgliedsttaaten gebe es gar nicht mehr. Ebenso Fischer, Wiener Blätter zur Friedensforschung 2000, 32 (37).

Mißverständlich ist der Hinweis in der Literatur, Art. 7 EUV begründe nur insofern eine ausschließliche Unionskompetenz, als es sich um die Beschneidung von Rechten der Mitgliedstaaten handele, die sich aus der EU-Mitgliedschaft ergeben. Maßnahmen, welche diese Rechte nicht berühren, könnten von den Mitgliedstaaten ergriffen werden.[283] Eine Kompetenz der Mitgliedstaaten kann sich jedoch nur auf Maßnahmen beschränken, die überhaupt keine Beeinträchtigung von Rechten der Mitgliedstaaten nach sich ziehen, unabhängig davon, ob es sich um Rechte aus der EU-Mitgliedschaft oder um sonstige Rechte handelt.

Maßnahmen mit rein politischer Wirkung, die den Mitgliedstaat nicht im gemeinschafts- oder unionsrechtlichen Meinungsbildungs- und Entscheidungsprozeß und auch sonst nicht rechtlich benachteiligen, sind jedoch mit der hier vertretenen Ansicht nicht ausgeschlossen. Solange Maßnahmen keine Rechtsnachteile für den betroffenen Mitgliedstaat nach sich ziehen, verstoßen sie nicht gegen die Unionstreue.

Ob ein konzertiertes Vorgehen anders zu beurteilen ist als der Alleingang eines Staates, soll unten behandelt werden. Zunächst sollen jedoch die anderen Maßnahmen betrachtet werden, die in der Erklärung der vierzehn Mitgliedstaaten angekündigt wurden.

(2) Verweigerung der Unterstützung für Bewerbungen um Posten in Internationalen Organisationen

Als zweiter Punkt wird in der Erklärung der portugiesischen Regierung angekündigt, die vierzehn Staaten würden österreichische Kandidaten bei Bewerbungen um Posten in Internationalen Organisationen nicht unterstützen.
Eine Verletzung des Diskriminierungsverbotes aus Art. 12 EGV würde in der Nichtunterstützung von Kandidaten eines Mitgliedstaates im Europäischen Bereich vorliegen, also bei Besetzungen nach dem Gemeinschaftsrecht sowie im Rahmen der dritten Säule (GASP) bei Besetzungen von Posten für die EG/EU.[284] Eine Verletzung von Unionsrecht könnte aber auch in der Unterstützungsverweigerung bei einer Besetzung liegen, die formal eine Delegation eines Mitgliedstaates ist. Art. 19 Abs. 1 EUV bestimmt nämlich, daß die Mitgliedstaaten ihr Handeln in internationalen Organisationen und auf internationalen Konferenzen koordinieren. Es fragt sich, ob hiervon auch Personalangelegenheiten umfaßt sind. Dagegen spricht nicht, daß Art. 19 Abs. 1 S. 2 EUV nur das Eintreten für „gemeinsame Standpunkte" erwähnt, denn Satz 1 erweitert dies mit der Fomulierung „koordinieren ihr

[283] Winkler/Schauer, Die Maßnahmen von 14 EU-Mitgliedstaaten gegen Österreich, S. 141.
[284] Vgl. auch Klaushofer, JRP 2000, 297 (301); Winkler, JRP 2000, 308 (324); Winkler/Schauer, Die Maßnahmen von 14 EU-Mitgliedstaaten gegen Österreich, S. 133; Rotter, Europäische Rundschau 2000, 21 (25); Leidenmühler, ZÖR 2000, 299 (314); Hummer/Obwexer, ZÖR 2000, 269 (279); dies., ecolex 2000, 250 (252 ff.); dies., europa blätter 2000, 93 (95 f.).

Handeln in internationalen Organisationen". Andererseits haben die Mitgliedstaaten bereits Verhaltensrichtlinien für die Meldung von Kandidaten für Führungspositionen in den Vereinten Nationen aufgestellt. Es kann also angenommen werden, daß sich Art. 19 Abs. 1 EUV auch auf Personalangelegenheiten bezieht. Damit werden den Mitgliedstaaten also auch für diesen Bereich Treue- und Förderungspflichten auferlegt,[285] dies jedoch nur in dem Maße, als sie Rechtspositionen betreffen. Die Mitgliedstaaten haben sich bisher jedoch noch nicht auf ein zentrales Verfahren verständigen können, welches sicherstellt, daß für einen offenen Posten ein gemeinsamer europäischer Kandidat benannt wird.[286] Damit verstößt die Verweigerung der Unterstützung des Kandidaten eines Mitgliedstaats noch nicht gegen seine Rechte.[287]

Die Unterstützungsverweigerung wird jedoch wegen der engen Verzahnung der Rechtskreise häufig materiell zumindest *auch* Kompetenzbereiche der Gemeinschaften betreffen und verletzt dann Rechte des betroffenen Mitgliedstaats, so daß sie rechtswidrig ist.[288] Außerhalb dessen handelt es sich jedoch lediglich um einen unfreundlichen Akt.[289]

Die bloße Ankündigung führt noch zu keiner Verletzung von Unionsrecht.[290]

(3) Sonstige Maßnahmen

Neben den in der Erklärung angekündigten kam es noch zu weiteren Maßnahmen von Dritten. Hier sollen nur einige beispielhaft genannt werden. Die österreichischen Vertreter wurden von der Eröffnungsveranstaltung „Brüssel, Kulturstadt Europas 2000" durch die Stadt Brüssel ausgeladen, die österreichische Außenministerin *Ferrero-Waldner* (FPÖ) wurde zur Eröffnungszeremonie der Europäischen Zentralstelle zur Beobachtung von Rassismus und Fremdenfeindlichkeit (EUMC) in Wien ausdrücklich nicht eingeladen. In Frankreich und Belgien wurden vereinzelt Schüleraustauschprogramme suspendiert, der belgische Außenminister *Michel*

---

[285] Vgl. Cremer, in Calliess/Ruffert, Kommentar zu EUV und EGV, Art. 19 EUV, RN. 1.

[286] Kaufmann-Bühler, in GrabitzHilf, Das Recht der EU, Art. J.6 EUV (Maastricht), Rn. 9.

[287] Ebenso Busse, Österreich contra Europäische Union, S. 22 und 28; vgl. auch Schorkopf, DVBL 2000, 1036 (1043); Hummer/Obwexer, ZÖR 2000, 269 (279); dies., EuZW 2000, 485 (490); dies., ecolex 2000, 250 (252 f.); dies., europa blätter 2000, 93 (95 f.); Hummer, NZZ vom 24. Februar 2000, S. 5; Rotter, Europäische Rundschau 2000, 21 (24); Leidenmühler, ZÖR 2000, 299 (314). A.A. Klaushofer, JRP 2000, 297 (300); Winkler/Schauer, Die Maßnahmen von 14 EU-Mitgliedstaaten gegen Österreich, S. 138, betonen, daß eine aktive Verhinderung österreichischer Kandidaten durch Einflußnahme auf Drittstaaten eine Verletzung von Art. 19 EUV darstellen würde.

[288] Vgl. Hummer/Obwexer, europa blätter 2000, 93 (96); Winkler/Schauer, Die Maßnahmen von 14 EU-Mitgliedstaaten gegen Österreich, S. 133.

[289] Vgl. Hummer/Obwexer, ZÖR 2000, 269 (279); dies., EuZW 2000, 485 (490); dies., ecolex 2000, 250 (252 f.); dies., europa blätter 2000, 93 (95 f.); Hummer, NZZ vom 24. Februar 2000, S. 5; Schorkopf, DVBL 2000, 1036 (1043); Rotter, Europäische Rundschau 2000, 21 (24); Leidenmühler, ZÖR 2000, 299 (314); wohl auch Pernthaler/Hilpold, integration 2000, 105 (110).

[290] Vgl. Klaushofer, JRP 2000, 297 (300 f.).

sowie der italienische Palamentarier *Cento* riefen zum Boykott gegenüber österreichischen Waren und Dienstleistungen auf.[291]

(4) Exkurs: Maßnahmen europäischer Organe gegenüber Österreich

Die Mitteilung der Kommission vom 1. Februar 2000,[292] in der sie die der Stellungnahme der vierzehn Staaten zugrundeliegende Besorgnis teilt und auf die Art. 6 und 7 EUV verweist, ist eine politische Erklärung, welche sie als Vorfeldmaßnahme innerhalb der Unionsaufsicht abgegeben hat.[293] Am 3. Februar nahm das Europäische Parlament eine „Entschließung zu dem Ergebnis der Parlamentswahlen in Österreich und dem Vorschlag zur Bildung einer Koalitionsregierung zwischen der Österreichischen Volkspartei (ÖVP) und der Freiheitlichen Partei Österreichs (FPÖ)"[294] an. Auch dies ist eine politische Erklärung, die wegen des Hinweises auf das Suspendierungsverfahren eine Vorfeldmaßnahme der Unionsaufsicht ist.[295] Die Entschließung zur Regierungskoalition des Ausschusses der Regionen vom 16. Februar 2000[296] ist als politische Stellungnahme keine Maßnahme der Unionsaufsicht, da dieses Organ nicht am eigentlichen Suspendierungsverfahren beteiligt ist. Die Stellungnahme ist jedoch von seinem Selbstbefassungsrecht aus Art. 265 U-Abs. 5 EGV gedeckt, weil es sich bei der Unionsaufsicht um ein Verfahren handelt, das zumindest auch Gemeinschaftsrecht betrifft.[297]

---

[291] Einen Überblick über die einzelnen Vorkommnisse bieten Kopeinig/Kotanko, Eine europäische Affäre, S. 20 ff. und S. 89 ff.; Hummer/Obwexer, ZÖR 2000, 269 (281 ff.); dies., europa blätter 2000, 93 (97 ff.); dies., EuZW 2000, 485 f.; Schorkopf, DVBL 2000, 1036 (1042); Busse, Österreich contra Europäische Union, S. 6 ff.; Außenpolitischer Bericht 2000, Bundesministerium für auswärtige Angelegenheiten (Österreich); S. 24 f. Insbesondere zu den Maßnahmen von privaten Dritten siehe den Überblick bei Olt, Die Torheit der Regierenden, S. 437 ff.. Die Eckdaten benennt v. d. Bellen, Die Torheit der Regierenden, S. 456 ff.. Schwarzenegger, ZfRV 2000, 124, sieht im Boykottaufruf des belgischen Außenministers einen Grund für eine Staatshaftung bei Einkommenseinbußen von Hoteliers. Siehe auch Winkler/Schauer, Die Maßnahmen von 14 EU-Mitgliedstaaten gegen Österreich, S. 139 f.; Hummer/Obwexer, ZÖR 2000, 269 (289); dies., EuZW 2000, 485 (493). Dem kann entgegengehalten werden, daß der Boykottaufruf des belgischen Außenministers keine staatliche Vorschrift im Sinne einer Maßnahme mit zwingendem Charakter ist und einer solchen in seinen Wirkungen auch nicht vergleichbar ist, vgl. Hummer/Obwexer, europa blätter 2000, 93 (97).

[292] IP/00/93. Regan, ZÖR 2000, 323 (331) sieht hierin eine Bestätigung, daß die Kommission sich auch bei der Unionsaufsicht als Hüterin der Verträge versteht.

[293] So auch die Einordnung von Hummer/Obwexer, ZÖR 2000, 269 (280); dies., EuZW 2000, 485 (491); dies., europa blätter 2000, 52 (56); Hummer, NZZ vom 24. Februar 2000, S. 5; ders., Europäische Rundschau 2000, 13 (17); Leidenmühler, ZÖR 2000, 299 (317 f.); vgl. auch Rotter, Europäische Rundschau 2000, 21 (26 f.).

[294] PE 284.656, 58.

[295] So auch Hummer/Obwexer, ZÖR 2000, 269 (280 f.); dies., EuZW 2000, 485 (491), dies., europa blätter 2000, 52 (57); Leidenmühler, ZÖR 2000, 299 (318 f.); Hummer, Europäische Rundschau 2000, 13 (17).

[296] CdR 59/2000.

[297] Etwas anders, aber mit demselben Ergebnis Hummer/Obwexer, europa blätter 2000, 52 (58); siehe auch dies., ZÖR 2000, 269 (281); dies., EuZW 2000, 485 (491).

d) Die Rechtslage nach Nizza

Wie soeben ausgeführt wurde, ist ein bilaterales, rein politisches Vorgehen bei alter Rechtslage – vor Inkrafttreten des Vertrags von Nizza – neben der Unionsaufsicht grundsätzlich möglich.[298] Ein solches Handeln verstößt mangels Rechtserheblichkeit nicht gegen das „self contained regime" der EU[299] und auch nicht gegen das Gebot der Achtung der nationalen Identität der Mitgliedstaaten aus Art. 6 Abs. 3 EUV.[300]
Mit dem neuen Vorfeldverfahren in Art. 7 Abs. 1 EUV wurde nun ein Verfahren eingeführt, welches dem Rat erlaubt, bei der Gefahr einer Entwicklung in einem Mitgliedstaat, die auf die Verletzung der Grundsätze hinweist, schon tätig zu werden, bevor es zu einer schwerwiegenden und anhaltenden Verletzung der Grundsätze gekommen ist. Der Rat kann diese Besorgnis ausdrücken und gegenüber dem betreffenden Staat Verhaltensempfehlungen aussprechen. Es stellt sich die Frage, welche Folgen dies für die Betrachtung eines bilateralen, rein politischen Vorgehens der Mitgliedstaaten hat.

Die Regelung des Art. 7 EUV ist bezogen auf Maßnahmen mit politischer Wirkung nicht ausdrücklich abschließend. Für einen Ausschluß rein politisch wirkender Maßnahmen sprechen jedoch die historischen Umstände der Einfügung des neuen Absatz 1. Es ist offensichtlich, daß beabsichtigt war, mit der Regelung des Vorfeldverfahrens in Art. 7 EUV ein solches konzertiertes Vorgehen der Mitgliedstaaten, wie es im Österreich-Fall stattgefunden hat, auszuschließen. Hintergrund der Revision des Art. 7 EUV waren schließlich die Maßnahmen gegenüber Österreich.[301] Dafür spricht auch, daß keiner der Mitgliedstaaten einer erweiterten Kontrolle unterworfen werden möchte.[302] Vor allem Österreich, der von den Maßnahmen der vierzehn anderen Staaten betroffene Mitgliedstaat, war an einer Neuregelung interessiert und ergriff mit einem eigenen Änderungsvorschlag die Initiative, ebenso wie Belgien, das mit an der Spitze der Befürworter des gemeinsamen Vorgehens gegenüber Österreich stand.[303]

---

[298] Ähnlich Hummer/Obwexer, EuZW 2000, 485 (489): „[B]eim derzeitigen Stand des Unionsrechts [können] die Mitgliedstaaten „Vorfeldmaßnahmen" auch außerhalb des (institutionellen) Rahmens der EU, nämlich in ihren bilateralen völkerrechtlichen Beziehungen setzten." Die Hervorhebung der Vorfeldmaßnahmen durch Anführungsstriche macht im Zusammenhang deutlich, daß sie hiermit keine Vorfeldmaßnahmen im eigentlichen Sinne meinen.

[299] A.A. Fischer, Wiener Blätter zur Friedensforschung 2000, 32 (37).

[300] Vgl. Leidenmühler, ZÖR 2000, 299 (315), der jedoch darauf abstellt, daß kein Handeln der Union vorliegt.

[301] Vgl. Fischer, Der Vertrag von Nizza, S. 88.

[302] Vgl. auch Pernthaler/Hilpold, integration 2000, 105 (116).

[303] Der österreichische Vorschlag zur Regierungskonferenz enthält eine Regelung in Abs. 4, die explizit auf eine Abgeschlossenheit der positiv geregelten Unionsaufsicht hinweist. Sie erscheint in ihrer Formulierung allerdings nicht ganz optimal. Wie aus der Begründung (CONFER 4748/00, S. 4) hervorgeht, sollte mit der Betonung der Ausschließlichkeit dafür gesorgt werden, daß außerhalb der Regelung des Art. 7 EUV keine Maßnahmen der Mitgliedstaaten oder der Union möglich sind. Die gewählte Formulierung bezieht sich aber nur auf schwerwiegende und anhaltende Verletzungen, nicht jedoch auf einfache. Daraus könnte man bei entsprechender (böswilliger) Intention sogar den Schluß ziehen, daß eine einfache Verletzung der Grundsätze ungeregelt sei und damit alle Möglichkeiten offen stünden. Diese Regelung hätte also genau das Gegenteil des Gewünschten bewirken können.

Auf jeden Fall ist mit der Neuregelung ein *konzertiertes* Vorgehen *aller* übrigen Mitgliedstaaten gegenüber einem Mitgliedstaat ausgeschlossen. Denn dadurch, daß sich alle Mitgliedstaaten gegenüber einem betroffenen Staat unfreundlich verhalten, potenzieren sich die Auswirkungen dieses Verhaltens. Der oben erwähnte „Kommunikationskanal" ist nicht nur um so eher versperrt, je größer die Anzahl der Mitgliedstaaten ist, die sich an der Verweigerung der Kommunikation beteiligen. Gerade die Gemeinsamkeit eines Handelns der Staaten kann dazu führen, daß es europarechtliche Relevanz erhält. Wenn sich alle Mitgliedstaaten mit Ausnahme dessen, der von den Maßnahmen betroffen sein soll, zusammenschließen, dann handeln sie mit exakt der Mehrheit – der Einstimmigkeit mit Ausnahme des betroffenen Mitgliedstaates –, die erforderlich wäre, um eine explizit geregelte Maßnahme der Unionsaufsicht zu ergreifen, nämlich eine Feststellung im Rahmen des Vorfeld- oder gar des Suspendierungsverfahrens zu treffen. Mit einem solchen Vorgehen würden sie die Verfahrensregeln des Art. 7 Abs. 1 EUV umgehen. Dies ist besonders schwerwiegend, wenn dem betroffenen Mitgliedstaat dadurch jegliche Möglichkeit versagt wird, sich zu den gegen ihn erhobenen Vorwürfen zu äußern.
Es vermag nicht das Argument zu überzeugen, daß die Wirkung dieses gemeinsamen Vorgehens lediglich politischer Art sei. Denn auch die Feststellung, in einem Staat bestehe die eindeutige Gefahr der schwerwiegenden Verletzung der Grundsätze der Union, hat für sich genommen keine rechtlichen Konsequenzen für diesen Staat. Entscheidend ist, daß die Möglichkeit dieser Feststellung rechtlich geregelt ist, und diese Regelung ist abschließend. Wird sie umgangen, so liegt darin eine Verletzung von Gemeinschaftsrecht.

Damit kann auch die Frage beantwortet werden, wie es sich für das alleinige Vorgehen eines Mitgliedstaates verhält oder das Vorgehen von nur einigen, nicht aber allen Mitgliedstaaten. Eine Umgehung der Verfahrensvoraussetzungen des Art. 7 Abs. 1 EUV liegt nämlich auch dann vor, wenn weniger als vierzehn Mitgliedstaaten handeln. Ausschlaggebend ist die Maßnahme, die ergriffen wird. Art. 7 Abs. 1 EUV regelt abschließend, was unternommen werden kann, wenn in einem Mitgliedstaat eine Gefahr für die Grundsätze besteht. Die Mitgliedstaaten können nicht im Alleingang bestimmen, sie gingen davon aus, daß eine Gefahr in einem anderen Mitgliedstaat bestünde, und dann mit einer Retorsion hierauf reagieren.
Sie haben sich insofern rechtlich gebunden. Auch Maßnahmen mit lediglich politischer Wirkung können sie außerhalb der Unionsaufsicht nicht als Reaktion auf eine entsprechende Entwicklung in einem anderen Mitgliedstaat ergreifen, weder alleine, noch gemeinsam mit einigen anderen Mitgliedstaaten, noch zu vierzehnt.

Eine Differenzierung zwischen dem konzertierten Vorgehen und einem alleinigen Handeln ist also nicht möglich. Dabei müßte nämlich die Frage offen bleiben, wie mit dem Fall umgegangen werden soll, in dem sich nur einige Staaten zusammenschließen, um konzertiert politisch gegen einen anderen Mitgliedstaat vorzugehen. Läge schon im Zusammenschluß von zwei Staaten eine Umgehung der Unionsaufsicht? Oder erst dann, wenn sich beispielsweise mehr als die Hälfte der Mitgliedstaaten zusammenschließen? Zumindest nicht willkürlich wäre als Differenzierungskriterium die Anzahl von einem Drittel der Mitgliedstaaten, da sie ab dieser Schwelle die Initiative zum Vorfeldverfahren oder zum Suspendierungsverfahren ergreifen können. Dagegen spricht allerdings, daß diese Schwelle gerade Maßnahmen von einer kleineren Anzahl von Mitgliedstaaten verhindern soll.

Es ist also mit Inkrafttreten des Vertrags von Nizza *jegliche* bilaterale Reaktion der Mitgliedstaaten auf eine entsprechende Entwicklung in einem andern Mitgliedstaat außerhalb des Rahmens der Unionsaufsicht ausgeschlossen. Die Mitgliedstaaten haben sich rechtlich gebunden, daß sie nicht mit anderen Mitteln auf Entwicklungen in einem anderen Mitgliedstaat reagieren, die eine Gefahr für die Grundsätze darstellen könnten.[304]

e) Bewertung des Vorgehens der 14 gegenüber Österreich

Es ist aber zweifelhaft, ob auch schon vor Inkrafttreten des Vertrages von Nizza die Möglichkeit eines solchen konzertierten politischen Vorgehens außerhalb der Unionsaufsicht ausgeschlossen war. Eine explizite Regelung für den Vorfeldbereich existierte nicht; dieser Bereich war lediglich implizit mitgeregelt. Folglich kann die Rechtslage vor Inkrafttreten des Vertrages von Nizza anders beurteilt werden.
Die Unionsaufsicht ist bei dieser alten Rechtslage nur für den Bereich *rechtlich* wirksamer Reaktionen auf Gefahren oder Verletzungen im Bereich der Grundsätze der Union abschließend. Dies gilt auch für ein konzertiertes Vorgehen von 14 Mitgliedstaaten gegenüber einem Staat. Hierin kann keine Umgehung geregelter Mechanismen gesehen werden,[305] da ein solcher Mechanismus noch nicht existiert. Dies kann jedoch auf politischer Ebene verurteilt werden, insbesondere dann, wenn der betroffene Mitgliedstaat dadurch mit Reaktionen auf Vorwürfe konfrontiert wird, ohne daß ihm vorher Gelegenheit gegeben wurde, sich dazu zu äußern. In einer unterlassenen Anhörung liegt allerdings kein Rechtsverstoß, weil sich die Maßnahmen, die überhaupt noch möglich sind, in einem sehr eng umgrenzten Rahmen bewegen. Es handelt sich hier um eine Gratwanderung, da insbesondere bei konzertiertem Verhalten ursprünglich bilaterale politische Maßnahmen schnell rechtlich nachteilige Wirkungen für den betroffenen Mitgliedstaat nach sich ziehen können.[306] Und solche sind sowohl vor, als auch nach Inkrafttreten des Vertrages von Nizza ausgeschlossen. Damit ist der Bereich, innerhalb dessen ein Vorgehen der Mitgliedstaaten außerhalb der Unionsaufsicht möglich ist, sehr eingeschränkt.
Es liegt kein Wertungswiderspruch darin, daß für die Unionsaufsicht immer wieder die Bedeutung des Anhörungsrechts des betroffenen Mitgliedstaates, das sich aus

[304] So auch im Ergebnis Schmitt von Sydow, RDUE 2001, 285 (303); wohl auch Leidenmühler, EUmagazin 2001, 24 (25).
[305] A.A. Adamovich, EuGRZ 2001, 89 (90); vgl. auch Fischer, Wiener Blätter zur Friedensforschung 2000, 32 (37): der Grundsatz audiatur et altera pars werde verletzt; ebenso Außenpolitischer Bericht 2000, Bundesministerium für auswärtige Angelegenheiten (Österreich), S. 26; Regan, ZÖR 2000, 323 (334); Fischer, Wiener Blätter zur Friedensforschung 2000, 32 (37).
[306] Siehe oben, G. 2. c) (1) (c) dieses Kapitels.

dem Rechtsstaatsprinzip ergibt, betont wurde, und dies auch für die Feststellung des Rats im Vorfeldverfahren, die für sich genommen keinen rechtlichen Nachteil nach sich zieht. Eine solche Feststellung kann durch vierzehn Mitgliedstaaten gerade nicht getroffen werden.[307]

Das konzertierte Vorgehen der Mitgliedstaaten gegenüber Österreich war demnach *grundsätzlich* nicht europarechtswidrig, ebensowenig wie die Ankündigung in der gemeinsamen Erklärung.
Eine Rechtswidrigkeit ist jedoch zu bejahen, soweit einzelne Maßnahmen rechtliche Wirkung entfaltet haben.[308] Die österreichischen Mitglieder wurden nicht zu allen informellen Ratstagungen eingeladen,[309] und einzelne Minister anderer Staaten verließen demonstrativ den Raum, als österreichische Minister, die Mitglieder der FPÖ sind, das Wort ergriffen. Dadurch wurde eine effiziente Abstimmung der unterschiedlichen Positionen verhindert.[310]

Die Maßnahmen können auch nicht durch „sachliche Gründe" gerechtfertigt werden.[311] Unabhängig davon, ob Österreich mit der Regierungsbeteiligung der FPÖ die Grundsätze der Union verletzt hat, können Sanktionen nur auf das Suspendierungsverfahren im Rahmen der Unionsaufsicht gestützt werden. Dies war hier aber eindeutig nicht der Fall.

Zu denjenigen Maßnahmen, die sich in politischer Wirkung erschöpften, bleibt folgendes anzumerken:
Innenpolitische Vorgänge, die nicht die Grundsätze des Art. 6 EUV betreffen, die sie also weder gefährden, noch sie verletzen, können auch nicht als unfreundlicher Akt gegenüber den anderen Mitgliedstaaten gewertet werden, selbst wenn sie den anderen Mitgliedstaaten unwillkommen sind.[312] Mit der Regierungskoalition zwischen ÖVP und FPÖ hat Österreich unbestritten nicht die Grundsätze der Union verletzt.[313] Es kann auch nicht angenommen werden, daß genügend Anhaltspunkte dafür vorlagen, daß bereits mit der Regierungsbildung die konkrete *Gefahr* einer sol-

---

[307] Siehe oben, Kapitel 4, 7. B.
[308] Vgl. auch Schorkopf, DVBl 2000, 1036 (1042). Hummer/Obwexer, europa blätter 2000, 52 (56) und 93 (101) möchten ein solches Vorgehen der Mitgliedstaaten am Maßstab der Vorfeldmaßnahmen messen und daneben nichts anderes zulassen. Demnach wäre das Vorgehen der Vierzehn europarechtswidrig. Vgl. auch Außenpolitischer Bericht 2000, Bundesministerium für auswärtige Angelegenheiten (Österreich); S. 25. Weder eine Verletzung des Rechts Österreichs auf Einbindung in die Vorbereitung des Europäischen Rates noch eine schwerwiegende Beeinträchtigung des Funktionsablaufs der Gemeinschaftsorgane sieht Busse, Österreich contra Europäische Union, S. 29 und 31.
[309] Vgl. Außenpolitischer Bericht 2000, Bundesministerium für Auswärtige Angelegenheiten (Österreich), S. 25; Schorkopf, DVBl 2000, 1036 (1042); Happold, ICLQ 2000, 953 (957); Hummer/Obwexer, EuZW 2000, 485 (486).
[310] Vgl. Die Darstellung bei Hummer/Obwexer, ZÖR 2000, 269 (277 f.); dies., europa blätter 2000, 93 (94); Hummer, Europäische Rundschau 2000, 13 (18).
[311] Vgl. dazu Busse, Österreich contra Europäische Union, S. 32 ff. Er geht jedoch davon aus, daß durch die Maßnahmen nicht in Rechte Österreichs eingegriffen worden sei (S. 34).
[312] Köck/Hintersteininger, Zu den Sanktionen der vierzehn EU-Partnerstaaten gegen Österreich, S. 500.
[313] Vgl. auch Schmahl, EuR 2000, 819 (831); Schorkopf, DVBl. 2000, 1036 (1040); Köck/Hintersteininger, Zu den Sanktionen der vierzehn EU-Partnerstaaten gegen Österreich, S. 489 und 500 f; Winkler, ZÖR 2000, 231 (250 f.); Hummer/Obwexer, ZÖR 2000, 269 (290); dies., EuZW 2000, 485 (488); Hummer, Europäische Rundschau 2000, 13 (16).

chen Verletzung bestand. Bislang wurde nicht dargetan, daß sich die FPÖ außerhalb des demokratischen Meinungsspektrums bewegt.[314] Einen Ansatzpunkt kann der Bericht der drei Weisen bieten, in welchem die FPÖ als „Rechtspopulistische Partei mit extremistischer Ausdrucksweise" bezeichnet wird – dies allein stellt noch keine Gefährdung der Grundsätze dar.[315] Damit muß auch bezweifelt werden, daß Österreich gegenüber den anderen Staaten unfreundliche Akte gesetzt hat.[316]

Die Maßnahmen der vierzehn anderen Mitgliedstaaten waren jedenfalls unbestritten ein gezielter unfreundlicher Akt. Ein unfreundlicher Akt bedarf zwar keiner Rechtfertigung;[317] er kann aber nur dann als Retorsion legitim sein, wenn er eine Reaktion auf einen anderen unfreundlichen Akt darstellt.[318]

So können die Maßnahmen der vierzehn Mitgliedstaaten nach entsprechender Wertung auf politischer Ebene verurteilt werden.[319] Dabei ist gerade die Verknüpfung der Maßnahmen mit der Regierungsbeteiligung der politisch „unbeliebten" FPÖ problematisch, da es zur Demokratie gehört, daß innerhalb eines Meinungsspektrums unterschiedliche Ansichten vertreten werden können.[320] Es hätte dargelegt werden müssen, inwiefern die FPÖ sich tatsächlich außerhalb dieses Spektrums bewegt.[321]
Auf politischer Ebene ist auch zu verurteilen, daß Österreich mehr oder weniger vor vollendete Tatsachen gestellt wurde. Es ist unklar, ob Österreich die Möglichkeit gegeben wurde, sich vorher zu den Vorwürfen der 14 zu äußern.[322] Eine Ver-

[314] Vgl. auch Hillgruber, JRP 2000, 288 (295): Die „demokratisch legitimierte Regierung mißfällt, ohne daß ein Verstoß gegen Europarecht [durch diese Regierung, die Verf.] ersichtlich wäre".
[315] Bericht von Martti Ahtisaari, Jochen Frowein, Marcelino Oreja (Bericht der drei Weisen), abgedruckt in EuGRZ 2000, 404, S. 26 und 30 des Berichts (Rn. 92 und 106). Daraus folgert Neisser, Anlassfall Österreich, S. 145: „Populistische Parteien linker oder rechter Provenienz müssen noch hingenommen werden, radikale und extremistische jedoch nicht." Vgl. auch Olt, Die Torheit der Regierenden, S. 452; Happold, ICLQ 2000, 953 (960 f.); Köck, Die Maßnahmen der EU-14 gegen Österreich, S. 114 f.; Hummer/Obwexer, EuZW 2000, 485 (489).
[316] Köck/Hintersteininger, Zu den Sanktionen der vierzehn EU-Partnerstaaten gegen Österreich, S. 503, sehen keine unfreundlichen Akte im Verhalten Österreichs; vgl. auch Happold, ICLQ 2000, 953 (969): „[T]here is no evidence that the Freedom Party intends to overthrow the existing political order."; Fischer, Wiener Blätter zur Friedensforschung 2000, 32 (36).
[317] Vgl. auch Adamovich, EuGRZ 2001, 89.
[318] Vgl. Köck/Hintersteininger, Zu den Sanktionen der vierzehn EU-Partnerstaaten gegen Österreich, S. 498 f. mit Verweis auf Partsch, Retorsion, S. 335. Dieser schreibt, eine Retorsion bedürfe keiner besonderen Legitimation („Measures of retorsion do not need a special legitimation", S. 336), sie sei aber eine Antwort auf einen unfreundlichen Akt oder eine Verletzung des Völkerrechts. Nach Ansicht von Köck/Hintersteininger könnte der von Partsch verwendete Begriff „special legitimation" auf die Frage der Rechtsmacht eines Staates beziehen.
[319] Vgl. Pernthaler/Hilpold, integration 2000, 105 (109). Auch Pelinka, Europäische Rundschau 2000, 3 (4) sieht das Problem der Maßnahmen „in der Politik". Er kommt allerdings nicht zu dem Ergebnis, daß die Maßnahmen verurteilt werden müßten. Anders Köck/Hintersteininger, Zu den Sanktionen der vierzehn EU-Partnerstaaten gegen Österreich, S. 503: „wenn daher im Zusammenhang mit der „österreichischen Causa" von einem nicht korrekten, die vielbeschworenen europäischen Werte verletzenden Verhalten die Rede sein kann, dann wohl nur auf Seiten der „Vierzehn"."
[320] Ähnlich Köck/Hintersteininger, Zu den Sanktionen der vierzehn EU-Partnerstaaten gegen Österreich, S. 501 ff.
[321] Vgl. auch Happold, ICLQ 2000, 953 (959 f.).
[322] Von einer Konsultation geht Busse, Österreich contra Europäische Union, S. 35, aus. Ebenso Winkler, ZÖR 2000, 231 (233, 245, 247); Rotter, Europäische Rundschau 2000, 21 (23). Siehe jedoch andererseits Außenpoliti-

letzung des Rechtsstaatsprinzips liegt hierin jedoch für die politisch wirksamen Maßnahmen nicht, da hiermit nicht in Rechte Österreichs eingegriffen wird.

Bei dieser politischen Wertung muß auch bedacht werden, daß anfänglich offensichtlich nur die eigene Demission der Regierung zur Aufhebung der Maßnahmen führen können sollte.[323] Dies kann nur dann ein legitimes Ziel sein, wenn eine Regierung die Grundsätze der Union erwiesenermaßen verletzt. Eine „Exit-Strategie" wurde erst später mit der Einsetzung des Rats der drei Weisen entwickelt.[324] Darüber hinaus stellt sich die Frage, ob das Vorgehen der 14 überhaupt geeignet war, um dieses Ziel zu erreichen, auch wenn der Verhältnismäßigkeitsgrundsatz mangels rechtlicher Regelung nicht gilt.[325]

Einen Vorwurf kann man schließlich der portugiesischen Regierung machen, hier einen „Etikettenschwindel"[326] dadurch betrieben zu haben, daß sie im Schriftkopf der Erklärung auf ihre Europäische Ratspräsidentschaft hingewiesen hat. Hier könnte sich die Möglichkeit einer Vertragsverletzungsklage gegen Portugal wegen Verstoßes gegen die Kompetenzen der Präsidentschaft eröffnen.[327] Es fragt sich jedoch, wie eine Jurisdiktionskompetenz des EuGH begründet werden kann, da nicht ersichtlich ist, welche Gemeinschaftskompetenz (welche erst die Zuständigkeit des Gerichtshofs begründen könnte) durch die Erklärung berührt wird.[328] Art. 7 Abs. 1 EUV (Amsterdam) kann hier jedenfalls nicht weiterhelfen, das er bei zu dieser Zeit geltenden Rechtslage nicht einmal hinsichtlich der Verfahrensbestimmungen der Jurisdiktion des EuGH unterworfen war.[329]

f) Beendigung der Maßnahmen – Der „Rat der drei Weisen"

Am 30. Juni 2000 beschlossen die 14 Staaten ein „Ausstiegsszenario". Die Mitteilung der portugiesischen Ratspräsidentschaft lautete folgendermaßen:

---

scher Bericht 2000, Bundesministerium für auswärtige Angelegenheiten (Österreich); S. 26: „Österreich war nicht einmal Gelegenheit gegeben, seinen Standpunkt darzulegen."

[323] Vgl. Hummer, Europäische Rundschau 2000, 12 (20); ders., JRP 2001, 185 (193); ders., ZÖR 2000, 269 (273); Fischer, Wiener Blätter zur Friedensforschung 2000, 32 (37). Stein, Der Kreuzzug der Vierzehn gegen Österreich, S. 11 sieht hierin einen klassischen Verstoß gegen das Interventionsverbot; Schorkopf, in Grabitz/Hilf, Das Recht der EU, Art. 7 EUV (Amsterdam), Rn. 30, bezeichnet dieses Vorgehen als unverhältnismäßig.

[324] Den Mangel einer Exit-Strategie beklagt auch Fischer, Wiener Blätter zur Friedensforschung 2000, 32 (37).

[325] Vgl. Pernthaler/Hilpold, integration 2000, 105 (107); Ipsen, Völkerrecht, § 59, Rn. 44 (S. 953). Die Unverhältnismäßigkeit der Maßnahmen betont Schorkopf, DVBl 2000, 1036 (1043).

[326] Hummer/Obwexer, ZÖR 2000, 269 (275); dies., EuZW 2000, 485 (489); dies., europa blätter 2000, 52 (54); Hummer, NZZ vom 24. Februar 2000, S. 5. Winkler/Schauer, Die Maßnahmen von 14 EU-Mitgliedstaaten gegen Österreich, S. 127 sehen hier sogar eine Verletzung der Gemeinschaftstreue aus Art. 10 EGV wegen Verstoßes gegen die Unparteilichkeit des Vorsitzes.

[327] Vgl. Busse, Österreich contra Europäische Union, S. 23; Winkler, ZÖR 2000, 231 (260).

[328] Vgl. Winkler/Schauer, Die Maßnahmen von 14 EU-Mitgliedstaaten gegen Österreich, S. 129.

[329] Siehe oben, Kapitel 5.

„Der portugiesische Ministerpräsident erhielt [von den 14 EU-Staaten] das Mandat, den Präsidenten des Europäischen Gerichtshofes für Menschenrechte darum zu bitten, drei Persönlichkeiten zu nennen, die auf der Grundlage einer detaillierten Prüfung einen Bericht zu folgenden Punkten erstellen sollen:
- die Haltung der österreichischen Regierung bezüglich der gemeinsamen europäischen Werte und insbesondere bezüglich der Rechte von Minderheiten, Flüchtlingen und Einwanderern
- die Entwicklung und politische Natur der FPÖ.

Auf der Grundlage der Schlußfolgerungen dieses Berichts werden die 14 EU-Staaten ihre bilateralen Beziehungen zu Österreich einer erneuten Prüfung unterziehen. Die am 31. Januar von 14 Mitgliedstaaten vereinbarten Maßnahmen bezüglich der bilateralen Beziehungen bleiben in Kraft.“[330]

Hiermit wurde wiederum jeglicher Bezug zum Gemeinschafts- oder Unionsrecht vermieden, so daß es sich ebenso wie die Stellungnahme vom 31. Januar 2000 um die Mitteilung einer außerrechtlichen zwischenstaatlichen Abmachung der vierzehn Staaten handelt, wobei die portugiesische Regierung die Übermittlerrolle übernommen hat.[331]

Am 12. Juli 2000 benannte mit Zustimmung Österreichs[332] der Präsident des EGMR *Wildhaber* als „drei Weise“ *Martti Ahtisaari*, *Jochen Frowein* und *Marcelino Oreja*. Für die Erstellung des Berichts fanden Gespräche der drei mit dem österreichischen Bundespräsidenten, verschiedenen Vertretern der Bundesregierung, dem Präsidenten des Verfassungsgerichtshofes, den Volksanwälten, allen im österreichischen Parlament vertretenen Parteien, den Gewerkschaften und den Arbeitgebervertretern, der katholischen und der evangelischen Kirche und der jüdischen und der islamischen Glaubensgemeinschaft, dem Vorsitzenden der Richtervereinigung, Vertretern verschiedenener NGOs sowie der Vorsitzenden der FPÖ statt.[333]
Das Mandat bezieht sich inhaltlich nicht direkt auf die in Art. 6 EUV genannten Grundsätze. Der Maßstab, der von den drei Weisen anzulegen war, ist also nicht derselbe wie der, der vom Rat im Rahmen eines Verfahrens nach Art. 7 EUV anzulegen ist. Dennoch kommt er ihm sehr nahe, was nicht zuletzt die Auslegung der im Mandat genannten Kriterien durch die drei Weisen zeigt.[334]

Der Bericht wurde am 8. September 2000 in Paris der französischen Ratspräsidentschaft übergeben und kurz darauf im Internet (jedoch nicht auf der Homepage der französischen Ratspräsidentschaft) veröffentlicht. Er endet mit der Empfehlung, die Maßnahmen zu beenden. Dieser Empfehlung sind die vierzehn Staaten am 12. September 2000 nachgekommen.[335]

---

[330] Bericht von Martti Ahtisaari, Jochen Frowein, Marcelino Oreja (Bericht der drei Weisen), abgedruckt in EuGRZ 2000, 404, S. 1 des Berichts.
[331] Vgl. Rotter, Europäische Rundschau 2000, 21 (29).
[332] Siehe den Hinweis bei Hummer/Obwexer, EuZW 2000, 485 (495).
[333] Vgl. Bericht von Martti Ahtisaari, Jochen Frowein, Marcelino Oreja (Bericht der drei Weisen), abgedruckt in EuGRZ 2000, 404, S. 2 des Berichts.
[334] Vgl. hierzu schon oben, Kapitel 2, G. 7. c).
[335] Damit kam es nicht zu der von der Österreichischen Regierung für Herbst 2000 angekündigten Volksbefragung, die für den Fall vorgesehen war, daß die Maßnahmen der Vierzehn nicht aufgehoben werden; vgl. hierzu Hummer/Obwexer, ZÖR 2000, 269 (295 f.)

3. Würdigung mitgliedstaatlichen Vorgehens außerhalb der Unionsaufsicht

Das geschilderte Vorgehen der vierzehn Staaten gegenüber Österreich ist bisher einmalig in der Geschichte der Europäischen Union. Es gab zwar schon politische Entwicklungen, bei denen mit ähnlicher Berechtigung ein entsprechendes Vorgehen hätte diskutiert werden können[336] – etwa die Regierungsbildung in Italien im Jahr 1994, als das Rechtsbündnis unter *Silvio Berlusconi* (Forza Italia) mit der neofaschistischen Alleanza Nazionale und der Lega Nord des Separatistenführers *Umberto Bossi* an die Macht kam. Damals wurde von Seiten der anderen Mitgliedstaaten der EU das Ergreifen von Maßnahmen nicht einmal diskutiert.[337] Nach zehn Monaten scheiterte die Koalition und wurde abgewählt. Auf die politischen Unruhen in Nordirland zeigte sich bisher ebensowenig eine Reaktion. Die Wahl *Silvio Berlusconis* zum neuen italienischen Regierungschef im Mai 2001 rief allerdings Reaktionen hervor, bei denen eine Sanktionierung Italiens angesprochen wurde.[338] Nach den Parlamentswahlen in Dänemark im November 2001 wurde jedoch von allen Seiten Zurückhaltung geübt.

Diese historische Entwicklung kann ein Zeichen dafür sein, daß das Bewußtsein innerhalb der Union für gemeinsame europäische Werte gestärkt wurde [339] und daß das Argument der „inneren Angelegenheiten", in die sich niemand einmischen dürfe, nicht zuletzt wegen der Existenz der Art. 6 und 7 EUV / 309 EGV immer mehr an Gewicht verliert.[340]
Bei dem Verhalten der vierzehn gegenüber Österreich gab es viele Mißverständnisse. Die Maßnahmen wurden vielfach als Sanktionen[341] verstanden und auch als solche bezeichnet; teilweise schien nicht klar, wem gegenüber diese „Sanktionen" ergriffen werden sollten, so daß von privater Seite Boykottmaßnahmen gegenüber Österreich und gegenüber österreichischen Bürgern diskutiert und umgesetzt wurden.

Eine explizite Ausschlußklausel für ein Vorgehen außerhalb der Unionsaufsicht wäre vorteilhaft gewesen; sie hätte für Eindeutigkeit gesorgt, was in einem so sensiblen Bereich wie dem Umgang mit einem abtrünnigen Mitgliedstaat nicht unterschätzt werden kann.

---

336 Vgl. auch den Hinweis bei Olt, Die Torheit der Regierenden, S. 423.
337 Vgl. auch Schmahl, EuR 2000, 819 (820); Puntscher Riekmann, Österreich und die Europäische Union, S. 131; Pelinka, Europäische Rundscau 200, 3 (4); Merlingen/Mudde/Sedelmeier, JCMS 2001, 59 (60).
338 Vgl. Lahodynsky, EUmagazin 2001, 24; Köck/Hintersteininger, Zu den Sanktionen der vierzehn EU-Partnerstaaten gegen Österreich, S. 488; Teske, Berlusconi und Haider, europa blätter 2001, 123.
339 So auch der Bericht von Martti Ahtisaari, Jochen Frowein, Marcelino Oreja (Bericht der drei Weisen), abgedruckt in EuGRZ 2000, 404, S. 32 des Berichts (Rn. 115) sowie Vignes, RMCUE 2000, 145 (147). Dies gilt auch, wenn man in eigenen innenpolitischen Problemen mit der extremen Rechten in anderen Mitgliedstaaten, namentlich in Frankreich und in Belgien, einen wesentlichen Grund für das Verhalten der 14 sieht, so etwa Merlingen/Mudde/Sedelmeier, JCMS 2001, 59 (67 ff.).
340 „Die zaghafte Andeutung eines europäischen Gründungsaktes", Heinrich, Blätter für Internationale Politik 2000, 331 (334).
341 Also als Maßnahmen mit rechtlicher (oder gleicher) Wirkung im Unterschied zu solchen mit politischer Wirkung.

Nochmals betont werden soll hier, daß die Mitgliedstaaten im Gegensatz zu den in diesem Kapitel behandelten Maßnahmen, die außerhalb der Unionsaufsicht stehen, innerhalb der Unionsaufsicht sogar verpflichtet sind, über die Einhaltung der Grundsätze in allen Mitgliedstaaten zu wachen.

4. Ergebnis

In diesem Kapitel wurde im ersten Teil der Frage nachgegangen, ob es mit den im EGV vorgesehenen Verfahren zu Überschneidungen mit Maßnahmen der Unionsaufsicht kommen kann.
Dies ist für das Vertragsverletzungsverfahren nicht der Fall. Hier kann sich nicht das Problem ergeben, daß Gerichtshof und Rat denselben Sachverhalt zu beurteilen haben und zu unterschiedlichen Ergebnissen kommen, ohne daß es eine Regelung darüber gäbe, welches Organ die letztverbindliche Entscheidung treffen soll. Das Suspendierungsverfahren als Teil der Unionsaufsicht ist die weitergehende Regelung im Verhältnis zum Vertragsverletzungsverfahren; es bezieht sich auf umfassendere Formen und Fälle der Vertragsverletzung.
Das Feststellungsurteil, welches aufgrund eines Vertragsverletzungverfahrens ergeht, kann neben der Feststellung des Rates stehen, es bestehe die eindeutige Gefahr der schwerwiegenden Verletzung der Grundsätze oder es liege eine schwerwiegende und anhaltende Verletzung der Grundsätze vor, ohne daß sich hier Probleme ergeben. Denn genau diese Feststellungen kann der Gerichtshof nicht treffen.
Auch mit der einstweiligen Anordnung gemäß Art. 243 EGV sowie dem Vorabentscheidungsverfahren und der Nichtigkeitsklage kann es nicht zu Überschneidungen mit der Unionsaufsicht kommen.

Mit dem Notstandsverfahren nach Art. 297 EGV überschneidet sich die Unionsaufsicht nicht unmittelbar. Sie ist hinsichtlich der Suspendierung von Rechten und hinsichtlich der Feststellung i.S.v.Art. 7 Abs. 1 und 2 EUV *lex specialis*.
Auf eine Gefahr der Verletzung oder eine tatsächliche Verletzung der Grundsätze kann neben der Unionsaufsicht jedoch auch mit Hilfe des Notstandsverfahrens reagiert werden, ohne daß aber eine entsprechende Feststellung im Rahmen dieses Verfahrens getroffen werden könnte. Im Falle einer schwerwiegenden und anhaltenden Verletzung der Grundsätze kann sich ein Mitgliedstaat nicht mehr auf die Notstandsklausel berufen, so daß die Klage nach Art. 298 EGV begründet wäre. Hier liegt die einzige Möglichkeit, bei der Unstimmigkeiten zwischen Unionsaufsicht und einem anderen Verfahren entstehen könnten. Ein solcher Fall ist jedoch in der Praxis kaum vorstellbar.

Die Unionsaufsicht ist abgeschlossen, und zwar sowohl für Repressionen unter ihrer Eingriffsschwelle, als auch für Maßnahmen, die über die Suspendierung von Mitgliedschaftsrechten hinausgehen. Ein Ausschluß aus der Union als Sanktion auf ein Verhalten, welches den Grundsätzen zuwider läuft, ist damit nicht möglich. Falls in einer solchen Situation jedoch eine Existenzgefährdung der Union selbst besteht, kann einvernehmlich ein „Entlassungsvertrag" abgeschlossen werden.

Ein Vorgehen der Mitgliedstaaten außerhalb der Unionsaufsicht war bei alter Rechtslage jedoch so lange möglich, wie es keine rechtlichen Auswirkungen zeitigte. Sobald rechtliche Folgen entstanden, war es rechtswidrig. Dies kann im Einzelfall eine Gratwanderung und politisch äußerst unklug sein.

Mit der neuen Regelung des Art. 7 Abs. 1 EUV haben sich die Mitgliedstaaten rechtlich gebunden, *außerhalb* der Unionsaufsicht mit keiner Maßnahme auf eine entsprechende Entwicklung in einem anderen Mitgliedstaat zu reagieren, auch nicht mit Maßnahmen, die sich in ihrer politischen Wirkung erschöpfen. Die Unionsaufsicht ist nunmehr hinsichtlich *jeglicher* Reaktion abgeschlossen.

*

Kapitel 7: Ergebnis, Wertung und Ausblick

In diesem abschließenden Kapitel soll zunächst das Ergebnis der Kapitel 2 bis 6 zusammengefaßt werden (A.). Im Anschluß daran wird versucht, die Unionsaufsicht im Vergleich mit ähnlichen Mechanismen in Staaten und in anderen Organisation einzuordnen (B.). Die bisherige Untersuchung hat gezeigt, daß die Mitgliedstaaten mit der Unionsaufsicht umfassende Kompetenzen auf die Unionsebene übertragen haben, wodurch sie sich in ihrer Souveränität weiter eingeschränkt haben (C.). Um diesen Souveränitätsverlust einordnen zu können, soll zunächt das Modell der geteilten Souveränität erläutert werden (D.) und auf die gesamte EU angewendet werden (E.). Schließlich erfolgt eine Einordnung der Unionsaufsicht in die Entwicklung einer teilsouveränen EU (F.). Abschließend soll ein Ausblick gegeben werden (G.).

H. Ergebnis der bisherigen Untersuchung – Umfang der Unionsa

Mit dem Suspendierungsverfahren haben die Mitgliedstaaten der EU die Kompetenz zur Überwachung der Einhaltung der Grundsätze der Union insgesamt übertragen, so daß man von einer Unionsaufsicht sprechen kann.[1] Diese Unionsaufsicht ist ein Phänomen, welches eine einschneidende Bedeutung sowohl für die Union selbst, als auch für das Selbstverständnis der Mitgliedstaaten hat. Ihr Mechanismus unterwirft die Mitgliedstaaten einer fremden Kontrolle, die schon früh ansetzen kann und in ihren Sicherungsmaßnahmen weitreichend ist.

Mit der Gemeinschaftsaufsicht in der EG unterwarfen sich die Mitgliedstaaten erstmals einer supranationalen Jurisdiktion. Die Unionsaufsicht bezieht sich auf andere inhaltliche Kriterien, nämlich auf die Grundsätze der Union, und nicht auf das Gemeinschaftsrecht. Den Inhalt dieser Grundsätze haben die Mitgliedstaaten gemeinsam in Art. 6 Abs. 1 EUV festgeschrieben. So können sie nicht mehr im Alleingang bestimmen, daß für sie andere Grundsätze gelten, die den europäischen entgegenlaufen.
Damit muß die Verfassungswirklichkeit in den Mitgliedstaaten folgenden Anforderungen gerecht werden: Mindestens eine der gesetzgebenden Kammern muß durch periodische, unabhängige, allgemeine, freie, gleiche und geheime Wahlen innerhalb eines pluralistischen Systems legitimiert sein; es bedarf einer Teilung der hoheitlichen Gewalten mit Unabhängigkeit und gegenseitiger Kontrolle der Organe sowie Bindung der staatlichen Gewalt an das Recht und die Gesetze. Es muß ein Rechtswegsystem mit Rechtsweggarantie durch die unabhängige Judikative existieren so-

[1] Siehe oben, Kapitel 1, G.

wie eine Staatshaftung. Das Willkürverbot und die Menschenrechte müssen geachtet werden, wobei vor allem hier ein hoher Maßstab anzulegen ist. Der Grundsatz der Menschenrechte und Grundfreiheiten i.S.d. Art. 6 EUV umfaßt mindestens das Recht auf Leben und körperliche Unversehrtheit (inklusive Verbot des Vollzugs der Todesstrafe), das Recht auf Freiheit (Schutz vor willkürlicher Verhaftung), ein Rechtshilfesystem mit Rechtshilfegarantie, den Grundsatz *nulla poena sine lege*, das Gebot der Achtung der Privatsphäre einschließlich dem Grundsatz der Unverletzlichkeit der Wohnung, die Gedanken-, Gewissens- und Religionsfreiheit, die Meinungsfreiheit, die Versammlungsfreiheit, die Vereinigungsfreiheit, das Recht auf Eigentum, das Diskriminierungsverbot sowie darüber hinausgehenden Minderheitenschutz auf niedrigem Niveau, das Recht auf Bildung sowie das Recht auf soziale Sicherheit.

Diese Grundsätze der Union müssen nicht nur im Rahmen des innerhalb der Mitgliedstaaten gültigen Gemeinschaftsrechts eingehalten werden, sondern *immer*. Das gesamte Rechtssystem der Mitgliedstaaten, die ganze verfassungsrechtliche und -wirkliche Lage ist davon betroffen. Das Gebot zur Homogenität gilt also immer, es existiert kein nationaler Bereich, der nicht der Unionsaufsicht unterliegt. Damit unterscheidet sich die Unionsaufsicht vor allem von den Grundfreiheiten des EG-Vertrags; hier wird eine Inländerdiskriminierung bei „rein nationalen" Sachverhalten gegenüber „gemeinschaftsrechtsrelevanten" hingenommen. Durch die Regelung in Art. 6 Abs. 1 EUV werden alle Bereiche zu einem unionsrechtlichen. Auch der bislang unumstrittene Grundsatz, daß die Mitgliedstaaten bei einer Handlung ohne Bezug zum Gemeinschaftsrecht nicht an die Gemeinschaftsgrundrechte gebunden sind,[2] kann so nicht bestehen bleiben. Die Bereiche, die nicht durch das Europarecht geregelt sind, waren bisher in nationaler Verantwortung und damit unantastbar.[3] Diese Differenzierung gehört mit der Unionsaufsicht der Vergangenheit an.
Die Kontrolle durch die Unionsaufsicht ist damit umfassend, denn sie betrifft den gesamten Mitgliedstaat. Dieser kann nicht mehr geltend machen, es handele sich bei der fraglichen Sachlage nur um nationale Regelungen oder Vorkommnisse, die in keinem Zusammenhang zur EU stehen. Die Unionsaufsicht ist damit von einer anderer Qualität als die Gemeinschaftsaufsicht und unterscheidet sich von allen bisherigen Mechanismen in der EU.

Ziel der Unionsaufsicht ist es, durch Bannung einer Gefahr zu verhindern, daß die Homogenität in den Grundsätzen verletzt wird, beziehungsweise bei bereits eingetretener Verletzung diese möglichst schnell abzustellen, den ursprünglichen Zustand wiederherzustellen und weiteren Schaden zu verhindern. Sie umfaßt zwei Verfahren, die bei einem unterschiedlichen Grad der Gefährdung für die Grundsätze der Union eingreifen.

---

[2] Ruffert, EuGRZ 1995, 518 (529).
[3] Dies spiegelt sich wider in der Antwort von Herrn van den Broek im Namen der Kommission auf eine Schriftliche Anfrage, 1997 Abl. C 373/154.

Im Vorfeldverfahren kann der Rat seit Inkrafttreten des Vertrags von Nizza die eindeutige Gefahr der schwerwiegenden Verletzung der Grundsätze durch einen Mitgliedstaat feststellen. Daneben kann er diesen Mitgliedstaat um Auskunft bitten oder ihn einer Beobachtung unterwerfen. Mit der neuen Vorfeldregelung wird allerdings ausgeschlossen, daß er abschreckende Maßnahmen ergreift. Auch seine Besorgnis gegenüber einem Mitgliedstaat kann er nicht ohne Einhaltung der Verfahrensvoraussetzungen des Art. 7 Abs. 1 EUV ausdrücken. Ein Novum stellt die Möglichkeit der Einsetzung unabhängiger Experten dar. Um solche unabhängige Persönlichkeiten um einen Bericht über die Lage in dem betroffenen Mitgliedstaat bitten zu können, bedarf es derselben formellen und im Ansatzpunkt ähnlicher materieller Voraussetzungen wie für einen Feststellungsbeschluß im Vorfeldverfahren.
Neben dem Rat sind aus Art. 7 EUV in Verbindung mit dem *effet utile*-Gedanken auch die anderen beteiligten Organe sowie die Mitgliedstaaten zu Vorfeldmaßnahmen ermächtigt - sowohl vor als auch nach Inkrafttreten des Vertrag von Nizza. Von vornherein ausgeschlossen sind jedoch Maßnahmen mit sanktionierender Wirkung. Solche Vorfeldmaßnahmen liegen in einer Beobachtung eines Staates, er kann um Auskunft ersucht werden oder aufgefordert werden, sich grundsatzkonform zu verhalten. Ohne seine Zustimmung kann jedoch keine Untersuchungskommission in sein Land entsendet werden.
Mit dem Suspendierungsverfahren können bestimmte Rechte eines Mitgliedstaats ausgesetzt werden. Hier ist zunächst die Suspendierung seiner Stimmrechte im Rat zu erwähnen, welche automatisch für alle drei Säulen der Union erfolgt. Die Stimmrechte in anderen Organen der EG können dagegen nicht ausgesetzt werden. Auch das Rede- oder Anwesenheitsrechts im Rat und die Rechte, die zur Selbstdarstellung eines Staates in der Öffentlichkeit geeignet sind, können suspendiert werden. Vor allem im Rahmen des EGV existieren viele materielle Berechtigungen der Mitgliedstaaten, die ausgesetzt werden können; allerdings wird deren Suspendierung aus Gründen der Verhältnismäßigkeit meist ausgeschlossen sein. Die Klageberechtigung des Mitgliedstaats vor dem Gerichtshof kann nicht ausgesetzt werden. Die Suspendierung aller Rechte eines Mitgliedstaats ist zwar vom Wortlaut nicht ausgeschlossen, wäre im Zweifelsfall jedoch unverhältnismäßig.
Trotz der Suspendierung von seinen Stimmrechten im Rat ist der betroffene Staat weiterhin an seine Verpflichtungen aus den Verträgen gebunden, und dies gilt auch für nachfolgend geschaffenes Recht. Um dem Grundsatz der Verhältnismäßigkeit zu genügen, muß hierbei jedoch im Einzelfall Rücksicht auf den betroffenen Mitgliedstaat genommen werden.

Die Unionsaufsicht hat einen politischen Charakter, was sich bei den Beurteilungsspielräumen zeigt, die vor allem dem Rat als Hauptaufsichtsorgan der Unionsaufsicht eingeräumt sind. Insbesondere die Termini „schwerwiegend", „anhaltend" und „eindeutige Gefahr", welche die Eingriffsschwelle der beiden Verfahren kennzeichnen, entziehen sich einer abstrakten Bestimmung. Um diesen Mangel an abstrakten Kriterien zu kompensieren, ist besonderer Wert auf die Verfahrensanforderungen zu legen, insbesondere auf das Begründungserfordernis.

Gegen Maßnahmen der Unionsaufsicht hat der betroffene Mitgliedstaat mit Erwähnung der reinen Verfahrensbestimmungen des Art. 7 EUV in Art. 46 EUV keinen lückenlosen Rechtsschutz. Eine weitere Einbeziehung des EuGH würde keinen wesentlichen Unterschied zum jeztigen Rechtsschutzstand ausmachen, da der Gerichtshof dem Rat bei politischen Entscheidungen einen weiten Beurteilungsspielraum zugesteht, den er ohnehin nicht überprüft.
Mit der Nichtigkeitsklage kann ein Mitgliedstaat einerseits die formelle Rechtmäßigkeit der Feststellungen nach Art. 7 Abs. 1 und 2 EUV sowie des Beschlusses, unabhängige Experten um einen Bericht zu ersuchen, überprüfen lassen. Des weiteren kann der Gerichtshof die formelle und materielle Rechtswidrigkeit einzelner Suspendierungsmaßnahmen, die sich auf Rechte aus dem EGV beziehen, feststellen. Andere Suspendierungsmaßnahmen, also solche im Rahmen des EUV inklusive der Stimmrechtsaussetzung, und die materielle Rechtmäßigkeit der Beschlüsse nach Art. 7 Abs. 1 und 2 EUV, können jedoch nicht im Rahmen der Nichtigkeitsklage vom EuGH überprüft werden, auch nicht inzident.
Untätigkeitsklage kann ein Mitgliedstaat erheben, wenn der Rat nicht regelmäßig gemäß Art. 7 Abs. 1 UAbs. 2 EUV die Gründe überprüft, die zu der Feststellung nach Abs. 1 geführt haben. Bei Vorhandensein eines negativen Feststellungsbeschlusses und in anderen Fällen einer Ermessensreduzierung auf Null kann er mit Erfolg Untätigkeitsklage erheben, wenn der Rat es unterläßt, gemäß Art. 309 Abs. 3 EGV einen Änderungs- oder Aufhebungsbeschluß zu fassen.
Gegen Maßnahmen der Unionsaufsicht, die von den anderen Mitgliedstaaten ergriffen werden, kann der betroffene Mitgliedstaat Vertragsverletzungsklage mit der Begründung erheben, die von ihnen ergriffenen Maßnahmen verstießen gegen das Loyalitätsgebot aus Art. 10 EGV.

Die Unionsaufsicht ist abgeschlossen, und zwar sowohl für Repressionen unter ihrer Eingriffsschwelle, als auch für Maßnahmen, die über die Suspendierung von Mitgliedschaftsrechten hinausgehen. Ein Ausschluß aus der Union als Sanktion auf ein Verhalten, welches den Grundsätzen zuwider läuft, ist nicht möglich. Falls in einer solchen Situation jedoch eine Existenzgefährdung der Union selbst besteht, kann einvernehmlich ein „Entlassungsvertrag“ abgeschlossen werden.
Die Unionsaufsicht ist *lex specialis* gegenüber dem Notstandsverfahren nach Art. 297 und 298 EGV und beeinflußt dieses. Auf eine Gefahr der Verletzung oder eine tatsächliche Verletzung der Grundsätze kann auch mit Hilfe des Notstandsverfahrens reagiert werden; die entsprechende Feststellung kann aber im Rahmen dieses Verfahrens nicht getroffen werden. Da sich im Falle einer schwerwiegenden und anhaltenden Verletzung der Grundsätze ein Mitgliedstaat nicht mehr auf die Notstandsklausel berufen kann, so daß die Klage nach Art. 298 EGV begründet wäre, kann es hier zu Unstimmigkeiten zwischen Unionsaufsicht und Notstandsverfahren kommen, wenn Rat und Gerichtshof unterschiedlich entscheiden. Ein solcher Fall ist jedoch in der Praxis kaum vorstellbar.

Auch wenn die Unionsaufsicht als abgeschlossen bezeichnet wird, ist ein Vorgehen der Mitgliedstaaten außerhalb der Unionsaufsicht bei derzeitigem Rechtsstand so lange möglich, wie es keine rechtlichen Auswirkungen zeitigt. Sobald rechtliche Folgen entstehen, ist es rechtswidrig. Dies kann im Einzelfall eine Gratwanderung und politisch äußerst unklug sein. Mit der neuen Regelung des Art. 7 Abs. 1 EUV haben sich die Mitgliedstaaten rechtlich gebunden, *außerhalb* der Unionsaufsicht mit keiner Maßnahme auf eine entsprechende Entwicklung in einem anderen Mitgliedstaat zu reagieren, auch nicht mit Maßnahmen, die sich in ihrer politischen Wirkung erschöpfen. Die Unionsaufsicht ist nunmehr hinsichtlich *jeglicher* Reaktion abgeschlossen.

B. Versuch einer Einordnung der Unionsaufsicht im Vergleich mit ähnlichen Mechanismen

Die Vorstellung, von den Mitgliedern die Einhaltung bestimmter Prinzipien zu verlangen und entsprechende Verletzungen zu sanktionieren, ist weder in Internationalen Organisationen, noch in Bundesstaaten unbekannt. Aus diesem Grunde kann allein das Vorhandensein eines Homogenitätserfordernis' keinen Aufschluß darüber geben, um was für eine Art von Staatenverbindung es sich handelt. In beschränktem Maße gilt dies auch für den Gewährleistungsmechanismus. Seine jeweilige Ausprägung hängt zwar davon ab, welche Kompetenzen der übergreifende Verbund grundsätzlich hat; dies führt jedoch nicht dazu, daß von einer einheitlichen Ausprägung für Bundesstaaten einerseits und für Internationale Organisationen andererseits gesprochen werden könnte. Dies zeigt ein Überblick, der folgend gegeben werden soll.
Vor allem die Suspendierung einzelner Rechte, die bezeichnend für die Unionsaufsicht ist, ist sowohl auf bundesstaatlicher als auch auf völkerrechtlicher Ebene denkbar.

1. Deutschland

Die Reichsverfasssung von 1871 kannte zwar eine Bundesaufsicht in dem Sinne, daß das Reich zur Aufsicht über die Länder in all jenen Bereichen befugt war, in denen es die Gesetzgebungskompetenz hatte.[4] Diese Bundesaufsicht bezog sich jedoch nicht auf die Einhaltung der Grundsätze in den Staaten. Eine Homogenität bestand hier auch nicht - so existierte in den beiden Großherzogtümern Mecklenburg bis 1918 keine gewählte Volksvertretung.[5]
Art. 17 der Weimarer Reichsverfassung enthielt für die Länder drei Vorgaben: sie mußten eine freistaatliche Verfassung haben, die Wahlen der Volksvertretung mußten den Grundsätzen der allgemeinen, gleichen, unmittelbaren und geheimen

[4] Siehe oben, Kapitel 1, G.
[5] Huber, Deutsche Verfassungsgeschichte, Band IV, S. 422 ff.

Wahl nach Verhältniswahlrecht genügen, und die Regierung mußte gegenüber dem Parlament verantwortlich sein. Diese Regelung kann als Vorgänger zu Art. 28 Abs. 1 GG angesehen werden, der für die Bundesrepublik Deutschland bestimmt, daß die verfassungsmäßige Ordnung der Länder „den Grundsätzen des republikanischen, demokratischen und sozialen Rechtsstaates" entsprechen muß.[6] Art 28 Abs. 3 GG, wonach der Bund die Einhaltung der Grundsätze gewährleistet, trifft zwar keine Aussage darüber, mit welchen Mitteln und gegenüber welchem Landesorgan der Bund tätig werden kann; er sagt aber aus, *daß* der Bund tätig werden *muß*.[7] An anderer Stelle des Grundgesetzes sind verschiedene Möglichkeiten geregelt: der Bund-Länder-Streit und abstrakte Normenkontrolle (Art. 93 Abs. 1 Nr. 2 und 3 GG), der Bundeszwang (Art. 37 GG).[8] Stärkstes Sicherungsmittel ist der Bundeszwang. Er ist in der Bundesrepublik noch nie zur Anwendung gekommen; es gab auch keine Situation, in der dies als erforderlich angesehen wurde.[9] Mögliche Mittel des Bundeszwangs sind die Suspendierung von Zahlungen oder Finanzzuweisungen aus Bundesmitteln, die Verweigerung der Erfüllung sonstiger Bundesaufgaben gegenüber dem Land, die Ersatzvornahme unterlassener Handlungen, die Einsetzung eines Bundesbeauftragten zur vorübergehenden treuhänderischen Ausübung von Landesfunktionen.[10]

2. Österreich

In Österreich wird die Geltung der grundlegenden Prinzipien in den Ländern teilweise im österreichischen Bundesverfassungsgesetz (B-VG) selbst geregelt; Art. 95 ff. enthalten Vorschriften über Wahlen zu den Landtagen, Gesetzgebungsverfahren und Gewaltenteilung. Eine allgemeine Homogenitätsklausel existiert dagegen nicht.[11] Nach Art. 99 B-VG können die Landesverfassungen jedoch nur dann durch ein Landesverfassungsgesetz abgeändert werden, wenn dadurch die Bundesverfassung nicht berührt wird. Damit dürfen die Länder nicht von den leitenden Grundsätzen der Verfassung abweichen. Das sind diejenigen Bestimmungen, deren Änderung oder Beseitigung einer Gesamtänderung der Verfassung gleichkäme (Art. 44 Abs. 2 BV) und zu denen nach der Rechtsprechung des Verfassungsgerichtshofs die Prinzipien der Demokratie, des Rechtsstaats und des Bundesstaats gehören.[12]

---

[6] Zur Ausgestaltung des Homogenitätsprinzips siehe die umfassende Untersuchung von Werner, Wesensmerkmale des Homogenitätsprinzips, insbes. S. 55 ff. Vgl. auch Schorkopf, Homogenität in der EU, S: 124 f.

[7] Vgl. Dreier, in Dreier, Grundgesetz Kommentar, Art. 28, Rn. 170 und 173. Nach h.M. enthält Art. 28 Ab. 3 GG keine Rechtsgrundlage für eine eigenständige Bundesaufsicht, vgl. nur BVerfGE 8, 122 (130 ff.); Dreier in Dreier, Grundgesetz Kommentar, Art. 28, Rn. 173; Evers, in Dolzer/Vogel, Bonner Kommentar, Art. 37, Rn. 11; a.A. Frowein, Die selbständige Bundesaufsicht nach dem Grundgesetz, S. 64 ff; Zinn, DÖV 1950, 522 (524). Siehe auch die Übersicht bei Vogel, Selbständige Bundesaufsicht, S. 819 (821 ff.).

[8] Vgl. Werner, Wesensmerkmale des Homogenitätsprinzips, S. 85. Unter entsprechenden Umständen kommt die Bundesintervention hinzu (Art. 35 Abs. 3, 87 a Abs. 4, 91 Abs. 2 GG).

[9] Vgl. Bauer, in Dreier, Grundgesetz Kommentar, Art. 37, Rn. 6.

[10] Vgl. Bauer, in Dreier, Grundgesetz Kommentar, Art. 37, Rn. 13.

[11] Vgl. auch Schorkopf, Homogenität in der EU, S. 29 f.

[12] VfSlg 1952, Nr. 2455, 573 (575).

Des weiteren gehören zu den unabänderbaren Grundsätzen neben den Bestimmungen der Art. 95 ff. B-VG die Verordnungsermächtigung des Art. 18 Abs. 2 B-VG, das demokratische Wahlrecht, der Gleichheitssatz sowie die Geschlossenheit des Katalogs genereller Rechtsquellentypen.[13] Damit sind die Länder an die Prinzipien der Bundesverfassung gebunden,[14] so daß von einer „relativen Verfassungsautonomie" gesprochen wird.[15]
Eine ausdrückliche Bestimmung, nach welcher der Bund die Einhaltung der Grundsätze gewährleistet, kennt das B-VG nicht, so daß auf allgemeine Instrumente zurückgegriffen werden muß.[16] Wegen der Geltung des Grundsatzes der rechtlichen Parität von Bund und Ländern im B-VG werden Konflikte zwischen ihnen grundsätzlich durch den Verfassungsgerichtshof als neutrale Instanz entschieden.[17] In bestimmten beschränkten Bereichen gibt es aber dennoch ein Über- und Unterordnungsverhältnis, innerhalb dessen dem Bund konkrete Aufsichtsbefugnisse zustehen.[18] Auch eine Bundesexekution in klassischer Ausprägung existiert in Österreich nicht, dafür aber ähnliche Maßnahmen. Die Bundesregierung kann einen Landeshauptmann oder einzelne Mitglieder der Landesregierungen als Organe der mittelbaren Bundesverwaltung beim Verfassungsgerichtshof wegen Nichtbefolgung einer Weisung des Bundes anklagen (Art. 103 Abs. 3 i.V.m. Art. 142 Abs. 2 lit. e B-VG), der Bundespräsident kann einen Landtag auflösen (Art. 100 B-VG). Gemäß Art. 146 Abs. 2 B-VG können Erkenntnisse des Verfassungsgerichtshofs (also auch solche, die sich gegen ein Land richten) exekutiert werden. Schließlich können die zivilen Behörden als *ultima ratio* die Mitwirkung des Bundesheeres in Anspruch nehmen, wenn dies zum Schutz der verfassungsmäßigen Einrichtungen und ihrer Handlungsfähigkeit sowie der demokratischen Freiheiten der Einwohner oder zur Aufrechterhaltung der Ordnung und Sicherheit im Inneren überhaupt erforderlich ist (Art. 79 Abs. 2 Nr. 1 B-VG).[19]

3. Schweiz

Die Schweizerische Eidgenossenschaft hat sich am 19. April 1999 eine neue Verfassung gegeben, die am 1.1.2000 in Kraft getreten ist.[20] Nach der neuen Verfassung sind die Kantone gemäß Art. 3 Bundesverfassung (BV)[21] „souverän, soweit

[13] Mayer, Das österreichische Bundesverfassungsrecht, Art. 99, II.2. (S. 242).
[14] Vgl. Koja, Das Verfassungsrecht der österreichischen Bundesländer, S. 33.
[15] Mayer, Das österreichische Bundesverfassungsrecht, Art. 99, II.1. (S. 242); Koja, Das Verfassungsrecht der österreichischen Bundesländer, S. 21.
[16] Vgl. auch Schorkopf, Homogenität in der EU, S. 126.
[17] Öhlinger, Verfassungsrecht, S. 143 (Rn. 313).
[18] Öhlinger, Verfassungsrecht, S. 143 (Rn. 314); Adamovich/Funk/Holzinger, Österreichisches Staatsrecht, S. 277 (Rn. 18.031).
[19] Vgl. Adamovich/Funk/Holzinger, Österreichisches Staatsrecht, S. 278 (Rn. 18.034); Koja, Das Verfassungsrecht der österreichischen Bundesländer, S. 33.
[20] Zur Darstellung der alten Verfassungslage siehe Schorkopf, Homogenität in der EU, S. 30 f und 125 f; Frowein, MichLawRev 1984, 1311 (1314).
[21] Bundesverfassung der Schweizerischen Eidgenossenschaft vom 18. April 1999.

ihre Souveränität nicht durch die Bundesverfassung beschränkt ist.“ Die Verfassungsautonomie ist jedoch verglichen mit derjenigen der österreichischen Länder groß.[22] Gemäß Art. 51 Abs. 1 BV, dem Nachfolger des alten Art. 6 BV vom 29.5.1874,[23] müssen die Verfassungen der Kantone eine demokratische Ordnung vorsehen. Die kantonalen Verfassungen müssen demnach ein gewähltes Parlament vorsehen und eine gewaltenteilige Staatsorganisation mit Parlament, Regierung und Justiz einrichten.[24] Nach Art. 51 Abs. 2 BV unterliegen die kantonalen Verfassungen insofern einer Genehmigungspflicht, als für sie die Gewährleistung der Bundesversammlung eingeholt werden muß. Bedingung dieser Gewährleistung ist, daß die Kantonsverfassungen keine bundesrechtswidrigen Normen enthalten; folglich richten sich die Grundsätze des Art. 5 Abs. 1 und 2 BV, wonach Grundlage und Schranke staatlichen Handelns das Recht sein muß und staatliches Handeln im öffentlichen Interesse liegen und verhältnismäßig sein muß, auch an die Kantone.[25] Dasselbe gilt für Art. 8 und 34 BV, so daß die Wahlen in den Kantonen allgemein, gleich und frei sein müssen.[26]

Nicht unmittelbar einem Aufsichtsmechanismus zugehörig, aber in dieselbe Richtung gehend ist die Eidgenössische Intervention nach Art. 52 Abs. 2 BV. Sie betrifft den Fall, in dem eine Störung der verfassungsmäßigen Ordnung in einem Kanton nicht von den Behörden ausgeht, sondern in dem den Behörden Schutz gegen solche Störungen von dritter Seite gewährt werden muß. Denkbare Anwendungsfälle sind Unruhen, Aufstände etc.[27]

Daneben muß zur Durchsetzung der Homogenität auf die allgemeine Bundesaufsicht zurückgegriffen werden, die sich gemäß Art. 49 Abs. 2 BV auf die Einhaltung jeglichen Bundesrechts durch die Kantone bezieht. Diese Bundesaufsicht bezieht sich also einerseits auf die Überwachung des Gesetzesvollzugs von Bundesgesetzen auf Kantonsebene; andererseits betrifft sie auch die Einhaltung der Grundsätze in den Kantonen.[28]

Aufsichtsmittel sind Weisungen, die Verpflichtung zur Berichterstattung, Inspektionen oder eine Genehmigungspflicht;[29] als repressive Mittel stehen dem Bund neben der Verwaltungsgerichtsbeschwerde und der Erhebung der staatsrechtlichen Klage gemäß Art. 83 lit. a OG[30] die Aufhebung kantonaler Verfügungen zu, sowie die Ersatzvornahme. Die Möglichkeit der Suspendierung von Subventionen ist umstritten, aber jedenfalls bei Konnexität zwischen kantonaler Pflichtverletzung und Subvention möglich. Als *ultima ratio* kommt schließlich die militärische Bundesexekution gemäß Art. 186 Abs. 4, Art. 173 Abs. 1 lit. e BV in Betracht.[31]

---

[22] Vgl. Häfelin/Haller, Schweizerisches Bundesstaatsrecht, S. 270 f. (Rn. 946).

[23] Siehe hierzu Schorkopf, Homogenität in der EU, S. 30 f.

[24] Häfelin/Haller, Schweizerisches Bundesstaatsrecht, S. 291 (Rn. 1015); Jaag, Die Rechtsstellung der Kantone in der Bundesverfassung, S. 479 (Rn. 17). Dieser Schuß ist allerdings umstritten, vgl. ebenda

[25] Nach Knapp, La répartition des compétences, S. 459 (Rn. 13), richten sie sich sogar *direkt* an die Kantone.

[26] Häfelin/Haller, Schweizerisches Bundesstaatsrecht, S. 291 (Rn. 1016).

[27] Vgl. Ruch, Äussere und innere Sicherheit, S. 899 (Rn. 36).

[28] Eine Bundesaufsicht über die Exekutive der Länder ist auch im deutschen Grundgesetz vorgesehen, vgl. Art. 84 Abs. 3 und 4, Art. 85 Abs. 3 GG.

[29] Vgl. zu allem Häfelin/Haller, Schweizerisches Bundesstaatsrecht, S. 344 ff. (Rn. 1211 ff.).

[30] Bundesgesetz vom 16. Dezember 1943 über die Organisation der Bundesrechtspflege.

[31] Vgl. zu allem Jaag, Die Rechtsstellung der Kantone in der Bundesverfassung, S. 486 (Rn. 42 ff.); Häfelin/Haller, Schweizerisches Bundesstaatsrecht, S. 347 ff. (Rn. 1226 ff.).

4. Spanien

Spanien ist zwar kein Bundesstaat, soll hier aber angesprochen werden, da auch die spanische Verfassung (CE) gemäß Art. 152 Abs. 1 Homogenitätsanforderungen an die Autonomen Gemeinschaften stellt.[32] Diese müssen gewaltenteilig organisiert sein, die Regierung muß der nach dem Verhältniswahlsystem gewählten gesetzgebenden Versammlung verantwortlich sein. Als öffentliche Gewalt sind sie gemäß Art. 9 CE an die Verfassung und an die übrige Rechtsordnung, gemäß Art. 53 Abs. 1 CE an die Grundrechte aus Art. 14 ff. CE und gemäß Art. 139 Abs. 1 CE an den Gleichheitssatz gebunden.[33] Die Kontrolle zur Einhaltung dieser Verpflichtungen obliegt gemäß Art. 155 CE, dem „Staatszwang", der Regierung. Art. 155 CE wurde in die Spanische Verfassung nach dem Vorbild des Art. 37 GG eingefügt und entspricht seinem deutschen Vorbild in den Grundzügen.[34] Diese Bestimmung kam in der Praxis noch nie zur Anwendung.
Bei einem Verhalten, das einen „schweren Verstoß gegen die allgemeinen Interessen Spaniens" darstellt, kann die Regierung mit Billigung der absoluten Mehrheit des Senats die „erforderlichen Maßnahmen" zur zwangsweisen Erfüllung der Verpflichtungen ergreifen. Als ausdrückliche Maßnahme wird die Möglichkeit zur Erteilung von Weisungen genannt (Art. 155 Abs. 2 CE).

5. Bosnien-Herzegowina

Für Bosnien-Herzegowina wurde mit dem General Framework Agreement (Dayton Peace Agreement) vom 21.11.1995 als dessen Annex 4 eine neue Verfassung gegeben. Art. I § 2 der Verfassung legt fest, daß Bosnien-Herzegowina ein demokratischer Staat ist, in welchem das Rechtsstaatsprinzip gilt sowie freie und demokratische Wahlen abgehalten werden müssen. Gemäß Art. III § 3 lit. b der Verfassung Bosnien-Herzegowinas geht diese Verfassung den Verfassungen und sonstigen Gesetzen der beiden „Einheiten" (der Föderation Bosnien und Herzegowina sowie der Republik Srpska) vor. Damit sind auch die Einheiten an die Grundsätze der Demokratie und der Rechtsstaatlichkeit gebunden.
Gemäß Art. VI § 3 lit. a der Verfassung entscheidet das Verfassungsgericht ausschließlich und abschließend über Streitigkeiten zwischen den Einheiten und Bosnien-Herzegowina, insbesondere bezogen auf die Frage, ob eine Bestimmung der Verfassung oder des einfachen Rechts der Einheiten mit der Verfassung Bosnien-Herzegowinas übereinstimmt.

---

[32] Siehe hierzu Rodrígues-Zapata Pérez, in Alzaga Villaamil, Comentarios a la Constitucion Española de 1978, Artículo 152, S. 391 ff.
[33] Vgl. auch Hain, Die Grundsätze des Grundgesetzes, S. 418.
[34] Vgl. Gil-Robles y Gil-Delgado, in Alzaga Villaamil, Comentarios a la Constitucion Española de 1978, Artículo 155, S. 501 ff.

6. USA

Für die Vereinigten Staaten bestimmt Art. IV Sec. 4 der US-Verfassung, daß die Vereinigten Staaten jedem Mitgliedstaat „a Republican Form of Government" garantieren.[35] Allen Staaten ist gemeinsam, daß eine Gewaltenteilung mit Legislative, Exekutive und Judikative existiert; die auf US-Ebene garantierten „fundamental rights" werden als Mindeststandard in allen Staaten gewährt.[36]
Nach der Rechtsprechung des Supreme Court handelt es sich bei der Frage, ob die Verfassung eines Staats mit Art. IV Sec. 4 vereinbar ist, um eine politische, über die der Supreme Court nicht judizieren kann.[37] Für die Einhaltung der Grundsätze müssen also die politischen Organe sorgen; eine Bundesexekution ist in der Verfassung der Vereinigten Staaten jedoch nicht enthalten.[38]
Dieses Konzept, welches sich von den europäischen unterscheidet, ist insofern ähnlich zur Unionsaufsicht, als sie von den politischen Organen ausgeübt wird und nicht der Jurisdiktion unterliegt.

7. Kanada, Indien und Australien

Die kanadische Verfassung von 1867 macht in ihren Art. 58 bis 90 konkrete Vorgaben zur Ausgestaltung der Ordnung in den vier Provinzen Quebec, Ontario, Nova Scotia und New Brunswick. Für die später hinzugekommenen Provinzen Newfoundland, British Columbia, Prince Edward Island, Manitoba, Saskathewan und Alberta wurden ähnliche Bestimmungen in die Beitrittsregelungen beziehungsweise in die Gründungsstatute aufgenommen.[39]
Ähnliches gilt für die Verfassung Indiens, in welcher Art. 153 bis 237 genaue Bedingungen für die Staaten vorgeben. Die mehrmals unternommen Versuche des indischen Staatspräsidenten, kommunistische „Umtriebe" im Staat Kerala zu beenden, wurden formell auf eine bundesstaatliche Verfassungskontrolle gestützt.[40]

---

[35] Vgl. auch Schorkopf, Homogenität in der EU, S. 31.
[36] Vgl. Maddex, State Constitutions of the US, S. XVI ff..
[37] Vgl. etwa Luther ./. Borden, 48 U.S. (7 How. 1, 12 L.Ed. 581) (1849) at 42: „Under this article [Art. 4, section 4, d. Verf.] of the constitution it rests with Congress to decide what government is the established one in a State. For as the United States guarantee to each State a republican government, Congress must necessarily decide what government is established in the state before it can determine whether it is republican or not. And when the senators and representatives of a State are admitted into the councils of the Union, the autority of the government under which they are appointed, as well as its republican character, is recognized by the proper constitutional authority. And its decision is binding on every other department of the government, and could not be questioned in a judicial tribunal."
[38] Vgl. aber Frowein, MichLawRev 1984, 1311 (1313 f.), der darauf hinweist, daß der Präsident im Jahre 1957 Bundestruppen nach Arkansas sandte, um die bundesrechtlich vorgesehene Integration von schwarzen Schülern in der Schule durchzusetzen.
[39] Vgl. den Hinweis bei Flanz (Hrsg.), Constitutions of the Countries of the World, November 1999, Canada, S. 22 (Fußnote 32).
[40] Vgl. Pernthaler/Hilpold, integration 2000, 105 (114).

In Australien regeln die sections 106-120 der Verfassung das Verhältnis des Commonwealth zu seinen Staaten. Insbesondere section 106[41] macht deutlich, daß die Verfassung des Commonwealth nicht nur die nationale Ordnung betrifft, sondern auch die der Staaten.[42] Eine konkrete Homogenitätsklausel existiert zwar nicht, jedoch regelt section 109, daß nationales Recht des Commonwealth dem Staatenrecht vorgeht.[43]

8. MERCOSUR

Auch der MERCOSUR, das lateinamerikanische Abkommen über die Einführung eines gemeinsamen Marktes zwischen den Staaten Argentinien, Brasilien, Paraguay und Uruguay sowie den assoziierten Staaten Bolivien und Chile,[44] kennt eine Klausel, welche die Mitgliedstaaten auf demokratische Prinzipien verpflichtet.[45] Das Protokoll von Ushaia über die Demokratieverpflichtung im MERCOSUR, in Bolivien und Chile[46] erklärt in Art. 1 die „volle Wirksamkeit der demokratischen Institutionen [als] unverzichtbare Bedingung für die Entwicklung der Integrationsprozesse zwischen den Vertragsstaaten dieses Protokolls." Beim „Bruch der demokratischen Ordnung" in einem der Vertragsstaaten ist folgender Sanktionsmechanismus vorgesehen: Zunächst beraten sich die Staaten (und zwar sowohl die „anderen" Staaten untereinander als auch mit dem betroffenen Staat). Führt dies zu keinem Ergebnis, so können die restlichen Staaten gemäß Art. 5 Maßnahmen ergreifen, die zur Verletzung im Verhältnis stehen müssen. Sie sind nicht näher spezifiziert; können aber von der Suspendierung der Teilnahme an den Aktivitäten der verschiedenen Organe der einzelnen Integrationsverträge bis zur Aussetzung der Rechte und Pflichten aus diesen Instrumenten reichen.[47] Die Entscheidung, solche Maßnahmen zu ergreifen, ergeht einstimmig ohne Beteiligung des betroffenen Vertragsstaates. Einen Ausstiegsmechanismus sieht Art. 7 vor.

Die Präsidenten der Mitgliedstaten des MERCOSUR verabschiedeten am 15. Juni 1999 die „Declaración de Apoyo a la Democrácia Paraguaya y a su Proceso de Normalización y Fortalecimiento Institucional",[48] in der sie die Vorgänge in Paraguay, die dort zwischen dem 23. und dem 28. März 1999 stattgefunden haben, energisch verurteilen und die Gewaltanwendung als Mittel der Politik zurückweisen.

---

[41] „The Constitution of each state of the Commonwealth shall, subject to this Constitution, continue as at the establishment of the Commonwealth [...] until altered in accordance with the Constitution of the State."

[42] Vgl Hanks, Constitutional Law in Australia, S. 14.

[43] Vgl Hanks, Constitutional Law in Australia, S. 210 ff.

[44] Siehe hierzu Lehmann, EuZW 2001, 622; Lavranos, ZEUS 2001, 127 (143 ff.).

[45] Siehe hierzu ausführlich Hummer, JRP 2001, 184 (195 ff.).

[46] http://www.terpitz.de/mercosur/doku/ushuaia_de.html. Gemäß seinem Art. 8 ist es Bestandteil des Vertrages von Asunción und der jeweiligen Integrationsübereinkommen zwischen dem MERCOSUR und der Republik Bolivien und der Republik Chile. Es ist noch nicht in Kraft getreten.

[47] Hummer, JRP 2001, 185 (199).

[48] http://www.mercosur.org.uy/español/snor/varios/otros/Asunciondemoparaguay.htm.

Sie erklären ihre Unterstützung für das demokratische System Paraguays und den Prozeß der Normalisierung und Stärkung der demokratischen Institutionen.[49]
Der Sanktionsmechanismus des MERCOSUR ist sowohl von seinem Verfahren, als auch von den Maßnahmen, die ergriffen werden können, der Unionsaufsicht sehr ähnlich, auch wenn hier nicht auf eine qualifizierte Verletzung Bezug genommen wird, sondern auf den *Bruch* der demokratischen Ordnung.[50] Hierauf wird gleich noch einmal zurückgekommen.

9. Andenpakt

Die Staaten des Andenpaktes (Bolivien, Ecuador, Kolumbien, Peru und Venezuela) vereinbarten 1998 ein Zusatzprotokoll zum Vertrag von Cartagena, der Satzung des Paktes.[51] Dieses Protokoll beschreibt ein detailliertes Verfahren, wie mit dem Bruch der demokratischen Prinzipien (ruptura del orden democrático, Art. 2) in einem Vertragsstaat umgegangen werden soll. Bei Vorkommnissen, die einen Bruch der Demokratie darstellen könnten, treten die Mitgliedstaaten gemäß Art. 3 zunächst in Konsultationen ein; falls möglich, geschieht dies unter Einbeziehung des betroffenen Staates. In einer zweiten Stufe kann der Rat der Außenminister den Bruch der Demokratie in dem betroffenen Staat feststellen und schließlich geeignete Maßnahmen ergreifen, um die Demokratie wiederherzustellen. Diese sind in Art. 4 des Zusatzprotokolls aufgezählt und betreffen vor allem die Suspendierung von Mitwirkungsrechten. Bei der Beschlußfassung wirkt der betroffene Staat nicht mit (Art. 5); die Maßnahmen werden wieder außer Kraft gesetzt, wenn der Rat der Außenminister festgestellt hat, daß die Demokratie im betroffenen Mitgliedstaat wieder hergestellt ist (Art. 7). Während der Dauer der Sanktionen sollen die Mitgliedstaaten entsprechende diplomatische Aktivitäten entfalten (Art. 7).
Auch dieses Verfahren ist von seinem formellen Ablauf her der Unionsaufsicht ähnlich.

10. Europarat

Die Satzung des Europarats bestimmt in ihrem Art. 3, daß die Grundsätze der Vorherrschaft des Rechts und der Menschenrechte und Grundfreiheiten von den

[49] Vgl. Hummer, JRP 2001, 185 (199).
[50] Hierauf weist Hummer, JRP 2001, 185 (207), ausdrücklich hin.
[51] Protocola Adicional al Acuerdo de Cartagena „Compromiso de la Comunidad Andina por la Democracia", englische Version unter http://www.comunidadandina.org/ingles/treaties/trea/democracy.htm. Vgl. hierzu ausführlich Hummer, JRP 2001, 185 (199 ff.). Das Protokoll wurde zwar schon von allen Mitgliedstaaten unterzeichnet, aber noch nicht ratifiziert, so daß es noch nicht in Kraft getreten ist. Zum Andenpakt siehe auch Lavranos, ZEUS 2001, 127 (135 ff.).

Mitgliedern des Europarats anerkannt werden.[52] Gemäß Art. 8 der Satzung kann ein Mitgliedstaat bei einer schweren Verletzung dieser Grundsätze von seinem Recht auf Vertretung suspendiert werden oder sogar vom Europarat ausgeschlossen werden. In Art. 3, der Homogenitätsklausel des Europarats, werden zwar ähnliche Grundsätze wie für die Europäische Union genannt, die zu einer Suspendierung der Rechte führen können; aus diesem Grunde wird teilweise von einer Analogie zwischen Art. 8 der Satzung des Europarats und Art. 7 EUV gesprochen.[53] Die Grundsätze scheinen im Europarat aber nicht die gleiche Bedeutung zu haben wie in der EU, jedenfalls nicht in einem vergleichbaren Ausmaß, was an der Reaktion der Organe des Europarats auf die Menschenrechtslage in Tschetschenien während des dortigen Konfliktes beispielhaft deutlich wurde und schon allein anhand der Tatsache erklärt werden kann, daß der Europarat viel mehr Mitglieder hat als die EU; vor allem neuerdings solche, deren Demokratien noch nicht allzu gefestigt sind.[54]

Während des Tschetschenienkonflikts ab September 1999 war es zu schweren Menschenrechtsverletzungen gekommen. Am 13. Dezember 1999 hatte der Generalsekretär des Europarats gemäß Art. 52 EMRK die Regierung Rußlands, ein Mitglied des Europarats seit 1996, in einem Brief aufgefordert, bis zum 10. Januar 2000 zur Gewährleistung der EMRK in Tschetschenien Stellung zu nehmen. Von dieser Kompetenz ist bisher noch nie Gebrauch gemacht worden.[55] Der Generalsekretär hat den Vorgang an das Ministerkomitee „for further action" weitergeleitet, da er die drei Antworten der russischen Regierung als inhaltlich nicht zufriedenstellend beurteilte.[56] Auf vertraglicher Grundlage zwischen dem russischen Außenminister und dem Generalsekretär begaben sich am 21. Juni 2000 drei Europaratsbeamte zum „Büro des Sonderbeauftragten des russischen Präsidenten für Menschenrechte in Tschetschenien" zur Beobachtung der Menschenrechtssituation.[57]

Trotz des vorangegangenen Verfahrens gemäß Art. 52 EMRK und der Aufforderung der Parlamentarischen Versammlung vom 6. April 2000,[58] die das Vorgehen Rußlands in Tschetschenien als schwere Verletzung des Art. 3 des Statuts des Europarats ansah,[59] hat das Ministerkomitee nicht das Verfahren zur Suspendierung der Vertretungsrechte Rußlands gemäß Art. 8 der Satzung des Europarats eingeleitet.[60]

[52] Auch der Beitrittsartikel 4 der Satzung verweist auf diese Bestimmung. Zu den Beitrittsvoraussetzungen siehe Djeric, ZaöRV 2000, 605. Siehe auch Schorkopf, Homogenität in der EU, S. 128.

[53] Wachsmann, RTDE 1997, 883 (896).

[54] Der Europarat hat sich nach dem Zusammenbruch der Sowjetunion den jungen Demokratien in Ost- und Mitteleuropa geöffnet. Die neuesten Mitgliedstaaten sind Armenien und Aserbaidjan, beide seit dem 25.1.2001.

[55] Siehe die Dokumentation in EuGRZ 1999, 716.

[56] Siehe die Dokumentation in EuGRZ 2000, 181.

[57] Vgl. den Hinweis in Resolution 1221 (2000) der Parlamentarischen Versammlung vom 29. Juni 2000. Siehe die Dokumentation in EuGRZ 2000, 188 f. und 334.

[58] Recommendation 1456 (2000) der Parlamentarischen Versammlung, Punkt 24. Die Frage der Mitgliedschaft der Russischen Föderation hatte die Parlamentarische Versammlung schon in ihrer Recommendation 1444 (2000) vom 27. Januar 2000 angesprochen (in Punkt 18).

[59] Recommendation 1456 (2000), Punkt 25.

[60] Vgl. Antwort des Ministerkomitees vom 27. Juni 2000 auf die Recommendation 1456 (2000) der Parlamentarischen Versammlung, Doc. 8783: „The Committee believes that, in the present circumstances, there is no need for the Committee to act in the context of Article 8 of the Statute. The Committee remains of the view that the Council of Europe has a major contribution to make to the restoration of human rights in the Chechen Republic.

Allerdings hat die Parlamentarische Versammlung den russischen Abgeordneten das Stimmrecht in der Parlamentarischen Versammlung (nicht das Rederecht) gemäß Regel 8.5.c der Verfahrensregeln vorläufig entzogen,[61] was sie bereits vorher als mögliche Maßnahme angedroht hatte.[62] Am 25.1.2001 entschied die Parlamentarische Versammlung, die Beglaubigungsschreiben der neuen russischen Delegation anzuerkennen, ohne ihnen neuerlich das Stimmrecht zu entziehen.[63]

Die herrschenden Mißstände in der Ukraine führten im April 2001 nur zu einer bedingten Aufforderung der Parlamentarischen Versammlung an den Ministerrat. Falls keine Fortschritte bis zum Juni 2001 gemacht würden, solle dieser in Erwägung ziehen, die Ukraine aus dem Europarat auszuschließen.[64] Am 27. September 2001 beschloß die Parlamentarische Versammlung, die Einstellung des formellen Überwachungverfahrens vorzuschlagen, falls die Ukraine ihre verbleibenden Verpflichtungen bis Januar 2002 erfüllt..[65]

Es hatte schon einmal eine Aufforderung der Parlamentarischen Versammlung an den Ministerrat gegeben, vom Verfahren der Suspendierung der Vertretungsrechte eines Staates Gebrauch zu machen:[66] Nach dem Militärputsch in Griechenland sah die Parlamentarische Versammlung die Mitgliedschaftsbedingungen aus Art. 3 des Statuts durch das „griechische Regime" verletzt. Um einer möglichen Einleitung des Verfahrens nach Art. 8 des Statuts durch den Ministerrat zuvorzukommen, erklärte die griechische Regierung am 12. Dezember 1969 den Austritt aus dem Europarat.[67]

Auch wenn also die Suspendierungklausel der Satzung des Europarats der Unionsaufsicht ähnlich erscheint, so sind dennoch Differenzen vorhanden. Insbesondere ist diese Klausel gerade nicht Bestandteil einer umfassenden Aufsicht.

At the same time, it recognizes that the contribution can only be made on the basis of Russia being a member of the Organisation and fulfilling its commitments to the Organisation." Siehe auch die Dokumentation in EuGRZ 2000, 188 (189).

[61] Vgl. Stellungnahme des Präsidenten der Parlamentarischen Versammlung, Lord Russell-Johnston, vom 7.4.2000, http://stars.coe.fr/act/compress/CP00/St001a(2000).htm; Vgl. auch die Dokumentation in EUGRZ 2000, 188 (189).

[62] In der Recommendation 1444 (2000) vom 27. Januar 2000, in Punkt 2 unter Verweis auf die „Declaration of the Parliamentary Assembly's Bureau on the situation in Chechnya of 13 December 1999" sowie in Punkt 18.

[63] Vgl. die Pressemitteilung des Council of Europe Press Service „Assembly gravely concerned about human rights in Chechnya, puts the situation under its constant review", vom 25.1.2001.

[64] Recommendation 1513 (2001) vom 26.4.2001, Punkt 10.ii. Vgl. „Assembly grants another extension to Ukraine", Pressemitteilung der Parlamentarischen Versammlung des Europarats vom 26.4.2001.

[65] Recommendation 1538 (2001) vom 27. September 2001, Punkt 2.

[66] Recommendation 547 (1969) vom 30. Januar 1969.

[67] Notes verbales der griechischen Regierung vom 12. Dezember 1969, abgedruckt in ZaöRV 1970, 417 ff., sowie die Resolution 51 (1969) des Ministerrats vom 12. Dezember 1969. Vgl. auch die Darstellung bei Kamminga, NQHR 1994, 153 (155).

11. OAS

Die Charta der Organization of American States[68] sieht seit dem Protokoll von Washington, das im September 1997 in Kraft trat, in Art. 9 einen besonderen Mechanismus vor, nach welchem ein Mitgliedstaat von den Teilnahmerechten in den verschiedenen Organen der Organisation suspendiert werden kann, wenn ein vorheriges diplomatisches Vorgehen erfolglos war. Neben der Suspendierung sollen weiterhin diplomatische Initiativen angestrengt werden, um im betroffenen Staat wieder eine repräsentative Demokratie einzuführen. Ebenso wie in Art. 7 EUV sieht dieses Verfahren vor, daß der Mitgliedstaat weiterhin an seine Verpflichtungen gebunden bleibt.[69]

Interessanterweise bezieht sich dieses Verfahren nur auf den Fall, daß eine demokratisch gewählte Regierung gewaltsam abgelöst wurde.[70] Der Fall, daß von staatlicher Seite selbst Gefahren für das Demokratieprinzip ausgehen können, ohne daß ein solcher Umsturz stattgefunden hat, ist damit nicht geregelt. Es würde also Schwierigkeiten bereiten, Art. 9 OAS-Charta auch auf eine schleichende Entwicklung in einem der OAS-Mitgliedstaaten anzuwenden.

Am 11. September 2001 nahmen die OAS-Mitgliedstaaten die Inter-American Democratic Charter an,[71] in deren Art. 20 ff. ein Sicherungsmechanismus geregelt ist für den Fall einer verfassungswidrigen Änderung des Verfassungssystems, die die demokratische Ordnung in einem Mitgliedstaat schwerwiegend beeinträchtigt.[72]

Zunächst soll versucht werden, einer solchen Entwicklung auf diplomatischem Weg durch den Ständigen Rat (Permanent Council) entgegenzutreten (Art. 20 Abs. 2). Wenn dies nicht gelingt, so wird die Generalversammlung zu einer Sondersitzung einberufen, die die notwendigen Entscheidungen inklusive diplomatischer Initiativen trifft (Art. 20 Abs. 3). Für den Fall, daß die Generalversammlung einen verfassungswidrigen Umbruch der demokratischen Ordnung eines Mitgliedstaats feststellt und diplomatische Initiativen nicht zum Ziel geführt haben, kann die Sondersitzung der Generalversammlung mit einer Mehrheit von zwei Dritteln den betroffenen Mitgliedstaat von der Ausübung seiner Teilnahmerechte in der OAS suspendieren (Art. 21 Abs. 1). Die diplomatischen Initiativen sollen weiterverfolgt werden und der betroffene Staat bleibt weiterhin an seine Verpflichtungen gebunden (Art. 21 Abs. 2 und 3). Gemäß Art. 22 bedarf es einer weiteren Entscheidung der Generalversammlung, die mit einer Mehrheit von zwei Dritteln angenommen wird, um die Suspendierung der Rechte nach Änderung der Lage wieder aufzuheben.

Dieser Mechanismus ist eng an denjenigen in der OAS-Charta angelehnt und soll jeweils in Übereinstimmung mit der OAS-Charta angewendet werden. Er kann jedoch schon eher als der Mechanismus nach Art. 9 der Charta eingreifen, weil es

---

[68] http://www.oas.org/juridico/english/charter.htm.

[69] Hierauf verweist auch Stein, Die rechtlichen Reaktionsmöglichkeiten der EU, S. 871 (879).

[70] „A member of the organization whose democratically constituted government has been overthrown by force", Art. 9 Abs. 1 der OAS-Charta.

[71] http://oas.org/charter/docs/resolution1_en_p4.htm.

[72] „In the event of an unconstitutional alteration of the constitutional regime that seriously impairs the democratic order in a member state," Art. 20 der Inter-American Democratic Charter.

nicht eines gewaltsamen Umbruchs der Regierung bedarf, sondern lediglich der verfassungswidrigen Änderung des Verfassungssystems, welche die demokratische Ordnung schwerwiegend beeinträchtigt. Dies kann auch durch eine schleichende Entwicklung geschehen und muß sich nicht auf die Exekutive beziehen, sondern kann beispielsweise auch in der Aufhebung jeglichen Rechtsschutzes der Fall sein.

12. UNO

Selbst aus der UNO kann ein Staat bei „beharrlicher" Verletzung der Grundsätze der Charta der Vereinten Nationen ausgeschlossen werden. (Art. 6 UN-Charta).[73] Die Grundsätze umfassen mindestens die in Art. 2 UN-Charta genannten Grundsätze der souveränen Gleichheit aller Mitglieder, der friedlichen Beilegung von Streitigkeiten und Unterlassung der Androhung oder Anwendung von Gewalt etc..[74] Des weiteren ist die Suspendierung eines Mitgliedstaates von seinen Rechten gemäß Art. 5 UN-Charta dann möglich, wenn gegen ihn Maßnahmen nach Kapitel VII der Charta getroffen wurden.[75] In diesem Fall hat der betroffene Staat mit der Verletzung des Gewaltverbots, die Voraussetzung für ein Vorgehen nach Kapitel VII der Charta ist (vgl. Art. 39 UN-Charta), ebenso gegen einen der in Art. 2 UN-Charta genannten Grundsätze verstoßen.

Damit verlangen auch die Vereinten Nationen – trotz ihres Universalitätsanspruchs[76] – zumindest in der Theorie ein gewisses Maß an Homogenität. In der Praxis ist Art. 6 UN-Charta allerdings noch nie zur Anwendung gekommen, obwohl dies mehrmals (vor allem gegenüber Israel und Südafrika) diskutiert wurde.[77] Auch gegenüber Jugoslawien wurde Art. 6 UN-Charta nicht angewendet, obwohl dies teilweise kritisiert wurde.[78] Es kam auf eine andere Weise zur Nichtmitgliedschaft der neuen Bundesrepublik Jugoslawien (Serbien und Montenegro): In den entsprechenden Resolutionen der Generalversammlung und des Sicherheitsrates wurde statuiert, „that the Federal Republic of Yugoslawia (Serbia and Montenegro) cannot continue automatically the membership of the former Socialist Federal Republic of Yugoslawia in the United Nations".[79]

Das Verfahren gemäß Art. 6 UN-Charta ist so gestaltet, daß es nur schwer zu einem entsprechenden Beschluß kommen kann.

---

[73] Siehe auch Schorkopf, Homogenität in der EU, S. 129 f.
[74] Kimminich, in Simma, The Charter of the United Nations, Art. 6, Rn. 13.
[75] Kimminich, in Simma, The Charter of the United Nations, Art. 5, Rn. 8.
[76] Zur Zeit sind fast alle Staaten der Erde, nämlich 189, Mitglied der Vereinten Nationen, vgl. zum Universalitätsanspruch auch Ginther, in Simma, The Charter of the United Nations, Art. 4, Rn. 12.
[77] Vgl. die Darstellung bei Kimminich, in Simma, The Charter of the United Nations, Art. 6, Rn. 17.
[78] Vgl. die Hinweise bei Kimminich, in Simma, The Charter of the United Nations, Art. 6, Rn. 18.
[79] Res. 47/1 der Generalversammlung vom 22. September 1992.

13. IWF und andere

Im Übereinkommen über den Internationalen Währungsfonds sieht Art. XXVI Abschnitt 2 vor, daß einem Mitglied, das eine seiner Verpflichtungen aus diesem Übereinkommen nicht erfüllt, die Berechtigung zur Inanspruchnahme der allgemeinen Fondsmittel entzogen werden kann. Verletzt es seine Verpflichtungen nach angemessener Frist weiterhin, so können in einem weiteren Schritt seine Stimmrechte ausgesetzt werden[80] und es kann bei weiterer Fortdauer dieser Verletzung sogar zum Austritt veranlaßt werden[81].

Gemäß Art. VI Abschnitt 2 des Abkommens über die Internationale Bank für Wiederaufbau und Entwicklung kann ein Mitglied auf Beschluß einer absoluten Mehrheit der Gouverneure bereits dann von der Mitgliedschaft suspendiert werden, wenn es eine seiner Verpflichtungen gegenüber der Bank nicht erfüllt. Dabei bleibt es den Verpflichtungen aus dem Vertrag weiterhin unterworfen. Wird kein entgegenstehender Beschluß gefaßt, so endet die Mitgliedschaft diese Mitglieds automatisch ein Jahr nach dem Zeitpunkt seiner Suspendierung.

Auch im Commonwealth[82] ist seit dem „Commonwealth Heads of Government Meeting" in Neuseeland 1995 ein Überwachungsmechanismus bei Verstößen gegen die Harare-Prinzipien vorgesehen.[83]

14. Konsequenz für die Einordnung der Unionsaufsicht

Wie bereits oben angedeutet, zeigt dieser Überblick, daß sowohl auf völkerrechtlicher, als auch auf staatsrechtlicher Ebene Sanktionsmechanismen für die Fälle existieren, in denen ein Mitglied die im Verbund geltenden wesentlichen Prinzipien verletzt. Dabei unterscheiden sich die Mechanismen sowohl voneinander selbst, als auch von der Unionsaufsicht. *Schorkopf* betont, daß in den staatsrechtlichen Verbänden als letztes Mittel auf militärischen Zwang zurückgegriffen werden könne, wobei die ultima ratio der völkerrechtlichen Verbände die Aussetzung oder Beendigung der Mitgliedschaft sei.[84]

Am ähnlichsten zur Unionsaufsicht scheinen der Mechanismus im Europarat, in der OAS, im MERCOSUR und im Andenpakt zu sein.[85] Auch hier kann die Sanktion in der Aussetzung von Stimmrechten liegen. Ein wesentlicher Unterschied

---

[80] Hierfür bedarf es einer Mehrheit von 70 % aller Stimmen im Fonds.

[81] Dies erfolgt durch Beschluß des Gouverneursrats mit einer Stimmenmehrheit von 85 % der Gouverneure.

[82] Ob es sich hierbei überhaupt um eine Internationale Organisation handelt, ist umstritten. Vgl. Seidl-Hohenfeldern/Loibl, Internationale Organisationen, Rn. 0119.

[83] Schorkopf, Homogenität in der EU, S. 32 f. und 132 f.

[84] Schorkopf, Homogenität in der EU, S. 134.

[85] Die Mechanismen im MERCOSUR und im Andenpakt sind nahezu zeitgleich zur (alten) Unionsaufsicht entstanden, vgl. Hummer,JRP 2001, 185 (186).

liegt aber darin, daß die EU ein stärker integriertes Gebilde darstellt als OAS, MERCOSUR, Andenpakt und Europarat, und damit bei ihr die Suspendierung von Rechten eine viel umfassendere Auswirkung hat. Die hier zitierten Organisationen sind jedoch nur Regionalorganisationen, in denen kein *unmittelbar* in den Staaten geltendes Recht geschaffen wird. Wird ein Staat hier von seinen Rechten suspendiert, so kann er insbesondere nicht durch *nachfolgendes* Recht gebunden werden – anders als in der supranationalen EG/EU. Dies ist der wesentliche und qualitative Unterschied. Hinzu kommt, daß sich Entscheidungen in der EG wegen der Vergemeinschaftung sehr vieler Sachbereiche auf ein breiter gefächertes Gebiet erstrecken, als solche in einer Regionalorganisation.
Daß die Sicherungsmechanismen zur Wahrung der Demokratie in der OAS, im MERCOSUR und im Andenpakt mindestens so ausdifferenziert wie die Unionsaufsicht sind,[86] ändert also nichts an der grundsätzlich weitergehenden Bedeutung der Unionsaufsicht wegen ihrer Supranationalität.
Es darf nicht unerwähnt bleiben, daß die Unionsaufsicht schon viel eher einsetzt als die anderen Mechanismen. Mit dem Vertrag von Nizza liegt die Schwelle bei der „eindeutigen Gefahr einer schwerwiegenden Verletzung". OAS, MERCOSUR und Andenpakt stellen dagegen auf den Bruch der demokratischen Prinzipien ab.

Andererseits ist eine Aufsicht des Verbundes über die einzelnen Mitglieder typisches Element vieler Bundesstaaten. Die Suspendierung insbesondere von Finanzzuweisungen ist auch in der Schweiz oder in Deutschland als Aufsichtsmaßnahme bekannt. Die Ausgestaltung eines Gewährleistungsmechanismus als politisches Instrument und nicht als rechtliches ist auch der Verfassungsordnung der USA eigen.
Schließlich darf die Praxis nicht unberücksichtigt bleiben. Wie oben gezeigt wurde, ist die Eingriffschwelle bei den Internationalen Organisationen sehr hoch. Die Grundsätze der Union fordern einen höheren Standards ein als die Prinzipien der anderen Organisationen, was insbesondere, aber nicht nur, an der Praxis des Europarats deutlich wird.
Mit der Unionsaufsicht kann allerdings nicht der Wille des betroffenen Mitgliedstaats gebrochen werden,[87] weil Zwangsmaßnahmen wie etwa die Ersatzvornahme, die in einigen Bundesstaaten bekannt sind, nicht möglich sind.

Allein aus dem Vorhandensein einer Homogenitätsklausel mit Sanktionsmechanismus kann also kein Schluß auf die staatsrechtliche oder völkerrechtliche Ordnung eines Bundes gezogen werden. Es stellt sich die Frage, ob eine Analyse der Unionsaufsicht eine Antwort auf die Frage geben kann, ob ihre Existenz einen weiteren Integrationsschritt darstellt, und in welche Richtung sich die Europäische Union entwickelt. Ansatzpunkt könnte ein möglicher Souveränitätsverlust der Mitgliedstaaten durch die Unionsaufsicht sein.

---

[86] Vgl. auch Hummer, JRP 2001, 185 (207).
[87] Vgl. hierzu Schmitz, Integration in der Supranationalen Union, S. 358.

C. Unionsaufsicht und Souveränität

Mit der Unionsaufsicht ist eine Beschränkung der Mitgliedstaaten verbunden, da sie sich einer „fremden" Kontrolle unterworfen haben. Dieser Kontrollmechanismus geht möglicherweise so weit, daß hiervon die Souveränität der Mitgliedstaaten *in erheblichem Maße* betroffen wird. Ob sich hiermit diejenigen Stimmen gestärkt sehen können, die eine Aufgabe der Nationalstaaten befürchten und erwarten, die EU entwickele sich hin zu einem Bundesstaat, bleibt im folgenden noch zu zeigen. Diese Befürchtung wird in anderen Zusammenhängen verschiedentlich geäußert.[88]

I. Einschränkung der Souveränität

Die Unionsaufsicht bezieht sich materiell auf die Einhaltung des Homogenitätsgebots aus Art. 6 Abs. 1 EUV. Für die Beantwortung der Frage, inwieweit in der Unionsaufsicht eine Einschränkung der Souveränität der Mitgliedstaaten liegt, kann ein Vergleich mit nationalen Bestandssicherungsklauseln oder „Ewigkeitsklauseln" hilfreich sein.

In einigen Staaten gelten die grundlegenden staatlichen Prinzipien für den *pouvoir constitué* als unabänderbar, wie etwa in Deutschland durch Art. 79 Abs. 3 GG.[89] Hier wird bestimmt, daß die freiheitliche demokratische Grundordnung nicht zur Disposition des Gesetzgebers, nicht einmal des Verfassungsgesetzgebers, stehe. Eines der bekanntesten älteren Beispiele für eine Ewigkeitsklausel ist Art. 112 Abs. 1 Satz 3 der Verfassung Norwegens vom 17.5.1814 i. d. F. vom 23.7.1995; eher üblich ist eine solche Bestimmung in neueren Verfassungen nach 1945, wie der Verfassung Griechenlands (in Art. 110 Abs. 1) oder Portugals (in Art. 288).[90] Solche Klauseln sind keine Selbstverständlichkeit, älteren Verfassungen sind sie fremd. In der irischen Verfassung wird in Art. 46 Abs. 1 die Änderbarkeit aller Verfassungsbestimmungen sogar ausdrücklich festgestellt.

Eine Bestimmung, die die Möglichkeit der Verfassungsänderung in bestimmten Bereichen ausschließt, steht in einer nur schwer auflösbaren Spannung zur Volkssouveränität, wird doch hierdurch das Volk zukünftig den Vorgaben der gegebenen

---

[88] „Die mit dieser negativen Utopie [der Nivellierung jeglicher Unterschiede in Europa, die Verfasserin] verknüpfte politische Form ist die eines europäischen Bundesstaates, vor dessen zentripetalem, jedoch bürokratischem Impetus der müde gewordene Nationalstaat kapituliert und sich seiner Identität begibt," Haltern, Der Staat 37 (1998), 591 (592). Siehe nur Ossenbühl, DVBl 1993, 629; Rupp, NJW 1993, 38 (38 f. u. 40); ders., ZRP 1993, 211 (212 f.); ders., Eine Verfassung für Europa?; Kirchhof, Europäische Einigung und Verfassungsstaat der Bundesrepublik Deutschland, S. 89; Kaufmann, Europäische Integration und Demokratieprinzip, S. 210; Heckel, Der Föderalismus als Prinzip überstaatlicher Gemeinschaftsbildung, S. 140 ff.; vgl. auch Breuer, NVwZ 1994, 417 (423 f.). Auf diese Entwicklung weisen auch – ohne diese Besorgnis zu teilen - Ress, JuS 1992, 985 (991) sowie Everling, Zur Stellung der Mitgliedstaaten der EU, S. 1176 hin.

[89] Nicht aber für den pouvoir constituant, so die h. M., vgl. Dreier, in Dreier, Grundgesetz Kommentar, Art. 79 III, Rn. 11; BVerfGE 89, 155 (180); Stern, Staatsrecht I, § 5 IV 2 (S. 167).

[90] Vgl. zu Bestandssicherungsklauseln auch Pernice, Bestandssicherung der Verfassungen, S. 230 ff.

Verfassung unterworfen und damit die (Volks)Souveränität erheblich eingeschränkt.[91] Wenn hinzukommt, daß keine Möglichkeit der Totalrevision oder Gesamterneuerung auf friedlichem und juristisch legitimem Wege besteht, so heißt dies, daß die legale Revolution unmöglich ist. Dies ist etwa für Deutschland dann der Fall, wenn man mit der herrschenden Meinung in der Literatur davon ausgeht, daß gemäß Art. 146 GG n. F. eine Änderung des Grundgesetzes nur im Verfahren nach Art. 79 Abs. 2 GG und unter Wahrung der Kerngarantie des Art. 79 Abs. 3 GG möglich ist.[92] Zur Lösung dieses Zwiespaltes werden verschiedene Lösungsansätze angeboten.[93]

Für den Vergleich einer Bestandssicherungsklausel mit Art. 6 und 7 EUV soll der Blick auf die Wirkung der Festlegung der Grundsätze auf den einzelnen Mitgliedstaat gerichtet werden.
Es liegen bisher kaum Anhaltspunkte vor, die die Annahme rechtfertigen könnten, die europäische Homogenitätsklausel bestimme die Unabänderbarkeit der in ihr genannten Grundsätze.[94] Jedenfalls kann ein Mitgliedstaat die Geltung der Grundsätze nicht alleine ändern, so daß die Homogenitätsklausel für ihn zunächst eine Wirkung ähnlich einer nationalen Ewigkeitsklausel hat: In der Homogenitätsklausel sind die Grundsätze festgelegt, an denen sich jeder Mitgliedstaat ausrichten muß. Er darf weder die Verfassungswirklichkeit noch seinen Verfassungstext in eine andere Richtung hin ändern. Nichts anderes gälte, wenn eine Ewigkeitsklausel mit demselben Inhalt wie die Homogenitätsklausel in seiner nationalen Verfassung existieren würde. Darin liegt zumindest eine Beschränkung für diesen Staat. Der *pouvoir constitué* des Staates ist in beiden Fällen gebunden.
Geht man – wie hier – von der Änderbarkeit der europäischen Homogenitätsklausel durch Vertragsrevision gemäß Art. 48 EUV aus, dann sind die Grundsätze der Homogenität nicht unantastbar, sondern lediglich schwer änderbar – gemeinsam durch alle Mitgliedstaaten der Union. Dies ist ein bedeutender Unterschied zu einer Ewigkeitsklausel.
Die Unterwerfung unter die Homogenitätsklausel bedeutet damit sogar weniger Souveränitätsbeschneidung als die Unterwerfung unter eine nationale Ewigkeitsklausel. Die Auferlegung der Einhaltung gewisser Grundsätze durch die supranationale Union hat keine Kompetenzbeschneidung in dem Sinne zur Folge, daß eine Änderung durch den *pouvoir constitué* überhaupt nicht mehr möglich wäre. Anders ist das bei einer auch durch eine Verfassungsrevision nicht überwindbaren Beschränkung durch den *pouvoir constituant.*

[91] Vgl. Kriele, Einführung in die Staatslehre, S. 273 ff.
[92] Eine Übersicht über den Meinungsstand m. w. N. bietet Kirn, in v. Münch/Kunig, Grundgesetz-Kommentar, Art. 146, Rn. 1. Zur legalen Revolution vgl. Dreier, in Dreier, Grundgesetz Kommentar, Art. 79 III, Rn. 5, 12.
[93] Vgl. dazu eingehend Böckenförde, Die verfassunggebende Gewalt des Volkes, S. 17 ff.; Evers, in Dolzer/Vogel, Bonner Kommentar, Art. 79, Rn. 96 ff.; Dreier, in Dreier, Grundgesetz Kommentar, Art. 79 III, Rn. 14. Stern, Staatsrecht I, § 4 II 2 delta (S. 116): „Art. 79 Abs. 3 GG bindet nicht [...] einen neuen pouvoir constituant. Kriele; Einführung in die Staatslehre, S. 273 ff. schlußfolgert, *innerhalb* eines Verfassungsstaats könne es keinen Souverän geben; Volkssouveränität bedeute lediglich, daß der pouvoir constituant und damit die Trägerschaft der Staatsgewalt beim Volke liegen. Dagegen Quaritsch, Der Staat 17 (1978), 421 (427 ff.).
[94] A.A. Gaudin, RTDE 1999, 1 (8). Sie geht von einer „supraconstitutionnalité" des Art. 6 Abs. 1 EUV aus mit der Folge, daß dieser als unantastbar gilt.

Nichts desto trotz verlieren die Mitgliedstaaten mit Existenz der Art. 6, 7 EUV einen Teil ihrer Souveränität. Erstens ist ihnen verwehrt, auf nationaler Ebene im Alleingang den Inhalt und die Geltung der Grundsätze im eigenen Staat zu ändern. Zum zweiten könnte die Klausel zwar gemeinsam mit den anderen Mitgliedstaaten geändert werden; so lange dies jedoch nicht der Fall ist, ist jeder Mitgliedstaat daran gebunden mit der Konsequenz, daß er für den Fall der Verletzung der Klausel von einer anderen Ebene, nämlich der EU, sanktioniert wird. Vor allem die Tatsache, daß die Homogenitätsklausel nicht im luftleeren Raum hängt, sondern mit einem umfassenden Gewährleistungsmechanismus zu ihrer Sicherung versehen ist – mit der Unionsaufsicht – hat einschneidende Konsequenzen für die Mitgliedstaaten. Dieser Mechanismus muß im Licht der bereits vorhandenen engen Integration der Mitgliedstaaten betrachtet werden. Auch wenn ähnliche Gewährleistungsmechanismen in Internationalen Organisationen bekannt sind, so sind die Konsequenzen nicht vergleichbar. Ein Großteil des mitgliedstaatlichen Rechts ist vom Gemeinschaftsrecht erheblich beeinflußt, wenn nicht gar überlagert. Damit hat die EU weite Eingriffsmöglichkeiten in das Recht der Mitgliedstaaten: Die Rechte, die ausgesetzt werden können, sind viel umfassender als etwa Rechte, die in Internationalen Organisationen bestehen. In der EG/EU kommt nicht nur die Suspendierung von Stimm- oder Teilnahmerechten in einzelnen Organen in Betracht, sondern auch die Aussetzung von vielfältigen Rechten aus dem materiellen Bereich.
Die Suspendierung von Rechten im institutionellen Bereich hat erhebliche Konsequenzen, da ein Mitgliedstaat mit dem Suspendierungsverfahren an Recht gebunden werden kann, das nachfolgend geschaffen wurde, ohne daß er am Gesetzgebungsverfahren beteiligt war. Dies gilt auch für neugeschaffenes Recht, für das es eigentlich der Einstimmigkeit im Rat bedurft hätte.
Schließlich kommt hinzu, daß mit dem Rat als Hauptaufsichtsorgan die Definitionsmacht darüber, was von der Homogenitätsklausel inhaltlich umfaßt ist, und wann eine Verletzung vorliegt, auf Seiten der Union liegt, wenn auch nur im oben skizzierten begrenzten Maße.[95]

Es kann also nicht geleugnet werden, daß die Beschränkung im Bereich der Grundsätze und die Unterwerfung unter eine diesbezügliche Aufsicht eine starke Einschränkung der nationalen Kompetenz oder Souveränität der Mitgliedstaaten bedeuten.

2. Einordnung des Souveränitätsverlustes

Wegen der regelmäßig geäußerten Besorgnis, mit weiteren Kompetenzbeschränkungen würden die Nationalstaaten aufgegeben und die Errichtung eines Bundesstaates immer wahrscheinlicher, soll auf die in diesem Zusammenhang verwendeten Begriffe „Bundesstaat" und „Staatenbund" kurz eingegangen werden. Bei den zahl-

---

[95] Vgl. oben, Kapitel 3.

reichen Versuchen, das Modell der EU zu erläutern, wird auf das in der Deutschen Staatsrechtslehre im ausgehenden XIX. und im XX. Jahrhundert vorherrschende Modell der strikten Teilung von Bundesstaat und Staatenbund zurückgegriffen, und dies nicht nur in der deutschsprachigen Rechtsprechung und Literatur.[96]

Unterscheidungskriterium ist dabei – vereinfacht – die Souveränität der Staaten, also die unabgeleitete Staatsgewalt.[97] Sie bedeutet die Unabhängigkeit von jeder anderen Gewalt.
In einem Staatenbund liegt nach herkömmlicher Auffassung die Souveränität bei den einzelnen sich zusammenschließenden Staaten. Der Staatenbund selbst ist nicht souverän.[98] Der Bundesstaat hingegen setzt sich aus nichtsouveränen Staaten zusammen;[99] die Souveränität liegt beim Bund.[100] Nichtsouveräne Staaten haben zwar die Macht, sowohl nach innen als auch nach außen als Träger von Rechten aufzutreten, die keinem anderen als einem Staat zukommen. Sie sind aber dadurch beschränkt, daß sie einem höheren Gebilde, nämlich der souveränen Staatsgewalt, verantwortlich sind. Im Konfliktsfall soll die Kompetenzhoheit beim souveränen Staat liegen.[101]
Souveränität ist nach diesem Verständnis unteilbar, da es sich um ein ausschließliches Recht handelt.[102] Wenn Souveränität die Unabhängigkeit von jeder anderen Gewalt *schlechthin* bedeute, so könne es keine geminderte Souveränität im Sinne einer *teilweisen* Unabhängigkeit geben. Halbsouveränität bedeute in Wirklichkeit Nichtsouveränität.[103] Souveränität ist nach diesem Verständnis aber auch nicht absolut, denn dann wäre eine Verbindung von Staaten überhaupt nicht möglich.[104] Souveränität bedeutet gerade, sich rechtlich binden zu können.[105]

Mit dieser Annahme der Unteilbarkeit der Souveränität kann es keinen fließenden Übergang vom Staatenbund zum Bundesstaat geben; sie sind klar voneinander getrennt. Der Bundesstaat ist souverän, die Staaten, die sich zu ihm zusammengeschlossen haben, sind nichtsouverän. Im Staatenbund dagegen bleiben die einzelnen Staaten souverän. Der Unterschied zwischen Bundesstaat und Staatenbund ist damit qualitativer Art, nicht jedoch quantitativer. Souveränität bedeutet *ungeteilte* Souveränität, eine Letztentscheidungskompetenz oder auch „Kompetenz-Kompetenz".[106]

---

[96] Siehe etwa Jacqué, RUDH 1995, 397 (400): Verweis auf Laband.
[97] Jellinek, Allgemeine Staatslehre, S. 475.
[98] Jellinek, Die Lehre von den Staatenverbindungen, S. 172.
[99] Vgl. Zippelius, Allgemeine Staatslehre, S. 65.
[100] Jellinek, Die Lehre von den Staatenverbindungen, S. 291 f.
[101] Jellinek, Die Lehre von den Staatenverbindungen, S. 52.
[102] Vgl. nur Jellinek, Die Lehre von den Staatenverbindungen, S. 35. Siehe auch Schmitz, Integration in der Supranationalen Union, S. 190 f.
[103] So auch Ebers, Die Lehre vom Staatenbunde, S. 276.
[104] Ermacora, Allgemeine Staatslehre, S. 1165.
[105] Jellinek, Die Lehre von den Staatenverbindungen, S. 36.
[106] Gegen die Gleichsetzung von Kompetenz-Kompetenz mit Souveränität wehrt sich allerdings C. Schmitt, Verfassungslehre, S. 387.

Damit fällt es allerdings schwer, die Integrationsform der Europäischen Union zu begreifen und einzuordnen. Sie ist die aus Europäischen Gemeinschaften und den anderen Formen der Zusammenarbeit, nämlich der Gemeinsamen Außen- und Sicherheitspolitik (GASP, der „zweiten Säule") sowie der Polizeilichen und Justiziellen Zusammenarbeit in Strafsachen (PJZS, „dritte Säule"), gebildete Verbindung und wird als „Supranationale Staatengemeinschaft" bezeichnet. Bereits bei dem Versuch der Gründung der Europäischen Gemeinschaft 1953 wurde darauf hingewiesen, daß es sich weder um einen bundesstaatlichen, noch um einen staatenbündischen Zusammenschluß handeln solle, sondern um einen supranationalen Zusammenschluß „sui generis".[107] Der Begriff supranational traf ursprünglich nur auf die erste Säule zu; seit Inkrafttreten des Amsterdamer Vertrags am 1.5.1999 enthält auch die PJZS supranationale Elemente.[108]

Die EU unterscheidet sich von einem Bundesstaat dadurch, daß sie selbst kein Staat ist.[109] Sie ist andererseits nach einhelliger Ansicht mehr als lediglich ein Staatenbund.[110] Zwar ist die Möglichkeit, Recht mit innerstaatlich unmittelbar verbindlicher Wirkung für Einzelpersonen zu schaffen, ein nicht unbedeutendes Merkmal der europäischen Staatengemeinschaft; dies kann aber nicht einziges Abgrenzungskriterium zum Staatenbund sein, denn auch die durch die Pariser Kongreßakte 1856 geschaffene Donaukommission hatte innerhalb ihres (allerdings sehr begrenzten) Aufgabengebiets ein selbständiges Verordnungsrecht, das Einzelpersonen unmittelbar betraf. Es könnte allerdings auf die Intensität des Zusammenschlusses ankommen,[111] für welche das Gewicht der übertragenen Funktionen, die Unabhängigkeit der geschaffenen Organe, seine zeitliche Dauer, aber auch Realfaktoren wie ein „Zusammengehörigkeitsgefühl" Indizien sind.[112]

Bei Versuchen, die EU einzuordnen, wird meist vermieden, die EU in die Nähe eines Bundesstaates zu rücken.[113] Auf die Souveränität der Nationalstaaten wird gepocht, trotz des sicheren Wissens um die mittlerweile sehr weitgehenden Kompetenzen der EU.[114] Nach der berühmten Formulierung des Bundesverfassungsgerichts im Maastricht-Urteil ist die europäische Union ein „Staatenverbund".[115] Der Vertrag von Maastricht begründe nicht die Zugehörigkeit zu einem europäischen

[107] Siehe die Hinweise bei Jaenicke, Bundesstaat oder Staatenbund. S. 73 f.
[108] Siehe oben, Kapitel 4, A. 2. c) (4).
[109] Dies die einhellige Auffassung, vgl. nur Ipsen, Europäisches Gemeinschaftsrecht, S. 187 ff.; Beutler/Bieber/Pipkorn/Streil, Die Europäische Union, S. 69 f.; Oppermann, Europarecht, Rn. 902 ff., 922; ders., DVBl 1994, 901 (902).
[110] Vgl. nur Oppermann, Europarecht, Rn. 913, 922; Jones, Die Bindung der Mitgliedstaaten an die Grundrechte der Europäischen Gemeinschaft, S. 31 ff. Einen Überblick über mögliche Modelle einer zukünftigen EU bietet Fastenrath, EuR Beiheft 1/1994, 101 (120 ff.). Vgl. auch Oeter, ZaöRV 1999, 901 (904).
[111] So auch Zippelius, Allgemeine Staatslehre, S. 412.
[112] Vgl. Zippelius, Allgemeine Staatslehre, S. 412 f.
[113] Siehe nur Blanke, DÖV 1993, 412. Diese Angst vor dem europäischen Bundesstaat findet sich wieder bei Rupp, NJW 1993, 38 (38 f. u. 40); ders., ZRP 1993, 211 (212 f.). Eine bundesstaatliche Richtungsweisung sieht Ress, JuS 1992, 985. S. auch den Überblick bei Bleckmann, Europarecht, Rn. 1075 ff., sowie Everling, Zur Stellung der Mitgliedstaaten der EU, S. 1161 ff.
[114] Die Bedeutung der nationalen Verfassungsstaaten betont Kirchhof, Europäische Einigung und Verfassungsstaat der Bundesrepublik Deutschland, insbes. S. 100 f.
[115] BVerfGE 89, 155 (156, 8. Leitsatz); in den Gründen erste Erwähnung unter C (S. 181).

Staat, dies sei jedenfalls derzeit nicht beabsichtigt. Die Mitgliedstaaten seien souveräne Staaten aus eigenem Recht mit dem Status souveräner Gleichheit mit anderen Staaten i.S.d. Art. 2 Nr. 1 der UN-Charta.[116] Das Gericht geht nach herkömmlichem Souveränitätsverständnis von der „Kompetenz-Kompetenz" auf Seiten der Mitgliedstaaten aus; eine „Kompetenz-Kompetenz" für die Europäische Union werde nicht begründet.[117]
Mit der Wahl des Begriffs Staatenverbund wurde bewußt sowohl die Qualifikation als Bundesstaat oder Staatenbund, als auch jegliche Aussage zur Frage offengelassen, wohin sich die EU entwickeln kann und wird, wohin also die Integration führen soll.[118] Darauf deuten schon frühere Ausführungen *Kirchhofs* hin, des Berichterstatters im Maastricht-Urteil, in denen er von einer „Organisation Europas zwischen Staatenbund und Entstaatlichung" spricht.[119]

Die EU scheint also irgendwo zwischen Bundesstaat und Staatenbund zu stehen; darüber herrscht heute weitgehend Einigkeit.[120] Eine klarere Festlegung ist mit dem oben erläuterten Ausgangspunkt allerdings nicht möglich. Die Souveränität der sich zusammenschließenden Staaten soll nicht aufgegeben werden, dennoch scheint die EU aber mehr als nur ein Staatenbund zu sein; andererseits ist sie keinesfalls ein Bundesstaat. So läßt sich folgender Satz *Heintzens* unterschreiben: „Das Repertoire der Lehre von den Staatenverbindungen reicht zur rechtskonstruktiven Erfassung des Integrationsvorganges im Gefüge der Maastrichter Drei-Säulen-Architektur nicht aus."[121]
Es scheint, daß schon der Ausgangspunkt der ungeteilten Souveränität der Staaten hinderlich für eine Erklärung des Phänomens der EU ist.[122] Mit einem anderen Souveränitätsverständnis wäre die Abgrenzung von Bundesstaat und Staatenbund nicht absolut, sondern könnte als fließender Übergang verstanden werden. Damit wäre es möglich, das Gebilde „Europäische Union" zu erklären, ohne auf den Nationalstaat oder einen europäischen (Bundes-)Staat zurückgreifen zu müssen. Es handelt sich um das Konzept einer *geteilten Souveränität.*[123] Schon das Mitglied der

---

[116] BVerfGE 89, 155 (181, 189, 190).
[117] BVerfGE 89, 155 (181).
[118] Vgl. Steinberger, Die EU im Lichte der Entscheidung des BVerfG, 1323; König, ZaöRV 1994, 17 (31 f.). Schröder, DVBl 1998, 315 (320) meint, es solle ein adäquates Erklärungsmodell geliefert werden, das über die herkömmlichen Kategorien Staat – Staatenbund – Bundesstaat hinausführt. „Das Konzept des Staatenverbundes ist die konstruktive Antwort des Bundesverfassungsgerichts auf die wenig hilfreichen Kennzeichnungen als monstrum simile". Zu weiterer Kritik an diesem Begriff siehe Frowein, ZaöRV 1994, 1 (6); Ipsen, EuR 1994, 1 (8 f.); Steindorff, EWS 1993, 341 (344 f.); Jacqué, RUDH 1995, 397 (401).
[119] Kirchhof, HBStR VII § 183, Rn. 53 (S. 880).
[120] Siehe nur Oppermann, Europarecht, Rn. 152; Oeter, ZaöRV 1999, 901 (904); Grimm, JZ 1995, 581 (584 ff.); Häberle, Verfassungsvergleichung und Verfassunggebung, S. 100 f.: „Ihre [der Nationalstaaten, d. Verf.] ‚Staatsgewalt' ist vom konstitutionellen Europa her so relativiert, daß sie ganz neu gedacht werden muß."
[121] Heintzen, EuR 1997, 1, 15.
[122] Nach Tomuschat, Das Endziel der Europäischen Integration, S. 163, zeugt dieses Denken in den herkömmlichen Einteilungen von einem „hochgradigen Mangel an Phantasie, der sich internationale Beziehungen im Grunde lediglich auf den traditionellen Bahnen der zwischenstaatlichen Beziehungen vorstellen kann und einen intellektuellen Abscheu vor dem bloßen muddling through hat, einer Konstruktion, die in keinen der herkömmlichen Begriffsraster hineinpaßt und deswegen immer wieder nach Anpassung und Improvisation verlangt."
[123] Oeter, ZaöRV 1995, 659; ders., Souveränität und Legitimation staatlicher Herrschaft; ders., ZaöRV 1999, 901 (911 ff.). Schon früher wurde diese Idee angesprochen, etwa von Lepsius, Nationalstaat oder Nationalitätenstaat als Modell für die Weiterentwicklung der Europäischen Gemeinschaft, S. 26, der in der dualen Souveränität

Schumanplan-Delegation *Ophüls* hatte im Jahre 1951 darauf verwiesen, daß die Gemeinschaft zwar nicht einem Bundesstaat nach herkömmlicher deutscher Auffassung vergleichbar sei, wohl aber (wenn auch nur „höchstenfalls") einem Gebilde mit Teilung der Souveränität im Sinne von *Waitz*.[124] *Waitz* gilt als Begründer der altliberalen Staatslehre.

Das Konzept der geteilten Souveränität ist also nicht neu; die altliberale Staatsrechtslehre zum Zeitpunkt der Gründung des Deutschen Reiches ging – in Anlehnung an die in der Verfassungsrechtsprechung der Vereinigten Staaten vertretene Ansicht[125] – von einer zwischen Bund und Gliedstaaten geteilten Souveränität aus.[126] Erst später, mit der „juristisch-formalen Methode", wurde sie zugunsten eines Verständnisses der klaren Trennung von souveränem Bundesstaat und nichtsouveränem Staatenbund verdrängt.[127]

Wenn man nicht mehr von der Unteilbarkeit der Souveränität ausgeht, so existiert ein Bereich, der zwischen der ungeteilten Souveränität eines Staates und der Aufgabe seiner Souveränität liegt – nämlich die Teilsouveränität eines Staates, die nur zusammen mit einer anderen Teilsouveränität einer anderen Ebene zu einer Gesamtsouveränität in allen Bereichen wird.

D. Modell der geteilten Souveränität

Ein Konzept der Aufteilung der Souveränität ist möglich, wenn man von der Prämisse der Volkssouveränität ausgeht, was auch für die demokratische Staatstheorie

allerdings einen Nachteil erblickt, da die eine durch die andere aufgesogen werde; Kühnhardt, Europäische Union und föderale Idee, S. 20 ff., sieht sogar im Bundesstaat eine geteilte Souveränität; Weber, JZ 1993, 325 (328) meint, man könnte von geteilter Souveränität sprechen, dies helfe aber kaum weiter; nach Everling, DVBl 1993, 936 (943) läßt sich die gegenwärtige Lage der Souveränität nur „als Zusammenwirken von Union und Gemeinschaft einerseits und den Mitgliedstaaten andererseits, also als wechselseitige Verflechtung und Abhängigkeit begreifen; vgl. auch ders., Zur Stellung der Mitgliedstaaten der EU, S. 1164; Frowein, EuR Beiheft 1/1992, 63 (67 f.), ders., ZaöRV 1994, 1 (7); ders., EuR 1995, 315 (318 f.); ders., Legitimation und Wirkung des Rechts der Europäischen Union / Gemeinschaft, S. 121 f. mit Verweis auf den Deutschen Zollverein als Beispiel; ders., Constitutionalism in the Face of the Changing Nation State, S. 68 f.; Pernice, EuR 1991, 273 (274 ff., insbes. 276); ders., Die Verwaltung 1993, 449 (453, 487); ders., in VVDStRL 50 (1991), 140 (176); ders., Bestandssicherung der Verfassungen, 258; ders., ELRev 2002, 511; Doehring, ZRP 1993, 98 (99 f.); Pernthaler, Allgemeine Staatslehre, S. 16 und 38; Lepsius, Zwischen Nationalstaatlichkeit und westeuropäischer Integration, 185; Dreier, in Dreier, Grundgesetz Kommentar, Art. 79 III, Rn. 46; Blanke, DÖV 1993, 412 (420) möchte von dem „etatozentrischen Souveränitätsbegriff" ganz abgehen und auf eine Unterscheidung zwischen nationaler Staatsgewalt und Gemeinschaftsgewalt abstellen.

[124] Ophüls, NJW 1951, 289 (290).

[125] Siehe den Hinweis hierauf bei Pernthaler, Allgemeine Staatslehre, S. 294 f.

[126] Siehe nur Waitz, Grundzüge der Politik, S. 42 ff.; 162 ff.; vgl. Oeter, Souveränität und Legitimation staatlicher Herrschaft, S. 41 f. m.w.N. in Fn. 36; ders., ZaöRV 1995, 659 (665). Haenel, Deutsches Staatsrecht, S. 200 ff. bietet einen Überblick über den Meinungsstand.

[127] Vgl. die Darstellung bei Oeter, ZaöRV 1995, 659 (664 ff.); ders., Souveränität und Legitimation staatlicher Herrschaft, S. 29 (42); Ophüls, Staatshoheit und Gemeinschaftshoheit, S. 529 ff.

üblich ist.[128] Eigentlicher Träger der Souveränität ist das Volk oder besser: sind die Menschen. Oben wurde bereits festgestellt, daß *demos* gleich dem Zusammenschluß der Menschen ist, die für jeweils einen Bereich Inhaber der Souveränität sind. „Das Volk an sich" beziehungsweise „die zusammengeschlossenen Menschen an sich" sind aber nicht handlungsfähig. Herrschaft können sie erst ausüben, wenn diese über die staatliche Verfaßtheit organisiert ist.[129] Sie müssen ihre Herrschaftsmacht auf Organe übertragen. Der Staat ist also nicht unmittelbarer Inhaber der Souveränität, sondern „nur treuhändischer Verwalter der vom Volk ausgehenden Herrschaftsgewalt".[130] Dies ist ein bedeutender Unterschied zur (nicht-parlamentarischen) Monarchie, in der Monarch und Staat identisch sind, der Monarch und der Staat also souverän sind, nicht aber die Untertanen. Die Vermutung der originären Herrschaftsgewalt „des Staates" entspringt also dem unitarischen Konzept des Einheitsstaates und beruht auf der Identität von Staat und Monarch.[131] In der demokratischen Staatstheorie hingegen liegt die originäre Herrschaftsgewalt beim Volk im obingen Sinne, nicht beim „Staat".[132]

Da die Souveränität in der Monarchie beim Monarchen liegt, also bei einer natürlichen Person, folgt daraus zwangsläufig, daß die Souveränität unteilbar ist. Wenn hier neben der Person des Monarchen noch andere Organe Herrschaftsmacht ausüben, denn wurde ihnen diese vom Monarchen übertragen, sie ist also nur abgeleitet.

Anders sieht es im demokratischen Rechtsstaat aus. Souverän ist das „Volk", und seine Hoheitsgewalt wird unterschiedlichen Organen übertragen, nämlich der Legislative, der Exekutive und der Judikative. Hier ist Souveränität also teilbar.[133] Die Gewaltenteilung zwischen den unterschiedlichen Organen, welche im Verbund zur Handlung befähigt sind, ist eine Aufteilung auf *horizontaler* Ebene; Gewaltenteilung bedeutet nichts anderes als Souveränitätsteilung. Die vom „Volk" übertragene Souveränität ist dabei kein unteilbares Ganzes, sondern sie ist entsprechend ihrer inhaltlichen Bereiche aufteilbar. Souveränität bedeutet mit diesem Verständnis lediglich Hoheitsgewalt oder Entscheidungsmacht.[134] Es ist also nicht zwingend, im Konzept der *einen und einzigen* unabgeleiteten Staatsgewalt ein zentrales Merkmal der Staatlichkeit zu sehen.[135]

---

[128] Vgl. Böckenförde, HBStR Bd. I, §. 22, Rn. 10 (S. 893); hierauf verweist Oeter, Souveränität und Legitimation staatlicher Herrschaft, S. 30.

[129] Oeter, ZaöRV 1995, 659 (670 ff.).

[130] Oeter, ZaöRV 1995, 659 (674 f.).

[131] Dies wird deutlich bei Laband, in Handbuch des Oeffentlichen Rechts 2, S. 16 f.: „Da nun in der politischen und staatsrechtlichen Litteratur der Einheitsstaat als die einfache und regelmäßige Form gewöhnlich den Erörterungen über den Staat zu Grunde gelegt und kurzweg mit dem Staate überhaupt identifiziert wird, so ist es erklärlich, daß man regelmäßig den unabhängigen, isolierten, also souveränen Staat in das Auge faßt...". Es gebe aber auch nicht souveräne Staaten; Souveränität sei nur ein wesentliches Begriffsmerkmal des unabhängigen Staates, der vollen Staatsgewalt. Mit logischer Notwendigkeit sei die Souveränität unteilbar. Vgl. auch Oeter, Souveränität und Legitimation staatlicher Herrschaft, S. 48.

[132] Vgl. auch Pernice, EuR 1984, 126 (137); ders.; ELRev 2002, 511 (518).

[133] A.A. ausdrücklich Schmitz, Integration in der Supranationalen Union, S. 190 f. mit dem Argument, Souveränität sei Rechtsfolge der Staatlichkeit.

[134] Vgl. hierzu Kelsen, Allgemeine Staatslehre, S. 198 f.

[135] Diese Frage stellt Oeter, Souveränität und Legitimation staatlicher Herrschaft, S. 34 ff.

Eine andere Art von Souveränitätsaufteilung kann auf *vertikaler* Ebene erfolgen, das heißt eine Aufteilung zwischen einem übergeordneten Bund und den untergeordneten Mitgliedern.[136] Ein Teil der Souveränität liegt auf der oberen Ebene, der Bundesebene; der andere Teil auf der anderen Ebene der Mitglieder des Bundes. Ausgehend von der Prämisse der Volkssouveränität ist es also auch auf vertikaler Ebene möglich, daß Gewalt an verschiedene Hoheitsträger übertragen wird, ohne daß der eine dem anderen übergeordnet ist. Es gäbe dann eine geteilte Souveränität; für einen Bundesstaat könnte das heißen, daß ein Teil der Souveränität beim Bund liegt und der andere Teil bei den einzelnen Staaten.[137]
Eine Letztentscheidungsbefugnis (oder Kompetenz-Kompetenz) bei einer Seite ist in einem Bund weder zwingend noch selbstverständlich,[138] was die Entwicklung der modernen Staaten bestätigt.[139]

Staaten sind mit „Abgabe" der Teilsouveränität weiterhin Staaten. Es sind nicht die Staaten an sich, die von der Souveränität etwas abgeben, sondern ihnen wird von vornherein vom souveränen Volk nur ein Teil der Herrschaftsmacht übertragen. Wenn man damit den Staatsbegriff auf eine Rechtsordnung reduziert, die auch eine Teilordnung sein kann, läßt sich „Teilstaatlichkeit" ohne weiteres mit Souveränität verbinden.[140] Ob oder inwiefern dies für die Mitgliedstaaten der EU zutrifft, soll weiter unten erläutert werden.

In den Worten von *Waitz*, der als Begründer der altliberalen Staatsrechtslehre gilt, und der sich bei seinen Ausführungen auf Bundesstaaten bezieht, heißt diese Teilstaatlichkeit:

> „Beide, die Bundesgewalt und die Gewalt der Einzelstaaten, müssen in ihrer Sphäre selbständig (souverän) sein: diese darf ihre Gewalt nicht von jener empfangen, jene nicht auf Übertragung dieser beruhen."[141]

Oder auch:

> „Nur da ist ein Bundesstaat vorhanden, wo die Souveränität nicht dem einen und nicht dem anderen, sondern beiden, dem Gesammtstaat (der Zentralgewalt) und

---

[136] Vgl. Oeter, ZaöRV 1995, 659 (671 f.); ders., Souveränität und Legitimation staatlicher Herrschaft, S. 49.
[137] Ähnlich C. Schmitt, Verfassungslehre, S. 378: Es liege keine Teilung der Souveränität vor; im Konfliktfall stehe die Entscheidung immer dem einen oder dem anderen ganz zu. Siehe auch auf S. 373: „Es gehört aber zum Wesen des Bundes, daß die Frage der Souveränität zwischen Bund und Gliedstaaten immer offen bleibt, so lange der Bund als solcher neben den Gliedstaaten als solchen existiert."
[138] Vgl. Oeter, ZaöRV 1995, 659 (686); abgesehen davon bedeutet auch in Bundesstaaten die Zuweisung der „Kompetenz-Kompetenz" an den Bund meist eine umfassende Mitwirkung der Glieder, Frowein, EuR Beiheft 1/1992, 63 (67 f.). Zur Kritik am Staat als Idealgestalt siehe auch Tomuschat, EuGRZ 1994, 489 (496). Frowein, Legitimation und Wirkung des Rechts der Europäischen Union / Gemeinschaft, S. 120, deutet an, daß der Begriff „Kompetenz-Kompetenz" ein typisches Ergebnis einer rein deutschen Diskussion sei. Vgl. auch Frowein, Die Verfassung der EU aus deutscher Sicht, S. 38 ff. mit dem Hinweis auf den revidierten Zollverein von 1867-1871. Zur Diskussion siehe auch Nettesheim; ZEUS 2002, 507.
[139] Vgl. Pernthaler, Allgemeine Staatslehre, S. 14.
[140] Vgl. Oeter, Souveränität und Legitimation staatlicher Herrschaft, S. 51 f. Vgl. auch Pernthaler, Allgemeine Staatslehre, S. 16; 37 f.; 41 ff.; siehe schon Malberg, Contribution à la théorie générale de l'Etat, S. 137.
[141] Waitz, Grundzüge der Politik, S. 44.

dem Einzelstaat (der Einzelstaatsgewalt), jedem innerhalb seiner Sphäre, zusteht."[142]

Die Frage, ob ein teilsouveräner Staat überhaupt noch ein Staat sei, stellt sich also nicht. Vollsouveränität ist kein zwingendes Definitionsmerkmal des Staates, solange man sich nicht von einem Verständnis leiten läßt, das für den europäischen Staat des beginnenden XXI. Jahrhunderts unpassend erscheint.[143]

E. Anwendung des Konzepts der geteilten Souveränität auf die EU

Dieses Konzept kann für das Verständnis der EU fruchtbar gemacht werden. Die Mitgliedstaaten haben der Europäischen Union Hoheitsbefugnisse übertragen. Mit dem *herkömmlichen* Souveränitätsverständnis bedeutet die Übertragung von Hoheitsrechten jedoch entweder, daß sie vom übertragenden weiterhin abgeleitet sind, dieser also voll souverän bleibt und die Letztentscheidungsbefugnis in strittigen Fragen hat, oder sie bedeutet, daß die gesamte Souveränität auf den neuen Herrschaftsträger, also auf die EU, übergegangen ist, weil ein so großes Maß an Souveränität übertragen wurde, daß die Letztentscheidungsbefugnis nunmehr bei der EU liegt.
Geht man von der Möglichkeit einer Teilbarkeit der Souveränität aus, so wird das „entweder-oder-Schema" hinfällig. Die Übertragung von Hoheitsrechten auf die EU kann dann bedeuten, daß ein Teil der Souveränität bei den Mitgliedstaaten verbleibt und der andere Teil bei der EU liegt.

1. Überblick über die Kompetenzverteilung

In Europa liegen wesentliche Kompetenzen bei der Europäischen Union, wie etwa weite Bereiche der Außenwirtschaftsbeziehungen, des Binnenmarktes, des Währungswesens, der Agrar- und Fischereipolitik, der Umweltpolitik und der Verkehrspolitik. In anderen Bereichen liegt die Primärkompetenz bei den Mitgliedstaaten (Außenpolitik, innere Sicherheit und Ordnung, Justiz, Staatsorganisation, innere Verwaltung, öffentliches Leben, Finanz- und Steuerordnung, Arbeits- und Sozialpolitik, Energiepolitik, Raumplanung, Wohnungs- und Städtebaupolitik, Schulwesen, Hochschulwesen, berufliche Bildung, Kulturpolitik, Jugend- und Familienpolitik, Verbraucherschutz, Gesundheitspolitik, Infrastrukturpolitik, Industriepolitik, Struktur- und Regionalpolitik, Forschung und Technologie, Entwicklungspolitik,

[142] Waitz, Grundzüge der Politik, S. 166. Er verweist dabei auf Tocqueville, De la démocratie en Amérique.
[143] Von einem solchen Verständnis wird auch in der Schweizer Staatsrechtslehre ausgegangen, vgl. Fleiner/Misic, Föderalismus als Ordnungsprinzip der Verfassung, S. 437 (Rn. 24): Souveränität läßt sich aufteilen. Das Volk der Kantone legitimiert die kantonale Politik und Regierungstätigkeit, das Schweizervolk und die Kantone den Bund.

Medien- und Telekommunikationspolitik).[144] Die Kompetenzen der einen Ebene sind meistens durch eine komplementäre „Partialkompetenz" der jeweils anderen Ebene ergänzt, was zur funktionellen Verzahnung beider Ebenen miteinander beiträgt.
Es legt die Vermutung einer Teilsouveränität beider Seiten nahe.

2. Einordnung

Es fragt sich, ob bei der EU von einer „eigenständige[n] Ableitung der Herrschaftsgewalt aus einem Akt der Übertragung von Herrschaft aus dem Volk mittels Verfassungsgebung an das Organgefüge der verfaßten Staatsgewalt"[145] ausgegangen werden kann. Mit der traditionellen Staatslehre wäre dies nicht möglich, denn die erforderliche Rückführung auf eine europäische Volkssouveränität würde schon am nicht vorhandenen europäischen Volk scheitern. Setzt man jedoch wie hier *demos* gleich dem Zusammenschluß der Menschen, die für jeweils einen Bereich Inhaber der Souveränität sind, so ist eine solche Rückführung grundsätzlich möglich.
Kann die Souveränität der EU eigenständig von den in ihr zusammengeschlossenen Menschen abgeleitet werden? Zur Übertragung von Hoheitsbefugnissen auf die Ebene der Europäischen Union haben die Mitgliedstaaten ursprünglich völkerrechtliche Verträge geschlossen. Damit scheint die Herrschaftsgewalt der EU *ursprünglich* von den Mitgliedstaaten abgeleitete Gewalt zu sein. Die Gewalt der Mitgliedstaaten allerdings ist ebensowenig originär, sondern diesen lediglich vom Volk übertragen. Wenn die Staats- und Regierungschefs der Mitgliedstaaten handeln, dann heißt dies nicht, daß sie eigene Souveränitätsteile übertragen. Sie waren auch schon vorher nur treuhändischer Verwalter der Souveränität des „Volkes" im oben genannten Sinne. Durch die Regierungen mit ihrer Rückbindung an die Parlamente in den Mitgliedstaaten handeln letztendlich die Souveräne in diesen Staaten. Die völkerrechtlichen Verträge sind nur die äußere Form.
Um die Europäische Herrschaftsmacht auf eine europäische Volkssouveränität zurückführen zu können, müssen allerdings die nationalen Parlamente als Vermittler tätig werden. Dies ändert zwar nichts an der Erkenntnis, daß die Souveränität auf Seiten der EU nicht von den Staaten als deren originäre Souveränität abgeleitet wird. Sowohl die Staaten als auch die EU sind lediglich treuhänderische Verwalter der Souveränität. Mit dem nach wie vor bestehenden Erfordernis der Vermittlung durch die Mitgliedstaaten ist es allerdings nicht möglich, schon jetzt von einer unmittelbaren Ableitung von einem einzigen europäischen Souverän zu sprechen.
Eine *direkte* demokratische Legitimation durch den europäischen Souverän[146] existiert zur Zeit zumindest teilweise über das Europäische Parlament, das mittlerweile

---

[144] Vgl. die Übersicht über die Kompetenzverteilung nach dem Vertrag von Amsterdam bei Fischer/Schley, Europa föderal organisieren, S. 331 ff., welche auf dem Modell der Europäischen Strukturkommission zum Maastrichter Vertrag beruht. Siehe nun auch Bogdandy/Bast, CMLRev 2002, 227.
[145] Oeter, Souveränität und Legitimation staatlicher Herrschaft, S. 51 und 73.
[146] Siehe hierzu oben, Kapitel 3, B. 3. b) (2) (b).

insbesondere beim Verfahren der Mitentscheidung wie eine zweite Kammer in die Rechtsetzung einbezogen ist.[147] Dieser Legitimationsstrang wird neben dem eben erwähnten über die nationalen Parlamente immer bedeutender.

Der Blick muß aber vor allem darauf gerichtet werden, ob die Übertragung der Souveränitätsteile auf die EU wieder auf die Mitgliedstaaten zurückübertragen werden kann.
Die EU beruht auf dem Prinzip der begrenzten Einzelermächtigung,[148] doch ihre Rechtsordnung weist eine starke Eigendynamik auf. Die Mitgliedstaaten haben in den Bereichen, die nach der Übertragung der Hoheitsgewalt der EU unterliegen, insofern keine Kompetenzen mehr, als eine Zurücknahme nur mittels einer Vertragsänderung gemäß Art. 48 EUV möglich wäre.[149] Hierbei wirken Mitgliedstaaten und Gemeinschaftsorgane zusammen; letztlich ist eine Ratifikation durch alle Mitgliedstaaten erforderlich, was eine hohe Schwelle darstellt. Die Rücknahme bereits übertragener Kompetenzen ist damit zwar juristisch möglich, faktisch aber kaum zu bewerkstelligen. Hinzu kommt, daß die Kompetenzrückübertragung nur unter Einschaltung der europäischen Organe möglich ist. Beides spricht dafür, der EU in den ihr übertragenen Kompetenzen eine Hoheitsgewalt insofern zuzugestehen, als sie selbst bestimmen kann, wie weit diese Kompetenzen gehen, so daß auf keiner Seite eine sogenannte „Kompetenz-Kompetenz" liegt.[150] Der europäische Souverän hat damit eigene Teilkompetenzen, über die die nationalen Souveräne faktisch nicht entscheiden können.

Eine europäische Teilsouveränität basiert damit auf zwei Säulen. Die erste Säule stellen die ihr unter Mitwirkung der nationalen Parlamente übertragenen Kompetenzen dar, welche nur noch in einem Zusammenwirken der europäischen Organe und der Mitgliedstaaten, und damit faktisch nicht zurückübertragen werden können. Dadurch erfährt der europäische Souverän einen Kompetenzzuwachs im Sinne einer eigenen Teilsouveränität.
Die zweite Säule bildet das europäische Parlament als gewählter Vertreter eines europäischen Souveräns.

F. Einordnung der Unionsaufsicht in die Entwicklung einer teilsouveränen EU

Die Unionsaufsicht bildet einen Teil dieser Entwicklung in Richtung einer Teilsouveränität der EU. Die Mitgliedstaaten haben sich darauf festgelegt, ihren Verfassungstext und ihre Verfassungswirklichkeit nicht mehr abweichend von den in Art.

---

[147] Vgl. die Darstellung des Verfahrens der Mitentscheidung bei Streinz, Europarecht, Rn. 451 ff. Siehe auch oben, Kapitel 3, B. 3. b) (2) (c).
[148] Vgl. Art. 5 EGV.
[149] Vgl. Schweitzer/Hummer, Europarecht, Rn. 885.
[150] Vgl. Frowein, ZaöRV 1994, 1 (7).

6 Abs. 1 EUV genannten Grundsätzen zu regeln. Damit haben sie die Kontrolle über die Einhaltung der Grundsätze in allen staatlichen Bereichen auf die Union übertragen, wobei diese Übertragung nur mittels einer Vertragsänderung rückgängig gemacht werden kann. Im Rahmen der Unionsaufsicht bestimmt der Rat aufgrund seiner Definitionsmacht, welche Bedeutung die Grundsätze haben und wann ihre Verletzung zu sanktionieren ist. Diese Aufsicht ermöglicht es der Union, die einzelnen Mitgliedstaaten mit empfindlichen Sanktionen zu belegen, worin eine neue Dimension liegt, wenn man bedenkt, daß bisher im Rahmen der EU kaum Möglichkeiten zur Sanktionierung der Mitgliedstaaten bestanden. Auch auf einer Ebene unterhalb von Sanktionen kann mit der Unionsaufsicht reagiert werden. Mit Inkrafttreten des Vertrags von Nizza bestehen jedoch *außerhalb* der Unionsaufsicht keine Möglichkeiten mehr, auf eine entsprechende Entwicklung in einem anderen Mitgliedstaat zu reagieren, auch nicht mit Maßnahmen, die sich in ihrer politischen Wirkung erschöpfen. Die Unionsaufsicht ist nunmehr hinsichtlich jeglicher Reaktion abgeschlossen.

Die Beschränkung im Bereich der Grundsätze und die Unterwerfung unter eine diesbezügliche Aufsicht durch die EU bedeuten also eine starke Einschränkung der nationalen Kompetenz oder Souveränität der Mitgliedstaaten. Mit der Unionsaufsicht wurde damit eine weitere bedeutende Kompetenz – oder auch ein Teil der Souveränität – auf die Seite der EU übertragen.

Die Unionsaufsicht stellt damit einen Teil einer europäischen Souveränität dar.

Wenn sich Staaten einer ähnlichen Beschränkung durch Ratifizierung und Umsetzung eines völkerrechtlichen Vertrags unterwerfen, so ist diese von einer anderen Qualität als die Unionsaufsicht. Die Folgen einer Verletzung sind unterschiedlich – innerhalb der EU hat eine Sanktionierung wegen ihrer fortgeschrittenen Integration weitreichendere Folgen.[151] Das Vorhandensein einer Aufsichtsklausel allein ist also noch nicht ausschlaggebend für die Beantwortung der Frage, ob eine so einschneidende Kompetenzverlagerung vorliegt, daß eine Teilsouveränität angenommen werden kann. Vielmehr ist von Bedeutung, welche sonstigen Kompetenzen die beaufsichtigende Seite hat, und damit einhergehend, welche Sanktionsmöglichkeiten bestehen und wie sich diese auswirken können. Es muß auch betrachtet werden, ob es sich um einen umfassenden und abgeschlossenen Mechanismus handelt. Hier liegt ein gravierender Unterschied zwischen einer Regionalorganisation oder einem völkerrechtlichen Vertrag auf der einen Seite und der EU auf der anderen Seite.

Die Unionsaufsicht könnte auf den ersten Blick sogar als eine Kompetenz erscheinen, die die Union *über* die Mitgliedstaaten stellt, so daß es gerade kein Nebeneinander teilsouveräner Teile gäbe.[152] Dem ist jedoch entgegenzuhalten, daß nicht die Besonderheit der EU als ein mit den Mitgliedstaaten eng verzahnter Organismus übersehen werden darf. Die Kompetenz zur Unionsaufsicht liegt zwar unbestreitbar bei der EU. Dies bedeutet aber nicht, daß die Mitgliedstaaten aus diesem Be-

---

[151] Siehe oben, Kapitel 4.

[152] Schmahl, EuR 2000, 819 (821 f.) weist darauf hin, daß das Homogenitätsbegot von der EU an die Mitgliedstaaten gerichtet wird.

reich ausgeschlossen wären. Sie sind sowohl am Suspendierungsverfahren als auch am zukünftigen Vorfeldverfahren als Initiativberechtigte beteiligt. Damit haben sie sogar die Pflicht, sich im Rahmen der Unionsaufsicht um die Einhaltung der Grundsätze auch in anderen Mitgliedstaaten zu kümmern.[153]
Somit sind innerhalb der Unionsaufsicht die Kompetenzen der Union und der Mitgliedstaaten so eng miteinander verzahnt, daß zu recht von einem gemeinsamen Handeln beider Seiten ausgegangen werden kann, auch wenn insgesamt eine Zuordnung zur Unionsseite stattfindet. Dieser Herrschaftskomplex wird gemeinsam von beiden Seiten wahrgenommen.[154]
Es kann also keinesfalls angenommen werden, daß die Existenz einer Homogenitätsklausel, verbunden mit einem funktionierenden Durchsetzungsmechanismus, die Mitgliedstaaten zu nicht-souveränen Gliedstaaten eines Bundesstaates macht,[155] ebensowenig wie die Unionsaufsicht die Union über die Mitgliedstaaten stellt.

*

Das Modell der geteilten Souveränität bietet die Möglichkeit, die Sorge vor einer immer weitergehenden Integration zu entkräften. Denkt man in unitarischen Kategorien, so müßte das Voranschreiten der Integration tatsächlich in Richtung eines europäischen Bundesstaates weisen. Dies wird aber von vielen Seiten abgelehnt, nicht zuletzt von den Vertretern der Nationalstaaten selbst, die nicht in einem Bundesstaat aufgehen und damit untergehen möchten.
Das Konzept der geteilten Souveränität hingegen erlaubt es, die Integration der EU als einen graduellen Prozeß zu beschreiben, der nicht notwendig zu einem Umbruch an einem in der Zukunft liegenden Punkt führt. Es „reduziert [...] sich das Gefüge der europäischen Union [...] auf eine relativ banale Operation der Kompetenzabrundung zugunsten der Gemeinschaft, deren wenig umwälzender Charakter einzig durch eine überschießende politische Rhetorik verdeckt“ wird.[156] Die Unterschiede mit Fortschreiten der Integration sind damit immer nur quantitativer Art, nicht jedoch qualitativer.

Die Unionsaufsicht ist ein wesentlicher Teil einer europäischen Souveränität; ihre Einrichtung stellt einen weiteren bedeutenden Integrationsschritt innerhalb des graduellen Prozesses der Europäischen Integration dar.[157] Durch die Ansiedelung der Homogenitätsklausel auf europäischer Ebene sind die Mitgliedstaaten gleichsam vor sich selbst geschützt. Sie müssen die Grundsätze immer einhalten; bei einem Umsturz im eigenen Land haben sie die Gewähr, daß ein Einschreiten von Seiten der Union und der anderen Mitgliedstaaten mit den vorgesehenen Mitteln erfolgen wird. Damit wird die Union zu einem „Garanten liberal-demokratischer

---

[153] Siehe oben, Kapitel 4, B. 6.
[154] Siehe auch Pernice, ELRev 2002, 511 (519): „Given the obligations of homogeneity under Article 7 TEU, it is even doubtful whether we can still say that the Member States are each the sovereign masters of their constitutions."
[155] So aber die Vermutung von Heintzen, EuR 1997, 1 (8).
[156] Oeter, ZaöRV 1995, 659 (673).
[157] Vgl. auch Schorkopf, in Grabitz/Hilf, Das Recht der EU, Art. 7 EUV (Amsterdam), Rn. 2.

Verfaßtheit" oder auch zu einer „Organisation kollektiver Ordnung".[158] Versagen die nationalen Sicherungsmechanismen, so schreitet die Union ein und stabilisiert die nationale Ordnung.[159]
Keinesfalls kann die Unionsaufsicht damit als „systemwidrig" oder „dem Grundrhythmus der europäischen Integration widersprechend" bezeichnet werden.[160]

G. Endergebnis und Ausblick

Mit dem Amsterdamer Vertrag wurde erstmalig ein Verfahren zur Sanktionierung der Mitgliedstaaten bei Verletzung der Grundsätze der EU in die Verträge aufgenommen, und dieses Verfahren wurde durch den Vertrag von Nizza zu einer umfassenden Unionsaufsicht ausgebildet. Auch wenn schon vor der Positivierung einer solchen Homogenitätsklausel mit Gewährleistungsmechanismus eine Sanktionierung der Verletzung der gemeinsamen europäischen Grundsätze möglich war, so geht die Unionsaufsicht darüber hinaus. Sie ist ein umfassender Sicherungsmechanismus, der die Einhaltung der Grundsätze in den Mitgliedstaaten gewährleisten soll. Mit dieser Aufsicht existiert erstmals eine Bestimmung, die „den gesamten Verfassungsverbund überwölbt",[161] die sich also auf das gesamte Rechtssystem der EU wie der einzelnen Mitgliedstaaten bezieht.[162]
Als „Garant liberal-demokratischer Verfaßtheit"[163] ist die Unionsaufsicht von herausragender Bedeutung für die Europäische Integration. Mit diesem Integrationsschritt geht die EU weiter in Richtung eines teilsouveränen Gebildes, welches gemeinsam mit den teilsouveränen Mitgliedstaaten eine Souveränität insgesamt innehat.

Diese Teilsouveränität der EU bedeutet gerade nicht, daß sie zu einem Bundesstaat wird, sondern daß sie ein Subjekt sui generis ist. Die Unionsaufsicht läßt also die Frage nach der Finalität der Europäischen Union offen. Sie stellt eine starke Einschränkung der nationalen Kompetenz oder Souveränität der Mitgliedstaaten dar, weil mit ihr eine weitere bedeutende Kompetenz – oder auch ein Teil der Souveränität – auf die Seite der EU übertragen wird.

*

[158] V. Bogdandy, Supranationaler Föderalismus, S. 15; ders., integration 1999, 95 (96).
[159] V. Bogdandy, CMLR 2000, 1307 (1318). In diesem Sinne kann auch davon gesprochen werden, die Primärverantwortung der Demokratiekontrolle liege nach wie vor bei den nationalen Rechts- und Demokratiesystemen, vgl. Pernthaler/Hilpold, integration 2000, 105 (115).
[160] So aber Leidenmühler, Die Union 1998, 97 (100 f. und 106).
[161] V. Bogdandy, Supranationaler Föderalismus, S. 15.
[162] Siehe nun auch Magliveras, The Adaption of Punitive Measures by the EC and the EU.
[163] V. Bogdandy, Supranationaler Föderalismus, S. 15. Vgl. auch Pernthaler/Hilpold, integration 2000, 105 (108): Struktursicherungsverfahren zur Sicherung des europäischen *ordre public*; ebd., 112: wehrhafte Demokratie.

Die Regierungskonferenz von Nizza hat eine Erklärung zur Zukunft der Europäischen Union angenommen, in der sie zu einer eingehenderen und breiter angelegten Diskussion über die Zukunft der Union auffordert.[164] Unter anderem soll im Rahmen dieser Debatte die Frage behandelt werden, wie eine genauere, dem Subsidiaritätsprinzip entsprechende Abgrenzung der Zuständigkeiten zwischen der Europäischen Union und den Mitgliedstaaten hergestellt und danach aufrechterhalten werden kann. Auch der Status der Charta der Grundrechte der Europäischen Union soll geklärt werden.

Am 15. Dezember 2001 hat der Europäische Rat in Laeken im Hinblick auf eine möglichst umfassende und transparente Vorbereitung der nächsten Regierungskonferenz beschlossen, einen „Verfassungskonvent" einzuberufen[165] Dieser Konvent hat es zur Aufgabe, die wesentlichen Fragen zu prüfen, die die zukünftige Entwicklung der Union aufwirft. Parallel zur Arbeit des Konvents soll im Rahmen eines Forums die öffentliche Diskussion über die Zukunft der Union strukturiert und erweitert werden.

---

[164] Erklärung zur Zukunft der Europäischen Union, 2001 Abl. C 80/85 f. (Nr. 23).

[165] Vgl. Schlußfolgerungen des Vorsitzes des Europäischen Rats in Laeken, 14. und 15. Dezember 2001, Doc 01/18. Siehe hierzu auch Riedel, ZRP 2002, 241; Wägenbauer, EuZW 2002, 65.

H. Addendum[166]

Der Konvent hat am 28. Februar 2002 seine Arbeit aufgenommen und ist mehr als ein Jahr später in seiner Arbeit bereits weit fortgeschritten. Der Europäische Rat hat Herrn Valéry Giscard d'Estaing zum Vorsitzenden des Konvents und Herrn Giuliano Amato sowie Herrn Luc Dehaene zu stellvertretenden Vorsitzenden ernannt. Daneben gehören dem Konvent Vertreter der Staats- und Regierungschefs der Mitgliedstaaten und der beitrittswilligen Länder, der nationalen Parlamente der Mitgliedstaaten und der beitrittswilligen Länder sowie Vertreter aus den Reihen des Europäischen Parlaments und der Kommission an. Dabei haben die Vertreter aus den beitrittswilligen Ländern kein Stimmrecht.

Der Konvent hat elf Arbeitsgruppen zu den Themen Subsidiarität, Grundrechtecharta,[167] Rechtspersönlichkeit, einzelstaatliche Parlamente, ergänzende Zuständigkeiten, Ordnungspolitik, außenpolitisches Handeln, Verteidigung, Vereinfachung, Freiheit, Sicherheit und Recht sowie soziales Europa eingerichtet. Am 28. Oktober 2002 stellte der Vorsitzende einen ersten „Vorentwurf eines Verfassungsvertrags"[168] vor, der zur Grundlage der weiteren Diskussion wurde.
Der vorläufige Art. 2 des Entwurfs stellt das Pendant zum alten Art. 6 Abs. 1 EUV dar:

> „Die Union beruht auf den folgenden Werten: Achtung der Menschenwürde, Freiheit, Demokratie, Rechtsstaatlichkeit und Achtung der Menschenrechte. Diese Werte sind allen Mitgliedstaaten gemeinsam. Die Union strebt eine friedliche Gesellschaft an, in der Toleranz, Gerechtigkeit und Solidarität herrschen."[169]

Auch wenn sich die Formulierung im Vergleich zu Art. 6 Abs. 2 EUV geändert hat, ist nicht davon auszugehen, daß hierin eine wirkliche Inhaltsänderung vorgenommen werden sollte. Durch den zweiten Satz wird allerdings die Bedeutung der sozialen Dimension dieser grundlegenden Werte betont. Daß hierin im Grunde genommen nur eine Bestätigung des Art. 6 Abs. 2 EUV liegt, folgt auch aus den Erläuterungen zu Art. 1 bis 16 des Entwurfs. Diese heben hervor, daß es sich bei den Werten um grundlegende Werte handeln muß, „die das Wesen einer friedlichen Gesellschaft ausmachen, in der Toleranz, Gerechtigkeit und Solidarität herrschen; zum anderen müssen sie einen eindeutigen und unstrittigen grundlegenden rechtlichen Gehalt haben, damit die Mitgliedstaaten erkennen können, welche sanktionsbewehrten Verpflichtungen ihnen aus diesen Werten erwachsen."[170] Artikel 7 EUV soll in Artikel 45 des Vorentwurfs aufgehen.[171]

---

[166] Zum Konvent siehe http://european-convention.eu.int. Siehe auch Oppermann, DVBl 2003, 1.
[167] Siehe hierzu Iber, ZEUS 2002, 483.
[168] Vorentwurf des Verfassungsvertrags, CONV 369/02.
[169] Entwurf der Artikel 1 bis 16 des Verfassungsvertrags, CONV 528/03, S. 2. Ob dies die endgültige Fassung bleiben wird, ist noch nicht klar, denn es liegen viele Änderungsvorschläge vor, vgl. http://european-convention.eu.int/amendments.asp?content=2&lang=DE.
[170] Erläuterungen in: Entwurf der Artikel 1 bis 16 des Verfassungsvertrags, CONV 528/03, S. 11.
[171] Vorentwurf des Verfassungsvertrags, CONV 369/02, S. 4.

Die Eigendynamik, die sich mit dem Konvent entwickelte, hätte kaum jemand erwartet. Es kann davon ausgegangen werden, daß er nach Abschluß seiner Beratungen dem Rat im Sommer 2003 einen Vorentwurf für einen „Verfassungsvertrag" vorlegen wird, der einen historischen Schritt in der Enwicklung der Europäischen Union darstellt.[172] Es ist vorgesehen, dass der Konvent seinen Entwurf auf dem Europäischen Rat im Sommer 2003 vorstellt.

*

[172] Zu einer Verfassung der EU siehe umfassend Schmitz, Integration in der Supranationalen Union, insbes. S. 361 ff. Vgl. auch Piris, EuR 2000, 311. Die jetzigen Verträge können schon in Teilen als Verfassung bezeichnet werden, vgl. EuGH, Gutachten vom 14. Dezember 1991 - Gutachten 1/91 - Slg. 1991, I-6079 (6102, Rn. 21); BVerfGE 22, 293 (296); Badura, Die föderative Verfassung der EU, S. 699; Sudre, Semaine Juridique 1998, 9 (11); Rodríguez Iglesias, EuGRZ 1996, 125 (insbes. 131). A.A. Grimm, Vertrag oder Verfassung, S. 16 f.: „keine Verfassung im Vollsinn des Begriffs". Ebenso Schmitz, Integration in der Supranationalen Union, S. 469: Der Schritt sei inhaltlich nur noch gering, müsse aber noch getan werden. Siehe auch Tsatsos, Die europäische Unionsgrundordnung; Bogdandy, Europäisches Verfassungsrecht; Scholz, Die Verfassung der Europäischen Union; Timmermann, Eine Verfassung für die EU; Schwarze, The Birth of a European Constitutional Order; Jachtenfuchs, Die Konstruktion Europas; Melissas/Pernice, Perspectives of the Nice Treaty and the Intergovernmental Conference in 2004; Loth, Entwürfe einer Europäischen Verfassung; Weiler, JCMS 2002, 563; Schwarze, NJW 2002, 993; Rupp, JZ 2003, 18; Rossi, RTDE 2002, 27; Monar, integration 2003, 31; Cromme, DÖV 2002, 593; Oppermann, DVBl 2003, 1; Netteshaim, ZEUS 2002, 507; Pernice ELRev 2002, 511 (512).

Anhang

I. Belgischer Vorschlag, CONFER 4739/00; Annex

Draft amendment to Article 7 of the TEU
Article 7 TEU

1. In order to prevent a serious and persistent breach by a Member State of the principles mentioned in article 6 (1), the Council, acting by a qualified majority on a proposal by one third of the member states or by the Commission, may determine the existence of a threatened breach of the principles in a Member State and address the appropiate recommendation, if necessary accompanied by appropiate measures, to the Member State in question, after inviting the Government of that Member State to submit its observations on the subject. The President of the Council shall inform the Parliament of the recommendation and of any measures.

2. The Council, meeting in the composition of the Heads of State or Government and acting by a qualified majority, on a proposal by.....

II. Österreichischer Vorschlag, CONFER 4748/00; Annex

Articles 7 and 46 of the EU Treaty: Austrian Proposal
Article 7

1. In order to avoid any serious and persistent breach by a Member State of principles mentioned in Article 6 (1), the following procedure, in which the Member State in question must be involved at all stages, shall apply:

   If in the view of the Commission or one third of the Member States there is an objectively demonstrable risk of such a breach by a Member State, the council shall at their request discuss the matter on the basis of a report from the Commission and with the involvement of the Member State in question.

   Thereafter, the Council in the composition of the Heads of State or Government acting by unanimity, on a justified proposal by the Commission or by one third of the Member States, and after hearing the Member State in question and obtainig the assent of the European Parliament, may when necessary determine that there is a risk of such a breach. The grounds for such a determination shall be regularly reviewed by the Council.

The Council, acting by a qualified majority at the request of the Commission or one third of the Member States and after hearing the Member State in question, may subsequently make appropiate recommendations to that Member State.

2. If in the view of the Commission or one third of the Member States there exists an objectively demonstrable breach by a Member State of principles mentioned in Article 6 (1),, the Council shall at their request discuss the matter on the basis of a report from the Commission and with the envolvement of the Member State in question.

   Thereafter, the Council in the composition of the Heads of State or Government acting by unanimity on a justified proposal by the Commission or by one third of the Member States, and after hearing the Member State in question and after obtainig the assent of the European Parliament, may where necessary determine that a serious and persistent breach by a Member State of principles mentioned in Article 6 (1) exists. The grounds for such a determination shall be regularly reviewed by the Council.

   Where such a determination has been made, the Council[1], acting by a qualified majority at the request of the Commission or one third of the Member States and after hearing the Member State in question, decide to suspend certain of the rights deriving from the application of this Treaty to the Member State in question, including the voting rights of the representative of that Member State in the Council. In doing so, the Council shall take into account the possible consequences of such a suspension on the rights and obligations of natural and legal persons. Such decisions must also be proportionate to the accusations prompting such determinations.

   The obligations of the Member State in question under this Treaty shall in any case continue to be binding on that state.

3. Grounds must be given for determinations, recommendations and measures pursuant to this Article

4. Member States shall only produce determinations, recommendations, and decisions relating to serious and persistent breaches of principles mentioned in Article 6 (1) under the procedure laid down in this Article.

5. The Council, acting by a majority of its members and at the request of the Member State in question, the Commission or one third of the Member States,

[1] may (sic).

shall determine that the risk referred to in paragraph 1 or the breach of referred to in paragraph 2 no longer exist.

Under the same procedure, recommendations made or measures taken under paragraph 2 shall be varied or revoked. Before the Council takes such decisions, it shall give the Member State in question and the Commission the opportunity to submit their observations, which must be done within an appropiate period of time.

6. For the purpose of this Article, the Council shall act without taking into account the vote of the representative of the government of the Member State in question. Abstentions by members present in person or represented shall not prevent the adoption of decisions. A qualified majority shall be defined as the same proportion of the weighted votes of the members of the Council concerned as laid down in Article 205 (2) of the Treaty establishing the European Community.

III. Vorschlag der portugiesischen Ratspräsidentschaft, CONFER 4750/00, Annex 7.1[2]

Draft new paragraph to be added at the beginnig of Article 7 of the TEU

x. In order to prevent a breach by a Member State of the principles mentioned in Article 6 (1) the Council, acting by a majority of nine tenths[3] of its members on a proposal by one third of the Member States or by the Commission may, after obtainig the assent of the European Parliament, determine the existence of the threat of such a breach in a Member State and make an appropiate recommendation to the Member State in question, after inviting the Government of that Member State to submit its observations on the subject.

[Remainder unchanged]

[2] S. 116.

[3] In a Union comprising up to 20 Member States, this voting rule is equivalent to unanimity less 2 (including the Member State concerned) and, in a Union comprising 21 States or more, to unanimity less 3 (including the Member State concerned).

IV. Textentwurf der Kommission, CONFER 4782/00, Annex 4[4]

Article 7 of the TEU (Commission text)

The Council, acting by a majority of two thirds of its Members following a proposal from one third of the Member States, the European Parliament or the Commission may determine the existence of a threat of a breach by a Member State of the principles mentioned in Article 6 (1) and address an appropriate recommendation to the Member State concerned after inviting the government of that Member State to submit its observations on the subject.

[Die Ziffer der ehemaligen Absätze erhöht sich je um eins; der letzte Absatz verweist auf Abs. 1 und 2]

V. Zusammenfassung der bisherigen Ergebnisse durch die französische Ratspräsidentschaft, CONFER 4790/00[5]

8.1 Article 7 TEU

1. On a reasoned proposal by one third of the Member States, by the European Parliament or by the Commission, the Council, acting by a qualified majority vote in favour cast by two-thirds of its members after obtaining the assent of the European Parliament, may determine that there is a risk of a serious breach by a Member State of the principles mentioned in Article 6 (1), and address appropriate recommendations to that State. Before making such a determination, the Council shall hear the Member State concerned and may call on independent persons to submit within a reasonable time limit a report on the situation in the Member State in question.

The grounds for such a determination shall be regularly reviewed by the Council.

[Die Ziffer der ehemaligen Absätze erhöht sich je um eins; die Verweise innerhalb des Artikels und Art. 309 EGV werden angepaßt.]

---

[4] S. 6.

[5] S. 81.

VI. Art. 7 EUV nach dem Vertrag von Nizza

1. On a reasoned proposal by one third of the Member States, by the European Parliament or by the Commission, the Council, acting by a majority of four fifths of its Members after obtainig the assent of the European Parliament, may determine that there is a clear risk of a serious breach by a Member State of the principles mentioned in Article 6 (1), and address appropriate recommendations to that State. Before making such a determination, the Council shall hear the Member State concerned and, acting in accordance with the same procedure, may call on independent persons to submit within a reasonable time limit a report on the situation in question.

The Council shall regularly verify that the grounds for that situation continue to apply.

2.-3. §§ 1 and 2 become 2 and 3.

Literatur

Adam, Winfried Anselm: Die Kontrolldichte-Konzeption des EuGH und deutscher Gerichte. Eine vergleichende Untersuchung der gerichtlichen Kontrolle im Außen- und Binnenwirtschaftsrecht, Baden-Baden 1993

Adamovich, Ludwig: Bericht zur Lage in Österreich vor der EU-Delegation des französischen Senats, EuGRZ 2000, S. 399

Adamovich, Ludwig: Juristische Aspekte der „Sanktionen" der EU-14 und des „Weisenberichtes", EuGRZ 2001, S. 89

Adamovich, Ludwig K. / Funk, Bernd-Christian / Holzinger, Gerhart: Österreichisches Staatsrecht. Band 1: Grundlagen, Wien / New York 1997

Akkermans, P. W: C.: „Rule of Law, Rechtsstaat" et droits de l'Homme: Clef de voûte de la démocratie, ERPL 2001, S. 53

Alber, Siegbert / Widmaier, Ulrich: Die EU-Charta der Grundrechte und ihre Auswirkungen auf die Rechtsprechung, EuGRZ 2000, S. 497

Alexy, Robert: Theorie der Grundrechte, Frankfurt a. M. 1986

Alleweldt, Ralf: Schutz vor Abschiebung bei drohender Folter oder unmenschlicher oder erniedrigender Behandlung oder Strafe. Refoulement-Verbote im Völkerrecht und im deutschen Recht unter besonderer Berücksichtigung von Artikel 3 der Europäischen Menschenrechtskonvention und Artikel 1 des Grundgesetzes, Heidelberg 1996

Alston, Philip / Weiler, Joseph H. H.: An ‚Ever Closer Union' in Need of a Human Rights Policy: The European Union and Human Rights, in: Alston, Philip (Hrsg.): The EU and Human Rights, Oxford 1999, S. 3

Alzaga Villaamil, Oscar (Hrsg.): Comentarios a la Constitucion Española de 1978, Band XI, Art. 143 bis 158, Madrid 1999

Arangio-Ruiz, Gaetano: Friendly Relations Resolution, in: Bernhardt, Rudolph (Hrsg.): Encyclopedia of Public International Law. Band 2, Amsterdam 1995, S. 485

Badura, Peter: Die föderative Verfassung der Europäischen Union, in: Kästner, Karl-Hermann / Nörr, Knut Wolfgang / Schlaich, Klaus (Hrsg.): Festschrift für Martin Heckel zum siebzigsten Geburtstag, Tübingen 1999, S. 695

Bantekas, Ilias: Austria, the European Union and Article 2 (7) of the UN-Charter, ASIL Insights, Februar 2000, www.asil.org/insights/insight40.htm

Barents, René: Some Observations on the Treaty of Amsterdam, MJ 1997, S. 332

Barfuß, Walter: Der Mißgriff der „14" – eine bedeureliche Rechtswidrigkeit, Österreichisches Anwaltsblatt 2000, S. 524

Baumann, Peter: Die Klage der Kommission gegen Mitgliedstaaten wegen Vertragsverletzung gemäß Art. 169 EWGV, in: Schwind, Fritz (Hrsg.): Probleme des Europäischen Gemeinschaftsrechts, Wien 1976, S. 265

Bebr, Gerhard: Judicial Remedy of Private Parties against Normative Acts of the European Communities: The Role of Exception of Illegality, CMLRev 1966, S. 7

Bellen, Alexander van der: Die Torheit der Regierenden: Die EU-Sanktionen und ihr Ende, Österreichisches Jahrbuch für Politik 2000, S. 455

Bender, Bernd / Sparwasser, Reinhard / Engel, Rüdiger: Umweltrecht. Grundzüge des öffentlichen Umweltschutzrechts, 3. Aufl., Heidelberg 1995

Berber, Friedrich: Lehrbuch des Völkerrechts. I. Band. Allgemeines Friedensrecht, 2. Aufl., München 1975

Bergmann, Jan / Lenz, Christofer (Hrsg.): Der Amsterdamer Vertrag. Eine Kommentierung der Neuerungen des EU- und EG-Vertrages, Köln 1998

Bertrams, Michael: Die Prognoseentscheidung im verwaltungsgerichtlichen Asylverfahren, Münster 1989

Besson, Waldemar / Jasper, Gotthard: Das Leitbild der modernen Demokratie. Bauelemente einer freiheitlichen Staatsordnung, Bonn 1990

Betten, Lammy / Grief, Nicholas: EU Law and Human Rights, London / New York 1998

Beutler, Bengt / Bieber, Roland / Pipkorn, Jörn / Streil, Jochen: Die Europäische Union, 4. Aufl., Baden-Baden 1993

Beutler, Bengt: Anmerkung zu EuGH, Urteil vom 29.10.1980 – Maizena ./. Rat, RS 139/79, EuR 1981, S. 55

Blanke, Hermann-Josef: Der Unionsvertrag von Maastricht – Ein Schritt auf dem Weg zu einem europäischen Bundesstaat?, DÖV 1993, S. 412

Blanquet, Marc: L'Article 5 du Traité C.E.E. Recherche sur les obligations de fidelité des États membres de la communauté, Paris 1994

Bleckmann, Albert: Das europäische Demokratieprinzip, JZ 2001, S. 53

Bleckmann, Albert: Der Vertrag über die Europäische Union, DVBl 1992, S. 335

Bleckmann, Albert: Europarecht. Das Recht der Europäischen Union und der Europäischen Gemeinschaften, 6. Aufl., Köln u.a. 1997

Bleckmann, Albert: Zwangsmittel im Gemeinsamen Markt?, RIW/AWD 1978, S. 91

Böckenförde, Ernst-Wolfgang: Die verfassunggebende Gewalt des Volkes – Ein Grenzbegriff des Verfassungsrechts, Frankfurt a.M. 1986

Böckenförde, Ernst-Wolfgang: Demokratie als Verfassungsprinzip, in: Isensee, Josef / Kirchhof, Paul (Hrsg.): Handbuch des Staatsrechts der Bundesrepublik Deutschland. Band I. Grundlagen von Staat und Verfassung, Heidelberg 1987, § 22, S. 887

Böckenförde, Ernst-Wolfgang: Staat, Gesellschaft, Freiheit. Studien zur Staatstheorie und zum Verfassungsrecht, Frankfurt am Main 1976

Böhm, Wolfgang / Lahodynsky, Otmar: Der Österreich-Komplex. Ein Land im Selbstzweifel, Wien, Köln, Weimar 2001

Bogdandy, Armin von: Die Europäische Union als supranationale Föderation, integration 1999, S. 95

Bogdandy, Armin von (Hrsg.): Europäisches Verfassungsrecht. Theoretische und dogmatische Grundzüge, Berlin 2003

Bogdandy, Armin von: Supranationaler Föderalismus als Wirklichkeit und Idee einer neuen Herrschaftsform: Zur Gestalt der Europäischen Union nach Amsterdam, Baden-Baden 1999

Bogdandy, Armin von: The European Union as a Human Rights Organization? Human Rights and the Core of the European Union, CMLR 2000, 1307

Bogdandy, Armin von / Bast, Jürgen: The European Union's Vertical Order of Competences: The Current Law and Proposals for its Reform, CMLRev 2002, 227

Böse, Martin: Strafen und Sanktionen im Europäischen Gemeinschaftsrecht, Köln u. A. 1996

Böttger, Ulrich: Ziele und Mittel europäischer Integration. Systematisierungsversuch aus Sicht juristischer Zeitgeschichte, Frankfurt a. M. 2002

Brandtner, Barbara / Rosas, Allen: Human Rights and the External Relations of the European Community: An Analysis of Doctrine and Practice, in: European Journal of International Law 1998, S. 468

Breuer, Rüdiger: Die Sackgasse des neuen Europaartikels (Art. 23 GG), NVwZ 1994, S. 417

Briand, Aristide: Rede vor der 10. Völkerbundversammlung, abgedruckt in: Europa. Dokumente zur Frage der Europäischen Einigung, Hrsg. Auswärtiges Amt, Bonn 1953, S. 30 f

Briand, Aristide: Denkschrift über die Einrichtung einer Europäischen Union, Paris 1930, abgedruckt in Ziegerhofer, Anita u. A. (Hrsg.): Die „Vereinigten Staaten von Europa". Dokumente eines Werdens, Wien 1999, S. 95

Brockhaus: Die Enzyklopädie. In 24 Bänden, Band 10 (HERR – ISS), 20. Aufl., Leipzig u.a. 1997

Bröhmer, Jürgen (Hrsg.): Der Grundrechtsschutz in Europa. Wissenschaftliches Kolloquium aus Anlass des 65. Geburtstags von Prof. Dr. Dr. h. c. mult. Georg Ress, Baden-Baden 2002

Brosius-Gersdorf, Frauke: Die doppelte Legitimationsbasis der Europäischen Union. Zu den verfassungsrechtlichen Grundlagen der demokratischen Legitimation der Europäischen Union, EuR 1999, S. 133

Bryde, Brun-Otto: Die bundesrepublikanische Volksdemokratie als Irrweg der Demokratietheorie, Staatswissenschaften und Staatspraxis 1994, S. 305

Bryde, Brun-Otto / Randelzhofer, Albrecht: Stellungnahme des Deutschen Bundestags vom 5. April 1993, in Winkelmann, Ingo (Hrsg.): Das Maastricht-Urteil des Bundesverfassungsgerichts vom 12. Oktober 1993. Dokumentation des Verfahrens mit Einführung, Berlin 1994, S. 271

Buck, Carsten: Über die Auslegungsmethoden des Gerichtshofs der Europäischen Gemeinschaft, Frankfurt am Main 1998

Bulterman, Mielle: Appendix II: The Chapter on Fundamental Rights and Non-Discrimination of the Draft Treaty Amsterdam, NQHR 1997, S. 397

Bulterman, Mielle: European Union Membership and Political Conditionality, in: Bulterman, Mielle / Hendriks, Aart / Smith, Jacqueline (Hrsg.): To Baehr in

Our Minds. Essays on Human Rights from the Heart of the Netherlands, SIM Special No. 21 (1998), Utrecht 1998, S. 123

Bundesministerium für Arbeit und Sozialordnung / Max Planck Institut für ausländisches und internationales Sozialrecht / Akademie der Diözese Rottenburg Stuttgart (Hrsg.): Soziale Grundrechte in der Europäischen Union, Baden-Baden 2000/2001

Bundesministerium für auswärtige Angelegenheiten: Außenpolitischer Bericht. Bericht des Bundesministeriums für auswärtige Angelegenheiten, Wien 2000

Burgers, J. Herman / Danelius, Hans: The United Nations Convention against Torture. A Handbook on the Convention against Torture and other Cruel, Inhuman or Degrading Treatment or Punishment, Dordrecht, Boston, London 1989

Burkert-Dottolo, Günther R. / Moser, Bernhard: Die Regierungsbildung in Österreich 1999/2000. Anatomie eines Wechsels, Wien 1999

Busse, Christian: Österreich contra Europäische Union. Eine rechtliche Beurteilung der Reaktionen der EU und ihrer Mitgliedstaaten auf die Regierungsbeteilgung der FPÖ in Österreich, Basler Schriften zur europäischen Integration Nr. 49, Basel 2000

Calliess, Christian / Ruffert, Matthias (Hrsg.): Kommentar des Vertrages über die Europäische Union und des Vertrages zur Gründung der Europäischen Gemeinschaft: EUV / EGV, Neuwied, Kriftel 1999

Capotorti, Francesco / Hilf, Meinhard / Jacobs, Francis G. / Jacqué, Jean-Paul: The European Union Treaty. Commentary on the draft adopted by the European Parliament on 14 February 1984, Oxford 1986

Chryssogonos, Kostas: Zur Inkorporation der Europäischen Menschenrechtskonvention in den nationalen Rechtsordnungen der MItgliedstaaten, EuR 2000, S. 49

Churchill, Winston Spencer: The Tragedy of Europe. Rede an der Universität Zürich, abgedruckt in Ziegerhofer, Anita u. A. (Hrsg.): Die „Vereinigten Staaten von Europa“. Dokumente eines Werdens, Wien 1999, S. 151

Clapham, Andrew: Human Rights and the European Community: A Critical Overview, Baden-Baden 1991

Commichau, Michael Friedrich: Nationales Verfassungsrecht und europäische Gemeinschaftsverfassung, 2. Aufl., Baden-Baden 1998

Constantinesco, Léontin-Jean: Das Recht der Europäischen Gemeinschaften. Band 1: Das institutionelle Recht, Baden-Baden 1977

Coudenhove-Kalergi, Richard N.: Pan-Europa, 3. Aufl., 1925

Coudenhove-Kalergi, Richard N.: Entwurf für einen Paneuropäischen Pakt, abgedruckt in Ziegerhofer, Anita u. A. (Hrsg.): Die „Vereinigten Staaten von Europa". Dokumente eines Werdens, Wien 1999

Council of Europe (Hrsg.): Collected Edition of the „Travaux Préparatoires" of the European Convention on Human Rights. Volume VIII, Dordrecht, Boston, Lancaster 1985

Cromme, Franz: Verfassungsvertrag der Europäischen Union – Begriff und Konzept, DÖV 2002, S. 593

Curtin, Deirdre: Postnational Democracy. The European Union in Search of a Political Philosophy, Den Haag u.A. 1997

Dagtoglou, Promdromos: Recht auf Rücktritt von den Römischen Verträgen?, in: Schnur, Roman (Hrsg.): Festschrift für Ernst Forsthoff zum 70. Geburtstag, 2. Aufl., München 1974, S. 77

Daig, Hans-Wolfram: Nichtigkeits- und Untätigkeitsklagen im Recht der Europäischen Gemeinschaften. Unter besonderer Berücksichtigung der Rechtsprechung des Gerichtshofs der Europäischen Gemeinschaften und der Schlußanträge der Generalanwälte, Baden-Baden 1985

Daig, Hans-Wolfram: Zu Rechtsvergleichung und Methodenlehre im Europäischen Gemeinschaftsrecht, in: Bernstein, Herbert / Drobnig, Ulrich / Kötz, Hein (Hrsg.): Festschrift für Konrad Zweigert zum 70. Geburtstag, Tübingen 1981, S. 395

Danwitz, Thomas von: Verwaltungsrechtliches System und Europäische Integration, Tübingen 1996

Dashwood, Alan: The constitution of the European Union after Nice: law-making procedures, ELRev 2001, S. 215

Dewost, Jean-Louis: Décisions des Institutions en vue du développement des Compétences et des Instruments juridiques, in: Bieber, Roland / Ress, Georg (Hrsg.): Die Dynamik des Europäischen Gemeinschaftsrechts. Die Auslegung des Europäischen Gemeinschaftsrechts im Lichte nachfolgender Praxis der Mitgliedstaaten und der EG-Organe, Baden-Baden 1987, S. 321

Di Fabio, Udo: Der neue Art. 23 des Grundgesetzes. Positivierung vollzogenen Verfassungswandels oder Verfassungsneuschöpfung?, Der Staat, Band 32, 1993, S. 191

Djeric, Vladimir: Admission to Membership of the Council of Europe and Legal Significance of Commitments Entered into by Member States, ZaöRV 2000, S. 605

Doehring, Karl: Die Selbstdurchsetzung völkerrechtlicher Verpflichtungen. Einige Einzelprobleme der Repressalie, ZaöRV 1987, S. 44

Doehring, Karl: Staat und Verfassung in einem zusammenwachsenden Europa, ZRP 1993, S. 98

Dolzer, Rudolf / Vogel, Klaus (Hrsg.): Bonner Kommentar zum Grundgesetz. Gegründet 1950, Stand: 95. Lieferung, Februar 2001, Heidelberg 2001

Dörr, Oliver: Zur Rechtsnatur der Europäischen Union, EuR 1995, S. 334

Dreier, Horst (Hrsg.): Grundgesetz Kommentar. Band II (Art. 20-82), Tübingen 1998

Dubois, Pierre: L'exception d'illegalité devant la Cour de Justice des Communautés Européennes, Cahiers de Droit Européen 1978, S. 407

Duden: Fremdwörterbuch, 5. Aufl., Mannheim, Wien, Zürich 1990

Due, Ole: Der Grundsatz der Gemeinschaftstreue in der Europäischen Gemeinschaft nach der neueren Rechtsprechung des Gerichtshofes, Bonn 1992

Ebers, Godehard Josef: Die Lehre vom Staatenbunde, in: Brie, Siegfried / Fleischmann, Max (Hrsg.): Abhandlungen aus dem Staats- und Verwaltungsrecht, 22. Heft, Breslau 1910

Eeckhout, Piet: The EU Charter of Fundamental Rights and the Federal Question, CMLRev 2002, S. 945

Eglin, Dieter: Demokratie und Minderheiten. Unter besonderer Berücksichtigung der Demokratie als Lebensform, der materiellen Schranken von Verfassungsrecht und der Diskurstheorie, Bern u.a. 1998

Ehlermann, Klaus-Dieter: Mitgliedschaft in der Europäischen Gemeinschaft. Rechtsprobleme der Erweiterung, der Mitgliedschaft und der Verkleinerung, EuR 1984, S. 113

Epiney, Astrid: Die Übernahme des „Schengen-Besitzstandes" in die Europäische Union, in: Hummer, Waldemar (Hrsg.): Die Europäische Union nach dem Vertrag von Amsterdam, Wien 1998, S. 103

Ermacora, Felix: Allgemeine Staatslehre. Zweiter Teilband, Berlin 1970

Esterbauer, Fried: Die institutionelle Sackgasse der Europäischen Gemeinschaft auf dem Wege zur Föderation, in: Esterbauer, Fried / Kalkbrenner, Helmut, / Mattmüller, Markus, / Roemheld, Lutz (Hrsg.): Von der freien Gemeinde zum föderalistischen Europa. Festschrift für Adolf Gasser zum 80. Geburtstag, Berlin 1983,S. 603

European Policy Centre: Making Sense of the Amsterdam Treaty, Brüssel 1997

Everling, Ulrich: Sind die Mitgliedstaaten der Europäischen Union noch Herren der Verträge?, in: Bernhardt, Rudolph / Geck, Wilhelm Karl / Jaenicke, Günther / Steinberger, Helmut (Hrsg.): Völkerrecht als Rechtsordnung. Internationale Gerichtsbarkeit. Menschenrechte. Festschrift für Hermann Mosler, Berlin u.A. 1983, S. 173

Everling, Ulrich: Überlegungen zur Struktur der Europäischen Union und zum neuen Europa-Artikel des Grundgesetzes, DVBl 1993, S. 936

Everling, Ulrich: Zur Stellung der Mitgliedstaaten der Europäischen Union als „Herren der Verträge", in: Beyerlin, Ulrich / Bothe, Michael / Hofmann, Rainer, Petersmann, Ernst-Ulrich (Hrsg.): Recht zwischen Umbruch und Bewahrung. Völkerrecht, Europarecht, Staatsrecht. Festschrift für Rudolph Bernhardt, Berlin u.a. 1995, S. 1161

Farrell, Mary (Hrsg.): European Integration in the 21st Century. Unity in Diversity ? London u.a. 2002

Fastenrath, Ulrich: Die Struktur der erweiterten Europäischen Union, Europarecht Beiheft 1/1994, S. 101

Fetzer, Rhona: Die Haftung des Staates für legislatives Unrecht. Zugleich ein Beitrag zum Staatshaftungsrecht der Europäischen Gemeinschaften, der EG-Mitgliedstaaten, der Schweiz und Österreichs, Berlin 1994

Fischer, Klemens: Der Vertrag von Nizza. Text und Kommentar, Baden-Baden 2001

Fischer, Peter: EU-Sanctions on Austria, Wiener Blätter für Friedensforschung 2000, S. 32

Fischer, Peter / Köck, Heribert Franz: Europarecht. Einschließlich des Rechtes supranationaler Organisationen, 2. Aufl., Wien 1995

Fischer, Thomas / Schley, Nicole: Europa föderal organisieren. Ein neues Kompetenz- und Vertragsgefüge für die Europäische Union, Bonn 1999

Fitzmaurice, Gerald: The General Principles of International Law Considered from the Standpoint of the Rule of Law, Recueil des Cours 1957, S. 5

Flauss, J.-R.: Les Droits de l'Homme dans l'Union Européenne. Chronique d'actualité, RDIDC 1999, S. 109

Fleiner, Thomas / Misic, Alexander: Föderalismus als Ordnungsprinzip der Verfassung, in: Thürer, Daniel / Aubert, Jean-François / Müller, Jörg Paul (Hrsg.): Verfassungsrecht der Schweiz. Droit constitutionnel suisse, Zürich 2001, § 27, S. 429

Foerster, Rolf Hellmut: Europa. Geschichte einer politischen Idee, München 1967

Folz, Hans-Peter: Austritt und Ausschluss aus der Europäischen Union, in: Ginther, Konrad / Benedek, Wolfgang / Isak, Hubert / Kicker, Renate (Hrsg.): Völker- und Europarecht. 25. Österreichischer Völkerrechtstag, Wien 2001, S. 145

Fox, Gregory / Nolte, Georg: Intolerant Democracies, HarvIntLJ 1995, S. 1

Frowein, Jochen Abr.: Constitutionalism in the Face of the Changing Nation State, in: Starck, Christian (Hrsg.): Constitutionalism, Universalism and Democracy – a comparative analysis. The German Contributions to the Fifth World Congress of the International Association of Constitutional Law, Baden-Baden 1999, S. 53

Frowein, Jochen Abr.: Das Maastricht-Urteil und die Grenzen der Verfassungsgerichtsbarkeit, ZaöRV 1994, S. 1

Frowein, Jochen Abr.: Demokratie und Völkerrecht in Europa, in: Ginther, Konrad (u. A.; Hrsg.): Völkerrecht zwischen normativem Anspruch und politischer Realität. Festschrift für Karl Zemanek zum 65. Geburtstag, Berlin 1994, S. 365

Frowein, Jochen Abr.: Der Straßburger Grundrechtsschutz in seinen Auswirkungen auf die nationalen Rechtsordnungen und das Gemeinschaftsrecht, in: Hutter, Franz-Josef / Speer, Heidrun / Tessmer, Carsten (Hrsg.): Das gemeinsame Haus Europa. Menschenrechte zwischen Atlantik und Ural, Baden-Baden 1998, S. 35

Frowein, Jochen Abr.: Die Europäische Union im Zeichen der Globalisierung: Einbindung und Status der Europäischen Union im Verfassungssystem der Staatengemeinschaft, in: Kloepfer, Michael / Pernice, Ingolf (Hrsg.): Entwicklungsperspektiven der europäischen Verfassung im Lichte des Vertrags von Amsterdam, Baden-Baden 1999, S. 117

Frowein, Jochen Abr.: Die Herausbildung europäischer Verfassungsprinzipien, in: Kaufmann, Arthur / Mestmäcker, Ernst-Joachim / Zacher, Hans F. (Hrsg.): Rechtsstaat und Menschenwürde. Festschrift für Werner Maihofer zum 70. Geburtstag, Frankfurt/Main 1988, S. 149

Frowein, Jochen Abr.: Die rechtliche Bedeutung des Verfassungsprinzips der parlamentarischen Demokratie für den europäischen Integrationsprozeß, EuR 1983, S. 301

Frowein, Jochen Abr.: Die selbständige Bundesaufsicht nach dem Grundgesetz, Bonn 1961

Frowein, Jochen Abr.: Die Verfassung der Europäischen Union aus der Sicht der Mitgliedstaaten, EuR 1995, S. 315

Frowein, Jochen Abr.: Die Verfassung der Europäischen Union aus deutscher Sicht, in: Mouton, Jean-Denis / Stein, Torsten (Hrsg.): Vers une nouvelle Constitution pour l'Union européenne? La Conférence intergouvernementale de 1996, Köln 1997, S. 37

Frowein, Jochen Abr.: Le droit des minorités entre les Droits de l'Homme et le droit des peuples à disposer d'eux mêmes, in: Ben Achour, Rafâa / Laghmani, Shim (Hrsg.): Les nouveaux aspects du droit international, Paris 1994, S. 123

Frowein, Jochen Abr.: Legitimation und Wirkung des Rechts der Europäischen Union / Gemeinschaft, in: Müller-Graff, Peter-Christian (Hrsg.): Perspektiven des Rechts in der Europäischen Union, Heidelberg 1998, S. 105

Frowein, Jochen Abr.: The European Community and the Requirement of a Republican Form of Government, Michigan Law Review 1984, S. 1311

Frowein, Jochen Abr.: Verfassungsperspektiven der Europäischen Gemeinschaft, EuR Beiheft 1/1992, S. 63

Frowein, Jochen Abr. / Hofmann Rainer / Oeter, Stefan: Das Minderheitenrecht europäischer Staaten, Teil 1, Heidelberg 1993 und Teil 2, Heidelberg 1994

Frowein, Jochen Abr. / Peukert, Wolfgang: Europäische Menschenrechtskonvention. EMRK-Kommentar, 2. Aufl., Kehl, Straßburg, Arlington 1996

Gasteyger, Curt: Die politische Homogenität als Faktor der Föderation. Unter besonderer Berücksichtigung der europäischen Einigungsbestrebungen, Berlin 1957

Gasteyger, Curt: Europa von der Spaltung zur Einigung. Darstellung und Dokumentation 1945 – 1997, Bonn 1997

Gaudin, Hélène: Amsterdam: l'échec des normes?, RTDE 1999, S. 1

Geiger, Rudolf: EUV / EGV. Vertrag über die Europäische Union und Vertrag zur Gründung der Europäischen Gemeinschaft. Kommentar, 3. Aufl., München 2000

Giering, Claus: Die institutionellen Reformen von Nizza – Anforderungen, Ergebnisse, Konsequenzen, in: Weidenfeld, Werner (Hrsg.): Nizza in der Analyse, Gütersloh 2001, S. 51

Ginther, Konrad: Der engere und der erweiterte Kontext der *Causa prima*: Anmerkungen zur Konkurrenz zwischen einem *state-* und *community-oriented approach* im Umgang mit Grundfragen der Europäischen Union, in: Ginther, Konrad / Benedek, Wolfgang / Isak, Hubert / Kicker, Renate (Hrsg.): Völker- und Europarecht. 25. Österreichischer Völkerrechtstag, Wien 2001, S. 101

Gormley, Laurence W.: Reflections on the Architecture of the European Union after the treaty of Amsterdam, in: O'Keeffe, David / Twomey, Patrick (Hrsg.): Legal Issues of the Amsterdam Treaty, Oxford, Oregon 1999, S. 56

Grabitz, Eberhard / Hilf, Meinhard (Hrsg.): Das Recht der Europäischen Union. Altband I. EUV, Art. 1 – 136 a EGV (Maastrichter Fassung), Stand: 14. Ergänzungslieferung Oktober 1999, München 1999

Grabitz, Eberhard / Hilf, Meinhard (Hrsg.): Das Recht der Europäischen Union. Altband II. Art. 137 – 248 EGV (Maastrichter Fassung), Stand: 14. Ergänzungslieferung Oktober 1999, München 1999

Grabitz, Eberhard / Hilf, Meinhard (Hrsg.): Das Recht der Europäischen Union. Band 1. EUV/EGV (Amsterdamer Fassung), Stand: 17. Ergänzungslieferung Januar 2001, München 2000

Grams, Hartmut A.: Zur Gesetzgebung der Europäischen Union. Eine vergleichende Strukturanalyse aus staatsorganisatorischer Sicht, Neuwied, Kriftel 1998

Grewe, Constance / Fabri, Hélène Ruiz: Droits constitutionnels européens, Paris 1995

Griller, Stefan / Droutsas, Dimitri P. / Falkner, Gerda / Forgó, Katrin / Nentwich, Michael: The Treaty of Amsterdam. Facts, Analysis, Prospects, Wien 2000

Grimm, Dieter: Braucht Europa eine Verfassung?, JZ 1995, S. 581

Grimm, Dieter: Vertrag oder Verfassung. Die Rechtsgrundlage der Europäischen Union im Reformprozeß Maastricht II, in: Grimm, Dieter / Hesse, Joachim Jens / Jochimsen, Reimut / Scharpf, Fritz W. (Hrsg.): Zur Neuordnung der Europäischen Union. Die Regierungskonferenz 1996/97, Baden-Baden 1997, S. 9

Groeben, Hans von den / Thiesing, Jochen / Ehlermann, Claus-Dieter (Hrsg.): Kommentar zum EU-/EG-Vertrag, 5. Aufl., Baden-Baden 1997

Häberle, Peter: Verfassungsvergleichung und Verfassunggebung – der Beitrag der Rechtswissenschaft zum Entstehungsvorgang der europäischen Verfassung(en), in: Kloepfer, Michael / Pernice, Ingolf (Hrsg.): Entwicklungsperspektiven in der europäischen Verfassung im Lichte des Vertrages von Amsterdam, Baden-Baden 1999, S. 100

Häfelin, Ulrich / Haller, Walter: Die neue Bundesverfassung, 5. Aufl., Zürich 2001

Haenel, Albert: Deutsches Staatsrecht. Erster Band: Die Grundlagen des deutschen Staates und die Reichsgewalt, Leipzig 1892

Haguenau-Moizard, Catherine: Le traité d'Amsterdam: Une négociation inachevée, RMCUE 1998, S. 240

Hailbronner, Kay / Klein, Eckart / Magiera, Siegfried / Müller-Graff, Peter-Christian: Handkommentar zum Vertrag über die Europäische Union (EUV/EGV), Stand November 1998, Köln u.a.

Hain, Karl-E.: Die Grundsätze des Grundgesetzes. Ein Untersuchung zu Art. 79 Abs. 3 GG, Baden.Baden 1999

Hallstein, Walter: Die Europäische Gemeinschaft, 2. Aufl., Düsseldorf / Wien 1974

Hallstein, Walter: Zu den Grundlagen und Verfassungsprinzipien der Europäischen Gemeinschaften, in: Hallstein, Walter / Schlochauer, Hans-Jürgen (Hrsg.): Zur Integration Europas. Festschrift für Carl Dietrich Ophüls aus Anlaß seines siebzigsten Geburtstages, Karlsruhe 1965

Haltern, Ulrich R.: Europäischer Kulturkampf. Zur Wahrung „nationaler Identität" im Unions-Vertrag, Der Staat, Band 37, 1998, S. 591

Hanks, Peter: Constitutional Law in Australia, Sydney u.A. 1991

Happold, Matthew: Fourteen Against One: The EU Member States' Response to Freedom Party Participation in the Austrian Government, ICLQ 2000, S. 953

Hart, H. L. A.: Der Begriff des Rechts, Baden-Baden 1973

Hatje, Armin: Die institutionelle Reform der Europäischen Union – der Vertrag von Nizza auf dem Prüfstand - , EuR 2001, S. 143

Hatje, Armin: Loyalität als Rechtsprinzip in der Europäischen Union, Baden-Baden 2001

Heckel, Katharina: Der Födealismus als Prinzip überstaatlicher Gemeinschaftsbildung, Berlin 1998

Heidig, Stefan: Die Verhängung von Zwangsgeldern nach Art. 228 EGV. Anmerkung zum Urteil des EuGH vom 4.7.2000, Kommission ./. Griechenland, Rs. C-387/97, EuR 2000, S. 782

Heinrich, Arthur: Europas innere Angelegenheit, Blätter für internationale Politik 2000, S. 331

Heintzen, Markus: Gemeineuropäisches Verfassungsrecht in der Europäischen Union, EuR 1997, S. 1

Heitzer, Anne: Punitive Sanktionen im Europäischen Gemeinschaftsrecht, Heidelberg 1997

Herdegen, Matthias / Richter, Stefan: Die Rechtslage in den Europäischen Gemeinschaften, in: Frowein, Jochen Abr. (Hrsg.): Die Kontrolldichte bei der gerichtlichen Überprüfung von Handlungen der Verwaltung, Berlin u.a. 1993, S. 209

Hervey, Tamara K.: Putting Europe's House in Order: Racism, Race Discrimination and Xenophobia after the Treaty of Amsterdam, in: O'Keeffe, David / Twomey, Patrick (Hrsg.): Legal Issues of the Amsterdam Treaty, Oxford, Oregon 1999, S. 329

Hesse, Konrad: Grundzüge des Verfassungsrechts der Bundesrepublik Deutschland, 20. Aufl., Heidelberg 1995

Hilf, Meinhard / Pache, Eckhard: Der Vertrag von Amsterdam, NJW 1998, S. 705

Hilf, Meinhard: Amsterdam – Ein Vertrag für die Bürger?, Europarecht 1997, S. 347

Hillgruber, Christian: Die Zukunft des völkerrechtlichen Interventionsverbots, JRP 2000, S. 288

Hillgruber, Christian: Die Rechtsnatur der Europäischen Union nach dem Amsterdamer Vertrag, in: Kluth, Winfried (Hrsg.): Die Europäische Union nach dem Amsterdamer Vertrag, Baden-Baden 2000, S. 15

Hoffmeister, Frank: Menschenrechts- und Demokratieklauseln in den vertraglichen Außenbeziehungen der Europäischen Gemeinschaft, Berlin, Heidelberg, New York u. A. 1998

Hofmann, Rainer: Minderheitenschutz in Europa, Völker- und staatsrechtliche Lage im Überblick, Berlin 1995

Huber, Ernst Rudolf: Deutsche Verfassungsgeschichte seit 1789, Band I. Reform und Restauration. 1789 bis 1830, Stuttgart 1957

Huber, Ernst Rudolf: Deutsche Verfassungsgeschichte seit 1789, Band IV. Struktur und Krisen des Kaiserreichs, 2. Aufl., Stuttgart 1982

Huber, Peter M.: Die Rolle des Demokratieprinzips im europäischen Integrationsprozeß, Staatswissenschaften und Staatspraxis 1992, S. 349

Hummer, Waldemar: Das griechische Embargo, in: Due, Ole / Lutter, Marcus / Schwarze, Jürgen (Hrsg.): Festschrift für Ulrich Everling, Band 1, Baden-Baden 1995, S. 511

Hummer, Waldemar: Demokratiesicherungsklauseln in regionalen Präferenzzonen – Europäische versus lateinamerikanische Praxis, JRP 2001, S. 185

Hummer, Waldemar: Der Schutz der Grund- und Menschenrechte in der Europäischen Union, in: Hummer, Waldemar (Hrsg.): Die Europäische Union nach dem Vertrag von Amsterdam, Wien 1998, S. 71

Hummer, Waldemar: Der Status der „EU-Grundrechtecharta". Politische Erklärung oder Kern einer europäischen Verfassung?, Bonn 2002

Hummer, Waldemar: Der Vertrag von Amsterdam aus völkerrechtlicher Sicht, in: Kirt, Romain (Hrsg.): Der Vertrag von Amsterdam – ein Vertrag für alle Bürger. Analysen und Kommentare, Wien 1998, S. 37

Hummer, Waldemar: Österreich unter der EU-Quarantäne. Die Sanktionsmassnahmen verletzen rechtliche Bestimmungen, NZZ vom 24. Februar 2000, S. 5

Hummer, Waldemar: Vom „Musterschüler" zum Buhmann. Die EU als „self contained regime", Europäische Rundschau 2000, S. 13

Hummer, Waldemar / Obwexer, Walter: Die „EU-Präsidentschaft". Entwicklung, Rechtsgrundlagen, Funktionen und Aufgaben sowie künftige Ausgestaltung der „Präsidentschaft" des Rates der Europäischen Union, EuR 1999, S. 409

Hummer, Waldemar / Obwexer, Walter: Die Verhängung der „EU-Sanktionen" und der mögliche Ausstieg aus ihnen, ZÖR 2000, S. 269

Hummer, Waldemar / Obwexer, Walter: Die Wahrung der „Verfassungsgrundsätze" der EU, EuZW 2000, S. 485

Hummer, Waldemar / Obwexer, Walter: Österreich unter „EU-Kuratel". Die EU als Wertegemeinschaft: vom völkerrechtlichen Interventionsverbot zum gemeinschaftsrechtlichen Interventionsgebot, europa blätter 2000, S. 52 (Teil 1) und 93 (Teil 2)

Hummer, Waldemar / Obwexer, Walter: Österreich unter EU-Quarantäne, ecolex 2000, S. 250

Iber, Andrea: Der Status der Grundrechtscharta im Gemeinschaftsrecht: Derzeitige Verbindlichkeit und Zukunftsperspektiven der Charta – insbesondere im Verfassungskonvent, ZEUS 2002, S. 483

Iliopoulos, Constantin: Die rechtliche Bedeutung des Verfassungsprinzips der parlamentarischen Demokratie für den europäischen Integrationsprozeß. Tagung für Rechtsvergleichung 1983, EuR 1984, S. 98

Ipsen, Hans-Peter: Europäisches Gemeinschaftsrecht, Tübingen 1972

Ipsen, Hans-Peter: Über Verfassungs-Homogenität in der Europäischen Gemeinschaft, in: Maurer, Hartmut (Hrsg.): Das akzeptierte Grundgesetz. Festschrift für Günter Dürig zum 70. Geburtstag, München 1990, S. 159

Ipsen, Hans-Peter: Zehn Glossen zum Maastricht-Urteil, EuR 1994, S. 1

Ipsen, Knut: Völkerrecht, 4. Aufl., München 1999

Isensee, Josef: Nachwort. Europa – die politische Erfindung eines Erdteils, in: Kirchhof, Paul / Schäfer, Hermann / Tietmeyer, Hans (Hrsg.): Europa als politische Idee und als rechtliche Form, Berlin 1993, S. 103

Jaag, Tobias: Die Rechtsstellung der Kantone in der Bundesverfassung, in: Thürer, Daniel / Aubert, Jean-François / Müller, Jörg Paul (Hrsg.): Verfassungsrecht der Schweiz. Droit constitutionnel suisse, Zürich 2001, § 30, S. 473

Jachtenfuchs, Markus: Die Konstruktion Europas. Verfassungsideen und institutionelle Entwicklung, Baden-Baden 2002

Jacqué, Jean-Paul: La Constitution de la Communauté européenne, RUDH 1995, S. 397

Jaenicke, Günther: Bundesstaat oder Staatenbund. Zur Rechtsform einer europäischen Staatengemeinschaft, in: Carl Bilfinger zum 75. Geburtstag am 21. Januar 1954. Gewidmet von Freunden und Mitgliedern des Instituts, Völkerrechtliche und Staatsrechtliche Abhandlungen, Heft 29, Köln, Berlin 1954, S. 73

Jaenicke, Günther: European Integration, in: Bernhardt, Rudolph (Hrsg.): Encyclopedia of Public International Law. Band 2, Amsterdam 1995, S. 240

Jakob, Carin Thinam: Sanktionen gegen vertragsbrüchige Mitgliedstaaten der Europäischen Gemeinschaft (EWG). Reaktionsmöglichkeiten der Gemeinschaft oder der anderen Mitgliedstaaten im Falle der Nichtbefolgung von Urteilen des Europäischen Gerichtshofes durch eine Vertragspartei, Berlin 1988

Jauernig, Othmar: Zivilprozeßrecht, 25. Auflage, München 1998

Jellinek, Georg: Allgemeine Staatslehre, 3. Aufl. 1914, Nachdruck, Berlin 1922

Jellinek, Georg: Die Lehre von den Staatenverbindungen, Nachdruck der Ausgabe Wien 1882, hrsg. und eingeleitet von Walter Pauly, Goldbach 1996

Jennings, Sir Robert / Watts, Sir Arthur: Oppenheim's International Law. Vol. I: Peace, 9. Aufl., Essex 1992

Jones, Stephen: Die Bindung der Mitgliedstaaten an die Grundrechte der Europäischen Gemeinschaft, Sinzheim 1999

Kamminga, Menno T.: Is the European Convention on Human Rights Sufficiantly Equipped to Cope with Gross and Systematic Violations?, in: NQHR 1994, S. 153

Kant, Immanuel: Zum ewigen Frieden. Ein philosophischer Entwurf, Königsberg 1795, Nachdruck Erlangen 1984

Karlhofer, Ferdinand / Melchior, Josef / Sickinger, Hubert (Hrsg.): Anlassfall Österreich. Die Europäische Union auf dem Weg zu einer Wertegemeinschaft, Baden-Baden 2001

Kaufmann, Marcel: Europäische Integration und Demokratieprinzip, Baden-Baden 1997

Kelsen, Hans: Allgemeine Staatslehre, Berlin u.A. 1925 (Nachdruck 1966)

Kelsen, Hans: Die Bundesexekution. Ein Beitrag zur Theorie und Praxis des Bundesstaates, unter besonderer Berücksichtigung der deutschen Reichs- und der österreichischen Bundesverfassung, in: Festgabe für Fritz Fleiner zum 60. Geburtstag, 24. Januar 1972, Tübingen 1927, S. 127

Kelsen, Hans: Reine Rechtslehre, 2, Aufl., Wien 1960

Kelsen, Hans: Was ist ein Rechtsakt? Nachdruck in: Marcic, René / Mosler, Hermann / Suy, Erik / Zemanek, Karl (Hrsg.): Internationale Festschrift für Alfred Verdross. Zum 80. Geburtstag, München/Salzburg 1971, S. 153

Kersten, Jens: Homogenitätsgebot und Landesverfassungsrecht, DÖV 1993, S. 896

Khol, Andreas / Ofner, Günther / Burkert-Dottolo, Günther / Karner, Stefan (Hrsg.): Österreichisches Jahrbuch für Politik, Wien, München 2001

Kirchhof, Paul: Brauchen wir ein erneuertes Grundgesetz? Heidelberg 1992

Kirchhof, Paul: Der deutsche Staat im Prozeß der europäischen Integration, in: Isensee, Josef / Kirchhof, Paul (Hrsg.): Handbuch des Staatsrechts der Bundesrepublik Deutschland. Band VII. Normativität und Schutz der Verfassung – Internationale Beziehungen, Heidelberg 1992, S. 855

Kirchhof, Paul: Europäische Einigung und Verfassungsstaat der Bundesrepublik Deutschland, in: Isensee, Josef (Hrsg.): Europa als politische Idee und als rechtliche Form, Berlin 1993, S. 63

Kiss, Alexandre / Shelton, Dinah: International Environmental Law, 2. Aufl., New York 2000

Klaushofer, Reinhard: Die Maßnahme der „EU 14" und Aspekte der Anwendung von Art. 7 EU und 309 EG, JRP 2000, S. 297

Klein, Eckart: Zulässigkeit von Wirtschaftssanktionen der EWG gegen ihre Mitgliedstaaten, RIW 1985, S. 291

Kloepfer, Michael: Umweltrecht, 2. Aufl., München 1998

Knapp, Blaise: La répartition des compétences et la coopération de la Confédération et des cantons, in: Thürer, Daniel / Aubert, Jean-François / Müller, Jörg Paul (Hrsg.): Verfassungsrecht der Schweiz. Droit constitutionnel suisse, Zürich 2001, § 29, S. 457

Köck, Heribert Franz: Die Maßnahmen der EU-14 gegen Österreich, in: Ginther, Konrad / Benedek, Wolfgang / Isak, Hubert / Kicker, Renate (Hrsg.): Völker- und Europarecht. 25. Österreichischer Völkerrechtstag, Wien 2001, S. 109

Köck, Heribert Franz / Hintersteininger, Margit: Zu den Sanktionen der vierzehn EU-Partnerstaaten gegen Österreich, in: Köck, Heribert Franz / Hintersteininger, Margit (Hrsg.): Europa als Sicherheits- und Wertegemeinschaft. Überlegungen aus universeller, regionaler und nationaler Perspektive, Wien 2000, S. 477

König, Doris: Das Urteil des Bundesverfassungsgerichts zum Vertrag von Maastricht – ein Stolperstein auf dem Weg in die europäische Integration?, ZaöRV 1994, S. 17

Koja, Friedrich: Das Verfassungsrecht der österreichischen Bundesländer, 2. Aufl., Wien, New York 1988

Kokott, Juliane: Beweislastverteilung und Prognoseentscheidungen bei der Inanspruchnahme von Grund- und Menschenrechten, Heidelberg 1993

Kokott, Juliane: Menschenrechtsschutz im Rahmen der Rechtsordnung der Europäischen Gemeinschaften, in: Trindade, Antônio Augusto Cançado (Hrsg.): The modern world of human rights. Essays in honour of Thomas Buergenthal = El mundo moderno de los derechos humanos, San José 1996, S. 135

Koller, Peter: Theorie des Rechts. Eine Einführung, 2. Aufl., Wien, Köln, Weimar 1997

Kopeinig, Margaretha / Kotanko, Christoph: Die Schwächen symbolischer Politik, Österreichisches Jahrbuch für Politik 2000, S. 473

Kopeinig, Margaretha / Kotanko, Christoph: Eine europäische Affäre: Der Weisen-Bericht und die Sanktionen gegen Österreich, Wien 2000

Kopp, Ferdinand / Schenke, Wolf-Rüdiger: Verwaltungsgerichtsordnung, 12. Aufl., München 2000

Koutrakos, Panos: Is Article 297 EC a „Reserve of Sovereignty"?, CMLRev 2000, S. 1338

Kriele, Martin: Einführung in die Staatslehre. Die geschichtlichen Legitimitätsgrundlagen des demokratischen Verfassungsstaates, 5. Aufl., Opladen 1994

Krüger, Hans Christian / Polakiewicz, Jörg: Vorschläge für ein kohärentes System des Menschenrechtsschutzes in Europa. Europäische Menschenrechtskonvention und EU-Grundrechtscharta, EuGRZ 2001, S. 92

Kühling, Jürgen: Grundrechtskontrolle durch den EuGH: Kommunikationsfreiheit und Pluralismussicherung im Gemeinschaftsrecht, EuGRZ 1997, S. 296

Kühnhardt, Ludger: Europäische Union und föderale Idee. Europapolitik in der Umbruchzeit, München 1993

Laband, Paul: Handbuch des Oeffentlichen Rechts. Zweiter Band. Das Staatsrecht des Deutschen Reiches und der Deutschen Staaten. I. Erster Halbband. Das Staatsrecht des Deutschen Reiches, Freiburg, Tübingen 1883, S. 1

Lackner, Karl / Kühl, Kristian: Strafgesetzbuch mit Erläuterungen, 23. Auflage, München 1999

Längle, Sabine: Sanktionen der „14" und Staatshaftung, ecolex 2000, S. 274

Lahodynsky, Otmar: Die Lehren aus den „bilateralen" Sanktionen, EUmagazin 2001, S. 24

Langenfeld, Christine / Zimmermann, Andreas: Interdependenzen zwischen nationalem Verfassungsrecht, Europäischer Menschenrechtskonvention und Europäischem Gemeinschaftsrecht, ZaöRV 1992, S. 259

Langrish, Sally: The Treaty of Amsterdam: Selected Highlights, ELRev 1998, S. 3

Larenz, Karl / Canaris, Claus-Wilhelm: Methodenlehre der Rechtswissenschaft, 4. Aufl., Berlin u.a. 1999

Larralde, Jean-Manuel: Convention européenne des droits de l'homme et jurisprudence communautaire, in: Leclerc, Stéphane / Akandji-Kombé, Jean François / Redor, Marie-Joëlle (Hrsg.): L'union européenne es les droits fondamentaux, Brüssel 1999, S. 105

Lauterpacht, Hersh: Oppenheim's International Law. A treatise. Vol. I: Peace, 8. Aufl., London / New York / Toronto 1955

Lavranos, Nikolaos: An Introduction into the Regional Economic Integration Process of the Americas, ZEUS 2001, S. 127

Lawson, Rick: Confusion and Conflict? Diverging Interpretations of the European Convention on Human Rights in Strasbourg and Luxembourg, in: Lawson, Rick / Blois, Matthijs de (Hrsg.): The Dynamics of the Protection of Human Rights in Europe. Essays in Honour of Henry G. Schermers, Dordrecht 1994, S. 219

Leben, Charles: Is there a European Approach to Human Rights?, in: Alston, Philip (Hrsg.): The EU and Human Rights, Oxford 1999, S. 69

Lecheler, Helmut: Die Fortentwicklung des Rechts der Europäischen Union durch den Amsterdamer Vertrag, JuS 1998, S. 392

Léger, Philippe (Hrsg.): Commentaire article par article des traités UE et CE, Paris 2000

Lehmann, Julia: Neues von der Schiedsgerichtsbarkeit des Mercosur – ein Integrationsmotor à la Luxemburg?, EuZW 2001, 622

Leidenmühler, Franz: Die Aussetzung der Stimmrechte der Mitgliedstaaten der Europäischen Union nach Art. F.1 des Vertrages von Amsterdam. Eine effektive Methode zur Zurechtweisung ungehöriger Vertragsparteien – oder ein systemwidriges Sanktionsverfahren bar jeder Wirksamkeit", Die Union 1998, S. 97

Leidenmühler, Franz: Zur Legalität der Maßnahmen gegen die österreichische Bundesregierung. Rechtsfragen aus Anlass der internationalen Reaktionen auf die Regierungsbildung eines Mitgliedstaates der EU, ZÖR 2000, S. 299

Lenz, Carl Otto (Hrsg.): EG-Vertrag. Kommentar zu dem Vertrag zur Gründung der Europäischen Gemeinschaften, 2. Aufl., Rechtsstand: 1.3.1999, Köln, Basel, Wien 1999

Lenz, Christofer: Ein einheitliches Verfahren für die Wahl des Europäischen Parlaments. Unverwirklichte Vorgabe der Gemeinschaftsverträge, Baden-Baden 1995

Lepsius, M. Rainer: Nationalstaat oder Nationalitätenstaat als Modell für die Weiterentwicklung der Europäischen Gemeinschaft, in: Wildenmann, Rudolf (Hrsg.): Staatswerdung Europas? Optionen für eine Europäische Union, Baden-Baden 1991, S. 19

Lepsius, M. Rainer: Zwischen Nationalstaatlichkeit und westeuropäischer Integration, in: Kohler-Koch, Beate (Hrsg.): Staat und Demokratie in Europa. 18. Wissenschaftlicher Kongreß der Deutschen Vereinigung für Politische Wissenschaft, Opladen 1992, S. 180

Lisken, Hans / Denninger, Erhard (Hrsg.): Handbuch des Polizeirechts, 2. Aufl., München 1996

Loth, Wilfried: Entwürfe einer europäischen Verfassung. Eine historische Bilanz, Bonn 2002

Luchterhandt, Otto: Verfassungshomogenität und Osterweiterung der EU, in: Bruha, Thomas / Hesse, Joachim Jens / Nowak, Carsten (Hrsg.): Welche Verfassung für Europa?, Baden-Baden 2001, S. 125

MacCormick, Neil: Der Rechtsstaat und die rule of law, JZ 1984, S. 65

Maddex, Robert L.: State Constitutions of the United States, Washington 1989

Magliveras, Konstantinos D.: The Adaption of Punitive Measures by the European Community and the European Union Against Recalcitrant Member States. Analysis, Criticism and Some Proposals, London 1999

Mahlmann, Matthias: Die Grundrechtscharta der Europäischen Union, ZEUS 2000, S. 419

Maihofer, Werner: Prinzipien freiheitlicher Demokratie, in: Benda, Ernst / Maihofer, Werner / Vogel, Hans-Jochen (Hrsg.): Handbuch des Verfassungsrechts, 2. Aufl., Berlin, New York 1994, S. 427

Malberg, R. Carré de: Contribution à la Théorie générale de l'État. Specialement d'après les données fournies par le Droit constitutionnel français. Tome premier, Paris 1920

Mangoldt, Hermann von / Klein, Friedrich / Starck, Christian (Hrsg.): Das Bonner Grundgesetz. Band 2: Artikel 20 bis 78, 4. Aufl., München 2000

Manin, Philippe: L'Élargissement de l'Union Européenne et son adaptation institutionelle, in: Le traité d'Amsterdam et les perspectives d'évolution de l'Union Européenne, Colloque Université Hitotsubashi – Université Paris I, Paris 1997, S. 35

Manin, Philippe: The treaty of Amsterdam, Columbia Journal of European Law 1998, S. 1

Maunz, Theodor / Dürig, Günter u.A.: Kommentar zum Grundgesetz, Band III (Art. 22-69), München, Stand 37. Lieferung August 2000

Maurer, Hartmut: Staatsrecht, München 1999

Mayer, Heinz: Das österreichische Bundesverfassungsrecht. B-VG, F-VG, Grundrechte, Verfassungsgerichtsbarkeit, Verwaltungsgerichtsbarkeit. Kurzkommentar, 2. Aufl, Wien 1997

Mayr-Harting, Thomas: Die Sanktionen der EU-14 gegen Österreich – Brüsseler Erfahrungen, Österreichisches Jahrbuch für Politik 2000, S. 389

Mazan, Stephan: Das föderative Prinzip in der Europäischen Union. Insbesondere die föderativen Strukturelemente des Europäischen Gemeinschaftsrechtes, Zürich 1996

McGoldrick, Dominic: The European Union after Amsterdam: an Organisation with General Human Rights Competence?, in: O'Keeffe, David / Twomey, Patrick (Hrsg.): Legal Issues of the Amsterdam Treaty, Oxford, Oregon 1999, S. 249

McInerney, Siobhán: The Character of Fundamental Rights of the European Union and the Case of Race Discrimination, ELRev 2002, S. 483

Meier, Gert: Die Beendigung der Mitgliedschaft in der Europäischen Gemeinschaft, NJW 1974, S. 391

Melchior, Josef: Die europäische Wertegemeinschaft zwischen Rhetorik und Realität, in: Karlhofer, Ferdinand / Melchior, Josef / Sickinger, Hubert (Hrsg.): Anlassfall Österreich. Die Europäische Union auf dem Weg zu einer Wertegemeinschaft, Baden-Baden 2001, S. 157

Melissas, Dimitris / Pernice, Ingolf (Hrsg.): Perspectives of the Nice Treaty and the Intergovernmental Conference in 2004, Baden-Baden 2002

Merlingen, Michael / Mudde, Cas / Sedelmeier, Ulrich: Constitutional Politics and the „Embedded *Aquis Communautaire*": The Case of the EU Fourteen Against the Austrian Government, in Consitutionalism Web-Papers Nr. 4/2000, http://www.qub.ac.uk/ies/conweb4.pdf

Merlingen, Michael / Mudde, Cas / Sedelmeier, Ulrich: The Right and the Righteous? European Norms, Domestic Politics and the Sanctions Against Austria, JCMS 2001, S. 59

Metz, Wolfgang: Kommentierte Chronologie zur Regierungskonferenz 1996/97, in: Weidenfeld, Werner (Hrsg.): Amsterdam in der Analyse. Strategien für Europa, Gütersloh 1998, S. 219

Meyer, Peter: Die Grundsätze der Auslegung im Europäischen Gemeinschaftsrecht, JURA 1994, S. 455

Mill, John Stuart: Considerations on Representative Government, Nachdruck, hrsg. von Williams, Geraint, London 1993, S. 187

Mols, Manfred: Stichwort „Integration“, in: Staatslexikon. Recht, Wirtschaft, Gesellschaft. In 5 Bänden. Herausgegeben von der Görres Gesellschaft, 7. Aufl., Dritter Band, Freiburg 1987, Spalte 111

Monar, Jörg: Auf dem Weg zu einem Verfassungsvertrag: Der Reformbedarf der Innen- und Justizpolitik der Union, integration 2003, S. 31

Monjal, Pierre-Yves: Le traité d'Amsterdam et la procédure en constatation politique de manquement aux principes de l'Union, RMUE 1998, S. 69

Morlok, Martin: Grundfragen einer Verfassung auf europäischer Ebene, in: Häberle, Peter (Hrsg.): Staat und Verfassung in Europa. Erträge des Wissenschaftlichen Kolloquiums zu Ehren von Prof. Dimitris Th. Tsatsos aus Anlaß seines 65. Geburtstages, Baden-Baden 2000, S. 73

Mosler, Hermann: Die Aufnahme in internationale Organisationen, ZaöRV 1958, S. 275

Müller, Jörg Paul / Wildhaber, Luzius: Praxis des Völkerrechts. 2. Aufl., Bern 1982

Münch, Ingo von / Kunig, Philip (Hrsg.): Grundgesetz-Kommentar. Band 2 (Art. 21 bis Art 69), 3. Aufl., München 1995 und Band 3 (Art. 70 bis 146), 3. Aufl., München 1996

Nettesheim, Martin: Die konsoziative Föderation von EU und Mitgliedstaaten, ZEUS 2002, S. 507

Neuhold, Hanspeter / Hummer, Waldemar / Schreuer, Christoph (Hrsg.): Österreichische Handbuch des Völkerrechts. Band 1: Textteil, 3. Aufl., Wien 1997

Neisser, Heinrich: Anlassfall Österreich. Die europäische Perspektive, in: Karlhofer, Ferdinand / Melchior, Josef / Sickinger, Hubert (Hrsg.): Anlassfall Österreich. Die Europäische Union auf dem Weg zu einer Wertegemeinschaft, Baden-Baden 2001, S. 141

Nowak, Manfred: Human Rights „Conditionality“ in Relation to Entry to, and Full Participation in, the EU, in: Alston, Philip (Hrsg.): The EU and Human Rights, Oxford 1999, S. 687

Nuffel, Pieter van: Le traité de Nice. Un commentaire, RDUE 2001, S. 329

Obwexer, Walter: Status quo des Grundrechtsschutzes in der Europäischen Union, in: Hummer, Waldemar / Schweitzer, Michael (Hrsg.): Österreich und das Recht der Europäischen Union, Wien 1996, S. 53

Öhlinger, Theo: Verfassungsrecht, 4. Aufl., Wien 1999

Oeter, Stefan: Europäische Integration als Konstitutionalisierungsprozeß, ZaöRV 1999, S. 901

Oeter, Stefan: Souveränität und Demokratie als Probleme in der „Verfassungsentwicklung“ der Europäischen Union. Fragen aus Verfassungstheorie und Verfassungsgeschichte an die deutsche Debatte um Souveränität, Demokratie und die Verteilung politischer Verantwortung im geeinten Europa, ZaöRV 1995, S. 659

Oeter, Stefan: Souveränität und Legitimation staatlicher Herrschaft im europäischen Mehrebenensystem, in: Epiney, Astid / Siegwart, Karine (Hrsg.): Direkte Demokratie und Europäische Union, Freiburg (Schweiz) 1998, S. 29

Oeter, Stefan: Überlegungen zum Minderheitenbegriff und zur Frage der „neuen Minderheiten“, in: Matscher, Frank (Hrsg.): Wiener Internationale Begegnung zu aktuellen Fragen nationaler Minderheiten (1995 Wien), Kehl, Strasbourg, Arlington 1997, S. 229

Olt, Reinhard: Die Torheit der Regierenden – oder die sanktionsbewehrte Causa Austriae als Akt Europäischer Verblendung, Österreichisches Jahrbuch für Politik 2000, S. 405

Ophüls, C. F.: Juristische Grundgedanken des Schumanplanes, NJW 1951, S. 289

Ophüls, C. F.: Staatshoheit und Gemeinschaftshoheit. Wandlungen des Souveränitätsbegriffs, in: Ule, Carl Hermann / Schwab, Karl Heinz / Nipperdey, Hans Carl u.a. (Hrsg.): Recht im Wandel. Beiträge zu Strömungen und Fragen im heutigen Recht. Festschrift. Hunderfünfzig Jahre Carl Heymanns Verlag KG, Köln, Berlin, Bonn, München 1965, S. 519

Oppermann, Thomas: Die Dritte Gewalt in der Europäischen Union, DVBl 1994, S. 901

Oppermann, Thomas: Europarecht. Ein Studienbuch, 2. Aufl., München 1999

Oppermann, Thomas: Vom Nizza-Vertrag 2001 zum Europäischen Verfassungskonvent 2002/2003, DVBl 2003, S. 1

Ossenbühl, Fritz: Maastricht und das Grundgesetz – eine verfassungsrechtliche Wende?, DVBl 1993, S. 629

Pache, Eckhard / Schorkopf, Frank: Der Vertrag von Nizza, NJW 2001, S. 1377

Pache, Eckhard: Die Kontrolldichte in der Rechtsprechung des Gerichtshofs der Europäischen Gemeinschaften, DVBl 1998, S. 380

Pan, Christoph: Minderheitenrechte in Europa, Wien 2002

Partsch, Karl Josef: Retorsion, in: Bernhardt, Rudolf (Hrsg.): Encyclopedia of Public International Law. Band 10, Amsterdam 1986, S. 335

Partsch, Karl Josef: Von der Würde des Staates, Tübingen 1967

Pechstein, Matthias / Koenig, Christian: Die Europäische Union. Die Verträge von Maastricht und Amsterdam, 3. Auflage, Tübingen 2000

Pelinka, Anton: Österreich und Europa. Zur Isolierung eines Landes, Europäische Rundschau 2000, S. 3

Penn, William: Ein Essay zum gegenwärtigen und zukünftigen Frieden von Europa durch Schaffung eines europäischen Reichstags, Parlaments oder Staatenhauses, abgedruckt in Ziegerhofer, Anita u. A. (Hrsg.): Die „Vereinigten Staaten von Europa." Dokumente eines Werdens, S. 33

Penthaler, Peter / Hilpold, Peter: Sanktionen als Instrument der Politikkontrolle – der Fall Österreich, integration 2000, S. 105

Pernice, Ingolf: Ausssprache zu: Der Verfassungsstaat als Glied einer europäischen Gemeinschaft, VVDStRL 50 (1991), S. 140

Pernice, Ingolf: Bestandssicherung der Verfassungen: Verfassungsrechtliche Mechanismen zur Wahrung der Verfassungsordnung, in: Bieber, Roland / Widmer, Pierre (Hrsg.): Der europäische Verfassungsraum, Zürich 1995, S. 225

Pernice, Ingolf: Die EG als Mitglied der Organisationen im System der Vereinten Nationen: Konsequenzen für die Politik von Mitgliedstaaten und Drittstaaten, EuR 1991, S. 273

Pernice, Ingolf: Maastricht, Staat und Demokratie, Die Verwaltung 1993, S. 449

Pernice, Ingolf: Multilevel Constitutionalism in the European Union, ELRev 2002, S. 511

Pernice, Ingolf: The Role of National Parliaments in the European Union, in: Melissas, Dimitris / Pernice, Ingolf: Perspectives of the Nice Treaty and the Intergovernmental Conference in 2004, Baden-Baden 2001

Pernice, Ingolf: Verfassungsentwurf für eine Europäische Union, EuR 1984, S. 126

Pernthaler, Peter / Hilpold, Peter: Sanktionen als Instrument der Politikkontrolle – der Fall Österreich, integration 2000, S. 105

Pernthaler, Peter: Allgemeine Staatslehre und Verfassungslehre, 2. Aufl., Wien, New York, 1986

Pfab, Susanne: Staatshaftung in Deutschland. Die Reformaufgabe und ihre Vorgaben in der rechtsstaatlichen Garantie des Artikel 34 Grundgesetz und durch die Erfordernisse des Gemeinschaftsrechts, München 1997

Philipp, Otmar: Mehr Rechtsstaatlichkeit für die Europäische Union!, EuZW 2002, S. 641

Philippi, Nina: Die Charta der Grundrechte der Europäischen Union. Entstehung, Inhalt und Konsequenzen für den Grundrechtsschutz in Europa, Baden-Baden 2002

Philippi, Nina: Divergenzen im Grundrechtsschutz zwischen EuGH und EGMR, ZEUS 2000, S. 97

Picker, Rolf-Jürgen: Charta der Grundrechte der Europäischen Union. Kurz-Kommentar, Starnberg 2001

Pieroth, Bodo / Schlink, Bernhard: Grundrechte. Staatsrecht II, 17. Aufl., Heidelberg 2001

Piris, Jean-Claude: Hat die Europäische Union eine Verfassung? Braucht sie eine?, EuR 2000, S. 311

Poensgen, Gisbert: Das Paradox von Ioannina: Betrachtungen zu einem Ratsbeschluß, in: Due, Ole / Lutter, Marcus / Schwarze, Jürgen (Hrsg.): Festschrift für Ulrich Everling, Band 2, Baden-Baden 1995, S. 1133

Puntscher Riekmann, Sonja: Österreich und die Europäische Union. Ein Blick zurück auf die Maßnahmen der Vierzehn, in: Karlhofer, Ferdinand / Melchior, Josef / Sickinger, Hubert (Hrsg.): Anlassfall Österreich. Die Europäische Union auf dem Weg zu einer Wertegemeinschaft, Baden-Baden 2001, S. 131

Quaritsch, Helmut: Der Fortschreitende Verfassungsstaat, Der Staat, Band 17, 1978, S. 421

Quinn, Gerard: The European Union and the Council of Europe on the Issue of Human Rights: Twins seperated a Birth?, McGill Law Journal 2001, S. 849

Raiser, Thomas: Das lebende Recht. Rechtssoziologie in Deutschland, 3. Aufl., Baden-Baden 1999

Rausch, Rolf: Die Kontrolle der Tatsachenfeststellungen und –würdigungen durch den Gerichtshof der Europäischen Gemeinschaften. Zur gerichtlichen Nachprüfung von Kommissionsentscheidungen im Vergleich zum deutschen und französischen Recht, Berlin 1994

Regan, Eugene: Are EU Sanctions Against Austria Legal?, ZÖR 2000, S. 323

Rengeling, Hans Werner / Middeke, Andreas / Gellermann, Martin: Rechtsschutz in der Europäischen Union. Durchsetzung des Gemeinschaftsrechts vor europäischen und deutschen Gerichten, München 1994

Ress, Georg: Der Grundsatz der Verhältnismäßigkeit im deutschen Recht, in: Der Grundsatz der Verhältnismäßigkeit in europäischen Rechtsordnungen. Europäische Gemeinschaft, Europäische Menschenrechtskonvention, Bundesrepublik Deutschland, Frakreich, Italien, Österreich. Vorträge und Diskussionsbeitrag auf der Deutsch-Französischen Juristenkonferenz am 26./17. November 1982 in Straßburg, Heidelberg 1985, S. 5

Ress, Georg: Die Europäische Union und die neue juristische Qualität der Beziehungen zu den Europäischen Gemeinschaften, JuS 1992, S. 985

Ress, Georg: Ist die Europäische Union eine juristische Person?, EuR Beiheft 2/1995, S. 27

Riedel, Eibe: Der Gemeineuropäische Bestand von Verfassungsprinzipien zur Begründung von Hoheitsgewalt. Legitimation und Souveränität, in: Müller-Graff, Peter-Christian / Riedel, Eibe (Hrsg,): Gemeinsames Verfassungsrecht in der Europäischen Union, Baden-Baden 1998

Riedel, Norbert K.: Der Konvent zur Zukunft Europas. Die Erklärung von Laeken zur Zukunft der Europäischen Union, ZRP 2002, S. 241

Rodríguez Iglesias, Gil Carlos: Zur Stellung der Europäischen Menschenrechtskonvention im Europäischen Gemeinschaftsrecht, in: Beyerlin, Ulrich / Bothe, Michael / Hofmann, Rainer / Petersmann, Ernst Ulrich (Hrsg.): Recht zwischen Umbruch und Bewahrung. Völkerrecht, Europarecht, Staatsrecht. Festschrift für Rodolf Bernhardt, Berlin, Heidelberg, New York 1995, S. 1269

Rodríguez Iglesias, Gil Carlos: Gedanken zum Entstehen einer Europäischen Rechtsordnung, NJW 1999, S. 1

Rodríguez Iglesias, Gil Carlos: Zur „Verfassung" der Europäischen Gemeinschaft, EuGRZ 1996, S. 125

Röhl, Klaus F.: Allgemeine Rechtslehre. Ein Lehrbuch, Köln 1995

Rossi, Lucia Serena: „Constitutionnalisation" de l'Union européenne et des droits fondamentaux, RTDE 2002, S. 27

Rotter, Manfred: Analyse der „Sanktionen" der 14. Die völkerrechtliche und gemeinschaftsrechtliche Dimension, Europäische Rundschau 2000, S. 21

Rotter, Manfred: Die Abgrenzung zwischen völkerrechtlichem Vertrag und außerrechtlicher zwischenstaatlicher Abmachung, in: Marcic, René / Mosler, Hermann / Suy, Erik / Zemanek, Karl (Hrsg.): Internationale Festschrift für Alfred Verdross. Zum 80. Geburtstag, München/Salzburg 1971, S. 413

Ruch, Alexander: Äussere und innere Sicherheit, in: Thürer, Daniel / Aubert, Jean-François / Müller, Jörg Paul (Hrsg.): Verfassungsrecht der Schweiz. Droit constitutionnel suisse, Zürich 2001, § 56, S. 889

Ruda, J. M.: States, Fundamental Rigts and Duties, in: Bernhardt, Rudolf (Hrsg.): Encyclopedia of Public International Law. Band 10, Amsterdam 1987, S. 467

Rudolf, Beate: Die thematischen Berichterstatter und Arbeitsgruppen der UN-Menschenrechtskommission. Ihr Beitrag zur Fortentwicklung des internationalen Menschenrechtsschutzes, Heidelberg 2000

Ruffert, Matthias: Die Mitgliedstaaten der Europäischen Gemeinschaft als Verpflichtete der Gemeinschaftsgrundrechte, EuGRZ 1995, S. 518

Rupp, Hans Heinrich: Anmerkungen zu einer Europäischen Verfassung, JZ 2003, S. 18

Rupp, Hans Heinrich: Eine Verfassung für Europa?, in: Huber, Peter M. (Hrsg.): Das Ziel der europäischen Integration, Berlin 1996, S. 49

Rupp, Hans Heinrich: Maastricht – eine neue Verfassung?, ZRP 1993, S. 211

Rupp, Hans Heinrich: Muß das Volk über den Vertrag von Maastricht entscheiden?, NJW 1993, S. 38

Sachs, Michael (Hrsg.): Grundgesetz. Kommentar, 2. Aufl., München 1999

Sack, Jörn: Zur künftigen Gerichtsbarkeit nach Nizza, EuZW 2001, S. 77

Samuel, Lenia: Fundamental Social Rights Case Law of the European Social Charter, Straßburg 2002

Schambeck, Herbert: Politische und rechtliche Entwicklungstendenzen der europäischen Integration, Wiesbaden 2000

Schermers, Henry G.: Protection of Human Rights in the European Union, in: Heukels, Ton / Blokker, Niels / Brus, Marcel (Hrsg.): The European Union after Amsterdam. A Legal Analysis, Den Haag u.a. 1998, S. 307

Schmahl, Stefanie: Die Reaktion auf den Einzug der Freiheitlichen Partei Österreichs in das österreichische Regierungskabinett. Eine europa- und völkerrechtliche Analyse, EuR 2000, S. 819

Schmitt, Carl: Verfassungslehre, 3. Aufl., München/Leipzig 1928, Nachdruck Berlin 1957

Schmitt von Sydow, Helmut: Liberté, démocatie, droits fondamentaux et Etat de droit: analyse de l'article 7 du traité UE, RDUE 2001, S. 285

Schmitz, Thomas: Integration in der Supranationalen Union. Das europäische Organisationsmodell einer prozeßhaften geo-regionalen Integration und seine rechtlichen und staatstheoretischen Implikationen, Baden-Baden 2001

Schneider, Heinrich: Österreich in Acht und Bann – ein Schritt zur politisch integrierten „Wertegemeinschaft"?, integration 2000, S. 120

Schockweiler, Fernand: Die richterliche Kontrollfunktion: Umfang und Grenzen in Bezug auf den Europäischen Gerichtshof, EuR 1995, S. 191

Scholz, Rupert: Die Verfassung der Europäischen Union. Entwurf einer Neufassung des Vertrages über die Europäische Union für den Verfassungskonvent der EU, Heidelberg 2002

Scholz, Rupert: Europäische Union und deutscher Bundesstaat, NVwZ 1993, S. 817

Schorkopf, Frank: Die Maßnahmen der XIV EU-Mitgliedstaaten gegen Österreich. Möglichkeiten und Grenzen einer „streitbaren Demokratie" auf europäischer Ebene, Berlin / Heidelberg / New York 2002

Schorkopf, Frank: Homogenität in der Europäischen Union – Ausgestaltung und Gewährleistung durch Art. 6 Abs. 1 und Art. 7 EUV, Berlin 2000

Schorkopf, Frank: Verletzt Österreich die Homogenität in der Europäischen Union? Zur Zulässigkeit der „bilateralen" Sanktionen gegen Österreich, DVBl 2000, S. 1036

Schorkopf, Frank: Vierzehn gegen Wien. Das Homogenitätsgebot in der Europäischen Union und die Sanktionsdrohungen gegen Österreich – wer verletzt was?, FAZ vom 14.2.2000, S. 9

Schröder, Meinhard: Das Bundesverfassungsgericht als Hüter des Staates im Prozeß der europäischen Integration. Bemerkungen zum Maastricht-Urteil, DVBl 1994, S. 316

Schröder, Meinhard: Die Parlamente im europäischen Entscheidungsgefüge, EuR 2002, S. 301

Schröder, Meinhard: Wirkungen der Grundrechtscharta in der europäischen Rechtsordnung, JZ 2002, S. 849

Schutter, Olivier de: Les Droits Fondamentaux dans le Traité d'Amsterdam, in: Lejeune, Yves (Hrsg.): Le Traité d'Amsterdam. Espoirs et déceptions, Brüssel 1998, S. 154

Schwarze, Jürgen: Anmerkung: Zum Anspruch der Gemeinschaft auf polizeiliches Einschreiten der Mitgliedstaaten bei Störungen des grenzüberschreitenden Warenverkehrs durch Private, EuR 1998, S. 53

Schwarze, Jürgen: Das allgemeine Völkerrecht in den innergemeinschaftlichen Rechtsbeziehungen, EuR 1983, S. 1

Schwarze, Jürgen (Hrsg.): EU-Kommentar, Baden-Baden 2000

Schwarze, Jürgen: Europäische Verfassungsperspektiven nach Nizza, NJW 2002, S. 993

Schwarze, Jürgen (Hrsg.): The Birth of a European Constitutional Order. The Interaction of National and European Constitutional Law, Baden-Baden 2002

Schwarzenegger, Peter: Bilateraler Boykott – Gemeinschaftsrechtliche Staatshaftung?, ZfRV 2000, S. 124

Schweitzer, Michael / Hummer, Waldemar: Europarecht. Das Recht der Europäischen Union – Das Recht der Europäischen Gemeinschaften (EGKS, EG, EAG) – mit Schwerpunkt EG, 5. Aufl., Neuwied, Kriftel, Berlin 1996

Simma, Bruno: Reflections on Article 60 of the Vienna Convention on the Law of treaties and Its Background in General International Law, ÖZöR 1970, S. 5

Simma, Bruno (Hrsg.): The Charter of the United Nations. A Commentary, Oxford 1995

Simson, Werner von: Was heißt in einer europäischen Verfassung „Das Volk"?, EuR 1991, S. 1

Sinclair, Ian: The Vienna Convention on the Law of Treaties, 2. Aufl., Manchester 1984

Smend, Rudolf: Integration, Evangelisches Staatslexikon 1966, Sp. 803-805, abgedruckt in: Smend, Rudolf: Staatsrechtliche Abhandlungen und andere Aufsätze, 3. Aufl., Berlin 1994, S. 482

Smend, Rudolf: Integrationslehre, Handwörterbuch der Sozialwissenschaften 5 (1956), S. 299-301, abgedruckt in: Smend, Rudolf: Staatsrechtliche Abhandlungen und andere Aufsätze, 3. Aufl., Berlin 1994, S. 475

Smend, Rudolf: Verfassung und Verfassungsrecht, abgedruckt in: Smend, Rudolf: Staatsrechtliche Abhandlungen und andere Aufsätze, 3. Aufl., Berlin 1994, S. 119

Smit, Hans / Herzog, Peter: The Law of the European Economic Community. A Commentary on the EEC Treaty, Stand: 1996, New York 1976

Söllner, Renate: Art. 5 EWG-Vertrag in der Rechtsprechung des Europäischen Gerichtshofes, München 1985

Spinelli, Altiero: Die parlamentarische Initiative zur Europäischen Union, Europa Archiv 1983, S. 739

Stein, Eric: International Integration and Democracy: No Love at First Sight, AJIL 2001, 489

Stein, Torsten: Der Kreuzzug der Vierzehn gegen Österreich, in: Konrad-Adenauer-Stiftung e. V. (Hrsg.): Die Europäische Union und Österreich. Vom Umgang mit einem europäischen Staat. Rechtliche Grundlagen und Praxis, Juli 2000, S. 7

Stein, Torsten: Die rechtlichen Reaktionsmöglichkeiten der Europäischen Union bei schwerwiegender und anhaltender Verletzung der demokratischen und rechtsstaatlichen Grundsätze in einem Mitgliedstaat, in: Götz, Volkmar / Selmer, Peter / Wolfrum, Rüdiger (Hrsg.): Liber amicorum Günther Jaenicke – Zum 85. Geburtstag, Berlin, Heidelberg, New York u. A. 1998, S. 871

Steinberg, Rudolf: Grundgesetz und Europäische Verfassung, ZRP 1999, S. 365

Steinberger, Helmut: Die Europäische Union im Lichte der Entscheidung des Bundesverfassungsgerichts vom 12. Oktober 1993, in: Beyerlin, Ulrich / Bothe, Michael / Hofmann, Rainer / Petersmann, Ernst-Ulrich (Hrsg.): Recht zwischen Umbruch und Bewahrung. Völkerrecht, Europarecht, Staatsrecht. Festschrift für Rudolf Bernhardt, S. 1313

Steindorff, Ernst: Das Maastricht-Urteil zwischen Grundgesetz und europäischer Integration, EWS 1993, S. 341

Steinhauer, Bettina: Die Auslegung, Kontrolle und Durchsetzung mitgliedstaatlicher Pflichten im Recht des Internationalen Währungsfonds und der Europäischen Gemeinschaft, Berlin 1997

Stern, Klaus: Das Staatsrecht der Bundesrepublik Deutschland. Band 1: Grundbegriffe und Grundlagen des Staatsrechts, Strukturprinzipien der Verfassung, 2. Aufl., München 1984

Strasser, Kyra: Grundrechtsschutz in Europa und der Beitritt der Europäischen Gemeinschaften zur Europäischen Menschenrechtskonvention, Frankfurt a. M. u. A. 2001

Stern, Klaus: Die Bedeutung der Unantastbarkeitsgarantie des Art. 79 III GG für die Grundrechte, JuS 1985, S. 329

Streinz, Rudolf: Europarecht, 5. Aufl., Heidelberg 2001

Sudre, Frédéric: Existe t-il un ordre public européen?, in: Tavernier, Paul (Hrsg.): Quelle Europe pour les Droits de l'Homme? La Cour de Strasbourg et la réalisation d'une „union plus étroite", Brüssel 1996, S. 39

Sudre, Frédéric: La communauté européenne et les droits fondamentaux après le traité d'Amsterdam: Vers un nouveau système des droits de l'homme?, La Semaine Juridique édition générale 1998, S. 9.

Szyszczak, Erika: Social Rights as General Principles of Community Law, in: Neuwahl, Nanette / Rosas, Allan (Hrsg.): The European Union and Human Rights, Den Haag 1995, S. 207

Teske, Horst: Berlusconi und Haider, europa blätter 2001, S. 123

Thieme, Werner: Das Grundgesetz und die öffentliche Gewalt internationaler Staatengemeinschaften, VVDStRL 18 (1960), S. 50

Thompson, Brian: Textbook on Constitutional & Administrative Law, 3. Aufl., Gosport 1997

Thun-Hohenstein, Christoph: Der Vertrag von Amsterdam. Die neue Verfassung der EU, Wien 1997

Thun-Hohenstein, Christoph: Die Möglichkeit einer „verstärkten Zusammenarbeit" zwischen EU-Mitgliedstaaten – Chancen und Gefahren der „Flexibilität", in: Hummer, Waldemar (Hrsg.): Die Europäische Union nach dem Vertrag von Amsterdam, Wien 1998

Tomuschat, Christian: Das Endziel der europäischen Integration: Maastricht ad infinitum?, in: Nettesheim, Martin / Schiera, Pierangelo (Hrsg.): Der integrierte Staat. Verfassungs- und europarechtliche Betrachtungen aus italienischer und deutscher Perspektive, Berlin 1999, S. 155

Timmermann, Heiner (Hrsg.): Eine Verfassung für die Europäische Union. Beiträge zu einer grundsätzlichen und aktuellen Diskussion, Opladen 2001

Tomuschat, Christian: Die Europäische Union unter der Aufsicht des Bundesverfassungsgerichts, EuGRZ 1993, S. 489

Triantafyllou, Dimitris: The European Charter of Fundamental Rights and the „Rule of Law": Restricting Fundamental Rights by Reference, CMLRev 2002, S. 53

Triepel, Heinrich: Die Reichsaufsicht. Untersuchungen zum Staatsrecht des Deutschen Reiches, Berlin 1917

Tröndle, Herbert / Fischer, Thomas: Strafgesetzbuch und Nebengesetze, 50. Aufl., München 2001

Trüe, Christiane: Rechtspersönlichkeit der Europäischen Union nach den Vertragsänderungen von Amsterdam: Wer handelt in GASP und PJZS?, ZEUS 2000, S. 127

Tsatsos, Demetres: Die europäische Unionsgrundordnung. Beiträge zum institutionellen Verständnis der Europäischen Union im Hinblick auf einen zukünftigen europäischen Verfassungsvertrag, Baden-Baden 2002

Ukrow, Jörg: Die Fortentwicklung des Rechts der Europäischen Union durch den Vertrag von Amsterdam, ZEUS 1998, S. 141

Unruh, Peter: Die Unionstreue – Anmerkungen zu einem Rechtsgrundsatz der Europäischen Union, EuR 2002, S. 41

Verdross, Alfred / Simma, Bruno: Universelles Völkerrecht. Theorie und Praxis, 3. Aufl., Berlin 1984

Verhoeven, Amaryllis: How Democratic need European Union Members be? Some Thoughts after Amsterdam, ELRev 1998, S. 217

Vignes, Daniel: L'autriche...? Hélas, c'était indispendable, RMCUE 2000, S. 145

Vitzthum, Wolfgang Graf: Begriff, Geschichte und Quellen des Völkerrechts, in: Vitzthum, Wolfgang Graf (Hrsg.): Völkerrecht, 2. Aufl., Berlin, New York 2001, S. 1

Vogel, Hans-Jochen: Die bundesstaatliche Ordnung des Grundgesetzes, in: Benda, Ernst / Maihofer, Werner / Vogel, Hans-Jochen (Hrsg.): Handbuch des Verfassungsrechts, Teil 2, 2. Aufl., Berlin, New York 1985, § 22, S. 1041

Vogel, Klaus: „Selbständige Bundesaufsicht" nach dem Grundgesetz, besonders bei der Anwendung europäischen Rechts, in: Burmeister, Joachim (Hrsg.): Festschrift für Klaus Stern zum 65. Geburtstag, München 1997, S. 819

Wachsmann, Patrick: Les droits de l'homme, RTDE 1997, S. 883

Wägenbauer, Rolf: Die Erklärung von Laeken zur Zukunft der EU, EuZW 2002, S. 65

Waitz, Georg: Grundzüge der Politik, Kiel 1862

Ward, Ian: Amsterdam and the Continuing Search for Community, in: O'Keeffe, David / Twomey, Patrick (Hrsg.): Legal Issues of the Amsterdam Treaty, Oxford, Oregon 1999, S. 41

Weber, Albrecht: Einheit und Vielfalt der europäischen Grundrechtsordnung(en) – Zur Inkorporation der Grundrechtscharta in einen europäischen Verfassungsvertrag, DVBl 2003, S. 220

Weber, Albrecht: Zur zukünftigen Verfassung der Europäischen Gemeinschaft. Föderalismus und Demokratie als Strukturelemente einer Europäischen Verfassung, JZ 1993, S. 325

Weiler, Joseph H. H. / Haltern, Ulrich / Mayer, Franz: European Democracy and Its Critics – Five Uneasy Pieces, in: Cottier, Thomas / Kaddous, Christine (Hrsg.): Democracy and Federalism in European Integration, Bern 1995, S. 5

Weiler, Joseph H. H.: A Constitution for Europe? Some Hard Choices, JCMS 2002, S. 563

Weiler, Joseph H. H.: Der Staat „über alles". Demos, Telos und die Maastricht-Entscheidung des Bundesverfassungsgerichts, JöR 1996, S. 91

Weiler, Joseph H. H.: Fundamental Rights and Fundamental Boundaries: On Standards and Values in the Protection of Human Rights, in: Neuwahl, Nanette / Rosas, Allan (Hrsg.): The European Union and Human Rights, Den Haag 1995, S. 51

Weiler, Joseph H. H.: Prologue: Amsterdam and the Quest for Constitutional Democracy, in: O'Keeffe, David / Twomey, Patrick (Hrsg.): Legal Issues of the Amsterdam Treaty, Oxford, Oregon 1999, S. 1

Weiler, Joseph H. H.: The Jurisprudence of Human Rights in the European Union: Integration and Disintegration, Values and Process, Harvard Jean Monnet Working Paper 2/96, Cambridge, Mass. 1996

Weinberger, Ota: Demokratietheoretische Betrachtungen über die EU-Sanktionen, ZÖR 2000, S. 337

Werner, Peter: Wesensmerkmale des Homogenitätsprinzips und ihre Ausgestaltung im Bonner Grundgesetz, Berlin, Frankfurt 1967

Wichard, Johannes Christian: Wer ist Herr im europäischen Haus? Zu Struktur und Rechtsnatur der Europäischen Union nach Amsterdam, EuR 1999, S. 170

Wildhaber, Lucius: Eine verfassungsrechtliche Zukunft für den Europäischen Gerichtshof für Menschenrechte?, EuGRZ 2002, S. 569

Wilhelm, Georg: EU-Rechtsschutz gegen die „EU-Sanktionen", ecolex 2000, S. 181

Winkler, Hans / Schauer, Martin: Die Maßnahmen von 14 EU-Mitgliedstaaten gegen Österreich, in: Ginther, Konrad / Benedek, Wolfgang / Isak, Hubert / Kicker, Renate (Hrsg.): Völker- und Europarecht. 25. Österreichischer Völkerrechtstag, Wien 2001, S. 123

Winkler, Günther: Europa quo vadis. Die Anatomie eines europäischen Willküraktes, ZÖR 2000, S. 231

Winkler, Roland: Der Rechtsschutz gegen Maßnahmen zur Sanktionierung eines EU-Mitgliedstaats wegen Verletzung europäischer Grundwerte und gegen die Maßnahmen der „EU-14", JRP 2000, S. 308

Winter, Balduin: Wende in Schwarz-Blau, Blätter für internationale Politik 2000, S. 322

Zacher, Hans F.: Wird es einen europäischen Sozialstaat geben?, EuR 2002, S. 147

Zahlbruckner, Martin: Die Empfehlungen im EWG-Vertrag – Rechtswirkung und Kontrolle durch den EuGH, JBl 1993, S. 245

Zellentin, Gerda: Doppelstrategien zwischen Lissabon und Brüssel, Blätter für internationale Politik 2000, S. 327

Zetterquist, Ola: A Europe of the Member States or of the Citizens? Two Philosophical Perspectives on Sovereignty and Rights in the European Community, Lund 2002

Zinn, Georg-August: Die Bundesaufsicht nach dem Grundgesetz, DÖV 1950, S. 522

Zippelius, Reinhold: Allgemeine Staatslehre. Ein Studienbuch, 13. Aufl., München 1999

Zuleeg, Manfred: Demokratie in der Europäischen Gemeinschaft, JZ 1993, S. 1069

Zuleeg, Manfred: Demokratie ohne Volk oder Demokratie der Völker? – Zur Demokratiefähigkeit der Europäischen Union, in: Drexl, Josef / Kreuzer, Karl F. / Scheuing, Dieter H. / Sieber, Ulrich (Hrsg.): Europäische Demokratie, Baden-Baden 1999, S. 11

Zuleeg, Manfred: Demokratie und Wirtschaftsverfassung in der Rechtsprechung des Europäischen Gerichtshofs, EuR 1982, S. 21

Zuleeg, Manfred: Der Bestand der Europäischen Gemeinschaft, in: Das Europa der zweiten Generation. Gedächtnisschrift für Christoph Sasse, Baden Baden 1981, Band I, S. 55

Zuleeg, Manfred: Der Verfassungsgrundsatz der Demokratie und die Europäischen Gemeinschaften, Der Staat, Band 17, 1978, S. 27

Zuleeg, Manfred: Die Kompetenzen der Europäischen Gemeinschaften gegenüber den Mitgliedstaaten, in: JöR 1971 (n.F. 20), S. 1

Peter Lang · Europäischer Verlag der Wissenschaften

Tonia Hieronymi

Solidarität als Rechtsprinzip in der Europäischen Union

Frankfurt/M., Berlin, Bern, Bruxelles, New York, Oxford, Wien, 2003. XIV, 180 S.
Europäische Hochschulschriften: Reihe 2, Rechtswissenschaft. Bd. 3661
ISBN 3-631-50897-2 · br. € 35.30*

Gegenstand der Arbeit ist die Frage, ob es im europäischen Recht ein Solidaritätsprinzip gibt und in welcher Weise es in Erscheinung tritt. Grundlage der Untersuchung ist eine inhaltliche Bestimmung des Begriffs der Solidarität. Darauf aufbauend wird das Solidaritätsprinzip im Recht der Europäischen Union begutachtet. Dafür werden die europäischen Verträge auf Rechtsgrundlagen für solidarische Pflichten hin untersucht und die Erscheinungsformen, in denen die Solidarität im europäischen Recht zutage tritt, systematisiert. Abschließend wird untersucht, welche Grenzen dem Solidaritätsprinzip gesetzt sind.

Aus dem Inhalt: Begriff der Solidarität · Rechtliche Grundlagen des Solidaritätsprinzips in den europäischen Verträgen · Erscheinungsformen des Solidaritätsprinzips · Grenzen des Solidaritätsprinzips

Frankfurt/M · Berlin · Bern · Bruxelles · New York · Oxford · Wien
Auslieferung: Verlag Peter Lang AG
Moosstr. 1, CH-2542 Pieterlen
Telefax 00 41 (0) 32 / 376 17 27

*inklusive der in Deutschland gültigen Mehrwertsteuer
Preisänderungen vorbehalten

Homepage http://www.peterlang.de

FSC
www.fsc.org
MIX
Papier | Fördert
gute Waldnutzung
FSC® C083411

Kolibri 360 GmbH
Ferdinand-Jühlke-Straße 7
99095 Erfurt, Deutschland
produktsicherheit@kolibri360.de

Druck:
CPI Druckdienstleistungen GmbH
im Auftrag der
Kolibri 360 GmbH
Ferdinand-Jühlke-Str. 7
99095 Erfurt